普通高等教育"十二五"规划教材

# 基础分析化学

主　编　黄承志
副主编　陈缵光　陈子林　卢建忠
　　　　徐　溢　范　琦　王　健

科学出版社
北　京

## 内 容 简 介

本书共 14 章,涉及数据处理、滴定分析法和重量分析法以及试样前处理。在相关章节中列举了分析化学知识在药学分析中的应用实例,可进一步理解分析化学的基础知识与药学专业的关系,并为药物分析课程的学习打下基础。每章后均有不同形式的习题,可用于理解和巩固全章基础知识。

本书是药学类专业的基本教材,可供全国高等学校药学及制药类专业使用,也可供中药、化学等其他相关专业使用,可用作研究生考试参考书,还可供有关科研单位或药品等质量检验部门的科研、技术人员参考。

**图书在版编目(CIP)数据**

基础分析化学/黄承志主编. —北京:科学出版社,2016.3
普通高等教育"十二五"规划教材
ISBN 978-7-03-047363-9

Ⅰ.①基… Ⅱ.①黄… Ⅲ.①分析化学-高等学校-教材 Ⅳ.①O65

中国版本图书馆 CIP 数据核字(2016)第 031033 号

责任编辑:赵晓霞/责任校对:彭 涛
责任印制:赵 博/封面设计:迷底书装

科学出版社 出版
北京东黄城根北街 16 号
邮政编码:100717
http://www.sciencep.com

三河市骏杰印刷有限公司印刷
科学出版社发行 各地新华书店经销

\*

2016 年 3 月第 一 版　　开本:787×1092　1/16
2024 年 12 月第九次印刷　　印张:20 1/2
字数:500 000

**定价:69.00 元**
(如有印装质量问题,我社负责调换)

# 《基础分析化学》编写委员会

**主　编**　黄承志

**副主编**　陈缵光　陈子林　卢建忠
　　　　　徐　溢　范　琦　王　健

**编　委**　(以姓名汉语拼音为序)

曹志娟（复旦大学）　　　陈子林（武汉大学）
陈缵光（中山大学）　　　范　琦（重庆医科大学）
付志锋（西南大学）　　　黄承志（西南大学）
季金苟（重庆大学）　　　李　嫣（复旦大学）
刘　慧（西南大学）　　　刘忠德（西南大学）
卢建忠（复旦大学）　　　王　健（西南大学）
徐　溢（重庆大学）　　　杨晓明（西南大学）
姚美村（中山大学）

# 前　　言

分析化学是药学类及相关专业的一门基础课程。学好分析化学对药学及相关专业至关重要。然而，药学及相关专业的学生普遍感到学习化学很难，更谈不上创新性学习。有鉴于此，本书融知识性、趣味性和创新性为一体，目的在于使药学专业低年级学生形成化学不难学的观念，并能培养"分析"的思维，在头脑里时时有"量"的概念，能充分认识到"科学研究始于测量"，并通过掌握的"分析"基础知识来认识药物研发、质量控制和合理用药。为此，本书主要有以下特点：

（1）强调分析化学的理论基础。本书将溶液平衡放在十分重要的位置，把各滴定分析方法的平衡理论和滴定分析过程分开讲述。

（2）以"误差"为主线。在内容取舍上，本书仅涉及滴定分析法和重量分析法，以及试样前处理，不包括仪器分析法（如紫外-可见吸收光度法）。为此，本书在布局上从什么是"分析"开始，并用大量篇幅进行讲述，然后讲解分析过程中存在"不准确"现象是合理的、科学的，而所有数据的准确性都是相对的，再以表示分析过程中"不准确性"的关键概念——"误差"为主线，讲述滴定分析方法和过程，最后在误差要求下讨论样品的采集技术。作为实验科学，分析化学中的误差概念十分重要。为此，本书把要实现各种滴定分析方法准确滴定所必需的条件给予重点强调。

（3）为药学分析课程的学习打基础。为说明各平衡理论及滴定方法在药物分析中的应用，在各滴定方法后都列出专节，展示滴定分析在药物研发和质量控制过程中的重要性，目的在于使学生尽早接触药物分析的概念，为药学专业的后续课程打基础。

（4）增强学生的学习趣味性和创新思维。书中列出了大量的"学习与思考"，使学生能"热炒热卖"、"及时消化"。有些思考题没有唯一答案，需要从不同的角度去思考和探究。"延伸阅读"主要是列出一些在分析化学发展过程中的趣闻轶事。需要说明的是，"延伸阅读"不是讲述"历史"，而是带有一些传记或传奇的色彩。之所以选择这种风格编写，而不采用严谨的历史史实，主要是为了丰富学生的课外阅读生活，培养创新性思维，希望学生把"学习"分析化学变成"品"分析化学，从而感受到学习分析化学是享受和欣赏而并不枯燥，研究分析化学是一种乐趣。让学生认识到科学家是人，而不是"神"。科学的每一个进步都是广大科技工作者灵感、智慧的展现及多年努力的结晶。更重要的是希望学生在了解分析化学历史的同时，能提高人文情怀和素养。

为了增强本书的实用性，在附录中列出丰富的数据，以供教学过程中参考和使用。我们也列出了一些课外阅读材料和参考文献，目的是使有兴趣的学生进一步参考学习，得以升华和提高。同时书中也列出了一系列习题，便于学生课后复习、巩固。为了给非药学专业的学生提供参考，本书同时也列出了一些非药物分析的实例。本书共14章，建议课堂教学48课时，讨论和习题课6课时，除第2章和第14章建议为6课时以外，其余各章均为3课时。

本书第1章由西南大学黄承志教授、杨晓明教授和重庆医科大学范琦教授编写；第2章由中山大学姚美村副教授和西南大学刘忠德副教授、王健副教授编写；第3、5、7、9、11

章由中山大学陈缵光教授编写；第 4、6、8、10、12 章由重庆大学徐溢教授、季金苟教授和西南大学王健副教授编写；第 13 章由复旦大学卢建忠教授、曹志娟副教授和李嫣副教授编写；第 14 章由武汉大学陈子林教授和西南大学付志锋教授编写。西南大学王健副教授和刘慧副教授参与了附录的搜集、整理和编写工作。全书最后由西南大学黄承志教授和王健副教授通读、修改和统稿。

在本书的编写和出版过程中得到了西南大学、中山大学、武汉大学、复旦大学、重庆大学和重庆医科大学领导和同行的支持。在此，我代表编委会对所有支持和关心本书编写、出版的各位领导、同仁表示衷心感谢。本书初稿分别于 2014 年和 2015 年上学期在西南大学药学院试用、于 2014 年下学期在中山大学药学院试用，并于 2014 年 12 月 20~22 日在重庆召开了定稿会，收到了与会专家、科学出版社赵晓霞编辑和许多学生很多好的建议，在此致以衷心感谢。我们期待着使用本书的老师和学生进一步为本书提出修改建议，并在修订版中得到改正。

编写本书的目的就是希望教师和学生在教和学的过程中形成自己的观点和看法，能科学看待分析化学理论的形成和发展，从而能成为未来知识的创造者和缔造者。当然，书中肯定有很多不足之处，需要进一步完善和更新。衷心希望广大读者在使用过程中发现问题、找出问题，并及时反馈，以便更好地为药学及相关专业的分析化学教学和人才培养服务。

黄承志<br>2015 年 8 月于西南大学弘光垒

# 目 录

前言
第1章 绪论 ································································································ 1
  1.1 什么是分析化学 ················································································ 1
    1.1.1 分析化学的定义 ········································································ 1
    1.1.2 分析化学的哲学问题：科学方法论 ················································· 2
    1.1.3 分析化学的基本原理 ··································································· 3
    1.1.4 分析化学与其他学科间的关系 ······················································ 3
  1.2 分析化学的内容 ················································································ 4
    1.2.1 分析化学的分类 ········································································ 4
    1.2.2 分析化学的课程体系 ··································································· 7
    1.2.3 样品分析的基本步骤 ··································································· 8
  1.3 分析化学的社会责任 ·········································································· 9
    1.3.1 分析化学是自然科学研究的眼睛 ···················································· 10
    1.3.2 分析化学是医药卫生事业成功的根本保证 ······································· 11
    1.3.3 分析化学是国民经济发展水平的标志 ············································· 12
    1.3.4 分析化学是防灾、减灾、抗灾和救灾的必需手段 ····························· 13
  1.4 分析化学在药物研发过程中的作用 ······················································ 14
    1.4.1 分析化学在药物研发中的作用 ······················································ 14
    1.4.2 分析化学在药品生产中的作用 ······················································ 15
    1.4.3 分析化学在药品流通中的作用 ······················································ 15
    1.4.4 分析化学在药品使用中的作用 ······················································ 15
    1.4.5 分析化学在药品监督管理中的作用 ················································ 15
  1.5 学好分析化学的方法和技巧 ································································ 16
    1.5.1 理论与实践相结合原则 ······························································· 16
    1.5.2 系统化和结构化原则 ·································································· 17
    1.5.3 学习与发展相统一原则 ······························································· 17
    1.5.4 及时强化原则 ··········································································· 17
  1.6 分析化学发展简史 ············································································ 17
    1.6.1 分析化学学科的萌芽、孕育与诞生 ················································ 18
    1.6.2 分析化学学科经历的三次大变革 ··················································· 20
    1.6.3 分析化学的发展现状和趋势 ························································· 22
第2章 误差理论和分析数据处理 ·································································· 26
  2.1 误差概述 ························································································· 27
    2.1.1 误差的产生 ·············································································· 27

  2.1.2 系统误差和偶然误差 ································································· 27
  2.1.3 误差的表述 ··········································································· 29
  2.1.4 误差的传递 ··········································································· 33
  2.1.5 减少误差的方法 ····································································· 36
  2.1.6 不确定度与误差 ····································································· 38
 2.2 有效数字 ························································································· 38
  2.2.1 有效数字的概念 ····································································· 39
  2.2.2 有效数字的修约 ····································································· 40
  2.2.3 有效数字的运算 ····································································· 41
 2.3 分析数据处理 ·················································································· 44
  2.3.1 概述 ······················································································ 44
  2.3.2 偶然误差的正态分布 ····························································· 45
  2.3.3 $t$-分布 ·················································································· 46
  2.3.4 平均值的精密度和置信区间 ··················································· 47
  2.3.5 可疑数据的取舍 ····································································· 48
  2.3.6 显著性检验 ··········································································· 50
  2.3.7 相关和回归 ··········································································· 55
 2.4 常用数据分析软件简介 ····································································· 57
  2.4.1 EXCEL ·················································································· 58
  2.4.2 Origin ···················································································· 58
  2.4.3 统计产品与服务解决方案 ······················································· 58
  2.4.4 统计分析软件 ········································································ 59

## 第3章 溶液化学平衡理论 ············································································· 64
 3.1 溶液化学平衡与化学分析 ································································· 64
 3.2 活度和活度系数 ·············································································· 65
 3.3 化学平衡及平衡常数 ········································································ 67
  3.3.1 化学平衡及标准平衡常数 $K^{\ominus}$ ················································· 67
  3.3.2 热力学平衡常数及浓度平衡常数 ············································ 70
  3.3.3 累积平衡常数 ········································································ 72
  3.3.4 平衡浓度和分析浓度 ····························································· 73
  3.3.5 副反应、副反应系数和条件平衡常数 ····································· 74
 3.4 物量守恒式 ····················································································· 74
  3.4.1 物料平衡式 ··········································································· 75
  3.4.2 电荷平衡式 ··········································································· 75
  3.4.3 质子条件式 ··········································································· 75
 3.5 溶液中离子平衡图解 ········································································ 76
  3.5.1 分布系数和分布图 ································································ 76
  3.5.2 浓度对数图 ··········································································· 77

## 第4章 滴定分析原理 ······················································································ 80

4.1 滴定与滴定分析法 ………………………………………………………………… 80
　　4.1.1 滴定是基础的分析实验操作 ……………………………………………… 80
　　4.1.2 滴定分析法 ………………………………………………………………… 82
　　4.1.3 滴定分析法的特点 ………………………………………………………… 83
　　4.1.4 滴定反应必须满足的条件 ………………………………………………… 84
　　4.1.5 滴定曲线和滴定误差 ……………………………………………………… 84
4.2 标准溶液的配制和标定 …………………………………………………………… 86
　　4.2.1 标准溶液的配制 …………………………………………………………… 86
　　4.2.2 溶液浓度的标定 …………………………………………………………… 88
　　4.2.3 标准溶液浓度的计算 ……………………………………………………… 88
　　4.2.4 待测物质含量的计算 ……………………………………………………… 90
4.3 滴定方式 …………………………………………………………………………… 92
　　4.3.1 直接滴定法 ………………………………………………………………… 93
　　4.3.2 返滴定法 …………………………………………………………………… 93
　　4.3.3 置换滴定法 ………………………………………………………………… 93
　　4.3.4 间接滴定法 ………………………………………………………………… 93
4.4 滴定指示剂 ………………………………………………………………………… 93
　　4.4.1 酸碱指示剂 ………………………………………………………………… 95
　　4.4.2 金属指示剂 ………………………………………………………………… 100
　　4.4.3 氧化还原指示剂 …………………………………………………………… 105
　　4.4.4 沉淀滴定指示剂 …………………………………………………………… 106
　　4.4.5 其他指示剂 ………………………………………………………………… 106

# 第5章 酸碱平衡 …………………………………………………………………………… 111
5.1 酸碱反应 …………………………………………………………………………… 111
5.2 酸度对酸(碱)形态分布的影响 …………………………………………………… 113
　　5.2.1 一元弱酸(碱)溶液的形态分布 …………………………………………… 113
　　5.2.2 多元弱酸(碱)溶液的形态分布 …………………………………………… 114
5.3 酸碱溶液 pH 的计算 ……………………………………………………………… 117
　　5.3.1 强酸(碱)溶液 pH 的计算 ………………………………………………… 117
　　5.3.2 一元弱酸(碱)溶液 pH 的计算 …………………………………………… 118
　　5.3.3 多元弱酸(碱)溶液 pH 的计算 …………………………………………… 121
　　5.3.4 两性物质溶液 pH 的计算 ………………………………………………… 121
　　5.3.5 弱酸弱碱混合溶液 pH 的计算 …………………………………………… 123
5.4 缓冲溶液 …………………………………………………………………………… 124
　　5.4.1 缓冲溶液 pH 的计算 ……………………………………………………… 124
　　5.4.2 缓冲容量 …………………………………………………………………… 125
　　5.4.3 缓冲溶液的选择 …………………………………………………………… 126

# 第6章 酸碱滴定分析法 …………………………………………………………………… 130
6.1 一元强酸(强碱)的滴定 …………………………………………………………… 130

  6.1.1 滴定原理 ………………………………………………………………… 130
  6.1.2 滴定曲线的绘制 ………………………………………………………… 131
  6.1.3 滴定曲线的特征 ………………………………………………………… 132
  6.1.4 酸碱滴定指示剂的选择 ………………………………………………… 133
 6.2 一元弱酸(或弱碱)的滴定 ……………………………………………………… 134
  6.2.1 滴定原理 ………………………………………………………………… 134
  6.2.2 滴定曲线的绘制 ………………………………………………………… 134
  6.2.3 滴定曲线的特征 ………………………………………………………… 135
 6.3 多元酸的滴定 ……………………………………………………………………… 137
  6.3.1 分步滴定的可行性判断 ………………………………………………… 137
  6.3.2 酸碱指示剂的选择 ……………………………………………………… 138
 6.4 混合酸和混合碱的滴定 …………………………………………………………… 139
  6.4.1 混合酸的滴定 …………………………………………………………… 139
  6.4.2 混合碱的滴定 …………………………………………………………… 139
 6.5 终点误差分析 ……………………………………………………………………… 140
  6.5.1 终点误差 ………………………………………………………………… 140
  6.5.2 强酸(碱)滴定的终点误差 ……………………………………………… 140
  6.5.3 弱酸(碱)滴定的终点误差 ……………………………………………… 141
 6.6 非水滴定法 ………………………………………………………………………… 143
  6.6.1 概述 ……………………………………………………………………… 143
  6.6.2 非水溶剂的分类 ………………………………………………………… 144
  6.6.3 溶剂的均化效应和区分效应 …………………………………………… 145
 6.7 酸碱滴定法在药物分析中的应用 ………………………………………………… 146
  6.7.1 原料药的含量测定 ……………………………………………………… 146
  6.7.2 药物制剂的含量测定 …………………………………………………… 148

第 7 章 配位平衡 ……………………………………………………………………………… 153
 7.1 分析化学中常见的配合物 ………………………………………………………… 153
  7.1.1 无机配合物 ……………………………………………………………… 153
  7.1.2 螯合物 …………………………………………………………………… 153
  7.1.3 乙二胺四乙酸及其螯合物 ……………………………………………… 153
 7.2 配合物的稳定常数和溶液中各级配合物的分布 ………………………………… 156
  7.2.1 配合物的稳定常数 ……………………………………………………… 156
  7.2.2 溶液中各级配合物的分布 ……………………………………………… 157
 7.3 配位反应的副反应系数和条件稳定常数 ………………………………………… 159
  7.3.1 配位反应的副反应系数 ………………………………………………… 159
  7.3.2 配位反应的条件稳定常数 ……………………………………………… 163

第 8 章 配位滴定分析法 …………………………………………………………………… 166
 8.1 配位滴定过程 ……………………………………………………………………… 166
  8.1.1 配位滴定曲线 …………………………………………………………… 166

         8.1.2 影响滴定突跃大小的因素 …………………………………… 168
         8.1.3 准确滴定的条件 ………………………………………………… 168
         8.1.4 配位滴定的误差分析 …………………………………………… 169
    8.2 配位滴定中酸度的控制 ………………………………………………… 170
         8.2.1 最高酸度 ………………………………………………………… 171
         8.2.2 适宜酸度范围 …………………………………………………… 171
    8.3 混合离子的分别滴定 …………………………………………………… 172
         8.3.1 准确滴定判别式 ………………………………………………… 172
         8.3.2 分别滴定判别式 ………………………………………………… 172
         8.3.3 分别滴定的酸度控制 …………………………………………… 172
    8.4 提高配位滴定选择性的途径 …………………………………………… 173
         8.4.1 配位掩蔽法 ……………………………………………………… 173
         8.4.2 沉淀掩蔽法 ……………………………………………………… 174
         8.4.3 氧化还原掩蔽法 ………………………………………………… 174
         8.4.4 其他滴定剂的应用 ……………………………………………… 174
    8.5 配位滴定方式 …………………………………………………………… 175
         8.5.1 直接滴定法 ……………………………………………………… 175
         8.5.2 返滴定法 ………………………………………………………… 175
         8.5.3 置换滴定法 ……………………………………………………… 175
         8.5.4 间接滴定法 ……………………………………………………… 177
    8.6 配位滴定法在药物分析中的应用 ……………………………………… 177
         8.6.1 原料药的含量测定 ……………………………………………… 177
         8.6.2 药物制剂的含量测定 …………………………………………… 178

# 第9章 氧化还原平衡 ………………………………………………………… 183
    9.1 可逆电对与不可逆电对 ………………………………………………… 183
    9.2 条件电位 ………………………………………………………………… 184
         9.2.1 条件电位概述 …………………………………………………… 184
         9.2.2 影响条件电位的因素 …………………………………………… 184
    9.3 氧化还原反应进行的程度和速率 ……………………………………… 188
         9.3.1 氧化还原反应进行的程度 ……………………………………… 188
         9.3.2 氧化还原反应的速率 …………………………………………… 189

# 第10章 氧化还原滴定分析法 ……………………………………………… 192
    10.1 氧化还原滴定曲线及指示剂选择 …………………………………… 192
          10.1.1 氧化还原滴定曲线 …………………………………………… 192
          10.1.2 滴定曲线的特征 ……………………………………………… 193
          10.1.3 滴定终点的确定 ……………………………………………… 194
          10.1.4 氧化还原滴定终点误差 ……………………………………… 195
    10.2 氧化还原滴定法中的预处理 ………………………………………… 196
          10.2.1 氧化还原预处理 ……………………………………………… 196

10.2.2 常用的预处理氧化剂 …… 196
10.2.3 常用的预处理还原剂 …… 197
10.3 高锰酸钾滴定法 …… 197
10.3.1 方法概述 …… 198
10.3.2 高锰酸钾标准溶液 …… 198
10.3.3 高锰酸钾滴定法的应用 …… 199
10.4 重铬酸钾法 …… 201
10.4.1 方法概述 …… 201
10.4.2 重铬酸钾标准溶液的配制和标定 …… 201
10.4.3 重铬酸钾法的应用 …… 202
10.5 碘量法 …… 203
10.5.1 方法概述 …… 203
10.5.2 碘量法滴定方式 …… 204
10.5.3 碘量法标准溶液的配制和标定 …… 205
10.5.4 碘量法的应用 …… 206
10.6 其他氧化还原滴定法 …… 209
10.6.1 硫酸铈法 …… 209
10.6.2 溴酸钾法 …… 209
10.7 氧化还原滴定法在药物分析中的应用 …… 209
10.7.1 原料药的含量测定 …… 209
10.7.2 药物制剂的含量测定 …… 210

## 第 11 章 沉淀平衡 …… 214
11.1 溶解度、溶度积和条件溶度积 …… 214
11.2 影响沉淀溶解度的因素 …… 215
11.2.1 同离子效应 …… 215
11.2.2 盐效应 …… 216
11.2.3 酸效应 …… 216
11.2.4 配位效应 …… 217
11.2.5 其他影响因素 …… 218

## 第 12 章 沉淀滴定分析法 …… 221
12.1 银量法总述 …… 221
12.1.1 银量法原理 …… 221
12.1.2 银量法的滴定过程 …… 222
12.2 莫尔法 …… 224
12.2.1 滴定原理 …… 224
12.2.2 指示剂浓度 …… 224
12.2.3 溶液的酸度 …… 225
12.2.4 注意事项 …… 225
12.3 福尔哈德法 …… 226

12.3.1 直接滴定法 ·································································· 226
12.3.2 返滴定法 ···································································· 226
12.3.3 滴定条件 ···································································· 228
12.4 法扬斯法 ············································································· 229
12.4.1 指示原理 ···································································· 229
12.4.2 滴定条件 ···································································· 229
12.4.3 应用范围 ···································································· 230
12.5 沉淀滴定法在药物分析中的应用 ················································ 231
12.5.1 原料药的含量测定 ······················································· 231
12.5.2 药物制剂的含量测定 ···················································· 232

## 第 13 章 重量分析法 ········································································ 237
13.1 沉淀重量分析法 ····································································· 237
13.1.1 基本原理 ···································································· 237
13.1.2 沉淀的形成机理 ··························································· 239
13.1.3 沉淀的纯度 ································································· 241
13.1.4 沉淀条件的选择 ··························································· 243
13.1.5 沉淀的过滤、洗涤与干燥 ·············································· 247
13.2 挥发重量分析法 ····································································· 248
13.2.1 直接挥发重量分析法 ···················································· 248
13.2.2 间接挥发重量分析法 ···················································· 249
13.3 萃取重量分析法 ····································································· 251
13.3.1 分配系数和分配比 ······················································· 251
13.3.2 萃取效率 ···································································· 253
13.4 电重量分析法 ········································································ 254
13.4.1 基本原理 ···································································· 254
13.4.2 恒电流电重量分析 ······················································· 255
13.4.3 控制阴极电位电重量分析 ·············································· 256

## 第 14 章 样品的预处理方法 ······························································ 260
14.1 分析样品的复杂性 ·································································· 260
14.1.1 待测物质在样品中分布不均匀 ······································· 260
14.1.2 待测物质在样品中含量较低 ··········································· 260
14.1.3 干扰成分多 ································································· 261
14.2 样品采集的原则及方法 ··························································· 261
14.2.1 样品采集所遵循的原则 ················································· 261
14.2.2 各种样品的采集方法 ···················································· 262
14.3 常规的样品预处理技术 ··························································· 263
14.3.1 沉淀分离法 ································································· 263
14.3.2 液-液萃取法 ······························································· 265
14.3.3 离子交换法 ································································· 267

  14.3.4　固相萃取 ································································································ 268
  14.3.5　微波辅助萃取 ························································································ 271
 14.4　预处理新方法简介 ································································································ 272
  14.4.1　超临界萃取 ···························································································· 272
  14.4.2　固相微萃取技术 ······················································································ 274
  14.4.3　双水相萃取 ···························································································· 274

**参考文献** ····························································································································· 278
**附录** ····································································································································· 280
 附录1　常用酸碱在水中的解离常数（25℃） ································································ 280
 附录2　常用缓冲溶液的配制方法 ··················································································· 287
 附录3　常用电极电位 ······································································································· 295
 附录4　配位滴定有关常数 ······························································································· 298
 附录5　难溶化合物的溶度积常数 ··················································································· 312

# 第1章 绪 论

我们知道,世界是物质的,物质世界是不断运动和发展变化的。但是,物质世界是由什么组成、各种成分各有多少、彼此之间的关系如何以及各种成分是如何随着时间和空间的发展变化而变化等诸多问题就如黑箱(black box),自古以来就是人们一直探索并试图解决的问题。

认识黑箱最简单的办法是由表及里,或者把黑箱劈开或凿开小孔,使用肉眼或探头观察。例如,检验科医生利用配备有激光或 LED 灯管的内窥镜(endoscope)观察胃溃疡(gastric ulcer)、中耳炎(otitis media)或肠道肿瘤(tumor),或者利用超声波成像仪获得各种内脏影像从而通过影像学行为进行疾病诊断;如果临床检验报告血清中甲胎蛋白($\alpha$-fetoprotein,AFP)含量升高,说明病人可能患了肝疾病;临床中医师通过望(observation)、闻(listening)、问(interrogation)、切(pulse-taking)等四诊手段(four diagnostic methods)感知病人的信息等。人们正是通过这样的方法逐渐认识了我们赖以生存的客观物质世界(黑箱),形成了认识客观世界的各种科学方法和科学理论,从而发明了各种各样的实用技术,并为人们的生产和生活提供服务。

药学和制药学工作者为了研究和开发各种药物,需要掌握与疾病相关的各种科学方法、科学理论和各种实用技术,其中分析化学是药学工作者必须掌握的并以此来确定有关药物研发、制造、组成、含量和代谢的理论、方法和技术。

## 1.1 什么是分析化学

### 1.1.1 分析化学的定义

分析化学(analytical chemistry)是关于测定物质的质(quality)和量(quantity)的科学,是通过化学、物理、生物或其他手段获得物质、结构和形态等信息的方法论和技术。它涉及一般化学、物理、生物或医学测量和计算机数据分析处理过程中的相关概念、一般原理和实验技术等基础问题,也涉及方法的正确性、准确度、技术实用性等评价。美国化学会[①](American Chemical Society,ACS)认为,分析化学是获取、处理和传递有关物质组成和结构信息的科学,是测定物质是什么和有多少的艺术(art,精湛技术)和科学(science)[②]。因此,分析化学在某种程度上体现了**艺术和科学的完美结合**。国际纯粹与应用化学联合会(International Union of Pure and Applied Chemistry,IUPAC)认为分析化学是"关于建立或使

---

① Analytical chemistry is the science of obtaining, processing, and communicating information about the composition and structure of matter. In other words, it is the art and science of determining what matter is and how much of it exists.

② 维基百科(Wikipedia)认为,艺术是各种人为活动及其产物的总和,通常充满了想象力和技巧(Art is a diverse range of human activities and the products of those activities, usually involving imaginative or technical skill);而科学是构建并组织知识的体系,能对宇宙世界进行可验证的解释和预测(Science is a systematic enterprise that builds and organizes knowledge in the form of testable explanations and predictions about the universe)。

用**方法、仪器和策略**以获取物质在空间和时间方面的组成和性质信息的一门自然科学"[①]。

总之，分析化学是以获取客观世界各种物质（或物体）的组成、含量、结构和形态以及这些组成、含量、结构和形态是如何随时间变化等信息为根本任务。通俗地说，分析化学是关于测量物质的科学。通过测定，人们知道了研究对象的物质"是什么（定性分析）"、"有多少（定量分析）"、"结构如何（结构分析）"、"状态怎样（形态分析）"等问题。所以，分析化学的任务就是搭建新的仪器设备、建立新的检测分析方法或用公认的方法对产品性能进行实时质量监控（real-time quality control）。社会发展的各行各业都需要分析化学，需要了解各种产品品质的实时变化（real-time variation），其重要性关系到人们的生活品质、身体健康、社会稳定乃至于国家安全。

### 1.1.2 分析化学的哲学问题：科学方法论

从汉字字面结构上理解，"分"字为上下结构，"八"、"刀"意为"以刀剖物、使之分开"；而"析"字为左右结构，"木"、"斤"意为用斧子劈开木头。因此，"分析"实际上就是使用一定的工具使物质"分崩离析（becoming to pieces）"，是将事物、现象、概念分门别类，离析出物质的本质及其内在联系，与"归纳"相对。

怎样才能使物质"分崩离析"？通过什么技术手段来进行？这实际上就是使用什么工具和什么技术手段和工艺路线的问题。"分崩离析"不是目的，而是通过认识"分崩离析"后产生的碎片（fragments，pieces）的性质来还原客观物质世界的本质，从而为人类自己服务。因此当人们获得大量数据后，还需要考虑怎么处理这些数据或信息才能回归到物质的本质，这也是需要解决的问题。所以，**分析化学的精髓实际上就是使用什么方法或手段来获取有关物质的组成和结构信息，并通过所获信息反过来对所采用的方法或手段的正确性或合理性进行评价**。正因如此，分析化学所讨论的问题实际上就是关于科学方法论和科学技术性的问题。

认识客观世界的方法越是能准确（accurate）、自动（automatic）地在大量纷繁复杂的环境中快速（speedy）找到含量稀少（sensitive，灵敏）的目标物（selective，选择）越好。所以，一个新的分析方法或技术需要快速（speediness）、灵敏（sensitivity）、选择性好（selectivity），并且能准确（accuracy）、自动化（automatics），有一定的实用性（application）。也就是，具有3S+3A的分析方法和技术就是很理想的。

---

### 学习与思考

(1) 试讨论美国化学会（ACS）和国际纯粹与应用化学联合会（IUPAC）各自定义的"分析化学"有何异同，各自所强调的重点有何差异。

(2) 试从英语构词法的角度理解"analyze"、"analysis"、"analyzed"、"analyzing"、"assay"和"construe"等词汇的含义。

(3) 品味"measurement"、"detection"、"determination"、"assay"、"analysis"等词汇的细微差别。

---

[①] Analytical chemistry is a scientific discipline that develops and applies methods, instruments, and strategies to obtain information on the composition and nature of matter in space and time, as well as on the value of these measurements, i.e., their uncertainty, validation, and/or traceability to fundamental standards.

### 1.1.3 分析化学的基本原理

如前所述,要获得物质的组成、含量、结构和形态等信息,人们必须使用一定的物理、化学、生物或计算机的方法和技术手段。无论什么方法和技术手段,都需要借助于物质的固有物理、化学或生物学性质,获得与待分析物质(target)或成分(components)作用产生可检测的信号。反过来,物质的物理或化学性质不同,所使用的分析测试手段就不同,所依据的测定原理也就不同,所获得的信号也有本质的区别。物质成分剂量不同,会产生不同的信号性质。因此,分析化学的核心思想就是获得能反映物质组成和性质的信号,并且信号特征与物质组成和性质有简单函数关系。换句话说,如果要测定物质的含量,那么所获得的信号变化就要与含量呈简单函数关系,即分析化学的实质就是利用物质产生的信号探索物质的"质"和物质的"量"的过程。

通常情况下,建立分析方法需要使用试剂(R)与样品中待测物质(T)发生定量的物理作用、化学反应或生物作用:

$$n\mathrm{T} + m\mathrm{R} \rightleftharpoons \mathrm{T}_n\mathrm{R}_m \tag{1-1}$$

式(1-1)用于分析测试 R 必须要满足一定的定量关系,才可以进一步使用一定的仪器设备检测反应或作用过程中所产生的物理信号(如光、电、磁、声、热、体积、质量等反映物质数量性质的参数),再通过物理信号的性质(如强度或位移)变化来确定待测物质 T 的量。所以,一个分析方法的建立涉及三个方面的内容:①依据定量化学反应或物理/生物作用所使用的试剂(R);②测定试剂 R 与物质某个成分反应或作用产生的信号所必须使用的仪器设备;③信号与物质数量性质的关系。

从式(1-1)所示的原理中知道,分析化学是采用化学、物理学、数学、计算机科学及生命科学的理论、技术和手段,应用各种仪器测试得到物质成分的数据、图像等相关信息,通过进一步对这些信息进行加工和处理确定物质的化学成分、测定各组成的含量及确定物质化学结构。

### 1.1.4 分析化学与其他学科间的关系

如前所述,要使物质"分崩离析",必须使用一定的手段或工具,并且需要一定的策略来确定使用什么样的工具、采用什么形式或者在什么条件下才能获得大量的相关物质的化学组成、含量、结构和形态等信息。获得信息的能力越全面、越具有 3S+3A 特性就越好。因此,需要借助相关学科的理论基础和实验技术才能快速(S)、灵敏(S)、有选择(S)地准确(A)、自动(A)、应用性较强(A)地实现"分崩离析"的目的。

首先,基础化学、物理学和生物学为分析化学的反应原理提供了很好的支撑。在获取信息的时候,往往需要使用一些化学或生物试剂与待测物质发生定量化学反应或一些定量物理作用或定量生物作用[如式(1-1)]。有很多分析方法是建立在定量无机反应、定量有机反应、定量物理/生物作用基础之上的,或者通过相关的无机反应、有机反应及生物作用合成新的分析试剂,然后利用分析试剂再与待测组分发生反应或作用产生可检测信号。人们正是通过反应或相互作用所产生的仪器可检测信号来确定物质成分是什么或者有多少。很显然,**基础化学的定量化学反应或一些典型的定量物理或生物相互作用为建立新的分析方法奠定了基础**。没有相关的质或量的关系,很难建立分析方法。换句话说,没有合适的信号来反映物质组成和性质,很难确定物质是什么、有多少等有关物质本质的问题。

其次,物理学为分析化学的发展提供了很好的理论和技术支撑。定量分析化学反应和定量物理或生物学作用进行程度往往产生可检测信号,而这些信号需要使用一定的仪器设备来检测。对于一些简单的反应或相互作用,如常量滴定分析,人们可以借助于滴定管和锥形瓶等简单玻璃仪器,通过指示剂颜色的变化判断反应的进行程度。但对于一些复杂反应或者含量稀少的物质,人们往往需要制造出一些大型的复杂仪器设备并且可能要联合使用不同仪器才能检测到,而这些仪器设备实际上检测的是在化学反应或物理/生物相互作用过程中所产生的光、电、磁、声、热等物理信号。所以,物理学是发展现代分析化学的原始基础,也是革新未来分析化学方法和技术的核心驱动力。

再次,数学和计算机科学为分析化学的理论探讨和数据分析和处理提供了强有力的工具。获得物质的信息越多,反映物质的本质就越全面。但是,当人们获得大量的有关物质是什么、有多少等信息以后,相关数据就会很多,仅仅靠简单的数学处理已不能满足需要。这就需要建立大量数学分析方法、数据库乃至云计算(cloud computing)或对规模巨大的数据进行大数据分析等。

最后,相关的仪器制造科学、机械电子技术为分析仪器的升级换代、自动化提供了很好的支撑。分析仪器的进步需要相关科学技术的进步来推动,有关仪器生产的加工和技术革新为分析仪器甚至仪器零配件的发展起着十分重要的作用。

很显然,分析化学十分受益于其他学科的发展成就。当然,分析化学在受益于相关各学科发展的同时,也为其他学科的发展起到巨大的推动作用,为其他学科的发展提供了强有力的支撑,为生命科学、人口与健康、能源、材料、资源环境、航空航天等领域的研究提供有关物质组成、形态和结构的必须信息。当然,也只有通过分析测试和表征才能为这些学科发展提供数据源。所以分析化学是相当重要的,其作用和重要性将在下列相关内容中足以体现,在这里不再一一赘述。

---

**学习与思考**

(1)"分崩离析"与"总结归纳"存在什么辩证关系?

(2)举例说明分析化学与无机化学、有机化学学科之间的依存关系。它又与其他自然科学学科和工程学科的关系如何?

---

## 1.2 分析化学的内容

### 1.2.1 分析化学的分类

如前所述,分析化学是关于方法论的科学,也涉及大量方法和技术问题。分析化学的学习内容按其任务、性质和反应原理有很多种逻辑分类方法。例如,按照分析化学的内容可分为定性分析、定量分析、结构分析和形态分析;根据分析对象的性质分,分析化学的内容包括无机分析、有机分析、生物分析;根据分析对象的量来分,又可分为常量分析、微量分析等;根据建立分析方法所依据的化学原理分为化学分析与仪器分析;根据物质的组成、形态等性质随时间的变化又分为动态分析和静态分析。此外,还有离线分析(off-line analysis)与在线分析(on-line analysis)、体内分析(*in vivo* analysis)与体外分析(*in vitro* analysis)、原位分析(或现场分析，*in situ* analysis)与非原位分析(*ex situ* analysis)等。本书从上述分类方法的不同方面，就分析化学的内容做简单介绍。

1. 定性分析、定量分析、结构分析和形态分析

定性分析(qualitative analysis)的任务就是确定物质是什么，即鉴定物质由哪些元素、离子、基团或化合物组成。定量分析(quantitative analysis)的任务是测定物质中某些或某种组分的含量(各自含量或合量)有多少。结构分析(structural analysis)的任务是研究物质的分子结构(包括构型和构象)或晶体结构。形态分析(species analysis)的任务是确定在某一环境中元素的存在形式。

2. 无机分析、有机分析和生物分析

无机分析(inorganic analysis)的对象是无机物。由于组成无机物的元素种类较多，通常要求鉴定物质的组成(元素、离子、原子团或化合物)和测定各成分的含量。无机分析又分为无机定性分析和无机定量分析。

有机分析(organic analysis)的对象主要是有机小分子物质(organic small molecules，OSMs)。尽管组成有机物的元素种类不多，主要是碳、氢、氧、氮、硫和卤素等，但自然界的有机物种类有数百万之多。

生物分析(bioanalysis)主要对象是生物大分子(biomacromolecule)，有时也包括与生命活动密切相关的有机小分子。生物大分子如蛋白质、核酸以及糖类的结构相当复杂，除定量分析外，官能团分析、结构与构象分析、功能区分析往往是研究的重点。

3. 化学分析和仪器分析

化学分析法又称经典分析法，是现代分析化学学科发展的基础，其基本原理是基于物质之间发生的定量化学反应，如酸碱反应、配位反应、氧化还原反应和沉淀反应，因而化学分析法是以滴定分析法为主要内容，同时也包含重量分析法、试样前处理。

根据化学反应的现象和特征鉴定物质的化学成分的方法称为化学定性分析；而根据分析化学反应中的试样和试剂的用量，测定物质中各组分相对含量的方法称为化学定量分析。比较出名的化学定性分析方法有柏林大学罗斯(H. Rose，1795—1864)教授于1829年提出的硫化氢系统分析法。罗斯根据溶度积大小把常见的25种金属阳离子分为5组，构建了一个用于金属离子鉴定的简明系统分析图表；化学定量分析主要是滴定分析(titrimetric analysis)或容量分析(volumetric analysis)以及重量分析(gravimetric analysis)。

仪器分析法(instrumental analysis)是以物质的物理性质或物理化学性质为基础的分析方法。仪器分析方法充分体现了学科交叉、科学与技术的高度融合。由于光、电、磁、声、热等性质是广泛存在的物理现象，因而借助于适当的仪器测定这些光、电、磁、声、热等物理量变化和物质的量的简单函数关系就能建立起十分简单灵敏的分析方法。由于测量这些物理量使用了仪器设备，因而习惯上称为"仪器分析"。仪器分析方法一般都具有灵敏度高、选择性好、操作简便、分析速度快、易实现自动化等特点，适用于微量及超痕量分析，甚至有可能达到单分子检测水平。

随着仪器科学与技术的进步，现代仪器分析除了可用于定性和定量分析外，还可用于物质结构分析、元素价态分析、物质状态分析、物质的微区分析等。

4. 常量分析、半微量分析、微量分析和超微量分析

根据试样用量的多少（表 1-1），分析方法又可以分为常量分析(macro analysis)、半微量分析(semimicro analysis)、微量分析(micro analysis)和超微量分析(ultramicro analysis)。通常无机定性分析多为半微量分析，化学定量分析多为常量分析，微量分析及超微量分析多为仪器分析方法。

**表 1-1　按试样用量分类的分析方法**

| 分析方法 | 试样质量 | 试液体积 |
| --- | --- | --- |
| 常量分析法 | >0.1g | >10 mL |
| 半微量分析法 | 0.01~0.1g | 1~10mL |
| 微量分析法 | 0.1~10mg | 0.01~1mL |
| 超微量分析法 | <0.1mg | <0.01mL |

此外，根据试样中待测组分含量高低不同，又可粗略分为常量组分（质量分数>1%）、微量组分（0.01%<质量分数<1%）和痕量组分（质量分数<0.01%）的测定。痕量组分的分析不一定是微量分析，因为测定痕量组分，有时要取样千克以上，所以需要特别注意。

5. 动态分析和静态分析

由于客观物质世界处于不断的发展变化中，因而各种自然现象、化学与生物作用都处于不断发展变化中。无论是物理现象、化学反应还是生物作用都有快慢之分，获得待测物质在不同时刻的信息就十分重要。因而针对测定参数与时间的关系就有了动态分析(dynamic analysis)和静态分析(static analysis)的区别。动态分析又有实时分析(real-time analysis)、时间分辨分析(time-resolved analysis)等。

6. 例行分析和仲裁分析

根据分析任务的性质，可分例行分析和仲裁分析。例行分析(routine analysis)是一般化验室在日常生产或工作中的分析，又称为常规检验(routine test)。例如，药厂每天必须进行的药品质量控制是药品得以安全生产的根本保证。仲裁分析(arbitral analysis)是指事件不同方对分析结果有争议时，要求仲裁单位（法定检测单位）使用法定方法进行裁判的分析。例如，两个厂家对同一药品的检测结果不同，可以通过仲裁机构进行裁定，并以仲裁机构的结果为准，该结果具有法律效力。

随着现代分析化学的发展和不同学科的需要，还出现了各种各样的新分析方法，如个体分析和聚类分析、空间分辨分析等。这些新的分析方法涉及不同学科如计算机、统计学、物理学等相关基础知识，是推动现代分析化学更具有理论性、实践性的新方法学。

### 1.2.2 分析化学的课程体系

如上所述,根据建立分析方法所依据的化学原理分为化学分析与仪器分析。本书以此为基础,构建出如下的分析化学理论课程学习体系。

1. 化学分析

化学分析是分析化学课程学习的基础内容。所涉及样品量通常属于常量分析范畴;所依据的是定量化学反应,包括酸碱中和反应、金属离子的配位反应、氧化还原反应、沉淀反应;所依据的原理是溶液平衡理论,即酸碱溶液平衡理论、配位(络合)平衡理论、氧化还原平衡理论和溶解平衡理论。

建立在溶液平衡基础上的常量分析方法都是以误差(即准确度)为主线,以讨论待测物质是否能准确测定(滴定)为中心内容。所以,内容安排上是首先学习误差分析与数据处理,然后将误差理论应用到酸碱滴定法、配位滴定法、氧化还原滴定法、沉淀滴定法和重量分析之中。由于样品需要预处理,所以随之学习的就是为了获得准确结果需要进行的预处理技术,包括化学分析法、沉淀分离法、萃取分离法、离子交换分离法。下面就分析化学中常涉及的滴定方法做一个简单介绍。

(1) 酸碱滴定法(acid-base titration):以酸、碱之间质子传递反应为基础的一种滴定分析法,常用于测定酸、碱样品和具有两性特点的样品。

(2) 配位滴定法(complexometric titration):以定量配位化学反应为基础的一种滴定分析法,常用于金属离子的测定。

(3) 氧化还原滴定法(oxidation-reduction titration):以定量氧化还原反应为基础的一种滴定分析法,常用于具有氧化还原性质的物质测定。

(4) 沉淀滴定法(precipitation titration):以定量沉淀生成反应为基础的一种滴定分析法,可用于对 $Ag^+$、$CN^-$、$SCN^-$ 及卤素离子等进行测定。

(5) 非水滴定法(non-aqueous titration):有些反应在水介质中进行得不彻底,达不到计量要求,但在水介质以外的有机溶剂中反而能彻底地进行定量反应,因而可以在非水介质中进行滴定。该法可以测定酸性和碱性极弱的药物。

2. 仪器分析

仪器分析方法建立在测定物质的物理性质或物理化学性质基础之上,是通过测定待测物质 T 与试剂 R 作用所产生的光、电、磁、声、热等物理信号所建立的分析方法[式(1-1)]。这些方法通常所涉及的样品量是痕量、超痕量级,有些待测成分含量甚至可以达到单分子水平($10^{-23}$ mol·$L^{-1}$),以至于仪器分析方法的误差都很大。所以,仪器分析方法在 3S+3A 的要求中准确度得不到很好的兼顾,而只要能满足快速(S)、灵敏(S)、有选择(S)和易自动化(A)等要求时就是十分令人满意的了。下面就分析化学中常涉及的仪器分析方法做一个简单介绍。

(1) 光谱分析(spectrometrical analysis):是基于物质分子或原子对光子的吸收与发射来建立的分析方法,其优点是灵敏、迅速。根据被测成分的形态可分为分子光谱分析与原子光谱分析。

(2) 电化学分析(electrochemical analysis)：是基于氧化还原过程中发生电子转移所建立起来的分析方法，具有灵敏度高、选择性好、设备简单、操作方便等优点。

(3) 色谱分析(chromatographic analysis)：是基于混合物中各种组分在两相(phase)间的分配差异以获得分离的方法，属于样品分离的前处理技术范畴，但包含了物质在不同相间的分配理论。

(4) 波谱分析(spectroscopic analysis)：是基于物质分子结构与电磁辐射之间的相互作用而建立起来的能揭示物质分子几何异构、立体异构、构象异构和分子结构的分析和鉴定方法。

---

**学习与思考**

(1) 化学分析和仪器分析在原理、待测物质的量、试剂和仪器上有什么不同？
(2) 物质的哪些性质(如质量、相对密度、体积、颜色、导电等)可以应用于分析测试目的？其基本的原理可能是什么？
(3) 容量分析和仪器分析有什么不同？

---

### 1.2.3 样品分析的基本步骤

当获得一个分析任务以后，首先要对分析对象进行调研，了解待测样品的性能，然后根据待测物质的性质确定分析方法，提出工作方案(图 1-1)。工作方案的基础就是依据所使用的化学反应、物理或生物作用原理(见 1.1.3 节)，涉及定量化学反应、物理或生物作用所使用的试剂(R)、检测信号所使用的仪器设备以及信号处理方法等三个方面。工作方案通常包含下列内容。

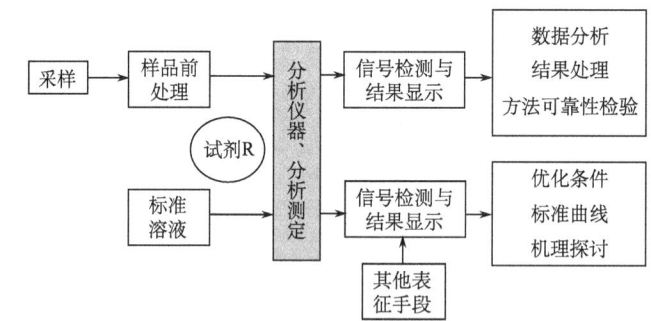

图 1-1 样品的分析流程

**1. 采样**

采样(sampling)的基本原则就是根据分析对象是气体、液体或固体，从大量的分析对象中选取具有代表性的一小部分作为分析试样。分析试样需要反映被测对象总体的真实情况，否则分析工作毫无意义，甚至可能导致错误的结论，给生产和科研造成很大的损失。为此，采样方法一定要科学。无论是随机地还是系统地从不同部分采取一定量的样品，取样点和取样量实际上取决于总体的均匀程度和分析目的对取样准确度的要求。例如，固体样品缩分

(sample splitting)常采用的四分法(centred quarter method)首先将试样混匀,堆为锥形后压为圆饼状,然后通过中心分为四等分,弃去对角两份,如此反复进行直至符合分析工作的要求为止。

2. 样品前处理

对一个具体的分析任务,要根据样品的特点和实验室所具备的条件来确定一定的分析方法。当选定了分析方法以后,就需要根据分析方法对所采集的试样进行前处理(pretreatment),也称试样制备(sample preparation)。前处理试样的目的是尽可能减少测定的干扰,便于通过选定的分析方法获得准确结果。由于定量化学分析中常采用湿法分析,因而可根据试样性质进行样品制备。制备试样中通常使用的手段有干燥、粉碎、研磨、溶解、过滤、提取、分离和富集等,最终才制备成符合测定要求的待测试样。

3. 分析测定

分析测定是完成分析任务中最重要的一个环节,这涉及所采用方法的原理是定量化学反应还是定量物理或生物作用,从而决定了选择什么方法、使用什么仪器和试剂。首先,根据被测物质的性质、含量、共存物质的干扰情况对分析结果准确度与完成时间的要求以及实验室的具体条件,选择合适的分析方法,确定化学反应、物理和生物作用原理、选择试剂和所使用的仪器。其次,根据试样制备方法不同使用标准溶液建立工作曲线、探讨反应机理,进行空白实验或回收实验等来估计试样制备过程可能给测定结果带来的误差。

4. 分析数据处理与方法评价

分析测定往往给出一系列的数据,但这些数据需要进行处理和分析,才能给出最后结果。数据处理(data processing,DP)就是依据所选用方法的原理及有关化学反应的计量关系,计算待测样品中有关组分的含量或浓度,将分析数据转化为有用的信息。为了进一步确证这些信息是否真实有用,需要应用统计学方法对分析结果进行评价,获得如平均值、标准值、偏差、测量次数、回收率、重现性和重复性、置信度等数据来说明分析结果的可靠性。

## 1.3 分析化学的社会责任

世界是物质的,分析化学是认识客观世界不可缺少的工具,是认识世界的"眼睛",是改造世界的必须手段。只要有认识物质世界的时间和地点,就有分析化学。无论什么行业,都离不开分析化学。因此,分析化学任务十分繁重,学好分析化学大有可为,且能成为各行各业的关键技术人才。

分析化学作为十分重要的基础科学,它的重要性主要体现在两个方面。一方面,分析化学要为生产生活中的常规检验和监测工作服务,制定检验标准和从事常规的无机分析、有机分析、生化分析、环境分析、药物分析、食品分析、临床检验和质量监控;另一方面,随着其他学科的发展以及社会对分析测试需求的增加和提高,分析化学必须为其他学科服务,相互合作,为突发事件提供快速应急监控手段,为相关学科发展建立新的测试方法。例如,在新兴的研究领域,如化学信息学、生物信息学和新仪器研制等方面从事开拓性的工作;在涉及国家安全和国计民生的药品食品、环境污染、生物战剂与反恐等相关领域进行检测和质量控制。下面列举分析化学在一些领域的应用,说明学好分析化学是十分重要的。

### 1.3.1 分析化学是自然科学研究的眼睛

在生命科学的发展历程中,处处都离不开分析化学。生命科学发展所取得的每一个重大突破,都是分析技术带来的。确定脱氧核糖核酸(DNA)为遗传物质就是一个很好的实例。美国生物化学家查伽夫(E. Chargaff,1905—2002)首先通过测定 DNA 中腺嘌呤(adenine,A)、鸟嘌呤(guanine,G)、胞嘧啶(cytosine,C)和胸腺嘧啶(thymine,T)4 种碱基的含量,发现其中腺嘌呤与胸腺嘧啶的数量相等、鸟嘌呤与胞嘧啶的数量相等,从而提出了碱基配对原则。

在此基础上,沃森(J. D. Watson,1928—)和克里克(F. H. C. Crick,1916—2014)结合富兰克林(R. Franklin,1920—1958)在 1951 年拍摄到的 DNA 晶体照片,于 1953 在 Nature 杂志上仅以 1000 多字的短文和一幅插图(图 1-2)公布了他们确认的 DNA 双螺旋结构,为 DNA 分子如何复制、传递生物体的遗传信息提供了合理说明。

图 1-2　沃森和克里克于 1953 年发表在 Nature 杂志上有关 DNA 双螺旋结构的论文首页

建立在碱基含量和 X 射线衍射晶体分析基础上所确立的 DNA 结构是生命科学中具有革命性的发现,是 20 世纪最重要的科学成就之一。沃森和克里克也因此获得 1962 年诺贝尔生理学或医学奖。

**延伸阅读 1-1：分析化学家的贡献加快人类基因组计划的完成**

人类基因组计划（Human Genome Project，HGP）是一项与曼哈顿原子弹计划（Manhattan Project）和阿波罗探月计划（Project Apollo）相并列的三大科学计划之一，规模十分宏大。其目的就是通过测定组成人类染色体中所含的 30 亿个碱基对组成的核苷酸序列来绘制人类基因组图谱，达到破译人类遗传信息、攻克与基因相关疾病的最终目的。人类基因组计划的实施对促进人类健康具有十分巨大的贡献。

人类基因组的研究起源于 20 世纪 70 年代，到 80 年代已经形成一定的规模。1985 年，受美国国家能源部（Department of Energy，DOE）委托，以辛西默（R. L. Sinsheimer）为首的美国科学家提出了测定人类基因组全序列动议，并形成了 HGP 草案。1990 年，经美国国会批准，HGP 正式启动，计划利用 15 年时间完成人类基因组全部脱氧核糖核酸（DNA）测序、定位及遗传学研究。英、日、法、德等国相继加入，我国于 1999 年加入该计划，并承担了全部工程量中 1% 的测序工作。按照计划的最初设想，需要在 2005 年把人体内约 10 万个基因的密码全部解开，并绘制出人类基因的谱图。但是要揭开后来证实为组成人体 4 万个基因的 30 亿个碱基对的秘密涉及大量的测序工作，直到 1998 年，全部测序工作仅完成了 6%。因此 DNA 测序成为计划瓶颈，是完成计划最严峻的挑战。然而随着毛细管阵列电泳（capillary array electrophoresis，CAE）分析技术的诞生，基因测序工作得以快速推进，以至于到 2000 年就完成了人类基因组计划工作草图。2003 年，科学家已经完成了 98% 的基因序列测定，比原预计 95% 还多，并且精确度达到 99.99%。显然，HGP 得以提前完成是受益于毛细管阵列电泳技术的高效应用。

## 1.3.2 分析化学是医药卫生事业成功的根本保证

在临床诊断中，需要经过很多临床检验才能准确进行疾病诊断、疾病筛查、病因调查。在现代药学研究中需要进行新药研发、药品质量全过程控制、药物代谢动力学、药物制剂稳定性、生物利用度和生物等效性、中草药有效成分的分离和测定等都离不开分析化学。

药物研发涉及确定靶标、建立模型、发现先导化合物及优化的研究阶段和从临床前到临床过程的开发阶段，最后才进入生产、销售、流通与存储、临床使用等各个环节。每一个过程都必须实行严格的分析监控和全面质量控制（total quality control，TQC），才能保证药物的安全、无毒和有效。所以，分析化学是药物化学、天然产物化学、药代动力学和药理学研究以及药品质量控制中不可缺少的重要手段。

对于任何一位药学工作者来说，在药物研发、临床使用、运输和存储的每个环节中药物形态、含量、杂质等变化都是很重要的，必须使用分析化学的基础理论、相关的方法和技术予以确定药物在上述各个环节和各个过程中是否安全、有效、无毒或性质是否发生变化。因此药学工作者必须学好分析化学，并以此作为药物研发研究过程中必不可少的基础知识和技术工具。

中药为我国传统中医所特有，但因为其复杂性使得其靶点不清楚、质量不可控和安全性受到质疑而暂时没有得到国际社会特别是欧美国家的认同。例如，被认为是百药之药的茶叶成分至少 600 多种，各种成分在茶叶的不同部位分布是不一样的，每一片茶叶成分都不相同,并且各种成分还随采集时间、种植地点的差异而有所变化。与茶叶一样,其他中药的组成、性质都经常变化,质量控制很难。但无论如何,中药作为药物,必须符合安全、有效、质量可控的要求。所有这些工作,都需要现代分析化学来完成。

作为化学学科的一门基础学科,分析化学不仅对于化学本身的发展产生深远的影响,而且对认识客观物质世界的任何一门科学和技术都起着至关重要的作用。例如,生命科学、材料科学以及国民经济的发展、自然科学的研究、医药卫生事业、人才培养和教育等方方面面都离不开分析化学。药学专业的学生学习分析化学,不仅是为了掌握各种分析鉴定方法的理论和技术,而更重要的是学到科学研究的方法。在今后学习药理学、药剂学、药物分析学、药物化学、天然药物化学等课程中,都要注意分析方法与技术的应用。

### 学习与思考

(1) 举例说明分析化学怎样为药学研发服务。
(2) 中药被视为我国国粹,但中药因为存在成分复杂、靶点不清楚、药品质量控制难等问题还很难走出国门。你认为有什么办法可以解决这些问题?

### 1.3.3 分析化学是国民经济发展水平的标志

分析化学对促进国民经济各领域的发展具有巨大的作用,是一个国家生产力发展水平的标志。

分析化学在矿物分析、石油分析、天然气储量确定等资源勘探的工业生产领域,以及原料选择、工艺控制、产品检测、中间体、成品和有关物质检测的生产过程中都十分重要;在农业生产中,需要进行土壤分析、土质分析、作物营养分析、农产品质量检测;在食品产业中,需要食品的营养成分、农药残留量分析;航天技术的发展和对各行星成分的遥控分析,也需要现代化高水平的分析技术为保障。在环境科学与工程中,鉴定污染物的成分、分析查找污染源、治理污染,其中的每一步都离不开分析化学。

在材料科学领域,分析化学对新的航空航天材料、激光材料、信息材料、医用材料等研究和开发起着至关重要的作用。材料的性能与其组成和结构直接相关。分析化学可用于了解痕量杂质对材料性能的影响、材料的组分状态及时空分布情况。

在制造业中,各类产品的品质、质量评判,必须用到分析化学。例如,钟表制造业是瑞士的传统产业,是瑞士继机械制造、化工之后的第三大出口工业,其产量的95%以上用于出口,并且稳居当今世界第一大钟表出口国地位。"Swiss Made"在16世纪末就以其优良质量闻名,而今天瑞士钟表业的世界级声誉在很大程度上仍然来自其稳定的质量和可靠的性能。可见,分析化学在国民经济建设与发展中是必不可少的,其原因就是世界是物质的,而分析化学能揭示关于物质的质和量的本质。

### 延伸阅读1-2:分析化学家拯救了比利时

1999年1月18日,比利时维克斯特(Verkest)油脂公司的一辆装载动物油脂的罐车遭受工业用油的严重污染。随后一周,维克斯特继续把被污染的动物油脂供应给比利时、法国、荷兰和德国养鸡饲料生产厂家。到1月底，养鸡户发现肉鸡生长异常、蛋鸡下蛋减少，从而向保险公司提出补偿要求。保险公司遂将饲料样本送检、化验，结果发现鸡脂肪中二噁英含量超出环境的200~500倍。经媒体报道后，整个比利时以及部分欧洲国家顿时陷入了空前的食品安全危机，以至于比利时内阁集体辞职，比利时国家卫生部决定禁止所有1月25日至6月1日生产的鸡肉和鸡蛋上市、禁止宰鸡场继续屠宰肉鸡。

异常高的二噁英含量引起了比利时根特大学(Ghent University)从事分离分析的桑德拉(P. Sandra)教授的注意。他预感到如此高含量的二噁英中应该还有其他污染物，而且认为样品检验的时间长达一个月、使用昂贵的质谱仪(mass spectrometer, MS)对确定饲料是否被污染不利。他研究发现，饲料样本中还有大量的多氯联苯类(polychlorinated bi-phenyls, PCBs)混合物，所以他认为，二噁英的来源不是焚化炉残留，而是来源于多氯联苯类。多氯联苯类的检测通过便宜的气相色谱仪(gas chromatograph, GC)就可实现。比利时政府接受了桑德拉教授的建议，着手排查多氯联苯类而不是二噁英了。这种方法既方便了检测，又使没含有多氯联苯类的饲料能重新回到市场。正是分析化学家及时确定了污染物二噁英的来源和提出新的分析方法，使得生产和销售得以恢复。所以，媒体感叹是分析化学家拯救了比利时。

### 1.3.4　分析化学是防灾、减灾、抗灾和救灾的必需手段

自然界不断发展、变化，而这些发展变化常常给已经适应自然环境条件的人们带来灾难，如地震、泥石流、塌方等。同时由于人们在生产实践活动过程中也违背了自然规则，受到自然惩罚而产生了一系列事故。为了使人们尽快从环境灾害中迅速恢复，人们需要简单、快速、实时的方法和技术获得灾难或事故产生的原因及实时可靠的信息，从而尽快处置一系列后续后果，保障公共安全。

即时检测(point of care testing, POCT)是近年来分析化学学科中涌现出来的新技术领域，指在实验室之外，靠近检测对象，并能及时报告结果的一个微型的移动检验系统。POCT因技术操作简单、报告即时、仪器携带方便、综合成本低已被广泛应用于医疗机构检验、缉私禁毒、食品安全检验等领域，特别是有希望进入家庭人体健康保健和护理。例如，随着我国老年人口比例越来越高，老年护理有大量的工作需要做。如果将POCT技术引入家庭，并将有关POCT技术分析结果利用云服务直接反馈给社区或医院的公众服务系统，使需要护理的家庭能得到及时周到服务，并且大量减少相关劳动力消耗。再如，地震发生以后，灾区可能断水断电，因而很多实验室实验设备不能使用，这时就是需要简单、实用性强并且能实时报告检测结果的分析方法和技术。

**延伸阅读1-3：分析测试结果指导天津大爆炸救援**

发生在2015年8月12日晚11：30左右的天津瑞海物流公司大爆炸导致了包括公安、消防在内的165人遇难，8人失联，近800人受伤，给人们的生命财产、健康及环境造成了巨大损失。涉事的瑞海公司危化品货场内主要存放有三大类共40多种易燃易爆危险化学品，即氧化物、易燃固体、剧毒物共约2500t。也就是说，由易燃液体、易燃固体、氧化剂、毒

性物质、腐蚀品和炸药原材料组成了一层层堆积的化学炸弹库。"特殊物质"先引爆汽车，让可燃物体着火。由于管理混乱，消防员在不知道周围还有700t氰化钠（或其他爆炸物）的情况下，用普通水灭火，结果导致更大的爆炸。继而有毒物挥发，进一步造成更大范围的生态灾难。假如当时能及时知道这些氰化物的存在，至少能避免后面的爆炸。

由于爆炸时温度极高，反应物复杂，因而产生了各种各样的复杂产物，对空气、土壤和水体都可能产生很大影响。各种爆炸产物分布在周围几公里的范围之内，并且可能给爆炸现场附近的居民带来恐慌。人们会担心氰化钠等有毒有害物质是否泄漏、对环境和生态是否造成影响，是否污染了地下水或海水；爆炸使空气中弥漫着大量成分不明气体和小颗粒，特别是产生超标30倍的恶臭气体甲硫醇是否对人体有害。此外，爆炸以后附近海区碰巧因气候变化导致缺氧产生大量死鱼，会进一步给人们带来紧张情绪。为了及时救援并让公众的损害和恐慌情绪降到最低，就要求对水、空气、土壤中有毒物质进行及时检测和评估，报告公众。实践证明，大量分析测试技术的及时介入，对事发地点周边的大气、土壤和水环境中包括氰化钠、耗氧量等密集布点进行实时监控，及时让公众知道真相，对稳定公众情绪、遏制谣言、保障社会秩序和人们的生命财产安全起了极其重要的作用。

天津大爆炸发生后各种分析检测结果的及时公布，为救援指挥部的战略部署提供了可靠的科学依据，对灾后抢险救援、安抚民众起到了十分重要的作用。

## 1.4 分析化学在药物研发过程中的作用

正如前述，药物必须安全、有效、质量可控，所以分析化学在药学（pharmacy）和制药工程（pharmaceutical engineering）中有十分广泛而重要的应用，涉及药物的研发、生产、流通、使用及监督管理等全过程中的各个环节。正是由于药学对分析化学有极大需求，产生了药学学科下一个极其重要的二级学科——药物分析学（pharmaceutical analytics）。

### 1.4.1 分析化学在药物研发中的作用

在原料药（active pharmaceutical ingredient，API）研究中，无论化学药物、天然药物，还是生物制品，在进行其有效性及安全性研究前，首先，需要采用结构分析方法及定性分析方法进行结构的确认和药物的鉴别；其次，需要采用定量或半定量分析方法测定有效成分及杂质的含量。也就是说，制定并执行合理的药物研究质量标准，是正确评价药物有效性及安全性的必要条件。例如，一个未经质量研究及质量控制的药物，如果其安全性不符合要求，其原因可能是药物自身的毒副作用，也可能是药物中杂质的毒副作用。

在药物制剂（pharmaceutics）研究中，也同样需要采用定性定量的分析化学方法，研究药物从制剂中释放的速度、制剂的均一性、制剂的安全性等。另外，药物代谢动力学研究是药理学（pharmacology）研究的一个重要内容，而药物代谢动力学参数的测定必须由分析化学来完成。

### 1.4.2 分析化学在药品生产中的作用

药品生产的全过程均需要采用分析化学的方法和技术,对药品进行全面质量控制(total quality control,TQC)。首先,需要采用定性定量的分析方法对购买的原辅材料和包装材料进行质量控制;其次,需要对中间体及生产过程进行质量控制。目前,过程分析技术(process analytical technology,PAT)已经成为药品质量控制的一个重要手段。药物成品的检验放行,更是离不开定性定量的分析化学方法。药物只有通过检验并符合质量标准的要求时才成为药品。

### 1.4.3 分析化学在药品流通中的作用

储藏中的合格药品,需要按一定的时间程序进行质量检验,以确保其质量始终在合格范围内。在药品流通过程中,贸易双方均应该按照合同标示的同一质量标准自行组织检验,并均应符合规定。如果发生争议,可由具有相应资质的药品检验机构进行仲裁检验。

### 1.4.4 分析化学在药品使用中的作用

随着社会经济、技术的高速发展,人们对药品合理使用的要求越来越高。目前,由美国率先开展的药学监护(pharmaceutical care,PC)在我国得到迅速发展,与此相关的床边检验(point-of-care,POC)也得到了蓬勃发展。为了制订和及时修改患者的个性化用药方案,以获得安全、有效、经济的药物治疗效果,需要开展治疗药物监测(therapeutic drug monitoring,TDM),也就是采用分析化学的方法进行体内药物分析(drug analysis *in vivo*)。另外,药物滥用(drug abuse)的监测等工作,均需要使用分析化学的方法和技术。

---

**学习与思考**

(1) 查阅文献讨论手性分析与19世纪60年代欧洲反应停(thalidomide)事件的关系。
(2) 即时检测(point-of-care testing,POCT)有时又称床边检测,是指在病人(包括行动不便的老年人)身旁或检测现场迅速获得检测结果的一项快速检测手段。试查阅文献,思考如何将即时检测与云计算联系起来更好地为人类生活提高生命质量服务。

---

### 1.4.5 分析化学在药品监督管理中的作用

我国的国家食品药品监督管理局(State Food and Drug Administration,SFDA)是我国实施药品监督管理的国家机构,为我国药品研发、生产、流通和使用的发展,为我国人民安全、有效、合理地用药提供了有力的保障。我国各级食品药品检验所是国家食品药品监督管理局执法的技术支持机构,其主要职责包括药品抽查检验,国家药品标准的起草、修订及注册检验,国家药品标准物质原料的初选和协作标定,委托检验。以上每项药品检验工作均离不开分析化学方法和技术的使用。由此可见,分析化学是药学的一门重要的专业基础学科。

**延伸阅读 1-4：FDA 与 ICH**

美国食品药品监督管理局（U. S. Food and Drug Administration，FDA）是美国专门从事食品与药品监督管理的最高执法机构，主要负责美国食品、膳食补充剂、药品、生物制品、化妆品、兽药、医疗器械以及诊断用品等的监督管理。

人用药品注册技术规定国际协调会（International Conference on Harmonization of Technical Requirements for Registration of Pharmaceuticals for Human Use，ICH）是欧盟、美国、日本三方药品管理当局及其制药企业管理机构共同发起的，旨在对三方人用药品注册技术规定所存在的差异进行协调的国际组织。

药品研发应遵循的基本原则是保证药品安全、有效、质量可控。在这个基本原则中，控制药品质量是保证药品安全有效的基础和前提。为控制药品质量，需要从不同的角度和层面对药物进行多个项目测试，从而全面考察药品质量。为此，各国都以国家法律的形式颁布了药典（pharmacopoeia）来规范和控制药品质量，通过使用如色谱法、质谱法、电化学分析、电子自旋共振、显微术等分析方法全方位分析药物的结构、形态和杂质含量等属性。

**延伸阅读 1-5：分析化学在中药研发中的作用**

中药现代化是中药走向国际市场的必经之路。但中药国际化遇到了诸多挑战，包括中药作用机制、药物的有效性、毒性副作用以及中药现代化标准等。通过分析化学，可以快速可靠的定性定量分析复杂的中药分析体系，为探明重要的化学基础和阐明中药活性组分在体内代谢的复杂解析做出贡献。

联用色谱仪器，可以给出波谱和色谱信息，并借助化学计量学和计算机科学的现代化手段来处理海量的数据，特别是为中药色谱指纹图谱的化学基础提供了一条新的通道。依靠色谱和各种波谱所提供的多维数据来对中药色谱指纹图谱进行质量控制新方法研究，并对联用色谱的海量数据进行剖析，从而有效地创立中药化学指纹图谱和药理药效学的研究新方法。

## 1.5 学好分析化学的方法和技巧

分析化学是化学学科的一个重要的分支，也是高等药学、制药工程及其相关专业基础课程之一。学生在学习过程中，除了掌握分析化学的基本原理和测定方法外，还需要有严肃认真、实事求是的科学态度，开展实验研究必须严谨、求实，努力培养实验技能和创新能力。

总结起来，学好分析化学需要掌握以下四种原则。

### 1.5.1 理论与实践相结合原则

分析化学必须以实验为基础，需要严肃认真的学习态度和熟练的实验操作技巧。所以，在学习理论的同时必须加强实验训练，做到理论联系实际。掌握分析原理及其应用条件、仪器技术和应用范围、树立量的概念，从而培养严谨的实验态度、优秀的科学素养和杰出的研究能力。

## 1.5.2 系统化和结构化原则

科学知识是一个系统，分析化学也不例外。学习时一定要形成分析化学的知识体系和逻辑结构。只有把知识系统化、结构化，才能"纲举目张"，形成科学思维而转化成为能力。例如，化学分析法是以误差作为主线，讨论待测物质能否通过酸碱滴定、配位滴定、氧化还原滴定或者沉淀滴定是以滴定误差不大于0.1%为基准，从而解决滴定的酸度（缓冲溶液）、指示剂和干扰消除等问题。而在仪器分析中，通常是以能否实现3S+3A基准而建立新的分析方法，因而需要学习方法的原理和仪器结构，熟悉了仪器结构往往可以提高分析方法的3S+3A性能。

## 1.5.3 学习与发展相统一原则

这个原则要求在分析化学学习过程中有意识地从实际出发，提高能力，培养科学的方法论。不仅要灵活地运用科学方法论来了解和认识分析化学，还要能运用科学的方法去学习、思考和实践，更要从分析化学的相关研究进展中获取新知识和新思想。学习分析化学不仅是从课堂上获取基本知识和技能，更重要的是要在理解分析化学基本理论和技术基础上，认清"分析化学就是与物质的量相关的信号的科学"，获取建立新的方法论的能力，从而当遇到书本之外的新方法和新技术能很快地加以理解和应用，解决生产和生活中的实际问题。

## 1.5.4 及时强化原则

及时强化是学习和发展的需要，可以理解和加深知识，使之系统化并及时掌握所学习的内容。科学的学习方法是掌握和学习任何一门学科知识的基本手段，能起到事半功倍的作用。相对其他学科而言，化学学科的知识零散性较强、系统性较差，在学习时不易形成系统化的知识。因此在学习过程中，需要及时将归纳、演绎、分析、综合、假说、分类、类比等基本的科学方法应用灵活应用起来。此外，分析化学涉及大量的数据处理，需要课后做大量的练习题才能深入和巩固课堂知识。

---

### 学习与思考

(1) 你认为怎样结合实际情况才能学好分析化学？
(2) 举例说明物质的哪些性质可以应用于分析测试目的。
(3) 举例说明分析化学在药物研发的实际应用过程中可得到哪些具体应用。

---

# 1.6 分析化学发展简史

任何一门学科的形成都是随着人类社会对客观世界的认识和发展而慢慢形成的知识积累，有其雏形并历经曲折才慢慢走向成熟。分析化学的形成和发展也不例外，也是随着人类的历史发展而发展的，大致经历了萌芽、形成、诞生和三次变革四个阶段。各个历史阶段都有其标志事件甚至是惊人进展，而这些事件或进展对分析化学乃至人类社会的发展都有至关重要的作用。

### 1.6.1 分析化学学科的萌芽、孕育与诞生

分析化学的历史悠久而曲折。早在东、西方兴起的炼丹术、炼金术中就已经涉及许多"量"的问题了。这些可视为分析化学的萌芽。例如，公元前4世纪人们就使用试金石来判断金块的成色；公元前3世纪，阿基米德(Archimedes，公元前287—公元前212)就利用金、银密度间的差异解决了金冕纯度问题，建立了史上最早的无损分析法(nondestructive analysis)。

天平(balance)是人们最早发明的分析仪器，是利用物体的重力借助于杠杆平衡原理来测定物体的质量。公元前3000年埃及人就掌握了称量技术；早在公元前1300年的《莎草纸卷》上就有关于等臂天平的记载。在长沙楚墓中，考古学家发现了各种精制的砝码、秤杆、秤盘、系秤盘的丝线提绳等公元前700年前的文物。在汉墓中，出土了公元前200年前就有的各种规格的杆秤砣文物。考古学家还在陕西眉县的汉代单窑砖墓中发现了完整的木质杆秤，其制作时间在西汉武帝末年至东汉中期(公元前1世纪—公元1世纪)。到中世纪即我国南北朝到明朝中期，欧洲将等臂天平应用到了烤钵试金法中，其统治者以法律形式规定所有矿城必须建立试金实验室，使用统一天平按统一方法称量，从而统一控制黄金产品质量。这可能是史上最早的质量控制(quality control, QC)记载。

可以看出，无论是古代的东方还是西方，社会发展都离不开对物质的量的了解，从而推动了各种定性和定量检测技术的发展，而天平的产生使人们的定量技术向前迈进了一大步。

图1-3　英国化学家波义耳
(R. Boyle, 1627—1691)

到了17世纪，即我国明末清初时期，经历了文艺复兴的欧洲进入了资本主义时代，发生了科学与艺术革命。冶金、机械工业生产已相当发达，积累了丰富的金属分析知识。出生于爱尔兰的伟大的自然哲学家波义耳(R. Boyle, 1627—1691)(图1-3)把这些知识加以整理，冠之以"分析化学"名称。大家所熟悉的描述气体运动数量公式即波义耳定律就是其伟大成就之一。波义耳还发现了某些植物色素在酸性和碱性条件下出现不同颜色，但波义耳对化学的杰出贡献主要体现在他1661年出版《怀疑派化学家》(The Skeptical Chemist)，开辟了近代化学年代，是化学史上的里程碑。虽然波义耳的化学研究带有炼金术色彩，但化学史家都把波义耳作为化学第一人。恩格斯(F Engels, 1820—1895)给波义耳以高度评价，认为"波义耳把化学确立为科学"。在此基础上，人们树立了量的概念，从而通过总结大量分析实验数据，相继建立了化学学科中的定比定律、倍比定律、质量守恒定律，把研究化学认定为探索世界的本质。

1775年前后，法国化学家拉瓦锡(A. L. Lavoisier, 1743—1794)发现燃烧时增加的质量恰好是氧气减少的质量，用定量实验阐述了燃烧的氧化学说，证实了质量守恒定律，开创了定量化学时期。拉瓦锡强调定量分析的重要性，并于1789年出版了《化学基本论述》，定义了元素的概念，总结出33种元素和常见化合物，使得当时零碎的化学知识逐渐清晰化。到1869年，俄国科学家门捷列夫(D. I. Mendeleev, 1834—1907)总结出了元素周期律，发明了

第一个元素周期表。可见,分析化学早期对化学学科的贡献就在于人们通过量的手段来发现新物质。

波义耳提出了"分析化学"的名称,并且因引入指示剂(indicator)的概念而成为滴定分析(titrimetric analysis)的先驱。18 世纪容量分析的方法兴起后,很快就产生了滴定管(burette)。1791 年法国化学家德克劳西(F. A. H. Descroizilles,1751—1825)发明了最原始的滴定管,随后法国著名的物理和化学家盖·吕萨克(J. L. Gay-Lussac,1778—1850)对滴定管进行了改进,并使用磺化靛青作指示剂测定漂白粉中有效氯、硫酸测定草木灰和氯化钠测定硝酸银,涉及氧化还原、酸碱中和反应和沉淀反应原理。这些研究为建立容量分析中氧化还原滴定、酸碱中和滴定和沉淀滴定方法奠定了坚实的基础。随后,德国化学家冯·李比希(J. Liebig,1803—1873)用银(Ⅰ)滴定氰离子,建立了配位滴定法。以李比希的配位滴定分析为基础,瑞士化学家施瓦岑巴赫(G. K. Schwarzenbach,1904—1978)通过研究乙二胺四乙酸(ethylenediamine tetraacetic acid,EDTA)的配位化学,提出了氨羧配位剂配位滴定法,构成了现代容量分析中配位滴定分析法的主要内容。

18 世纪 60 年代到 19 世纪中期在欧洲发生了以蒸汽机发明和应用为主要标志的第一次科技革命,工业生产全面机械化,极大促成了技术进步和社会经济腾飞,催生了如物理、化学、生物学、地质学等自然科学学科的形成和发展。在此环境下,德国化学家弗伦纽斯(C. R. Fresenius,1818—1897)出版了《定性分析》和《定量分析》两部专著(图 1-4),并创办了德文分析化学杂志,极大促进了分析化学的发展。这两部专著把分析化学的相关知识进行了细化、分类和系统化,形成了比较完备的知识体系,从而宣告分析化学学科诞生了。随着 1856 年徐寿(1818—1884)将化学科学传入我国,一些洋务学堂相继开设了一些"格致科目",讲授寻常物理、化学现象,设置了"化学分析实验"和"工业分析实验"等课程。

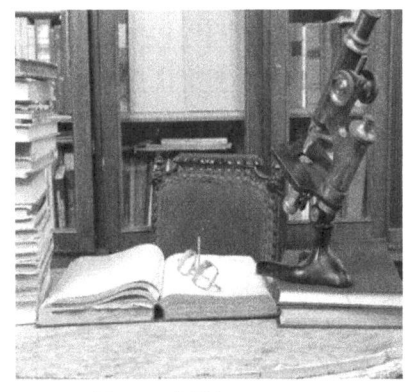
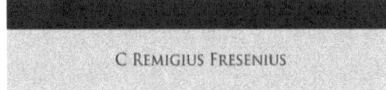
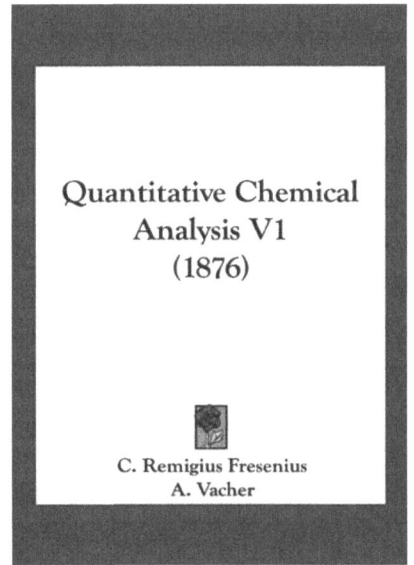

图 1-4 德国化学家弗伦纽斯编写的《定性分析》《定量分析》两部专著,标志着分析化学学科的诞生

## 学习与思考

(1) 试通过中西方的文化差异和历史发展进程,讨论为什么自然科学首先在西方兴起。

(2) 历史上的炼金术和炼丹术对人类社会的发展、现代化学学科的产生有何意义?

(3) 波义耳在物理和化学上都很有成就,是历史上著名的自然哲学家,是人类历史上第一个发现"定律"的人。他在1662年根据自己的实验结果提出"密闭容器中的定量气体在恒温下,气体的压力和体积成反比关系"。同时他根据实验最先揭示"空气是燃烧的必要条件"。从波义耳的身上,你看到了理论和实践的哪些依存关系?

### 1.6.2 分析化学学科经历的三次大变革

从波义耳提出"分析化学"的名称到弗伦纽斯系统化"分析化学"知识的两百多年时间里,欧洲国家历经了第一次科技革命和19世纪中期以电机发明为起点、以电力广泛应用为标志,并由此在电力、内燃机、新材料和海洋技术等领域取得了重大突破使人类进入"电气时代"的第二次科技革命。两次科技革命促使科学同技术开始密切结合,促使生产力得到快速发展,自然科学也因此而取得突破性进展,分析化学的发展受到极大推动,以至于从20世纪以来,分析化学又经历了三次大的变革,每一次变革都和社会发展历史过程中的重大事件密切相连。

#### 1. 第一次变革

此次变革发生在20世纪前后,以"分析化学"从技术转变为科学为标志。在此之前,分析测试工作主要涉及技术问题,没有理论。大家知道,科学是反映自然、社会、思维等客观规律的知识体系。因此,技术要成为科学,必须在实验基础上加以总结和归纳,从而形成实验和理论相互依存、共同进步的两个方面。受第一次和第二次两次科技革命的推动,分析化学充分吸收和应用了当代科学的理论、技术和实验方法,形成了自己独特的理论基础,成为名副其实的科学。

在分析化学科学的发展过程中,德国化学家奥斯特瓦尔德(W. Ostwald, 1853—1932)表现十分突出。他以物理化学中解离平衡理论为基础,第一次解释了酸碱指示剂的变色机理,从而建立了溶液平衡分析理论,并于1894年出版《分析化学科学基础》。因此,是物理化学溶液理论的发展为分析化学提供了理论基础,催生了溶液酸碱平衡、配位平衡、氧化还原平衡及溶解平衡四大溶液平衡理论。所以,专著《分析化学科学基础》的出版使分析化学从技术演变成为科学,是分析化学经历第一次变革的标志性成果。奥斯特瓦尔德也因为在化学平衡和催化领域的杰出成就而获得1909年的诺贝尔化学奖。

任何一个样品都含有多种成分,各种成分含量有多有少。面对这样的需求,奥地利化学家埃米希(F. F. Emich, 1860—1940)设计和改进微量化学天平,提出了新的操作方法,实现了毫克级无机试样的测定,使分析灵敏度达到微量化学分析的要求,因而成为近代微量分析公认的奠基人。在有机化合物的微量分析方面,奥地利分析化学家普雷格尔(F. Pregl, 1869—1930)受埃米希的启发,将常量燃烧法改为微量法获得成功,出版了《有机微量定量分析》一书,并以此获得1923年诺贝尔化学奖。

## 2. 第二次变革

此次变革发生在 20 世纪中期,以仪器分析方法迅速发展为标志。由于第二次世界大战反战和战后各国对高科技的迫切需要,以第二次科技革命推动欧洲国家进入了"电气时代"为基础的科学理论重大突破,物质财富和技术得到飞跃发展,因而大约在 20 世纪 40 年代至 60 年代催生了以原子能、电子计算机、空间技术和生物工程的发明和应用为主要标志的第三次科技革命。第三次科技革命使资本主义逐渐进入信息时代,相关新能源、新材料、生物技术、空间技术和海洋技术等领域都发生了信息控制革命,以至于科技成果迅速转化为生产力,劳动生产率成倍提高。

在这种大背景下,一系列以物理学、电子与半导体学、原子能工业发展为基础的新仪器设备诞生了,使得分析工作者建立了一系列基于测量物理或物理化学参数为基础的仪器分析方法。出现了基于光谱学的光谱分析法(spectrometric analysis)、基于氧化还原电子转移的电化学分析法(electroanalytical chemistry)、基于物质吸附能力的色谱分析法(chromatographic analysis)、基于射频共振的核磁共振波谱法(nuclear magnetic resonance spectroscopy analysis)和基于分子碎片质荷比的质谱分析法(mass spectrometric analysis)等分析方法。

经典的成分和组成分析方法仍在不断继续,但分析的灵敏度随着新仪器、新设备的诞生从常量发展到微量、超微量和痕量水平,向自动化、智能化方面有所发展,使分析速率加快、分析灵敏度提高、分析耗样量减少。分离技术也不断革新,各种分析仪器如质谱仪、极谱仪、色谱仪的应用和小型化、自动化及与其他重要仪器的联用,得到迅速发展和完善。

## 3. 第三次变革

此次变革发生在 20 世纪 70 年代末至今,其标志是以现代分析仪器和计算机技术的结合。这是因为第三次科技革命发展延续使得人类处在"信息时代"。处于这个时代的分析化学,主要是发展以提高分析化学的灵敏度、准确度和选择性,实现自动化和智能化为目标,以至于在理论、方法、技术、仪器方面都有了前所未有的进展,进入了具有综合性和交叉性特征阶段。计算机技术推动仪器自动化、程序化,使得复杂程序计算、海量数据处理、统计结果分析得以快速、简便,并直接从数据分析中提取重要科学信息。正是在这样的背景下,瑞典化学家沃尔德(S. Wold,1941—)提出了化学计量学(chemometrics),试图以数学、统计学、计算机科学和其他相关学科的理论和方法为基础,优化化学测量过程,从所获数据中最大限度地提取有用的化学信息。

现代分析化学已成为在综合光、电、磁、声和热等现象的基础上进一步采用数学、计算机科学及生物学等学科新成就对物质进行纵深分析的科学,已成为获取形形色色物质尽可能全面的信息,进一步认识自然、改造自然的科学。

现代分析化学的任务已不只限于测定物质的组成及含量,而是要对物质的形态(如氧化还原态、络合态、结晶态等)、结构(空间分布)、微区、薄层及化学和生物活性等做出实时追踪(real-time tracking)、无损(nondestructive)和在线(on-line)监测分析及过程控制、现场(in-site)分析,就复杂基体中高通量、多尺度、多参量的分析测试,寻求普适性、专一性的各种分析方法、技术和手段。要求分析方法和技术要达到 3S+3A 特征。

自 20 世纪 90 年代以来，以系统科学兴起到系统生物科学形成为标志的第四次科技革命逐渐开始了，使得系统科学、计算机科学、纳米科学与生命科学的理论与技术相整合，形成了系统生物科学与技术体系。这些新兴学科的高速发展，迫切需要在信息处理、数据分析和新分析技术方面取得跨越式的进步，因此分析化学在融合计算机技术和化学计量学技术后发生了更加深刻和广泛的变革，并进一步催生出定量生物学（quantitative biology）或者分析生物学（analytical biology）、生物信息学（bioinformatics）、医学信息学（medical informatics，MI）等新兴领域。

---

### 学习与思考

(1) 纵观分析化学的发展史，每项成就都是时代变革的产物。分析化学一方面受益于其他相关学科的发展，同时也为其他学科的发展服务。电子学和计算机科学的兴起极大地推动了仪器分析的发展。按这样的发展规律，你认为现代分析化学还有可能受益于相关学科中哪些知识？

(2) 分析化学受益于数学、物理以及其他化学二级学科，主要服务于生命科学、材料科学、环境科学和食品科学等。试思考分析化学学科的创新源头在何处。

---

### 1.6.3 分析化学的发展现状和趋势

受现代科学技术飞速发展的推动和为满足新兴研究领域的需求，出现了大量新型的多通道、高阶分析仪器，大大提高了分析效率，节约大量人工、成本和时间。这些高效、多功能仪器的出现对获得各种复杂体系中多种成分在不同时刻的动态信息具有十分重要的作用。

由于人们对客观世界的探索是无止境的、需求是无限的，因而分析的对象越来越复杂、需要在各种复杂介质中获取分析物质的量、形态及动态变化规律，并且要在这种复杂介质中获取信息的不仅是某一种成分，而是若干种不同数量级含量成分在不同时间和场合的量或形态信息。所以，分析的对象越来越广泛，使用的仪器多种多样，由人工操作、大型、离线检测向智能化、小型化、仪器联用，从有损分析、微损分析到无损分析，并且要求向在线实时监测转化。

正是因为如此，分析化学工作者所从事的工作不再是简单的标量或矢量测定和数据分析，而更多的是要进行由成千上万个数据点组成的二维、三维甚至四维的化学数据阵分析。由于第四次科技革命带来计算机网络技术、生物信息技术、基因工程技术、微电子集成技术等新技术的高度综合，已经形成了基于系统科学原理与方法的系统生物科学与工程，为分析化学的发展带来了纳米生物机器人技术、生物炼制细胞工厂与太阳能仿生技术产业化的相关技术。这些技术一方面为分析化学学科发展提供了很好的机遇，同时也为学科发展带来很大挑战。

正是由于相关学科和社会生产实践对分析工作提出的要求越来越高，分析工作者必须结合相关的化学、物理、数学、计算机、电子学和机械加工等相关学科的各种理论和实践技术，解决实际生产过程中的一系列问题。由于获取了大量数据，因而借助于互联网以及云计算获得相关资源对海量分析数据的处理就显得更加方便和快捷。

所以，未来分析化学的发展思路是通过引入数学、计算机、物理以及化学其他二级学科的新思想、新方法、新原理和新技术，创建新的分析技术与方法和新的仪器设备，瞄准物质世界如生物医学、环境、材料、能源、航空航天等领域的重要科学和应用实践领域。即分析化学学科的发展方向是既要创新"基础分析化学"，解决原创和基础性问题，同时要发展"应用分析化学"，解决相关社会发展需求的实际应用问题。

**延伸阅读 1-6：分析化学在各分支领域的发展**

分析化学作为化学的一门基础学科，一方面要解决常规生产过程中出现的问题，进行质量控制，另一方面还必须解决生产和研究过程中出现的新问题，从而提供高效、便捷服务。为此，分析化学必须开展源头创新研究。近年来，分析化学的创新研究主要集中在下面一些领域：①新仪器研发，基于新原理的分析方法开发相应的科学仪器，同时也搭建新的仪器发现新的科学现象和科学问题；②分析仪器的小型化、微型化、智能化、联机技术智能化，特别是防生化武器的高效、小型测试仪器；③电子与分子器件，基于一系列有机或无机化学反应，分子自组装成具有特殊功能的器件，包括各种仿生器件、纳米分子电子器件、微流控芯片、生物芯片等；④化工生产和过程化学中的在线分析等；⑤极端条件下的分析测试。

生命科学发展十分迅速，但也面临很多新的问题和挑战，这为分析化学的发展提供前所未有的机遇。例如，纳米技术已经开始应用于人工组织和器官、介入性治疗、药物载体、血液净化、生物大分子分离等方面，其中有大量化学和分析化学的问题有待解决。

随着物质生活水平的提高，人们更加关注生命的质量。我们知道，生命是物质存在的一种特殊形式，生命有一个成长过程，从孕育、诞生、成长、衰老直至死亡，并进入新的物质循环过程。所以，对生命在各个过程中发生的各种现象，包括人处于高兴、愉悦、悲伤、愤怒等情绪状态等所涉及的情感物质变化，处于疾病、饥饿下的生理代谢等都在发生变化，都需要认真诠释，这就要求分析化学提供从事更加丰富的信息，为提高生命的质量作出贡献，因而诞生了"生命分析化学(life analytical chemistry)"一门分支学科。

提高生命质量不仅仅靠生命个体，其所处环境十分重要，因而生命个体与其周边环境时时刻刻发生着能量交换和物质交换。所以，我们生存的环境状态决定了我们的生活质量。为此，世界各国都极为关注环境问题，绿色化学亦应运而生。目前，分析化学介入了环境化学与绿色化学的一些核心问题，如环境过程化学与分析化学、环境生化分析、绿色化学中分析测试问题、环境分析测试仪器。

---

**内容提要与学习要求**

本章内容包括分析化学的概念、任务和内容。分析化学是化学学科的一个重要分支，其主要任务是确定物质的化学组成、测量各组成的含量以及表征物质的化学结构。从其诞生发展到现在的三百多年里，分析化学受益于其他相关学科的发展，特别是科技革命的推动使分析化学经历了三次大的变革，以至于成为当今社会各行各业发展的基本工具，是未来的新材料、新能源、生命科学和航空航天等四大领域的创新驱动力,是国民经济水平和生产力发展的标志。

分析化学作为一门应用性非常强的基础学科,对于药学工作者意义重大。它是能够保证药品安全、有效、质量可控的基础科学和有效手段,并由此衍生出药物分析学学科。因此,学习和学好分析化学,对于从事药学与制药工程研究和开发工作者都不无裨益,必将为树立良好的药品质量控制信念,提供有效的质量控制手段,为国家和社会药品的质量可控、安全和有效奠定扎实的基础。

## 练 习 题

一、选择题

1. 按任务分类的分析方法为 （　　）
   A. 无机分析和有机分析　　　　　B. 定性分析、定量分析和结构分析
   C. 常量分析和微量分析　　　　　D. 化学分析和仪器分析

2. 按照分析对象,分析化学可以分为 （　　）
   A. 定量分析、定性分析和结构分析　　B. 无机分析和有机分析
   C. 化学分析和仪器分析　　　　　D. 例行分析和仲裁分析

3. 按照测定原理,分析化学可以分为 （　　）
   A. 定量分析、定性分析和结构分析　　B. 无机分析和有机分析
   C. 化学分析和仪器分析　　　　　D. 例行分析和仲裁分析

4. 沉淀滴定法属于 （　　）
   A. 重量分析　　　　　　　　　　B. 电化学分析
   C. 色谱分析　　　　　　　　　　D. 容量分析

5. 鉴定物质的化学组成是属于 （　　）
   A. 定性分析　　　　　　　　　　B. 定量分析
   C. 结构分析　　　　　　　　　　D. 微量分析

6. 试样用量大于0.1g的分析方法称为 （　　）
   A. 常量分析法　　　　　　　　　B. 半微量分析法
   C. 微量分析法　　　　　　　　　D. 痕量分析法

7. 根据试样中被测组分的含量高低分,痕量组分分析应是 （　　）
   A. <0.01%　　　　　　　　　　B. 0.01%～1%
   C. 1%～10%　　　　　　　　　D. >10%

8. 不是按待测组分含量分类的方法是 （　　）
   A. 常量组分分析　　　　　　　　B. 微量组分分析
   C. 痕量组分分析　　　　　　　　D. 常量分析

二、填空题

1. 按分析方法的目的,分析化学分为_____和_____。

2. 分析化学的任务是_____。

3. 常量分析的用量为_____,微量分析的用量为_____,超微量分析的用量为_____。

4. 在某样品中,组分含量>1%称为_____组分;含量在0.01%～1%称为_____组分;含量在_____称为痕量组分。

5. 经典分析化学分为_____和_____。

6. 样品的分析过程包括_____。

7. 定性分析是_____；定量分析是_____；确定物质的分子结构或晶体结构属于_____。

8. 分析化学的核心思想是获得反应物质组成和_____的信号。

9. 定性分析的任务就是鉴定物质由哪些元素、离子、_____或_____组成。

10. 分析化学中，根据具体分析对象的作用，可分为_____和_____。

11. 沃森和克里克将DNA是双螺旋结构这一重要成果发表在了_____杂志上。

12. 英国化学家_____于1919年首先发明质谱仪用来测量同位素质量及丰度比。

13. 色谱这一概念的提出是俄国植物学家_____在_____年提出的。

三、简答题

1. 分析化学与其他学科间有何关系？

2. 分析化学的研究对象是什么？

# 第 2 章　误差理论和分析数据处理

如前所述，分析测定结果通常是用数据来表示的。但如何获得这些数据、如何处理和分析这些数据、这些数据是否可靠等就是分析任务是否完成的关键。人们在不断总结的基础上，优化测量方法和过程，试图使所获得的数据尽可能反映物质处于静态或动态信息。在获取这些能反映物质性质数据的时候，人们常常使用统计学或数学方法来建立化学测量值与体系状态之间的关系，形成了分析化学中一个新的重要分支即化学信息学（cheminformatics）。1971 年，瑞典分析化学家沃尔德提出了化学计量学（chemometrics）的概念，将数学、统计学与信息理论、计算机科学的方法和手段利用起来进行科学设计实验，选择最优的测量方法，从而把化学测量的理论与方法学有机地结合起来，有效地提取出有关物质的定性、定量、形态、结构等信息。

---

**延伸阅读 2-1：化学计量学的诞生**

化学计量学是通过数据驱动方法从化学系统中提取信息的，由瑞典于默奥大学（Umea University）的沃尔德教授在 1971 年首先提出。1974 年，沃尔德与美国华盛顿大学（University of Washington）的科瓦斯基（B. R. Kowalski）共同倡议成立了化学计量学学会。随后有相关的专业学术刊物如 *Journal of Chemometrics*、*Chemometrics and Intelligent Laboratory Systems* 和 *Journal of Chemical Information and Modeling* 等诞生。

早期的化学计量学内容主要包括了在计量经济学（econometrics）中广泛使用的主成分分析法、因子分析、典型相关性方法；到了 20 世纪 70 年代，化学家开始使用线性学习机器、非线性映射等方法用于处理化学数据；到了 80 年代，由于微型计算机逐渐得到普及，出现了专家系统和数据库技术；到了 90 年代，出现了人工神经网络、模拟退火算法、遗传算法等方法。

化学计量学的产生始于计量学与化学数据的结合，并随计算机的日益普及得到高速发展，成为化学与分析化学发展的重要前沿领域，主要描述和预测如何解决自然科学研究中出现的实验设计合理化问题。无论是描述还是预测，所涉及的数据集可以很小，但实际上往往非常大，并且很复杂，涉及成百上千的变量、成千上万的案例和观察。正因如此，化学计量学大量用于分析化学的数据采集和处理，特别是复杂生命体系如代谢组学研究中，以提高分析效率，同时也在不断推进分析仪器进行数据采集自动化的更新。化学计量学的兴起有力推动了分析化学学科的发展，为分析化学工作者优化实验设计和测量方法、科学处理和解析数据并从中提取有用信息提供了新的手段。

## 2.1 误差概述

### 2.1.1 误差的产生

任何测量，如物质的定量分析，都是由分析工作者通过一定的方法、使用一定的仪器而获得数据的采集，或移取一定量样品（供试品），利用其所含被测物组分的某种物理、化学性质，如质量、体积、pH 等或者通过与试剂作用以后产生可测量的信号如吸光度来测定待测组分的含量。由于受分析方法、测量仪器、分析试剂质量和分析工作者的主观因素等方面的限制，测量结果不可能与真实含量完全一致。即使是技术娴熟的分析工作者，使用最精密的仪器、用最纯的试剂，用完全相同的方法和绝对相同的步骤多次测量同一个样品，也不能得到完全一致的结果。这说明分析测定在客观上存在着难以避免的误差（error），任何测量都不可能绝对准确。因此，在一定条件下，无论分析测定多少次，其测量结果只能接近于真实值，而不能达到真实值，这就是分析测定过程中存在误差的原因。**误差即测定值与真实值之间的差异，是用来表示准确度的数值。**

实际上，任何一个定量分析任务要经过许多步骤，使用多种试剂，并不只是一次简单测量的结果。每一个测量步骤和每一种试剂的加入都会对分析结果产生或多或少的影响，最终影响分析结果的准确性。所以，在进行定量分析时，必须根据分析任务对分析结果准确度要求，合理地安排实验，避免追求不必要的高准确度，并以此为依据对分析步骤和使用试剂做出合理地实验安排，并对实验结果的可靠性作出判断，最后对分析结果予以准确表达。

### 2.1.2 系统误差和偶然误差

根据产生原因及性质，误差分为系统误差和偶然误差两类。

1. 系统误差

系统误差（systematic error）也可称为可定误差（determinate error），是因为一些可以确定因素引起的误差。系统误差一般都有固定的方向，要么是正的，要么是负的，并且大小可测，重复测定时则重复出现。系统误差来源很多，通常有方法误差、仪器误差、试剂误差及操作误差等。

1) 方法误差

由于不适当的实验设计或方法选择不当所引起的系统误差。通常对测定结果影响较大。例如，由于反应条件不完善而导致化学反应进行不完全或生成的副产物对测量结果产生影响；重量分析时由于方法选择不当，沉淀的溶解度较大或有共沉淀现象发生；滴定分析时由于指示剂选择不当，滴定终点不在滴定突跃范围之内；色谱分析时由于色谱条件选择不当，被测组分峰与相邻峰未达到良好的分离等。方法误差的存在使测定结果总是偏高或偏低，误差的方向是固定的。

2) 仪器误差和试剂误差

仪器误差和试剂误差是由实验仪器所给数据不正确或试剂不合格引起的。例如，仪器信号发生了漂移，使用未经校准的测量（或计量）仪器及容量器皿，温度对容量器皿容积产生影响，电池电压下降对仪器供电设备的影响，真空系统泄漏、器皿不耐腐蚀、所用试剂不纯或去离子水不合格等。所有这些因素都会产生误差。

3）操作误差

操作误差是由操作者的主观原因在实验过程中所做的不正确判断而引起的误差。例如，不同操作者肉眼对滴定终点的颜色感觉敏感度不同有偏深或偏浅，产生不同的判断；对仪器指针位置或容量器皿所显示溶液体积产生判断差异；为提高实验数据接近程度而产生的判断倾向等。

在一个测定过程中上述几种误差可能都存在，并且通常是定量的或是定比例的，故而分别称为恒量误差（constant error）和比例误差（proportional error）。恒量误差的大小不变，不随被测物的量变化，因此被测物的量越小，相对误差将越明显（相对值越大）。例如，在滴定分析中，需在化学计量点后多加入少量滴定剂使指示剂变色，就引入了恒量误差。被测物的量越少，所需滴定剂的总量就越少，多加入的量在滴定剂消耗总量中所占的比例就越大，误差就越明显。

如果系统误差的绝对值随被测物量的增大而成比例增大，相对值不变，则称为比例误差。例如，在重量法测定明矾中的铝含量时，用氨水作沉淀剂，若氨水中含有硅酸，便能与$Al(OH)_3$共沉淀。明矾的取样量越大，需要的氨水越多，造成的绝对误差越大，但相对误差值基本不变。有时，系统误差的绝对值虽然随样品量的增大而增大，但并不以等比例增加，不构成比例误差。

由于系统误差总以要么是正、要么是负的固定方向重复出现，且大小可测，因而可以通过使用方法校正加以消除。

2. 偶然误差

偶然误差（accidental error）也称为随机误差（random error），是由偶然因素如实验室温度、湿度、电压、仪器性能等发生偶然变化或波动引起的，也可以是操作者熟练程度不同或对平行试样处理存在差异。操作者心理状态不同也可能引起偶然误差。正因如此，偶然误差大小和方向是不固定的，可正、可负，大小变化没有规则，因而不能通过方法校正加以消除。

尽管如此，大误差出现的概率小，小误差出现的概率大，绝对值相同的正、负误差出现的概率大体相等，它们之间常能部分或完全抵消。换言之，**偶然误差服从统计规律**。所以，在已经消除系统误差的条件下，增加平行测量次数，所得测量值的算术平均值就越接近于真值。因此，使用多次平行测定的平均值表示测定结果能有效地减小偶然误差。

需要说明的是，系统误差与偶然误差的划分并无严格的界限。当人们对某些误差产生的原因尚未认识时，往往将其作为偶然误差对待。另外，虽然两者在定义上不难区分，但在实际分析过程中除明显的情况外，常常难以进行直观的区别和判断。例如，观察滴定终点颜色改变，有人观察颜色总是偏深，产生属于操作误差的系统误差，但在多次测定观察滴定终点的深浅程度时，人对颜色的判断又不能完全一致，因而产生偶然误差。

除上述两种原因之外，还存在着由于分析工作中粗心大意或违反操作规范（operation specification）所引起"过失误差"（gross error）。例如，损失试样、加错试剂、读错刻度、记录或计算错误等。过失是造成测定重大误差的重要因素，但实质上它只是一种错误，并不具备上述误差所具有的性质和规律性。在处理所得的分析数据时，如发现的确存在过失，则无论此数据是否异常，一概都应舍去。但对于怀疑的数据则不能任意舍弃，必须按照一定的统计学方法进行检验，然后再对取舍做出判断。只要加强责任感，培养严谨细致的工作作风，严格按照操作规程进行操作，过失误差是完全可以避免的。

---

**学习与思考**

---

试讨论下列误差是偶然误差、系统误差还是过失误差。
（1）称量时天平的砝码加错了。
（2）严格按药典规定测定氯化钠含量的结果与国家药品食品检测所得结果有差异，但差异还在可控范围内。
（3）同一个样品按相同的测定方法测定但在夏天和冬天的结果有差异。

---

### 2.1.3 误差的表述

误差的大小是衡量一个测量值不准确性的尺度，反映了测量结果准确度的高低。误差越小，测量的准确度越高。

**1. 绝对误差和相对误差**

测量值中的误差，主要有两种表示方法，即绝对误差（absolute error）和相对误差（relative error）。

1）绝对误差

绝对误差是指测量值与真值（真实值）之差，可用 $\delta$ 表示。若以 $x$ 代表测量值，以 $\mu$ 代表真值，则绝对误差为

$$\delta = x - \mu \tag{2-1}$$

绝对误差是以测量值的单位为单位，可以是正值，也可以是负值，即测量值可能大于或小于真值。测量值越接近真值，绝对误差越小；反之，则越大。

2）相对误差

绝对误差与真值的比值称为相对误差，可用 $\delta_r$ 表示。相对误差大小说明了测量误差在测量结果中所占的比例：

$$\delta_r = \frac{\delta}{\mu} = \frac{x - \mu}{\mu} \tag{2-2}$$

即相对误差的大小反映了分析测定结果中误差所带来的影响程度究竟有多大。由于相对误差是一个比例，因而没有单位，通常以‰或‰表示。如果不知道真值，但知道测量的绝对误差，则相对误差也可以测量平均值 $\bar{x}$ 为基础表示：

$$\delta_r = \frac{\delta}{\bar{x}} \times 100\% \tag{2-3}$$

为了进一步说明误差的意义，下面通过举例计算绝对误差与相对误差来说明。

**【示例 2-1】 绝对误差和相对误差的计算**

测定纯 NaCl 固体中氯的质量分数为 60.52%，而其真实含量（理论值）应为 60.66%。试计算测定结果的绝对误差和相对误差。

**【解】** $$\delta = 60.52\% - 60.66\% = -0.14\%$$

$$\delta_r = \frac{60.52\% - 60.66\%}{60.66\%} \times 100\% = -0.23\%$$

在分析工作中，大多使用相对误差衡量分析结果，而且相对误差的大小还是正确选择分析仪器的依据。例如，用分析天平称量两个样品：一个是 0.0021 g，另一个是 0.5432 g，两个测量值的绝对误差都是 0.0001 g，但相对误差却大不相同，前一个是 $(1/21) \times 100\%$，后一个是 $(1/5342) \times 100\%$，前者比后者大得多。

可见，虽然测量的绝对误差相同，但两样品中被测组分含量高低不同，则相对误差却差别很大。因此，对于高含量组分测定的相对误差应当要求严一些。如常量化学定量分析，一般要求相对误差 $<0.3\%$；对于低含量组分测定的相对误差可以允许大一些，如微量仪器分析，相对误差一般为 $10^{-2}$ 数量级。换言之，在相对误差要求固定时，测定高含量组分可选用灵敏度较低的仪器；对低含量组分的测定，则应选用灵敏度较高的仪器。

3）真值与标准参考物质

由于任何测量都存在误差，因此任何实际测量不可能得到真值(true value)[①]，而只能逼近真值。因此，真值是一个理想化的概念，与人为定义密切相连，是非客观的。根据量子效应和测不准原理，真值在本质上是不能确定的。所以在计算误差时，人们常常使用约定真值(conventional true value)或相对真值(relative true value)来代替。所以，人们所讲的真值通常指理论真值、约定真值及相对真值。

理论真值又称绝对真值，是指与给定的特定量定义相一致的值，如三角形的内角之和为 180°等。

约定真值又称规定真值，是指在没有系统误差的前提下多次测定值的平均值。例如，由国际计量大会(General Conference of Weights & Measures, CGPM)定义的国际单位(international unit, IU)及我国法定的计量单位是约定真值。国际单位制(international system of units, SI Unit)包括有长度、质量、时间、电流强度、热力学温度、发光强度及物质的量等 7 个基本单位[②]。在 7 个基本单位中，单位物质的量与分析化学最为密切。国际原子质量委员会(International Committee on Atomic Weights, ICAW)每逢单数年修订一次相对原子质量，因此各元素的相对原子质量都是约定真值。

相对真值是指高一级标准器下获得的指示值。例如，在分析工作中，由于没有绝对纯的化学试剂，因此也常用标准参考物质证书上所给出的含量作为相对真值。

标准参考物质(standard reference material)是指某些具有确定含量的组分的一类物质，在实际样品定量测定中用作计算被测组分含量的直接或间接的参照标准。标准参考物质必须具有很好的均匀性与稳定性；其含量测量的准确度至少要高于实际测量的 3 倍，一般应该经公认的权威机构鉴定合格，才可作为分析标准参考物质使用。我国通常把标准参考物质称为标准试样(standard sample)、标准品(standard products)或对照品(control products)。

---

① 在计算机数值的表示中，人们常常使用正负号加绝对值的办法来表示数据是"真值"。

② 1983 年国际度量衡委员会(Conference international des Poids et Mesures, CIPM)将"米"定义为"光在真空中经时间间隔 1/299792458 秒所传播的路程长度"；"秒"定义为"铯同位素 133Cs 原子两超精细能级间跃迁产生的辐射周期 $T$ 的 9192631770 倍"(辐射波长约 3.26 厘米)。

**延伸阅读 2-2：真实含量与标准试样**

严格地说，任何物质的真实含量都是不知道的。但人们设法采用各种可靠的分析方法，经过不同实验室、不同人员反复分析，用数理统计方法，确定各成分相对准确的含量，此值称为标准值(standard value)，一般用以代表该组分的真实含量。这类试样称为标准试样，简称标样。

2. 准确度和精密度

1) 准确度与误差

**准确度**(accuracy)是指**分析测量值与真实值相接近的程度**。分析测量值与真实值越接近，分析结果就越准确。人们通常使用绝对误差或相对误差来表示准确度的大小。误差越大，准确度越低；反之，准确度越高。

例如，假如一个物体的真实质量是 10.000g，某人称为 10.001g，另一人称为 10.008g。前者的绝对误差是 0.001g，后者的绝对误差是 0.008g。10.001g 比 10.008g 的绝对误差小，所以前者比后者称得更准确，或者说前一结果比后一结果的准确度高。

进行多次平行测量时，通常以测量数据的**算术平均值与真实值接近的程度作为判断测量结果的准确度**。评价一个分析方法是否准确，除了将测定结果与已知准确度的另一个方法的测定结果进行比较外，常用回收率(recovery，%)表示。回收率是指在待测样品中加入已知量的相同测定成分，在测定其含量后计算回收量(即测得量)和加入量的比值。例如，原料药可用已知纯度的对照品或供试品(sample)作为对照进行测定；制剂(preparations)中有效成分的测定可用含已知量被测物的各组分混合物作为对照进行测定，如果不能得到全部组分，也可向制剂中加入已知量的被测物进行测定加样回收率(见 2.1.5 节)。

2) 精密度与偏差

前已说明，即使是十分熟练的分析工作者多次测量同一个样品，每次的结果都有差异。这种差异反映了精密度(precision)的高低。精密度是指**平行测量的各测量值之间互相接近的程度**。各测量值彼此之间越接近，测量的精密度越高。

精密度的高低用偏差(deviation)来衡量。偏差表示数据的分散(scattering)或离散(dispersing)程度。偏差越大，数据越分散，精密度越低。反之，偏差越小，数据越集中，精密度就越高。偏差有以下几种表示方法：

(1) 偏差。**单个测量值与测量平均值之差称为偏差**，其值可正可负。如果使用 $\bar{x}$ 代表一组平行测量的平均值，则单个测量值 $x_i$ 的偏差 $d$ 为

$$d = x_i - \bar{x} \tag{2-4}$$

(2) 平均偏差(average deviation)。各单个偏差绝对值的平均值，称为平均偏差，以 $\bar{d}$ 表示：

$$\bar{d} = \frac{\sum_{i=1}^{n} |x_i - \bar{x}|}{n} \tag{2-5}$$

式中，$n$ 为测量次数。应当注意，平均偏差均为正值。

(3) 相对平均偏差(relative average deviation)。平均偏差 $\bar{d}$ 与测量平均值 $\bar{x}$ 的比值称为相对平均偏差，定义如下：

$$\bar{d}_r(\%) = \frac{\bar{d}}{\bar{x}} = \frac{\sum_{i=1}^{n} |x_i - \bar{x}|}{n\bar{x}} \tag{2-6}$$

(4) 标准偏差(standard deviation)。在平均偏差和相对平均偏差的计算过程中忽略了个别较大偏差对测定结果重复性的影响，而采用标准偏差则是为了突出较大偏差的影响。因此，同一组测量值的标准偏差比平均偏差值大。对少量测定值($n \leq 20$)而言，其标准偏差的定义式如下：

$$S = \sqrt{\frac{\sum_{i=1}^{n} (x_i - \bar{x})^2}{n-1}} \quad \text{或} \quad S = \sqrt{\frac{\sum_{i=1}^{n} x_i^2 - \frac{1}{n} \left(\sum_{i=1}^{n} x_i\right)^2}{n-1}} \tag{2-7}$$

(5) 相对标准偏差(relative standard deviation, RSD)。标准偏差 $S$ 与测量平均值 $\bar{x}$ 的比值称为相对标准偏差，也曾称为变异系数(coefficient of variation, CV)，按下式计算：

$$\text{RSD} = \frac{S}{\bar{x}} \times 100\% = \frac{\sqrt{\dfrac{\sum_{i=1}^{n} (x_i - \bar{x})^2}{n-1}}}{\bar{x}} \times 100\% \tag{2-8}$$

在实际工作中多用 RSD 表示分析结果的精密度。

【示例 2-2】 偏差的计算

某分析测试人员平行 4 次测定某溶液的浓度，结果分别为 0.4444 mol·L$^{-1}$、0.4440 mol·L$^{-1}$、0.4442 mol·L$^{-1}$ 和 0.4446 mol·L$^{-1}$。计算测定结果的平均值($\bar{x}$)，平均偏差($\bar{d}$)，相对平均偏差($\bar{d}/\bar{x}$)，标准偏差($S$)及相对标准偏差(RSD)。

【解】

$$\bar{x} = (0.4444 + 0.4440 + 0.4442 + 0.4446)/4 = 0.4443 (\text{mol·L}^{-1})$$

$$\bar{d} = (0.0001 + 0.0003 + 0.0001 + 0.0003)/4 = 0.0002 (\text{mol·L}^{-1})$$

$$\bar{d}/\bar{x} = (0.0002/0.4443) \times 100\% = 0.05\%$$

$$S = \sqrt{\frac{(0.0001)^2 + (0.0003)^2 + (0.0001)^2 + (0.0003)^2}{4-1}} = 0.0003$$

$$\text{RSD} = (0.0003/0.4443) \times 100\% = 0.07\%$$

(6) 重复性、中间精密度及重现性。尽管这三个概念都反映了测定结果的精密度，但各自所表达的含义是完全不同的，适用于不同的情况。

重复性(repeatability)是指在同一个分析人员对同一试样在完全同样操作条件下在短时间间隔内测定多次所得结果的接近程度；而中间精密度(intermediate precision)是指在同一实验室内，由于某些实验条件改变，如不同时间和不同分析人员测量同一试样所得测定结果的接近程度；重现性(reproducibility)也称为再现性或复现性，是指在不同实验室由不同分析人员改变了某些测量条件后所获得测定结果之间的一致性。要将分析方法确定为法定标准（如药典）时，必须进行重现性实验。

3. 准确度与精密度的关系

如上所述，准确度与精密度的概念是完全不同的。准确度表示测量结果的正确性，精密度表示测量结果的重复性或重现性。所以，准确度和精密度实际上从不同侧面反映了分析结果的可靠性。

图 2-1 列举了 A、B、C、D 四人测定同一试样中某组分含量所得的结果。每人均测定四次。图中虚线表示试样的真实含量，大小为 91.45%，各自测定的平均值用一短竖线表示。A 所得的四个数据彼此之间比较接近，表明精密度好，而平均值与真值也比较接近，表明准确度也好。由于 A 测定的准确度和精密度均好，因而结果可靠；B 所得的四个数据彼此之间很接近，精密度很高，但是其平均值与真值相差很远，准确度低；C 所得的四个数据精密度和准确度都不太好；D 的精密度很差，尽管其平均值接近真值，但这是由于大的正负误差相互抵消的结果，纯属偶然，并不可取。所以，精密度差（如 C 和 D），所得结果不可靠，**精密度是保证准确度的先决条件**。但高的精密度不一定能保证高的准确度（如 B），因为可能存在系统误差。总之，**只有精密度与准确度都高的测量值才是可取的**（如 A）。

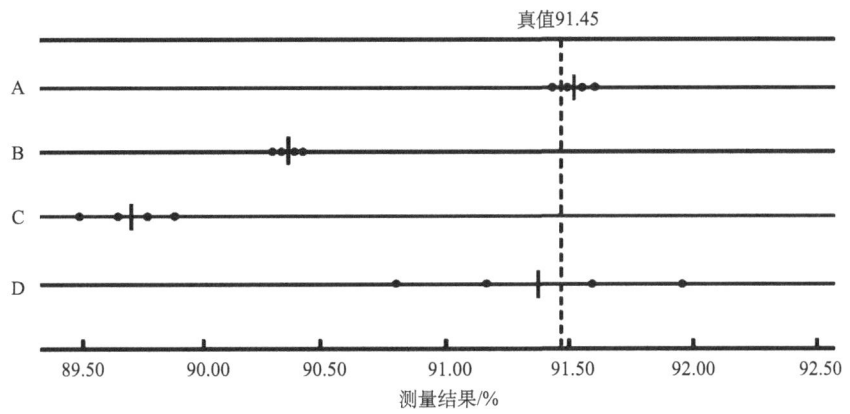

图 2-1 定量分析中的准确度与精密度

由于真值是未知的，如果消除或校正了系统误差，那么具有精密度高的有限次测量所获得的平均值 $\bar{x}$ 就接近于真值 $\mu$，因此人们常常根据测定结果的精密度来衡量测定结果是否可靠。

## 2.1.4 误差的传递

定量分析结果往往是通过一系列测量步骤才取得数据，再按一定公式计算出来的。每一测量步骤中所引入的误差都会或多或少地影响分析结果的准确度，即个别测量步骤中的误差将传递到最终结果中。因此，必须了解每步的测量误差，对分析结果的影响，这就是误差传递(error propagation)问题。由于系统误差和偶然误差有不同的性质,从不同侧面影响分析测定结果,因而在系统误差和偶然误差遵循不同的传递规律。

1. 系统误差的传递

如果定量分析中各步测量误差是可定的,则系统误差传递的规律如表 2-1 中第 3 行所示,可概括为两条:①和、差的绝对误差分别等于各测量值绝对误差的和、差;②积、商的相对误差分别等于各测量值相对误差的和、差。

**【示例 2-3】** 系统误差传递计算

用差减法称得 NaCl 基准物 1.4830g,置于 250mL 容量瓶中,用水溶解并稀释至刻度,摇匀,配制成 $0.1014\text{mol}\cdot\text{L}^{-1}$ 标准溶液。称量前的称量误差是 $-0.2\text{mg}$,称量后的称量误差是 $+0.2\text{mg}$;量瓶的真实容积为 249.95mL。则 NaCl 标准溶液浓度的相对误差、绝对误差和实际浓度 $c$ 各是多少?

**【解】**

NaCl 的浓度按下式计算:

$$c = \frac{m}{MV}$$

上述计算属乘除法运算,因此应按相对误差的传递考虑,即

$$\frac{\delta_c}{c} = \frac{\delta_m}{m} - \frac{\delta_M}{M} - \frac{\delta_V}{V}$$

因为 $m$ 是称量法求得,即 $m = m_{前} - m_{后}$,所以 $\delta_m = \delta_{m_{前}} - \delta_{m_{后}}$。摩尔质量为约定真值,可以认为 $\delta_M = 0$,$\delta_V = 250.00 - 249.95 = 0.05$。于是有

$$\frac{\delta_c}{c} = \frac{\delta_{m_{前}} - \delta_{m_{后}}}{m} - \frac{\delta_V}{V} = \frac{-0.2 - 0.2}{1483.0} - \frac{0.05}{250} = -0.000\ 47 \approx -0.05\%$$

$$\delta_c = -0.05\% \times 0.1014\text{mol}\cdot\text{L}^{-1} = -0.000\ 05\text{mol}\cdot\text{L}^{-1}$$

$$c = 0.1014\text{mol}\cdot\text{L}^{-1} - (-0.000\ 05\ \text{mol}\cdot\text{L}^{-1}) = 0.101\ 45\text{mol}\cdot\text{L}^{-1}$$

标准溶液浓度一般保留四位有效数字,按数据修约规则对实际浓度 $0.101\ 45\text{mol}\cdot\text{L}^{-1}$ 进行修约后,NaCl 标准溶液的实际浓度与理论值相同,均为 $0.1014\text{mol}\cdot\text{L}^{-1}$,即本例中称量及量瓶容积误差对结果影响不大。

2. 偶然误差的传递

由于各步测量中的偶然误差都是不可定的,无从知道它的正负和确切值,因而看起来无法评估它们对计算结果的影响究竟有多大。不过,人们已经发现,可用极值误差法或标准偏差法推断和估计其影响。

1) 极值误差法

该方法的基本假设是一个测量结果中各步测量值的误差既是最大的,又是叠加的。显然,这种测定结果是一种最不利的估计,计算出结果的误差因而也是最大的,故称极值误差(extreme error),其计算法则如表 2-1 中第 4 行所示。

第 2 章　误差理论和分析数据处理

**表 2-1　测量误差对计算结果的影响**

| 运算式 | $R=x+y-z$ | $R=xy/z$ | $R=f(x,y,z)$ |
|---|---|---|---|
| 误差传递类别 | 和、差 | 积、商 | 微分、积分 |
| 系统误差 | $\delta R=\delta x+\delta y-\delta z$ | $\dfrac{\delta R}{R}=\dfrac{\delta x}{x}+\dfrac{\delta y}{y}-\dfrac{\delta z}{z}$ | $\delta R=\left(\dfrac{\partial R}{\partial x}\right)\delta x+\left(\dfrac{\partial R}{\partial y}\right)\delta y+\left(\dfrac{\partial R}{\partial z}\right)\delta z$ |
| 偶然误差 极值误差法 | $\Delta R=\|\Delta x\|+\|\Delta y\|+\|\Delta z\|$ | $\dfrac{\Delta R}{R}=\left\|\dfrac{\Delta x}{x}\right\|+\left\|\dfrac{\Delta y}{y}\right\|+\left\|\dfrac{\Delta z}{z}\right\|$ | $\Delta R=\left\|\left(\dfrac{\partial R}{\partial x}\right)\Delta x\right\|+\left\|\left(\dfrac{\partial R}{\partial y}\right)\Delta y\right\|+\left\|\left(\dfrac{\partial R}{\partial z}\right)\Delta z\right\|$ |
| 偶然误差 标准偏差法 | $S_R^2=S_x^2+S_y^2+S_z^2$ | $\left(\dfrac{S_R}{R}\right)^2=\left(\dfrac{S_x}{x}\right)^2+\left(\dfrac{S_y}{y}\right)^2+\left(\dfrac{S_z}{z}\right)^2$ | $S_R^2=\left(\dfrac{\partial R}{\partial x}\right)^2 S_x^2+\left(\dfrac{\partial R}{\partial y}\right)^2 S_y^2+\left(\dfrac{\partial R}{\partial z}\right)^2 S_z^2$ |

由于实际工作中，各测量误差可能部分抵消，出现这种最大误差的情况不是很多，所以这种处理方法实际上不是太合理。不过，各测量值的最大误差常是已知的，用该法可粗略估计误差的极值，在实际中仍是有借鉴意义的。例如，用分析天平进行差减法称量试样，两次测量的最大误差是±0.0002g，如不考虑正负，即为0.0002g。

又如，用滴定分析法测定某药物含量，其质量分数 $w(\%)$ 的计算公式为

$$w(\%)=\dfrac{TVF}{m}\times 100\%$$

式中，$T$ 为标准溶液对该药物的滴定度(titer)；$V$ 为所消耗标准溶液的体积(mL)；$F$ 为标准溶液浓度的校正因素；$m$ 为试样的质量。式中的滴定度 $T$ 可认为没有误差，如果 $V$、$F$ 和 $m$ 的最大误差分别是 $\Delta V$、$\Delta F$ 和 $\Delta m$，则 $w$ 的相对误差极值是

$$\dfrac{\Delta w}{w}=\left\|\dfrac{\Delta V}{V}\right\|+\left\|\dfrac{\Delta F}{F}\right\|+\left\|\dfrac{\Delta m}{m}\right\|$$

如果测量 $V$、$F$ 和 $m$ 的最大相对误差都是 0.1%，则此药物含量的相对误差极值应是 0.3%。

2) 标准偏差法

根据偶然误差的性质，虽然每个测量值中偶然误差的确切值无法确定，但可以知道它们的出现(大小、方向等)符合统计学规律。因此，可以利用偶然误差的统计学规律估计测量结果的偶然误差，这种估计方法称为标准偏差法，其计算法如表 2-1 所示。只要测量次数足够多，就可用本法算出测量值的标准偏差。其规律可简述为**和、差结果的标准偏差的平方等于各测量值的标准偏差的平方和**。

【示例 2-4】　偶然误差传递计算

设天平称量时的标准偏差 $S=0.1$mg，求称量试样时的标准偏差 $S_m$。

【解】

称取试样时，无论是用差减法称量，或者是将试样置于适当的称样皿中进行称量，都需要称量两次，试样量 $m$ 是两次称量所得值 $m_1$ 与 $m_2$ 的差值，即

$$m = m_1 - m_2 \quad \text{或} \quad m = m_2 - m_1$$

读取称量值 $m_1$ 和 $m_2$ 时的偏差,要反映到 $m$ 中去。因此,根据表 2-1 求得

$$S_m = \sqrt{S_1^2 + S_2^2} = \sqrt{2S^2} = 0.14 \text{mg}$$

在定量分析中,各步测量的系统误差和偶然误差多是混在一起的,因而算得结果的误差也包括了这两部分误差。而标准偏差法只是处理偶然误差的传递问题,因此在用标准偏差法计算结果误差以确定分析结果的可靠性时,须将系统误差消除后才有意义。

了解误差传递的规律,在进行分析工作时,对各步测量所应达到的准确程度可以做到心中有数。由于在一系列分析步骤中,大误差环节对结果准确度的影响有举足轻重的作用。因此,在分析测量中应尽量避免大误差环节,使各测定环节的误差(或偏差)接近一致或保持相同的数量级。

### 2.1.5 减少误差的方法

前面讨论了分析化学中误差的产生和有关的基础理论,从中我们已经知道分析过程中存在误差是不可避免的。尽管如此,人们还是发现了一定规律性,找到了一些办法来减小随机误差以达到提高分析结果准确度的目的。

**1. 分析方法的选择**

为了使分析结果达到准确度要求,满足实际工作的需要,首先要根据各种分析方法的准确度和灵敏度特性来选择合适的分析方法。重量分析法和滴定分析法测定的准确度高但灵敏度低,适用于常量组分的测定;而仪器分析法具有较高的灵敏度,但是其准确度较低,用于微量或痕量组分的测定。例如,用 $K_2Cr_2O_7$ 滴定分析法测得铁的含量为 40.20%,若方法的相对误差为 0.2%,则铁的含量范围为 40.12%~40.28%,这样的结果可满足实际工作的需要。若采用吸光光度法测定,按其相对误差为 5% 计算,可能测定的范围则为 38.19%~42.21%,显然准确度就太差了。但是,若对含铁量为 0.02% 的试样采用吸光光度法测定,尽管相对误差较大,但是因为其含量低,其绝对误差也只有 0.02%×5%=0.001%,对于低组分含量的测定,这样大小的误差是允许的。

此外,对分析方法的选择还要考虑试样的组成、性质和共存离子的干扰情况等。尽可能在符合所要求的准确度和灵敏度等前提下,选择具备操作简便快速、选择性好、重现性好和价格低廉等优点的测定方法,制订科学、合理的分析测定方案。这些准备工作实际上都是取得准确结果的先决条件。

**2. 减小分析过程误差**

1) 减小测定误差

因为仪器和量器的测定误差会传递到分析结果的误差中去,所以应根据具体情况来控制各测定步骤的误差,使测定结果的准确度与分析方法的准确度相适应。例如,一般分析天平的称量误差为万分之一,用差减法称量两次,称样可能引起的绝对误差为 ±0.0002g,如欲使称量的相对误差不大于 0.1%,那么应称量的最小质量可以按下式计算:

$$\delta_r = \frac{\delta}{w}$$

式中，$\delta_r$ 为相对误差；$\delta$ 为绝对误差；$w$ 为试样的质量。因此，试样质量为

$$w = \frac{0.0002\text{g}}{0.001} = 0.2\text{g}$$

可见试样质量必须在 0.2g 以上，才能保证称量误差在 0.1% 以下。

滴定分析使用的滴定管通常是每一大格为 1mL，每一大格又分为 10 小格，即每一小格为 0.1mL。每一个刻度精确度是百分之一，即可精确到 0.01mL。因此，滴定管的读数有 ±0.01mL 误差。在一次滴定中，至少需要读取两次，按表 2-1 中极值误差运算，相应的绝对误差为 ±0.02mL。为使读数相对误差在 0.1% 以下，在滴定时就必须是所消耗滴定剂体积大于 20mL，所以必须使用规格大于 20mL 的滴定管。如果使用 25mL 的滴定管，则一般应将滴定剂的体积控制在 18～22mL。

此外，称量的准确度还应与分析方法的准确度一致。例如，采用吸光光度法测定某试样中蛋白质的含量，若吸光光度法的相对误差为 2%，那么理论上只要称样量大于 0.01g（= 0.0002g/2%）就可以满足要求。因此不必像滴定分析法和重量分析法那样，强调试样称样量应大于 0.2g。若称取的试样为 1.0g 时，那么理论上只要求称样的绝对误差小于 $1.0\text{g} \times 2\% = 0.02\text{g}$ 就可以满足滴定分析的要求，这时使用千分之一的天平进行称量即可。

2) 减小偶然误差的影响

根据偶然误差的分布规律，在没有或者消除系统误差的前提条件下，平行测定次数越多的平均值就越接近真值。因而增加平行测定次数无疑能减小偶然误差对分析结果的影响程度。在实际工作中，一般对同一试样平行测定 3～4 次，其精密度符合要求即可。

3) 减小测定过程中的系统误差

减小测定过程中产生系统误差有以下 5 种方法。

(1) 与经典方法进行比较。将所建方法与公认经典方法对同一试样进行测量比较，以判断所建方法的可行性。若所建方法不够完善，应进一步优化或测出校正值以消除方法误差。这在建立新方法研究中经常采用。

(2) 仪器校准 (instrument calibration)。对天平、移液管、滴定管等计量、容量器皿及测量仪器进行校准，可以减少仪器误差。由于计量及测量仪器的状态会随时间、环境等条件发生变化，因此需定期进行校准。

(3) 对照实验 (control test)。实践证明，利用对照实验能有效确定分析过程中是否存在系统误差。具体步骤如下：用已知含量（标准值）的试样，按所选的测定方法，以同样的实验条件进行分析，求得标准试样的标准值与标准试样分析结果的比值作为方法的校正值 (correction value)，并以此作为评价所选方法中有无系统误差存在，达到获得准确结果的目的，或直接对实验中引入的系统误差进行校正：

$$m_1 = m'_1 \times \frac{m_2}{m'_2} \tag{2-9}$$

式中，$m_1$ 为待测组分的理论含量；$m'_1$ 为待测组分的测得含量；$m_2$ 为标准试样的已知含量；$m'_2$ 为标准试样的测得含量。

(4) 回收实验 (recovery test)。当采用所建方法测出试样中某组分含量后，可在几份相同试样（$n \geq 5$）中加入适量被测组分的纯品，按相同条件进行测定，并按下式计算回收率：

$$R(\%) = \frac{m_1 - m_2}{m} \times 100\% \tag{2-10}$$

式中，$R$ 为回收率；$m_1$ 为加入纯品后，经过一系列实验步骤后，待测组分及纯品的所测得的总质量；$m_2$ 为加入纯品前，所测得的待测组分的质量；$m$ 为加入的已知准确的纯品质量。

（5）空白实验(blank test)。空白实验与对照实验的不同点在于对照实验不加入试样而对照实验需要加入试样。空白实验是在没有试样的情况下，按与测定试样相同的条件和步骤进行测定，所得结果是空白值(blank value)。当完成一个试样测定以后，从分析结果中扣除此空白值即可消除由试剂及实验器皿等引入的误差。需要说明的是，空白值不宜很大。如果空白值太大，就必须采取如提纯试剂或换用其他质量更高的器皿等手段，直到减小空白值达到要求为止。

### 2.1.6 不确定度与误差

为了使结果更加可靠，人们常使用误差理论对测量结果进行修正。不过，近年来由于科技和测量技术的发展，人们发现使用不确定度(uncertainty)评定测量结果更为准确。**不确定度是指因为有测定误差而导致的测量值不准确程度。**

人们进行分析测量的目的是为了获得一个准确的数值结果。然而，由于任何测定都存在误差，即使经过多次测量，所得的数值结果都不是某个固定的数值，而是由多次测定的数值结果构成反映数据测定准确度和精密度的一个区间(interval)，各个单次测量所得的数值结果总是落在该区间里。也正因如此，我们只要对这个区域内的数据进行分散性的表征和评价就能知道分析测定的准确程度，因而这个过程就称为不确定度测量(uncertainty measurement)，经过不确定度测量所得的结果是反映测量结果分散性的参数。

综上所述，由于测量方法和测量过程始终存在这样或那样的误差，无论科学技术怎么发达、操作人员的技术有多么熟练，人们永远无法测定客观存在的真值。也正是因为这样的原因，不能计算出真正的误差。只有少数情况下，可以用准确度足够高的实际值来作为量的约定真值才能计算误差。所以，误差表述的是不可知量，而人们使用不确定度表述了测量结果及其变化，是可观测量。因此，从定义上看，不确定度的确要比误差更加科学合理，并具有实用性。

---

**学习与思考**

---

(1) 思考误差的绝对值与绝对误差是否相同？为什么在测量过程中要尽量避免大误差环节？

(2) 理解"accuracy"、"precision"、"recovery"、"standard deviation (SD)"、"relative standard deviation (RSD)"、"coefficient of variation (CV)"等词汇、短语及缩写的含义。

(3) 试从文献进一步认识和理解不确定度以及不确定度的 A 类和 B 类评定的相关知识。

(4) 为什么在滴定分析中通常使用规格大于 20mL 的滴定管？

(5) 为什么在称量达到 1.0g 的样品时使用千分之一的天平？

---

## 2.2 有效数字

分析化学一般使用两类数字，其中一类是指自然数，是没有经过测定的，比如测量次数、样品份数、计算中的倍数、反应中的化学计量关系以及各类常数等。显然这类数字不存在准确度的问题。另一类数字是实验测量所得的测量值或数据计算结果。我们在定量分析时，必须准确测定、科学记录和正确计算。由于测量所获数据既表示了试样中被测组分的含量，又反映了测定的准确度，所以，我们在记录实验数据和计算结果时需要**根据测量仪器和分析方法的准确度科学记录和保留数字的位数**，即考虑所记录的数据和计算的结果是否合理、有效，而不能随随便便没有原则地记录和使用数据。

### 2.2.1 有效数字的概念

有效数字(significant figure)是指在分析测定过程中**能实际测量得到的数字**。有效数字不仅能表示数值的大小，还可以反映测量的精确程度。

记录测量数据的位数，即有效数字的位数，必须与所使用的方法及仪器的准确程度相适应。例如，超市里的台秤能称出所购蔬菜、瓜果有多少克，通常以公斤为单位的小数点后两位，而分析天平能称出样品是多少毫克，通常是以克为单位的小数点后四位。

科学证明，保留有效数字位数的一条基本原则是：**在记录测量数据时，只允许保留一位可疑数，即数据的末位数欠准，其误差是末位数的 ±1 个单位**。例如，分析天平称出的样品质量尽管是以克为单位的小数点后四位，但小数点后的第四位是不准确的。

假设用分析天平称取试样 0.4000g，该数据有四位有效数字。由于使用天平称量都需要两次称量，故试样称量产生的误差应该为 $\pm 0.0001 \times 2$，所以相对误差为

$$\frac{\pm 0.0002}{0.4000} \times 100\% = \pm 0.05\%$$

若用台秤称取试样 0.4g，该数据只有一位有效数字，试样称量的相对误差为

$$\frac{\pm 0.2}{0.4} \times 100\% = \pm 50\%$$

再如，滴定中消耗的标准溶液体积的读数为 28.76mL，其表达的含义应该按如下进行理解。由于滴定管的刻度至 0.1mL，所以此数据中的前三位是从滴定管的刻度上能直接读取的准确数据，第四位是估计出来的，是可疑数值。由于可疑数字有 ±1 个单位的绝对误差，即真实数据应该是在 28.76±0.01。

上述计算结果表明，在测定方法和仪器准确度允许的范围内，**数据中有效数字的位数越多，相对误差就越小，则测定的准确度就越高。**

有效数字位数的保留，应根据分析方法和仪器的准确度确定。**数据中只有最后一位是可疑的**，不能人为地增减数字的位数，否则所获得的数据是错误的。对于移液管和容量瓶的体积通常记为 25.00mL，对于量筒的体积记为 25mL。因此，量取 15.00mL 或 15mL 溶液时，前者应使用移液管，后者使用量筒。

在 0~9 这十个数字中，"0"具有双重意义，特别重要，很容易出错，需要特别小心。首先，当"0"是经过测定所得的，是有效数字；其次，"0"也可以起定位作用，是非有效数字。究竟"0"起什么作用，需要具体情况进行具体分析。例如，分析天平以克为单位时的读数为 0.2500g，那么小数点前面的一个"0"仅起定位作用，而后面两个"0"是测定所得数字，故其有效数字为四位。该数据若改用千克(kg)作单位，则表示为 0.000 250 0kg，这时数字前面的四个"0"只起定位作用，不是有效数字，此数仍为四位有效数字，即**单位改变时有效数字**

的位数不变。当需要在数的末尾加"0"作定位作用时,最好**采用指数形式表示**,否则容易引起误解。例如,上述质量若用毫克(mg)表示,则应写为 $2.500\times10^2$ mg。在整数中,则不能确定 0 是否为有效数字,如 2500L 的有效数字不能确定。因此常用指数形式明确该整数的有效数字位数,写成 $2.50\times10^3$ L,表示三位有效数字。

在分析化学中,常遇到有关如 π、e 等倍数、分数关系和非测量的一些常数,这些常数可视为具有无限多位有效数字,使用中其位数可根据具体情况来确定。对于 pH、p$c$、lg$K$ 等负对数和对数值,其有效数字的位数**仅取决于小数点后数字的位数**,其原因就在于其整数部分只表示该数据的方次。例如,pH=10.06,其有效数字为两位而不是四位,即 $[H^+]=8.7\times10^{-11}$ mol·L$^{-1}$。对于 $10^x$ 或 $e^x$ 等幂指数,其**有效数字的位数只与指数 $x$ 的小数点后的位数相同**。例如,$10^{0.0035}$ 的有效数字为四位而不是两位,原因是 $10^{0.0035}=1.008$;$10^{20.0035}$ 的有效数字为四位而不是六位,原因是 $10^{20.0035}=1.008\times10^{20}$。

### 2.2.2 有效数字的修约

在数据处理过程中,各测量值的有效数字的位数可能不同,在运算时按一定的规则舍入多余的尾数,不但可以节省计算时间,而且可以避免误差累计。按运算法则确定有效数字的位数后,舍入多余的尾数,称为数字修约(rounding off of numberical values),基本原则如下。

1. 四舍六入五留双原则

该规则规定,测量值中被修约数等于或小于 4 时,舍弃;等于或大于 6 时,进位;等于 5 时,若进位后测量值的末尾数变成偶数,则进位;若进位后测量值的末位变成奇数,则舍弃;若 5 后还有非零数,说明被修约数大于 5,则进位。

【示例 2-5】
将测量值 4.135、4.125、4.105、4.1251、4.1250 及 4.1349 修约为三位有效数字。
【解】
4.135 修约为 4.14;4.125 修约为 4.12;4.105 修约为 4.10(0 视为偶数);4.1251 修约为 4.13;4.1250 修约为 4.12;4.1349 修约为 4.13。

2. 一次修约原则

只允许对原测量值一次修约至所需位数,不能分次修约。
例如,4.1349 修约为三位数,不能先修约成 4.135,再修约为 4.14,只能一次修约成 4.13。

---

**延伸阅读 2-3:"四舍五入"与"四舍六入五留双"的误差**

过去沿用"四舍五入",见 5 就进,能引入明显的舍入误差,使修约后的数值偏高。"四舍六入五成双"规则是逢 5 有舍、有入,使由 5 的舍、入引起的误差可以自相抵消。因此目前在数字修约中多采用"四舍六入五留双"规则。

---

3. 安全数保留原则

如果运算的数据量比较大,可对参加运算的所有数据先多保留一位有效数字(称为安全数),这是为了防止误差迅速累积导致运算产生更大误差。不过,在运算结束后,需要将结果修约成与最大误差数据相当的位数。

**【示例 2-6】**

计算 5.3527、2.3、0.045 及 3.35 的和。

**【解】**

按加减法的运算法则,计算结果以小数点后位数最少的数据为基准,则应只保留一位小数。但在计算过程中可以多保留一位,于是上述数据计算,可写成

$$5.35 + 2.3 + 0.04 + 3.35 = 11.03$$

计算结果修约为 11.0。但如果没有按安全数保留原则进行计算,结果是

$$5.4 + 2.3 + 0.0 + 3.4 = 11.1$$

4. 误差和偏差修约

很显然,修约会使计算结果的准确度变得更差。例如,某计算结果的标准偏差为 0.213,取两位有效数字,宜修约成 0.22;取一位有效数字宜修约成 0.3。因此,在做统计检验时,标准偏差可多保留一位数或两位数参加运算。

---

**学习与思考**

---

(1) 如何判断含 0 数据的有效数字?

(2) 为何要一次性修约?

(3) 如何修约使结果的误差较小?

---

## 2.2.3　有效数字的运算

在计算分析结果时,每个测量值的误差都要传递至分析结果。应根据误差的传递规律,按照有效数字的运算法则合理取舍,才能正确表达分析结果的准确度。

在做数学运算时,加减法与乘除法的误差传递方式不同,现分述如下。

1. 加减法运算

加减法的和或差的误差是各个数值绝对误差的传递结果。所以,计算结果的绝对误差必须与各数据中绝对误差最大的那个数据相当,即几个数据相加的和或相减的差的有效数字的保留,应以**有绝对误差最大、小数点后位数最少的数据为基准**(reference)。

**【示例 2-7】**

计算以下三式:

| 0.5362 | 9.0053 | |
| 0.0014 | 1.9724 | 4.2598 |
| +0.25 | +0.0003 | −4.2595 |
| 0.79 | 10.9780 | 0.0003 |
| Ⅰ | Ⅱ | Ⅲ |

**【解】**

在Ⅰ式中，三个数据的绝对误差不同，计算结果的有效数字位数由绝对误差最大的第三个数据决定，即两位。Ⅱ、Ⅲ式中各自数据的绝对误差都一样，则和或差的有效数字的位数由加、减结果决定，无需修约。因此，Ⅱ、Ⅲ式的计算结果分别为六位与一位有效数字。通常为了便于计算，可先按绝对误差最大的数据修约其他各数据后再计算，如Ⅰ式，可先把三个数据修约成 0.536、0.001 及 0.25 再相加得 0.787，修约后为 0.79。

2. 乘除法运算

数据进行乘除法产生的误差是各个数值相对误差的传递结果，计算结果应与各数据中相对误差最大的那个数据相当。所以，数据相乘或相除所遵守的原则是**以有效数字位数最少、相对误差最大的数字为基准**。

**【示例 2-8】**

求 0.0121、26.54 和 1.0275 之积。

**【解】**

三个数据的相对误差分别为

$$\frac{\pm 0.0001}{0.0121} \times 100\% = \pm 0.8\%$$

$$\frac{\pm 0.01}{26.54} \times 100\% = \pm 0.04\%$$

$$\frac{\pm 0.0001}{1.0275} \times 100\% = \pm 0.009\%$$

由于第一个数据有三位有效数字，有最大的相对误差，因而应该以此作为计算依据对其他两个数据进行修约，并在运算过程中多保留一位有效数字进行求积运算，最后对计算结果修约为三位有效数字。

$$0.0121 \times 26.54 \times 1.028 = 0.330\ 125\ 752 \approx 0.330$$

如果有首位数"8"或"9"等（称为大数）且有效数字位数最少的数字，因存在较大的相对误差，在乘除运算中其积或商的有效数字位数可以多取一位。例如，$9.0 \times 0.251 \div 2.53$，其中 9.0 的有效数字位数最少，只有两位，但是它的相对误差约为 $\pm 1\%$，与 10.0 等三位有效数字的相对误差接近，所以最后结果可保留三位，即 $9.0 \times 0.251 \div 2.53 = 0.893$。

上述运算规则也不是绝对的。有时为了避免在运算过程中因数字的取舍而引入计算误差，可对中间数据先多保留一位数字，并对最终结果进行修约，使其符合事先所确定的位数（由运算规则决定）。

使用计算器进行计算时，为了迅速连续进行，一般先进行修约，不对中间各步的计算结果进行修约，并对最后结果按运算规则进行修约。

分析化学中的计算主要有两大类。一类是各种化学平衡中有关浓度的计算，这时常常使用有关平衡常数，如 $K_a$、$K_b$ 和 $K_{sp}$ 等，其相对误差约为 $5\%$，因而通常根据平衡常数的位数来确定计算结果的有效数字位数，一般为两至三位。

计算测定结果是分析化学中另一类十分重要的计算。这类计算结果与有效数字位数和待测组分在试样中的相对含量有关。一般地，对于大于 $10\%$ 的高含量组分，其测定结果保留四位有效数字；对于1%～10%的中含量组分的测定结果保留三位有效数字；对于小于1%的微量组分的测定结果常取两位有效数字。例如，采用滴定分析法测定组分含量大于10%的试样时，为了使测定结果达到上述要求的准确度，则应使用万分之一的分析天平进行称量，配制的标准溶液浓度应具有四位有效数字，滴定体积应大于20mL并计量到$\pm 0.0x$ mL的有效位数。

3. 乘方和开方运算

这类计算通常要求其计算结果的有效数字位数与其底数的有效数字位数相同。

【示例 2-9】

计算下列各式：

(1) $7.13^2$；

(2) $\sqrt{3.1643}$。

【解】

(1) $7.13^2 = 50.8369 \approx 50.8$

(2) $\sqrt{3.1643} = 1.778\,847\,941 \approx 1.7788$

4. 对数运算

这类计算结果的有效数字位数通常要求与其真数的有效数字的位数一致。

【示例 2-10】

计算下列各式：

(1) $\lg 1.5$；

(2) $[H^+]$为$5.2 \times 10^{-5}$的溶液，其pH是多少？

【解】

(1) $\lg 1.5 = 0.176\,091\,259\,055\,68\cdots \approx 0.18$

(2) 若$[H^+]$为$5.2 \times 10^{-5}$，应保留两位有效数字，则pH为4.28。

5. 混合计算式的计算修约

按照通常的计算法则，先进行乘除法计算，后进行加减法计算。乘除法计算按照有效数字最少原则；加减法计算按照小数点后位数最少原则，在计算前都需进行初步修约，注意可先多保留一位有效数字。

【示例 2-11】

计算下式：

$$\frac{2.2856 \times 2.51 + 5.42 - 1.8940 \times 7.50 \times 10^{-3}}{3.5462}$$

【解】

本题计算涉及加减乘除四类方法，显然应按照混合运算的规则进行，即乘除法运算应遵守有效数字最少原则，而加减法运算应遵守小数点后最少的原则，所以

$$上式 \approx \frac{2.286 \times 2.51 + 5.42 - 1.894 \times 7.50 \times 10^{-3}}{3.5462} = \frac{5.73786 + 5.42 - 0.014205}{3.5462}$$

$$\approx \frac{5.738 + 5.42 - 0.014}{3.5462} \approx \frac{11.144}{3.5462}$$

$$\approx \frac{11.14}{3.5462} = 3.141\,390\,784\,50\cdots \approx 3.141$$

对于各种误差和偏差的计算,一般只需要保留一位有效数字,采用过多的位数是无意义的。

---

**学习与思考**

(1) 计算分析结果的精密度和准确度时,误差和偏差等的有效数字如何取舍?
(2) 计算中涉及常数 π、e 以及非测量值,如自然数、分数时,如何确定其有效数字?
(3) lg 1.00、$1.00^2$、$\sqrt{1.00}$ 分别是多少?

---

## 2.3 分析数据处理

### 2.3.1 概述

合理的实验设计和规范、正确的实验操作可明显减少误差,为后续的数据分析提供保证。在获得必要的实验数据后,需要充分利用适当的分析手段进行统计和分析,去粗取精、去伪存真,提取出能反映实验研究预期目标的有价值信息。

误差特别是偶然误差的产生是实验过程中不可避免的,在大量样本测量(sample measurement)过程中,偶然误差表现出正态分布(normal distribution)的特征。正态分布是统计学(statistics)中非常重要的概念,它是**大量**($N \geqslant 30$)**随机独立样本**所表现出来的**整体**特征。然而药物分析和检验为了在有限条件下最大限度获取数据,常选取部分小样本($N \leqslant 30$)参与研究,这时候偶然误差的分布就不再服从正态分布,而是服从针对小样本分析的 $t$-分布($t$-distribution)。

在 $t$-分布中,用样本标准偏差($S$)取代了正态分布的总体标准偏差($\sigma$),用样本平均值 $\bar{x}$ 取代了总体测量的真实值 $\mu$。为了尽可能减少误差,对同一样本常采用多次重复测量、取平均值的方式以提高结果的准确度和精密度。此时的平均值较单一测量值更接近真实值。以总体平均值为中心的一定范围内数据区段为数据的可信范围,称之为置信区间(confidence interval)。

在药学研究中,常需对两组或多组样品的分析结果、分析方法结果的平均值与精密度是否存在着显著性差别进行判断,称为显著性检验(significance test)或假设检验(hypothesis test)。统计检验的方法很多,对两组样品之间常采用 $t$-检验($t$-test),对多组样品之间采用方差分析(analysis of variation,ANOVA)的方法,其中的单因素方差分析最常用。

在进行数据分析时,对于个别数据过高或过低的可疑数据不能任意舍弃,需要寻找舍弃的理由。如果无客观原因,就要用 $G$-检验法($G$-test)来判断可疑数据与其他值数据是否来源于同一总体。

在药学研究中,数据分析工作不但要进行基本的统计性数据描述,有时也需要确定各变量之间的相互关系,其中相关分析(correlation analysis)和回归分析(regression analysis)是最常用的描述变量之间线性关系的统计方法。本书只简单介绍两个变量(自变量 X 和因变量 Y)之间关系的相关和回归分析方法。

### 2.3.2 偶然误差的正态分布

误差的产生是实验过程中不可避免的，虽然可以通过科学的实验设计和规范、正确的实验操作以减少系统误差，但偶然误差的存在仍使得数据中包含或多或少的不准确性。偶然误差的出现是随机的，有的出现正误差，有的出现负误差，误差的大小也不确定。根据统计学原理，**多次测量会尽可能地减少偶然误差的影响，这时候总体样本的平均值将无限接近于真实值，而偶然误差则表现出呈正态分布的整体特征。**

正态分布，也称高斯分布(Gaussian distribution)或 $u$-分布，是统计学中非常重要的概率分布(probability distribution)，是指大样本量数据集合所表现出的一种整体特征。正态分布的数学模型用下列方程表示：

$$f(x) = \frac{1}{\sigma\sqrt{2\pi}} \exp\left[-\frac{(x-\mu)^2}{2\sigma^2}\right] \tag{2-11}$$

式中，$f(x)$ 为概率密度函数；$x$ 为测量值；$\mu$ 为真实值，可视为无数次测量数据 $x$ 的平均值，又称为总体均值；$\sigma$ 为总体标准偏差，指误差偏离真实值的程度。在实际应用中，最常见的当 $\mu=0$，$\sigma=1$ 时，此时的概率分布称之为标准正态分布(standard normal distribution)，表示为标准正态分布 $N(0,1)$。此时的公式简化为

$$f(x) = \frac{1}{\sqrt{2\pi}} \exp\left(-\frac{x^2}{2}\right) \tag{2-12}$$

如果将式(2-12)作图，可以得到如图 2-2 所示的标准正态分布曲线。纵坐标 $y$ 表示概率密度，横坐标 $u = \dfrac{x-\mu}{\sigma}$，是以总体标准偏差 $\sigma$ 为单位的 $(x-\mu)$ 值。因概率密度函数曲线呈钟形，因此人们又经常称之为钟形曲线(bell-shaped curve)。由图 2-2 可以看出，如果大样本量的偶然误差符合正态分布，那么小误差出现的概率大，而大误差出现的概率小，正误差和负误差出现的概率相等。这也使得总体测量的误差几乎可以相互抵消，并不会对实验结果造成明显影响。

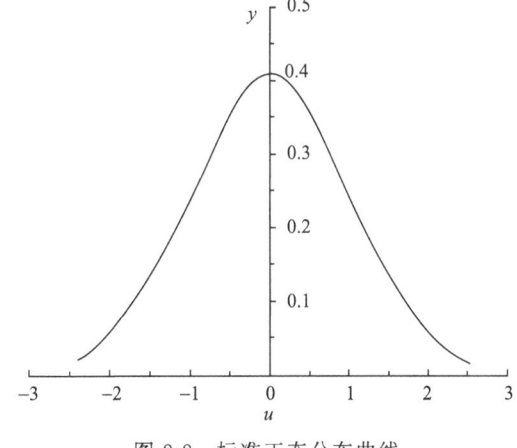

图 2-2 标准正态分布曲线

正态分布有两个基本参数，真实值 $\mu$ 和总体标准偏差 $\sigma$，可表示为 $N(\mu, \sigma^2)$。$\mu$ 对应于曲线的最高点。$\mu$ 和 $\sigma$ 的大小决定了曲线的正态分布的位置和形态，即"高、矮"和"胖、瘦"。为了使误差尽可能小，正态分布要求测定的样本量要足够大，一般 $n \geqslant 30$。而在药学研究中，通常的测试仅为有限样本的测量值(如在 4 因素 5 水平的正交试验设计中才需要 25 次试验)。由于测量次数少，数据的分散程度增大，$\sigma$ 增大，导致正态分布曲线变宽变矮。为了能获得同样的面积(又称置信概率，confidence probability)，$\mu$ 值必然增大，此时偶然误差的统计特征将不再适用正态分布进行

分析，而应该使用描述有限次测量的 $t$-分布进行分析。

### 2.3.3 $t$-分布

根据正态分布的性质，从总体中抽取若干样本进行分析时，样本均数仍服从正态分布，使得药学研究中就可以通过对小样本进行统计后再用于估计总体样本的均值和方差等参数特征。这种适合于小样本量的概率分布称之为 $t$-分布，又称学生分布（Student's $t$-distribution），其形状（图 2-3）与标准正态分布曲线相似，只是由于测量次数较少，数据的离散程度较大，分布曲线的形状变得低而钝。

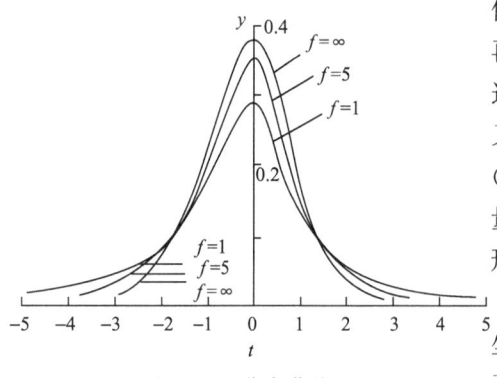

图 2-3 $t$-分布曲线

在 $t$-分布中，纵坐标仍是概率密度 $y$，而横坐标则是统计量 $t$，且小样本的标准偏差 $S$ 取代了正态分布的总体标准偏差 $\sigma$，用平均值 $\bar{x}$ 取代了真实值 $\mu$。在 $t$-分布中，置信概率的大小随着自由度（$f=n-1$）而改变，当样本量增大至无限接近于总体时，即当 $f=\infty$ 时，$t$-分布就接近于正态分布。

在 $t$-分布中，用置信水平 $P$ 和显著性水平 $\alpha$ 来表示特定样本量的测量值落在（$\mu \pm tS$）内的置信概率。$P$ 值称为置信水平（confidence level）或置信度（confidence degree）、置信水准及可信水平等，它表示在某一 $t$ 值时，测定值落在（$\mu \pm tS$）内的概率，而落在此范围外的概率为 $\alpha$（数值等于 $1-P$）。用 $\alpha$ 表示显著性水平（level of significance）或称为置信系数（confidence coefficient）及显著性水准（significance level）等。显然，置信度 $P$ 越大（$\alpha$ 越小），说明该条件下测试的可信度越大（置信概率越大）。在实际应用中，给定样本量及测定数据情况下，统计工具可以直接计算出显著性水平，并可以此与预设的显著性水平 $\alpha$ 进行比较以判断结果是否达到可置信的要求水平。

$t$-分布是对两组样本均值的差异进行显著性测试 $t$-检验的基础。

---

**延伸阅读 2-4：高斯分布与 $t$-分布的由来**

法裔英籍数学家棣莫弗（A. de Moivre，1667—1754）于 1733 年用阶乘近似公式导出"正态分布"的频率曲线，作为二项分布的近似而首次提出了正态分布的概念。随后，被誉为"数学王子"的德国数学家高斯（C. F. Gauss，1777—1855）率先将其应用于天文学研究。不过，在高斯分布发现的初期，人们还只是简单地认为是在理论上得到了简化，但到 20 世纪正态小样本理论充分发展起来以后显示出高斯的这项发现意义十分重大，以至于后人又把正态分布称为"高斯分布"（Gauss distribution）。法国天文学家和数学物理学家拉普拉斯（P. S. Laplace，1749—1827）于 1810 年将高斯的发现与其发现的中心极限定理（central limit theorem）联系起来，指出因为误差可看成许多量的叠加，因而误差理应遵守高斯分布。实际上，拉普拉斯第一次提出了"误差学说"，认为误差是由大量的、由种种原因产生的元误差叠加而成。拉普拉斯提出的"误差学说"给出了一个更自然合理、更令人信服的解释，解决了高斯说法中有些循环论证的不足。

$t$-分布是由英国化学家、数学家和统计学家戈塞(W. S. Gosset，1876—1937)于1908年首先提出来的。由于戈塞当时在都柏林的健力士酿酒厂工作，发表论文时使用了学生(Student)这一笔名。随后，英国统计学家和进化论生物学家、被称为"达尔文之后最伟大生物学家"的费希尔爵士(S. R. A. Fisher，1890—1962)将其发扬光大。

### 2.3.4 平均值的精密度和置信区间

为减少误差，对同一样本往往采用重复测量后取平均值($\bar{x}$)的方式以提高精密度。在统计意义上，同一样本重复测量的次数越多，结果的精密度越高，不确定性也就越小。对于平均值来说，多次测量的标准偏差($S_{\bar{x}}$)与测量次数平方根成反比。

$$S_{\bar{x}} = \frac{S_x}{\sqrt{n}} \tag{2-13}$$

式中，$n$ 为测量次数。这说明 $n$ 次测量的可靠性是1次测量的 $\sqrt{n}$ 倍，即4次测量的可靠性是1次测量的2倍；9次测量的是3倍；16次测量的是4倍等，依此类推。由此可知，测量次数增加，平均值的精密度随之提高；但测量次数越多(如增加到16次以上)，精密度提高的效果越不明显，而测定成本不断提高。所以，**在实际分析中一般平行测定3～4次，若有较高要求，可重复测定5～9次。**

【示例 2-12】

若某样品经4次测定，标准偏差是20.5ppm[①]，平均值是144ppm。求平均值的标准偏差。

【解】

$$S_{\bar{x}} = \frac{S_x}{\sqrt{n}} = \frac{20.5}{\sqrt{4}} = 10.2(\text{ppm})$$

虽然多次测量可以提高 $t$-分布平均值的精密度，使其更接近真实值，但对于其中的任何一次测量来说，其获得的数据结果并不总是正确和可信的，可信的程度要看其距离真实值远近的程度。所以人们引入了置信区间(confidence interval)的概念，并定义置信区间就是在给定置信水平的条件下，以测定结果为中心，包括总体平均值在内的可信范围。

对测量值 $x$ 的置信区间可具体表示为

$$\mu = x \pm u\sigma \tag{2-14}$$

式中，$\mu$ 为横坐标 $X$ 的取值；$u\sigma$ 为置信限(confidence limit)，即在一定置信水平 $P$ 时，总体平均值估计值 $x$ 给出的界限，据此可得表2-2。如果使得一次测量的结果置信概率达到90%，那么该测量值应该落在 $\mu \pm 1.64\sigma$ 的置信区间内；若置信概率提高到95%，则单次测量值应落在 $\mu \pm 1.96\sigma$ 的置信区间内。换言之，单次测量落在 $\mu \pm 1.64\sigma$ 范围内的概率为90%，在 $\mu \pm 1.96\sigma$ 范围内的概率为95%。

---

① ppm 为非法定单位，1ppm=$1 \times 10^{-6}$，余同

## 表 2-2 总体标准偏差与概率

| 范围 | $\mu\pm\sigma$ | $\mu\pm1.64\sigma$ | $\mu\pm1.96\sigma$ | $\mu\pm2\sigma$ | $\mu\pm2.58\sigma$ | $\mu\pm3\sigma$ |
|---|---|---|---|---|---|---|
| 概率/% | 68.3 | 90.0 | 95.0 | 95.5 | 99.0 | 99.7 |

正态分布的总取值几乎位于区间$(\mu-3\sigma,\mu+3\sigma)$，而在此区间以外取值的概率只有 0.26%，因而人们通常认为这种情况在一次实验中几乎不可能发生。所以，在实际应用中，服从正态分布 $N(\mu,\sigma^2)$ 的随机变量通常只取 $(\mu-3\sigma,\mu+3\sigma)$ 之间的值，故称为 $3\sigma$ 原则。

若用多次测量的总体平均值估计 $\mu$ 值的范围，则总体平均值的置信区间为

$$\mu=\bar{x}\pm u\sigma/\sqrt{n} \tag{2-15}$$

而用少量测量值的平均值估计 $\mu$ 的范围时必须根据 $t$-分布进行处理。求出样本标准偏差 $S$，再根据所要求的置信水平及自由度。此时样本平均值的置信区间为

$$\mu=\bar{x}\pm t_{\alpha,f}S/\sqrt{n} \tag{2-16}$$

式中，$\bar{x}+t_{\alpha,f}S/\sqrt{n}$ 为上限，用 $X_U$ 表示；$\bar{x}-t_{\alpha,f}S/\sqrt{n}$ 为下限，用 $X_L$ 表示；$\alpha$ 为显著性水平；$f$ 为自由度。

置信区间分为双侧置信区间与单侧置信区间两种。双侧置信区间是指同时存在大于和小于总体平均值的置信范围，即在一定置信水平下，测量值存在于 $X_L$ 至 $X_U$ 范围内，$X_L<\mu<X_U$。单侧置信区间是指 $\mu<X_U$ 或 $\mu>X_L$。除了要求计算在一定置信水平时总体平均值大于或小于某值外，一般都是求双侧置信区间。

---

### 学习与思考

(1) 正态分布曲线有哪些特点？
(2) 正态分布曲线与 $t$-曲线有何异同？
(3) 如何确定置信区间？

---

### 2.3.5 可疑数据的取舍

在药学研究中，多次测量得到的数据中有时会出现个别数据过高或过低的情况，这种数据称为可疑数据或逸出值(outlier)。面对可疑数据，不能任意舍弃，首先应该寻找产生可疑数据的原因，数据是否记错，或者实验过程中有不正常现象发生等，如果发现确为明显过失所致，可以舍弃可疑数据；否则，就必须使用统计检验方法来判断该可疑数据是否可靠，或者说判断与其他数据是否来源于同一总体。在 $t$-分布中，由于样本量较少，不能对总体标准偏差正确估计，因此多用舍弃商法($Q$-检验法)和 $G$-检验法对可疑数据进行检验。

1. 舍弃商法($Q$-检验法)

当测量次数 $n=3\sim10$ 次时，根据所要求的置信水平，常取 90%，按照下列步骤确定可疑值的取舍。

(1) 将各数据按递增顺数排列：$x_1$，$x_2$，$x_3$，$\cdots$，$x_{n-1}$，$x_n$。
(2) 求出最大值与最小值的差值(极差) $x_{\max}-x_{\min}$。

(3) 求出可疑值与其最相邻数据之间的差值的绝对值。
(4) 根据式(2-17)求出 $Q$ 值。

$$Q = \frac{|x_i - x_j|}{x_{max} - x_{min}} \tag{2-17}$$

式中，$x_i$ 为可疑数值，$x_j$ 为与可疑数值最相邻的数据；$x_{max} - x_{min}$ 是最大值与最小值的差值。

(5) 根据测定次数 $n$ 和要求的置信水平(如 90％)查表 2-3 得到 $Q_表$ 值。

表 2-3  $Q$-检验临界值

| 测定次数($n$) | | 3 | 4 | 5 | 6 | 7 | 8 | 9 | 10 |
|---|---|---|---|---|---|---|---|---|---|
| $P$ | 90％ | 0.90 | 0.76 | 0.64 | 0.56 | 0.51 | 0.47 | 0.44 | 0.41 |
| | 95％ | 0.97 | 0.84 | 0.73 | 0.64 | 0.59 | 0.54 | 0.51 | 0.49 |
| | 99％ | 0.99 | 0.93 | 0.82 | 0.74 | 0.68 | 0.63 | 0.60 | 0.57 |

(6) 判断：若计算 $Q > Q_表$，则舍去可疑值，否则应予保留。

**【示例 2-13】**

按 $P = 95％$ 的要求，使用仪器在同一现场进行 4 次分析，其结果分别为 0.1014、0.1012、0.1025、0.1016，试判断是否存在可疑值。

**【解】**

(1) 将各数据按递增顺数排列：0.1012、0.1014、0.1016、0.1025。
(2) 最大值与最小值的差值：$x_{max} - x_{min} = 0.1025 - 0.1012 = 0.0013$。
(3) 可疑值可能是 0.1025，可疑值与其最相邻数据之间的差值的绝对值是

$$d = |x_4 - x_3| = |0.1025 - 0.1016| = 0.0009$$

(4) 根据公式(2-17)求出 $Q$：

$$Q = \frac{|x_4 - x_3|}{x_{max} - x_{min}} = \frac{0.0009}{0.0013} = 0.69$$

(5) 本题中，测定次数 $n = 4$、要求的置信水平为 95％，查表得到 $Q$ 的临界值为 0.84。
(6) 判断：由于 $Q < Q_表$，所有数据都保留。

2. Grubbs 检验法

Grubbs 检验法又简称为 $G$-检验法，是考虑所有数据的标准偏差和平均值来计算可疑数据的 $G$ 值；再从表 2-4 中查出临界值 $G$。若计算出的 $G$ 值大于 $G$ 临界值，则该可疑值可以舍弃。

$$G = \frac{|x_n - \bar{x}|}{S} \tag{2-18}$$

式中，$x_n$ 为可疑数值；$\bar{x}$ 为测定数据的平均值；$S$ 为所有数据的标准偏差。

表 2-4　G-检验临界值

| 测定次数($n$) | | 3 | 4 | 5 | 6 | 7 | 8 | 9 | 10 |
|---|---|---|---|---|---|---|---|---|---|
| | 90% | 1.15 | 1.46 | 1.67 | 1.82 | 1.94 | 2.03 | 2.11 | 2.18 |
| $P$ | 95% | 1.15 | 1.48 | 1.71 | 1.89 | 2.02 | 2.13 | 2.21 | 2.29 |
| | 99% | 1.15 | 1.5 | 1.76 | 1.97 | 2.14 | 2.27 | 2.39 | 2.48 |

$G$-检验法是对同一样本多次重复测试所得数据中可疑数据的取舍。对一般两组实验数据的显著性检验应先分别进行可疑数据的取舍后再进行 $t$-检验或方差分析。值得注意的是，可疑数据的舍弃不能多次重复进行，这一点类似于对有效数字的修约不能进行多次递归修约一样。

【示例 2-14】

以 $P=95\%$ 作为标准，用 Grubbs 法判断测量所得结果 1.25、1.27、1.31、1.40 中是否存在不应该保留的数据。

【解】

$$\bar{x}=1.31 \quad S=0.066$$

$$G=\frac{|x_n-\bar{x}|}{S}=\frac{1.40-1.31}{0.066}=1.36$$

查表得

$$G_{\alpha,n}=G_{0.05,4}=1.48$$

即 $G<G_{\alpha,n}$，所以 1.40 这个数值应该保留。

### 2.3.6 显著性检验

在药学研究中，经常需要对不同组的分析结果或多个方法分析结果的平均值与精密度等是否存在着显著性差异做出判断。这些问题属于统计检验的内容，称为显著性检验、差别检验或假设检验。显著性检验的方法很多，在定量分析中最常用 $t$-检验与方差分析（$F$-检验），分别用于检验两组分析结果是否存在显著的系统误差和偶然误差。

1. $t$-检验

$t$-检验的依据是 $t$-分布，主要用于判断两组小样本的数据之间，包括样本的平均值与标准值的比较、配对样本测量的平均值，以及随机独立的两组样本均值之间是否存在显著性差异（统计上的差别）。

1）样本平均值与真值（标准值）间的 $t$-检验

当涉及对一组样本的测量数据与用基准物质、标准品或真实值的评价分析方法或分析结果进行比较时，可采用样本均值与已知标准值间的 $t$-检验。

根据式（2-16），如果样本均值 $\bar{x}$ 的置信区间 $\bar{x}\pm t_{\alpha,f}S/\sqrt{n}$ 能将真值 $\mu$（或标准值）包括在此范围内，那么就可以认为 $\bar{x}$ 与真值 $\mu$ 之间不存在显著性差异，其原因是根据 $t$-分布规律，这些差异是源于偶然误差而不是源于系统误差。这时，式（2-16）可改写为

$$t=\frac{|\bar{x}-\mu|}{S}\sqrt{n} \tag{2-19}$$

作 $t$-检验时，先将所得的数据 $\bar{x}$、$\mu$、$S$ 及 $n$ 代入式(2-19)，然后由表 2-5 查得的相应 $t_{\alpha,f}$ 值(临界值)相比较。若 $t \geqslant t_{\alpha,f}$，说明 $\bar{x}$ 与 $\mu$ 之间存在显著性差异；反之则说明两者不存在显著性差异。由此可对分析结果是否正确、新方法是否可行等进行判断。

表 2-5　$t$-分布值表

| $f=(n-1)$ | | 1 | 2 | 3 | 4 | 5 | 6 | 7 | 8 | 9 | 10 | 20 | $\infty$ |
|---|---|---|---|---|---|---|---|---|---|---|---|---|---|
| $\alpha$ | 0.50 | 1.00 | 0.82 | 0.76 | 0.74 | 0.73 | 0.72 | 0.71 | 0.71 | 0.70 | 0.70 | 0.69 | 0.67 |
| | 0.10 | 6.31 | 2.92 | 2.35 | 2.13 | 2.02 | 1.94 | 1.90 | 1.86 | 1.83 | 1.81 | 1.73 | 1.65 |
| | 0.05 | 12.71 | 4.30 | 3.18 | 2.78 | 2.57 | 2.45 | 2.37 | 2.31 | 2.26 | 2.23 | 2.09 | 1.96 |
| | 0.01 | 63.66 | 9.93 | 5.84 | 4.60 | 4.03 | 3.71 | 3.50 | 3.36 | 3.25 | 3.17 | 2.85 | 2.58 |

注：$f$ 为自由度；$\alpha$ 为显著性水平。

**【示例 2-15】** 样本均值与标准值的 $t$-检验

为了检验测定微量 $Cu(Ⅱ)$ 的一种新方法，取一标准试样，已知其含量是 $1.17 \times 10^{-3}\%$。测量 5 次，得含量平均值为 $1.08 \times 10^{-3}\%$；其标准偏差 $S$ 为 $7.00 \times 10^{-5}\%$。则该新方法在 95% 的置信水平上是否可靠？(双侧检验中 $t_{0.05,4} = 2.78$)

**【解】**

题意为双侧检验。将数据代入下面公式并计算：

$$t = \frac{|\bar{x} - \mu|}{S}\sqrt{n} = \frac{|1.08 \times 10^{-3} - 1.17 \times 10^{-3}|}{7.00 \times 10^{-5}}\sqrt{5} = 2.87$$

已知双侧检验中 $t_{0.05,4} = 2.78$。$t > t_{0.05,4}$，说明平均值与标准值之间有显著性差别，新方法不够好，可能其中存在某种系统误差。

2）配对样本测量平均值的 $t$-检验

配对样本间的显著性检验，是指同一组样本分别接受两种不同处理或接受某一种处理前后的测量平均值之间的假设检验，简称配对 $t$-检验。

在配对 $t$-检验中，由于受试对象均为同一组样本，其中的每个样本都执行了两次操作，以两次测量数据间的差值来判断两组之间是否存在显著性差异。如果计算后差值间的显著性水平 $\alpha$ 小于设定的显著性水平(如 0.05)，就可认为配对样本间的平均值存在显著性差异(有95% 的可信度)，否则就认为配对样本间不存在显著性差异(有 5% 出现错误的可能性)。

**【示例 2-16】** 配对样本测量平均值的 $t$-检验

某实验中研究 10 名患者给药前后的血压变化情况，其中舒张压变化情况见表 2-6。试问患者给药前后舒张压变化有无显著性差异(95% 置信水平)？

表 2-6　给药前后患者舒张压变化情况

| 患者编号 | 1 | 2 | 3 | 4 | 5 | 6 | 7 | 8 | 9 | 10 |
|---|---|---|---|---|---|---|---|---|---|---|
| 给药前/kPa | 16.0 | 12.0 | 14.6 | 13.3 | 12.0 | 12.0 | 14.6 | 14.6 | 12.0 | 13.3 |
| 给药后/kPa | 12.0 | 13.3 | 10.6 | 12.0 | 12.0 | 10.6 | 10.6 | 14.6 | 12.7 | 13.3 |
| 差值 | 4.0 | −1.3 | 4.0 | 1.3 | 0 | 1.4 | 4.0 | 0 | −0.7 | 0 |

**【解】**

题意为比较患者给药前后的舒张压变化情况,其中的数据成对出现,这时可以检验两个变量间差值的显著性水平。将给药前后的数据输入数据分析软件中,采用"比较均值"中的"配对样本 $t$-检验"选项,处理后得到配对数据的显著性检验水平(双侧检验)结果为 $t=1.947$,$\alpha=0.083>0.05$。可知,患者给药前后的舒张压在95%的置信水平上不存在显著性差异。

3) 随机独立样本的两组均值的 $t$-检验

如果来源于同一正态分布总体的两组样本之间具有完全随机和独立的特点,这种情况下的两组均值比较需采用随机独立样本的 $t$-检验。

在该方法中,由于每组中的样本数较少,所以首先需要检查各组样本内的总体方差是否相等,即方差齐性检验(homogeneity test for variance)。只有在方差齐性的前提下,统计所得各统计量才符合 $t$-分布,就可以进行下一步的 $t$-检验;如果方差齐性检验未通过,一般情况下,若两组的样本数相等,那么仍可进行 $t$-检验;当然也可以将两组样本的测量值经过数据转换(如对数转换、平方根转换或倒数转换等)后再进行方差齐性检验,如果仍然不能通过检验,只能采用其他方法,如秩和检验等进行分析,而不能再应用 $t$-检验的方法进行比较。

在方差齐性检验通过后,计算两组样本的均值和标准差,然后计算两组样本均值的显著性检验。如果得到的显著性水平 $\alpha$ 小于设定的显著性水平(如0.05),就可认为两组之间存在显著性差异(有95%的可信度),否则就认为两者之间不存在显著性差异(有5%出现错误的可能性)。

在某些统计软件(如 SPSS)中,可以通过同质性检验(homogeneity of variance)来判断方差齐性(homoscedasticity),而且即使在方差齐性检验未通过的情况下,也在数据变换后给出 $t$-检验结果。

**【示例 2-17】** 随机独立样本的两组均值的 $t$-检验

一地区测定11名患者与13名健康人中的某微量元素,数据见表2-7。试问如果按95%置信水平,该地患者与健康人体内的微量元素是否有显著性差异?

表 2-7 11 名患者和 13 名健康人体内某微量元素数值(mmol·$L^{-1}$)

| 编号 | 1 | 2 | 3 | 4 | 5 | 6 | 7 | 8 | 9 | 10 | 11 | 12 | 13 |
|---|---|---|---|---|---|---|---|---|---|---|---|---|---|
| 患者 | 0.84 | 1.05 | 1.20 | 1.20 | 1.39 | 1.53 | 1.67 | 1.80 | 1.87 | 2.07 | 2.11 | — | — |
| 健康人 | 0.54 | 0.64 | 0.64 | 0.75 | 0.76 | 0.81 | 1.16 | 1.20 | 1.34 | 1.35 | 1.48 | 1.56 | 1.87 |

**【解】**

题意为比较患者与健康人体内微量元素数值的显著性差异,这些数据都是互不干扰的独立样本,不管样本的数量是否相等,都可以用随机独立样本的两组均值 $t$-检验方法进行分析。

首先将以上数据输入数据分析软件,选择"比较均值"中的"独立样本 $t$-检验"项进行两组样本的方差齐性检验,获得检验结果为 $\alpha=0.860>0.05$,表明方差齐性检验符合要求;然后进行两组均值比较的 $t$-检验,结果表明两组均值比较的显著性检验水平(双侧检验)结果为 $t=2.524$,$\alpha=0.019<0.05$。可知,该地区患者与健康人体内某微量元素的数值在95%的置信水平上存在显著性差异。此外,由于 $\alpha=0.019>0.01$,所以在99%置信水平上不存在显著性差异。

## 2. 两组数据的显著性差异

两组数据的显著性差异通常是指：①对由不同分析人员或同一分析人员对某一个试样采用不同方法、不同仪器或不同分析时间进行测定所得到的两组数据间的显著性检验；②对使用相同分析方法测定两个含有同一组分的试样所得到的数据组之间的显著性检验。

由于精密度是保证准确的先决条件，所以必须首先判断两组数据间所存在的偶然误差是否有显著的不同。为此，人们常常使用 F-检验（F-test）通过比较两组数据的方差 $S^2$（标准偏差的平方）来确定精密度是否存在显著性差异。确定是否有显著性差异的第一步是根据式 (2-20) 计算样本的方差：

$$F = \frac{S_1^2}{S_2^2} \quad (S_1 > S_2) \tag{2-20}$$

在根据式 (2-20) 计算 F 值时，规定大的方差为分子，小的方差为分母；第二步是将所求出的 F 值与表 2-8 的相应 $F_{\alpha, f_1, f_2}$ 值（临界值）相比较。如果 $F \geq F_{\alpha, f_1, f_2}$ 表明两组数据存在显著性差异，反之两组数据之间不存在显著性差异。

**表 2-8　F-检验临界值** ($P = 0.95$)

| | $f_1$ | 1 | 2 | 3 | 4 | 5 | 6 | 7 | 8 | 9 | 10 | 12 |
|---|---|---|---|---|---|---|---|---|---|---|---|---|
| | 1 | 161.4 | 199.5 | 215.7 | 224.6 | 230.2 | 234.0 | 236.8 | 238.9 | 240.5 | 241.9 | 243.9 |
| | 2 | 18.51 | 19.00 | 19.16 | 19.25 | 19.30 | 19.33 | 19.35 | 19.37 | 19.38 | 19.40 | 19.41 |
| | 3 | 10.13 | 9.55 | 9.28 | 9.12 | 9.01 | 8.94 | 8.89 | 8.85 | 8.81 | 8.79 | 8.74 |
| | 4 | 7.71 | 6.94 | 6.59 | 6.39 | 6.26 | 6.16 | 6.09 | 6.04 | 6.00 | 5.96 | 5.91 |
| | 5 | 6.61 | 5.79 | 5.41 | 5.19 | 5.05 | 4.95 | 4.88 | 4.82 | 4.77 | 4.74 | 4.68 |
| $f_2$ | 6 | 5.99 | 5.14 | 4.76 | 4.53 | 4.39 | 4.28 | 4.21 | 4.15 | 4.10 | 4.06 | 4.00 |
| | 7 | 5.59 | 4.74 | 4.35 | 4.17 | 3.97 | 3.87 | 3.79 | 3.73 | 3.68 | 3.64 | 3.57 |
| | 8 | 5.32 | 4.46 | 4.07 | 3.84 | 3.69 | 3.58 | 3.50 | 3.44 | 3.39 | 3.35 | 3.28 |
| | 9 | 5.12 | 4.26 | 3.86 | 3.63 | 3.48 | 3.37 | 3.29 | 3.23 | 3.18 | 3.14 | 3.07 |
| | 10 | 4.96 | 4.10 | 3.71 | 3.48 | 3.33 | 3.22 | 3.14 | 3.00 | 3.02 | 2.98 | 2.91 |
| | 11 | 4.84 | 3.96 | 3.59 | 3.36 | 3.20 | 3.09 | 3.01 | 2.95 | 2.90 | 2.85 | 2.70 |
| | 12 | 4.75 | 3.89 | 3.49 | 3.26 | 3.11 | 3.00 | 2.91 | 2.85 | 2.80 | 2.75 | 2.69 |

注：$f_1$ 和 $f_2$ 分别表示两种方法的自由度；$f = n - 1$。

**【示例 2-18】** 用两种方法测定同一试样中某组分。第一法共测 6 次，$S_1 = 0.055$；第二法共测 4 次，$S_2 = 0.022$。试问这两种方法的精密度有无显著性差异？

**【解】**

$$F = \frac{S_1^2}{S_2^2} = \frac{0.055^2}{0.022^2} = 6.25$$

$$f_1 = 6 - 1 = 5 \quad f_2 = 4 - 1 = 3$$

查表得 $F_{0.05, 5, 3} = 9.01$，$F < F_\text{表}$，两种方法的精密度无显著性差异。

### 3. Dunnett $t$-检验

在多组样本的均值比较中,较常用的方法是所有处理样本组与空白或对照组的比较,以及任意两组样本间的均值比较。前者分析常采用 Dunnett $t$-检验,后者根据情况多采用最小显著差异(least significant difference,LSD)检验或 Duncan 检验。

Dunnett $t$-检验适用于空白组或对照组存在情况下,剩余的各处理样本组均值与其均值进行比较的检验方法。LSD 检验和 Duncan 检验都是针对多组均值两两比较的方法,前者要求各组样本数量相等,其显著性水平可设置为 $0\sim 1$ 任何数值;后者可以处理各组样本数量不等的情况,显著性水平只能设为默认的 0.05(95% 置信水平)。

**【示例 2-19】** 多组样本均值比较的 Dunnett $t$-检验

统计某制药企业人员的血脂水平,随机抽取不同年龄段的男性人员各 10 名,测定他们的总胆固醇含量(mmol·L$^{-1}$),结果见表 2-9。试问中、老年龄组与青年组男性的总胆固醇平均含量比较是否具有显著性差异?(95% 置信水平)

表 2-9　某制药企业三个年龄组男性的总胆固醇含量数据(mmol·L$^{-1}$)

| 编号 | 1 | 2 | 3 | 4 | 5 | 6 | 7 | 8 | 9 | 10 |
|---|---|---|---|---|---|---|---|---|---|---|
| 青年组 | 5.00 | 4.85 | 4.93 | 5.18 | 4.95 | 4.78 | 5.18 | 4.89 | 5.07 | 5.21 |
| 中年组 | 5.12 | 5.13 | 4.89 | 5.20 | 4.99 | 5.14 | 5.16 | 4.98 | 5.16 | 5.25 |
| 老年组 | 5.24 | 5.26 | 5.23 | 5.10 | 5.31 | 5.23 | 5.21 | 4.95 | 5.15 | 5.19 |

**【解】**

题意为比较中、老年组与青年组男性体内总胆固醇含量之间的差异,这些数据都是互不干扰的独立样本。在这种情况下,不再适合用两组均值比较的 $t$-检验,而应该用多组均值比较的 Dunnett $t$-检验。将以上数据输入数据分析软件中,采用"比较均值"中的"单因素方差分析(ANOVA)"选项进行处理,首先进行两组样本的方差齐性检验,检验结果为 $\alpha=0.164>0.05$,表明方差齐性检验符合要求;接下来进行总胆固醇量的方差分析,检验结果 $\alpha=0.008<0.05$,说明三组样本均值不相等,组别变化对于总胆固醇量有显著影响;最后分别比较中年组和老年组与青年组的均值差异,中年组与青年组间均值比较的显著性水平检验结果 $\alpha=0.143>0.05$,说明两组均值在 95% 置信水平上无显著差异;而老年组与青年组均值比较的显著性检验水平 $\alpha=0.004<0.05$,说明两组均值在 95% 置信水平上有显著差异。

### 4. 两个样本平均值比较

对两个样本平均值比较的目的就在于检查同一样品,由不同分析方法或不同分析人员测定或两个样品含同一成分由相同分析方法测定,所得平均值是否存在显著性差异。

若 $t \geqslant t_{\alpha,f}$,存在显著性差异,二者不属于同一总体,$\mu_1 \neq \mu_2$。

若 $t < t_{\alpha,f}$,不存在显著性差异,二者属于同一总体,$\mu_1 = \mu_2$。其中

$$t = \frac{|\overline{x}_1 - \overline{x}_2|}{S_R} \sqrt{\frac{n_1 n_2}{n_1 + n_2}} \tag{2-21}$$

$$S_R = \sqrt{\frac{\sum(x_1-\bar{x}_1)^2 + \sum(x_2-\bar{x}_2)^2}{(n_1-1)+(n_2-1)}} \tag{2-22}$$

$$S_R = \sqrt{\frac{(n_1-1)S_1^2 + (n_2-1)S_2^2}{n_1+n_2-2}}$$

式中，$\bar{x}_1$、$\bar{x}_2$ 分别为两种方法的平均值；$S_1$、$S_2$ 分别为两种方法的标准偏差；$S_R$ 为合并标准偏差。

**【示例 2-20】**

用酸碱滴定法和高效液相色谱法测定同一原料药中阿司匹林的含量，结果如下。

高效液相色谱法：98.8%、99.2%、98.2%、99.5%、98.3%。

酸碱滴定法：98.2%、98.3%、98.9%、98.5%、99.2%、99.1%。

(1)两种方法分析结果的精密度和平均值是否存在显著性差别？(2)色谱法能否代替化学法？

**【解】**

$$\bar{x}_1 = 98.8\%, \quad S_1 = 0.561\%; \quad \bar{x}_2 = 98.7\%, \quad S_2 = 0.424\%$$

$$S_R = \sqrt{\frac{\sum(x_1-\bar{x}_1)^2 + \sum(x_2-\bar{x}_2)^2}{(n_1-1)+(n_2-1)}} = \sqrt{\frac{1.26\% + 0.900\%}{(5-1)+(6-1)}} = 0.24\%$$

$$F = \frac{S_1^2}{S_2^2} = \frac{(0.561\%)^2}{(0.424\%)^2} = 1.75$$

查表 2-8 得，在 95% 的置信度下，$F_{0.05,5,4} = 6.26$，即在显著性水平 $\alpha$ 为 0.05，两组数据的自由度 $f$ 分别为 5、4 的条件下，$F$-检验的临界值为 5.19。

因 $F < F_{0.05,5,4}$，故两组数据的精密度不存在显著性差异。

$$t = \frac{|\bar{x}_1 - \bar{x}_2|}{S_R}\sqrt{\frac{n_1 n_2}{n_1+n_2}} = \frac{98.8\% - 98.7\%}{0.24\%}\sqrt{\frac{5 \times 6}{5+6}} = 0.688$$

在 95% 的置信度下，总自由度 $f = 9$，$t_{0.05,9} = 2.26$。

$t < t_{0.05,9}$，两种方法平均值(准确度)不存在显著性差异，可相互替换。

### 2.3.7 相关和回归

在药学研究中，数据分析工作不但要进行基本的统计性描述、进行样本之间均值的比较，有时也需要确定各变量之间的相互关系，相关分析和回归分析是最常用的描述变量之间线性关系的统计方法。相对来说，相关分析(correction analysis)描述的是不同变量之间的相互关联，而回归分析(regression analysis)则是研究变量之间相互依存的相关关系。受限于篇幅，本书只介绍两个变量之间关系的相关和回归分析方法。

1. 相关分析和回归分析

在进行两个变量之间的分析时，如果发现一个变量取一定数值，另一个变量的取值与这些数据之间存在一定的规律性，但不是必然对应的关系，那么这两个变量之间存在的不严格、不确定的数量依存关系称之为**相关关系**(correlativity)。

在相关关系中，一个变量的取值不能由另外一个变量唯一确定，也不能用函数关系精确表达。根据相关关系的程度，可以分为完全相关、不完全相关和不相关。根据相关的数学表达形式，分为线性相关(linear correlation)和非线性相关(non-linear correlation)。根据相关关系的方向，可以分为正相关(positive correlation)和负相关(negative correlation)等。相关分析就是分析两个变量之间所具有的以上多种相关关系的方法。

回归分析(regression analysis)是分析因变量(dependant variable，如 $Y$)随着自变量(independant variable，如 $X$)变化的确定性的相关关系的方法。与相关分析不同，回归分析可以确切地指出两个变量之间的相关关系的具体形式，可以根据回归模型从自变量精确地估计和预测因变量的变化趋势和具体特征。

相关分析和回归分析具有共同的研究对象，相关分析是回归分析的前提和基础，回归分析是相关分析的继续和深入，因此在具体应用时，二者常互相补充。确切地说，相关分析需要依靠回归分析来表明数量相关的具体形式，即回归模型(regression model)，而回归分析则需要依靠相关分析来表明现象数量变化的相关程度，即相关系数(correlation coefficient)。所以，只有当变量之间存在着高度相关时，进行回归分析寻求其相关的具体形式才有意义。

2. 相关系数

相关系数(correlation coefficient，$r$)是在相关分析中用于定量描述两者变量之间相关关系的参数。设两个变量 $x$ 和 $y$ 的 $n$ 次测量值为 $(x_1, y_1)$，$(x_2, y_2)$，$(x_3, y_3)$，…，$(x_n, y_n)$，可按下式计算相关系数 $r$ 值。

$$r = \frac{\sum (X_t - \overline{X})(Y_t - \overline{Y})}{\sqrt{\sum (X_t - \overline{X})^2 \sum (Y_t - \overline{Y})^2}} \tag{2-23}$$

相关系数 $r$ 是一个介于 0 和 ±1 之间的数值，即 $|r| < 1$。$r$ 越接近±1，二者的相关性越好；当 $r = +1$ 或 $-1$ 时，表示变量 $X$ 和变量 $Y$ 的所有数据点 $(x_1, y_1)$，$(x_2, y_2)$，$(x_3, y_3)$，…，$(x_n, y_n)$ 完全在一条直线上；而当 $r = 0$ 时，表示 $X$ 和 $Y$ 的各数据点 $(x_1, y_1)$，$(x_2, y_2)$，$(x_3, y_3)$，…，$(x_n, y_n)$ 之间不存在相关性。$r > 0$ 时，为正相关；$r < 0$，为负相关。因此，相关系数的大小反映 $X$ 和 $Y$ 两个变量间线性相关关系的密切程度。当 $r$ 较小时，仅能说明线性关系不相符，但还可能存在高次、对数或指数等其他更复杂的相关关系。

3. 回归模型

在回归分析中，自变量 $X$ 和因变量 $Y$ 之间的关系是确定性的，可以是线性的，也可以是非线性的。在实际分析中，$X$ 和 $Y$ 之间的线性关系是最常见的，即使是非线性的关系，也可以通过某种变换转为线性关系分析。

对于 $X$ 和 $Y$ 间的线性关系，通过回归分析可以得到表达两者之间线性关系的回归模型：$Y = a + bX$，其中 $a$ 为直线的截距，$b$ 为斜率。

若 $a$、$b$ 的值已知，对于每个实验值 $x_i$ 可计算出预测的 $y_i^*$，即 $y_i^* = a + bx_i$（$i = 1, 2, \cdots, n$），此时 $y_i^*$ 和 $y_i$ 间的差值称为残差，用使残差平方和最小的原理求出截距 $a$ 和斜率 $b$ 的方法即最小二乘法，也是目前两变量回归分析最常用的方法。此法又称为回归法，所

以 $a$、$b$ 又称为回归系数，其数学表达式如下：

$$a = \frac{\sum_{i=1}^{n} y_i - b\sum_{i=1}^{n} x_i}{n} \quad (2-24)$$

$$b = \frac{n\sum_{i=1}^{n} x_i y_i - \sum_{i=1}^{n} x_i \cdot \sum_{i=1}^{n} y_i}{n\sum_{i=1}^{n} x_i^2 - \left(\sum_{i=1}^{n} x_i\right)^2} \quad (2-25)$$

由此可得对于自变量 $X$ 和因变量 $Y$ 之间线性关系的回归模型 $Y = a + bX$。在该回归模型中，$a$ 和 $b$ 为回归系数，表示 $X$ 和 $Y$ 之间确定性的变化关系。如果 $b$ 是正值，那么因变量 $Y$ 将随着自变量 $X$ 的变量呈现出正相关，且 $b$ 值越大，$Y$ 变化的幅度也越大，反之则相反。

在回归模型中，相关系数 $r$ 也是一个非常重要的参数，$r$ 越大，则说明在确定的 $X$ 范围内，$Y$ 的变化越能精确描述；如果 $r$ 是正值，也能说明因变量 $Y$ 随着自变量 $X$ 的变化呈现同步增大或减小的特征；如果 $r$ 为负值，则 $Y$ 随着 $X$ 的变化呈现出反向增大或减小的趋势。

现在的统计软件都能给出整个回归模型的方程式以及相关系数等参数，也能给出整个方程的方差分析结果以及对每个参数（如截距 $a$ 和斜率 $b$）的显著性检验的结果，只有那些显著性水平小于预设显著性水平 $\alpha$（如 0.05）的参数才是有统计意义的结果。

图 2-4 是根据某物质的浓度（$c$）与吸光度（$A$）之间的关系建立的回归方程与相关系数。回归方程为 $A = 1.835 - 0.12c$，相关系数为 $r^2 = 0.9992$。这里，吸光度随着被测物质浓度的增大而降低，即因变量 $A$ 将随着自变量 $c$ 的变化呈现出负相关。根据回归方程可以求得被测物质的浓度。相关系数接近于 1，说明在该范围内，浓度（$c$）与吸光度（$A$）之间呈现良好的线性关系。

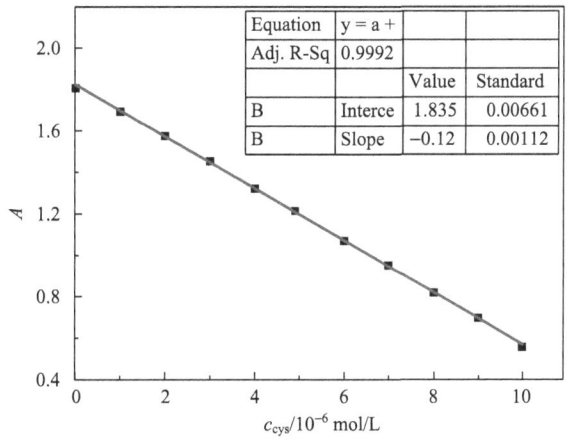

图 2-4　回归方程及相关系数

## 2.4　常用数据分析软件简介

在分析过程中常产生或多或少的实验数据。通过对这些数据的分析，可以推断出在现有条件下有价值的研究结果。在数据量相对较少时,如计算仅含有 6 个分析点的标准曲线方程式和相关误差,可用简单的手持式计算器协助完成;但在数据量较大时,须用专业的数据分析软件处理才能得到预期结果。

目前流行的数据分析软件有多种,既有通用型软件(如微软的 EXCEL),也有专业型软件,如"统计产品与服务解决方案"软件(statistical product and service solutions,SPSS)和统计分析软件(statistical analysis system,SAS)等。通用型软件的数据分析相对易用,适用领域范围较广,但功能也相对简单;专业型软件的功能强大,但往往需要更专业的统计知识和操作技巧才能发挥其强大的数据分析功能。下面仅简单介绍四款常用的数据分析软件。

### 2.4.1 EXCEL

EXCEL 是美国微软(Microsoft)公司出品的办公套件 Office 中的一个数据分析组件。随着 Office 版本的不断升级,EXCEL 的功能也越来越丰富和强大。对于药学工作者来说,EXCEL 基本能完成实验研究中的大部分数据分析任务,如作图、标准曲线的绘制和相关系数计算、各种概率分布、抽样与动态模拟、线性和非线性回归以及多元回归分析等。EXCEL 在结果显示上具有非常直观的输出,图形漂亮,结果准确,而且操作简便。

### 2.4.2 Origin

Origin 软件为 OriginLab 公司出品的较流行的专业函数绘图软件,是公认的简单易学、操作灵活、功能繁多的软件。与 WORD、EXCEL 等早已大众化普及的软件相比,Origin 的功能也十分强大,既适用于一般用户制图,也适用于高级用户进行数据分析和函数拟合等需求。

Origin 的功能主要体现在两个方面,即数据分析和绘图。Origin 的数据分析功能主要是数据统计、信号处理、图像处理、峰值分析和曲线拟合等。在开展数据分析时,通常只需在所得的大量数据中选择所要分析的数据,然后再选择相应的菜单命令即可。Origin 的绘图功能是基于模板。为此,Origin 软件提供了几十种二维和三维绘图模板。绘图时,只要选择所需要的模板就可以了。用户也可以根据需求自定义数学函数、图形样式和绘图模板。此外,Origin 软件还可以和各种数据库软件、办公软件、图像处理软件等方便地连接。

### 2.4.3 统计产品与服务解决方案

SPSS 是 1968 年在美国被开发出来的专业型统计分析软件包,2010 年被美国 IBM 公司并购,成为其下属的分支业务之一。目前 SPSS 有 4 个产品家族对应的软件产品,其中的 SPSS statistics 是其统计分析产品,也是目前国内药学工作者最常用的专业型数据分析工具。与 EXCEL 等通用型的数据分析工具相比,SPSS statistics 功能更为强大,不但能完成基本的统计分析功能,而且统计的细节(参数设置)等方面更为专业,可以使数据分析结果更为精确和可靠。

在操作上,SPSS 完全图形化和模块化的特点使得研究者仅通过鼠标即可完成各种复杂的数据分析工作,且分析过程则以直观的程序化语言得以展现和保存,供不同的研究者使用和分享。以上诸多功能,再加上 SPSS 软件相对低廉的价格,使得 SPSS 成为国内学术工作者所用的最普及的专业型数据分析软件。

## 2.4.4 统计分析软件

SAS 是美国 SAS 软件公司的主打产品，多年来一直是统计界的领袖。在商业智能席卷全球的大趋势下，相对简单的统计分析功能已经被大数据挖掘和智能分析取代而退居次要地位。但数据分析作为所有统计软件的最重要功能仍是 SAS 保留的必备模块。与通用型的 EXCEL 和专业型的 SPSS 等数据分析软件相比，SAS 的统计功能更为强大，特别是其定义灵活和细致严谨的模块化编程语言，使得 SAS 在数据分析过程和结果输出方面能够满足不同研究者的各种需求。与其他软件的图形化操作界面相比，SAS 在相对简单图形化的基础上仍大量保留了编程操作的功能，这对非专业人士来说在软件的易用性方面是一个不小的挑战；加上 SAS 对于软件使用授权的高昂费用，导致 SAS 的应用以国际型大企业为主，在个人用户方面并不普及。

---

**延伸阅读 2-5：云计算环境下大数据及其在药物研发中的应用**

**1. 什么是大数据**

"大数据"是一个数据体量（volumes）特别大、数据类型（variety）特别多的大型数据集，无法用传统数据库工具对其内容进行抓取、管理和处理。通常情况下，"大数据"的体量一般为 10TB 大小。然而，在实际应用中，由于很多用户又把多个数据集放在一起，以至于形成了 PB 级的数据量。由于数据来自多种数据源，数据类型和格式也日渐丰富，囊括了半结构化和非结构化数据。

IBM 认为，大数据可以从类型（variety）、体量（volume）和速度（velocity）等三个标准（即 3V）来评价。其中数据类型是指数据中有结构化、半结构化和非结构化等多种数据形式；数据体量是指收集和分析的数据量非常大；速度则指数据处理速度要足够快。

对悲观者而言，大数据意味着数据存储到了不可人知的灾难；而对乐观者而言，大数据是一个新的市场，能带来巨大的新机遇，庞大的数据就是一个信息金矿。实际上，大数据本身是一个现象而不是一种技术。随着技术进步，人们很快发现了大数据所带来的财富价值。"物联网"（things internet）或"工业互联网"（industrial internet）等信息获取问题的进步极大促进"大数据"发展。大数据的采集、传输、处理和应用的相关技术实际上就是人们使用一系列非传统工具来分析处理大量的结构化、半结构化和非结构化数据所获得的分析和预测结果。

**2. "大数据"与药物研发**

在大数据的背景下，新药的研发需要做出一些勇敢性的变革，如在新药研发过程中将图形或图像记忆转化为有关的数字记忆。每种药物的结构既有它的图像语言（即结构式），也应该有它对应的数字语言，这种数字语言可能就是一个数组，即以数字的形式记录了这种药物所有的结构信息，就像从结构上判断一种药物的功能、分类甚至它的药理毒理一样，在未来这一切都将被数字化的形式所代替。每种药物都有隶属于它们一类的结构骨架，同时为了改变药物的活性、代谢稳定性或者降低毒性，需要对它的骨架进行修改，使得它们在共性中体现出个性。毫无疑问，大数据将能够完美的记录下这一切，并能比现在进行更好的管理，到那时，每种药物都会有属于自己特定的"分子指纹"，而这些数组将最终为新药的诞生提供很大的帮助。我们不是第一次面临将图形符号转化为数字符号，然后将它加以解析处理。

如果每种药物当它被以数字的形式记录下来，其一切信息都将变得更加简洁。同样对于靶点的分析也要建立数组，每年都会有数以千计甚至数以万计的论文报道靶点-药物之间的相关性。关于靶点的数组构建需要很大的计算能力，这种能力的提升将从根本上改变我们对于药物研发的观点。通过比较多维数组之间的相关性，或通过对上市药物或者成熟的研究数据和靶点甚至基因组之间所获得数据进行建模分析，得到的不仅仅是数据，甚至还得到潜在的副作用或者更好的治疗模型。其中关键就在于我们能不能获得足够多、足够详细的关于药物、靶点和基因组的多维数组以及能不能处理如此庞大的数组。新药的研发在不断地寻找中取得突破的，未来当一种新化合物被发现后通过对比已有的资料，相信能更好地造福人类的健康，无论它对于其设计的靶点是否有效，相信成功率和安全性较今天会有比较好的改善。

2013年12月，Nature杂志报道了谷歌公司和斯坦福大学的研究人员共同利用谷歌的云计算初步解析了G蛋白偶联受体的某种亚型的三维结构。这或许是一个开始，这也反映出药物研发已经出现了一个相当大的瓶颈，企业只能通过横向发展来提升自己的市场竞争力和商业价值。新型的制药企业也在蠢蠢而动，而它们与互联网巨头的相互合作，必然加速药物研发的速度。

---

### 内容提要与学习要求

本章讲述了与误差有关的概念，包括准确度与误差，精密度与偏差，误差与不确定度，系统误差与偶然误差，准确度与精密度的关系，误差的传递和提高分析结果准确度的方法，有效数字及其运算法则，基本统计概念如偶然误差的正态分布和 $t$-分布，平均值的精密度和置信区间，可疑数据的取舍，显著性检验以及相关与回归。

要求掌握误差产生的原因及减小方法，准确度和精密度的表示方法及两者之间的关系，有效数字位数的判断及其修约和计算规则，显著性检验的方法；熟悉偶然误差的正态分布，$t$-分布曲线，可疑数据的取舍方法，置信区间定义及表示方法，误差的传递规律等；了解相关与回归分析等内容。

---

### 练 习 题

一、选择题

1. 下列说法错误的是 （　）
   A. 测定结果的精密度好，准确度不一定好
   B. 测定结果的精密度好，准确度一定好
   C. 测定结果准确度高，其精密度必然很好
   D. 测定结果准确度不好，其精密度可能很好

2. 为保证滴定分析的准确度，要控制分析过程中各步骤的相对误差0.1%，用万分之一分析天平差减法称量试样的质量应_____，用25mL滴定管滴定，消耗滴定剂体积应_____ （　）
   A. ≥0.1g，≥10mL　　　　　　B. ≥0.1g，≥20mL
   C. ≥0.2g，≥20mL　　　　　　D. ≥0.2g，≥10mL

3. 对某一样品进行分析：甲测定结果的平均值为8.98%，标准偏差为0.03%；乙测定结果的平均值

为 9.10%，标准偏差为 0.05%。其真实值为 9.02%。甲与乙的结果比较，乙的测定结果是 ( )
   A. 准确度不好，但精密度较好     B. 准确度和精密度均较好
   C. 准确度好，但精密度不好     D. 准确度和精密度均较差

4. 甲乙两人同时分析一矿物中含硫量，每次采用试样 3.5g，分析结果的平均值分别报告为：甲，0.042%；乙，0.04201%，正确的是 ( )
   A. 甲的报告正确     B. 乙的报告正确
   C. 甲乙两人的报告均不正确     D. 甲乙两人的报告均正确

5. 误差的正确定义是 ( )
   A. 某一测量值与其算术平均值之差     B. 含有误差之值与真值之差
   C. 测量值与真实值之差     D. 错误值与其真值之差

6. 从精密度好就可判断分析结果可靠的前提是 ( )
   A. 系统误差小     B. 增加平行测量次数
   C. 随机误差小     D. 相对标准偏差小

7. 决定正态分布曲线位置的是 ( )
   A. 总体标准偏差     B. 单次测量的平均偏差
   C. 总体平均值     D. 样本平均值

8. 定性分析中常做空白实验，其目的是 ( )
   A. 检查试剂是否失效     B. 检查试剂是否干净
   C. 检查选择的溶剂是否合适     D. 检查纯化水和试剂中是否含有被鉴定离子

9. 下列情况所引起的误差中，不属于系统误差的是 ( )
   A. 称量时使用的天平两臂不等长     B. 移液管转移溶液之后残留量稍有不同
   C. 滴定管刻度未经校正     D. 以失去部分结晶水的硼砂作为基准物质标定盐酸

10. $F$-检验法用于 ( )
   A. 测定结果平均值与标准值的比较     B. 两组数据准确度的比较
   C. 两组数据精密度的比较     D. 两组数据平均值的比较

11. 下列计算应保留几位有效数字 ( )

$$x\% = \frac{0.1009 \times (25.00 - 21.04) \times 40.08}{0.2000 \times 1000} \times 100$$

   A. 四位     B. 三位     C. 两位     D. 一位

12. 下列定义中不正确的是 ( )
   A. 准确度越高，误差越小
   B. 相对误差是绝对误差在真实值中所占的百分数
   C. 真值是真实存在的数值
   D. 绝对误差是测量值与真实值之差

13. 对置信区间的正确理解是 ( )
   A. 一定置信度下以真值为中心包括测定平均值的区间
   B. 一定置信度下以测定平均值为中心包括真值的范围
   C. 真值落在某一个可靠区间的概率
   D. 一定置信度下以真值为中心的可靠范围

14. 用两种方法分析某试样中 $Na_2CO_3$ 的含量，得到两组分析数据，欲判断两种方法之间是否存在显著性差异，应改用下列方法中的 ( )
   A. $G$-检验法     B. $F$-检验法 + $t$-检验法
   C. $F$-检验法     D. $t$-检验法

15. 比较下列两组数据的精密度，正确的说法是 （ ）

| | $d_1$ | $d_2$ | $d_3$ | $d_4$ | $d_5$ | $d_6$ | $d_7$ | $d_8$ | $d_9$ | $d_{10}$ | $\bar{d}$ |
|---|---|---|---|---|---|---|---|---|---|---|---|
| 甲组 | 0.1 | 0.4 | 0.0 | −0.3 | 0.2 | −0.2 | −0.3 | 0.2 | −0.4 | 0.3 | 0.24 |
| 乙组 | −0.1 | −0.2 | 0.9 | 0.0 | 0.1 | 0.1 | 0.0 | 0.1 | −0.7 | −0.2 | 0.24 |

A. 甲、乙两组相同　　　　　　　　B. 甲组比乙组高
C. 乙组比甲组高　　　　　　　　　D. 无法判别

16. 乙酸的 $pK_a = 4.74$，则 $K_a$ 值为 （ ）
A. $2 \times 10^{-5}$　　B. $1.8 \times 10^{-5}$　　C. $2.0 \times 10^{-5}$　　D. $1.82 \times 10^{-5}$

17. 下列叙述中，错误的是 （ ）
A. 偶然误差的分布规律呈正态分布
B. 仪器分析准确度高于常量分析
C. 误差和偏差概念不同，但实际工作中难以区分
D. 分析化学从方法原理可分为化学分析法和仪器分析法

18. 按 $Q$-检验法（$n=4$ 时，$Q_{0.90}=0.76$）舍弃可疑值，下列数据中有可疑值并应予以舍弃的是 （ ）
A. 4.03，4.04，4.05，4.13　　　　　B. 97.50%，98.50%，99.00%，99.50%
C. 0.1002，0.1010，0.1018，0.1020　　D. 0.2204，0.2206，0.2212，0.2216

19. 某同学将水杨酸当成乙酰水杨酸进行实验，这属于 （ ）
A. 方法误差　　　B. 试剂误差　　　C. 过失误差　　　D. 偶然误差

20. 用 25mL 移液管移取溶液，其有效数字应为 （ ）
A. 两位　　　　　B. 三位　　　　　C. 四位　　　　　D. 五位

二、简答题

1. 指出下列各种误差种类及减免方法：
(1) 托盘天平的砝码受腐蚀；
(2) 配制溶液时使用的容量瓶未经校准；
(3) 蒸馏水中不纯，含有被测组分；
(4) 在重量分析中，$PbSO_4$ 与 $BaSO_4$ 形成混晶而共沉淀下来；
(5) 化学计量点不在指示剂的变色范围内；
(6) 试样在称量过程中发生吸湿现象；
(7) 在分光光度法中，显示波长与实际测量波长不符；
(8) 读取滴定管读数时，最后一位数字估计不准；
(9) 在 HPLC 测定中，被测组分峰与相邻杂质峰部分重叠；
(10) 称量时，由于周围空气的浮动，天平的数字显示不稳。

2. 下列数据各包含几位有效数字？
(1) π　　　　　　　(2) e　　　　　　　(3) 1000　　　　　　(4) $1.000 \times 10^3$
(5) $6.023 \times 10^{23}$　　(6) $10^{6.023}$　　(7) $pK_a = 4.74$　　(8) $pH = 10.00$

3. 表示样本精密度的统计量有哪些？与平均偏差相比，标准偏差能更好地表示一组数据的离散程度，为什么？

4. 简述数据统计处理的基本步骤。为何进行统计检验时须遵循一定的顺序？

5. 怎样说明两个变量间的相关性？何谓线性回归？

三、计算题

1. 根据有效数字的运算规则进行计算：
(1) $5.5 \div 0.5 - 3.02 =$
(2) $0.035 \times 5.102 \times 60.03 \div 129.8 =$

(3) $(1.276 \times 4.17) + 1.7 \times 10^{-4} - (0.002\,176\,4 \times 0.0121) =$

(4) $pH = 1.05$,$[H^+] =$

2. 某药厂生产多糖铁复合物胶囊,要求每粒药剂中含铁不低于1500mg。对一批药品测定5次,结果为(mg·粒$^{-1}$):1482,1505,1497,1498和1501。问这批产品含铁量是否合格(已知,在单边检验中,$P=0.95$,$t_{0.95,4}=1.39$,$t_{0.95,5}=1.28$)?

3. 用基准 $K_2Cr_2O_7$ 对 $Na_2S_2O_3$ 溶液浓度进行标定,平行测定6次,测得其浓度为 0.1033mol·L$^{-1}$,0.1060mol·L$^{-1}$,0.1035mol·L$^{-1}$,0.1031mol·L$^{-1}$,0.1022mol·L$^{-1}$和0.1037mol·L$^{-1}$,上述6次测定中,0.1060是否应舍弃?它们的平均值、标准偏差、置信度为95%和99%时的置信限及置信区间各为多少?

4. 采用一新建方法测定同一批钙片中钙的含量。用标准试样(已知钙含量为4.30mg·片$^{-1}$)对此新方法进行检验。5次测定所得数据为:4.52mg·片$^{-1}$,4.29mg·片$^{-1}$,4.50mg·片$^{-1}$,4.26mg·片$^{-1}$和4.13mg·片$^{-1}$,试对该新方法作出评价。

5. 用分光光度法与HPLC法测定同一批银黄口服液中黄芩苷,HPLC法测定的结果是(mg·mL$^{-1}$):22.2,21.4,22.4,23.0,22.7,22.3;分光光度法测定的结果是(mg·mL$^{-1}$):20.4,21.9,22.5,22.8,22.1,22.4。(1)数据中有无可疑值?(2)两种方法分析结果的精密度与平均值是否存在显著性差异?(3)在该项分析中HPLC法可否替代分光光度法?(置信度为$P=0.95$)

6. 用加热法驱除水分以测定 $CaSO_4 \cdot \frac{1}{2}H_2O$ 中结晶水的含量。称取试样0.2000g,已知天平的称量误差为±0.1mg,则分析结果应以几位有效数字报出?

7. 如果分析天平的称量误差为±0.2mg,拟分别称取试样约0.1g和1g,称量的相对误差各是多少?这些结果说明了什么问题?

8. 滴定管的读数误差为±0.02mL。如果滴定中用去标准溶液的体积分别是2mL和20mL左右,读数的相对误差各是多少?相对误差的大小说明了什么问题?

9. 用加热挥发法测定 $BaCl_2 \cdot 2H_2O$ 中结晶水的质量分数,使用万分之一的分析天平,称样0.5000g,则测定结果应以几位有效数字报出?

10. 某铁矿石中铁的质量分数为39.19%,若甲的测定结果是(%):39.12,39.15,39.18;乙的测定结果是(%):39.19,39.24,39.28。试比较甲乙两人测定结果的准确度和精密度(精密度以标准偏差和相对标准偏差表示)。

11. 测定钢中铬的质量分数,5次测定结果的平均值为1.13%,标准偏差为0.022%。计算:

(1) 平均值的标准偏差;

(2) $\mu$ 的置信区间;

(3) 如使 $\mu$ 的置信区间为1.13% ± 0.01%,至少应平行测定多少次?(置信度均为0.95)

12. 某药厂生产铁剂,要求每克药剂中含铁48.00mg。对一批药品测定5次,结果为(mg·g$^{-1}$):47.44,48.15,47.90,47.93和48.03。这批产品含铁量是否合格($P=0.95$)?

13. 用电位滴定法测定铁精矿中铁的质量分数(%),6次测定结果如下:

60.72,60.81,60.70,60.78,60.56,60.84

(1) 用格鲁布斯法检验有无应舍去的测定值($P=0.95$);

(2) 已知此标准试样中铁的真实含量为60.75%,上述方法是否准确可靠($P=0.95$)?

# 第 3 章　溶液化学平衡理论

## 3.1　溶液化学平衡与化学分析

化学分析是以化学反应及其定量关系为基础的，所涉及的内容主要是分析化学经历第一次变革的标志性成果。受第一次和第二次两次科技革命的推动，并在充分吸收和应用当代科学的理论、技术和实验方法的基础上，分析化学才形成了自己独特的理论基础，成为名副其实的科学。

绝大多数的定量分析方法都是基于溶液中的化学反应，且所涉及的大多数物质都是以离子形式存在于溶液中。溶液中的化学平衡是分析化学的重要理论基础，它与试样的制备、物质的分离、掩蔽、检验和化学测定等紧密相关，在医药学、生物学和环境科学等领域也有着广泛的应用。

从热力学角度研究反应程度，只需考虑反应在一定条件下的起始状态（反应物）和终止状态（产物）的能量关系，与反应途径无关。而表达热力学的函数（如平衡常数、自由能和熵的变化）由物质的浓度、温度、压力、能量（如反应的热焓、原电池的电功）之间的关系确定。

---

**延伸阅读 3-1：奥斯特瓦尔德创立了分析化学的理论基础**

奥斯特瓦尔德（F. W. Ostwald，1853—1932），德国籍拉脱维亚人，是一位伟大的物理化学家。奥斯特瓦尔德有幸在一所文理并重、重视素质教育的文实中学（Realgymnasium）获得全面学习的机会。19 岁（1872 年）时进入利沃尼亚地区历史最悠久的多帕特大学（现爱沙尼亚塔尔图大学）学习。在化学家施密特（C. E. H. Schmidt，1822—1894）的影响下，他学会了各种定量分析方法和关于化学亲和力、化学平衡和反应速率方面的基本原理。大学毕业后他留在多帕特大学，并在物理学家阿瑟·范·奥丁根指导下结合物理手段从事化学分析研究。他于 1878 年获得博士学位，其博士学位论文《体积化学与光化学研究》受到科学界所重视。1881 年，他到里加综合技术学院（现里加技术大学）任化学教授，建立了实验室，开展化学动力学研究。

为了通过化学反应速率来比较各种物质的化学亲和力，奥斯特瓦尔德于 1883 年 1 月考察了欧洲大陆的一些先进实验室，并和当时一流的物理学家和化学家，如亥姆霍兹（H. L. F. Helmholtz，1821—1894）等进行了交流。

奥斯特瓦尔德

1884 年，他阅读了乌普萨拉大学博士生阿伦尼乌斯（S. A. Arrhenius，1859—1927，瑞典物理化学家，解离理论的创立者，1903 年诺贝尔化学奖得主）的毕业论文，对阿伦尼乌斯在论文中提出的"解离假设"很感兴趣。此时，已小有名气的奥斯特瓦尔德只身前往瑞典与刚获得博士学位的阿伦尼乌斯讨论有关"解离理论"的问题。1885年开始，奥斯特瓦尔德设计和进行了大量实验，提出了通过测量电导来估计弱酸弱碱在稀溶液中的解离度的方法。1887年奥斯特瓦尔德接受聘请，担任德国莱比锡大学的化学教授，并一直任职到1906年。在这将近二十年的时间里，他组建了先进的物理化学实验室，使莱比锡大学成为当时欧洲物理化学研究的一个中心。

奥斯特瓦尔德一生成果累累，并且培养了大批有为的青年学者，使得物理化学得以成为一门独立的科学，是物理化学的创立者之一。1909年因其在催化剂作用、化学平衡、化学反应速率方面的研究有突出贡献，被授予诺贝尔化学奖。此外，他在颜色学、科学史方面也很有贡献，提出了"所有颜色都可以通过黑、白、和纯色三种成分按照一定的面积比例旋转混色得到"的观点。

## 3.2 活度和活度系数

在电解质溶液中，由于荷电的离子之间以及离子与溶剂间的相互作用，离子在化学反应中表现出的有效浓度与其真实浓度间有差别。离子在化学反应中起作用的有效浓度称为离子活度(ionic activity)。在分析化学中，如果测量的目的是**为了表征化学反应速率或反应能力等与化学反应有关的性质，测量的结果应以被测物质的活度表示，活度与反应活性相关联**；如果测量的目的是**为了确定某组分的含量，测量的结果应以浓度表示，浓度与物质的量相关联**。

如果 $a$ 代表活度，$c$ 代表某离子 $i$ 的浓度，则活度和浓度之间的关系为

$$a = \gamma_i c \tag{3-1}$$

式中，比例系数 $\gamma_i$ 为离子 $i$ 的活度系数，它体现了理想溶液(活度)和实际溶液(浓度)之间的偏差大小。对于强电解质溶液，如果溶液极稀、浓度极低时，各荷电离子之间的距离极远，以致离子之间的相互作用力很小，可以忽略不计，使得各离子彼此之间十分"自由"，相互之间不受牵制，这时溶液中各离子的活度系数 $\gamma_i$ 可以近似为1，即 $a \approx c$。

对高浓度电解质溶液，还没有较好的定量计算公式来计算离子活度系数。对浓度小于 $0.1\,\text{mol} \cdot \text{L}^{-1}$ 的 AB 型电解质溶液，人们通常使用德拜-休克尔公式(Debye-Hückel equation)来计算温度系数。德拜-休克尔极限公式的基础是荷裔美籍物理化学家德拜(P. J. W. Debye, 1884—1966)和德国物理化学家休克尔(E. A. A. J. Hückel, 1896—1980)于1923年提出的强电解质离子互吸理论。该理论假定强电解质完全解离，并认为库仑力是溶液中离子间的主要作用力，因而有

$$-\lg \gamma_i = \frac{0.512 z_i^2 \sqrt{I}}{1 + B\mathring{a}\sqrt{I}} \tag{3-2}$$

式中，$z_i$ 为第 $i$ 种离子所带电荷；$B$ 为常数，25℃时为0.003 28；$\mathring{a}$ 为离子体积系数，用水合离子的有效半径(单位 pm，即 $10^{-12}$ m)来表示；$I$ 为溶液中离子强度。

离子强度与溶液中各种离子的浓度及电荷有关，其计算式为

$$I = \frac{1}{2}\sum_i c_i z_i^2 \tag{3-3}$$

式中，$c_i$、$z_i$ 分别为溶液中第 $i$ 种离子的浓度和电荷。

当离子强度较小（$I<0.1\text{mol}\cdot\text{L}^{-1}$）时，可以不考虑水合离子的大小，活度系数可按如下极限公式计算：

$$-\lg\gamma_i = \frac{1}{2}z_i^2\sqrt{I} \tag{3-4}$$

**【示例 3-1】** 溶液活度计算

某溶液中 $MgCl_2$ 和 $HCl$ 分别为 $0.020\text{ mol}\cdot\text{L}^{-1}$ 和 $0.010\text{ mol}\cdot\text{L}^{-1}$，计算该溶液中 $H^+$ 的活度。已知 $H^+$ 的 $\mathring{a} = 900\text{pm}$。

**【解】**

溶液中各离子的浓度分别为

$$c_{Mg^{2+}} = 0.020\text{mol}\cdot\text{L}^{-1},\quad c_{H^+} = 0.010\text{mol}\cdot\text{L}^{-1},$$
$$c_{Cl^-} = (0.020\times 2 + 0.010)\text{mol}\cdot\text{L}^{-1} = 0.050\text{mol}\cdot\text{L}^{-1}$$

因此有

$$I = \frac{1}{2}\sum_i c_i z_i^2 = \frac{1}{2}(0.020\times 2^2 + 0.010\times 1^2 + 0.050\times 1^2)\text{mol}\cdot\text{L}^{-1} = 0.070\text{mol}\cdot\text{L}^{-1}$$

代入德拜-休克尔公式得

$$-\lg\gamma_{H^+} = \frac{0.512\times 1^2\times\sqrt{0.070}}{1+0.00328\times 900\times\sqrt{0.070}} = 0.076,\quad \gamma_{H^+} = 0.84$$

因此

$$a_{H^+} = \gamma_{H^+}c_{H^+} = (0.84\times 0.010)\text{mol}\cdot\text{L}^{-1} = 0.0084\text{mol}\cdot\text{L}^{-1}$$

严格地说，德拜-休克尔公式仅适用于较稀的溶液（$I<0.1\text{mol}\cdot\text{L}^{-1}$）。对于离子强度不太高的溶液，可由此公式计算出活度系数的近似值。若再忽略离子体积的差别（除 $H^+$ 外，均视为 0.3nm），则活度系数仅与离子强度和离子电荷数有关。图 3-1 为不同价态离子的 $-\lg\gamma_i$ 与离子强度的近似关系。

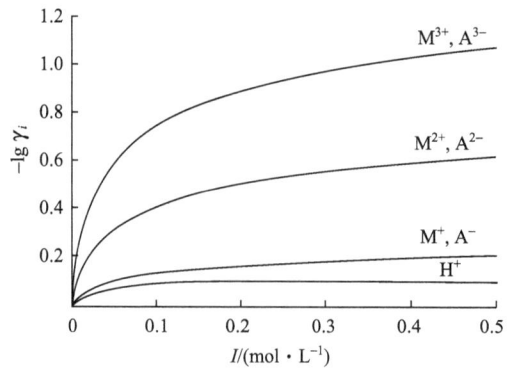

图 3-1 不同价态离子的 $-\lg\gamma_i$ 与离子强度的近似关系

离子强度在 0.1～0.5mol·L$^{-1}$，活度系数改变不大，因此在计算中常按 $I = 0.1$mol·L$^{-1}$ 来处理溶液平衡问题；而对于中性分子，其活度系数随溶液离子强度变化仅有微小变化，所以人们通常把中性分子的活度系数近似等于1。

---

**延伸阅读 3-2：路易斯与活度系数**

路易斯(G. N. Lewis, 1875—1946)，美国化学家。1891 年起，他先后在内布拉斯加大学(University of Nebraska)和哈佛大学(Harvard University)学习，1899 年获得哲学博士学位(PhD in philosophy)。后去德国，在物理化学家奥斯特瓦尔德和能斯特(H. W. Nernst, 1864—1941)的指导下从事研究工作。1916 年，路易斯和德国化学家柯塞尔(W. Kossel, 1888—1956)同时研究原子价的电子理论。路易斯认为，两个或多个原子可以共享一对或多对电子形成共价键，以便达成类似于惰性气体原子的稳定电子层结构。1901 年，路易斯提出了"活度"(activity)的概念，并深入研究了化学平衡问题，于 1923 年出版了专著《热力学及化学物质的自由能》，就自由能、活度等概念作出新的解释。路易斯还研究了酸和碱之间的关系，认为能接受电子的物质是"酸"，能给予电子的物质是"碱"。

尽管波义耳很早就提出了酸碱概念，但最初人们将有酸味的物质称为酸，有涩味的物质称为碱。随着人们对酸碱本质认识的提高，相关的概念和理论也不断更新，其中最重要的酸碱理论有酸碱解离理论、酸碱质子理论和酸碱电子理论。这些理论各有侧重，相互联系，相互补充。

---

## 3.3 化学平衡及平衡常数

### 3.3.1 化学平衡及标准平衡常数 $K^{\ominus}$

**1. 平衡常数的相关概念及表达式**

化学平衡(chemical equilibrium)是指在宏观条件保持不变下可逆化学反应的正反应和逆反应速率相等，反应物和生成物各组分浓度不再改变的状态。化学反应达到平衡时，各生成物浓度的化学计量数次幂的乘积除以各反应物浓度的化学计量数次幂的乘积所得的比值是一个常数，称为平衡常数(equilibrium constant)。平衡常数体现了一个可逆反应进行的程度，是没有量纲的。对于气相反应来说，平衡常数在数值上与经验平衡常数差别很大，而液相反应的这种差别不是很大。

对于化学反应：
$$a\mathrm{A} + b\mathrm{B} \rightleftharpoons g\mathrm{G} + h\mathrm{H}$$

如果是气相反应，则平衡常数可以表示为

$$K = \frac{\left(\dfrac{p_{\mathrm{G}}^{\mathrm{eq}}}{p^{\ominus}}\right)^g \left(\dfrac{p_{\mathrm{H}}^{\mathrm{eq}}}{p^{\ominus}}\right)^h}{\left(\dfrac{p_{\mathrm{A}}^{\mathrm{eq}}}{p^{\ominus}}\right)^a \left(\dfrac{p_{\mathrm{B}}^{\mathrm{eq}}}{p^{\ominus}}\right)^b} \tag{3-5}$$

式中，$p$ 为压力，单位为 Pa 或 kPa；$p^{\mathrm{eq}}$ 是指平衡时的气压；$p^{\ominus}$ 是指标准大气压。

如果是液相反应，则平衡常数可以表示为

$$K = \frac{\left(\dfrac{c_G^{eq}}{c^\ominus}\right)^g \left(\dfrac{c_H^{eq}}{c^\ominus}\right)^h}{\left(\dfrac{c_A^{eq}}{c^\ominus}\right)^a \left(\dfrac{c_B^{eq}}{c^\ominus}\right)^b} \tag{3-6}$$

式中，$c$ 的单位为 $mol \cdot L^{-1}$。$c^{eq}$ 是指反应达平衡时溶液的浓度，$c^\ominus$ 是指溶液的标准浓度，为 $1 mol \cdot L^{-1}$。因此对于液相反应，标准平衡常数 $K^\ominus$ 的表达式也常简写为

$$K^\ominus = \frac{[G]^g [H]^h}{[A]^a [B]^b} \tag{3-7}$$

式中的方括号"[组分]"是指物质在反应达到平衡时组分的浓度。

**2. 使用 $K$ 表达式的注意事项**

(1) 表达式中各物质的浓度单位必须与该物质的标准态相同，例如

$$Zn(s) + 2H^+(aq) \rightleftharpoons Zn^{2+}(aq) + H_2(g)$$

$$K = \frac{\left(\dfrac{c_{Zn^{2+}}^{eq}}{c^\ominus}\right)\left(\dfrac{p_{H_2}^{eq}}{p^\ominus}\right)}{\left(\dfrac{c_{H^+}^{eq}}{c^\ominus}\right)^2}$$

该平衡式中，分别用压力和浓度表示气体（$H_2$）和液体（$H^+$ 和 $Zn^{2+}$）对平衡的影响，而固体 Zn 本应写在分母上，但是由于溶剂（如 $H_2O$）和固体的活度为 1，所以可以不写。

(2) 表达式中各物质的浓度（分压）必须是反应处于平衡状态时的浓度（分压）。非平衡状态用 $Q$ 表示。对于反应

$$aA + bB \rightleftharpoons gG + hH$$

如果是气相反应，非平衡常数 $Q$ 可以表示为

$$Q = \frac{\left(\dfrac{p_G}{p^\ominus}\right)^g \left(\dfrac{p_H}{p^\ominus}\right)^h}{\left(\dfrac{p_A}{p^\ominus}\right)^a \left(\dfrac{p_B}{p^\ominus}\right)^b}$$

如果是液相反应，非平衡常数 $Q$ 可以表示为

$$Q = \frac{\left(\dfrac{c_G}{c^\ominus}\right)^g \left(\dfrac{c_H}{c^\ominus}\right)^h}{\left(\dfrac{c_A}{c^\ominus}\right)^a \left(\dfrac{c_B}{c^\ominus}\right)^b}$$

式中，$c$ 的单位为 $mol \cdot L^{-1}$。

(3) 标准平衡常数 $K^\ominus$ 与化学计量方程的写法有关。因此，在应用标准平衡常数时必须给定化学计量方程。

(4) 平衡常数表达式中没有固体和溶剂，即使它们参与了反应。

(5) 在给定化学计量方程的条件下，平衡常数只与温度有关（理想状态），与起始浓度（分压）无关。

## 3. 多重平衡规则

若一个反应可以由另外几个反应通过代数运算得到，则这个反应的平衡常数也可由另外几个反应的平衡常数运算得到。

(1) 若新反应由原反应乘以一常数 $n$ 得到，则新反应的平衡常数 $K$ 等于原反应的平衡常数 $K_1$ 的 $n$ 次方，即

$$K = (K_1)^n \tag{3-8}$$

**【示例 3-2】**

已知 $\frac{1}{2}N_2 + \frac{3}{2}H_2 \rightleftharpoons NH_3$ 的标准平衡常数为 $K_1^{\ominus}$，试计算 $N_2 + 3H_2 \rightleftharpoons 2NH_3$ 的标准平衡常数 $K_2^{\ominus}$。

**【解】**

$$K_2^{\ominus} = (K_1^{\ominus})^2$$

(2) 若新反应由两个原反应相加得到，则新反应的平衡常数 $K$ 等于两个原反应的平衡常数 $K_1$ 和 $K_2$ 的积。即

$$K = K_1 K_2$$

**【示例 3-3】**

已知 25℃ 时，有反应：

$$2BrCl(g) \rightleftharpoons Cl_2(g) + Br_2(g) \quad K_1^{\ominus} = 0.45$$

$$I_2(g) + Br_2(g) \rightleftharpoons 2IBr(g) \quad K_2^{\ominus} = 0.051$$

试计算 $2BrCl(g) + I_2(g) \rightleftharpoons 2IBr(g) + Cl_2(g)$ 的标准平衡常数 $K_3^{\ominus}$。

**【解】**

$$K_3^{\ominus} = K_1^{\ominus} K_2^{\ominus} = 0.023$$

(3) 如果一个新反应可由两个原反应相减得到，则新反应的平衡常数 $K^{\ominus}$ 等于两个原反应的平衡常数 $K_1$ 和 $K_2$ 的商，即

$$K = \frac{K_1}{K_2}$$

## 4. 标准平衡常数的应用

1) 判断反应的程度

化学反应能够达到的最大程度是进行到平衡状态。从 $K^{\ominus}$ 的表达式可知，$K^{\ominus}$ 大，平衡时产物浓度就大，相应反应物的浓度就小，这就意味着反应进行得完全。

2) 预测反应的方向

以溶液中的反应为例：

$$aA + bB \rightleftharpoons gG + hH$$

$$K^{\ominus} = \frac{[G]^g [H]^h}{[A]^a [B]^b}, \quad Q = \frac{(c_G)^g (c_H)^h}{(c_A)^a (c_B)^b}$$

根据 $Q$ 和 $K^{\ominus}$ 的相对大小就能判断反应的方向：

$Q < K^{\ominus}$，反应向正方向进行；

$Q > K^{\ominus}$，反应向逆方向进行；

$Q = K^{\ominus}$，反应处于平衡状态。

化学平衡就是 $Q$ 逐步向 $K^{\ominus}$ 趋近，最终相等的过程。

3）利用 $K$ 计算化学平衡的组成

平衡状态是化学反应能够达到的最大程度。当反应达到平衡时，反应物究竟有多少已经转化为产物，这与 $K$ 的大小有关。$K$ 越大，反应物转化为产物的分数就越大。在实际应用中，直接用转化率（$\alpha$）来表示反应的完全程度：

$$\alpha = \frac{某反应物已转化的量}{反应开始时该物质总量} \times 100\%$$

对于溶液中的反应，$\alpha$ 也可以表示为

$$\alpha = \frac{某反应物的起始浓度 - 该反应物的平衡浓度}{该反应物的起始浓度} \times 100\%$$

4）化学平衡的移动

化学平衡是动态平衡，当 $Q=K$ 时反应处于平衡状态。但如果外界条件发生改变，将破坏上述平衡条件，化学平衡将移动。这里的外界条件包括温度、浓度（分压）、压力。

(1) 浓度（分压）对化学平衡的影响：浓度变化将改变 $Q$，若增加反应物的浓度，$Q$ 将变小，使得 $Q<K$，反应向正方向进行，平衡向右移动。

(2) 压力对化学平衡的影响：压力只对参加反应的气体物质产生作用。若反应前后气体物质的计量数相等，则化学平衡不受压力的影响；若反应前后气体物质的计量数不相等，则压力变化会使 $Q$ 改变。若反应前气体物质的计量数大于反应后，如 $N_2 + 3H_2 \rightleftharpoons 2NH_3$，则增加压力，$Q$ 将变小，使得 $Q<K$，反应向正方向进行，平衡向右移动。

(3) 温度对化学平衡的影响：温度变化将改变 $K$，对于放热反应，增加温度，$K^{\ominus}$ 将变小，使得 $Q>K$，反应向逆方向进行，平衡向左移动。

将上述变化趋势可以总结为勒夏特列平衡移动原理（Le Chatelier's principle）。该原理是法国化学家勒夏特列（Le Chatelier，1850—1936）于 1888 年提出的，适用于所有的动态平衡系统，说明外界以某种形式改变了平衡系统的某一个条件（如温度、压力、浓度等），化学平衡就被破坏并会向着减弱这种改变的方向移动来达到新的平衡。

## 3.3.2 热力学平衡常数及浓度平衡常数

平衡常数 $K$ 是衡量反应进行程度的重要物理化学常数。它可以由化学热力学的标准吉布斯函数（standard Gibbs function）或化学动力学的质量作用定律及平衡条件求得。平衡常数可以分为热力学常数、浓度常数和混合常数。平衡常数是化学平衡计算的基础。

以弱酸（HB）在水中的解离为例。

$$HB + H_2O \underset{k_-}{\overset{k_+}{\rightleftharpoons}} H_3O^+ + B^-$$

由质量作用定律及平衡条件，可以写出平衡常数 $K$ 的表达式：

$$K_a^T = \frac{k_+}{k_-} \frac{a_{H_3O^+} a_{B^-}}{a_{HB}} \tag{3-9}$$

式中，$K_a^T$ 称为热力学平衡常数，对于弱酸来说，$K_a^T$ 实际上就是其解离平衡常数 $K_a$；$k_+$、$k_-$ 分别为正反应和逆反应速率常数；$a_X(X = H_3O^+ 、B^- 、HB)$ 表示体系中相关组分的平衡活度。

热力学平衡常数是温度的函数，与平衡活度无关。热力学平衡常数 $K_a^T$ 与温度的关系可用范特霍夫公式（van't Hoff equation）表示：

$$\frac{\partial \ln K_a^T}{\partial T} = \frac{\Delta H^\ominus}{RT^2} \tag{3-10}$$

式中，$\Delta H^\ominus$ 是 1 mol 反应物在标准状态下的反应热。

热力学平衡常数还可以通过标准吉布斯函数（Gibbs function）计算：

$$\Delta G^\ominus = -RT \ln K_a^T \tag{3-11}$$

式中，$\Delta G^\ominus$ 是 1 mol 反应物在标准状态下的吉布斯自由能变化（standard Gibbs free energy）。

吉布斯自由能和热力学平衡常数在化学平衡的计算中都有十分重要的意义。由于溶液中各组分的活度较难测定，因此一般用浓度代替活度，得到用浓度表示的平衡常数，称为浓度平衡常数 $K_a^c$，它与热力学平衡常数 $K_a^T$ 的关系为

$$K_a^c = \frac{[H_3O^+][B^-]}{[HB]} = K_a^T \frac{\gamma_{HB}}{\gamma_{H_3O^+} \gamma_{B^-}} \tag{3-12}$$

式中，方括号表示组分的平衡浓度；$\gamma_X(X = H_3O^+ 、B^- 、HB)$ 表示体系中相关组分的活度系数。

在平衡常数表达式中，如果一些离子（如 $H_3O^+$ 或 $OH^-$）用活度表示，而其他组分均用浓度表示，则所定义的平衡常数称为混合常数 $K_a^M$。

$$K_a^M = \frac{a_{H_3O^+}[B^-]}{[HB]} = K_a^T \frac{\gamma_{HB}}{\gamma_{B^-}} \tag{3-13}$$

浓度平衡常数和混合常数会因离子强度的不同而不同，其值只有在离子强度不变的情况下才是常数，所以进行精确计算时如果使用浓度常数或混合常数时必须进行校正。但对于分析化学来说，往往不需要太精确计算，一般使用浓度常数或混合常数，并且略去上标 $c$ 或 M。

---

**延伸阅读 3-3：吉布斯与化学平衡**

吉布斯（J. W. Gibbs，1839—1903）是美国的一位伟大科学家，对数学、物理和化学的理论都做出了巨大贡献。爱因斯坦称赞他是"美国历史上最伟大的人（the greatest mind in American history）"。吉布斯 15 岁上了耶鲁大学，22 岁获得博士学位，而后留在耶鲁任教。他在 34 岁时发表了第一篇重要论文，将图解法用于流体热力学研究。该研究受到当时在剑桥大学的大科学家麦克斯韦（J. C. Maxwell，1831—1879）的高度赞赏。麦克斯韦还为此亲手做了一个展示吉布斯几何构图的石膏模型并邮寄给了吉布斯。

吉布斯分别于 1875 年和 1878 年在《康涅狄格科学院学报》上发表了奠定化学热力学基础

的经典之作《论非均相物体的平衡》(*On the Equilibrium of Heterogeneous Substances*)。这一篇长达三百页包括两个内容的论文被认为是化学史上最重要的论文之一。文中，吉布斯提出了自由能、化学势等概念，阐明了化学平衡、相平衡、表面吸附等现象的本质。1892年和1899年，吉布斯的这篇论文被分别翻译成德文和法文。

**【示例 3-4】** 浓度平衡常数和混合常数计算

已知 HAc 的热力学平衡常数 $K_a^T$ 为 $1.75 \times 10^{-5}$，计算 $I = 0.1 \text{mol} \cdot \text{L}^{-1}$ 时 HAc 的 $K_a^c$ 和 $K_a^M$ 值。

**【解】**

已知，$\gamma_{H^+} = 0.826$、$\gamma_{Ac^-} = 0.770$，代入式(3-12)和式(3-13)整理得

$$K_a^c = K_a^T \frac{\gamma_{HAc}}{\gamma_{H^+} \gamma_{Ac^-}} = 1.75 \times 10^{-5} \times \frac{1}{0.826 \times 0.770} = 2.75 \times 10^{-5}$$

$$K_a^M = K_a^T \frac{\gamma_{HAc}}{\gamma_{Ac^-}} = 1.75 \times 10^{-5} \times \frac{1}{0.770} = 2.27 \times 10^{-5}$$

### 3.3.3 累积平衡常数

在配位滴定的过程中，当反应达平衡时，形成配合物 $ML_n$ 的量可用形成常数来衡量。已知反应的始态(反应物)和终态(产物)，由始态到终态可以经过若干步反应。若各步反应可建立起平衡，那么总反应也可以建立起平衡，于是总反应的平衡常数(即累积平衡常数 $\beta$)可由各步反应平衡常数(即逐级形成常数)求得。现以配合物 $ML_n$ 的形成为例进行讨论。配合物逐级形成反应和逐级形成常数如下

$\text{M} + \text{L} \rightleftharpoons \text{ML}$　　第一级平衡常数(形成常数)　　$K_1 = \dfrac{[\text{ML}]}{[\text{M}][\text{L}]}$

$\text{ML} + \text{L} \rightleftharpoons \text{ML}_2$　　第二级平衡常数(形成常数)　　$K_2 = \dfrac{[\text{ML}_2]}{[\text{ML}][\text{L}]}$

$\text{ML}_2 + \text{L} \rightleftharpoons \text{ML}_3$　　第三级平衡常数(形成常数)　　$K_3 = \dfrac{[\text{ML}_3]}{[\text{ML}_2][\text{L}]}$

$\vdots$　　　　　　　　　　　$\vdots$　　　　　　　　　　　$\vdots$

$\text{ML}_{n-1} + \text{L} \rightleftharpoons \text{ML}_n$　　第 $n$ 级平衡常数(形成常数)　　$K_n = \dfrac{[\text{ML}_n]}{[\text{ML}_{n-1}][\text{L}]}$

各级配合物总反应和累积形成常数(cumulative formation constant)如下

$\text{M} + \text{L} \rightleftharpoons \text{ML}$　　第一级累积形成常数　　$\beta_1 = K_1 = \dfrac{[\text{ML}]}{[\text{M}][\text{L}]}$

$\text{M} + 2\text{L} \rightleftharpoons \text{ML}_2$　　第二级累积形成常数　　$\beta_2 = K_1 K_2 = \dfrac{[\text{ML}_2]}{[\text{M}][\text{L}]^2}$

$\text{M} + 3\text{L} \rightleftharpoons \text{ML}_3$　　第三级累积形成常数　　$\beta_3 = K_1 K_2 K_3 = \dfrac{[\text{ML}_3]}{[\text{M}][\text{L}]^3}$

$\vdots$　　　　　　　　　$\vdots$　　　　　　　　　$\vdots$

$\text{M} + n\text{L} \rightleftharpoons \text{ML}_n$　　第 $n$ 级累积形成常数　　$\beta_n = K_1 K_2 K_3 \cdots K_n = \dfrac{[\text{ML}_n]}{[\text{M}][\text{L}]^n}$

$\beta_n$ 为第 $n$ 级配合物累积形成常数。

$$\lg\beta_n = \lg K_1 + \lg K_2 + \lg K_3 + \cdots + \lg K_n = \sum_{i=1}^{n}\lg K_i \tag{3-14}$$

**【示例 3-5】 各级累积常数的计算**

乙二胺四乙酸(EDTA)是六元弱酸，可简写为 $H_6Y^{2+}$，其各级解离常数分别为 $K_{a_1} = 0.13$，$K_{a_2} = 3.0\times 10^{-2}$，$K_{a_3} = 1.0\times 10^{-2}$，$K_{a_4} = 2.1\times 10^{-3}$，$K_{a_5} = 6.9\times 10^{-7}$，$K_{a_6} = 5.5\times 10^{-11}$，试求 EDTA 的各级形成常数和累积形成常数。

**【解】**

形成常数是解离常数的倒数。对于 $H_6Y^{2+}$ 来说，各级形成常数为

$$K_1 = \frac{1}{K_{a_6}} = \frac{1}{5.5\times 10^{-11}} = 1.8\times 10^{10} = 10^{10.26}$$

$$K_2 = \frac{1}{K_{a_5}} = \frac{1}{6.9\times 10^{-7}} = 1.4\times 10^{6} = 10^{6.16}$$

$$K_3 = \frac{1}{K_{a_4}} = \frac{1}{2.1\times 10^{-3}} = 4.8\times 10^{2} = 10^{2.68}$$

$$K_4 = \frac{1}{K_{a_3}} = \frac{1}{1.0\times 10^{-2}} = 10^{2.00}$$

$$K_5 = \frac{1}{K_{a_2}} = \frac{1}{3.0\times 10^{-2}} = 33 = 10^{1.52}$$

$$K_6 = \frac{1}{K_{a_1}} = \frac{1}{0.13} = 7.7 = 10^{0.89}$$

各级累积形成常数及其对数值为

$$\beta_1 = K_1 = 1.8\times 10^{10} = 10^{10.26}, \quad \lg\beta_1 = 10.26$$

$$\beta_2 = K_1 K_2 = 10^{10.26+6.16} = 10^{16.42} = 2.5\times 10^{16}, \quad \lg\beta_2 = 16.42$$

$$\beta_3 = K_1 K_2 K_3 = 10^{10.26+6.16+2.68} = 1.2\times 10^{19} = 10^{19.10}, \quad \lg\beta_3 = 19.10$$

$$\beta_4 = K_1 K_2 K_3 K_4 = 10^{10.26+6.16+2.68+2.00} = 10^{21.10} = 1.2\times 10^{21}, \quad \lg\beta_4 = 21.10$$

$$\beta_5 = K_1 K_2 K_3 K_4 K_5 = 10^{10.26+6.16+2.68+2.00+1.52} = 10^{22.62} = 4.2\times 10^{22}, \quad \lg\beta_5 = 22.62$$

$$\beta_6 = K_1 K_2 K_3 K_4 K_5 K_6 = 10^{10.26+6.16+2.68+2.00+1.52+0.89} = 10^{23.51} = 3.2\times 10^{23}, \quad \lg\beta_6 = 23.51$$

### 3.3.4 平衡浓度和分析浓度

在分析化学体系中，常有多个化学反应平衡同时存在。分析化学试剂或待测组分可以不同型体参与不同的化学平衡，也就是说同一化学物质在一个特定的分析化学体系中，可以有多种存在型体。例如，$n$ 元酸 $H_nB$，可以有 $H_nB$，$H_{n-1}B^-$，$H_{n-2}B^{2-}$，$\cdots$，$H_iB^{(n-i)-}$，$B^{n-}$，共 $n+1$ 种存在型体。

平衡浓度是指化学反应体系达到平衡时某型体的浓度，常用方括号表示。分析浓度是指某物质的各种存在型体的平衡浓度的总和，常用 $c$ 表示。

上述 $n$ 元酸 $H_nB$ 的分析浓度 $c$ 可以表示为

$$c = [H_nB] + [H_{n-1}B^-] + [H_{n-2}B^{2-}] + \cdots + [H_iB^{(n-1)-}] + [B^{n-}] \tag{3-15}$$

### 3.3.5 副反应、副反应系数和条件平衡常数

在化学反应平衡体系中，同一化学型体可能参与多个化学平衡，不同化学平衡之间相互关联。若选定某一化学平衡为主要研究对象，则把其他化学平衡视为副反应。

以金属离子 M 与配体 L 形成配合物为例。设配体 L 除参与主反应外，还参与 $n$ 元质子化反应和金属离子 N 配合；金属离子 M 与体系中共存的另一配体 A 形成配合物；主产物 ML 形成一元质子化产物或羟基化产物。平衡关系表示如下（省略离子的电荷数）：

$$\begin{array}{ccccccc}
\text{主反应} & M & + & L & \rightleftharpoons & ML & \\
\text{副反应} & A\updownarrow & & H^+\updownarrow \quad N\updownarrow & & H^+\updownarrow \quad OH^-\updownarrow & \\
& MA & & HL \quad NL & & MHL \quad M(OH)L & \\
& MA_2 & & H_2L & & & \\
& \vdots & & \vdots & & & \\
& MA_m & & H_nL & & & \\
\end{array}$$

将除主反应产物以外金属离子 M、配位体 L 和主产物 ML 的各种型体平衡浓度的总和分别记为 $[M']$、$[L']$ 和 $[(ML)']$，则

$$[M'] = [M] + [MA] + [MA_2] + \cdots + [MA_m]$$
$$[L'] = [L] + [HL] + [H_2L] + \cdots + [H_nL] + [NL]$$
$$[(ML)'] = [ML] + [MHL] + [M(OH)L]$$

副反应的发生使得实际情况下的配位反应并非简单地按照主反应进行，副反应的影响大小可以通过副反应系数定量计算。

副反应系数（side reaction coefficient）是指在一定特定化学环境条件下主反应中受影响的组分在副反应中的各种存在形式的总浓度与其平衡浓度的比值，用 $\alpha$ 表示。

金属离子 M、配位体 L 和主产物 ML 的副反应系数分别为 $\alpha_M$、$\alpha_L$、$\alpha_{ML}$，则

$$\alpha_M = \frac{[M']}{[M]} = \frac{[M] + [MA] + [MA_2] + \cdots + [MA_n]}{[M]} \tag{3-16}$$

$$\alpha_L = \frac{[L']}{[L]} = \frac{[L] + [HL] + [H_2L] + \cdots + [H_nL] + [NL]}{[L]} \tag{3-17}$$

$$\alpha_{ML} = \frac{[(ML)']}{[ML]} = \frac{[ML] + [MHL] + [M(OH)L]}{[ML]} \tag{3-18}$$

条件平衡常数 $K'_{ML}$ 表示主反应在这一特定化学环境条件下进行的程度。

$$K'_{ML} = \frac{[(ML)']}{[M'][L']} = \frac{\alpha_{ML}[ML]}{\alpha_M[M]\alpha_L[L]} = K_{ML} \frac{\alpha_{ML}}{\alpha_M \alpha_L} \tag{3-19}$$

式中，$K_{ML}$ 为主反应的浓度平衡常数。将式(3-19)取对数可得

$$\lg K'_{ML} = \lg K_{ML} - \lg \alpha_M - \lg \alpha_L + \lg \alpha_{ML} \tag{3-20}$$

## 3.4 物量守恒式

物量守恒包括物料平衡和电荷平衡。物料平衡（material balance 或 mass balance）是指在

化学反应前后各种原子或原子团（通常为独立组分）的分析浓度不变；电荷平衡（charge balance）是指在化学反应前后电荷总数相等。物量守恒式包括物料平衡式、电荷平衡式和质子条件（proton condition）式。

### 3.4.1 物料平衡式

以浓度为 $c$ 的 $Na_2HPO_4$ 溶液为例。在此溶液中含有 $H^+$、$OH^-$、$Na^+$、$H_3PO_4$、$H_2PO_4^-$、$HPO_4^{2-}$、$PO_4^{3-}$ 等组分。选定 $PO_4^{3-}$ 和 $H^+$ 为独立组分，则物料平衡式为

$$[PO_4^{3-}]_{总} = [H_3PO_4] + [H_2PO_4^-] + [HPO_4^{2-}] + [PO_4^{3-}] = c \quad (3\text{-}21)$$

$$[H^+]_{总} = 3[H_3PO_4] + 2[H_2PO_4^-] + [HPO_4^{2-}] + [H_3O^+] - [OH^-] = c \quad (3\text{-}22)$$

式(3-22)中 $3[H_3PO_4]$ 表示每个 $H_3PO_4$ 分子含有 3 个氢原子，$2[H_2PO_4^-]$ 表示每个 $H_2PO_4^-$ 分子含有 2 个氢原子。

氢原子除了来自于 $Na_2HPO_4$ 外，还来自于水，水分子每产生一个氢的同时也产生一个氢氧根，因此式(3-22)中前四项减去 $[OH^-]$ 就是 $c$。

由此可见，物料平衡式把有关组分的平衡浓度与分析浓度联系在一起。

### 3.4.2 电荷平衡式

电荷平衡表示含有的阴阳离子所带电荷总数相等，即含有离子的溶液是电中性的。

$$[Na^+] + [H_3O^+] = [H_2PO_4^-] + 2[HPO_4^{2-}] + 3[PO_4^{3-}] + [OH^-] \quad (3\text{-}23)$$

式中，$2[HPO_4^{2-}]$、$3[PO_4^{3-}]$ 分别表示每个 $HPO_4^{2-}$ 和 $PO_4^{3-}$ 带有的负电荷数。

### 3.4.3 质子条件式

质子条件式又称为质子平衡方程（proton balance equation，PBE）。根据酸碱质子理论（Brönsted-Loury acid-base theory），酸碱反应的结果，酸性物质失去质子，碱性物质得到质子，但碱性物质得到质子的量与酸性物质失去质子的量是相等的。人们在建立质子平衡方程时需要选择适当物质作为参考标准以确定在反应中哪些物质或基团失去质子，哪些物质或基团得到质子。这个参考标准又称零水准（zero level），通常选择溶液中大量存在的并参与质子转移的物质作为零水准。例如，浓度为 $c$ 的 $Na_2HPO_4$ 水溶液，通常选择 $HPO_4^{2-}$ 和 $H_2O$ 为零水准，其质子传递平衡可表示为

$$\xleftarrow{\text{得质子}} \text{零水准} \xrightarrow{\text{失质子}}$$

$$H_2PO_4^- \xleftarrow{+H^+} HPO_4^{2-}$$

$$H_3PO_4 \xleftarrow{+2H^+} HPO_4^{2-} \xrightarrow{-H^+} PO_4^{3-}$$

$$H_3O^+ \xleftarrow{+H^+} H_2O \xrightarrow{-H^+} OH^-$$

质子条件式：

$$[H_2PO_4^-] + 2[H_3PO_4] + [H_3O^+] = [PO_4^{3-}] + [OH^-]$$

式中，$2[H_3PO_4]$ 表示每个 $HPO_4^{2-}$ 形成一个 $H_3PO_4$ 分子得到两个质子。

质子条件式不是独立的方程式，它也可以由物料平衡式和电荷平衡式导出。

**【示例 3-6】** 写出下列物质水溶液的质子条件。

(1) HAc；(2) $Na_2CO_3$；(3) HAc+NaAc；(4) HCl+$NH_4Cl$

**【解】**

(1) HAc 是一元弱酸，以 HAc 和 $H_2O$ 为零水准，质子条件为

$$[H_3O^+] = [Ac^-] + [OH^-]$$

(2) $Na_2CO_3$ 是二元弱碱，以 $CO_3^{2-}$ 和 $H_2O$ 为零水准，质子条件为

$$[H_3O^+] + [HCO_3^-] + 2[H_2CO_3] = [OH^-]$$

(3) HAc+NaAc 是弱酸及其共轭碱的混合溶液。

物料平衡为 $c_{NaAc} + c_{HAc} = [HAc] + [Ac^-]$

电荷平衡为 $c_{Na^+} + [H_3O^+] = [Ac^-] + [OH^-]$

$c_{Na^+} = c_{NaAc}$，并将上两式整理得

$$[H_3O^+] + [HAc] = c_{HAc} + [OH^-]$$

(4) HCl+$NH_4Cl$ 是强酸和弱酸的混合溶液，质子条件为

$$[H_3O^+] = [NH_3] + c_{HCl} + [OH^-]$$

## 3.5 溶液中离子平衡图解

化学物质不同型体的存在形式与其存在的环境条件密切相关。例如，在弱酸(碱)平衡体系中，各型体的浓度分布取决于溶液中的氢离子浓度；在配位平衡体系中，各型体的浓度分布取决于溶液中络合剂的浓度；在氧化还原平衡体系中，各型体的浓度分布取决于体系电位。为了对溶液中复杂的离子平衡有一个直观清晰的理解，人们使用图解的方法表示某一反应物质的浓度和平衡体系的组成与各种反应条件的关系，对离子平衡计算有重要意义。

### 3.5.1 分布系数和分布图

分布系数(distribution coefficient)是指平衡体系各种型体内**独立组分**的平衡浓度在该独立组分分析总浓度中所占的比例，用 $\delta$ 表示。**各种存在形式的分布系数之和等于 1。**

对于弱酸弱碱来说，分布系数取决于该酸碱物质的性质和溶液的酸度，是溶液酸度的函数，与总浓度无关。酸碱平衡的分布系数能定量说明在一定酸度下溶液中各种酸碱组分的分布情况。人们通过分布系数可以求得一定酸度下溶液中酸碱组分的平衡浓度。

对于 $n$ 元弱酸，则溶液中的各种存在形式有 $H_nA$，$H_{n-1}A^-$，$H_{n-2}A^{2-}$，$\cdots$，$A^{n-}$，共 $n+1$ 种形式，分布系数 $\delta_i (i=1, 2, \cdots, n)$ 表达为

$$\delta_i = \delta_{H_{n-i}A^{i-}} = \frac{[H^+]^{n-i}K_{a_1}K_{a_2}\cdots K_{a_i}}{[H^+]^n + [H^+]^{n-1}K_{a_1} + \cdots + [H^+]K_{a_1}K_{a_2}\cdots K_{a_{n-1}} + K_{a_1}K_{a_2}\cdots K_{a_n}}$$

(3-24)

**【示例 3-7】** 计算 pH=5.00 时，0.010mol·$L^{-1}$ HAc 溶液中各型体的分布系数和平衡浓度。

**【解】**

$$K_a = 1.7 \times 10^{-5}, [H^+] = 1.0 \times 10^{-5} \text{mol·L}^{-1}$$

$$\delta_{HAc} = \frac{[H^+]}{[H^+] + K_a} = \frac{1.0 \times 10^{-5}}{1.0 \times 10^{-5} + 1.7 \times 10^{-5}} = 0.37$$

$$\delta_{Ac^-} = 1 - \delta_{HAc} = 1 - 0.37 \approx 0.63$$

$$[HAc] = \delta_{HAc} c_{HAc} = 0.37 \times 0.010 \text{mol} \cdot \text{L}^{-1} = 0.037 \text{mol} \cdot \text{L}^{-1}$$

$$[Ac^-] = \delta_{Ac^-} c_{Ac^-} = 0.63 \times 0.010 \text{mol} \cdot \text{L}^{-1} = 0.063 \text{mol} \cdot \text{L}^{-1}$$

对于由 $ML_i (i=1, 2, \cdots, n)$ 组成的均相平衡体系来说，体系中心离子 M 的总浓度为

$$c_M = [M] + [ML] + [ML_2] + \cdots + [ML_n] = [M] + \beta_1[M][L]$$
$$+ \beta_2[M][L]^2 + \cdots + \beta_n[M][L]^n \tag{3-25}$$

体系各组分 $ML_i (i=1, 2, \cdots, n)$ 的浓度在中心离子 M 的总浓度中的分数，用分布系数 $\delta_i$ 表示为

$$\delta_i = \frac{[ML_i]}{c_M} = \frac{\beta_i[M][L]^i}{[M] + \beta_1[M][L] + \beta_2[M][L]^2 + \cdots + \beta_n[M][L]^n}$$
$$= \frac{\beta_i[L]^i}{1 + \beta_1[L] + \beta_2[L]^2 + \cdots + \beta_n[L]^n} \tag{3-26}$$

由此可见，当体系中心离子 M 的总浓度一定时，体系中各组分的分布系数 $\delta_i$ 取决于配位体 L 的浓度。以平衡体系中各组分的分布系数 $\delta_i$ 对 $\lg[L]$ 或 $-\lg[L]$（即 pL）作图，得到的一组分布曲线 $[\delta_i = f_i(pL)]$，称为分布图，以后各章节将继续介绍。

**【示例 3-8】** 已知 $Zn^{2+}$-$NH_3$ 溶液中，锌的分析浓度为 $0.020 \text{mol} \cdot \text{L}^{-1}$，游离氨的浓度 $[NH_3] = 0.10 \text{mol} \cdot \text{L}^{-1}$，计算溶液中锌-氨配合物各型体的浓度。

**【解】**

$$\lg\beta_1 = 2.27, \lg\beta_2 = 4.61, \lg\beta_3 = 7.01, \lg\beta_4 = 9.06, c_{Zn^{2+}} = 0.020 \text{mol} \cdot \text{L}^{-1}$$

$$\delta_0 = \delta_{Zn^{2+}} = \frac{1}{1 + \beta_1[NH_3] + \beta_2[NH_3]^2 + \beta_3[NH_3]^3 + \beta_4[NH_3]^4}$$
$$= \frac{1}{1 + 10^{2.27} \times 10^{-1} + 10^{4.61} \times 10^{-2} + 10^{7.01} \times 10^{-3} + 10^{9.06} \times 10^{-4}} = 10^{-5.10}$$

$$\delta_1 = \delta_{Zn(NH_3)^{2+}} = \delta_0 \beta_1 [NH_3] = 10^{-5.10} \times 10^{2.27} \times 10^{-1} = 10^{-3.83}$$

$$\delta_2 = \delta_{Zn(NH_3)_2^{2+}} = \delta_0 \beta_2 [NH_3]^2 = 10^{-5.10} \times 10^{4.61} \times 10^{-2} = 10^{-2.49}$$

$$\delta_3 = \delta_{Zn(NH_3)_3^{2+}} = \delta_0 \beta_3 [NH_3]^3 = 10^{-1.09}$$

$$\delta_4 = \delta_{Zn(NH_3)_4^{2+}} = \delta_0 \beta_4 [NH_3]^4 = 10^{-0.04}$$

### 3.5.2 浓度对数图

浓度对数图是根据平衡体系中各组分浓度的对数 $\lg[ML_i]$ 对游离配位体浓度的对数 $\lg[L]$ 或负对数（$-\lg[L]$，即 pL）作图，得到的一组 $\lg[ML_i] = f_i(pL)$ 的曲线图。对于含量很低的组分浓度取对数，能够较清楚地表达浓度之间的关系。图 3-2 是聚合酶链式反应中循环数与靶物浓度对数的关系，从图中可以较方便地看出浓度较低时的循环数。

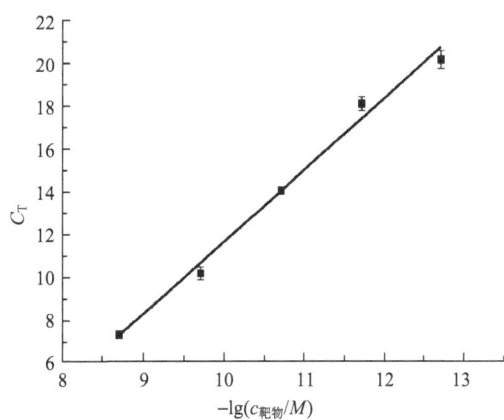

图 3-2 聚合酶链式反应(PCR)中循环数($C_T$)与靶物浓度对数的关系

## 内容提要与学习要求

本章所涉及的内容是容量分析化学的理论基础，包括化学平衡、活度、平衡常数等基本概念，涉及包括物料守恒和电荷平衡的物量守恒，这些都是必须掌握的内容。

许多化学反应实际上并非能够进行到底，特别是在溶液中进行的一些化学反应。这些反应除了由反应物生成某些产物的正反应以外，还存在由产物生成反应物的逆反应。当正反应、逆反应的速率最终相等时，反应达到最大程度，即为平衡状态。实际应用于分析测定的化学反应，如果反应体系没有参与反应的反应物或副产物浓度很低，在实验误差允许的范围内，即可认为化学反应按化学计量关系进行到底。

## 练 习 题

一、选择题

1. $0.2 \text{mol} \cdot \text{L}^{-1}$ 的 NaCl 与 $0.1 \text{mol} \cdot \text{L}^{-1}$ 的 $MgCl_2$ 相比，离子强度较大的是 （    ）
   A. NaCl    B. $MgCl_2$    C. 一样大    D. 无法判断

2. $0.050 \text{mol} \cdot \text{L}^{-1}$ $AlCl_3$ 溶液的离子强度为 （    ）
   A. $0.60 \text{mol} \cdot \text{L}^{-1}$    B. $0.30 \text{mol} \cdot \text{L}^{-1}$    C. $0.15 \text{mol} \cdot \text{L}^{-1}$    D. $0.10 \text{mol} \cdot \text{L}^{-1}$

3. $c(\text{NaCl}) = 0.2 \text{mol} \cdot \text{L}^{-1}$ 的 NaCl 水溶液的质子平衡式是 （    ）
   A. $[Na^+] = [Cl^-] = 0.2 \text{mol} \cdot \text{L}^{-1}$    B. $[Na^+]+[Cl^-] = 0.2 \text{mol} \cdot \text{L}^{-1}$
   C. $[H^+] = [OH^-]$    D. $[H^+]+[Na^+] = [OH^-]+[Cl^-]$

4. 浓度为 $c$ 的 $H_2SO_4$ 和 HAc 混合液的质子条件是 （    ）
   A. $[H^+] = [OH^-] + [HSO_4^-] + [SO_4^{2-}] + [Ac^-]$
   B. $[H^+] = [OH^-] + [HSO_4^-] + 2[SO_4^{2-}] + [Ac^-]$
   C. $[H^+] = [OH^-] + c + [SO_4^{2-}] + [Ac^-]$
   D. $[H^+] = [OH^-] + [HSO_4^-] + c + [Ac^-]$

5. 浓度为 $c$ 的 $Na_2CO_3$ 溶液的物料平衡是 （    ）
   A. $2[Na^+]+[CO_3^{2-}]=c$    B. $[H_2CO_3]+[HCO_3^-]+[CO_3^{2-}]=c$
   C. $[Na^+]=2c$    D. $2[Na^+]=[CO_3^{2-}]=c$

6. 加 40mL $0.15 \text{mol} \cdot \text{L}^{-1}$ HCl 溶液至 60mL $0.10 \text{mol} \cdot \text{L}^{-1}$ $Na_2HPO_4$ 溶液中，该溶液的质子条件是 （    ）
   A. $[H_2PO_4^-]=[HPO_4^{2-}]$
   B. $[H_3O^+]+[H_3PO_4]=[HPO_4^{2-}]+2[PO_4^{3-}]+[OH^-]$
   C. $[PO_4^{3-}]=[HPO_4^{2-}]$
   D. $[H_3PO_4]=[H_2PO_4^-]$

二、填空题

1. $c \text{mol} \cdot \text{L}^{-1}$ 的 $Ag(NH_3)_2^+$ 溶液的质量平衡式是_____。

2. 20mL $0.1 \text{mol} \cdot \text{L}^{-1}$ 的 HCl 和 20mL $0.05 \text{mol} \cdot \text{L}^{-1}$ 的 $Na_2CO_3$ 混合，溶液的电荷平衡式为_____。

3. 酸溶液中各种存在型体的分布系数 $\delta$ 与酸度_____；与酸根离子的总浓度_____。配合物溶液中各种存在型体的分布系数 $\delta$ 与配体浓度_____；与金属离子的总浓度_____（有关、无关）。

4. $0.1 \text{mol} \cdot \text{L}^{-1}$ $NH_4Ac$ 溶液有关 $NH_4^+$ 的电荷平衡式为_____；质子平衡式

为_____。

5. 如写出$(NH_4)_2HPO_4$水溶液的质子条件，根据零水准的选择标准应以_____为零水准，质子条件式为_____。

## 三、简答题

1. 写出下列各溶液的质子条件
  (1) $(NH_4)H_2PO_4$
  (2) $H_2SO_4(c_1)+HCOOH(c_2)$
  (3) $NaOH(c_1)+NH_3(c_2)$
  (4) $NaOH(c_1)+HCN(c_2)$
  (5) $Na_2CO_3(c_1)+NaHCO_3(c_2)$
  (6) $NaAc(c_1)+HAc(c_2)$

2. 写出下列各溶液的电荷平衡式
  (1) $HAsO_4$
  (2) $MgBr_2$

## 四、计算题

1. 某溶液中含 $0.050\ mol \cdot L^{-1}\ MgCl_2$ 和 $0.010\ mol \cdot L^{-1}\ HCl$，计算该溶液中 $H^+$ 的活度。

2. 已知 $NH_3 \cdot H_2O$ 的热力学平衡常数 $pK_a^T = 4.75$，计算 $I = 0.10\ mol \cdot L^{-1}$ 时 $NH_4^+$ 的 $pK_a^c$ 和 $pK_a^M$。

# 第 4 章 滴定分析原理

建立在溶液平衡基础上的常量分析方法都是**以误差(即准确度)为主线,以讨论待测物质是否能准确测定(滴定)为中心内容**。前面我们已经学习了误差分析与数据处理,结合化学平衡理论基础,我们现在将误差理论应用到酸碱滴定法、配位滴定法、氧化还原滴定法、沉淀滴定法和重量分析等各种常量分析之中。

## 4.1 滴定与滴定分析法

### 4.1.1 滴定是基础的分析实验操作

滴定分析(titration analysis 或 titrimetric analysis)是化学定量分析中的重要分析方法,是通过"滴定"(titration)操作来达到分析测定的目的。其特点是准确度高(误差<0.1%)、适用于常量分析、操作简便、费用低。

滴定是一个实验操作过程(图 4-1),涉及已知浓度的溶液和未知浓度的溶液,其中已知准确浓度的溶液称为标准溶液(standard solution),未知浓度的溶液称为试样溶液(sample solution)或被测溶液。滴定过程就是实验操作者将已知浓度的标准溶液使用滴定管(buret)滴加到装有一定体积的被测溶液的锥形瓶中或者将未知浓度的溶液滴加到盛有一定体积、浓度已知的溶液的锥形瓶中,并通过指示剂(indicator)颜色的变化来指示滴定反应是否完全。滴定结束时,通过读出用去滴定管中溶液的体积,再通过化学定量反应关系所确定的公式算出未知浓度的溶液浓度。盛装在滴定管中的溶液称为滴定液(titrant 或 volumetric solution, VS),而装在锥形瓶(erlenmeyer flask)中被滴定的溶液称为被滴定液(titrand)。

(a) 酸式滴定管操作示意图

(b) 碱式滴定管操作示意图

图 4-1 滴定操作示意图

当标准溶液与被测溶液中的待测组分恰好反应完全时,即为反应的理论终点,称为定量化学反应的化学计量点 (stoichiometric point)。达到化学计量点时应该有容易为肉眼所观察到的颜色变化或沉淀变化。若反应本身无此种变化,就须借助指示剂或者借助某些简单的仪器设备。指示剂或自身反应变化所指示的反应终点称为滴定终点(end point of titration)。滴定终点与化学计量点不一定刚好符合,往往存在一定的差异。由此造成的分析误差称为滴定误差(titration error; volumetric error)或终点误差(end point error)。终点误差是滴定分析的主要误差来源之一，其大小主要取决于滴定反应的完全程度和指示剂的选择是否恰当。

滴定操作必须使用专门的仪器"滴定管"。滴定管分酸式滴定管和碱式滴定管(图 4-1)。酸式滴定管能用于酸性、中性和强氧化性试剂的量取，但不可以装填碱性试剂；碱式滴定管可以用于碱性、中性溶液的量取，但不可以装填酸性和强氧化性试剂，否则会腐蚀橡胶开关。滴定管很细，管子直径约 1cm，长度随其容量而变化。常量分析使用的滴定管规格通常为 50mL 和 25mL。在半微量和微量分析中也有 10mL、5mL 及以下规格的滴定管。滴定管的读数比较精确，最小刻度为 0.1mL，读数还要估读一位，可以到 0.01mL。

### 延伸阅读 4-1：滴定管的发展史

自 18 世纪容量分析方法兴起后，很快便产生了滴定管。

法国化学家德克劳西(F. A. H. Descroizilles，1751—1825)于 1791 年发明了第一支滴定管，其形状类似于刻度圆筒量筒。接着法国化学家盖·吕萨克(J. L. Gay-Lussac，1778—1850)进行了改进，在管的下部加了一个支管，并在 1824 年提出了"burette"(滴定管)和"pipette"(吸量管)等术语。在滴定分析方面取得更大突破和推广的是德国化学家莫尔(K. F. Mohr，1806—1879)。莫尔因早期的能量守恒(conservation of energy)论述和将以其名字命名的莫尔盐(Mohr's salt)应用于沉淀分析而被世人所知。1855 年，莫尔发明了用剪式夹控制流速的滴定管，后来就演化为现代的碱式无塞滴定管。如图 4-2 所示。

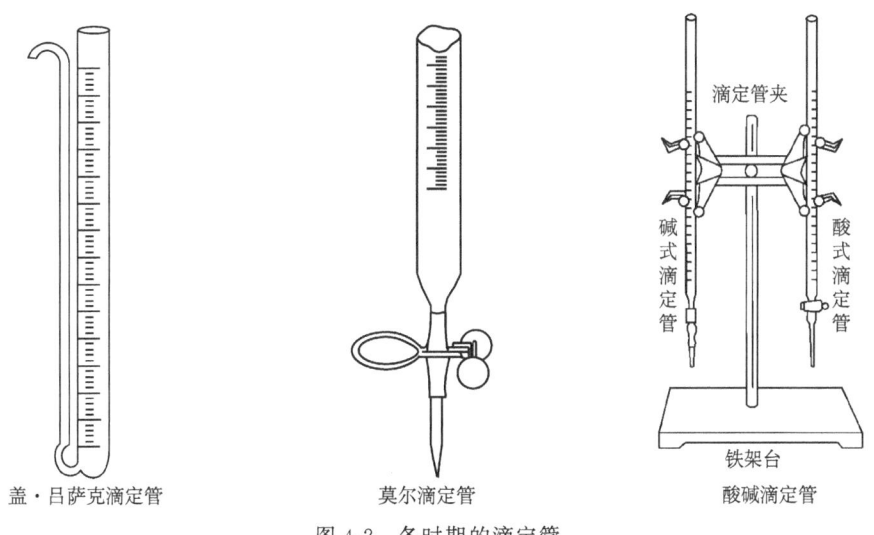

盖·吕萨克滴定管　　莫尔滴定管　　酸碱滴定管

图 4-2 各时期的滴定管

现代所使用的滴定管形状是 19 世纪确定的。1946 年法国人亨利(E. O. Henry)发明了铜制活塞玻璃滴定管，随后不久就出现了玻璃磨砂活塞的滴定管，即现代酸式具塞滴定管的式样。现代的滴定管一般以玻璃为材料，也可以以塑料(聚四氟乙烯)为材料。控制液流流速的装置在整个管的靠下部分。使用活塞控制流速的滴定管称为具塞滴定管；不使用者称为无塞滴定管,这种管改用一段橡胶管中的一个玻璃珠。液体从上口装入,最上面一道刻线是"0"刻线,但它不是管口,为了精确读数,常量滴定管的最小刻度值是 0.1mL,通常估读 1 位到 0.01mL。"0"刻线上会注明此滴定管的品牌、规格、使用温度及量出式标记(Ex 或 TD)。图 4-2 为各时期的滴定管,充分体现了科学与技术的完美结合。

### 4.1.2 滴定分析法

建立滴定分析法依据是已知浓度的标准溶液(R)与被测组分(T)之间发生的定量化学平衡反应。假如它们之间存在下列化学计量关系:

$$nT + mR \rightleftharpoons T_nR_m \tag{4-1}$$

就可利用标准溶液的浓度($c_R$)和所消耗的体积($V_R$)来计算待测溶液的浓度($c_T$):

$$mc_T V_T = nc_R V_R \tag{4-2}$$

即

$$c_T = \frac{nc_R V_R}{mV_T} \tag{4-3}$$

式中,$V_T$ 为样品溶液的体积,通常使用移液管(transfer pipet)定量移取到锥形瓶中。

上述反应可以是酸碱中和反应、配位反应、氧化还原反应或沉淀反应,甚至还可以是生物大分子之间的相互作用,但前提是该反应是化学计量的。根据滴定分析时所依据的化学计量反应原理,滴定分析方法相应地有酸碱滴定法(acid-base titration)或中和滴定法(neutralization titration)、配位滴定法(complexometric titration)、氧化还原滴定法(oxidation-reduction titration)和沉淀滴定法(precipitation titration)等。

#### 1. 酸碱滴定法

酸碱滴定法是指以酸、碱之间质子传递反应为基础的滴定分析法,因而可以用于测定酸、碱和两性物质。其基本反应为

$$H^+ + OH^- \rightleftharpoons H_2O$$

其中,两性物质(amphiphile substances)是指既可接受质子也可给出质子的物质,例如,氨基酸和蛋白质含有的羧基可以给出质子,但还有氨基可接受质子,因而是典型的两性物质。

#### 2. 配位滴定法

配位滴定法是指以定量配位化学反应为基础的滴定分析法,常用于金属离子的测定。在分析化学中常使用氨羧化合物乙二胺四乙酸(EDTA,$Y^{4-}$)的二钠盐作配位试剂。EDTA 与金属离子($M^{2+}$)配位的基本反应为

$$M^{2+} + Y^{4-} \rightleftharpoons MY^{2-}$$

#### 3. 氧化还原滴定法

氧化还原滴定法是指以定量氧化还原反应为基础的滴定分析法,常用于具有氧化还原性

质的物质测定。例如，重铬酸钾能定量氧化亚铁发生下列反应：

$$Cr_2O_7^{2-} + 6Fe^{2+} + 14H^+ \rightleftharpoons 2Cr^{3+} + 6Fe^{3+} + 7H_2O$$

据此，人们建立了铁的氧化还原滴定分析法。

**4. 沉淀滴定法**

沉淀滴定法是指以定量沉淀生成反应为基础的一种滴定分析法，可用于对 $Ag^+$、$CN^-$、$SCN^-$ 及类卤素等离子进行测定。例如，大家熟知的银离子和氯离子发生如下定量反应：

$$Ag^+ + Cl^- \rightleftharpoons AgCl \downarrow$$

据此，人们可以通过配制标准的氯化钠溶液建立样品中银的沉淀滴定分析法。

**5. 非水滴定法**

非水滴定法是指在非水介质中进行的滴定。上述四种滴定方法通常是基于水介质中的定量化学反应。但是，有些反应在水介质中进行得不是很彻底，达不到计量要求，但在水介质以外的有机溶剂中反而能彻底地进行定量反应，因而可以在非水介质中进行滴定。

## 4.1.3 滴定分析法的特点

前述的酸碱滴定、配位滴定、氧化还原滴定、沉淀滴定等四种常用的滴定方法既有相同之处，又有各自的特点，现分述如下。

**1. 相同点**

(1) 都是以消耗经准确计量的标准物质来测定物质的含量的。相对误差小，通常都小于 0.1%。

(2) 随着滴定剂被慢慢滴入盛有样品的容器中，被滴定物质的浓度在计量点附近发生突变(突跃)。该突跃的发生可用指示剂的颜色变化指示。

(3) 滴定分析的终点误差(ET)都可以用林邦误差公式(Ringbom error formula)表示。

(4) 四种滴定反应的进行程度都与反应平衡常数有关，其中氧化还原反应进行程度受反应速率的影响较大。

**2. 不同点**

(1) 强酸强碱的滴定产物是水。从滴定尚未开始直至滴定结束，$H_2O$ 的浓度一直是一常量，约为 $55.5 mol \cdot L^{-1}$。

(2) 配位滴定产物的浓度在滴定过程中是一变量。滴定开始时，滴定产物的浓度为零，随着滴定的进行，滴定产物的浓度几乎是线性增大，直至化学计量点。

(3) 氧化还原中，氧化产物和还原产物的浓度都在变化。滴定开始前，氧化产物和还原产物都为零，随着滴定的进行，氧化产物和还原产物都在增加，直至化学计量点。

(4) 沉淀滴定有异相生成，一旦有沉淀生成，它的活度就被指定为1，且不再改变。

可见，滴定分析产物有两类：一类为滴定产物浓度为一常量，包括酸碱滴定产生的水和沉淀滴定产生的沉淀；另一类滴定产物为一变量，包括配位反应产生的配位化合物和氧化还原反应后的产物。

此外,各种滴定方式的指示剂和滴定突跃范围各不相同,将在各相关章节介绍。其中,金属指示剂多为偶氮有机物,在水中不稳定,多用 NaCl 与指示剂研磨后使用。另外,滴定突跃方面,氧化还原滴定的滴定突跃与氧化剂、还原剂的电位及转移电子数相关,而与反应物的浓度无关。除氧化还原滴定外,其他滴定的滴定突跃范围都与反应物的浓度相关。

### 4.1.4 滴定反应必须满足的条件

值得注意的是,在前面的叙述中,我们一直强调反应的计量问题,要求用于滴定分析的反应必须有很好的计量关系,这就意味着并非所有的反应都可用于滴定分析。实际上,仅强调反应的计量还是不够的。适于滴定分析的反应必须满足以下四个条件:①反应必须按方程式定量地完成,通常要求在 99.9% 以上,这是定量计算的基础;②反应能够迅速地完成(有时可加热或用催化剂加速反应);③共存物质不干扰主要反应,或有适当的方法消除其干扰;④有比较简便的方法确定计量点(如指示滴定终点)。

在药物分析领域,滴定分析的应用十分广泛,如乙胺嘧啶、乙琥胺、去氢胆酸、阿司匹林等的含量测定可用酸碱滴定法;硫糖铝、葡萄糖酸钙、硫酸锌糖浆中硫酸锌的含量测定可用配位滴定法;无水葡萄糖、乙酰半胱氨酸、维生素 C 等含量的测定可用氧化还原滴定法;苯巴比妥、二巯丁二酸、林旦、罗通定、氯化钾注射液、氯化钠注射液、保赤散、氯烯雌醚等的含量测定可用沉淀滴定法。

---

#### 学习与思考

(1) 为什么反应必须按方程式定量地完成,要求在 99.9% 以上?
(2) 通过查阅文献举例说明怎样测定乙胺嘧啶、无水葡萄糖、苯巴比妥等药品。
(3) 试写出 EDTA 的分子结构式。

---

### 4.1.5 滴定曲线和滴定误差

#### 1. 滴定曲线

在滴定过程中,随着滴定剂的加入,滴定剂与被测组分不断进行快速的定量反应,被测组分的浓度不断降低。这个浓度变化过程可以用滴定方程(titration equation)来计算,也可以通过作图的方法来描述。以溶液中组分(被滴定组分或滴定剂)的浓度对加入的滴定剂体积作图,即得滴定曲线(titration curve)。实践中,滴定曲线的纵坐标一般是与被测组分浓度相关的某种参数,如酸碱滴定中的酸度(pH),配位滴定或沉淀滴定中的金属离子的浓度(为了使用方便,通常使用金属离子浓度的负对数来表示,$pM = -\lg[M]$),氧化还原滴定中的电极电位。即**滴定曲线是以加入滴定剂的体积(或滴定百分数)为横坐标,溶液组分的浓度或与浓度相关的某种参数为纵坐标绘制的曲线**。图 4-3 是四种常用的滴定曲线,横坐标为滴定分数。

无论是哪种滴定方法的滴定曲线,都有如下共同的特点。

(1) 曲线的起点取决于被滴定物质的性质或者浓度。一般被滴定物质的浓度越大,滴定曲线的起点越低或者越高。例如,碱滴定酸时,酸溶液浓度越大,纵坐标 pH 的起点越低;

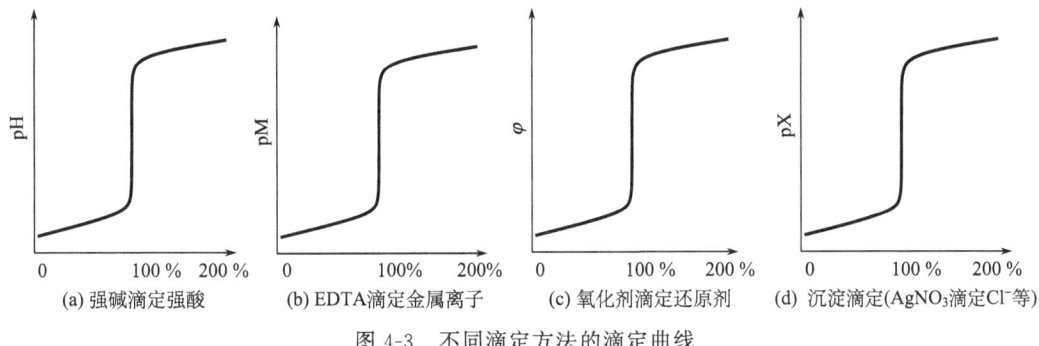

图 4-3 不同滴定方法的滴定曲线

而在酸滴定碱时，碱溶液的浓度越大，纵坐标 pH 的起点则越高。

(2) 滴定在刚开始时，由于没有参加反应的待测物质的量很大，因而加入滴定剂引起被测溶液浓度及其相关参数的变化比较平缓，即滴定曲线较为平直。这些参数的变化速度受被滴定物质的性质（如被滴定酸的强度）或滴定反应平衡常数大小的影响。但快到计量点附近时，被测溶液的浓度及其参数将发生突变，滴定曲线变得陡直，形成滴定突跃（titration jump）。

(3) 当滴定到化学计量点后，滴定曲线由陡直逐渐趋于平缓，其变化趋势取决于滴定剂的浓度。

(4) 无论哪种滴定方法，都必须有滴定突跃和相应的突跃范围。

在化学计量点前后 ±0.1%（横坐标）的范围内，被测溶液浓度及其相关参数所发生的急剧变化称为滴定突跃。发生滴定突跃时参数（纵坐标）的变化大小称为突跃范围（jump range），如酸碱滴定在发生滴定突跃时 pH 的变化范围、配位滴定中 pM 的变化范围等。

突跃范围是滴定分析中十分重要的参数。一方面突跃范围是指示剂选择的依据，另一方面还表示滴定反应是否完全。一般地，滴定反应的平衡常数越大，滴定反应就越完全，滴定突跃也就越大（即 pH 或 pM 等的变化范围越大），滴定因而就越准确。

2. 滴定误差

滴定终点通常使用指示剂发生颜色变化来确定。但是指示剂变色反应所指示的终点与化学计量点不一致。滴定终点与化学计量点不相符产生的相对误差就是滴定终点误差（titration end point error）或滴定误差（titration error），用 TE% 来表示。

滴定误差通常用林邦误差公式计算：

$$\mathrm{TE}(\%) = \frac{10^{\Delta pX} - 10^{-\Delta pX}}{\sqrt{cK_t}} \times 100\% \tag{4-4}$$

式中，pX 为滴定过程中发生变化的参数，如 pH 或 pM 等；$\Delta pX$ 为 $pX_{ep}$（终点）与 $pX_{sp}$（计量点）的差值；$K_t$ 是滴定常数即滴定反应平衡常数；$c$ 与计量点时滴定产物的总浓度 $c_{sp}$ 有关。

如果是强酸与强碱滴定，则有

$$K_t = 1/K_w = 10^{14}$$

式中，$K_w$ 为水的离子积常数，在 25℃ 时为 $10^{-14}$。

如果是强酸(碱)滴定弱碱(酸)，则有

$$K_t = K_b/K_w \text{（或 } K_a/K_w\text{）} \quad c = c_{sp}$$

式中，$K_a$ 和 $K_b$ 分别是弱酸或弱碱的解离常数。

如果是配位滴定，则有

$$K_t = K'_{MY} \quad c = c_{M(sp)}$$

式中，$K'_{MY}$ 表示配位平衡的条件稳定常数(conditional stability constant)。

可见，无论是哪种滴定方法，只要是滴定反应中的平衡常数 $K_t$ 值越大，或被测组分的分析浓度在化学计量点时越大，产生的滴定误差越小。也就是，滴定终点与化学计量点越接近，即 $\Delta pX$ 越小，则滴定误差就越小。

**【示例 4-1】**

用 $0.1000 mol \cdot L^{-1}$ NaOH 滴定 20.00mL $0.1000 mol \cdot L^{-1}$ HCl，以酚酞($pH_{ep} = 9.00$)或甲基橙($pH_{ep} = 3.40$)为指示剂，计算滴定误差。

**【解】**

已知 $pH_{sp} = 7.00$，$c_{sp} = 0.05 mol \cdot L^{-1}$，如果以酚酞为指示剂，$\Delta pH = 9.00 - 7.00 = 2.00$，则有

$$TE(\%) = \frac{10^{2.00} - 10^{-2.00}}{\sqrt{0.05000 \times 10^{14}}} = 0.00447\%$$

如果以甲基橙为指示剂，$\Delta pH = 3.40 - 7.00 = -3.60$，则有

$$TE(\%) = \frac{10^{-3.60} - 10^{3.60}}{\sqrt{0.05000 \times 10^{14}}} \times 100\% = -0.178\%$$

可见，该酸碱滴定使用酚酞的误差较小。

## 4.2 标准溶液的配制和标定

滴定分析中要使用标准溶液，并通过标准溶液的浓度和滴定所消耗标准溶液体积(用量)来计算待测组分的浓度或含量。因此，标准溶液是否准确就关系到滴定的最终结果是否正确。正因如此，正确配制标准溶液、准确标定标准溶液的浓度、妥善保存标准溶液对提高滴定分析的准确度具有重要意义。

### 4.2.1 标准溶液的配制

配制标准溶液一般有直接配制和间接配制两种方法。

1. 直接配制法

有些物质如邻苯二甲酸氢钾、草酸、碳酸钠、重铬酸钾等可以直接用来配成标准溶液。这些**能够直接用来配制成标准溶液的物质称为基准物质**(standard substance)。使用基准物质配制标准溶液十分简单，只需干燥去掉表面吸附水后直接称取一定量的基准物质，在烧杯中溶解后转入容量瓶中稀释定容就可以了。根据所称量的溶质的质量和容量瓶刻度所标示的体积可计算出该溶液的准确浓度。表 4-1 列出了常用基准物质的保存条件和标

定对象。

表 4-1 常用基准物质的干燥条件和应用

| 基准物质 | | 干燥后的组成 | 干燥条件和温度 | 标定对象 |
| --- | --- | --- | --- | --- |
| 名称 | 分子式 | | | |
| 碳酸氢钠 | $NaHCO_3$ | $Na_2CO_3$ | 270~300℃ | 酸 |
| 十水合碳酸钠 | $Na_2CO_3 \cdot 10H_2O$ | $Na_2CO_3$ | 270~300℃ | 酸 |
| 硼砂 | $Na_2B_4O_7 \cdot 10H_2O$ | $Na_2B_4O_7 \cdot 10H_2O$ | 放在装有 NaCl 和蔗糖饱和溶液的密闭器皿中 | 酸 |
| 碳酸氢钾 | $KHCO_3$ | $K_2CO_3$ | 270~300℃ | 酸 |
| 二水合草酸 | $H_2C_2O_4 \cdot 2H_2O$ | $H_2C_2O_4 \cdot 2H_2O$ | 室温空气干燥 | 碱或 $KMnO_4$ |
| 邻苯二甲酸氢钾 | $KHC_8H_4O_4$ | $KHC_8H_4O_4$ | 110~120℃ | 碱 |
| 重铬酸钾 | $K_2Cr_2O_7$ | $K_2Cr_2O_7$ | 140~150℃ | 还原剂 |
| 溴酸钾 | $KBrO_3$ | $KBrO_3$ | 130℃ | 还原剂 |
| 碘酸钾 | $KIO_3$ | $KIO_3$ | 130℃ | 还原剂 |
| 铜 | Cu | Cu | 室温干燥器中保存 | 还原剂 |
| 三氧化二砷 | $As_2O_3$ | $As_2O_3$ | 室温干燥器中保存 | 氧化剂 |
| 草酸钠 | $Na_2C_2O_4$ | $Na_2C_2O_4$ | 130℃ | 氧化剂 |
| 碳酸钙 | $CaCO_3$ | $CaCO_3$ | 110℃ | EDTA |
| 锌 | Zn | Zn | 室温干燥器中保存 | EDTA |
| 氧化镁 | MgO | MgO | 850℃ | EDTA |
| 氧化锌 | ZnO | ZnO | 900~1000℃ | EDTA |
| 氯化钠 | NaCl | NaCl | 500~600℃ | $AgNO_3$ |
| 氯化钾 | KCl | KCl | 500~600℃ | $AgNO_3$ |
| 硝酸银 | $AgNO_3$ | $AgNO_3$ | 220~250℃ | 氯化物 |

基准物质必须符合下列条件：① 物质的组成应与化学式相符，若含结晶水，其结晶水的含量也应与化学式相符；② 物质的纯度要高，一般含量在 99.9% 以上，杂质含量不影响分析的准确度；③ 物质要稳定，如不易吸收空气中的水分及二氧化碳，不易被空气氧化等；④ 物质有比较大的相对分子质量，以减少称量所引起的相对误差；⑤ 物质参与的反应按反应式定量进行，没有副反应。

常用的基准物质有银、铜、锌、铝、铁等纯金属及氧化物、重铬酸钾、碳酸钾、氯化钠、邻苯二甲酸氢钾、草酸、硼砂等纯化合物。

#### 学习与思考

(1) 为什么要求基准物质的含量必须在 99.9% 以上？
(2) 为什么不稳定的物质不能作为基准物质？
(3) 如果某物质含有 5 个结晶水，但在 120℃ 时失去 2 个结晶水。试讨论该物质是否能作为基准物质。

## 2. 间接配制法

由于大多数试剂不能满足基准物质的条件,也就不能直接用来配制标准溶液。这时可先将它们配成所需浓度的近似溶液,再用适当的方法标定其浓度。这种配制标准溶液的方法称为间接配制法。

例如,欲配制 $0.1000 \text{mol} \cdot \text{L}^{-1}$ NaOH 标准溶液,可先用饱和的 NaOH 溶液配成约为 $0.1 \text{mol} \cdot \text{L}^{-1}$ NaOH 溶液,然后用经准确称量的邻苯二甲酸氢钾进行标定。再根据两者完全作用时所用氢氧化钠溶液的体积和邻苯二甲酸氢钾的质量,算出 NaOH 溶液的准确浓度。

### 4.2.2 溶液浓度的标定

标定(calibration),有校准之意,是指使用标准的计量仪器对所使用仪器的准确度(精度)、溶液浓度等进行检测是否符合标准。溶液浓度的标定是指用滴定方法确定溶液准确浓度的过程。可以用基准物质来标定未知浓度的溶液,也可以用待标定溶液和已知准确浓度的标准溶液进行相互滴定,然后算出待测溶液的准确浓度。例如,欲标定盐酸溶液的浓度,可称取一定量的基准物质分析纯碳酸钠并溶于水中,或量取一定量已知准确浓度的 NaOH 溶液,然后用此盐酸溶液进行滴定

$$2HCl + Na_2CO_3 = 2NaCl + H_2O + CO_2 \uparrow$$

或

$$HCl + NaOH = NaCl + H_2O$$

当反应完全时,通过所消耗此盐酸溶液的体积和碳酸钠或氢氧化钠的量,即可计算出盐酸溶液的准确浓度。

### 4.2.3 标准溶液浓度的计算

#### 1. 物质浓度的表示方法

1) 物质的量浓度

物质的量[①](amount of substance)是一个单独的物理量,是指一个系统内的物质的量,其单位为 mol,以 $n$ 表示。例如,系统中所含溶质的基本单元数目与 0.012kg 碳-12 的原子数相等,则该物质物质的量 $n$ 就是 1mol。

$$n = \frac{m}{M} \tag{4-5}$$

式中,$M$ 为摩尔质量;$m$ 为该物质的质量,单位为 g。

物质的量($n$)与基本单元的选择有关。当给出了基本单元时,将基本单元的符号用括号紧跟在 $n$ 之后,如 $n(H_2O)$ 表示水分子的物质的量。基本单元可以是分子、原子、离子、电子以及其他粒子或这些粒子的特定组合。特定组合可以是已知客观存在的,也可以是根据需

---

① 物质的量(amount of substance)是一个专业名词,是一个单独的物理量,是国际单位制中七个基本量之一。该名称是从英文中直接翻译过来的,这种翻译实际上不符合中文使用习惯。从中文来看,"物质的量"是一个词组,因而我国台湾地区把"物质的量"译为"物量"。

要拟定的独立单元或非整数粒子的组合。例如，$H_2$、$H$、$H_2SO_4$、$\frac{1}{2}H_2SO_4$、$\frac{1}{5}KMnO_4$，分别记为 $n(H_2)$、$n(H)$、$n(H_2SO_4)$、$n(\frac{1}{2}H_2SO_4)$、$n(\frac{1}{5}KMnO_4)$。

在明确了物质的量的概念以后，我们就可以进一步讨论物质的量浓度（amount-of-substance concentration 或 mole concentration）。物质的量浓度是指单位体积溶液所含溶质的物质的量($n$)，用 $c$ 表示，单位为 $mol \cdot L^{-1}$（或 mol/L，简写为 M），即

$$c = \frac{n}{V} \tag{4-6}$$

例如，$c(H_2SO_4) = 0.1 \, mol \cdot L^{-1}$，则有

$$c\left(\frac{1}{2}H_2SO_4\right) = 2c(H_2SO_4) = 0.2 \, mol \cdot L^{-1}$$

$$c(2H_2SO_4) = \frac{1}{2}c(H_2SO_4) = 0.05 \, mol \cdot L^{-1}$$

---

**学习与思考**

(1) 什么是物质的量？其单位是什么？物质的量浓度曾经称为摩尔浓度，为什么要取消摩尔浓度的概念？

(2) 国际单位制中七个基本量是指哪些？

---

2) 滴定度

滴定度(titer)的定义为每毫升标准溶液相当于被测物质的质量(g 或 mg)，即

$$T(T/B) = m(B)/V(T) \tag{4-7}$$

式中，$m(B)$ 为被测物质 B 的质量；$V(T)$ 为标准溶液的体积。例如，每毫升 $K_2Cr_2O_7$ 溶液恰能与 $0.005\,000g$ $Fe^{2+}$ 反应，则

$$T(K_2Cr_2O_7/Fe^{2+}) = 0.0050 \, g \cdot mL^{-1}$$

【示例 4-2】

试计算要加多少毫升水到 $5.000 \times 10^2$ mL $0.2000 \, mol \cdot L^{-1}$ HCl 溶液中才能使稀释后的 HCl 标准溶液对 $CaCO_3$ 的滴定度为 $T(HCl/CaCO_3) = 5.005 \times 10^{-3} \, g \cdot mL^{-1}$。

【解】

已知 $M(CaCO_3) = 100.09 \, g \cdot mol^{-1}$，而 HCl 与 $CaCO_3$ 的反应为

$$CaCO_3 + 2HCl == CaCl_2 + H_2O + CO_2 \uparrow$$

则将稀释后 HCl 溶液的滴定度换算为浓度：

$$c(HCl) = \left(\frac{5.005 \times 10^{-3} \times 10^3 \times 2}{100.1}\right) mol \cdot L^{-1} = 0.1000 \, mol \cdot L^{-1}$$

设稀释时加入水为 $V$，依题意：

$$0.2000 \times 5.000 \times 10^2 = 0.1000 \times (5.000 \times 10^2 + V)$$

故

$$V = 500.00 \text{mL}$$

2. 标准溶液浓度的计算

1) 由基准物质直接配制的标准溶液

准确称量基准物质并溶解、转移和定容在准确体积容器中配成的标准溶液，其浓度为

$$c = \frac{n}{V} = \frac{m}{VM} \times 1000 \tag{4-8}$$

式中，$c$ 为标准溶液的浓度，单位为 $\text{mol} \cdot \text{L}^{-1}$；$n$ 为标准物质的物质的量，单位为 mol；$V$ 为所配成的标准溶液总体积，单位为 mL；$m$ 为准确称取的标准物质的质量，单位为 g；$M$ 为标准物质的摩尔质量。

2) 由定量化学反应标定

对不是用基准物质配成的标准溶液，标定其准确浓度必须依据化学计量关系。假如要用一定量的标准溶液 B 标定溶液 A 的浓度，并且 A 和 B 能发生下列定量反应：

$$a\text{A} + b\text{B} \Longrightarrow c\text{C} + d\text{D}$$

根据该反应方程式，标准溶液 B 与待标定溶液 A 之间的量的关系为

$$n(\text{A}) = \frac{a}{b} n(\text{B}) \tag{4-9}$$

$$c(\text{A})V(\text{A}) = \frac{a}{b} c(\text{B})V(\text{B}) \tag{4-10}$$

$$c(\text{A}) = \frac{aV(\text{B})}{bV(\text{A})} c(\text{B}) \tag{4-11}$$

$n(\text{B}) = V(\text{B})c(\text{B})$，则

$$c(\text{A}) = \frac{an(\text{B})}{bV(\text{A})} = \frac{am(\text{B})}{bM(\text{B})V(\text{A})} \times 1000 \tag{4-12}$$

式中，$n(\text{B})$ 为标准物质的物质的量。

**【示例 4-3】** $K_2Cr_2O_7$ 标准溶液的配制

欲配制 $0.02000 \text{mol} \cdot \text{L}^{-1}$ $K_2Cr_2O_7$ 标准溶液 250.0mL，应称取 $K_2Cr_2O_7$ 多少克？

**【解】**

$$m = nM = cVM = 0.02000 \times 0.2500 \times 294.2 = 1.471(\text{g})$$

不过上述溶液通常仅需将浓度配制为 $0.02 \text{mol} \cdot \text{L}^{-1}$ 左右。这时需要准确称量 1.47g（±10%）$K_2Cr_2O_7$ 基准物质，于容量瓶中定容，再计算出其准确浓度：

$$c(K_2Cr_2O_7) = \frac{m(K_2Cr_2O_7)}{M(K_2Cr_2O_7)V(K_2Cr_2O_7)}$$

### 4.2.4 待测物质含量的计算

标准溶液的浓度确定后，即可对待测物质进行含量测定。例如，已标定的盐酸溶液可以用来测定某些碱性物质含量；已标定的氧化剂溶液可以用来测定某些还原性物质相对含量。

1. 按化学计量关系计算

如果标准溶液和待测溶液之间的计量化学反应为

$$a\text{A} + b\text{B} = c\text{C} + d\text{D}$$

则其化学计量点为

$$n(\text{A}) : n(\text{B}) = a : b \quad \text{或} \quad n(\text{A}) = \frac{a}{b}n(\text{B}) \quad \text{或} \quad n(\text{B}) = \frac{b}{a}n(\text{A}) \tag{4-13}$$

式中，$n(\text{A})$ 和 $n(\text{B})$ 分别为物质 A 和物质 B 的物质的量；$\frac{a}{b}$ 或 $\frac{b}{a}$ 为化学计量数比。

**【示例 4-4】** 基准物质的应用

将 0.2500g $Na_2CO_3$ 基准物溶于适量水中后，用 0.2mol·$L^{-1}$ 的 HCl 滴定至终点，则大约消耗 HCl 溶液多少毫升？

**【解】**

$$2\text{HCl} + \text{Na}_2\text{CO}_3 = 2\text{NaCl} + \text{H}_2\text{O}$$

$$\frac{n(\text{HCl})}{n(\text{Na}_2\text{CO}_3)} = 2$$

则有

$$c(\text{HCl}) \times V(\text{HCl}) = 2 \times n(\text{Na}_2\text{CO}_3) = \frac{2 \times m(\text{Na}_2\text{CO}_3) \times 1000}{M(\text{Na}_2\text{CO}_3)}$$

所以

$$V(\text{HCl}) = \frac{2 \times 0.2500 \times 1000}{0.2 \times 106.0} \approx 24 (\text{mL})$$

**【示例 4-5】** 测定药用 $Na_2CO_3$ 的含量

准确称取药用 $Na_2CO_3$ 试样 0.1255g，溶解后用浓度为 0.1006mol·$L^{-1}$ 的 HCl 标准溶液进行滴定，终点时消耗 HCl 标准溶液 23.50mL，求试样中 $Na_2CO_3$ 的百分含量。

**【解】**

由于

$$n(\text{Na}_2\text{CO}_3)/n(\text{HCl}) = 1/2$$

所以

$$\text{Na}_2\text{CO}_3(\%) = \frac{1}{2} \times \frac{0.1006 \times 23.50 \times 106.0}{0.1255 \times 1000} \times 100\% = 99.83\%$$

2. 按等物质的量规则计算

选择 $a\text{A}$、$b\text{B}$ 等特定组合为基本单元，则有

$$n(a\text{A}) = n(b\text{B})$$

$$n(a\text{A}) = \frac{1}{a}n(\text{A}) = n(b\text{B}) = \frac{1}{b}n(\text{B})$$

$$bn(\text{A}) = an(\text{B})$$

$$n\left(\frac{1}{b}\text{A}\right)=n\left(\frac{1}{a}\text{B}\right) \tag{4-14}$$

例如，滴定反应：

$$5\text{C}_2\text{O}_4^{2-}+2\text{MnO}_4^-+16\text{H}^+ =\!=\!= 2\text{Mn}^{2+}+10\text{CO}_2\uparrow+8\text{H}_2\text{O}$$

根据等物质的量规则有

$$n(2\text{KMnO}_4)=n(5\text{H}_2\text{C}_2\text{O}_4)$$

$$n(2\text{KMnO}_4)=\frac{1}{2}n(\text{KMnO}_4)=n(5\text{H}_2\text{C}_2\text{O}_4)=\frac{1}{5}n(\text{H}_2\text{C}_2\text{O}_4)$$

$$\frac{1}{2}n(\text{KMnO}_4)=\frac{1}{5}n(\text{H}_2\text{C}_2\text{O}_4)$$

即

$$5n(\text{KMnO}_4)=2n(\text{H}_2\text{C}_2\text{O}_4)\Rightarrow n\left(\frac{1}{5}\text{KMnO}_4\right)=n\left(\frac{1}{2}\text{H}_2\text{C}_2\text{O}_4\right)$$

**【示例 4-6】 血钙的检验**

取患者血液 2.00mL，稀释后用 $(\text{NH}_4)_2\text{C}_2\text{O}_4$ 处理，使 $\text{Ca}^{2+}$ 生成 $\text{CaC}_2\text{O}_4$ 沉淀，沉淀过滤后溶解于强酸中，然后用 $c\left(\frac{1}{5}\text{KMnO}_4\right)=0.050\text{mol}\cdot\text{L}^{-1}$ 的 $\text{KMnO}_4$ 溶液滴定，用去 1.20mL，试计算此血液中钙的质量浓度（$\text{g}\cdot\text{L}^{-1}$）。

**【解】**

$$\text{Ca}^{2+}+\text{C}_2\text{O}_4^{2-}=\!=\!=\text{CaC}_2\text{O}_4\Rightarrow\text{H}_2\text{C}_2\text{O}_4$$

$$5\text{C}_2\text{O}_4^{2-}+2\text{MnO}_4^-+16\text{H}^+=\!=\!=2\text{Mn}^{2+}+10\text{CO}_2\uparrow+8\text{H}_2\text{O}$$

$$n\left(\frac{1}{5}\text{KMnO}_4\right)=n\left(\frac{1}{2}\text{H}_2\text{C}_2\text{O}_4\right)=n\left(\frac{1}{2}\text{Ca}^{2+}\right)$$

$$w(\text{Ca}^{2+})=\frac{n\left(\frac{1}{2}\text{Ca}^{2+}\right)M\left(\frac{1}{2}\text{Ca}^{2+}\right)}{V}$$

$$w(\text{Ca}^{2+})=\frac{c\left(\frac{1}{5}\text{KMnO}_4\right)V(\text{KMnO}_4)M\left(\frac{1}{2}\text{Ca}^{2+}\right)}{V}$$

$$w(\text{Ca}^{2+})=\frac{0.0500\times1.20\times40.08}{2\times2.00}=0.601(\text{g}\cdot\text{L}^{-1})$$

## 4.3 滴定方式

如前所述，滴定分析可分为酸碱滴定法、配位滴定法、氧化还原滴定法和沉淀滴定法等。在滴定分析中，根据滴定体系的性质，有时需采用不同的滴定方式。采用不同的滴定方式，不仅可以扩大滴定分析的应用范围，还可以提高滴定分析的选择性。常见的滴定方式有直接滴定、返滴定、置换滴定和间接滴定等四种。

### 4.3.1 直接滴定法

直接滴定法(direct titration)用标准溶液直接滴定对待测溶液。凡能满足滴定分析要求的化学反应都可以应用于直接滴定法测定。直接滴定法操作简便，一般情况下引入的误差也较少，故在可能的情况下尽量使用直接滴定法。例如，用乙二胺四乙酸钠盐(EDTA，可简写为 $Y^{4-}$)标准溶液直接测定待测溶液 $Zn^{2+}$：

$$Zn^{2+} + Y^{4-} \rightleftharpoons ZnY^{2-}$$

### 4.3.2 返滴定法

当试液中待测物质与滴定剂反应很慢，或缺乏合适的指示剂，或者用滴定剂直接滴定固体、气体试样时，反应不能立即完成，均可用返滴定法(back titration)进行滴定。此时可先准确地加入过量标准溶液 A，使标准溶液 A 与试液中的待测物质进行反应，待反应完成后，再用另一种标准溶液 B 滴定剩余的标准溶液 A，这种滴定方法称为返滴定法。例如，对固体 $CaCO_3$ 含量的测定，可先用过量、定量的 HCl 标准溶液与固体 $CaCO_3$ 反应，待反应完成后，再用 NaOH 标准溶液滴定剩余的 HCl，由此可算出 $CaCO_3$ 的含量。

$$CaCO_3(s) + 2HCl(过量、定量) \rightleftharpoons CaCl_2 + CO_2\uparrow + H_2O$$

$$HCl + NaOH \rightleftharpoons NaCl + H_2O$$

### 4.3.3 置换滴定法

有些反应不是定量进行或很难找到合适的指示剂。例如，当待测组分所参与的反应未按照一定的化学计量反应式进行或伴有副反应的时候，不能采用直接滴定法，可以先用适当试剂与待测组分反应，使其定量地置换为另一种物质，再用标准溶液来直接滴定被置换出来的物质，这种滴定方法称为置换滴定法(replacement titration)。例如，用 $Na_2S_2O_3$ 测定 $K_2Cr_2O_7$ 含量，$Na_2S_2O_3$ 和 $K_2Cr_2O_7$ 不能定量进行反应，这时可先用 $K_2Cr_2O_7$ 和 KI 反应，使其定量地置换为 $I_2$，再用 $Na_2S_2O_3$ 标准溶液滴定 $I_2$。

$$Cr_2O_7^{2-} + 14H^+ + 6I^- \rightleftharpoons 2Cr^{3+} + 3I_2 + 7H_2O$$

$$I_2 + 2S_2O_3^{2-} \rightleftharpoons 2I^- + S_4O_6^{2-}$$

### 4.3.4 间接滴定法

不能与滴定剂直接起反应的物质，有时可以通过另外的化学反应，以间接的方式滴定，即为间接滴定法(indirect titration)进行测定。例如，用 $KMnO_4$ 不能直接滴定 $Ca^{2+}$，但可先将 $Ca^{2+}$ 定量地转变成 $CaC_2O_4$，然后在酸性条件下，用 $KMnO_4$ 标准溶液滴定 $C_2O_4^{2-}$，算出 $Ca^{2+}$ 的含量。

$$Ca^{2+} + C_2O_4^{2-} \rightleftharpoons CaC_2O_4\downarrow$$

$$5CaC_2O_4(Ca^{2+} + C_2O_4^{2-}) + 2MnO_4^- + 16H^+ \rightleftharpoons 5Ca^{2+} + 2Mn^{2+} + 10CO_2\uparrow + 8H_2O$$

## 4.4 滴定指示剂

滴定指示剂(titration indicator)是指在某一固定条件下(如某一 pH 范围)有变色等性质

指示实验操作者判断滴定到达终点的一种物质。换句话说，操作者借助于指示剂在计量点附近发生颜色变化而终止滴定。操作者使用颜色变化来指示反应终点，实际上就是利用了人眼作为颜色变化（信号）的检测器，因而人眼对颜色的敏感程度对终点的观察就很重要。

指示剂的种类很多，可以根据其性质、作用原理、用途进行分类。例如，根据指示剂的作用原理，指示剂可以分为酸碱指示剂、金属指示剂、氧化还原指示剂、自身指示剂、专属指示剂、沉淀滴定指示剂、吸附指示剂等。为了减少滴定误差，**滴定分析要求指示剂变色灵敏、迅速、可逆，并且本身稳定。**

### 延伸阅读 4-2：人眼对滴定终点的判断

滴定分析中通常使用指示剂的颜色变化来指示滴定终点的到达，提醒实验操作者停止向被滴定液中加入滴定液。由于不同人的眼睛对同一种颜色和同一个人对不同的颜色敏感程度不同，因而即使不同的人选择同一种指示剂或者同一个人选择不同的指示剂滴定都会有滴定误差。

颜色是通过脑和我们的生活经验所产生的一种对光的视觉效应。每个人的视觉并不是完全一样的。在正常视觉的群体中间，也有一定差别。有一门学科称为色度学（colorimetry），就是研究人眼对颜色感觉规律的一门科学。我们肉眼所见到颜色是波长为 360~760nm 的可见光进入眼睛，通过眼睛视网膜上的感光细胞捕捉到光信号。不同波长的可见光颜色不同，对应于人眼中不同的细胞感应到不同的颜色。感光细胞从视野范围内吸收光子，然后经一系列特殊复杂的生物化学通路，将这些信息以膜电位改变的形式进行信号传导。最后，视觉系统对这些信号信息进行处理，以呈现一个完整的视觉世界。人眼约能区分一千万种颜色，是一台像素高达 5.76 亿的"超级相机"，但和环境色以及个体对某种颜色的敏感程度有关。图 4-4 是人眼感光示意图。

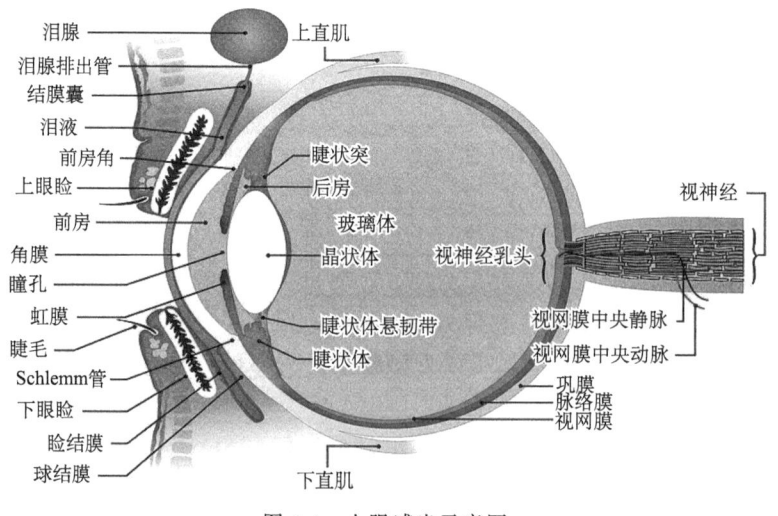

图 4-4 人眼感光示意图

**学习与思考**

(1) 不同的人选择同一种指示剂或者同一个人选择不同的指示剂滴定都会有滴定误差。试分析这两种情况下的误差是系统误差还是偶然误差。
(2) 查阅下列科学名词：三原色、三基色、色度学、CIE 标准色度学系统。

### 4.4.1 酸碱指示剂

酸碱指示剂一般是带有生色团(chromophore)[①]的有机弱酸或有机弱碱，它的酸式与其共轭碱式相比具有明显不同的颜色，最早发现于植物中。当溶液的 pH 改变时，指示剂失去质子由酸式转化为碱式，或得到质子由碱式转化为酸式。由于指示剂分子结构上的改变，引起了颜色的变化。

1. 酸碱指示剂的作用原理

由于酸碱指示剂是有机弱酸或有机弱碱，因而它们在水中存在与酸度有关的平衡，并且显示出酸式色和碱式色的混合色。该混合色随着酸度的变化而变化。

$$HIn \rightleftharpoons H^+ + In^-$$
（酸式色）　（碱式色）

达到平衡后，平衡常数为

$$K_{HIn} = \frac{[H^+][In^-]}{[HIn]} \tag{4-15}$$

$$[H^+] = \frac{K_{HIn}[HIn]}{[In^-]}$$

$$pH = pK_{HIn} - \lg\frac{[HIn]}{[In^-]} \tag{4-16}$$

1) 讨论

当 $\frac{[HIn]}{[In^-]} \geqslant 10$ 时，溶液 $pH \leqslant pK_{HIn} - 1$，以酸式色成分为主，人眼观察到的主要是酸式色。

当 $\frac{[HIn]}{[In^-]} \leqslant \frac{1}{10}$ 时，此时溶液 $pH \geqslant pK_{HIn} + 1$，以碱式色成分为主，人眼观察到的主要是碱式色。

当溶液 $pK_{HIn} - 1 \leqslant pH \leqslant pK_{HIn} + 1$，呈混合色。

2) 定义

$pK_{HIn} - 1$ 到 $pK_{HIn} + 1$ 的 pH 为指示剂的理论变色范围(transition range)；当 $[In^-]/[HIn] = 1$ 时，$pH = pK_{HIn}$ 称为指示剂的理论变色点(transition point)。

---

① 生色团是指有机分子中含有在紫外及可见光区域内(200~800nm)对光有选择性吸收的有机官能团，吸收能力较强。由于这种吸收具有波长选择性，因而吸收某种波长的光后显示出其互补颜色。

3）注意事项

（1）某一具体的指示剂变色范围是通过实验测得的。

（2）实测值与理论值有一定的出入。

由于人眼对各种颜色的灵敏度不同，如甲基橙，在黄色中有 1/10 的红色即可看到红，但在红色中黄色的比例达到 1/3 才能看到黄。例如，甲基橙的理论变色范围为 2.4～4.4，而实测变色范围是 3.1～4.4，也有人报道为 2.9～4.3。

（3）常见指示剂的变色范围，酸式色、碱式色以及其 $pK_{HIn}$ 可查表 4-2 获得。

表 4-2　实验室常用酸碱指示剂[①]

| 指示剂 | 变色范围(pH) | 颜色变化 | $pK_{In}$ | 浓度 | 浓度 /[滴·(10mL 试液)$^{-1}$] |
|---|---|---|---|---|---|
| 百里酚蓝 | 1.2～2.8 | 红～黄 | 1.7 | 0.1% 20%乙醇溶液 | 1～2 |
|  | 8.0～9.8 | 黄～蓝 | 8.9 | （同上） | 1～4 |
| 甲基黄 | 2.9～4.0 | 红～黄 | 3.4 | 0.1% 90%乙醇溶液 | 1 |
| 甲基橙 | 3.1～4.4 | 红～黄 | 3.4～3.7 | 0.05%的水溶液 | 1 |
| 溴酚蓝 | 3.0～4.6 | 黄～紫 | 4.1 | 0.1% 20%乙醇溶液（或其钠盐水溶液） | 1 |
| 溴甲酚绿 | 4.0～5.6 | 黄～蓝 | 5.0 | 0.1% 20%乙醇溶液（或其钠盐水溶液） | 1～2 |
| 甲基红 | 4.4～6.2 | 红～黄 | 5.0 | 0.1% 60%乙醇溶液（或其钠盐水溶液） | 1 |
| 溴百里酚蓝 | 6.2～7.6 | 黄～蓝 | 7.3 | 0.1% 20%乙醇溶液（或其钠盐水溶液） | 1 |
| 中性红 | 6.8～8.0 | 红～橙黄 | 7.4 | 0.1% 60%乙醇溶液 | 1 |
| 酚酞 | 8.0～9.6 | 无～红 | 9.1 | 0.1% 90%乙醇溶液 | 1～2 |
| 百里酚酞 | 9.4～10.6 | 无～蓝 | 10.0 | 0.1% 90%乙醇溶液 | 1～2 |

① 温室条件下的测定数据。

**延伸阅读 4-3：酸碱指示剂的发现**

酸碱指示剂是检验溶液酸碱性的常用化学试剂，像科学上的许多其他发现一样，酸碱指示剂的发现是化学家善于观察、勤于思考、勇于探索的结果（图 4-5）。

300 多年前的一天清晨，英国年轻的科学家波义耳正准备到实验室去做实验，一位花木工为他送来一篮非常鲜美的紫罗兰。喜爱鲜花的波义耳随手取下一块带进了实验室，把鲜花放在实验桌上。当他从大瓶里倾倒出盐酸时，还有少许酸沫飞溅到鲜花上。他想"真可惜，盐酸弄到鲜花上了"。为洗掉花上的酸沫，他把花用水冲了一下，一会儿发现紫罗兰颜色变红了，当时波义耳感到既新奇又兴奋，他认为，可能是盐酸使紫罗兰颜色变红色。

图 4-5　植物的颜色

为进一步验证这一现象，他立即返回住所，把那篮鲜花全部拿到实验室，取了当时已知的几种酸的稀溶液，把紫罗兰花瓣分别放入这些稀酸中，结果现象完全相同，紫罗兰都变为红色。由此他推断，不仅盐酸，而且其他各种酸都能使紫罗兰变为红色。他想，这太重要了，以后只要把紫罗兰花瓣放进溶液，看它是不是变红色，就可判别这种溶液是不是酸。偶然的发现，激发了科学家的探求欲望，后来，他又以其他花瓣做实验，并制成花瓣的水或酒精的浸液来检验是不是酸，同时用它来检验一些碱溶液，也产生了一些变色现象。

后来，他还采集了药草、牵牛花、苔藓、月季花、树皮和各种植物的根，泡出了多种颜色的不同浸液，有些浸液遇酸变色，有些浸液遇碱变色。不过有趣的是，他从石蕊苔藓中提取的紫色浸液，酸能使它变红色，碱能使它变蓝色，这就是最早的石蕊试液，波义耳把它称为指示剂。为使用方便，波义耳用一些浸液把纸浸透、烘干制成纸片，使用时只要将小纸片放入被检测的溶液，纸片上就会发生颜色变化，从而显示出溶液是酸性还是碱性。今天，我们使用的石蕊、酚酞试纸、pH试纸，就是根据波义耳的发现原理研制而成的。

随着科学技术的进步和发展，许多其他的指示剂也相继被另一些科学家所发现，同时随着有机合成技术的发展，科学家还合成了很多自然界并不存在的酸碱指示剂。

2. 常见的酸碱指示剂

表4-2列出了实验室通常使用的酸碱指示剂。为了便于理解，现对其中一些酸碱指示剂作简单介绍。

1）甲基橙

甲基橙（methyl orange，MO）是一种双色指示剂，即其酸式色和碱式色都能为肉眼所观察。当pH≤3.1，显示酸式色，红色；pH≥4.4，显示碱式色，黄色；pH为3.1～4.4时，两种颜色形式共存，显示出酸式色和碱式色的混合色——橙色。

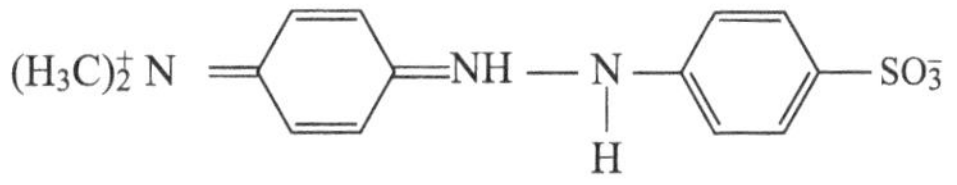

$(H_3C)_2\overset{+}{N}$─◯═NH─N─◯─$SO_3^-$
                              H
红色（醌式结构）

$\overset{OH^-}{\underset{H^+}{\rightleftharpoons}}$ $pK_a=3.4$   $(H_3C)_2N$─◯─N═N─◯─$SO_3^-$

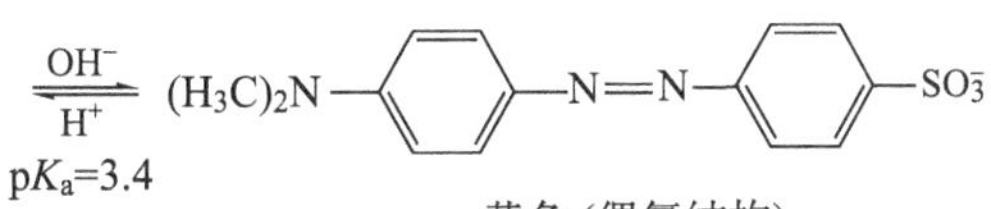

黄色（偶氮结构）

2）酚酞

酚酞（phenolphthalein，PP）是单色酸碱指示剂，在酸性溶液中呈现无色，在碱性溶液中转化为醌式后显红色。

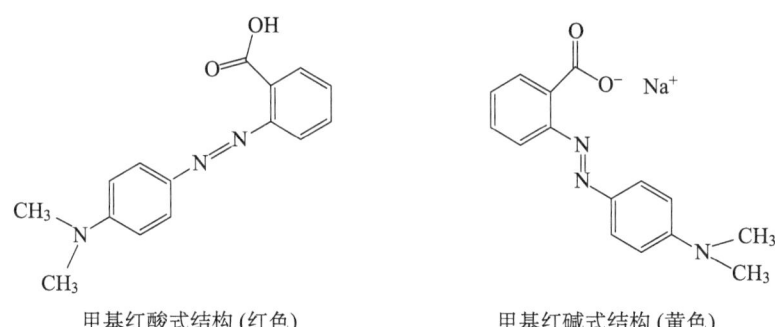

羟式(无色)          醌式(红色)

3) 甲基红

甲基红(methyl red，MR)是双色指示剂，在酸性溶液中显红色，在碱性溶液中显黄色。

甲基红酸式结构(红色)      甲基红碱式结构(黄色)

**3. 影响指示剂变色范围的因素**

1) 指示剂用量

对于双色指示剂，$[H^+]$一定时，$\dfrac{[HIn]}{[In^-]}$也就确定了。即变色点和变色范围不受影响。但酸碱指示剂本身具有酸碱性质，也会与滴定剂作用，用量过大也会消耗一定量的酸或碱，从而引起较大的误差。此外，指示剂用量过多，还会影响变色的敏锐性。例如，以甲基橙为指示剂，用 HCl 滴定 NaOH 溶液，终点为橙色。但如果甲基橙用量过多，会消耗一定的 NaOH，使得滴定产生误差，这种误差在微量滴定中会更大。

对于单色指示剂，例如酚酞，设其总浓度为 $c$，碱型引起视觉(或其他传感器)响应的最小浓度为 $a$，这是一个固定的值，则

$$[H^+]=\frac{K_{HIn}[HIn]}{[In^-]}=\frac{K_{HIn}[c-a]}{a} \tag{4-17}$$

显然，用量过多，会使变色范围向 pH 减小方向移动，也会增大滴定误差。

正是因为这样的原因，在滴定分析中，应做平行实验，并且每份试样滴加指示剂应控制一样，且以量少为佳。

2) 离子强度

离子强度会影响 $K_{HIn}$、$K_a$ 等常数，从而使指示剂的理论变色点发生改变。对于吸附指示剂，离子强度会影响吸附层的组成，从而影响吸附指示剂的变色情况。理论变色点与离子强度之间的关系可表示如下：

$$pH = pK_a^0 - 0.5Z^2\sqrt{I} \tag{4-18}$$

3) 温度

滴定一般是在室温下进行。但是温度的变化会引起指示剂 $K_{HIn}$、水的质子自递常数 $K_w$ 等发生变化,因而指示剂的变色范围也随之改变。例如,在18℃时,MO:3.1～4.4,PP:8.2～9.8;100℃时,MO:2.8～3.7,PP:8.0～9.2,与表4-2中的数据就有一定的差异。

4) 溶剂

不同的溶剂具有不同的介电常数和酸碱性,同样也会影响指示剂的解离常数和变色范围。

4. 混合指示剂

有时需要变色范围很小的指示剂,通常使用混合指示剂。混合指示剂通过颜色间的互补作用来提高变色的敏锐度。常用的混合指示剂有两类:一类同时使用两种指示剂,利用彼此颜色间的互补作用,使变色更加敏锐,如溴甲酚绿和甲基红(图4-6);另一类是由指示剂与惰性染料混合而成,如亚甲基蓝和靛蓝二磺酸钠。亚甲基蓝随着酸度变化而发生颜色变化,而惰性染料靛蓝二磺酸钠不随酸度变化而发生颜色变化,但起背景调节作用,提高眼睛观察变色的敏锐程度。

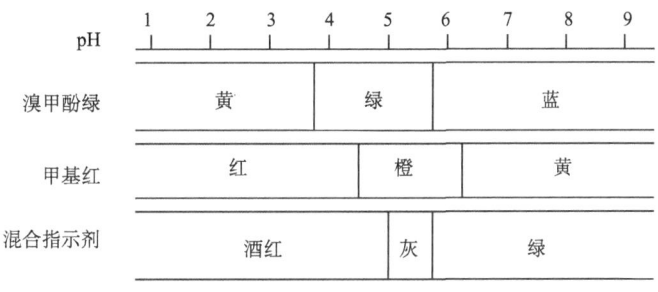

图4-6 混合指示剂作用原理

利用混合指示剂可以大大提高可视化分析范围。例如,在细胞或组织的荧光成像分析中,由于细胞或组织自身存在荧光,如果只用一种荧光指示剂,则颜色变化不明显,成像效果不理想。为提高成像的分辨率,分析化学家们有时将两种或两种以上的指示剂混合在一起,这些混合荧光指示剂产生新的颜色(混合色),且随着细胞或组织内物质的变化,其效果比单种指示剂的效果要明显很多,分辨率提高,有利于细胞内物质的灵敏观察。

如果需要将滴定终点限制在很窄的pH范围内,最好采用混合指示剂。原因是非混合指示剂,终点颜色变化约有±0.3pH的不确定度,而使用混合指示剂,有±0.2pH的不确定度。

---

**延伸阅读4-4:颜色的形成原理**

混合指示剂通过颜色间的互补作用来提高变色的敏锐度。因此,了解颜色的形成原理及颜色的互补性来使用混合指示剂对观察滴定终点有很大帮助。以色彩"三原色轮"和"色觉求平律"为基础的色彩"互补性"特征在色彩实践中具有十分广泛的用途,以此而构成纷繁复杂的美丽世界,对现代色彩加工与设计都十分重要。

---

颜色的形成是物体反射特定波长的光刺激人眼所产生的一种感觉。观察颜色是否相同，必须从色相(hue)、明度(lightness value)、彩度(chroma)三个方面进行比较。其中色相与光谱的波长相对应；明度是指颜色中所包含的黑白成分的多少，也称为灰度；而彩度就是指的色彩的饱和度(saturation)。这是衡量颜色的三个基本条件，缺一不可。因此，人们观察到的颜色受光源、反射光线的物体及观察者的生理和心理条件等影响。

人眼有红、绿、蓝三种不同颜色的感光体，因此所见的色彩空间通常可以由称为"三原色"的红、绿、蓝三种基本色所表达。这三种基本颜色不能由其他颜色混合调配而得。国际标准照明委员会(CIE)1931年规定这三种色光所对应的光谱波长分别为700nm、546.1nm和435.8nm，所对应的红光光谱范围是600～700nm、绿光范围是500～600nm、蓝光范围是400～500nm。

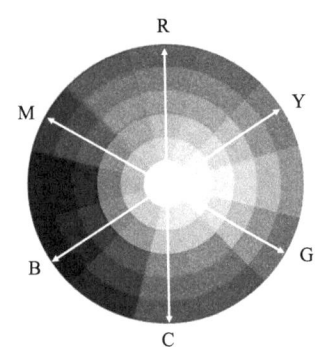

图4-7 12色轮图

尽管三原色不能通过其他颜色来调制，但自然界中各种原色都能由这三种原色光按一定比例混合而成。例如，红色(red, R)+绿色(green, G)=黄色(yellow, Y)，红色(R)+蓝色(blue, B)=红紫色(magenta, M)，绿色(G)+蓝色(B)=青色(cyan, C)，而红色(R)+绿色(G)+蓝色(B)=白色(white, W)。白光还可以通过两种光来调制获得，Y + B = W，M+G=W，C + R = W。上述规律可以用如图4-7所示的12色轮图表示，其中两种能混合成白光的光称为互补光，相对应的颜色是互补色。如果将互补色并列在一起，则互补的两种颜色对比最强烈、最醒目、最鲜明。与红光、绿光和蓝光互为补色的三色光分别为青色、红紫光和黄光。人们通常把这三色光称为"三补色"。

### 4.4.2 金属指示剂

金属指示剂(metallochromic indicator)是指一些能与被滴定金属离子反应生成一种与其本身(In)颜色不同的配位物(MIn)的有机配体。因而它能指示配位滴定计量点前后金属离子浓度突跃、颜色变化和滴定终点。

1. 金属指示剂的作用原理

滴定前：

$$M + In \rightleftharpoons MIn$$
颜色A　　　颜色B

滴定终点：

$$MIn + Y \rightleftharpoons MY + In$$
颜色B　　　　　颜色A

滴定前溶液呈(MIn+M)色；滴定到计量点前呈(MIn+MY)色；计量点时，由于MY的稳定性大于MIn，则MIn + Y ⇌ MY + In，即呈现(MY+In)色。所以溶液颜色由

(MIn+MY)色变为(MY+In)色,表示终点到达。但由于 MY 通常较弱,所以终点时主要呈现溶液颜色变化是由 MIn 色变为 In 色。

2. 金属指示剂必备条件

(1) 颜色的变化要求十分敏锐,即 MIn 的颜色与 In 的颜色要有显著不同。由于 In 颜色往往随 pH 不同而异,因此要达到 MIn 与 In 有显著不同的颜色,应注意 pH 范围。

例如,铬黑 T(eriochrome black T,EBT):

$$H_2In^- \xrightarrow{-H^+} HIn^{2-} \xrightarrow{-H^+} In^{3-}$$

红色　　　　　蓝色　　　　橙色

pH < 6　　　pH = 8~11　　pH > 12

由于铬黑 T 与金属离子作用显红色,故使用的 pH 通常为 4~11。

(2) MIn 有适当稳定性。MIn 的稳定性要小于 MY 的稳定性,即 $K'_{MIn} < K'_{MY}$,通常 $K'_{MY} \approx 100 K'_{MIn}$,否则 In 不能游离出来产生颜色变化而指示终点到达。

(3) 选择性好,只与被测金属离子有显色反应,反应灵敏、迅速,有良好的变色可逆性。

(4) MIn 易溶于水,否则生成沉淀或胶体,终点变色不敏锐——指示剂僵化。

(5) 指示剂性质稳定,便于储藏和使用。

3. 使用金属指示剂可能存在的问题

1) 指示剂的封闭

在配位滴定中,MIn 不变色,称为指示剂封闭(blocking of indicator)。可能的原因有:①对于被测金属离子,由于 $K'_{MIn} > K'_{MY}$,终点时配体不能夺取 MIn 中的金属离子,故不能释放出游离指示剂,溶液颜色无变化,不能指示终点;②溶液中共存离子 N 与指示剂形成配合物 NIn 的稳定性高于配位剂与被测金属离子形成配合物 MY 的稳定性,终点时配位剂 Y 不能夺取 NIn 中的金属离子,故溶液颜色无变化,不能指示终点。

要消除指示剂封闭,通常采取两种措施:①若封闭现象是滴定离子本身 M 引起的,则可采用返滴定法,例如,二甲酚橙 XO,$Al^{3+}$ 对其有封闭现象,可加过量 EDTA,采用返滴法;②若封闭现象是由共存离子引起的,则需加适当掩蔽剂,消除共存离子,例如,测 $Ca^{2+}$、$Mg^{2+}$ 时,少量 $Fe^{3+}$、$Al^{3+}$ 对铬黑 T 有封闭作用,可加三乙醇胺掩蔽之。

2) 指示剂的僵化

因为 MIn 或 In 在水中溶解度较小,终点时 Y 与 MIn 的置换反应慢,使终点颜色变化拖长的现象称指示剂僵化(ossification of indicator)。解决方法通常采用加热或加入与水互溶的有机溶剂两种方法。这两种方法通常可增大其溶解度,加快置换反应速率。

3) 指示剂的氧化变质

金属指示剂大多含有双键,易被日光、氧化剂及空气中的氧化还原性物质破坏,在水溶液中不稳定。

4. 常用金属指示剂

在配位滴定分析中,常用到铬黑 T、二甲酚橙、PAN、酸性铬蓝 K 和钙指示剂等。

1) 铬黑T

(1) 铬黑T(eriochrome black T，EBT)的性质。铬黑T属于$O，O'$-二羟基偶氮类染料，化学名称是1-(1-羟基-2-萘偶氮基)-6-硝基-2-萘酚-4-磺酸钠。

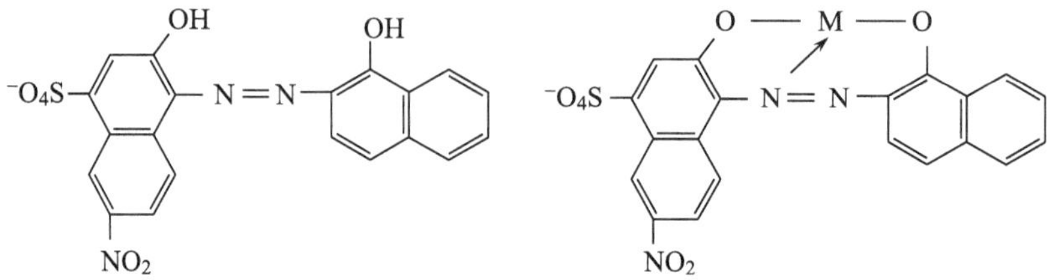

铬黑T溶于水时，磺酸基上的$Na^+$全都解离，形成$H_2In^-$，其$pK_{a_2}=6.3$，$pK_{a_3}=11.55$。根据酸碱指示剂的变色原理，可近似估计出铬黑T在不同pH下的颜色。pH=$pK_{a_2}$=6.3时，$[H_2In^-]=[HIn^{2-}]$，呈现蓝色与紫红色的混合色；pH<6.3时，$[H_2In^-]>[HIn^{2-}]$，呈紫红色；pH=6.3~11.55时，呈蓝色；pH>11.55时，呈橙色。

(2) 铬黑T金属配合物的性质。铬黑T与金属离子形成的配合物显红色。可预料，在pH<6.3和pH>11.55的溶液中，由于指示剂本身接近红色，故不能使用。

根据实验结果，使用铬黑T的最适宜酸度是pH=9~10.5。在pH=10的缓冲溶液中，用EDTA直接滴定$Mg^{2+}$、$Zn^{2+}$、$Cd^{2+}$、$Pb^{2+}$、$Hg^{2+}$等离子时，铬黑T是良好的指示剂，但$Al^{3+}$、$Fe^{3+}$、$Co^{2+}$、$Ni^{2+}$、$Cu^{2+}$、$Ti^{4+}$等对指示剂有封闭作用。

(3) 铬黑T溶液的配制与储存。固体铬黑T性质稳定，但其水溶液只能保存几天，这是由于发生聚合反应和氧化反应。在pH<6.5的溶液中，聚合更为严重。指示剂聚合后，不能与金属离子显色。在配制溶液时，如加入三乙醇胺，可减慢聚合速率。

在碱性溶液中，空气中的$O_2$以及Mn(Ⅳ)和$Ce^{4+}$等能将铬黑T氧化并褪色。加入盐酸羟氨或抗坏血酸等还原剂，可防止其氧化。

配制铬黑T指示剂是常将铬黑T与干燥的纯NaCl按1∶100混合研细，密闭保存。使用时用药匙取约0.1g，直接加于溶液中。

2) 二甲酚橙

二甲酚橙(xylenol orange disodium salt，XO)属于三苯甲烷类显色剂，化学名称是3,3'-双(二羧甲基氨甲基)-邻甲酚磺酞，结构如下所示。

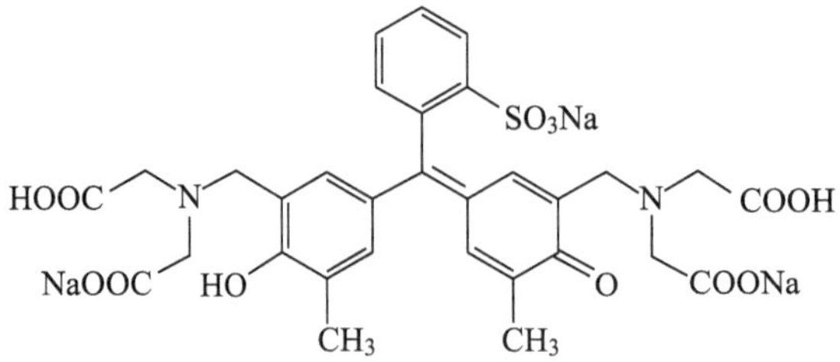

二甲酚橙是紫色结晶，易溶于水。通常配成$2g\cdot L^{-1}$的水溶液，稳定2~3周。它有6级酸式解离，其中$H_6In$至$H_2In^{4-}$是黄色，$HIn^{5-}$至$In^{6-}$是红色。在pH=5~6时，二甲酚

橙主要以 $H_2In^{4-}$ 形式存在。$H_2In^{4-}$ 的酸碱解离平衡如下：

$$H_2In^{4-} \xrightarrow{pK_a = 6.3} HIn^{5-} + H^+$$
黄色　　　　　　　　红色

由此可知，pH>6.3 时，它呈现红色；pH<6.3 时，呈现黄色；pH=$pK_a$=6.3 时，呈现中间颜色。二甲酚橙与金属离子形成的配合物都是红紫色，因此它只适用于在 pH<6 的酸性溶液中。

二甲酚橙可用于许多金属离子的直接滴定，如 $ZrO^{2+}$ (pH<1)、$Bi^{3+}$ (pH=1~2)、$Th^{4+}$ (pH=2.5~3.5)等，终点由红紫色转变为亮黄色，变色敏锐。

$Al^{3+}$、$Fe^{3+}$、$Ni^{2+}$ 和 $Ti^{4+}$ 对二甲酚橙有封闭作用，可用 $NH_4F$ 掩蔽 $Al^{3+}$、$Ti^{4+}$，抗坏血酸掩蔽 $Fe^{3+}$，邻二氮菲掩蔽 $Ni^{2+}$，乙酰丙酮掩蔽 $Th^{4+}$、$Al^{3+}$ 等，以消除封闭现象。

3）PAN

PAN 为 [1-(2-pyridylazo)-2-naphthol] 的缩写，化学名为 1-(2-吡啶偶氮)-2-萘酚，属于吡啶偶氮类显色剂，其结构如下所示。

纯的 PAN 是橙红色针状结晶，难溶于水，可溶于碱、氨溶液及甲醇、乙醇等溶剂中，通常配成 $1g \cdot L^{-1}$ 乙醇溶液使用。PAN 的杂环氮原子能发生质子化，因而表现为二级酸式解离：

$$H_2In^+ \rightleftharpoons HIn \rightleftharpoons In^-$$
黄绿　　　黄　　　淡红

$$pK_{a_1} = 1.9, \quad pK_{a_2} = 12.2$$

由此可见，PAN 在 pH=1.9~12.2 时呈黄色，而 PAN 与金属离子的配合物为红色，故 PAN 可在此 pH 范围内使用。但 PAN 与 $Cu^{2+}$、$Bi^{3+}$、$Cd^{2+}$、$Hg^{2+}$、$Pb^{2+}$、$Zn^{2+}$、$Sn^{2+}$、$In^{3+}$、$Fe^{2+}$、$Ni^{2+}$、$Mn^{2+}$、$Th^{4+}$ 和稀土金属离子形成红色螯合物，水溶性差，大多出现沉淀，变色不敏锐。为了加快变色过程，可加入乙醇，并适当加热。

CuY 与 PAN 混合溶液（即 Cu-PAN 指示剂）是一种广泛性的指示剂。CuY 与少量 PAN 的混合溶液，用此指示剂可以滴定许多金属离子，包括一些与 PAN 配位不稳定或不显色的离子。将指示剂加到含有被测金属离子 M 的试液中，可与金属离子发生下列置换反应：

$$CuY + PAN + M \rightleftharpoons MY + Cu\text{-}PAN$$
蓝色　黄色　　　　　　　紫红色

此时，溶液呈紫红色。用 EDTA 滴定时，先与 M 反应，当 M 反应完全后，过量 1 滴 EDTA 即可从 Cu-PAN 中夺出 $Cu^{2+}$，而使 PAN 游离出来，溶液由红色变为黄色，指示滴定终点已到。

$$Cu\text{-}PAN + Y \rightleftharpoons CuY + PAN$$
紫红色　　　　蓝色　黄色

在这里，滴定前加入的 CuY 和最后生成的 CuY 的量是相等的，故加入的 CuY 不影响滴定结果。

需要注意的是，$Ni^{2+}$ 对 Cu-PAN 有封闭作用。

4）酸性铬蓝 K

酸性铬蓝 K(acid chrome blue K)的化学名称是 1，8-二羟基 2-(2-羟基-5-磺酸基-1-偶氮苯)-3，6-二磺酸萘钠盐，其结构如下

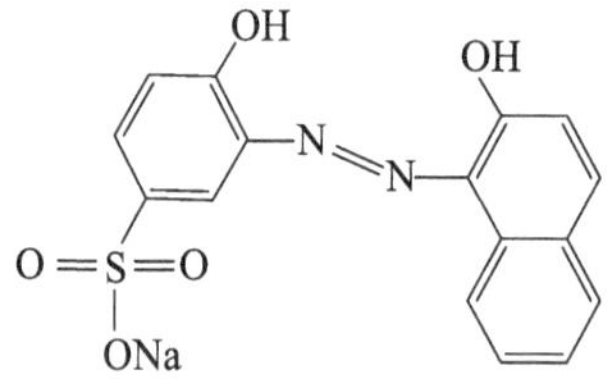

在 pH＝8～13 时呈蓝色，与 $Ca^{2+}$、$Mg^{2+}$、$Mn^{2+}$、$Zn^{2+}$ 等形成红色螯合物。用它滴定 $Ca^{2+}$ 的灵敏度较铬黑 T 高。通常将酸性铬蓝 K 与萘酚绿 B 混合使用，简称 K-B 指示剂。由于酸性铬蓝 K 的水溶液不稳定，故通常将指示剂用固体 NaCl 粉末稀释后使用。混合指示剂中的萘酚绿 B 在滴定过程中没有颜色变化，只起衬托终点颜色的作用。K-B 指示剂可用于测定 $Ca^{2+}$、$Mg^{2+}$ 总量，也可以用于单独测定 $Ca^{2+}$ 的含量，使用方便。

5）钙指示剂

钙指示剂(cal-red 或 calcon carboxylic acid)的化学名称是 2-羟基-1-(2-羟基-4-磺酸基-1-萘偶氮基)-3-萘甲酸，如下所示。

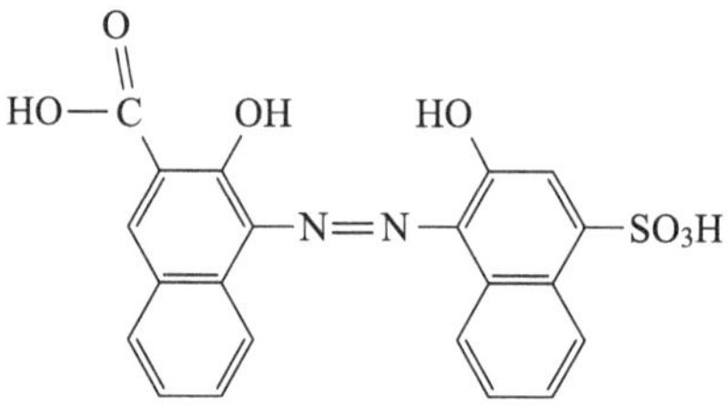

纯的钙指示剂是紫黑色粉末，其水溶液或乙醇溶液都不稳定，故一般取固体试剂用 NaCl 粉末稀释后使用。钙指示剂与 $Ca^{2+}$ 显红色，灵敏度高。在 pH＝12～13 滴定 $Ca^{2+}$ 时，终点呈蓝色。钙指示剂受封闭的情况与铬黑 T 相似，但可用 KCN 和三乙醇胺联合掩蔽，消除指示剂的封闭现象。

**5. 金属指示剂颜色转变点**

金属指示剂与金属离子作用为

$$M + In \rightleftharpoons MIn$$

$$\lg K_{MIn} = pM + \lg \frac{[MIn]}{[In]} \tag{4-19}$$

当[MIn]＝[In]时，为指示剂的理论变色点，此时，

$$pM = \lg K_{MIn} \tag{4-20}$$

选择指示剂时，应尽可能使指示剂的变色点的金属离子浓度接近化学计量点时金属离子的浓度，以减少滴定终点误差。

### 4.4.3 氧化还原指示剂

氧化还原指示剂是指其本身具有氧化还原性质的有机化合物,这类指示剂的氧化态和还原态具有不同的颜色。在滴定过程中,指示剂由氧化态变为还原态,或由还原态变为氧化态,根据颜色的突变来指示终点。

1. 氧化还原指示剂的作用原理

设 $In_{Ox}$ 和 $In_{Red}$ 分别表示指示剂的氧化态和还原态,则有

$$In_{Ox} + ne^- \rightleftharpoons In_{Red}$$

$$\varphi = \varphi_{In}^{\ominus} + \frac{0.059}{n}\lg\frac{[In_{Ox}]}{[In_{Red}]} \tag{4-21}$$

式中,$\varphi_{In}^{\ominus}$ 为指示剂的标准电极电位。当溶液中氧化还原电对的电极电位改变时,指示剂的氧化态和还原态的浓度比也会发生改变,因而溶液的颜色将发生变化。

例如,用 $K_2Cr_2O_7$ 溶液滴定 $Fe^{2+}$ 时,以二苯胺磺酸钠为指示剂,当滴定到化学计量点时,稍过量的 $K_2Cr_2O_7$ 就能使二苯胺磺酸钠由无色的还原态氧化为紫红色的氧化态,以指示终点的到达。

与酸碱指示剂的变色情况相似,当 $[In_{Ox}]/[In_{Red}] \geqslant 10$ 时,溶液呈现氧化态的颜色,此时,

$$\varphi = \varphi_{In}^{\ominus} + \frac{0.059}{n}$$

当 $[In_{Ox}]/[In_{Red}] \leqslant 1/10$ 时,溶液呈现还原态的颜色,此时,

$$\varphi = \varphi_{In}^{\ominus} - \frac{0.059}{n}$$

故指示剂的变色范围为

$$\varphi = \varphi_{In}^{\ominus} \pm \frac{0.059}{n} \tag{4-22}$$

2. 常见的氧化还原指示剂

表 4-3 列出了一些常用的氧化还原指示剂。指示剂选择的依据就根据式(4-22)。例如,用 $K_2Cr_2O_7$ 溶液滴定 $Fe^{2+}$ 时,以二苯胺磺酸钠为指示剂,正好使二苯胺磺酸钠的 $\varphi^{\ominus\prime} = 0.84V$ 落在其中。

**表 4-3 一些氧化还原指示剂的 $\varphi^{\ominus\prime}$ 及颜色变化**

| 指示剂 | $\varphi^{\ominus\prime}/V$ ($[H^+]=1mol\cdot L^{-1}$) | 颜色变化 | |
|---|---|---|---|
| | | 氧化态 | 还原态 |
| 亚甲基蓝 | 0.56 | 蓝 | 无色 |
| 二苯胺 | 0.76 | 紫 | 无色 |
| 二苯胺磺酸钠 | 0.84 | 紫红 | 无色 |
| 邻苯氨基苯甲酸 | 0.89 | 紫红 | 无色 |
| 邻二氮菲-亚铁 | 1.06 | 浅蓝 | 红 |
| 硝基邻二氮菲-亚铁 | 1.25 | 浅蓝 | 紫红 |

### 4.4.4 沉淀滴定指示剂

主要用于 $Ag^+$ 与卤素离子、$CN^-$、$SCN^-$ 等离子的滴定。根据滴定的原理以及使用的指示剂，沉淀滴定可分为莫尔法、福尔哈德法及法扬斯法，相应地，能使用的指示剂分别为铬酸钾、铁铵矾和吸附指示剂。

**1. 铬酸钾指示剂**

在莫尔法中使用即用 $Ag^+$ 滴定 $Cl^-$，涉及两个反应。

滴定反应：

$$Ag^+ + Cl^- \rightleftharpoons AgCl \downarrow (白色)$$

指示剂反应：

$$2Ag^+ + CrO_4^{2-} \rightleftharpoons Ag_2CrO_4 \downarrow (砖红色)$$

当 $Ag^+$ 溶液滴入 $Cl^-$ 溶液时先生成 AgCl 白色沉淀，接近终点时生成砖红色的 $Ag_2CrO_4$ 沉淀指示终点。

**2. 铁铵矾指示剂**

在福尔哈德法中使用即在酸性条件下，用 KSCN 或 $NH_4SCN$ 标准溶液滴定含 $Ag^+$ 的溶液，涉及两个反应。

滴定反应：

$$Ag^+ + SCN^- \rightleftharpoons AgSCN \downarrow (白色)$$

指示剂反应：

$$Fe^{3+} + SCN^- \rightleftharpoons [FeSCN]^{2+} (红色)$$

由于 $K_{sp}(AgSCN)$ 小于 $K_f(FeSCN^{2+})$，所以当 $SCN^-$ 溶液滴入 $Ag^+$ 溶液时先生成 AgSCN 白色沉淀，接近终点时生成红色的 $[FeSCN]^{2+}$ 配合物指示终点。

**3. 吸附指示剂**

在法扬斯法中使用，也是一类有机染料。当它被吸附在胶粒表面之后，可能是由于形成某种化合物而导致指示剂分子结构的变化，因而引起颜色的变化。在沉淀滴定中，可以利用它的此种性质来指示滴定的终点。吸附指示剂可分为两大类：一类是酸性染料，如荧光黄及其衍生物，它们是有机弱酸，能解离出指示剂阴离子；另一类是碱性染料，如甲基紫等，它们是有机弱碱，能解离出指示剂阳离子。

### 4.4.5 其他指示剂

**1. 自身指示剂**

有些标准溶液或被滴物本身具有颜色，而其反应产物无色或颜色很浅，则滴定时无需另外加入指示剂，它们本身的颜色变化起着指示剂的作用，这种物质称为自身指示剂(self indicator)。在氧化还原滴定中，常用高锰酸钾作为滴定剂，也作为自身指示剂，高锰酸钾本身有颜色，反应后变为无色物质 $Mn^{2+}$，而且高锰酸钾的浓度约为 $2\times10^{-6}\,mol\cdot L^{-1}$ 时就可以看到溶液呈粉红色，这样滴定时就不必另加指示剂，高锰酸钾稍过量就可以指示终点，如使用高锰酸钾滴定草酸溶液：

$$2MnO_4^{2-} + 5C_2O_4^{2-} + 16H^+ \rightleftharpoons 2Mn^{2+} + 10CO_2\uparrow + 8H_2O$$

### 2. 专属指示剂

通常是指在氧化还原滴定中，有些物质本身并不具有氧化还原性，但它能与氧化剂或还原剂作用产生特殊的颜色，因而可以指示滴定终点，这类物质称为专属指示剂(exclusive indicator)。专属指示剂只能指示某一特殊反应的滴定终点或者只能和某一特殊反应物质显色。

淀粉是碘量法的专属指示剂。在碘的氧化还原滴定中，可溶性淀粉本身并不具有氧化还原性，但当它与碘溶液反应时，生成深蓝色的化合物，当 $I_2$ 被还原为 $I^-$ 时，深蓝色消失。因此，在碘量法中，淀粉是碘量法的专属指示剂。例如，间接碘量法中测定 $Cr_2O_7^{2-}$ 含量，在 $Na_2S_2O_3$ 测定 $I_2$ 的临近终点时可加入淀粉，当蓝色消失时表明滴定到达了终点。

$$Cr_2O_7^{2-} + 14H^+ + 6I^- \rightleftharpoons 2Cr^{3+} + 3I_2 + 7H_2O$$
$$I_2 + 2S_2O_3^{2-} \rightleftharpoons 2I^- + S_4O_6^{2-}$$

---

**延伸阅读 4-5：盖·吕萨克对滴定分析的贡献**

盖·吕萨克(J. L. Gay-Lussac，1778—1850)是法国著名的物理学家，但同时他也是一位伟大的化学家(图 4-8)。1809 年他发现了气体化合物体积定律(盖·吕萨克定律)。同时，他对滴定分析也做出了重大贡献。1824 年他用磺化靛青作指示剂提出了漂白粉中有效氯的测定方法。随后他用硫酸滴定草木灰，又用氯化钠滴定硝酸银。这三项工作分别成为氧化还原滴定法、酸碱滴定法和沉淀滴定法的基础。

图 4-8 法国著名物理学家及化学家盖·吕萨克

---

**内容提要与学习要求**

滴定分析是将已知浓度的溶液滴定到被测溶液中来实现分析测定的一种分析方法，都是以消耗准确计量的标准物质来确定被测物的浓度或含量。这种定量方法适于浓度较高的物质，特点是准确度高、操作简便、快捷、费用低。随着滴定剂的加入，被测物质的浓度在计量点附近产生突跃，可以利用这一突跃选择适当的指示剂变色指示滴定终点。本章应重点掌握滴定分析原理，相关溶液的配制和计算，滴定方式的选择及滴定分析指示剂如何指示滴定终点。

## 练 习 题

一、选择题

1. 用 50mL 滴定管滴定，终点时正好消耗 25mL 滴定剂，正确的记录应为 （　　）
   A. 25mL　　　B. 25.0mL　　　C. 25.00mL　　　D. 25.000mL

2. 用邻苯二甲酸氢钾标定 NaOH 溶液浓度时会造成系统误差的是 （　　）
   A. 用甲基橙作指示剂
   B. NaOH 溶液吸收了空气中二氧化碳
   C. 每份邻苯二甲酸氢钾质量不同
   D. 每份加入指示剂的量不同

3. 不是滴定分析必要条件的是 （　　）
   A. 反应必须定量完成　　　　　　　B. 反应必须快速完成
   C. 滴定剂与被测物必须是 1∶1 的计量关系　　D. 有合适的方法指示终点

4. 在滴定分析中，一般用指示剂颜色的突变来判断化学计量点的到达，在指示剂变色时停止滴定。这一点称为 （　　）
   A. 化学计量点　　　　　　　　　　B. 滴定误差
   C. 滴定终点　　　　　　　　　　　D. 滴定分析

5. 在滴定分析中，化学计量点与滴定终点之间的关系是 （　　）
   A. 两者含义相同　　　　　　　　　B. 两者必须吻合
   C. 两者互不相干　　　　　　　　　D. 两者越接近，滴定误差越小

6. 直接法配制标准溶液必须使用 （　　）
   A. 基准试剂　　　　　　　　　　　B. 化学纯试剂
   C. 分析纯试剂　　　　　　　　　　D. 光谱纯试剂

7. 二水合草酸（$H_2C_2O_4 \cdot 2H_2O$）作为基准物质用于标定碱溶液的浓度，若事先将其于 300℃ 进行干燥，则对所标定盐酸溶液浓度的结果影响是 （　　）
   A. 偏高　　　B. 偏低　　　C. 无影响　　　D. 不能确定

8. $0.1000 mol \cdot L^{-1}$ $H_2SO_4$ 溶液对 NaOH 的滴定度为 （　　）
   A. $0.0004 g \cdot mL^{-1}$　　　　　B. $0.0040 g \cdot mL^{-1}$
   C. $0.0008 g \cdot mL^{-1}$　　　　　D. $0.008 g \cdot mL^{-1}$

9. 既可用来标定 NaOH 溶液，也可用作标定 $KMnO_4$ 的物质为 （　　）
   A. $H_2C_2O_4 \cdot 2H_2O$　　B. $Na_2C_2O_4$　　C. HCl　　D. $H_2SO_4$

10. 用 $0.1 mol \cdot L^{-1}$ HCl 溶液滴定 $0.16g$ 纯 $Na_2CO_3$（$M_r = 106$）至甲基橙变色为终点，需 $V_{HCl}$ （　　）
    A. 10mL　　B. 20mL　　C. 30mL　　D. 40mL　　E. 16mL

11. 基准物质应具备下列哪些条件 （　　）
    A. 性质稳定　　　　　　　　　　　B. 最好具有较大的摩尔质量
    C. 必须具有足够的纯度　　　　　　D. 物质的组成与化学式完全符合

12. 标定 NaOH 滴定液常用最佳的基准物质是 （　　）
    A. 无水 $Na_2CO_3$　　　　　　　　B. 硼砂
    C. 草酸钠　　　　　　　　　　　　D. 邻苯二甲酸氢钾

13. 下列哪种试剂可以用直接法配制一定浓度的溶液，无需标定 （　　）
    A. $KHC_8H_4O_4$　　B. $HNO_3$　　C. HCl　　D. NaOH

14. 若将各含铁样品均预处理成 $Fe^{2+}$ 溶液,然后用 $K_2Cr_2O_7$ 标准溶液(0.020 00 mol·$L^{-1}$)对 Fe、FeO、$Fe_2O_3$ 和 $Fe_3O_4$ 进行滴定,则滴定度最大的是 (　　)

A. Fe　　　　B. FeO　　　　C. $Fe_2O_3$　　　　D. $Fe_3O_4$

15. 下列标准溶液应装在酸式滴定管中的是 (　　)

A. $KMnO_4$　　B. KOH　　C. $NaHCO_3$　　D. $Na_2S_2O_3$

16. 下列标准溶液应装在碱式滴定管中的是 (　　)

A. $KMnO_4$　　B. EDTA　　C. $AgNO_3$　　D. $Na_2S_2O_3$

17. 对于指示剂,下列哪种说法是不恰当的 (　　)

A. 酸碱指示剂本身是一种弱酸或弱碱　　B. 配位指示剂能与金属离子形成配位化合物
C. 氧化还原指示剂具有氧化还原性　　D. 沉淀指示剂就是沉淀剂

18. 某些金属离子(如 $Ba^{2+}$、$Mg^{2+}$、$Ca^{2+}$ 等)能生成难溶的草酸盐沉淀,将沉淀滤出,洗涤后除去剩余的 $C_2O_4^{2-}$ 后,用稀硫酸溶解,用 $KMnO_4$ 标准溶液滴定与金属离子相当的 $C_2O_4^{2-}$,由此测定金属离子的含量。此滴定方式为 (　　)

A. 直接滴定法　　　　　　　　　B. 返滴定法
C. 间接滴定法　　　　　　　　　D. 置换滴定法

19. 在四种滴定方法中,常用的指示剂多为溶液状态,而哪种滴定所用的指示剂因为在溶液中不稳定,常使用 NaCl 稀释后的固体来指示终点 (　　)

A. 酸碱　　　B. 配位　　　C. 氧化还原　　　D. 沉淀

20. 标准溶液是指 (　　)

A. 不能直接配制的溶液　　　　　B. 浓度已准确知道的溶液
C. 浓度永远不变的溶液　　　　　D. 当天配制、当天标定、当天使用的溶液

二、填空题

1. 滴定分析法包括_____、_____、_____和_____四大类。
2. 滴定分析中,可采用的滴定方式有_____、_____、_____、_____。
3. 在滴定分析中,滴定终点与理论上的等当点不可能恰好符合,它们之间的误差称为_____。
4. 根据标准溶液的浓度和所消耗的体积,算出待测组分的含量,这一类分析方法统称为_____。滴加标准溶液的操作过程称为_____。滴加的标准溶液与待测组分恰好反应完全的这一点,称为_____。

三、判断题

1. 所谓化学计量点和滴定终点是一回事。 (　　)
2. 所谓终点误差是由于操作者终点判断失误或操作不熟练而引起的。 (　　)
3. 凡是优级纯的物质都可用于直接法配制标准溶液。 (　　)
4. 测量的准确度要求较高时,容量瓶在使用前应进行体积校正。 (　　)
5. 金属指示剂的僵化现象是指滴定时终点没有出现。 (　　)

四、问答题

1. 适用于滴定分析法的化学反应必须具备哪些条件?
2. 用于滴定分析的化学反应为什么必须有确定的化学计量关系?什么是化学计量点?什么是滴定终点?
3. 滴定分析法的特点是什么?
4. 滴定方式有几种?各举一例。
5. 什么是滴定度?滴定度和物质的量浓度如何换算?

五、计算题

1. 已知浓硫酸的密度为 1.84 g·$mL^{-1}$,其中含 $H_2SO_4$ 约为 96%(g/g),求其浓度为多少?若配制

$H_2SO_4$ 液 1L，应取浓硫酸多少毫升？

2. 试计算 $K_2Cr_2O_7$ 标准溶液（0.020 00 mol·L$^{-1}$）对 Fe、FeO、$Fe_2O_3$ 和 $Fe_3O_4$ 的滴定度。

提示：将各含铁样品预处理成 $Fe^{2+}$ 溶液，按下式反应：

$$Cr_2O_7^{2-} + 6Fe^{2+} + 14H^+ = 2Cr^{3+} + 6Fe^{3+} + 7H_2O$$

3. 欲配制 $NaC_2O_4$ 溶液用于标定 0.02 mol·L$^{-1}$ 的 $KMnO_4$ 溶液（在酸性介质中），若要使标定时两种溶液消耗的体积相近，问应配制浓度为多少（mol·L$^{-1}$）的 $NaC_2O_4$ 溶液？要配制 100mL 溶液，应该称取 $NaC_2O_4$ 多少克？

# 第5章 酸碱平衡

## 5.1 酸碱反应

19世纪末,瑞典物理化学家阿伦尼乌斯根据电解质的解离理论提出酸碱的经典定义:在水中凡能解离释放出 $H^+$ 的物质是酸,能解离释放出 $OH^-$ 的物质是碱。酸碱中和反应的实质是 $H^+$ 和 $OH^-$ 反应生成 $H_2O$。酸碱这个经典的概念是以水为介质提出并发展起来的。

1923年,丹麦化学家布朗斯台德(J. N. Brönsted,1879—1947)和英国化学家劳莱(T. M. Lowry,1874—1936)提出的酸碱质子理论认为,凡能给出质子($H^+$)的物质是酸,能接受质子的物质是碱。能给出多个质子的物质是多元酸,能接受多个质子的物质是多元碱。酸(HB)给出质子后变成它的共轭碱($B^-$),碱($B^-$)接受质子后便变成它的共轭酸。HB 和 $B^-$ 相互依存,称之为共轭酸碱对,可用下式表示。

$$HB \rightleftharpoons H^+ + B^-$$
$$\text{酸} \quad\quad \text{质子} \quad \text{碱}$$

例如

$$HCl \rightleftharpoons H^+ + Cl^-$$
$$HAc \rightleftharpoons H^+ + Ac^-$$
$$NH_4^+ \rightleftharpoons H^+ + NH_3$$
$$H_2CO_3 \rightleftharpoons H^+ + HCO_3^-$$
$$HCO_3^- \rightleftharpoons H^+ + CO_3^{2-}$$

酸碱可以是中性分子,也可以是阳离子或阴离子。共轭酸与共轭碱之间差一个质子。既可以给出质子又可以接受质子的物质,称为两性物质,如 $HCO_3^-$ 对于 $H_2CO_3$ 来说是碱,而对于 $CO_3^{2-}$ 来说则是酸。

质子的授受总是同时存在的,一个酸给出质子必然有另一个碱接受此质子。酸给出质子的反应和碱接受质子的反应均称为酸碱半反应。酸碱反应的实质就是酸碱之间质子传递的反应。

例如,在水溶液中,乙酸的解离和氨的解离分别为

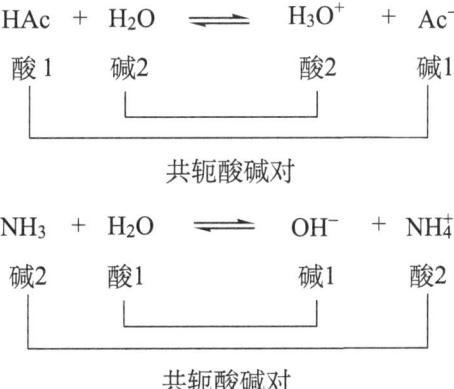

乙酸与氨的反应为

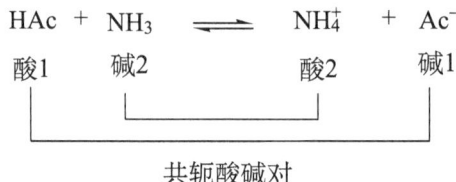

共轭酸碱对

质子理论中没有盐的概念，酸碱解离理论中的盐，在质子理论中都变成了离子酸和离子碱，如 $NH_4Ac$ 中的 $NH_4^+$ 是酸，$Ac^-$ 是碱。

溶剂水是两性物质，既可以给出质子又可以接受质子，在水分子间发生的质子转移反应，称为水的质子自递反应。

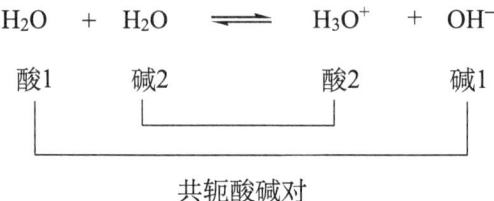

共轭酸碱对

在共轭酸碱对中，酸越强，其共轭碱就越弱；反之，碱越强，其共轭酸就越弱。共轭酸碱的强弱可分别用 $K_a$ 和 $K_b$ 表示。而共轭酸碱对中，$K_a$ 和 $K_b$ 之间必然有一定的关系。现以共轭酸碱对 $HAc\text{-}Ac^-$ 为例来说明它们的关系：

$$HAc + H_2O \rightleftharpoons H_3O^+ + Ac^-$$

$$K_a = \frac{[H_3O^+][Ac^-]}{[HAc]}$$

$$Ac^- + H_2O \rightleftharpoons OH^- + HAc$$

$$K_b = \frac{[HAc][OH^-]}{[Ac^-]}$$

$$K_a K_b = \frac{[H_3O^+][Ac^-]}{[HAc]} \frac{[HAc][OH^-]}{[Ac^-]} = [H_3O^+][OH^-]$$

故

$$K_a K_b = K_w \tag{5-1}$$

对于三元酸 $H_3A$ 来说，有

$$H_3A \underset{K_{b_3}}{\overset{K_{a_1}}{\rightleftharpoons}} H_2A^- \underset{K_{b_2}}{\overset{K_{a_2}}{\rightleftharpoons}} HA^{2-} \underset{K_{b_1}}{\overset{K_{a_3}}{\rightleftharpoons}} A^{3-}$$

有关的 $K_a$ 和 $K_b$ 之间的关系为

$$K_{a_1} K_{b_3} = K_{a_2} K_{b_2} = K_{a_3} K_{b_1} = K_w \tag{5-2}$$

【示例 5-1】 解离常数计算

求下列酸或碱的解离常数（25℃）：（1）$NH_4^+$ 的 $pK_a$；（2）$CN^-$ 的 $pK_b$；（3）$PO_4^{3-}$ 的 $pK_{b_1}$、$pK_{b_2}$、$pK_{b_3}$。

**【解】**

(1) $NH_4^+$ 是 $NH_3$ 的共轭酸，$NH_3$ 的 $pK_b$ 为 4.75，故 $NH_4^+$ 的
$$pK_a = 14.00 - 4.75 = 9.25$$

(2) $CN^-$ 是 HCN 的共轭碱，HCN 的 $pK_a$ 为 9.21，故 $CN^-$ 的
$$pK_b = 14.00 - 9.21 = 4.79$$

(3) $H_3PO_4$ 为三元酸，$pK_{a_1}$，$pK_{a_2}$，$pK_{a_3}$ 分别为 2.16，7.21，12.32，故 $PO_4^{3-}$ 的
$$pK_{b_1} = pK_w - pK_{a_3} = 14.00 - 12.32 = 1.68$$
$$pK_{b_2} = pK_w - pK_{a_2} = 14.00 - 7.21 = 6.79$$
$$pK_{b_3} = pK_w - pK_{a_1} = 14.00 - 2.16 = 11.84$$

## 5.2 酸度对酸(碱)形态分布的影响

在分析化学中，为了使化学反应完全，必须控制有关形态的浓度。在弱酸(碱)的平衡体系中，存在多种形态，它们的浓度分布由溶液中的 $H^+$ 离子浓度所决定。因此，酸度是影响化学反应的重要因素。

### 5.2.1 一元弱酸(碱)溶液的形态分布

一元弱酸 HB 在溶液中仅有 HB 和 $B^-$ 两种形态，设其总浓度为 $c$，则有
$$c = [HB] + [B^-]$$

由平衡常数
$$K_a = \frac{[H^+][B^-]}{[HB]}$$

可得
$$[HB] = \frac{[H^+][B^-]}{K_a} \quad 和 \quad [B^-] = \frac{[HB]K_a}{[H^+]}$$

设 $\delta_0$ 和 $\delta_1$ 分别表示 HB 和 $B^-$ 两种形态的分布系数，则有

$$\delta_0 = \frac{[HB]}{c} = \frac{[HB]}{[HB]+[B^-]} = \frac{[HB]}{[HB]+\frac{K_a[HB]}{[H^+]}} = \frac{[H^+]}{[H^+]+K_a} \tag{5-3}$$

$$\delta_1 = \frac{[B^-]}{c} = \frac{[B^-]}{[HB]+[B^-]} = \frac{[B^-]}{[B^-]+\frac{[H^+][B^-]}{K_a}} = \frac{K_a}{[H^+]+K_a} \tag{5-4}$$

$$\delta_1 + \delta_0 = 1$$

由式(5-3)和式(5-4)可知，对于指定的一元弱酸(碱)有关形态的分布系数是 $[H^+]$ 函数，控制溶液的 pH 就可以控制溶液中形态的浓度。

**【示例 5-2】分布系数的计算**

试计算 pH=5.0 和 pH=9.0 时 HAc 和 $Ac^-$ 的分布系数。

**【解】** 查表，得 HAc 的 $K_a$ 为 $1.74 \times 10^{-5}$，

pH=5.0 时，

$$\delta_{HAc} = \frac{[H^+]}{[H^+]+K_a} = \frac{1.0\times10^{-5}}{1.0\times10^{-5}+1.74\times10^{-5}} = 0.36$$

$$\delta_{Ac^-} = 1 - \delta_{HAc} = 1 - 0.36 = 0.64$$

pH=9.0 时，

$$\delta_{HAc} = \frac{[H^+]}{[H^+]+K_a} = \frac{1.0\times10^{-9}}{1.0\times10^{-9}+1.74\times10^{-5}} = 5.7\times10^{-5}$$

$$\delta_{Ac^-} = 1 - \delta_{HAc} = 1 - 5.7\times10^{-5} \approx 1.0$$

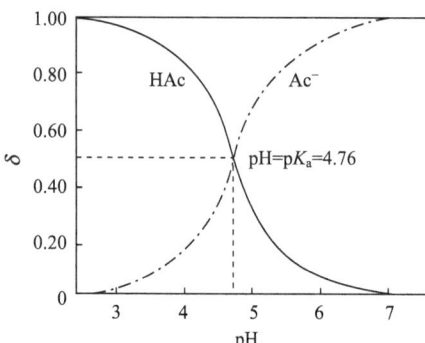

图 5-1 HAc 和 Ac$^-$ 的分布系数与溶液 pH 的关系

图 5-1 是不同 pH 下 HAc 和 Ac$^-$ 的分布图。

由图可见，HAc 的分布系数随 pH 的升高而减少，Ac$^-$ 的分布系数随 pH 的升高而增大。当 pH=p$K_a$（即 4.76）时，HAc 和 Ac$^-$ 各占一半；pH<p$K_a$ 时，HAc 为主要形态；pH>p$K_a$ 时，Ac$^-$ 主要形态。当 pH<p$K_a$-2 时，$\delta_{HAc}$ 趋近于 1，$\delta_{Ac^-}$ 接近于 0；pH>p$K_a$+2 时，$\delta_{Ac^-}$ 接近于 1，$\delta_{HAc}$ 趋近于 0。

### 5.2.2 多元弱酸(碱)溶液的形态分布

以二元弱酸 $H_2B$ 为例。它在溶液中以 $H_2B$、$HB^-$ 和 $B^{2-}$ 三种形态存在。若分析浓度为 $c$，则有

$$c = [H_2B] + [HB^-] + [B^{2-}]$$

由平衡常数 $K_{a_1} = \frac{[H^+][HB^-]}{[H_2B]}$，$K_{a_2} = \frac{[H^+][B^{2-}]}{[HB^-]}$ 可得

$$[HB^-] = \frac{[H_2B]K_{a_1}}{[H^+]}, \quad [B^{2-}] = \frac{[H_2B]K_{a_1}K_{a_2}}{[H^+]^2}$$

设 $\delta_0$、$\delta_1$ 和 $\delta_2$ 分别表示 $H_2B$、$HB^-$ 和 $B^{2-}$ 三种形态的分布系数，则有

$$\delta_0 = \frac{[H_2B]}{c} = \frac{1}{1+\frac{K_{a_1}}{[H^+]}+\frac{K_{a_1}K_{a_2}}{[H^+]^2}} = \frac{[H^+]^2}{[H^+]^2+[H^+]K_{a_1}+K_{a_1}K_{a_2}} \quad (5-5)$$

$$\delta_1 = \frac{[HB^-]}{c} = \frac{[H^+]K_{a_1}}{[H^+]^2+[H^+]K_{a_1}+K_{a_1}K_{a_2}} \quad (5-6)$$

$$\delta_2 = \frac{[B^{2-}]}{c} = \frac{K_{a_1}K_{a_2}}{[H^+]^2+[H^+]K_{a_1}+K_{a_1}K_{a_2}} \quad (5-7)$$

且有

$$\delta_0 + \delta_1 + \delta_2 = 1$$

**【示例 5-3】** 溶液成分的计算

计算 pH=4.0 时，0.10 mol·L$^{-1}$ 草酸（即乙二酸）溶液中 $H_2C_2O_4$、$HC_2O_4^-$ 和 $C_2O_4^{2-}$ 的浓度。

**【解】**

查表得，$H_2C_2O_4$ 的 $K_{a_1} = 5.6 \times 10^{-2}$，$K_{a_2} = 1.5 \times 10^{-4}$，则

$$\delta_{H_2C_2O_4} = \frac{[H^+]^2}{[H^+]^2 + [H^+]K_{a_1} + K_{a_1}K_{a_2}}$$

$$= \frac{(10^{-4})^2}{(10^{-4})^2 + 10^{-4} \times 5.6 \times 10^{-2} + 5.6 \times 10^{-2} \times 1.5 \times 10^{-4}} = 7.1 \times 10^{-4}$$

$$\delta_{HC_2O_4^-} = \frac{[H^+]K_{a_1}}{[H^+]^2 + [H^+]K_{a_1} + K_{a_1}K_{a_2}}$$

$$= \frac{10^{-4} \times 5.6 \times 10^{-2}}{(10^{-4})^2 + 10^{-4} \times 5.6 \times 10^{-2} + 5.6 \times 10^{-2} \times 1.5 \times 10^{-4}} = 0.40$$

$$\delta_{C_2O_4^{2-}} = \frac{K_{a_1}K_{a_2}}{[H^+]^2 + [H^+]K_{a_1} + K_{a_1}K_{a_2}}$$

$$= \frac{5.6 \times 10^{-2} \times 1.5 \times 10^{-4}}{(10^{-4})^2 + 10^{-4} \times 5.6 \times 10^{-2} + 5.6 \times 10^{-2} \times 1.5 \times 10^{-4}} = 0.60$$

$[H_2C_2O_4] = c\delta_{H_2C_2O_4} = 0.10 \times \delta_{H_2C_2O_4} = 0.10 \times 7.1 \times 10^{-4} = 7.1 \times 10^{-5} (mol \cdot L^{-1})$

$[HC_2O_4^-] = c\delta_{HC_2O_4^-} = 0.10 \times 0.40 = 0.040 (mol \cdot L^{-1})$

$[C_2O_4^{2-}] = c\delta_{C_2O_4^{2-}} = 0.10 \times 0.60 = 0.060 (mol \cdot L^{-1})$

图 5-2 为不同 pH 下草酸 $H_2C_2O_4$、$HC_2O_4^-$ 和 $C_2O_4^{2-}$ 三种形态的分布图。

二元弱酸有两个 $pK_a$（$pK_{a_1}$、$pK_{a_2}$），以两个 $pK_a$ 为界，可分为 3 个区域：$pH < pK_{a_1}$ 时，$H_2B$ 为主要形态；$pK_{a_1} < pH < pK_{a_2}$ 时，$HB^-$ 为主要形态；$pH > pK_{a_2}$ 时，则 $B^{2-}$ 为主要形态。$pK_{a_1}$ 和 $pK_{a_2}$ 相差越小，$HB^-$ 占优势的区域越窄。当 $\delta_{H_2B} = \delta_{HB^-} = 0.5$，$pH = pK_{a_1}$；当 $\delta_{HB^-} = \delta_{B^{2-}} = 0.5$ 时，$pH = pK_{a_2}$；当 $\delta_{H_2B} = \delta_{B^{2-}}$ 时，$\delta_{HB^-}$ 最大，溶液中主要存在型体为 $HB^-$。

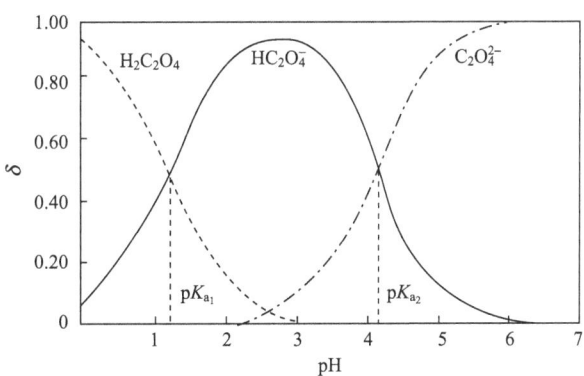

图 5-2 草酸的三种形态的分布系数与溶液 pH 的关系

同理，不难推导出三元弱酸 $H_3B$ 溶液中各种形态的分布系数为

$$\delta_0 = \frac{[H_3B]}{c} = \frac{[H^+]^3}{[H^+]^3 + [H^+]^2 K_{a_1} + [H^+]K_{a_1}K_{a_2} + K_{a_1}K_{a_2}K_{a_3}} \quad (5-8)$$

$$\delta_1 = \frac{[H_2B^-]}{c} = \frac{[H^+]^2 K_{a_1}}{[H^+]^3 + [H^+]^2 K_{a_1} + [H^+]K_{a_1}K_{a_2} + K_{a_1}K_{a_2}K_{a_3}} \quad (5-9)$$

$$\delta_2 = \frac{[HB^{2-}]}{c} = \frac{[H^+]K_{a_1}K_{a_2}}{[H^+]^3 + [H^+]^2 K_{a_1} + [H^+]K_{a_1}K_{a_2} + K_{a_1}K_{a_2}K_{a_3}} \tag{5-10}$$

$$\delta_3 = \frac{[B^{3-}]}{c} = \frac{K_{a_1}K_{a_2}K_{a_3}}{[H^+]^3 + [H^+]^2 K_{a_1} + [H^+]K_{a_1}K_{a_2} + K_{a_1}K_{a_2}K_{a_3}} \tag{5-11}$$

**【示例 5-4】** 溶液中组分浓度的计算

计算 pH=4.0 时，0.10mol·L$^{-1}$ 磷酸溶液中 $H_3PO_4$、$H_2PO_4^-$、$HPO_4^{2-}$ 和 $PO_4^{3-}$ 的浓度。

**【解】**

查表得，$H_3PO_4$ 的 $K_{a_1}=6.9\times 10^{-3}$，$K_{a_2}=6.2\times 10^{-8}$，$K_{a_3}=4.8\times 10^{-13}$，则

$$\delta_{H_3PO_4} = \frac{[H^+]^3}{[H^+]^3 + [H^+]^2 K_{a_1} + [H^+]K_{a_1}K_{a_2} + K_{a_1}K_{a_2}K_{a_3}}$$

$$= \frac{(10^{-4})^3}{(10^{-4})^3 + (10^{-4})^2 \times 6.9\times 10^{-3} + 10^{-4}\times 6.9\times 10^{-3}\times 6.2\times 10^{-8} + 6.9\times 10^{-3}\times 6.2\times 10^{-8}\times 4.8\times 10^{-13}}$$

$$= 1.4\times 10^{-2}$$

$$\delta_{H_2PO_4^-} = \frac{[H^+]^2 K_{a_1}}{[H^+]^3 + [H^+]^2 K_{a_1} + [H^+]K_{a_1}K_{a_2} + K_{a_1}K_{a_2}K_{a_3}}$$

$$= \frac{(10^{-4})^2 \times 6.9\times 10^{-3}}{(10^{-4})^3 + (10^{-4})^2 \times 6.9\times 10^{-3} + 10^{-4}\times 6.9\times 10^{-3}\times 6.2\times 10^{-8} + 6.9\times 10^{-3}\times 6.2\times 10^{-8}\times 4.8\times 10^{-13}}$$

$$= 0.985$$

$$\delta_{HPO_4^{2-}} = \frac{[H^+]K_{a_1}K_{a_2}}{[H^+]^3 + [H^+]^2 K_{a_1} + [H^+]K_{a_1}K_{a_2} + K_{a_1}K_{a_2}K_{a_3}}$$

$$= \frac{10^{-4}\times 6.9\times 10^{-3}\times 6.2\times 10^{-8}}{(10^{-4})^3 + (10^{-4})^2 \times 6.9\times 10^{-3} + 10^{-4}\times 6.9\times 10^{-3}\times 6.2\times 10^{-8} + 6.9\times 10^{-3}\times 6.2\times 10^{-8}\times 4.8\times 10^{-13}}$$

$$= 6.1\times 10^{-4}$$

$$\delta_{PO_4^{3-}} = \frac{K_{a_1}K_{a_2}K_{a_3}}{[H^+]^3 + [H^+]^2 K_{a_1} + [H^+]K_{a_1}K_{a_2} + K_{a_1}K_{a_2}K_{a_3}}$$

$$= \frac{6.9\times 10^{-3}\times 6.2\times 10^{-8}\times 4.8\times 10^{-13}}{(10^{-4})^3 + (10^{-4})^2 \times 6.9\times 10^{-3} + 10^{-4}\times 6.9\times 10^{-3}\times 6.2\times 10^{-8} + 6.9\times 10^{-3}\times 6.2\times 10^{-8}\times 4.8\times 10^{-13}}$$

$$= 2.9\times 10^{-12}$$

$[H_3PO_4] = c\delta_{H_3PO_4} = 0.10\times 1.4\times 10^{-2} = 1.4\times 10^{-3}(\text{mol}\cdot L^{-1})$

$[H_2PO_4^-] = c\delta_{H_2PO_4^-} = 0.10\times 0.985 = 0.0985(\text{mol}\cdot L^{-1})$

$[HPO_4^{2-}] = c\delta_{HPO_4^{2-}} = 0.10\times 6.1\times 10^{-4} = 6.1\times 10^{-5}(\text{mol}\cdot L^{-1})$

$[PO_4^{3-}] = c\delta_{PO_4^{3-}} = 0.10\times 2.9\times 10^{-12} = 2.9\times 10^{-13}(\text{mol}\cdot L^{-1})$

图 5-3 为 $H_3PO_4$、$H_2PO_4^-$、$HPO_4^{2-}$ 和 $PO_4^{3-}$ 四种形态的分布图。由图可以得出，三元弱酸有三个 $pK_a$（$pK_{a_1}$、$pK_{a_2}$、$pK_{a_3}$），共四种存在形态，以三个 $pK_a$ 为界，可分为 3 个区域：$pH < pK_{a_1}$ 时，$H_3B$ 为主要形态；$pK_{a_1} < pH < pK_{a_2}$ 时，$H_2B^-$ 为主要形态；$pK_{a_2} < pH < pK_{a_3}$ 时，则 $HB^{2-}$ 为主要形态。$pH > pK_{a_3}$ 时，则以 $B^{3-}$ 为主要存在形式。

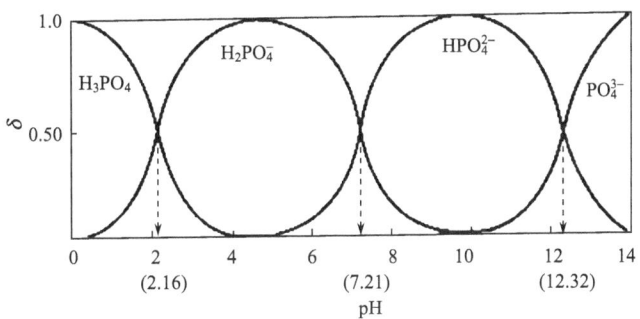

图 5-3 磷酸的四种形态的分布系数与溶液 pH 的关系

由上述讨论可知，多元弱酸 $H_nA$ 在水溶液中有 $n+1$ 种可能存在的型体，即 $H_nA$，$H_{n-1}A^-$，…，$HA^{(n-1)-}$ 和 $A^{n-}$。计算各型体分布系数的计算公式中，分母均为 $[H^+]^n + [H^+]^{n-1}K_{a_1} + \cdots + [H^+]K_{a_1}K_{a_2}\cdots K_{a_{(n-1)}} + K_{a_1}K_{a_2}\cdots K_{a_n}$，而分子依次为分母中相应的各项。

## 5.3 酸碱溶液 pH 的计算

酸碱反应的实质是质子的转移。因此，可根据共轭酸碱对之间的质子转移平衡关系式来计算溶液中 $H^+$ 的浓度。具体方法是：①列出溶液中酸碱物质的质子条件式；②考虑体系电荷平衡关系和物料平衡关系，并将有关酸碱平衡常数和浓度数据代入，即可计算出溶液中 $H^+$ 浓度的精确式；③在运算过程中根据具体情况进行合理的近似处理，即可得到 $H^+$ 浓度的近似式及最简式。

### 5.3.1 强酸(碱)溶液 pH 的计算

强酸强碱在溶液中全部解离，在一般条件下，pH 的计算比较简单。假如一元强酸（HA）浓度为 $c_a$(mol·L$^{-1}$)，那么在溶液中存在以下两个解离平衡：

$$HA \rightleftharpoons H^+ + A^-$$

$$H_2O \rightleftharpoons H^+ + OH^-$$

其质子条件式为 $[H^+] = [A^-] + [OH^-]$。由于是强酸，在溶液中完全解离，则 $[A^-] = c_a$，代入质子式得

$$[H^+] = c_a + \frac{K_w}{[H^+]}$$

得一元强酸溶液 pH 计算的精确式：

$$[H^+] = \frac{c_a + \sqrt{c_a^2 + 4K_w}}{2} \tag{5-12}$$

若 $c_a \geq 20[OH^-]$ 时，水的解离可忽略，可得一元强酸溶液 pH 计算的近似式：

$$[H^+] = c_a \tag{5-13}$$

得

$$pH = -\lg[H^+] = -\lg c_a \tag{5-14}$$

若 $c_b \geq 20[H^+]$，强碱可采用同样方法处理，得

$$[OH^-] = c_b$$

$$pH = pK_w - pOH$$

**【示例 5-5】** 强酸溶液 pH 的计算

试计算 $5.0 \times 10^{-6}$ mol·L$^{-1}$ 盐酸溶液的 pH。

**【解】**

由于

$$c_{HCl} > 20[OH^-] = 20 \times \frac{K_w}{[H^+]}$$

故可用最简

$$[H^+] = 5.0 \times 10^{-6} \text{ mol·L}^{-1}$$

故

$$pH = -\lg[H^+] = 5.30$$

**【示例 5-6】** 强碱溶液 pH 的计算

$c_{NaOH} = 5.0 \times 10^{-7}$ mol·L$^{-1}$，求 pH = ?

**【解】**

由于 $c_{NaOH} < 20[H^+]$，故只能用精确式计算，则

$$[OH^-] = \frac{5.0 \times 10^{-7} + \sqrt{(5.0 \times 10^{-7})^2 + 4 \times 10^{-14}}}{2} = 5.2 \times 10^{-7} \text{ (mol·L}^{-1}\text{)}$$

故有

$$pOH = 6.28, \quad pH = 7.72$$

按照相同的思路，多元强酸强碱溶液的酸度可以根据类似的推导进行计算。

### 5.3.2 一元弱酸(碱)溶液 pH 的计算

**1. 一元弱酸(单质子弱酸)**

设一元弱酸 HB 的解离常数为 $K_a$，溶液的浓度为 $c$。水溶液中存在的酸碱组分有 $H^+$、$OH^-$、$H_2O$、$B^-$ 和 HB，以 $H_2O$ 和 HB 为参考水准，其质子条件式为

$$[H^+] = [B^-] + [OH^-]$$

将一元弱酸 HB 的离子平衡可得 $[B^-] = \dfrac{[HB]K_a}{[H^+]}$，代入质子条件式得

$$[H^+] = \frac{[HB]K_a}{[H^+]} + \frac{K_w}{[H^+]} \tag{5-15}$$

即

$$[H^+] = \sqrt{[HB]K_a + K_w} \tag{5-16}$$

根据分布系数公式可得 $[HB] = c\delta_1 = \dfrac{c[H^+]}{[H^+]+K_a}$，代入式(5-16)后整理可得

$$[H^+]^3 + [H^+]^2 K_a - [H^+](cK_a + K_w) - K_a K_w = 0 \tag{5-17}$$

这是计算一元弱酸溶液 $H^+$ 浓度的精确公式，直接用代数法求解，比较麻烦。在实际工作中往往不需精确计算，可根据具体情况对式(5-17)做合理的近似处理。

(1) 对于酸性溶液，$[H^+] \gg [OH^-]$，则

$$[HB] = c - [B^-] = c - [H^+] + [OH^-] \approx c - [H^+]$$

代入式(5-15)，当 $cK_a > 20K_w$ 时(水解离小于5%)可略去 $K_w$，则式(5-16)可简化为

$$[H^+] = \sqrt{K_a(c - [H^+])} \tag{5-18}$$

整理可得

$$[H^+]^2 + [H^+]K_a - cK_a = 0 \tag{5-19}$$

解之得

$$[H^+] = \frac{-K_a + \sqrt{K_a^2 + 4cK_a}}{2} \tag{5-20}$$

(2) 当酸强度不太强(解离度小于5%)，浓度不太小，$K_a/c < 2.0 \times 10^{-3}$ 时，有

$$[HB] = c - [H^+] \approx c$$

式(5-18)可简化为

$$[H^+] = \sqrt{K_a c_a} \tag{5-21}$$

(3) 若 $cK_a < 20K_w$，但 $K_a/c > 2.0 \times 10^{-3}$，弱酸的解离忽略($[HA] = c_a$)，$K_w$ 不能忽略，此时的 $H^+$ 浓度计算方法为

$$[H^+] = \sqrt{K_a c_a + K_w} \tag{5-22}$$

【示例 5-7】 弱酸溶液 pH 的计算

计算 $0.10 \text{mol} \cdot L^{-1}$ HAc 溶液的 pH。

【解】

查表得，HAc 的 $K_a = 1.74 \times 10^{-5} = 10^{-4.76}$，$cK_a = 0.10 \times 1.74 \times 10^{-5} = 1.74 \times 10^{-6} > 20K_w$，水的酸性可以忽略不计。

又 $K_a/c = 1.74 \times 10^{-5}/0.10 = 1.74 \times 10^{-4} < 2.0 \times 10^{-3}$，故 $[HAc] \approx c$，可用最简式(5-21)计算得

$$[H^+] = \sqrt{K_a c} = \sqrt{10^{-4.76} \times 0.10} = 10^{-2.88} (\text{mol} \cdot L^{-1})$$

$$pH = 2.88$$

2. 一元弱碱

对于一元弱碱 $B^-$ 溶液，可作类似处理。由质子条件式

$$[H^+] + [HB] = [OH^-]$$

代入平衡关系式：

$$[H^+] + \frac{[H^+][B^-]}{K_a} = \frac{K_w}{[H^+]} \tag{5-23}$$

得到[H$^+$]的精确表达式：

$$[H^+] = \sqrt{\frac{K_a K_w}{K_a + [B^-]}} \tag{5-24}$$

(1) 对于碱性溶液，[OH$^-$]≫[H$^+$]，则

$$[B^-] = c - [HB] = c - [OH^-] + [H^+] \approx c - [OH^-]$$

(2) 若碱不太弱，浓度不太小，即当 $c/K_a > 20$ 时，可作如下近似计算：

$$[H^+] = \sqrt{\frac{K_a K_w}{[B^-]}} \approx \sqrt{\frac{K_a K_w}{c - [OH^-]}} \tag{5-25}$$

或

$$[OH^-] = \sqrt{K_b(c - [OH^-])} \tag{5-26}$$

(3) 若碱解离很小(解离度小于5%)，浓度不太小，$K_b/c < 2.0 \times 10^{-3}$ 时，此时，

$$[B^-] = c - [OH^-] \approx c$$

式(5-24)和式(5-25)可简化为

$$[H^+] = \sqrt{\frac{K_a K_w}{c}} \tag{5-27}$$

或

$$[OH^-] = \sqrt{K_b c} \tag{5-28}$$

**【示例 5-8】 盐溶液 pH 的计算**

计算 $1.0 \times 10^{-4}$ mol·L$^{-1}$ NaCN 溶液的 pH。

**【解】**

已知 HCN 的 $K_a = 6.2 \times 10^{-10} = 10^{-9.21}$，故 CN$^-$ 的 $K_b = K_w/K_a = 1.6 \times 10^{-5} = 10^{-4.79}$。可见 $cK_b = 1.0 \times 10^{-4} \times 10^{-4.79} = 10^{-8.79} > 20K_w$，而 $K_b/c = 10^{-4.79}/10^{-4} = 10^{-0.79} > 2.0 \times 10^{-3}$，故不能按最简式(5-28)计算。因此只能按类似式(5-26)计算[OH$^-$]。

$$[OH^-] = \frac{-K_b + \sqrt{K_b^2 + 4cK_b}}{2}$$

$$= \frac{-1.6 \times 10^{-5} + \sqrt{(1.6 \times 10^{-5})^2 + 4 \times 1.0 \times 10^{-4} \times 1.6 \times 10^{-5}}}{2}$$

$$= 3.3 \times 10^{-5} (\text{mol} \cdot \text{L}^{-1})$$

$$\text{pOH} = 4.48, \text{pH} = 14.00 - \text{pOH} = 14.00 - 4.48 = 9.52$$

如果按最简式(5-28)计算，则有

$$[OH^-] = \sqrt{K_b c} = \sqrt{10^{-8.79}} = 10^{-4.40} (\text{mol} \cdot \text{L}^{-1})$$

$$pH = 14.00 - 4.40 = 9.60$$

与 pH=9.52 相差 0.08pH 单位。

### 5.3.3 多元弱酸(碱)溶液 pH 的计算

以二元弱酸 $H_2B$ 为例，其质子条件式：

$$[H^+] = [HB^-] + 2[B^{2-}] + [OH^-]$$

酸性溶液 $[OH^-]$ 可忽略。再结合有关平衡常数式，得

$$[H^+] = \frac{K_{a_1}[H_2A]}{[H^+]} + \frac{2K_{a_2}[HA^-]}{[H^+]} + \frac{K_w}{[H^+]} \tag{5-29}$$

式(5-29)中，如果 $c_a K_{a_1} \geqslant 20 K_w$，可忽略 $K_w$；如果 $\frac{2K_{a_2}}{[H^+]} \approx \frac{2K_{a_2}}{\sqrt{K_{a_1} c_a}} \leqslant 0.05$，可忽略 $H_2A$ 的第二步解离；如果 $c_a / K_{a_1} \geqslant 500$，则 $[H_2A] = c_a - [H^+] \approx c_a$，此时可得

$$[H^+] = \sqrt{K_{a_1} c_a} \tag{5-30}$$

这时多元弱酸便简化成按一元弱酸计算。

**【示例 5-9】** 弱酸溶液 pH 的计算

室温下，$H_2CO_3$ 饱和溶液浓度约为 $0.040 \text{mol} \cdot L^{-1}$，计算此溶液的 pH。

**【解】**

已知 $H_2CO_3$ 的 $K_{a_1} = 4.5 \times 10^{-7}$，$K_{a_2} = 4.7 \times 10^{-11}$。

如果先按一元弱酸处理，因为 $cK_{a_1} = 0.040 \times 4.5 \times 10^{-7} = 1.8 \times 10^{-8} > 20K_w$，$K_{a_1}/c = 4.5 \times 10^{-7}/0.040 = 1.1 \times 10^{-5} < 2.0 \times 10^{-3}$，故可采用最简式(5-30)计算：

$$[H^+] = \sqrt{K_{a_1} c} = \sqrt{4.5 \times 10^{-7} \times 0.040} = 1.3 \times 10^{-4} (\text{mol} \cdot L^{-1})$$
$$pH = 3.87$$

此时，

$$\frac{2K_{a_2}}{[H^+]} = \frac{2 \times 4.7 \times 10^{-11}}{1.3 \times 10^{-4}} \ll 0.05$$

且

$$c_a / K_{a_1} = \frac{0.04}{4.5 \times 10^{-7}} \geqslant 500$$

因此，$H_2CO_3$ 按一元弱酸处理是合理的，饱和溶液 pH 约为 3.87。

### 5.3.4 两性物质溶液 pH 的计算

两性物质(amphoteric matter)是既可以给出质子又可以接受质子的物质，如水、氨基酸、蛋白质、酸式盐等。计算两性物质水溶液的 pH 具有特别重要的意义。以 NaHB 为例，它同时发生酸式和碱式解离：

酸式解离 $\qquad HB^- + H_2O \rightleftharpoons H_3O^+ + B^{2-}$

碱式解离 $\qquad HB^- H_2O \rightleftharpoons OH^- + H_2B$

其质子条件式可以表达为

$$[H^+]+[H_2B]=[B^{2-}]+[OH^-]$$

得到[$H^+$]的精确表达式为

$$[H^+]=\sqrt{\frac{K_{a_1}(K_{a_2}[HB^-]+K_w)}{K_{a_1}+[HB^-]}} \tag{5-31}$$

在一般情况下，$HB^-$的酸式解离和碱式解离的倾向都较少，因此可认为[$HB^-$]≈$c$。可得

$$[H^+]=\sqrt{\frac{K_{a_1}(K_{a_2}c+K_w)}{K_{a_1}+c}} \tag{5-32}$$

当$K_{a_2}c>20K_w$，$c>20K_{a_1}$时，$K_{a_2}c+K_w≈K_{a_2}c$，$K_{a_1}+c≈c$，则有

$$[H^+]=\sqrt{K_{a_1}K_{a_2}} \tag{5-33}$$

式(5-32)为计算酸式盐溶液中[$H^+$]浓度的近似计算式，而式(5-33)是最简计算公式。式(5-33)只有在两性物质浓度不是很小，且水的解离可以忽略时使用。

$$pH=\frac{1}{2}(pK_{a_1}+pK_{a_2}) \tag{5-34}$$

对于弱酸弱碱盐，溶液中[$H^+$]浓度的计算与上述酸式盐相似。如乙酸铵$NH_4Ac$溶液，$NH_4^+$离子起酸性作用，$Ac^-$起碱性作用，其质子条件式为

$$[H^+]+[HAc]=[NH_3]+[OH^-]$$

把HAc的解离常数看成$K_{a_1}$，$NH_4^+$的解离常数看成$K_{a_2}$，根据式(5-32)或式(5-33)计算[$H^+$]浓度。

**【示例 5-10】** 强碱弱酸盐溶液 pH 的计算

计算 $0.10\text{mol}\cdot L^{-1}$ $NaHCO_3$ 溶液的 pH。

**【解】**

已知 $H_2CO_3$ 的 $K_{a_1}=4.5\times10^{-7}$，$pK_{a_1}=6.35$，$K_{a_2}=4.7\times10^{-11}$，$pK_{a_2}=10.33$。

因为 $cK_{a_2}=0.10\times4.7\times10^{-11}=4.7\times10^{-12}>20K_w$

$K_{a_1}/c=4.5\times10^{-7}/0.10=4.7\times10^{-6}<0.05$，

故采用最简式(5-33)计算：

$$[H^+]=\sqrt{K_{a_1}K_{a_2}}$$

$$pH=\frac{1}{2}(pK_{a_1}+pK_{a_2})=\frac{1}{2}(6.35+10.33)=8.34$$

**【示例 5-11】** 强碱弱酸盐溶液 pH 的计算

计算 $0.010\text{mol}\cdot L^{-1}$ $Na_2HPO_4$ 溶液的 pH。

**【解】**

已知 $H_3PO_4$ 的 $K_{a_2}=6.2\times10^{-8}$，$pK_{a_2}=7.21$；$K_{a_3}=4.8\times10^{-13}$，$pK_{a_3}=12.32$。

因为

$$cK_{a_3}=0.010\times4.8\times10^{-13}=4.8\times10^{-15}≈K_w$$

故不能采用最简式(5-33)计算，要按式(5-32)近似计算。又因为

$$K_{a_2}/c=6.2\times10^{-8}/0.010<0.05$$

故 $K_{a_2}+c \approx c$。所以有

$$[H^+] = \sqrt{\frac{K_{a_2}(K_{a_3}c + K_w)}{K_{a_2}+c}} \approx \sqrt{\frac{K_{a_2}(K_{a_3}c + K_w)}{c}}$$

$$= \sqrt{\frac{6.2 \times 10^{-8} \times (4.8 \times 10^{-13} \times 0.010 + 10^{-14})}{0.010}}$$

$$= 3.0 \times 10^{-10}(\text{mol} \cdot L^{-1})$$

$$pH = 9.52$$

若按最简式(5-33)计算,那么有

$$[H^+] = \sqrt{K_{a_1}K_{a_2}}$$

$$pH = \frac{1}{2}(pK_{a_1} + pK_{a_2}) = \frac{1}{2}(7.21 + 12.32) = 9.76$$

显然,计算结果 pH=9.76 与 9.52 相差较大。

### 5.3.5 弱酸弱碱混合溶液 pH 的计算

弱酸弱碱混合溶液中 pH 计算式类似于两性物质溶液。若溶液中同时存在弱酸($NH_4Cl$)与弱碱(NaAc)混合溶液时,在水溶液中的质子条件式为

$$[H^+] + [HAc] = [NH_3] + [OH^-]$$

将 $NH_4^+$ 的解离常数 $K'_a$ 及 HAc 的解离常数 $K_a$ 代入上式,则近似式为

$$[H^+] = \sqrt{\frac{K'_a[NH_4^+] + K_w}{1 + [Ac^-]/K_a}} \tag{5-35}$$

在式(5-35)中,如果 $c(NH_4^+)K'_a \gg K_w$,则可以忽略水的解离常数 $K_w$;如果 $c(HAc)/K_a \gg 1$,则可以忽略分母中的1,得 $c(HAc)/K_a + 1 \approx c(HAc)/K_a$,表明弱酸与弱碱的反应倾向都很小,可用各自的分析浓度代替平衡浓度进行计算:

$$[H^+] = \sqrt{\frac{K'_a c(NH_4^+) + K_w}{1 + c(Ac^-)/K_a}} \tag{5-36}$$

如果 $c(NH_4^+) \approx c(Ac^-)$,则弱酸弱碱混合溶液中 $H^+$ 浓度计算式可简化为

$$[H^+] = \sqrt{K_a K'_a} \tag{5-37}$$

**【示例 5-12】** 弱酸弱碱混合溶液 pH 的计算

计算含有 $0.1 \text{mol} \cdot L^{-1}$ $NH_4Cl$ 与 $0.1 \text{mol} \cdot L^{-1}$ NaAc 混合溶液的 pH。

**【解】**

由于 $NH_4^+$ 的解离常数 $K'_a = 5.6 \times 10^{-10}$,HAc 的解离常数 $K_a = 1.7 \times 10^{-5}$,可以算出:

$$c(NH_4^+)K'_a \gg K_w, c(HAc)/K_a \gg 1 \text{ 且 } c(NH_4^+) \approx c(Ac^-)$$

因此可以用式(5-37)最简式进行计算:

$$[H^+] = \sqrt{K_a K'_a} = \sqrt{1.7 \times 10^5 \times 5.6 \times 10^{-10}} = 9.8 \times 10^{-8}(\text{mol} \cdot L^{-1})$$

即
$$pH = 7.01$$

## 5.4 缓冲溶液

由弱酸及其共轭碱(即共轭酸碱对)组成的混合溶液,如 HAc 与 NaAc 的混合溶液,或由弱碱及其共轭酸组成的混合溶液,如氨水与盐酸组成的混合溶液,当加入少量强酸、强碱或稍加稀释后,其 pH 改变很小。把这种能抵抗外来少量强酸、强碱,或稍加稀释,而保持其 pH 基本不变的溶液称为缓冲溶液(buffer solution)。缓冲溶液对强酸、强碱或稀释的抵抗作用称为缓冲作用(buffer effect)。缓冲溶液在化学、生物、医学、药学中具有广泛的应用。

### 5.4.1 缓冲溶液 pH 的计算

假如一个混合溶液中含有弱酸(HA),浓度为 $c_a$(mol·L$^{-1}$),共轭碱(A$^-$)浓度为 $c_b$(mol·L$^{-1}$),那么溶液中 HA 和 H$_2$O 建立质子条件平衡式为

$$[H^+]=[OH^-]+[A^-]-c_b$$

则

$$[A^-]=c_b+[H^+]-[OH^-]$$

同时溶液中还存有质量平衡:

$$[HA]+[A^-]=c_a+c_b$$

由于 HA 存在如下解离平衡:

$$HA \rightleftharpoons H^+ + A^-$$

其解离常数为

$$K_a=\frac{[H^+][A^-]}{[HA]}$$

整理可得 H$^+$ 的精确式:

$$[H^+]=K_a\frac{[HA]}{[A^-]}=K_a\frac{c_a-[H^+]+[OH^-]}{c_b+[H^+]-[OH^-]} \tag{5-38}$$

若溶液呈酸性(pH<6),则可以忽略[OH$^-$],此时(5-38)可以简化为

$$[H^+]=K_a\frac{c_a-[H^+]}{c_b+[H^+]} \tag{5-39}$$

若 $c_a$ 和 $c_b \geqslant 20[H^+]$,则 $c_a-[H^+]\approx c_a$,$c_b+[H^+]\approx c_b$;此时(5-39)可以简化为

$$[H^+]=K_a\frac{c_a}{c_b} \tag{5-40}$$

等式两边各取负对数,则得

$$pH=pK_a+\lg\frac{c_b}{c_a} \tag{5-41}$$

若溶液呈碱性(pH>8),则可以忽略[H$^+$];若 $c_a$ 和 $c_b \geqslant 20[OH^-]$,式(5-38)可以简化为

$$[\mathrm{H}^+] = K_\mathrm{a} \frac{c_\mathrm{a}}{c_\mathrm{b}}$$

等式两边各取负对数，则得

$$\mathrm{pH} = \mathrm{p}K_\mathrm{a} + \lg \frac{c_\mathrm{b}}{c_\mathrm{a}}$$

所以，无论是酸性还是碱性缓冲溶液，若满足条件 $c_\mathrm{a}$ 和 $c_\mathrm{b} \geqslant 20[\mathrm{OH}^-]$ 或 $c_\mathrm{a}$ 和 $c_\mathrm{b} \geqslant 20[\mathrm{H}^+]$，其 pH 都可以表达为

$$\mathrm{pH} = \mathrm{p}K_\mathrm{a} + \lg \frac{[\mathrm{A}^-]}{[\mathrm{HA}]} \tag{5-42}$$

式中 $[\mathrm{A}^-]$ 和 $[\mathrm{HA}]$ 分别表示的是共轭碱和共轭酸的平衡浓度，$\mathrm{p}K_\mathrm{a}$ 为弱酸解离常数的负对数。式(5-42)称为 Henderson-Hasselbalch 方程式，用于计算缓冲溶液 pH 的。$[\mathrm{A}^-]/[\mathrm{HA}]$ 称为缓冲比(buffer ratio)，缓冲溶液的总浓度为 $c_\text{总} = [\mathrm{A}^-] + [\mathrm{HA}]$。

因浓度等于溶质的物质的量除以溶液的体积，$n(\mathrm{HA})$ 和 $n(\mathrm{A}^-)$ 是在同一缓冲溶液中所含共轭酸碱的物质的量，所以 $V$ 是同一体积，式(5-42)可改写为

$$\mathrm{pH} = \mathrm{p}K_\mathrm{a} + \lg \frac{n(\mathrm{A}^-)/V}{n(\mathrm{HA})/V} = \mathrm{p}K_\mathrm{a} + \lg \frac{n(\mathrm{A}^-)}{n(\mathrm{HA})} \tag{5-43}$$

**【示例 5-13】** 缓冲溶液 pH 的计算

计算 $0.10 \mathrm{mol \cdot L^{-1}}$ $\mathrm{NH}_3$ 50mL 和 $0.20 \mathrm{mol \cdot L^{-1}}$ $\mathrm{NH}_4\mathrm{Cl}$ 30mL 混合溶液的 pH。

**【解】**

此为弱酸 $\mathrm{NH}_4^+$ 及其共轭碱 $\mathrm{NH}_3$ 组成的混合溶液，是典型的缓冲溶液。已知 $\mathrm{NH}_3$ 的 $K_\mathrm{b} = 1.78 \times 10^{-5}$，即 $\mathrm{p}K_\mathrm{b} = 4.75$，则

$$\mathrm{p}K_\mathrm{a}(\mathrm{NH}_4^+) = \mathrm{p}K_\mathrm{w} - \mathrm{p}K_\mathrm{b}(\mathrm{NH}_3) = 14 - 4.75 = 9.25$$

根据式(5-43)

$$\mathrm{pH} = \mathrm{p}K_\mathrm{a}(\mathrm{NH}_4^+) + \lg \frac{n(\mathrm{NH}_3)}{n(\mathrm{NH}_4^+)} = 9.25 + \lg \frac{0.10 \mathrm{mol \cdot L^{-1}} \times 50\mathrm{mL}}{0.20 \mathrm{mol \cdot L^{-1}} \times 30\mathrm{mL}} = 9.17$$

在实际工作中，要配制精确 pH 的缓冲溶液，一般先根据溶液需要选用合适的缓冲体系，计算共轭酸碱的取样量，配成缓冲溶液后，再用酸度计测定所配溶液的 pH，最后通过加少量的共轭酸(或碱)将 pH 调节到所需值。

### 5.4.2 缓冲容量

缓冲溶液的缓冲能力，用缓冲容量(buffer capacity)表示。缓冲容量的数学定义式为

$$\beta = \frac{\mathrm{d}b}{\mathrm{dpH}} = -\frac{\mathrm{d}a}{\mathrm{dpH}}$$

其意义是指使 1L 缓冲溶液的 pH 增加 dpH 单位时，所需加入一元强碱的物质的量 $\mathrm{d}b$；或使 1L 缓冲溶液的 pH 减少 dpH 单位时，所需加入一元强酸的物质的量 $\mathrm{d}a$。

由 $K_\mathrm{a} = \dfrac{[\mathrm{H}_3\mathrm{O}^+][\mathrm{B}^-]}{[\mathrm{HB}]}$ 及 $c_\text{总} = [\mathrm{B}^-] + [\mathrm{HB}]$，得

$$[\mathrm{B}^-] = \frac{K_\mathrm{a} c_\text{总}}{K_\mathrm{a} + [\mathrm{H}_3\mathrm{O}^+]}$$

每升缓冲溶液中加入 $db$ mol 强碱，则 $db = d[B]$，

$$db = d[B] = \frac{K_a c_{总} d[H_3O^+]}{(K_a + [H_3O^+])^2}$$

而

$$pH = -\lg[H^+] = -\frac{1}{2.303}\ln[H_3O^+]$$

微分得

$$dpH = -\frac{1}{2.303[H_3O^+]}d[H_3O^+]$$

把 $db$ 和 $dpH$ 的表达式代入缓冲容量的数学定义式，得

$$\beta = \frac{db}{dpH} = \left(-\frac{K_a c_{总} d[H_3O^+]}{(K_a + [H_3O^+])^2}\right)\left(-\frac{2.303[H_3O^+]}{d[H_3O^+]}\right) = 2.303\frac{[H_3O^+]K_a c_{总}}{(K_a + [H_3O^+])^2}$$

分子和分母同时除以 $[H_3O^+]^2$，得

$$\beta = 2.303 \times \frac{c_{总} K_a/[H_3O^+]}{(K_a/[H_3O^+] + 1)^2}$$

由于 $K_a/[H_3O^+] = [B^-]/[HB]$，代入上式，得

$$\beta = 2.303 \times \frac{c_{总}([B^-]/[HB])}{([B^-]/[HB] + 1)^2} \tag{5-44}$$

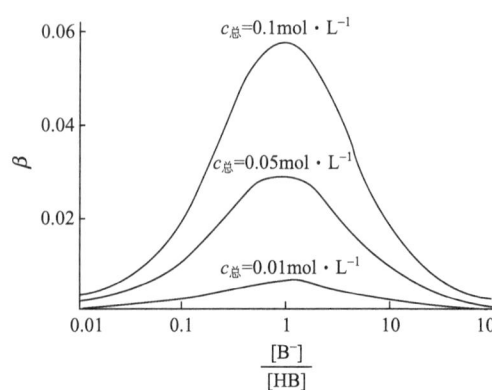

图 5-4 缓冲容量与缓冲比的关系

由式(5-44)可见，缓冲容量与总浓度和缓冲比有关。总浓度越高，缓冲容量越大；缓冲比等于 1 时，缓冲容量最大。

$$\beta_{max} = \frac{2.303 c_{总}}{4} = 0.576 c_{总}$$

图 5-4 显示了缓冲容量与缓冲比的关系。值得注意的是，缓冲比既决定缓冲溶液的 pH，又决定缓冲容量。

### 5.4.3 缓冲溶液的选择

附录 2 列出了常用的缓冲溶液。根据实际使用需要进行选择。选择缓冲溶液的总的原则可总结如下。

(1) 缓冲溶液的组成成分对测量过程应没有干扰。例如，测定 $Ag^+$ 时，缓冲溶液中不能含有 $Cl^-$ 等引起沉淀的缓冲溶液。

(2) 所需控制的 pH 应在缓冲溶液的缓冲范围之内。如果缓冲溶液是由弱酸及其共轭碱组成的，$pK_a$ 应尽量与所需控制的 pH 一致，即 $pK_a \approx pH$。弱酸-共轭碱体系的最佳缓冲范围为 $pH = pK_a \pm 1$，碱酸-共轭酸体系的最佳缓冲范围为 $pH = pK_b \pm 1$。

(3) 缓冲溶液应有足够的缓冲容量，以满足实际工作的需要。

(4) 缓冲物质应廉价易得，避免污染。

## 内容提要与学习要求

本章所涉及的内容是弱酸和弱碱的溶液平衡及其溶液中各种存在形式的分布,其中最关键的内容就是 pH。有关弱酸和弱碱溶液平衡及 pH 的计算是本章的重点,是必须掌握的内容。要明确什么是缓冲溶液,缓冲溶液的本质是什么以及为什么要使用缓冲溶液,如何配制缓冲溶液和怎样使用缓冲溶液等问题。为方便掌握酸度计算公式及其适用条件,将其总结列于表 5-1。

**表 5-1 酸度计算公式及适用范围**

| 物质 | 最简式条件 | 最简式 |
| --- | --- | --- |
| 一元强酸 | $c_a \geq 20[OH^-]$ | $[H^+]=c_a$ |
| 一元强碱 | $c_b \geq 20[H^+]$ | $[OH^-]=c_b$ |
| 一元弱酸 | $c_a K_a \geq 20 K_w$,$c_a/K_a \geq 500$ | $[H^+]=\sqrt{K_a c_a}$ |
| 多元弱酸 $H_2A$ | $c_a K_{a_1} \geq 20 K_w$,$\dfrac{2K_{a_2}}{[H^+]} \approx \dfrac{2K_{a_2}}{\sqrt{K_{a_1}c_a}} \leq 0.05$,$c_a/K_{a_1} \geq 500$ | $[H^+]=\sqrt{K_{a_1} c_a}$ |
| 两性物质 | $cK_{a_2} \geq 20 K_w$,$c \geq 20 K_{a_1}$ | $[H^+]=\sqrt{K_{a_1} K_{a_2}}$ |
| 弱酸弱碱混合溶液 | $c(NH_4^+)K_a' \gg K_w$,$c(HAc)/K_a \gg 1$,$c(NH_4^+) \approx c(Ac^-)$ | $[H^+]=\sqrt{K_a K_a'}$ |
| 缓冲溶液 | pH<6,$c_a$ 和 $c_b \geq 20[H^+]$<br>pH>8,$c_a$ 和 $c_b \geq 20[OH^-]$ | $[H^+]=K_a \dfrac{c_a}{c_b}$ |

## 练 习 题

一、选择题

1. 欲配制 pH=5 的缓冲溶液,下列物质的共轭酸碱对中最好选择 ( )
   A. 一氯乙酸($K_a = 1.4 \times 10^{-3}$)  B. 甲酸($K_a = 1.8 \times 10^{-4}$)
   C. 乙酸($K_a = 1.8 \times 10^{-5}$)  D. 氨水($K_b = 1.8 \times 10^{-5}$)

2. 以下溶液冲稀 10 倍,pH 改变最小的是 ( )
   A. $0.1 mol \cdot L^{-1} NH_4Ac$  B. $0.1 mol \cdot L^{-1} NaAc$
   C. $0.1 mol \cdot L^{-1} HAc$  D. $0.1 mol \cdot L^{-1} HCl$

3. 某三元酸($H_3A$)的电离常数 $K_{a_1}$,$K_{a_2}$,$K_{a_3}$ 分别为 $1.0 \times 10^{-2}$,$1.0 \times 10^{-6}$,$1.0 \times 10^{-8}$;当溶液 pH = 10.0 时,溶液中主要存在形式为 ( )
   A. $H_3A$  B. $H_2A^-$  C. $HA^{2-}$  D. $A^{3-}$

4. 今有一磷酸盐溶液的 pH=9.78,则其主要存在形式是(已知 $H_3PO_4$ 的解离常数 $pK_{a_1} = 2.12$,$pK_{a_2} = 7.20$,$pK_{a_3} = 12.36$) ( )
   A. $HPO_4^{2-}$  B. $H_2PO_4^-$  C. $HPO_4^{2-} + H_2PO_4^-$  D. $H_2PO_4^- + H_3PO_4$

5. EDTA 二钠盐($Na_2H_2Y$)水溶液 pH 约是(已知 EDTA 的各级解离常数分别为 $10^{-0.9}$,$10^{-1.6}$,$10^{-2.0}$,$10^{-2.67}$,$10^{-6.16}$ 和 $10^{-10.26}$) ( )
   A. 1.25  B. 1.8  C. 2.34  D. 4.42

6. $HPO_4^{2-}$ 的共轭碱是 ( )

A. $H_2PO_4^-$    B. $H_3PO_4$    C. $PO_4^{3-}$    D. $OH^-$

7. 欲用 $H_3PO_4$ 与 NaOH 来配制 pH=7.20 的缓冲溶液，则 $H_3PO_4$ 与 NaOH 物质的量之比 $n(H_3PO_4):n(NaOH)$ 应当是（$H_3PO_4$ 的 $pK_{a_1}$，$pK_{a_2}$，$pK_{a_3}$ 分别是 2.12，7.20，12.36）  （  ）

A. 1∶1    B. 1∶2    C. 2∶1    D. 2∶3

## 二、填空题

1. 计算下列溶液的 pH
(1) $0.01 mol \cdot l^{-1}$ 的 KOH 溶液，pH=_____。
(2) pH=4.0 与 pH=10.0 的两强电解质溶液等体积混合后，pH=_____。
(3) $1 mol \cdot l^{-1}$ 的 $NH_3 \cdot H_2O$ 与 $1 mol \cdot l^{-1}$ 的 HAc 等体积混合后，pH=_____。

2. $0.01 mol \cdot L^{-1} Na_2CO_3$ 溶液的 pH=_____（已知 $H_2CO_3$ 的 $K_{a_1}=4.3\times10^{-7}$；$K_{a_2}=5.6\times10^{-11}$）。

3. 某三元酸（$H_3A$）的离解常数 $K_{a_1}=1.1\times10^{-2}$、$K_{a_2}=1.0\times10^{-6}$、$K_{a_3}=1.2\times10^{-11}$，则 $0.1 mol \cdot L^{-1}$ 的 $NaH_2A$ 溶液的 pH 为_____，$0.1 mol \cdot L^{-1}$ 的 $Na_2HA$ 溶液的 pH 为_____。

4. 向 $0.1 mol \cdot L^{-1}$ 10mL $H_3PO_4$ 溶液中加入 5mL 等浓度的 NaOH 溶液，溶液的组成是_____，溶液的 pH 为_____（已知 $H_3PO_4$ 的 $pK_{a_1}$，$pK_{a_2}$，$pK_{a_3}$ 分别为 2.12，7.21，12.66）。

5. 分析化学中用到的缓冲溶液，大多数是作为_____用的，有些则是_____用的。

6. 各种缓冲溶液的缓冲能力可用_____来衡量，其大小与_____以及_____有关。

## 三、简答题

1. 写出下列酸的共轭碱：$H_2PO_4^-$，$NH_4^+$，$HPO_4^{2-}$，$HCO_3^-$，$H_2O$，苯酚。

2. 写出下列碱的共轭酸：$H_2PO_4^-$，$HC_2O_4^-$，$HPO_4^{2-}$，$HCO_3^-$，$H_2O$，$C_2H_5OH$。

3. 从下列物质中，找出共轭酸碱对：HAc，$NH_4^+$，$F^-$，$(CH_2)_6N_4H^+$，$H_2PO_4^-$，$CN^-$，$Ac^-$，$HCO_3^-$，$H_3PO_4$，$(CH_2)_6N_4$，$NH_3$，HCN，HF，$CO_3^{2-}$

4. 当下列溶液各加水稀释 10 倍时，其 pH 有何变化？
(1) $0.10 mol \cdot L^{-1}$ HCl    (2) $0.10 mol \cdot L^{-1}$ NaOH
(3) $0.10 mol \cdot L^{-1} NH_3 \cdot H_2O$    (4) $0.10 mol \cdot L^{-1}$ HAc + $0.10 mol \cdot L^{-1}$ NaAc

## 四、计算题

1. 求下列酸或碱的解离常数（25℃）。

(1) ⟨benzene⟩—$NH_3^+$ 的 $pK_a$；

(2) ⟨benzene⟩—$COO^-$ 的 $pK_b$；

(3) $C_2O_4^{2-}$ 的 $pK_{b_1}$，$pK_{b_2}$。

2. 已知亚硫酸 $H_2SO_3$ 的 $pK_{a_1}=1.91$，$pK_{a_2}=7.18$。试计算在 pH=3.00 和 pH=9.00 时 $H_2SO_3$、$HSO_3^-$ 和 $SO_3^{2-}$ 的分布系数。若该酸的总浓度为 $0.01 mol \cdot L^{-1}$，求 pH=3.00 时的三种形式的平衡浓度。

3. 分别计算 $H_2CO_3$（$pK_{a_1}=6.38$，$pK_{a_2}=10.25$）在 pH=4.00，pH=7.00 及 pH=11.00 时，$H_2CO_3$，$HCO_3^-$ 和 $CO_3^{2-}$ 的分布系数。

4. 已知 HAc 的 $pK_a=4.74$，$NH_3 \cdot H_2O$ 的 $pK_b=4.74$。计算下列各溶液的 pH。
(1) $0.20 mol \cdot L^{-1}$ HAc；    (2) $0.20 mol \cdot L^{-1} NH_3 \cdot H_2O$；
(3) $0.30 mol \cdot L^{-1} NH_4Cl$；    (4) $0.30 mol \cdot L^{-1}$ NaAc。

5. 计算下列溶液的 pH。
(1) $0.1 mol \cdot L^{-1} NaH_2PO_4$；(2) $0.1 mol \cdot L^{-1} K_2HPO_4$。

6. 下列三种缓冲溶液的 pH 各为多少？如分别加入 1mL 6mol·L$^{-1}$ HCl 溶液，它们的 pH 各变为多少？

(1) 100mL 1.0mol·L$^{-1}$ HAc 和 1.0mol·L$^{-1}$ NaAc 溶液；

(2) 100mL 0.050mol·L$^{-1}$ HAc 和 1.0mol·L$^{-1}$ NaAc 溶液；

(3) 100mL 0.050mol·L$^{-1}$ HAc 和 1.0mol·L$^{-1}$ NaAc 溶液。

这些计算结果说明了什么问题？

# 第 6 章 酸碱滴定分析法

酸碱滴定法(acid-base titration method)是以酸和碱在水中以质子转移反应为基础的滴定分析方法,其基本反应为

$$H^+ + OH^- \rightleftharpoons H_2O$$

酸碱滴定法可用于测定常量的酸、碱和两性物质。对某些太弱的有机酸或有机碱,或者在水中的溶解度小,滴定时可能无法确定终点。这时可选择有机溶剂为介质,即在非水介质中进行酸碱滴定,情况可能得到改善。酸碱滴定法在工、农业生产和医药卫生等领域都十分重要,是后续滴定分析法的基础。如乙胺嘧啶、乙琥胺、去氢胆酸、阿司匹林等药物的含量测定均可采用酸碱滴定法。

## 6.1 一元强酸(强碱)的滴定

### 6.1.1 滴定原理

前已述及(4.4.1节),酸碱指示剂只能在一定 pH 范围内才能发生颜色变化。为了在酸碱滴定中选择合适的指示剂,必须了解整个滴定过程中$[H^+]$的变化规律,即 pH 的变化情况,尤其是了解化学计量点前后相对误差±0.1%内溶液 pH 变化情况十分重要。为此,现以强碱 NaOH 滴定强酸盐酸(HCl)为例,分析滴定过程中的酸度变化。

实验过程使用已知浓度的 $0.1000 \text{mol} \cdot L^{-1}$ NaOH 滴定 20.00mL 浓度大约为 $0.10 \text{mol} \cdot L^{-1}$ HCl,其所依据的计量化学反应为

$$H^+ + OH^- \rightleftharpoons H_2O \tag{6-1}$$

滴定开始前,在锥形瓶中主要是 HCl,溶液的 pH 很低。但随着 NaOH 的加入,$H^+$ 不断被来自于 NaOH 溶液的 $OH^-$ 中和,使得溶液的 pH 不断升高;当达到化学计量点(stoichiometric point, sp)时,溶液到中性,pH=7;化学计量点后,溶液的 pH 随着 NaOH 的继续加入而继续升高。显然,锥形瓶中溶液的 pH 是 $V_{NaOH}$ 的函数,若以 pH 对 $V_{NaOH}$ 作图,就得到一条 pH-$V_{NaOH}$ 关系曲线,这就是滴定曲线(titration curve)。

滴定曲线反映了在滴定过程中,锥形瓶内溶液的 pH 变化涉及的三个过程,即滴定的计量点前、后和计量点附近的 pH 变化。为了绘制滴定曲线并了解滴定曲线所反映的特征,我们引入一个新的概念——滴定分数(titration fraction)。滴定分数是指加入物质的量与被测物质的量之比,用 α 表示。有了滴定分数,滴定曲线就可以转换为 pH-α 关系曲线。

$$\alpha = \frac{c_{NaOH}^S V_{NaOH}}{c_{HCl}^0 V_{HCl}} = \frac{V_{NaOH}}{20} \tag{6-2}$$

式中,$c_{NaOH}^S$ 是 NaOH 标准溶液浓度,$c_{HCl}^0$ 是 HCl 的起始浓度,$V_{HCl}$ 是待测 HCl 的初始体积,$V_{NaOH}$ 是加入的 NaOH 标准溶液体积。在该滴定系统中,HCl 和 NaOH 的浓度均为 $0.1000 \text{mol} \cdot L^{-1}$。

### 6.1.2 滴定曲线的绘制

对于使用已知浓度的 0.1000 mol·L$^{-1}$ NaOH 滴定 20.00mL 浓度大约为 0.10 mol·L$^{-1}$ HCl,其滴定过程的 pH 变化分别为如下所述。

1. 滴定前

溶液中仅有 HCl,[H$^+$]=0.10 mol·L$^{-1}$
$$pH = -lg[H^+] = 1.00$$

2. 滴定开始至计量点前

由于体系中大量存在 HCl,因而加入的 NaOH 都被 HCl 中和。若不考虑离子强度影响,即 Na$^+$、Cl$^-$ 对 pH 没有影响,则当滴了 18.00 mL NaOH 溶液后,还剩 2.00 mL HCl 溶液未被中和,因此溶液中的 H$^+$ 浓度为

$$[H^+] = \frac{2.00 \times 0.10}{20.00 + 18.00} = 5.30 \times 10^{-3} (mol·L^{-1})$$

即 pH=2.28。

假如滴了 19.98 mL NaOH 溶液,还剩 0.02 mL HCl 溶液未被中和,此时 $\alpha$=99.9%,终点误差(end point error,$E_t$)为 $-0.1\%$:

$$[H^+] = \frac{0.02 \times 0.10}{20.00 + 19.98} = 5.00 \times 10^{-5} (mol·L^{-1})$$

即 pH=4.30。

3. 化学计量点时

此时,$\alpha$=100%,溶液为中性,pH$_{sp}$=7.0

4. 化学计量点后

由于有过量的 NaOH,会导致溶液 pH 的急剧变化。例如,滴入 20.02 mL NaOH 时,$\alpha$=100.1%,$E_t$=+0.1%,

$$[OH^-] = \frac{0.02 \times 0.1000}{20.00 + 20.02} = 5.00 \times 10^{-5} (mol·L^{-1})$$

即 pH=9.70。

如滴入 22.00 mL NaOH,滴定分数($\alpha$)为 110.0%,而滴定误差($E_t$)达到+10.0%,则

$$[OH^-] = \frac{2.00 \times 0.1000}{20.00 + 22.00} = 4.76 \times 10^{-3} (mol·L^{-1})$$

即 pH=11.70。

上述滴定过程的 pH-$V_{NaOH}$ 之间的关系见表 6-1,滴定曲线 pH-$\alpha$ 如图 6-1 所示。

表 6-1  pH 与 $V_{NaOH}$ 的变化关系

| $V_{NaOH}$/mL | $\alpha$/% | pH | [H$^+$]计算方式 |
|---|---|---|---|
| 0.00 | 0.00 | 1.00 | 滴定前，[H$^+$] $= c_{HCl}$ |
| 18.00 | 90.00 | 2.28 | 化学计量点前，[H$^+$] $= \dfrac{c_{H^+}V_{H^+} - c_{OH^-}V_{OH^-}}{V_{H^+} + V_{OH^-}}$ |
| 19.80 | 99.00 | 3.30 | |
| 19.98 | 99.90 | 4.30 | |
| 20.00 | 100.0 | 7.00 | 化学计量点时，[H$^+$] $=$ [OH$^-$] $= 10^{-7}$ mol·L$^{-1}$ |
| 20.02 | 100.01 | 9.70 | |
| 20.20 | 100.10 | 10.70 | |
| 22.00 | 110.00 | 11.68 | 化学计量点后，[OH$^-$] $= \dfrac{c_{OH^-}V_{OH^-} - c_{H^+}V_{H^+}}{V_{H^+} + V_{OH^-}}$ |
| 40.00 | 200.00 | 12.52 | |

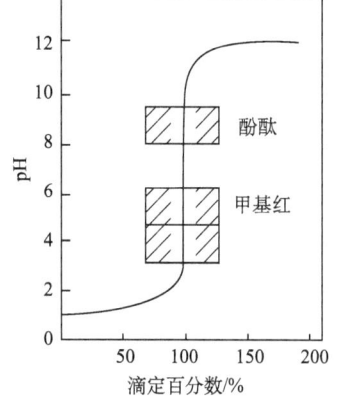

图 6-1  NaOH 滴定 HCl 的滴定曲线

### 6.1.3  滴定曲线的特征

**1. 滴定突跃范围**

从图 6-1 可知，滴定开始时，溶液中存在大量 HCl，因此 pH 升高非常缓慢。随着滴定的不断进行，溶液中 HCl 含量的减少，pH 升高逐渐增快，特别是在化学计量点附近，溶液中剩余的 HCl 极少，pH 升高极快。NaOH 加入量从 19.98 mL 到 22.02 mL 仅差 0.04 mL，不过 1 滴左右，但溶液的 pH 却发生了从 4.30 增高至 9.70 的突然变化(steep change)，pH 改变约 5 个单位，溶液发生了由酸性到碱性的质变。这种 pH 突然变化的现象通常称为滴定突跃(titration jump)，是指在化学计量点前后加入少量滴定剂后溶液的 pH 发生突变的现象。在理论上，滴定突跃是指化学计量点前后±0.1%的误差允许范围内 pH 的急剧变化。

经过 pH 突跃后，溶液的 pH 变化趋势缓慢，滴定曲线又趋平坦。根据滴定曲线，或 pH 突跃，就可选择适当指示剂。

**2. 影响突跃范围的因素**

若溶液浓度改变，在强酸强碱的滴定中，化学计量点时溶液 pH 依然是 7，但 pH 突跃范围却不相同，见图 6-2。如果酸碱浓度均增大 10 倍，滴定突跃部分的 pH 变化范围可增加两个 pH 单位(pH 3.30～10.70)；如果酸碱浓度均降低 10 倍，滴定突跃部分的 pH 变化范围可减小两个 pH 单位(pH 5.30～8.70)。由此可以看出，酸碱溶液浓度越浓，pH 突跃越宽，指示剂越易选择；酸碱溶液

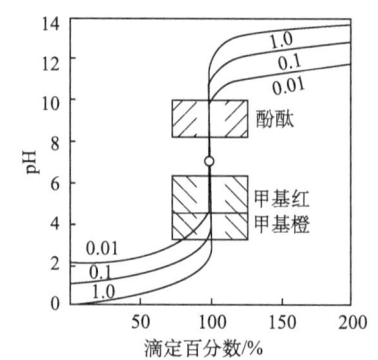

图 6-2  浓度对滴定突跃的影响

浓度越稀，pH突跃越窄，指示剂的选择受限制。但溶液浓度高，引入的误差也大。故酸碱滴定中一般不采用高于 1mol·L$^{-1}$ 或低于 0.01mol·L$^{-1}$ 的溶液。

### 6.1.4 酸碱滴定指示剂的选择

在酸碱滴定中，选择指示剂应根据 pH 突跃范围。凡在 pH 突跃范围内变色的指示剂都可以选择，即指示剂的变色范围处于或部分处于 pH 突跃的范围内。

例如，用 1mol·L$^{-1}$ NaOH 滴定 1mol·L$^{-1}$ HCl 时，pH 突跃范围为 3.3~10.7，甲基橙、甲基红和酚酞 3 种指示剂均可。不过，pH>5 时，空气中的 $CO_2$ 会参与反应，用甲基红和酚酞时，应煮沸消除 $CO_2$ 的影响。又如，若用 0.1mol·L$^{-1}$ NaOH 滴定 0.1mol·L$^{-1}$ HCl 时，pH 突跃范围为 4.30~9.70，通常选甲基橙指示剂，滴至黄色（pH≈4.4，$E_t$<−0.1%）。再如，若用 0.01mol·L$^{-1}$ NaOH 滴定 0.01mol·L$^{-1}$ HCl，通常选用甲基红（变色范围 4.4~6.2），并需要煮沸消除 $CO_2$ 的影响。

图 6-3 为 0.10mol·L$^{-1}$ NaOH 与 0.10mol·L$^{-1}$ HCl 的相互滴定曲线，NaOH 滴定 HCl 曲线形状与 HCl 滴定 NaOH 相类似，但 pH 变化相反，随着滴定分数的增大，前者是 pH 逐渐增大，后者是逐渐减小；滴定突跃范围决定于酸碱溶液的浓度，如果 NaOH 和 HCl 的浓度均为 0.1mol·L$^{-1}$，则它们的突跃范围相同，均为 4.30~9.70，可选用的指示剂有甲基红、酚酞。

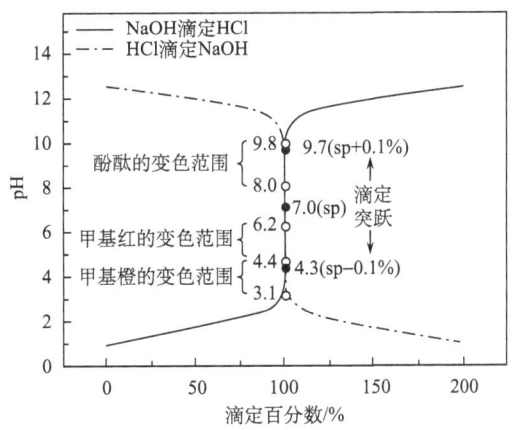

图 6-3　NaOH 与 HCl 的相互滴定曲线示意图
带星号的数据指甲基红的变色范围

---

**学习与思考**

(1) 用 0.1000mol·L$^{-1}$ HCl 滴定 20.00mL 0.10mol·L$^{-1}$ NaOH，滴定曲线如何变化？试分析其特征，包括滴定突跃的变化和选择的指示剂是否有变化等。

(2) 设想用 0.1000mol·L$^{-1}$ HCl 滴定 10.00mL 0.10mol·L$^{-1}$ NaOH，滴定曲线又将如何？试分析其特征，包括滴定突跃的变化和选择的指示剂是否有变化等。

(3) 设想用 0.0500mol·L$^{-1}$ HCl 滴定 10.00mL 0.10mol·L$^{-1}$ NaOH，滴定曲线将如何？试分析其特征，包括滴定突跃的变化和选择的指示剂是否有变化等。

## 6.2 一元弱酸(或弱碱)的滴定

### 6.2.1 滴定原理

当使用强碱滴定弱酸或强酸滴定弱碱时,由于涉及弱酸或弱碱的解离,其 pH-α 滴定曲线与强酸滴定强碱或强碱滴定强酸有很大不同。下面以 $0.1000 \text{mol} \cdot \text{L}^{-1}$ NaOH 滴定 20.00mL $0.10 \text{mol} \cdot \text{L}^{-1}$ HAc为例,讨论强碱滴定弱酸的 pH-α 变化过程。

已知 HAc 的 $pK_a = 4.76$,使用 NaOH 滴定所依据的计量化学反应为

$$HAc + OH^- \rightleftharpoons H_2O + Ac^-$$

### 6.2.2 滴定曲线的绘制

1. 滴定开始前

溶液是 $0.1000 \text{mol} \cdot \text{L}^{-1}$ 的 HAc,$c_{HAc}K_a > 20K_w$,$c_{HAc}/K_a > 500$,则

$$[H^+] = \sqrt{K_a[HAc] + K_w} \approx \sqrt{K_a c} = \sqrt{0.10 \times 10^{-4.76}} = 10^{-2.88} (\text{mol} \cdot \text{L}^{-1})$$

$$pH = 2.88$$

2. 滴定开始至计量点前

此时,体系没有反应完全的弱酸 HAc 与反应产物 $Ac^-$ 构成一个缓冲体系。如果滴入的 NaOH 溶液为 19.98mL,则剩余的 HAc 为 0.02mL,则溶液中

$$c_{HAc} = \frac{0.02 \times 0.10}{20.00 + 19.98} = 5.00 \times 10^{-5} (\text{mol} \cdot \text{L}^{-1})$$

$$c_{Ac^-} = \frac{19.98 \times 0.1000}{20.00 + 19.98} = 5.00 \times 10^{-2} (\text{mol} \cdot \text{L}^{-1})$$

$$pH = pK_a + \lg \frac{c_{Ac^-}}{c_{HAc}} = 4.76 + \lg \frac{5.00 \times 10^{-2}}{5.00 \times 10^{-5}} = 7.76$$

3. 化学计量点时

由于生成了一元弱碱 NaAc

$$c_{Ac^-} = \frac{20.00 \times 0.10}{20.00 + 20.00} = 5.00 \times 10^{-2} (\text{mol} \cdot \text{L}^{-1})$$

由于

$$pK_b = 14 - pK_a = 14 - 4.76 = 9.24$$

且

$$c_{NaAc}K_b > 20K_w, \quad K_b/c_{NaAc} < 2.0 \times 10^{-3}$$

所以可用最简式:

$$[OH^-] = \sqrt{K_b c} = \sqrt{10^{-9.24} \times 5.00 \times 10^{-2}} = 5.36 \times 10^{-6} (\text{mol} \cdot \text{L}^{-1})$$

即 pOH=5.27，因而有 pH=14−5.27=8.73。

4. 化学计量点后

由于存在过多的 NaOH，溶液中 Ac⁻ 的解离受到限制。因而体系的 pH 由过量 NaOH 决定，所以其滴定情况与强碱滴定强酸的情况完全相同，根据 NaOH 的过量程度进行计算。如滴入 20.02mL NaOH 时，溶液中[OH⁻]浓度按如下计算：

$$[OH^-] = \frac{0.02 \times 0.1000}{20.00 + 20.02} = 5.00 \times 10^{-5} (mol \cdot L^{-1})$$

$$pH = 9.70$$

之后，溶液的 pH 主要取决于 NaOH 的量。

上述滴定过程的 pH-$V_{NaOH}$ 之间的关系见表 6-2，滴定曲线 pH-α 如图 6-4 所示。

**表 6-2　pH 与 $V_{NaOH}$ 的变化关系**

| $V_{NaOH}$/mL | α/% | 组成 | pH | [H⁺]计算式 |
|---|---|---|---|---|
| 0 | 0 | HAc | 2.88 | 滴定前，$[H^+] = \sqrt{cK_a}$ |
| 10.00 | 50.0 | HA + Ac⁻ | 4.76 | |
| 18.00 | 90.0 | HA + Ac⁻ | 5.71 | |
| 19.80 | 99.0 | HA + Ac⁻ | 6.67 | 化学计量点前，$[H^+] = \frac{[HAc]}{[Ac^-]} K_a$ |
| 19.96 | 99.8 | HA + Ac⁻ | 7.46 | |
| 19.98 | 99.9 | HA + Ac⁻ | 7.76 | |
| 20.00 | 100.0 | Ac⁻ | 8.73 | 化学计量点时，$[OH^-] = \sqrt{c_{Ac^-} K_b}$ |
| 20.02 | 100.1 | Ac⁻ + OH⁻ | 9.70 | |
| 20.04 | 100.2 | Ac⁻ + OH⁻ | 10.00 | 化学计量点后，$[OH^-] = \frac{c_{OH^-} V_{OH^-} - c_{H^+} V_{H^+}}{V_{H^+} + V_{OH^-}}$ |
| 20.20 | 101.0 | Ac⁻ + OH⁻ | 10.70 | |
| 22.00 | 110.0 | Ac⁻ + OH⁻ | 11.68 | |

## 6.2.3 滴定曲线的特征

图 6-4 显示了强碱滴定弱酸的滴定曲线。作为对比，同时以虚线显示了强碱滴定强酸曲线的前半部分。两者相比，强碱滴定弱酸曲线有以下特点。

(1) 曲线的起点高：由于 HAc 是弱酸，部分解离，[H⁺]浓度小，pH 大(2.88)，比相同浓度的 HCl 溶液高约 2 个 pH 单位。

(2) pH 变化的速率不同：滴定开始，因 Ac⁻ 的同离子效应使得 HAc 更难解离，H⁺ 浓度降低较快，pH 变化迅速；但随着 NaOH 的继续滴加，Ac⁻ 的浓度逐渐增大，形成了 HAc-Ac⁻ 缓冲体系，使 pH 变化减

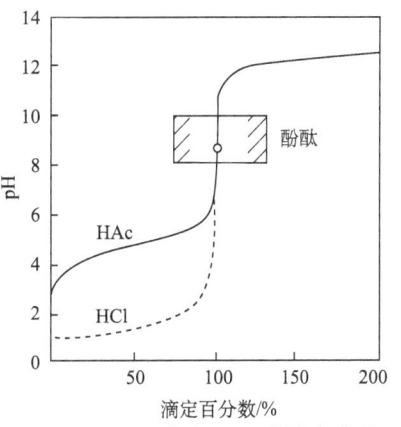

图 6-4　NaOH 滴定 HAc 的滴定曲线

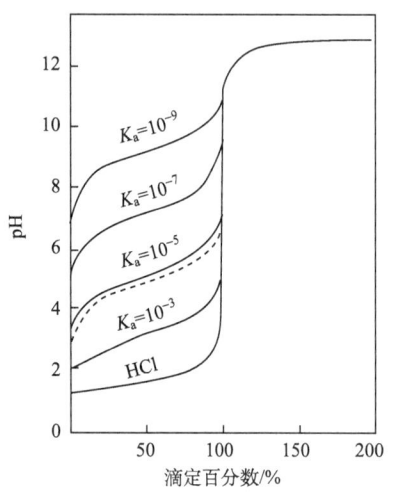

图 6-5 强碱滴定不同强度酸的滴定曲线

慢；接近化学计量点时，HAc 浓度很低，缓冲能力减弱，pH 增加又变得加快，曲线斜率又迅速增大；化学计量点后，0.1%，酸度急剧变化，之后 pH 的变化主要取决于 NaOH 的浓度。

（3）突跃范围小：滴定至化学计量点前后 0.1% 时，溶液的酸度变化范围是 7.74～9.70，比强碱滴定强酸的滴定突跃范围小（4.30～9.70）。由于滴定产物为强碱弱酸盐，其酸度位于碱性区域（8.73），显然不能采用在酸性区域内变色的甲基橙、甲基红等指示剂，而要采用碱性区域变色的指示剂，如酚酞（$pK_{HIn}=9.1$）或百里酚酞（$pK_{HIn}=10.0$）等。

从图 6-5 可以看出，pH 突跃不仅与浓度有关，也和弱酸的 $K_a$ 有关。$c$ 相同时，$K_a$ 越大则突跃越大。但如果 $K_a \approx 10^{-9}$，即使用 $0.1\,mol\cdot L^{-1}$ NaOH 也难以直接滴定。因此，**要使滴定误差 $\leqslant 0.2\%$，且人眼可以判断准确，溶液 pH 突跃一般要在 0.3 个 pH 单位以上**。此时，根据林邦误差公式（4-4）可得

$$\sqrt{c_{HA}^{ep}K_t} = \frac{10^{\Delta pH} - 10^{-\Delta pH}}{E_t} = \sqrt{\frac{c_{HA}^{ep}K_a}{K_w}}$$

故

$$c_{HA}^{ep}K_a = \left(\frac{10^{\Delta pH} - 10^{-\Delta pH}}{E_t}\right)^2 \times K_w = \left(\frac{10^{0.3} - 10^{-0.3}}{0.002}\right)^2 \times 10^{-14} = 5 \times 10^{-9}$$

由于弱酸 HA 的初始浓度 $c_{HA} = 2c_{HA}^{ep}$，所以 $c_{HA}K_a = 2c_{HA}^{ep}K_a \geqslant 10^{-8}$，**即 $cK_a \geqslant 10^{-8}$ 作为判断一元弱酸 HA 能否准确进行滴定的依据。**

---

### 学习与思考

试绘制强酸滴定一元弱碱的滴定曲线。

用 $0.1000\,mol\cdot L^{-1}$ HCl 滴定相同浓度的 $NH_3$，滴定曲线见图 6-6。

（1）请验证化学计量点为 5.28，突跃范围 pH = 4.30～6.25，常用甲基红作为指示剂；

（2）试讨论与弱酸一样，$cK_b \geqslant 10^{-8}$ 可作为判断弱碱能否准确进行滴定的界限；

（3）试分析滴定曲线特征，包括滴定突跃，有哪些指示剂可以使用，最合适的指示剂是什么。

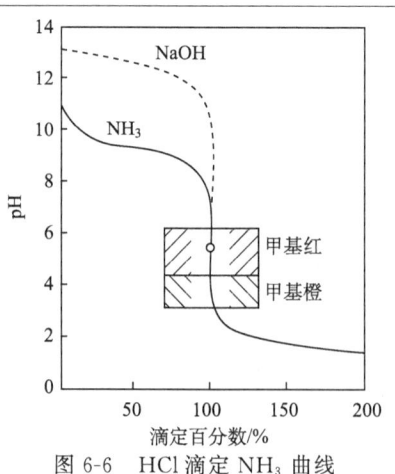

图 6-6 HCl 滴定 $NH_3$ 曲线

## 6.3 多元酸的滴定

### 6.3.1 分步滴定的可行性判断

本节以 $H_2A$ 为例主要讨论两个问题，包括分步解离出的 $H^+$ 能否被分步滴定和如何选择指示剂以确定滴定终点。设

$$\Delta pH = \pm 0.2 \quad 且 \quad E_t \leqslant |\pm 0.3\%| \tag{6-3}$$

式中 $E_t$ 为滴定误差。

(1) 当满足式(6-4)所示的三个条件时，能形成两个突跃，可分别选择指示剂，实现分别滴定：

$$c_{sp_1}K_{a_1} \geqslant 10^{-8}, \quad c_{sp_2}K_{a_2} \geqslant 10^{-8} \quad 和 \quad \frac{K_{a_1}}{K_{a_2}} \geqslant 10^4 \tag{6-4}$$

式中，$c_{sp_1}$ 为 $H_2A$ 被滴定到第一个计量点时的浓度；$c_{sp_2}$ 为 $H_2A$ 被滴定到第二个化学计量点时的浓度。

(2) 当满足式(6-5)

$$c_{sp_1}K_{a_1} \geqslant 10^{-8}, \quad c_{sp_2}K_{a_2} < 10^{-8} \quad 和 \quad \frac{K_{a_1}}{K_{a_2}} \geqslant 10^4 \tag{6-5}$$

时，第一步解离的 $H^+$ 可分步准确滴定，第二步解离的 $H^+$ 不能被准确滴定。

(3) 当满足式(6-6)

$$\frac{K_{a_1}}{K_{a_2}} < 10^4 \tag{6-6}$$

时，第一步解离的 $H^+$ 不能分步滴定。

下面以等浓度 NaOH 滴定 $0.10 \text{mol} \cdot L^{-1}$ $H_3PO_4$ 为例，分析强碱是否准确滴定多元弱酸的可能性。

$$H_3PO_4 \Longleftrightarrow H^+ + H_2PO_4^-; \quad pK_{a_1} = 2.16$$
$$H_2PO_4^- \Longleftrightarrow H^+ + HPO_4^{2-}; \quad pK_{a_2} = 7.21$$
$$HPO_4^{2-} \Longleftrightarrow H^+ + PO_4^{3-}; \quad pK_{a_3} = 12.32$$

由于 $cK_{a_1} \geqslant 10^{-8}$，$\frac{K_{a_1}}{K_{a_2}} \geqslant 10^4$，所以第一个质子点可以准确滴定。

由于 $cK_{a_2} \geqslant 10^{-8}$，$\frac{K_{a_2}}{K_{a_3}} \geqslant 10^4$，所以第二个质子点可以准确滴定。

当用 NaOH 滴定时，首先 $H_3PO_4$ 被中和，出现第一个计量点；然后继续被中和，出现第二个计量点。

由于 $cK_{a_3} \ll 10^{-8}$，故第三个质子点不能直接滴定。

---
**学习与思考**

试验证在式(6-3)的假定条件下:
(1) 如果满足式(6-4)时,能形成两个突跃,可分别选择指示剂,实现分别滴定;
(2) 如果满足式(6-5)时,第一步解离的 $H^+$ 可分步准确滴定,第二步解离的 $H^+$ 不能被准确滴定;
(3) 如果满足式(6-6)时,第一步解离的 $H^+$ 不能分步滴定。
---

### 6.3.2 酸碱指示剂的选择

我们以上述等浓度 NaOH 滴定 $0.10\ \text{mol}\cdot\text{L}^{-1}$ $H_3PO_4$ 为例来讨论选择指示剂。

**1. 第一化学计量点处**

产物为两性物质 $NaH_2PO_4$,$c = 0.050\ \text{mol}\cdot\text{L}^{-1}$。因为 $cK_{a_2} = 0.050 \times 10^{-7.20} > 20 K_w$,可忽略水的解离,$\dfrac{c}{K_{a_1}} = \dfrac{0.050}{10^{-2.12}} < 20$,故

$$[H^+] = \sqrt{\dfrac{cK_{a_1}K_{a_2}}{K_{a_1}+c}} = \sqrt{\dfrac{0.05 \times 10^{-2.12} \times 10^{-7.20}}{10^{-2.12}+0.05}} = 2.04 \times 10^{-5} (\text{mol}\cdot\text{L}^{-1})$$

即 pH=4.69。此时选择指示剂为溴甲酚绿+甲基橙。

**2. 第二个质子点处**

$Na_2HPO_4$ 溶液(两性物质)的浓度为 $3.33 \times 10^{-2}\ \text{mol}\cdot\text{L}^{-1}$。因为

$$cK_{a_3} = 3.33 \times 10^{-2} \times 4.4 \times 10^{-12}$$
$$= 1.45 \times 10^{-14} \approx K_w$$

故不能忽略水的解离:

$$\dfrac{c}{K_{a_2}} = \dfrac{3.33 \times 10^{-2}}{10^{-7.20}} > 20$$

故

$$[H^+] = \sqrt{\dfrac{K_{a_2}(cK_{a_3}+K_w)}{K_{a_2}+c}}$$
$$= \sqrt{\dfrac{10^{-7.20} \times (10^{-12.36} \times 3.33 \times 10^{-2} + 10^{-14})}{3.32 \times 10^{-2}}}$$
$$= 2.15 \times 10^{-10} (\text{mol}\cdot\text{L}^{-1})$$

即 pH=9.67。此时可选择百里酚酞+酚酞作为指示剂。

图 6-7 为 NaOH 滴定 $H_3PO_4$ 的滴定曲线。有两个滴定突跃,但两个突跃范围都较窄,所以选用混合指示剂。

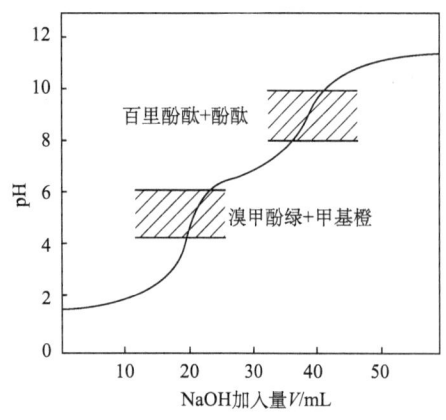

图 6-7 NaOH 滴定 $H_3PO_4$ 的滴定曲线

## 6.4 混合酸和混合碱的滴定

### 6.4.1 混合酸的滴定

对于强酸与弱酸($pK_a=4\sim 8$)的混合物,在滴定时强酸首先被中和,但 pH 突跃变短,且曲线稍有倾斜,然后第二个化学计量点附近出现较明显的 pH 变化。

两种弱酸混合液的滴定与多元酸类似。若 $c_1K_{a_1}>10^{-8}$ 和 $c_1K_{a_1}/c_2K_{a_2}>10^4$,可以滴定出较强一种酸的含量,即可进行分别滴定。若 $c_2K_{a_2}>10^{-8}$,则还可以继续滴定出第二种酸的含量。

总之,弱酸的强度越弱,越有利于滴定强酸,弱酸的酸度越强,越有利于滴定总酸度。此外,强酸和弱酸的混合浓度 $c_1/c_2$ 比例,对混合酸能否分别滴定也有影响。一般来说,强酸的浓度越大,分别滴定的可能性就越大,反之越小。

### 6.4.2 混合碱的滴定

多元碱的滴定与多元酸类似。只需将 $K_a$ 换成 $K_b$。我们现以 HCl 滴定 $Na_2CO_3$ 为例来讨论。已知 $H_2CO_3$ 的 $pK_{a_1}=6.38$,$pK_{a_2}=10.25$,$CO_3^{2-}$ 的 $pK_{b_1}=3.75$,$pK_{b_2}=7.62$,则有

$$\frac{K_{b_1}}{K_{b_2}}=\frac{10^{-3.75}}{10^{-7.62}}=10^{3.87}\approx 10^4$$

可见,第一个质子点的滴定不是很准确,第二个质子点可以准确滴定。

**【示例 6-1】 多元弱碱的滴定**

用 $0.1000 mol \cdot L^{-1}$ HCl 滴定 $0.10 mol \cdot L^{-1}$ 的 $Na_2CO_3$,求两个质子点的 pH。

**【解】**

在第一个质子点处,所依据的滴定反应为

$$HCO_3^- + H^+ \rightleftharpoons H_2CO_3$$

因为 $c_{CO_3^{2-}}=0.10 mol \cdot L^{-1}$,故第一个质子点 $[HCO_3^-]=0.050 mol \cdot L^{-1}$,又因为

$$cK_{a_2}=0.050\times 10^{-10.25}=2.81\times 10^{-12}>20K_w$$

$$\frac{c}{K_{a_1}}=\frac{0.050}{10^{-6.38}}=1.20\times 10^5>20$$

故

$$[H^+]=\sqrt{K_{a_1}K_{a_2}}=\sqrt{10^{-6.38}\times 10^{-10.25}}=10^{-8.32}$$

即 pH=8.32。因而可选用酚酞作指示剂,并采用同浓度的 $NaHCO_3$ 溶液作参比。

在第二个质子点处,$H_2CO_3$ 的浓度为 $0.033 mol \cdot L^{-1}$。

$$[H^+]=\sqrt{cK_{a_1}}=\sqrt{0.033\times 10^{-6.38}}=1.17\times 10^{-4}$$

即 pH=3.93,因而滴定时可用甲基橙作指示剂。

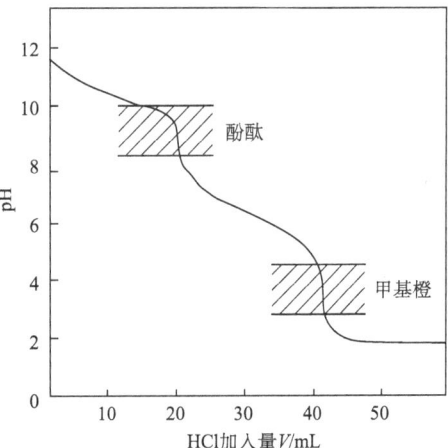

图 6-8 HCl 滴定 $Na_2CO_3$ 的滴定曲线

综上,可以绘制如图 6-8 所示的滴定曲线。有两个滴定突跃,且突跃范围较大,可使用常用的指示剂。

**【示例 6-2】 烟酸(niacin)片含量测定**

取本品 10 片，精密称定为 3.5840g。研细、精密称取 0.3845g 并置 250mL 锥形瓶中，置水浴加热溶解后，放冷。加酚酞指示剂 3 滴，用 NaOH 滴定液(0.1005mol·L$^{-1}$)滴定至粉红色，消耗 25.80mL。每毫升 NaOH 滴定液(0.1000mol·L$^{-1}$)相当于 12.31mg 的烟酸，试计算供试品中烟酸的标示百分含量(标示量 0.3g/片)。

**【解】**

根据反应式可知

$$\frac{n_{NA}}{n_{NaOH}} = \frac{1}{1}$$

$$w_{NA} = \frac{\frac{0.1005}{0.1000} \times 12.31 \times 25.80 \times \frac{3.5840}{0.3845}}{10 \times 0.3 \times 1000} \times 100\% = 99.17\%$$

## 6.5 终点误差分析

### 6.5.1 终点误差

终点误差(end point error)是指滴定终点与化学计量点不一致而引起的误差，也称滴定误差(titration error)，这是一种系统误差，简写为 TE。它反映出分析结果与真实值间的符合程度。可根据林邦误差公式(4-4)计算误差大小。

$$TE(\%) = \frac{10^{\Delta pH} - 10^{-\Delta pH}}{\sqrt{cK_t}} \times 100\%$$

换句话说，酸碱滴定的终点误差应用剩余或过量被滴定物引起的 pH 变化来表示。终点在计量点前，终点误差为负；终点在计量点后，终点误差为正。

### 6.5.2 强酸(碱)滴定的终点误差

1. 滴定剂过量

例如使用 NaOH 滴定 HCl 滴定剂多加了。设过量 NaOH 的浓度为 $c_B$，终点时 $[OH^-] > [H^+]$，溶液中存在如下两个解离平衡：

$$NaOH \rightleftharpoons Na^+ + OH^- \quad H_2O \rightleftharpoons H^+ + OH^-$$

$$[OH^-] = [H^+] + c_B \quad c_B = [OH^-] - [H^+]$$

这时的终点误差可直观的表示为

$$TE = \frac{\text{多加氢氧化钠的量(mol)}}{\text{应加氢氧化钠的量(mol)}} \times 100\% = \frac{\text{多加氢氧化钠的量(mol)}}{\text{被滴定盐酸的量(mol)}} \times 100\%$$

也就是

$$TE = \frac{([OH^-] - [H^+])V}{c'_{HCl}V'} \times 100\%$$

式中，$V$ 为终点时的总体积；$V'$ 为化学计量点时溶液的总体积；$c'_{HCl}$ 为化学计量点时 HCl 的

分析浓度，由于 $V \approx V'$，所以

$$\text{TE} = \frac{([\text{OH}^-]-[\text{H}^+])}{c'_{\text{HCl}}} \times 100\% \tag{6-7}$$

2. 滴定剂不足量

例用 NaOH 滴定 HCl，滴定剂少加了，设过量 HCl 的浓度为 $c_A$，终点时 $[\text{H}^+] > [\text{OH}^-]$，溶液中存在如下两个解离平衡：

$$\text{HCl} \rightleftharpoons \text{H}^+ + \text{Cl}^- \quad \text{H}_2\text{O} \rightleftharpoons \text{H}^+ + \text{OH}^-$$

$$[\text{H}^+] = [\text{OH}^-] + c_A \quad c_A = [\text{H}^+] - [\text{OH}^-]$$

$$\text{TE} = -\frac{\text{剩余 HCl 的量(mol)}}{\text{被滴 HCl 的量(mol)}} \times 100\%$$

$$\text{TE} = -\frac{([\text{H}^+]-[\text{OH}^-])V}{c'_{\text{HCl}}V'} \times 100\%$$

$$\text{TE} = -\frac{([\text{H}^+]-[\text{OH}^-])}{c'_{\text{HCl}}} \times 100\% \tag{6-8}$$

式中，$V$ 为终点时的总体积；$V'$ 为化学计量点时溶液的总体积；$c'_{\text{HCl}}$ 为化学计量点时 HCl 的分析浓度。

$$\text{TE} = \frac{([\text{OH}^-]-[\text{H}^+])}{c'_{\text{HCl}}} \times 100\% \tag{6-9}$$

可见，不管是滴定剂 NaOH 多加或少加了，最后终点误差的公式是相同的。

【示例 6-3】 计算强酸滴定强碱的终点误差

计算 $0.1\text{mol} \cdot \text{L}^{-1}$ NaOH 滴定 $0.1\text{mol} \cdot \text{L}^{-1}$ HCl 的终点误差。（1）滴定至 pH＝9.0（酚酞作指示剂）；（2）滴定至 pH＝4.0（甲基橙作指示剂）。

【解】

因为 $c'_{\text{HCl}} = 0.1/2 = 0.05\text{mol} \cdot \text{L}^{-1}$，所以

(1) $\text{TE} = \dfrac{([\text{OH}^-]-[\text{H}^+])}{c'_{\text{HCl}}} \times 100\% = \dfrac{(1 \times 10^{-5} - 1 \times 10^{-9})}{0.05} \times 100\% = +0.02\%$

(2) $\text{TE} = \dfrac{([\text{OH}^-]-[\text{H}^+])}{c'_{\text{HCl}}} \times 100\% = \dfrac{(1 \times 10^{-10} - 1 \times 10^{-4})}{0.05} \times 100\% = -0.2\%$

### 6.5.3 弱酸（碱）滴定的终点误差

1. 强碱滴定弱酸滴定剂过量

以 NaOH 滴定一元弱酸 HA 为例，滴定剂多加了，这时溶液中 $\text{OH}^-$ 的来源有三个：一是过量的 NaOH，假设浓度为 $c_B$；二是滴定产物 $\text{A}^-$ 按碱性水解产生的 $\text{OH}^-$，其浓度为 HA；三是水的解离产生的 $\text{OH}^-$，其浓度为 $\text{H}^+$。解离平衡如下：

$$\text{NaOH} \rightleftharpoons \text{Na}^+ + \text{OH}^- \quad \text{A}^- + \text{H}_2\text{O} \rightleftharpoons \text{HA} + \text{OH}^- \quad \text{H}_2\text{O} \rightleftharpoons \text{H}^+ + \text{OH}^-$$

所以

$$[\text{OH}^-] = c_{\text{Na}^+} + [\text{HA}] + [\text{H}^+] \quad c_{\text{Na}^+} = [\text{OH}^-] - [\text{HA}] - [\text{H}^+]$$

终点时为碱性，$[H^+]$可略去。则

$$c_{Na^+} = [OH^-] - [HA]$$

$$TE = \frac{多加氢氧化钠的量(mol)}{被滴定\ HA\ 的量(mol)} \times 100\%$$

$$TE = \frac{([OH^-] - [HA])V}{c'_{HA}V'} \times 100\%$$

$$TE = \frac{([OH^-] - [HA])}{c'_{HA}} \times 100\%$$

$$TE = \left(\frac{[OH^-]}{c'_{HA}} - \frac{[HA]}{c'_{HA}}\right) \times 100\%$$

因为 $[HA] = c'_{HA}\delta_{HA} = c'_{HA} \times \dfrac{[H^+]}{K_a + [H^+]}$，$\dfrac{[HA]}{c'_{HA}} = \dfrac{[H^+]}{K_a + [H^+]}$，所以

$$TE = \left(\frac{[OH^-]}{c'_{HA}} - \frac{[H^+]}{K_a + [H^+]}\right) \times 100\% \tag{6-10}$$

2. 强碱滴定弱酸滴定剂不足量

以 NaOH 滴定一元弱酸 HA，滴定剂不足时，设未被中和的 HA 浓度为 $c_{HA}$，这时溶液中的质子平衡式为

$$[HA] + [H^+] = c_{HA} + [OH^-]$$

终点时为碱性，$[H^+]$可略去。则

$$c_{HA} = [HA] - [OH^-]$$

$$TE = -\frac{未被中和的\ HA\ 的量(mol)}{被滴定\ HA\ 的量(mol)} \times 100\%$$

$$TE = -\frac{([HA] - [OH^-])V}{c'_{HA}V'} \times 100\%$$

$$TE = \frac{([OH^-] - [HA])}{c'_{HA}} \times 100\%$$

$$TE = \left(\frac{[OH^-]}{c'_{HA}} - \frac{[HA]}{c'_{HA}}\right) \times 100\%$$

所以

$$TE = \left(\frac{[OH^-]}{c'_{HA}} - \frac{[H^+]}{K_a + [H^+]}\right) \times 100\% \tag{6-11}$$

可见，用 NaOH 滴定弱酸，不管是计量点前或计量点后，最后终点误差的公式也是相同的。

**【示例 6-4】** 计算强碱滴定弱酸的终点误差

计算 $0.1\ mol \cdot L^{-1}$ NaOH 滴定 $0.1\ mol \cdot L^{-1}$ HAc 的终点误差。(1)滴定至 pH=9.0；(2)滴定至 pH=7.0。

**【解】**

因为 $c'_{HAc} = 0.1/2 = 0.05 (mol \cdot L^{-1})$，所以

(1) 滴定至 pH=9.0 时

$$TE = \left(\frac{[OH^-]}{c'_{HAc}} - \frac{[H^+]}{K_a + [H^+]}\right) \times 100\% = \left(\frac{1 \times 10^{-5}}{0.05} - \frac{1 \times 10^{-9}}{1.7 \times 10^{-5} + 1 \times 10^{-9}}\right) \times 100\%$$
$$= +0.02\%$$

(2) 滴定至 pH=7.0 时

$$TE = \left(\frac{[OH^-]}{c'_{HAc}} - \frac{[H^+]}{K_a + [H^+]}\right) \times 100\% = \left(\frac{1 \times 10^{-7}}{0.05} - \frac{1 \times 10^{-7}}{1.7 \times 10^{-5} + 1 \times 10^{-7}}\right) \times 100\%$$
$$= -0.6\%$$

### 延伸阅读 6-1：第三位小数的胜利

1882 年，英国学者斯特拉特(J. W. Strutt，1842—1919，即瑞利爵士)发现从空气中除去氧气、二氧化碳和水蒸气得到的氮气的密度是 $1.2572 g \cdot L^{-1}$；而从分解亚硝酸铵得到氮气的密度为 $1.2508 g \cdot L^{-1}$。

在一般人看来，这只不过是千分之几的偏差而简单地归结于实验误差，而瑞利就是抓住了第三位小数的差别，反复试验，结果从含氮的物质里得到氮气比空气中得到的氮气轻。再翻阅了英国皇家学会有关空气的大量资料中，他发现了英国著名化学家开文迪许(H. Cavendish，1731—1810)的一篇论文，在论文末尾中有这样一个结论：空气里的氮气不是纯的。这使瑞利茅塞顿开，他重新做了 Cavendish 的实验，终于发现了新元素——氩。经接下来的 10 余年的努力，在众多化学家的协作下，终于发现了一整族的稀有气体元素，即周期表中的 0 族元素。

英国物理学家瑞利爵士

这不禁让人想起 100 多年前的开文迪许，他实际上已经捕捉住了氩气——一个小气泡，并且指出这个气泡不跟氧气化合。但是他那个时候没有称量千分之几的精密天平，也没有光谱分析法，他只好把这个小气泡放走了，没有能够真正的发现氩气。

19 世纪末，瑞利对氩气的发现是精密度的胜利，是天平的胜利，是小数点后边第三位数字的胜利。这段史实被形象地称为化学史上"第三位小数的胜利"。

## 6.6 非水滴定法

### 6.6.1 概述

在水以外的溶剂中进行滴定分析的方法称为非水滴定法。在药物分析领域，常用的是非水酸碱滴定(non-aqueous acid-base titration)。非水酸碱滴定仍是以质子理论的酸碱概念为基础。在非水溶液中，游离的质子($H^+$)不能单独存在，而是与溶剂分子结合成溶剂化质

子，其原理与水介质中的酸碱质子理论实际上是一致的。酸碱中和反应的实质是质子转移，而质子转移是通过溶剂化质子实现的。

1. 非水滴定的原理

某一弱碱 B 在水中 $cK_b < 10^{-8}$。由于 B 的碱性太弱，而溶剂 $H_2O$ 的酸性又不够强，碱 B 在水溶液中的质子转移反应很不完全，故不能被准确滴定。若更换酸性溶剂，如将弱碱 B 溶于冰醋酸中，其质子转移反应向右可趋于完全：

$$B + HAc \rightleftharpoons BH^+ + Ac^-$$

碱 B 溶于冰醋酸后，其碱强度已被均化到溶剂阴离子的碱强度水平，因而可用强酸如高氯酸进行滴定：

$$HClO_4 + HAc \rightleftharpoons H_2Ac^+ + ClO_4^-$$
$$B + HAc \rightleftharpoons BH^+ + Ac^-$$
$$H_2Ac^+ + Ac^- \rightleftharpoons 2HAc$$

整个过程中，溶剂（HAc）仍然起了传递质子的作用，而本身并无什么变化。

2. 非水滴定法的特点

（1）非水溶剂对有机化合物的溶解能力比水强，相对分子质量大且极性弱的生物碱、高级脂肪酸都可溶。

（2）非水溶剂中的酸性溶剂能增强溶质的碱度，碱性溶剂则能增强溶质的酸度。弱的有机碱可在酸性溶剂中滴定，弱的有机酸则可在碱性溶剂中滴定。

（3）非水溶剂的两性和极性都很弱，对酸碱的强度有很明显的区分效应，是区分性溶剂。

（4）本身与水反应的某些物质可用适宜的非水溶剂作为滴定介质。

（5）有机和无机化合物中游离水分的测定以及涉及水的产生与消耗的有机官能团的分析，都只能在非水溶剂中完成。

（6）非水溶剂能降低沉淀溶解度和增加配合物稳定性。

3. 非水滴定的终点指示

（1）非水溶剂中滴定终点的决定方法和水溶液中滴定一样，也是用有色指示剂的目视滴定法。

（2）水溶液中酸碱滴定所用的指示剂大多数可用于非水滴定。

（3）在非水溶液中，影响指示剂变色平衡的因素比水溶液中复杂得多，如溶剂的酸性和极性，滴定过程中各种成分浓度的变化以及一些其他未知因素等。

### 6.6.2 非水溶剂的分类

1. 质子性溶剂

包括酸性溶剂、碱性溶剂和两性溶剂。

(1) 酸性溶剂。有机弱碱在酸性溶剂中可显著地增强其相对碱度,最常用的酸性溶剂为冰醋酸。

(2) 碱性溶剂。有机弱酸在碱性溶剂中可显著地增强其相对酸度,最常用的碱性溶剂为二甲基甲酰胺。

(3) 两性溶剂。兼有酸碱两种性能,最常用的为甲醇。

2. 非质子性溶剂

分子中无转移性质子的溶剂称为非质子性溶剂,主要包括以下两种。

(1) 偶极亲质子溶剂(非质子亲质子性溶剂)。溶剂分子中无转移性质子,但具有较弱的接受质子的倾向,且具有形成氢键的能力,如吡啶、酮类等,适于作弱酸或某些混合物的滴定介质。

(2) 惰性溶剂。溶剂分子中无转移性质子和接受质子的倾向,也无形成氢键的能力,可用于改善溶解度,如苯、氯仿、二氧六环,常与质子溶剂混合使用,以改善样品的溶解性能,增大滴定突跃。

### 6.6.3 溶剂的均化效应和区分效应

1. 均化效应

溶剂能将不同强度的酸均化至溶剂化质子水平的效应或溶剂能将不同强度的碱均化至溶剂阴离子水平的效应,称为均化效应(leveling effect)。例如,水溶剂中:

$$HClO_4 + H_2O \rightleftharpoons H_3O^+ + ClO_4^-$$

$$H_2SO_4 + H_2O \rightleftharpoons H_3O^+ + SO_4^{2-}$$

$$HCl + H_2O \rightleftharpoons H_3O^+ + Cl^-$$

$$HNO_3 + H_2O \rightleftharpoons H_3O^+ + NO_3^-$$

在乙酸溶剂中:

$$NaOH + HAc \rightleftharpoons H_2O + Na^+ + Ac^-$$

$$NH_3 + HAc \rightleftharpoons NH_4^+ + Ac^-$$

最强碱是溶剂阴离子,HAc 是均化性溶剂或酸是碱的均化性溶剂。

在水溶液中,几种酸的强度几乎相等,都被均化到 $H_3O^+$ 水平。在酸性溶液中,几种碱的强度几乎相等,都被均化到溶剂阴离子水平。

2. 区分效应

区分效应(differentiating effect)即利用溶剂能区分酸碱强弱的效应。例如,在 HAc 溶剂中存在如下平衡:

$$HClO_4 + HAc \rightleftharpoons H_2Ac^+ + ClO_4^- \quad K = 1.3 \times 10^{-5}$$

$$H_2SO_4 + HAc \rightleftharpoons H_2Ac^+ + SO_4^{2-}$$

$$HCl + HAc \rightleftharpoons H_2Ac^+ + Cl^- \quad K = 2.8 \times 10^{-9}$$

$$HNO_3 + HAc \rightleftharpoons H_2Ac^+ + NO_3^-$$

这里，HAc 充当 $HClO_4$、$H_2SO_4$、HCl 和 $HNO_3$ 的区分性溶剂。

总的说来，酸性溶剂是溶质酸的区分性溶剂，是溶质碱的均化性溶剂；碱性溶剂是溶质碱的区分性溶剂，是溶质酸的均化性溶剂。并且，溶剂的酸碱性越弱，其区分效果越好，越有利于混合酸（碱）的混合滴定。

3. 应用实例

1）利用均化效应——混合酸（碱）的总含量测定

如图 6-9 所示，吡啶的碱性较弱，以水为溶剂时，滴定突跃特别小，不利于准确滴定；但冰醋酸能够将吡啶均化至强碱，用 $HClO_4$ 溶液滴定时，出现较大的滴定突跃，可以实现吡啶的准确滴定。

2）利用区分效应——混合酸（碱）的各组分的含量测定

甲基异丁基酮的酸碱性均极弱，在甲基异丁基酮中，用甲基异丁酮连续滴定 $HClO_4$、HCl、水杨酸、HAc 和苯酚五种酸的混合溶液，以电位法确定滴定终点，所得的滴定曲线如图 6-10 所示。从图中可以看出，五种不同强度的酸都能被明显的区分滴定。

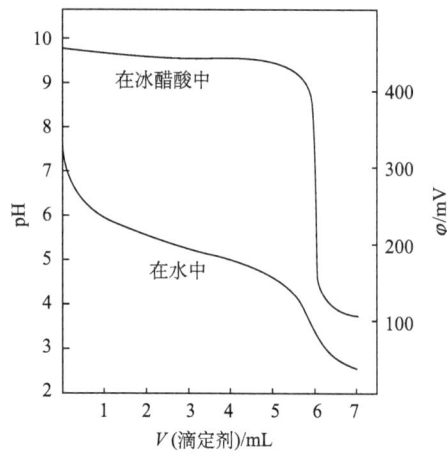

图 6-9 $HClO_4$ 的冰醋酸溶液图滴定吡啶

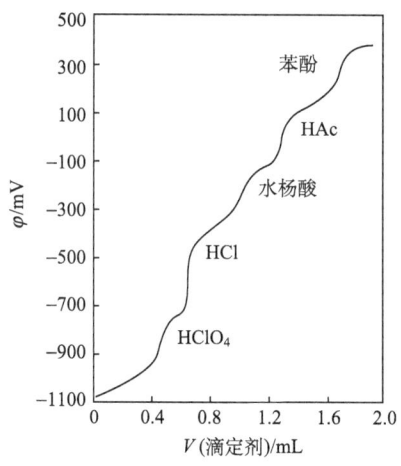

图 6-10 在甲基异丁基酮中滴定五种酸液

## 6.7 酸碱滴定法在药物分析中的应用

### 6.7.1 原料药的含量测定

采用滴定分析法测定原料药的含量时，一般根据药物分子结构中官能团的性质选择适宜的滴定方法。同时，需考虑排除杂质等非目标成分对测定的干扰。

**【示例 6-5】** 直接滴定测定阿司匹林的含量

阿司匹林（aspirin）又称乙酰水杨酸，是非甾体抗炎药的代表，具有解热镇痛抗风湿、影响血小板功能等药理作用，临床上常用于解热镇痛、抗风湿、防止形成血栓等。阿司匹林的制剂主要有片剂、胶囊剂及栓剂等。

本品的结构式、分子式及相对分子质量如下：

$C_9H_8O_4$ 180.16
(分子式) (相对分子质量)
(结构式)

**测定方法**[ChP2010，即《中华人民共和国药典》(2010 年版)]：取本品约 0.4g，精密称定，加中性乙醇(对酚酞指示液显中性) 20mL 溶解后，加酚酞指示液 3 滴，用氢氧化钠滴定液(0.1mol·L$^{-1}$)滴定。每 1mL 氢氧化钠滴定液(0.1mol·L$^{-1}$)相当于 18.02mg 的 $C_9H_8O_4$。

**滴定原理**：阿司匹林分子结构中的羧基具有弱酸性($pK_a$=3.5)，可与滴定剂氢氧化钠发生酸碱中和反应，定量生成强碱弱酸盐。用中性乙醇溶解样品，可减少溶剂的酸碱性与滴定终点时滴定体系的酸碱性不一致而导致的误差。

但是，阿司匹林中杂质水杨酸(来源于阿司匹林合成原料的残留及阿司匹林酯键的水解)消耗滴定剂氢氧化钠，使阿司匹林含量的计算结果偏高。

**指示剂变色原理**：由于阿司匹林与滴定剂氢氧化钠反应生成的强碱弱酸盐水解使反应体系呈碱性，选择碱区变色的酸碱指示剂酚酞指示滴定终点。酚酞指示剂是有机弱酸($pK_a$=9.1)，变色范围为 pH=8.3~10.0，其酸式型体(HIn)呈无色，碱式型体(In$^-$)呈红色。滴定开始时，由于酚酞的酸性弱于阿司匹林，滴入的氢氧化钠优先与阿司匹林反应，体系呈指示剂酚酞的酸式色无色；化学计量点后，继续滴入的氢氧化钠与酚酞反应，酚酞的碱式色逐渐增强；当[In$^-$]/[HIn]≥10 时，滴定体系从无色变为红色，指示滴定终点到达。

**测定结果计算**：

$$含量(\%) = \frac{VTF}{W} \times 100\%$$

式中，$V$ 为滴定液被消耗的体积，mL；$T$ 为滴定液的滴定度，mg·mL$^{-1}$；$F$ 为滴定液的浓度校正因数；$W$ 为供试品的称取量，mg。

**【示例 6-6】** 水解后返滴定法测定阿司匹林的含量

**测定方法**[USP35-NF30，即《美国药典》(2012 年版)]：取本品约 1.5g，精密称定，加氢氧化钠滴定液(0.5mol·L$^{-1}$)50.0mL，混合，缓缓煮沸 10min，放冷，加酚酞指示液，用硫酸滴定液(0.25mol·L$^{-1}$)滴定，并将滴定结果用空白实验校正。每 1mL 氢氧化钠滴定液(0.5mol·L$^{-1}$)相当于 45.04mg 的 $C_9H_8O_4$。

**滴定原理**：为了消除直接滴定法因阿司匹林酯键水解产生的测定误差，可采用水解后返滴定法测定阿司匹林的含量，JP16 也收载了本法。但本法不能消除阿司匹林合成原料残留的水杨酸等酸性杂质引起的测定误差。

以上测定方法中，定量过量的氢氧化钠滴定液与阿司匹林的羧基发生酸碱中和反应；阿司匹林的酯键在碱催化及加热条件下发生水解反应，生成的乙酸与滴定剂氢氧化钠发生酸碱中和反应。剩余的氢氧化钠用硫酸滴定液返滴定。空白实验可降低空气中的二氧化碳和滴定终点迟钝等因素对测定结果的影响。

**指示剂变色原理**：加酚酞指示液时，体系中剩余的氢氧化钠使酚酞显碱式色红色；随着硫酸滴定液的加入，酚酞的碱式色逐渐减弱、酸式色逐渐增强；滴定终点时，体系从碱式色红色变为酸式色无色。因为体系从有色变为无色，滴定终点常常滞后，空白实验可减小由此产生的测定误差。另外，指示剂的变色点受温度影响，故需待体系冷后再加酚酞指示液。

**测定结果计算：**

$$含量(\%) = \frac{(V_B^0 - V_B^S)F_B T_A}{W} \times 100\%$$

式中，$V_B^0$为滴定液B在空白实验中被消耗的体积，mL；$V_B^S$为滴定液B被消耗的体积，mL；$F_B$为滴定液B的浓度校正因数；$T_A$为滴定液A的滴定度，$mg \cdot mL^{-1}$；$W$为供试品的称取量，mg。

### 6.7.2 药物制剂的含量测定

与原料药相比，药物制剂的组成复杂，通常需排除辅料对药物含量测定的干扰。对于药物复方制剂，通常还需排除不同疗效成分间的相互干扰，滴定分析法因选择性差，较少用于复方制剂的单组分含量测定。

**【示例6-7】** 非水滴定法测定西萝芙木碱片的含量

西萝芙木碱片（ajmaline tablets）为含有西萝芙木碱的片剂，临床上主要用于治疗阵发性心动过速、心房颤动和期前收缩等。

西萝芙木碱的结构式、分子式及相对分子质量如下：

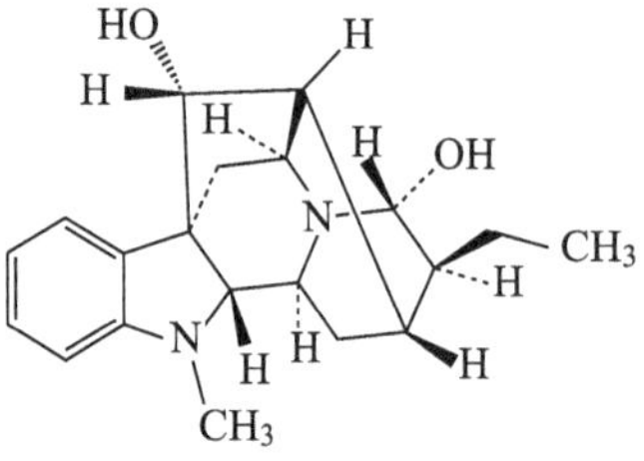

$C_{20}H_{26}N_2O_2$     326.43
(分子式)     (相对分子质量)

(结构式)

**测定方法**（JP16，即《日本药局方》第110版）：取本品不少于20片，研细，精密称取适量（约相当于西萝芙木碱0.3g），加氨水15mL，三氯甲烷提取4次，每次25mL。合并三氯甲烷提取液，用水10mL洗涤，加无水硫酸钠5g，振摇，过滤。容器和残渣用三氯甲烷洗涤2次，每次10mL，过滤。合并滤液，水浴蒸干三氯甲烷，加乙酸酐50mL和丙酮50mL，用高氯酸滴定液（$0.05mol \cdot L^{-1}$）滴定，电位法指示终点，并将滴定结果用空白实验校正。每1mL高氯酸滴定液（$0.05mol \cdot L^{-1}$）相当于16.32mg的$C_{20}H_{26}N_2O_2$。

**滴定原理**：本片所含疗效成分西萝芙木碱的分子结构中有2个氮原子，为有机碱。其中，与苯环直接相连的氮原子受p-π共轭的影响，氮原子的电子云密度低，几乎无碱性。因此，西萝芙木碱表现为一元弱碱，可采用非水酸碱滴定法测定其含量。

以上测定方法中，本品的片粉以氨水碱化后，用三氯甲烷提取西萝芙木碱，排除片剂辅料的干扰。挥发提取溶剂，将西萝芙木碱溶于乙酸酐-丙酮中，增强西萝芙木碱的碱性，使其可被高氯酸滴定液滴定。空白实验可降低空气及试剂中二氧化碳、水分等因素对测定的影响。

**滴定终点指示**：由于有机弱碱的滴定突跃范围较小，若以指示剂法指示滴定终点，误差较大。改用电位法，依据滴定过程中电位的突变确定滴定终点。与指示剂法相比，电位法更加灵敏、客观，误差较小。

**测定结果计算：**

$$\text{标示量}(\%) = \frac{(V-V_0)TF\overline{W}}{W \times \text{标示量}} \times 100\%$$

式中，$V$ 为滴定液被消耗的体积，mL；$V_0$ 为滴定液在空白实验中被消耗的体积，mL；$T$ 为滴定液的滴定度，mg·mL$^{-1}$；$F$ 为滴定液的浓度校正因数，$\overline{W}$ 为供试品的平均片重，g·片$^{-1}$；$W$ 为片粉的称取量，g，标示量的单位为 mg·片$^{-1}$。

**【示例 6-8】** 返滴定法测定颠茄酊的总生物碱含量

颠茄酊(belladonna tincture)为颠茄草制得的酊剂，为抗胆碱药，具有解除平滑肌痉挛、抑制腺体分泌等药理作用，临床上常用于治疗胃及十二指肠溃疡，胃肠道、肾、胆绞痛等。

**测定方法**(ChP2010)：精密量取本品 100mL，蒸至约 10mL，如有沉淀析出，可加乙醇适量使溶解，用 0.1mol·L$^{-1}$ 硫酸溶液 10mL 分次洗涤容器，合并洗液，用三氯甲烷分次振摇提取，每次 10mL，至三氯甲烷层无色，合并三氯甲烷液，用 0.1mol·L$^{-1}$ 硫酸溶液 10mL 振摇洗涤，洗液并入酸液中，加过量的浓氨试液使之呈碱性，迅速用三氯甲烷分次振摇提取，至生物碱提尽。若发生乳化现象，可加乙醇数滴，每次得到的三氯甲烷液均用同一的水 10mL 洗涤，弃去洗液，合并三氯甲烷液，蒸干，加乙醇 3mL，蒸干，并在 80℃ 干燥 2h，残渣加三氯甲烷 2mL，必要时，微热使溶解，精密加硫酸滴定液(0.01mol·L$^{-1}$) 20mL，置水浴上加热，除去三氯甲烷，放冷，加甲基红指示液 1~2 滴，用氢氧化钠滴定液 (0.02mol·L$^{-1}$)滴定。每 1mL 硫酸滴定液(0.01mol·L$^{-1}$)相当于 5.788mg 的莨菪碱($C_{17}H_{23}NO_3$)。

本品每 1mL 含生物碱以莨菪碱($C_{17}H_{23}NO_3$)计，应为 0.28~0.32mg。

**滴定原理：** 颠茄酊为中药制剂，其所含生物碱多为具有显著药理作用的疗效成分，常常需要控制其含量。由于多种生物碱类成分往往同时存在于同一中药制剂中，选择性差的滴定分析法难以实现混合生物碱的单体测定，多用于总生物碱的测定。混合生物碱中，各生物碱的碱性强弱不一。考虑到其中碱性较弱的生物碱，通常采用返滴定法测定中药制剂的总生物碱含量，因为过量的酸滴定液能够提高滴定反应的定量性及反应速率。

以上测定方法中，通过蒸发排除酊剂中溶剂乙醇对后续三氯甲烷提取的干扰。加硫酸使供试品中的生物碱形成硫酸盐进入水相，用三氯甲烷提取除去脂溶性干扰成分，加浓氨试液使水中的生物碱盐游离成生物碱，用三氯甲烷提取纯化，蒸去三氯甲烷后，生物碱与定量过量的硫酸滴定液发生酸碱中和反应，剩余的硫酸以氢氧化钠滴定液返滴定。

**指示剂变色原理：** 由于生物碱与滴定剂硫酸反应生成的强酸弱碱盐水解使反应体系呈酸性，选择酸区变色的酸碱指示剂甲基红($pK_a = 5.1$)指示滴定终点，其变色范围为 pH = 4.2~6.3（红色变为黄色）。加甲基红指示液时，体系中剩余的硫酸使甲基红显酸式色红色；随着氢氧化钠滴定液的加入，甲基红的酸式色逐渐减弱、碱式色逐渐增强；滴定终点时，体系从酸式色红色变为碱式色黄色。另外，指示剂的变色点受温度影响，故需待体系冷后再加甲基红指示液。

**测定结果计算：**

$$\text{总生物碱含量(以莨菪碱计)}(\text{mg}\cdot\text{mL}^{-1}) = \frac{(V_A F_A - V_B F_B)T_A}{V_S}$$

式中，$V_A$为定量过量加入的滴定液 A 的体积，mL；$F_A$为滴定液 A 的浓度校正因数；$V_B$为滴定液 B 被消耗的体积，mL；$F_B$为滴定液 B 的浓度校正因数；$T_A$为滴定液 A 的滴定度，$mg \cdot mL^{-1}$；$V_S$为供试品的量取量，mL。

---

**内容提要与学习要求**

酸碱滴定又称中和滴定，是用已知物质的量浓度的酸（或碱）来测定未知物质的量浓度的碱（或酸）的方法。随着滴定剂的加入，被测物质的 pH 在计量点附近产生突跃，据此选择合适指示剂变色来指示滴定终点。通常，滴定终点与化学计量点往往不重合，由此所造成分析的误差称为滴定误差或终点误差。本章应重点掌握滴定分析过程，包括滴定分析曲线、滴定突跃、指示剂的选择，及其对误差的影响等。滴定分析实际上是一门实验科学，因此还应确实掌握好相关的实验操作技能。

---

## 练 习 题

一、选择题

1. 阿司匹林的测定可以采用 （　　）
   A. 氧化还原滴定　　　　　B. 酸碱滴定
   C. 配位滴定　　　　　　　D. 沉淀滴定

2. 酸碱滴定法属于 （　　）
   A. 重量分析　　　　　　　B. 电化学分析
   C. 色谱分析　　　　　　　D. 容量分析

3. 用同一 NaOH 溶液分别滴定体积相等的 $H_2SO_4$ 和 HAc 溶液，消耗的体积相等，说明 $H_2SO_4$ 和 HAc 两溶液中的 （　　）
   A. 氢离子浓度相等　　　　B. $H_2SO_4$ 和 HAc 的浓度相等
   C. $H_2SO_4$ 的浓度为 HAc 浓度的 1/2　　D. 两个滴定的 pH 突跃范围相同

4. 在非水酸碱滴定中，常使用高氯酸的冰醋酸溶液，为了除去水分，需加入适量的 （　　）
   A. 醋酐　　B. 无水 $CaCl_2$　　C. 乙酸汞　　D. 乙醚

5. 非水滴定法测定下列物质，宜选用碱性溶剂的是 （　　）
   A. NaAc　　B. 苯酚　　C. 吡啶　　D. 乳酸钠

6. 用 $0.1mol \cdot L^{-1}$ NaOH 滴定 $0.1mol \cdot L^{-1}$ 的 $H_2C_2O_4$（$K_{a_1} = 5.9 \times 10^{-2}$，$K_{a_2} = 6.4 \times 10^{-5}$），则 $H_2C_2O_4$ 两级离解出来的 $H^+$ （　　）
   A. 分别被准确滴定　　　　B. 同时被准确滴定
   C. 均不能被准确滴定　　　D. 只有第一级电离出来的 $H^+$ 能被准确滴定

7. 可将 HCl、$HClO_4$、$H_2SO_4$、$HNO_3$ 四种酸的酸度拉平到同一强度的溶剂是 （　　）
   A. 冰醋酸　　B. 苯　　C. 水　　D. 甲醇

8. 强酸滴定弱碱，以下指示剂中不适用的是 （　　）
   A. 甲基橙　　B. 甲基红　　C. 酚酞　　D. 溴酚蓝（$pK_a = 4.0$）

9. 用 $0.1mol \cdot L^{-1}$ HCl 滴定 $0.1mol \cdot L^{-1}$ NaOH 的突跃范围为 9.7~4.3，则 $0.01mol \cdot L^{-1}$ HCl 滴定 $0.01mol \cdot L^{-1}$ NaOH 的突跃范围应为 （　　）
   A. 9.7~4.3　　B. 8.7~4.3　　C. 8.7~5.3　　D. 10.7~3.3

10. 用 $0.1mol \cdot L^{-1}$ HCl 滴定 $0.1mol \cdot L^{-1}$ $NH_3$ 水（$pK_b = 4.7$）的 pH 突跃范围为 6.3~4.3，若用 $0.1mol \cdot L^{-1}$ HCl 滴定 $0.1mol \cdot L^{-1}$ $pK_b = 2.7$ 的某碱，pH 突跃范围为 （　　）

A. 6.3～2.3　　　　B. 8.3～2.3　　　　C. 8.3～4.3　　　　D. 4.3～6.3

二、判断题

1. 双指示剂就是混合指示剂。　　　　　　　　　　　　　　　　　　　　　　　　（　　）
2. 用 NaOH 标准溶液滴定 $0.1\,mol\cdot L^{-1}$ $H_3PO_4$，在滴定曲线上出现 3 个突跃。　（　　）
3. 常用的酸碱指示剂，大多是弱酸或弱碱，所以滴加指示剂的多少及时间的早晚不会影响分析结果。　　　　　　　　　　　　　　　　　　　　　　　　　　　　　　　　　　（　　）
4. 酸碱滴定中选择指示剂的原则是指示剂的变色范围应全部或部分落入滴定 pH 突跃范围之内。　　　　　　　　　　　　　　　　　　　　　　　　　　　　　　　　　（　　）
5. 用标准 NaOH 溶液滴定待测盐酸，若用甲基橙代替酚酞作指示剂，此时盐酸浓度的测定值与酚酞作指示剂的测定值相比较是偏大。　　　　　　　　　　　　　　　　　（　　）
6. 可用 HCl 标准溶液直接测定 $Na_2B_4O_7$ 的含量。　　　　　　　　　　　　　　（　　）
7. 酸碱的强弱影响滴定突跃范围的大小。　　　　　　　　　　　　　　　　　　（　　）
8. 溶液浓度的大小对突跃范围的大小无影响。　　　　　　　　　　　　　　　　（　　）
9. 酸碱滴定法的滴定终点就是指示剂的变色点。　　　　　　　　　　　　　　　（　　）
10. 乙酸的含量测定可用 NaOH 标准溶液，甲基橙为指示剂。　　　　　　　　　（　　）

三、填空题

1. 有一碱液，可能是 NaOH 或 $NaHCO_3$ 或 $Na_2CO_3$ 或它们的混合液，若用标准酸滴定至酚酞终点时，耗去酸的体积为 $V_1$ mL，继以甲基橙为指示剂，继续滴定又耗去 $V_2$ mL，请依据 $V_1$ 与 $V_2$ 的关系判断该碱液组成：

(1) 当 $V_1 > V_2$ 时，该碱液为_____。

(2) 当 $V_1 < V_2$ 时，该碱液为_____。

(3) 当 $V_1 > 0$，$V_2 = 0$ 时，该碱液为_____。

(4) 当 $V_1 = 0$，$V_2 > 0$ 时，该碱液为_____。

(5) 当 $V_1 = V_2$ 时，该碱液为_____。

2. 影响酸碱滴定突跃范围的因素有_____，准确滴定 $0.1\,mol\cdot L^{-1}$ 的某弱酸的条件是_____。

3. 用 $0.1\,mol\cdot L^{-1}$ HCl 溶液滴定等浓度 $N_2CO_3$ 溶液，当滴定至 $HCO_3^-$ 时，化学计量点的 $H^+$ 可用_____公式计算；当继续滴定至 $H_2CO_3$ 时，化学计量点的 $H^+$ 可用_____公式计算。

4. 已标定好的 NaOH 标准溶液由于保存不妥吸收了 $CO_2$，若用此 NaOH 滴定 $H_3PO_4$ 至第一计量点时，对测定 $H_3PO_4$ 浓度的影响是_____，若用此 NaOH 滴定 $H_3PO_4$ 至第二计量点时，对测定 $H_3PO_4$ 浓度的影响是_____。（偏高、偏低、无影响）

5. 用 NaOH 滴定 HCl 时，若增大两者浓度（温度均为 25℃）则计量点的 pH_____。（增大、减小、不变）

四、简答题

1. 下列各酸的浓度均为 $0.1\,mol\cdot L^{-1}$，哪些能用 NaOH 溶液直接滴定或分步滴定？哪些不能？如能直接滴定，各应采用什么指示剂？

(1) 甲酸（HCOOH），$K_a = 1.8 \times 10^{-4}$；

(2) 硼酸（$H_3BO_3$），$K_{a_1} = 5.4 \times 10^{-10}$；

(3) 琥珀酸（$H_2C_4H_4O_4$），$K_{a_1} = 6.9 \times 10^{-5}$，$K_{a_2} = 2.5 \times 10^{-6}$；

(4) 柠檬酸（$H_3C_6H_5O_7$），$K_{a_1} = 7.2 \times 10^{-4}$，$K_{a_2} = 1.7 \times 10^{-5}$，$K_{a_3} = 4.1 \times 10^{-7}$；

(5) 顺丁烯二酸，$K_{a_1} = 1.5 \times 10^{-2}$，$K_{a_2} = 8.5 \times 10^{-7}$；

(6) 邻苯二甲酸，$K_{a_1} = 1.3 \times 10^{-3}$，$K_{a_2} = 3.1 \times 10^{-6}$。

2. 在滴定分析中为什么一般都用强酸（碱）溶液作酸（碱）标准溶液？且酸（碱）标准溶液的浓度不宜太浓

或太稀?

3. 配制 HCl 和 NaOH 标准溶液为什么要用间接法?

4. 已知阿司匹林的解离常数 $K_a = 3.27 \times 10^{-4}$，请简要说明为什么用 $0.1000 \text{mol} \cdot \text{L}^{-1}$ NaOH 测定阿司匹林含量时选择酚酞为指示剂?

## 五、计算题

1. 用 $0.10 \text{mol} \cdot \text{L}^{-1}$ NaOH 溶液滴定同浓度邻苯二甲酸氢钾(简写成 KHB)。计算化学计量点及其前后 $0.1\%$ 的 pH。应选用何种指示剂?(已知 $H_2B$ 的 $pK_{a_1} = 2.95$, $pK_{a_2} = 5.41$)

2. 今有一含有弱酸 HA (摩尔质量 $M = 75.00$) 的试样，现称取试样 0.900g 溶解后稀释至 60mL，然后用 $0.1000 \text{mol} \cdot \text{L}^{-1}$ NaOH 标液滴定。已知 HA 被中和一半时，溶液的 $pH = 5.00$，而中和至计量点时，溶液的 $pH = 8.85$，试计算 HA 的百分含量。若试样中混有另一种弱酸 HB ($K_a = 5.0 \times 10^{-10}$)，对上述测定结果有何影响?

3. 烟酸片(标示量 $0.3 \text{g} \cdot \text{片}^{-1}$)的含量测定:取本品 10 片，精密称定总重量为 3.5840g，研细，取细粉 0.3729g，加新沸的水 50mL，置水浴上加热，使其溶解，放冷至室温，加酚酞指示剂 3 滴，用 NaOH ($0.1005 \text{mol} \cdot \text{L}^{-1}$) 滴定，消耗 25.20mL，求标示量?(已知 1mL $0.1 \text{mol} \cdot \text{L}^{-1}$ NaOH 相当于 12.31mg 烟酸)

4. 精密称取阿司匹林供试品 0.4005g，加中性醇 20mL 溶解后，加酚酞指示液 3 滴，用氢氧化钠滴定液 ($0.1005 \text{mol} \cdot \text{L}^{-1}$) 滴定到终点，消耗 22.09mL，求阿司匹林的含量为标示量的多少?百分含量?(阿司匹林的相对分子质量为 180.16)

5. 用 $0.100 \text{mol} \cdot \text{L}^{-1}$ NaOH 滴定 20.00mL $0.100 \text{mol} \cdot \text{L}^{-1}$ HCl 和 $0.200 \text{mol} \cdot \text{L}^{-1}$ NaAc 混合溶液，已知 HAc 的 $pK_a = 4.76$，问:

(1) 滴定前的 $pH = ?$

(2) 加入 19.98 mL NaOH 时的 $pH = ?$

(3) 化学计量点时的 $pH = ?$

(4) 加入 20.02mL NaOH 时的 $pH = ?$ 选用何指示剂?

(5) 如滴定终点的 $pH = 9.00$，计算终点误差。

6. 称取盐酸利多卡因供试品 0.2120g，溶解于冰醋酸，加乙酸汞消除干扰，用非水溶液滴定法测定，消耗高氯酸液 ($0.1010 \text{mol} \cdot \text{L}^{-1}$) 7.56mL，已知每 1mL 高氯酸液 ($0.1 \text{mol} \cdot \text{L}^{-1}$) 相当于 27.08mg 的盐酸利多卡因，求其百分含量。

7. 取盐酸麻黄碱 0.1532g，精密称定，加冰醋酸 10mL 溶解后，加乙酸汞试液 2mL 与结晶紫指示液 1 滴，用 $HClO_4$ 滴定至绿色，用去 $0.1022 \text{mol} \cdot \text{L}^{-1}$ 的高氯酸滴定液 7.50mL，空白实验消耗高氯酸滴定液 0.08mL。已知每 1mL 高氯酸滴定液 ($0.1 \text{mol} \cdot \text{L}^{-1}$) 相当于 20.17mg 的 $C_{10}H_{15}ON \cdot HCl$。试计算盐酸麻黄碱的百分含量。

# 第7章 配位平衡

配位反应广泛应用于分析化学中。除了作为滴定反应以外，还常用于分离、掩蔽、萃取、显色等反应。配位反应涉及的平衡关系比较复杂，为了定量处理各种因素对滴定反应的影响，要应用各种副反应系数、条件稳定常数的概念，并对平衡体系作近似处理。

## 7.1 分析化学中常见的配合物

配位化合物(coordination compound)简称配合物，也称错合物、络合物、螯合物，为一类具有特征化学结构的化合物。它由中心原子或离子(统称中心原子)和围绕它的称为配位体(ligand，简称配体)的分子或离子通过完全或部分由配位键结合形成。

### 7.1.1 无机配合物

无机配合物由仅含一个配位原子的无机配体分子或离子与金属离子逐级形成 $ML_i$ ($i=1,2,\cdots,n$)型的简单配合物，如 $Cl^-$、$Br^-$ 等无机配体中的配位原子可与 $Cu^{2+}$ 形成逐级配合物。这类配位反应一般存在复杂逐级解离平衡关系，逐级稳定常数较为接近，配合物多数不够稳定，难于满足滴定分析的基本要求，一般用作掩蔽剂、显色剂和指示剂。能应用于滴定分析的只有以 $CN^-$ 为配体的氰量法和以 $Hg^{2+}$ 为中心离子的汞量法，但两者因试剂毒性大而很少应用。

### 7.1.2 螯合物

螯合物是具有环状结构的配合物，通过两个或多个配体与同一金属离子形成具有环状结构的配合物。形成螯合物的配体中含有多个与中心原子配位的配合原子，即为多齿配合物。螯合物是分析化学中应用最广泛的配合物，其稳定性高，虽有逐级配合，但可通过控制反应条件，可得到所需的配合物，且对金属离子有较高的选择性。因此螯合剂常用作滴定剂、掩蔽剂、显色剂和萃取剂。分析化学常用螯合剂中最常见的配位原子是 N、O、S，按配位原子不同可分为 NN、OO、NO、SS、SO、SN 等类型，有关螯合剂及其螯合物见表7-1。

### 7.1.3 乙二胺四乙酸及其螯合物

1. 乙二胺四乙酸的性质

乙二胺四乙酸(ethylenediaminetetraacetic acid，EDTA)是弱酸，其结构如图7-1所示，其分子中两个羧基上的氢转移到氮原子上形成双偶极离子。

EDTA 为白色晶体，无毒，不吸潮。在水中溶解度很小，室温下只有 $0.02g\cdot(100mL)^{-1}$，难溶于酸和一般有机溶剂，易溶于氨水和氢氧化钠等碱性溶液，生成相应的盐溶液。

表 7-1 常见螯合剂及其螯合物

| 类型 | 举例 | 螯合物 | 应用 |
|---|---|---|---|
| NN型 | 有机胺类 乙二胺 | | 掩蔽剂、滴定剂 |
| | 含氮杂环 邻二氮菲 | | 显色剂 |
| | 二肟类 丁二肟 | | 显色剂、沉淀剂、萃取剂 |
| OO型 | 二元羧酸 草酸 | | 掩蔽剂 |
| | 羟基酸 酒石酸 | | 掩蔽剂 |
| | $\beta$-二酮 乙酰丙酮 | | 掩蔽剂、萃取剂 |
| | 磺基酸 磺基水杨酸 | | 掩蔽剂、指示剂 |
| NO型 | 羟基喹啉 8-羟基喹啉 | | 萃取剂、沉淀剂 |
| | 偶氮类 铬黑 T | | 指示剂 |
| SS型 | 巯基醇 2,3-二巯丙醇 | | 掩蔽剂 |
| SO型 | 巯基酸 巯基乙酸 | | 掩蔽剂 |
| SN型 | 硫脲 双硫腙 | | 显色剂、指示剂 |

由于 EDTA 在水中的溶解度很小，因此在配位滴定中常用其二钠盐（$Na_2H_2Y \cdot 2H_2O$）。EDTA 二钠盐是白色粉末状结晶，在水中溶解度较大，室温下能溶解 $11.2g \cdot (100mL)^{-1}$。它是一类既有氨基又有羧基的氨羧配位剂，几乎能与碱金属离子外的所有金属离子定量完全配位反应，除广泛应用于配位滴定外，还可以作为分离和测定方法的掩蔽剂，是分析化学中

使用十分广泛的螯合剂。

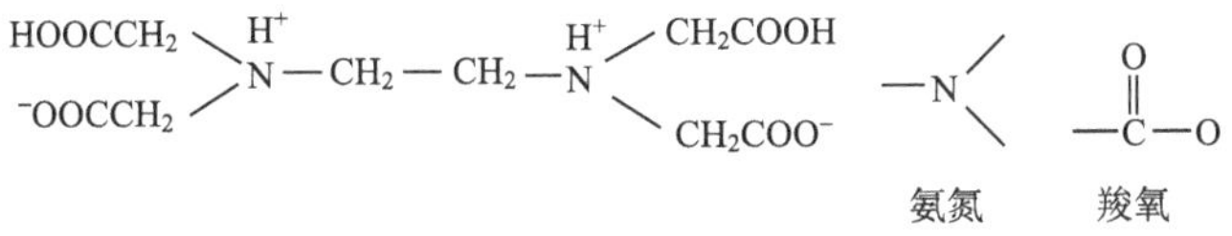

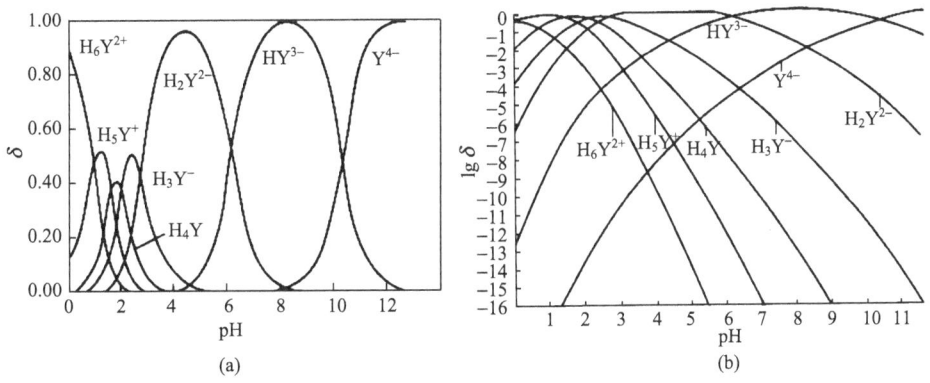

图 7-1　EDTA 的分子结构

EDTA 常用 $H_4Y$ 表示，而分子中 N 原子上还有一对孤对电子，在酸性较强的溶液中，整个分子还可以接受两个 $H^+$ 形成 $H_6Y^{2+}$。$H_6Y^{2+}$ 为六元酸，其六级解离平衡可表示为

$$H_6Y^{2+} \underset{+H^+}{\overset{-H^+}{\rightleftharpoons}} H_5Y^+ \underset{+H^+}{\overset{-H^+}{\rightleftharpoons}} H_4Y \underset{+H^+}{\overset{-H^+}{\rightleftharpoons}} H_3Y^- \underset{+H^+}{\overset{-H^+}{\rightleftharpoons}} H_2Y^{2-} \underset{+H^+}{\overset{-H^+}{\rightleftharpoons}} HY^{3-} \underset{+H^+}{\overset{-H^+}{\rightleftharpoons}} Y^{4-}$$

$H_6Y^{2+}$ 的各级解离平衡的 $pK_a$ 为 $pK_{a_1}=0.9$，$pK_{a_2}=1.6$，$pK_{a_3}=2.0$，$pK_{a_4}=2.67$，$pK_{a_5}=6.16$，$pK_{a_6}=10.26$。

在水溶液中，EDTA 能够以 $H_6Y^{2+}$、$H_5Y^+$、$H_4Y$、$H_3Y^-$、$H_2Y^{2-}$、$HY^{3-}$、$Y^{4-}$ 共 7 种形式存在，它们的分布系数与溶液的 pH 有密切的关系。

图 7-2(a) 为 EDTA 各种存在形式的分布。可见在 pH<0.9 的强酸溶液中，EDTA 主要以 $H_6Y^{2+}$ 形式存在；在 pH 为 2.67~6.16，主要以 $H_2Y^{2-}$ 形式存在；当 pH 超过 10.26 时，主要以 $Y^{4-}$ 形式存在。图 7-2(b) 是 EDTA 的各种存在形式的 $\lg\delta$ 与 pH 的关系图。

图 7-2　EDTA 的各种存在形式的分布图($\delta$-pH 和 $\lg\delta$-pH)

## 2. 乙二胺四乙酸的螯合物

EDTA 分子中有两个氨氮和四个羧氧(图 7-1)共有六个配位原子，为六齿配位剂。由于一般中心原子或离子最常见的配位数为 4 和 6，其次为 2 和 8，因此，EDTA 能满足大多数金属离子对配位数的要求。其与金属离子形成的配位化合物的配位比在大多数情况下都是 1:1，其反应可简化为(省略电荷，EDTA 用 Y 表示)

$$M + Y \rightleftharpoons MY$$

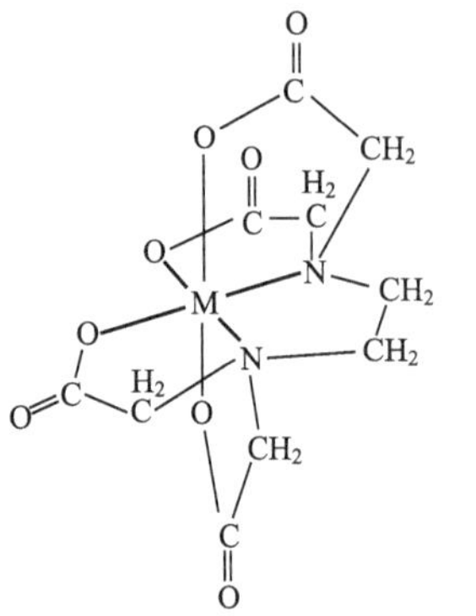

只有极少数高价金属离子,如五价钼 $MoO_2^+$ 与 EDTA 形成 $Mo:Y=2:1$ 的螯合物 $(MoO_2)_2Y^{2-}$。

EDTA 与金属离子形成的配合物为螯合物(chelate),其立体结构见图 7-3。这种配合物中含有多个五元环,配合物的稳定性高,因此 EDTA 与金属离子形成的配合物的稳定常数一般都很大。

此外,EDTA 与金属离子的配位反应一般速率(较)快,生成的配合物水溶性好,且与无色的金属离子生成无色的螯合物,与有色的金属离子生成更深颜色的螯合物。可见,EDTA 与大多数金属离子配合反应符合配位滴定的反应条件,广泛用于滴定分析。

图 7-3 EDTA 与金属离子 M 形成的螯合物的立体结构

---

**延伸阅读 7-1:施瓦岑巴赫与氨羧络合剂的配位化学**

瑞士化学家施瓦岑巴赫(G. K. Schwarzenbach,1904—1978)于 1928 年毕业于苏黎世联邦理工大学(ETH Zurich),毕业论文是"Studies on the formation of pickling salt dyes"。他的主要贡献就在于配位化学领域引进了氨羧配位化合物,通过研究乙二胺四乙酸的(ethylenediaminetetraacetic acid,EDTA)的配位化学,于 1945 年首先提出用 EDTA 二钠盐滴定钙和镁以及测定水的硬度,从而奠定了配位滴定法的基础。此后,他又发现可以利用调节 pH 的方法控制配合物的生成,提高选择性,对混合液的不同离子进行分别测定,而无需分离。这一方法准确度高、选择性好、操作简便,所以他的方法很快引起各国分析化学家的重视,从而迅速发展成为一种重要的容量分析法。结合掩蔽干扰离子方法,以 EDTA 为滴定剂的配位滴定法已经能滴定周期表中大部分金属元素。

---

## 7.2 配合物的稳定常数和溶液中各级配合物的分布

### 7.2.1 配合物的稳定常数

金属离子 M 与 EDTA 配位达到如下反应平衡:

$$M + Y \rightleftharpoons MY$$

反应平衡时的化学平衡常数,即配合物的稳定常数(stability constant) $K_{MY}$ 表达式为

$$K_{MY} = \frac{[MY]}{[M][Y]} \tag{7-1}$$

在一定温度下,金属离子-EDTA 配合物的稳定常数 $K_{MY}$ 越大,配合物越稳定。部分金属离子-EDTA 配合物的稳定常数,见表 7-2。由表可见,三价金属离子和 $Hg^{2+}$、$Sn^{2+}$ 的 EDTA 配合物 $\lg K_{MY} > 20$,二价过渡金属离子和 $Al^{3+}$ 配合物 $\lg K_{MY}$ 在 14~19,碱土金属离子与 EDTA 形成配合物倾向较小,$\lg K_{MY}$ 在 8~11。在适当的条件下,$\lg K_{MY} > 8$ 就可以准确滴定,因此碱土金属也可以用 EDTA 进行滴定。

表 7-2　部分金属离子与 EDTA 形成配合物的稳定常数（$\lg K_{MY}$）

| 金属离子 | $\lg K_{MY}$ | 金属离子 | $\lg K_{MY}$ | 金属离子 | $\lg K_{MY}$ | 金属离子 | $\lg K_{MY}$ |
|---|---|---|---|---|---|---|---|
| $Na^+$ | 1.66 | $La^{3+}$ | 15.40 | $VO_2^+$ | 18.10 | $Th^{4+}$ | 23.20 |
| $Li^+$ | 2.79 | $Ce^{3+}$ | 15.98 | $Pb^{2+}$ | 18.40 | $Cr^{3+}$ | 23.40 |
| $Ag^+$ | 7.32 | $Al^{3+}$ | 16.30 | $Dy^{3+}$ | 18.30 | $Ln^{3+}$ | 25.00 |
| $Ba^{2+}$ | 7.86 | $Co^{2+}$ | 16.31 | $Ni^{2+}$ | 18.62 | $V^{3+}$ | 25.90 |
| $Mg^{2+}$ | 8.69 | $Cd^{2+}$ | 16.46 | $Cu^{2+}$ | 18.80 | $MoO_2^{2+}$ | 28.00 |
| $Sr^{2+}$ | 8.73 | $Zn^{2+}$ | 16.50 | $Er^{3+}$ | 18.85 | $Fe^{3+}$ | 25.10 |
| $Be^{2+}$ | 9.20 | $TiO^{2+}$ | 17.30 | $Lu^{3+}$ | 19.83 | $U^{4+}$ | 25.80 |
| $Ca^{2+}$ | 10.69 | $Eu^{3+}$ | 17.35 | $Ga^{3+}$ | 20.30 | $Bi^{3+}$ | 27.94 |
| $Mn^{2+}$ | 13.87 | $Gd^{3+}$ | 17.37 | $Hg^{2+}$ | 21.70 | $Co^{3+}$ | 36.00 |
| $Fe^{2+}$ | 14.32 | $Pb^{2+}$ | 18.04 | $Sn^{2+}$ | 22.10 | $Tl^{3+}$ | 37.80 |

注：$I=0.1 mol \cdot L^{-1}$，20~25℃，数据按稳定常数从小到大顺序排列。

### 7.2.2　溶液中各级配合物的分布

在处理酸碱平衡时，我们主要是考虑酸度对酸碱各种存在形式分布的影响（此时可以把 $H^+$ 看成是配体），而在配位平衡中则考虑各种配位剂的平衡浓度对各级配合物存在形式分布的影响。

设金属离子的分析浓度为 $c_M$，配位剂 L 的平衡浓度为 $[L]$，$\beta_i (i=1,2,3,\cdots,n)$ 为各级配合物累积形成常数，则各级配合物的分布系数如下：

$$\delta_M = \frac{[M]}{c_M} = \frac{[M]}{[M](1+\beta_1[L]+\beta_2[L]^2+\cdots+\beta_n[L]^n)} = \frac{1}{1+\sum_{i=1}^{n}\beta_i[L]^i} \quad (7-2)$$

$$\delta_{ML} = \frac{[ML]}{c_M} = \frac{\beta_1[M][L]}{[M](1+\beta_1[L]+\beta_2[L]^2+\cdots+\beta_n[L]^n)} = \frac{\beta_1[L]}{1+\sum_{i=1}^{n}\beta_i[L]^i} \quad (7-3)$$

$$\delta_{ML_2} = \frac{[ML_2]}{c_M} = \frac{\beta_2[M][L]^2}{[M](1+\beta_1[L]+\beta_2[L]^2+\cdots+\beta_n[L]^n)} = \frac{\beta_2[L]^2}{1+\sum_{i=1}^{n}\beta_i[L]^i} \quad (7-4)$$

$$\cdots$$

$$\delta_{ML_n} = \frac{[ML_n]}{c_M} = \frac{\beta_n[M][L]^n}{[M](1+\beta_1[L]+\beta_2[L]^2+\cdots+\beta_n[L]^n)} = \frac{\beta_n[L]^n}{1+\sum_{i=1}^{n}\beta_i[L]^i} \quad (7-5)$$

由上式可见，各级配合物的分布系数只是配位剂 L 的平衡浓度 $[L]$ 的函数。

**【示例 7-1】　分布系数和浓度计算**

在铜氨溶液中，当铜离子的分析浓度为 $0.010 mol \cdot L^{-1}$，氨的平衡浓度为 $5.00 \times 10^{-3} mol \cdot L^{-1}$ 时，计算 $Cu^{2+}$、$Cu(NH_3)^{2+}$、$Cu(NH_3)_2^{2+}$、$Cu(NH_3)_3^{2+}$、$Cu(NH_3)_4^{2+}$、$Cu(NH_3)_5^{2+}$ 的分布系数和平衡浓度。

**【解】**

已知铜氨配离子的各级配合物累积形成常数 $\lg\beta_i$ ($i=1, 2, 3, 4, 5$) 分别为 4.31，7.98，11.02，13.32，12.86。$\lg(5.00\times10^{-3}) = -2.30$。

$1 + \beta_1[L] + \beta_2[L]^2 + \beta_3[L]^3 + \beta_4[L]^4 + \beta_5[L]^5$

$= 1 + 10^{4.31}\times10^{-2.30} + 10^{7.98}\times10^{-2.30\times2} + 10^{11.02}\times10^{-2.30\times3}$

$\quad + 10^{13.32}\times10^{-2.30\times4} + 10^{12.86}\times10^{-2.30\times5}$

$= 1 + 102.3 + 2.399\times10^3 + 1.318\times10^4 + 1.318\times10^4 + 22.91 = 2.639\times10^4$

$$\delta_{Cu^{2+}} = \frac{1}{2.639\times10^4} = 3.79\times10^{-5}$$

$$\delta_{Cu(NH_3)^{2+}} = \frac{102.3}{2.639\times10^4} = 3.88\times10^{-3}$$

$$\delta_{Cu(NH_3)_2^{2+}} = \frac{2.399\times10^3}{2.639\times10^4} = 9.09\times10^{-2}$$

$$\delta_{Cu(NH_3)_3^{2+}} = \frac{1.318\times10^4}{2.639\times10^4} = 0.499$$

$$\delta_{Cu(NH_3)_4^{2+}} = \frac{1.318\times10^4}{2.639\times10^4} = 0.499$$

$$\delta_{Cu(NH_3)_5^{2+}} = \frac{22.91}{2.639\times10^4} = 8.68\times10^{-4}$$

$[Cu^{2+}] = c\delta_{Cu^{2+}} = 0.010\times3.79\times10^{-5} = 3.79\times10^{-7} \ (mol\cdot L^{-1})$

$[Cu(NH_3)^{2+}] = c\delta_{Cu(NH_3)^{2+}} = 0.010\times3.88\times10^{-3} = 3.88\times10^{-5} \ (mol\cdot L^{-1})$

$[Cu(NH_3)_2^{2+}] = c\delta_{Cu(NH_3)_2^{2+}} = 0.010\times9.09\times10^{-2} = 9.09\times10^{-4} \ (mol\cdot L^{-1})$

$[Cu(NH_3)_3^{2+}] = c\delta_{Cu(NH_3)_3^{2+}} = 0.010\times0.499 = 4.99\times10^{-3} \ (mol\cdot L^{-1})$

$[Cu(NH_3)_4^{2+}] = c\delta_{Cu(NH_3)_4^{2+}} = 0.010\times0.499 = 4.99\times10^{-3} \ (mol\cdot L^{-1})$

$[Cu(NH_3)_5^{2+}] = c\delta_{Cu(NH_3)_5^{2+}} = 0.010\times8.68\times10^{-4} = 8.68\times10^{-6} \ (mol\cdot L^{-1})$

图 7-4 是不同浓度的氨配体存在下，铜氨配合物各级配合物存在形式的分布图。正如多元酸 $H_nB$ 的各种形态分布，以酸的逐级解离常数的 $pK_{a_i}$ ($i=1, 2, 3, \cdots, n$) 为界，分为各种形态占优势的区域。对于配合物 $ML_n$ 的各种形态分布，也以配合物的逐级稳定常数 $\lg K_i$ ($i=1, 2, 3, \cdots, n$) 为界，分为各种形态占优势的区域。

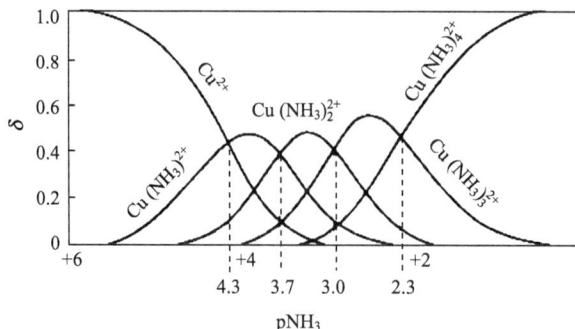

图 7-4 铜氨配合物各级配合物存在形式的分布图

## 7.3 配位反应的副反应系数和条件稳定常数

在配位滴定时,除了被测金属离子 M 与 Y 之间的主反应(main reaction)外,还存在由溶液中 $H^+$、$OH^-$、其他配体 L、其他阳离子 N 等引起的副反应(side reaction),表示如下

```
主反应        M        +        Y        ⇌        MY
副反应    L↙  ↙OH⁻    H⁺↘  ↘N              H⁺↙  ↙OH⁻
         ML    MOH    HY    NY              MHY   M(OH)Y
         ML₂   M(OH)₂  H₂Y   共存离子效应    混合配位效应
          ⋮     ⋮      ⋮
         MLₙ   M(OH)ₙ  HₙY

      辅助配位效应  羟基配位效应  酸效应
```

### 7.3.1 配位反应的副反应系数

**1. EDTA 的副反应系数**

未与 M 配合的 EDTA 各种形态的总浓度[Y′]与 EDTA 的平衡浓度[Y]之比,为 EDTA 的副反应系数(side reaction coefficient,$\alpha_Y$)。

$$\alpha_Y = \frac{[Y']}{[Y]} = \frac{[Y^{4-}] + [HY^{3-}] + [H_2Y^{2-}] + \cdots + [H_6Y^{2+}] + [NY]}{[Y^{4-}]} \tag{7-6}$$

$\alpha_Y$ 越大,表示 EDTA 产生的副反应越严重。如果 EDTA 没有副反应,则 EDTA 全部以 $Y^{4-}$ 的形式存在,$\alpha_Y = 1$。

1) EDTA 的酸效应

EDTA 与 $H^+$ 产生的副反应,称为酸效应(acidic effects),其副反应系数称为酸效应系数(acidic effect coefficient),用 $\alpha_{Y(H)}$ 表示。

$$\begin{aligned}\alpha_{Y(H)} &= \frac{[Y']}{[Y]} = \frac{[Y^{4-}] + [HY^{3-}] + [H_2Y^{2-}] + \cdots + [H_6Y^{2+}]}{[Y^{4-}]} \\ &= 1 + \frac{[H^+]}{K_{a_6}} + \frac{[H^+]^2}{K_{a_6}K_{a_5}} + \cdots + \frac{[H^+]^6}{K_{a_6}K_{a_5}K_{a_4}K_{a_3}K_{a_2}K_{a_1}}\end{aligned} \tag{7-7}$$

$K_{a_i}(i = 1, 2, 3, 4, 5, 6)$ 为 $H_6Y^{2+}$ 各级解离常数。

形成常数是解离常数的倒数。对于 $H_6Y^{2+}$ 来说,各级形成常数为

$$K_1 = \frac{1}{K_{a_6}} = \frac{1}{5.5 \times 10^{-11}} = 1.8 \times 10^{10} = 10^{10.26}$$

$$K_2 = \frac{1}{K_{a_5}} = \frac{1}{6.9 \times 10^{-7}} = 1.4 \times 10^{6} = 10^{6.16}$$

$$K_3 = \frac{1}{K_{a_4}} = \frac{1}{2.1 \times 10^{-3}} = 4.8 \times 10^{2} = 10^{2.68}$$

$$K_4 = \frac{1}{K_{a_3}} = \frac{1}{1.0 \times 10^{-2}} = 10^{2.00}$$

$$K_5 = \frac{1}{K_{a_2}} = \frac{1}{3.0 \times 10^{-2}} = 33 = 10^{1.52}$$

$$K_6 = \frac{1}{K_{a_1}} = \frac{1}{0.13} = 7.7 = 10^{0.89}$$

各级累积形成常数及其对数值为

$$\beta_1 = K_1 = 1.8 \times 10^{10} = 10^{10.26}, \quad \lg\beta_1 = 10.26$$

$$\beta_2 = K_1 K_2 = 10^{10.26+6.16} = 10^{16.42} = 2.5 \times 10^{16}, \quad \lg\beta_2 = 16.42$$

$$\beta_3 = K_1 K_2 K_3 = 10^{10.26+6.16+2.68} = 1.2 \times 10^{19} = 10^{19.10}, \quad \lg\beta_3 = 19.10$$

$$\beta_4 = K_1 K_2 K_3 K_4 = 10^{10.26+6.16+2.68+2.00} = 10^{21.10} = 1.2 \times 10^{21}, \quad \lg\beta_4 = 21.10$$

$$\beta_5 = K_1 K_2 K_3 K_4 K_5 = 10^{10.26+6.16+2.68+2.00+1.52} = 10^{22.62} = 4.2 \times 10^{22}, \quad \lg\beta_5 = 22.62$$

$$\beta_6 = K_1 K_2 K_3 K_4 K_5 K_6 = 10^{10.26+6.16+2.68+2.00+1.52+0.89} = 10^{23.51} = 3.2 \times 10^{23}, \quad \lg\beta_6 = 23.51$$

因此

$$\alpha_{Y(H)} = \frac{[Y']}{[Y]} = \frac{[Y^{4-}] + [HY^{3-}] + [H_2Y^{2-}] + \cdots + [H_6Y^{2+}]}{[Y^{4-}]}$$

$$= 1 + \beta_1[H^+] + \beta_2[H^+]^2 + \cdots + \beta_6[H^+]^6 = 1 + \sum_{i=1}^{n}\beta_i[H^+]^i \quad (7-8)$$

**【示例 7-2】** 酸效应系数的计算

计算 pH=4.00 时 EDTA 的酸效应系数 $\alpha_{Y(H)}$ 和 $\lg\alpha_{Y(H)}$。

**【解】**

已知 EDTA 的各级累积形成常数 $\beta_1 \sim \beta_6$ 分别为 $10^{10.26}$，$10^{16.42}$，$10^{19.10}$，$10^{21.10}$，$10^{22.62}$，$10^{23.51}$。

根据式(7-8)，得

$$\alpha_{Y(H)} = 1 + \sum_{i=1}^{n}\beta_i[H^+]^i$$

$$= 1 + 10^{10.26-4.00} + 10^{16.42-8.00} + 10^{19.10-12.00} + 10^{21.10-16.00} + 10^{22.62-20.00} + 10^{23.51-24.00}$$

$$= 1 + 10^{6.26} + 10^{8.42} + 10^{7.10} + 10^{5.10} + 10^{2.62} + 10^{-0.49}$$

$$= 10^{8.44}$$

$$\lg\alpha_{Y(H)} = 8.44$$

在配位滴定中，酸效应系数 $\alpha_{Y(H)}$ 或 $\lg\alpha_{Y(H)}$ 是常用数值。同时，不同金属离子与 EDTA 形成配合物的 $\lg K_{MY}$ 值不同。若以不同的 $\lg K_{MY}$ 值的最低 pH 作图，就得到酸效应曲线 (acidic effect curve)，如图 7-5 所示。酸效应曲线又称林邦曲线(Ringbom curve)，是芬兰化学家林邦(Anders Ringbom，1903—1972)提出来的，用于讨论副反应。随着 pH 升高，EDTA 的酸效应减弱，条件稳定常数增大，滴定反应的完全程度增大。图中显示的是金属离子准确滴定时所允许的最低 pH。

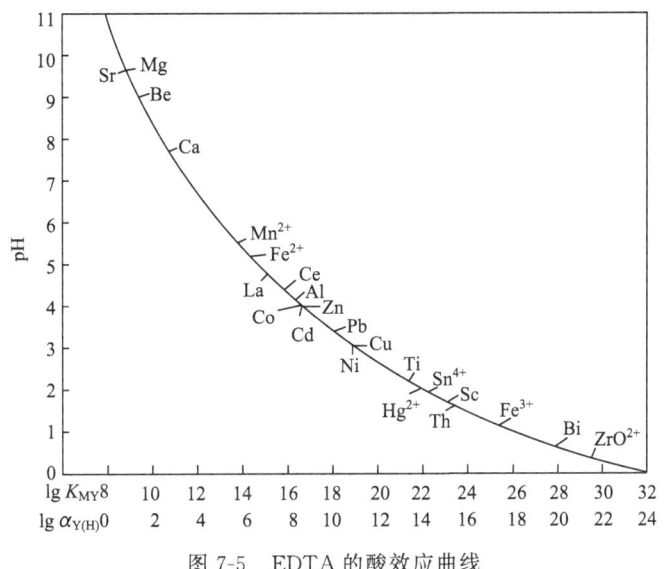

图 7-5 EDTA 的酸效应曲线

2) 共存离子效应

由于溶液中其他金属离子的存在，使 EDTA 主反应配位能力降低的现象称为共存离子效应。共存离子效应用 $\alpha_{Y(N)}$ 表示。

当溶液中存在金属离子 N 时，其共存离子效应 $\alpha_{Y(N)}$ 表达为

$$\alpha_{Y(N)} = \frac{[Y']}{[Y]} = \frac{[NY]+[Y]}{[Y]} = 1 + K_{NY}[N] \tag{7-9}$$

如果溶液中存在多种共存离子 $N_1, N_2, \cdots, N_n$，则共存离子效应 $\alpha_{Y(N)}$ 表达为

$$\begin{aligned}
\alpha_{Y(N)} &= \frac{[Y']}{[Y]} = \frac{[Y]+[N_1Y]+[N_2Y]+\cdots+[N_nY]}{[Y]} \\
&= 1 + K_{N_1Y}[N_1] + K_{N_2Y}[N_2] + \cdots + K_{N_nY}[N_n] \\
&= 1 + (\alpha_{Y(N_1)}-1) + (\alpha_{Y(N_2)}-1) + \cdots + (\alpha_{Y(N_n)}-1) \\
&= \alpha_{Y(N_1)} + \alpha_{Y(N_2)} + \cdots + \alpha_{Y(N_n)} - (n-1)
\end{aligned} \tag{7-10}$$

3) Y 的总副反应系数 $\alpha_Y$

当酸效应 $\alpha_{Y(H)}$ 和共存离子效应 $\alpha_{Y(N)}$ 同时存在时的总副反应系数 $\alpha_Y$ 为

$$\alpha_Y = \frac{[Y']}{[Y]} = \frac{[Y]+[HY]+\cdots+[H_6Y]+[NY]}{[Y]} = \alpha_{Y(H)} + \alpha_{Y(N)} - 1 \tag{7-11}$$

**【示例 7-3】 计算 EDTA 的总副反应系数**

在 pH=6.0 的溶液中，含有浓度均为 0.010 mol·L$^{-1}$ 的 EDTA、Zn$^{2+}$ 及 Ca$^{2+}$，计算 $\alpha_{Y(Ca)}$ 和 $\alpha_Y$。

**【解】**

已知 lg$K_{CaY}$=10.69，pH=6.0 时，lg $\alpha_{Y(H)}$=4.65

$$\alpha_{Y(Ca)} = 1 + K_{CaY}[Ca^{2+}] = 1 + 10^{10.69} \times 10^{-2} \approx 10^{8.69}$$

$$\alpha_Y = \alpha_{Y(H)} + \alpha_{Y(Ca)} - 1 = 10^{4.65} + 10^{8.69} - 1 \approx 10^{8.69}$$

计算结果表明，pH=6.0 时，酸效应的副反应是可以忽略不计的。

2. 金属离子的副反应系数

若金属离子 M 与其他配合剂 L 发生副反应，其副反应系数 $\alpha_{M(L)}$ 为

$$\alpha_{M(L)} = \frac{[M']}{[M]} = \frac{[M]+[ML]+[ML_2]+\cdots+[ML_n]}{[M]}$$

$$= 1 + K_1[L] + K_1K_2[L]^2 + \cdots + K_1K_2\cdots K_n[L]^n$$

$$= 1 + \beta_1[L] + \beta_2[L]^2 + \cdots + \beta_n[L]^n = 1 + \sum_{i=1}^{n}\beta_i[L]^i \tag{7-12}$$

金属离子往往同时发生多种副反应，此时金属离子 M 的总的副反应系数用 $\alpha_M$ 表示。例如，溶液存在两种配合剂 L 和 $OH^-$，同时发生副反应，则金属离子 M 的总的副反应系数 $\alpha_M$ 为

$$\alpha_M = \frac{[M']}{[M]} = \frac{[M]+[ML]+[ML_2]+\cdots+[ML_n]}{[M]}$$

$$+ \frac{[M]+[MOH]+[M(OH)_2]+\cdots+[M(OH)_n]}{[M]} - \frac{[M]}{[M]}$$

$$= \alpha_{M(L)} + \alpha_{M(OH)} - 1 \tag{7-13}$$

**【示例 7-4】** 计算副反应系数

在 $0.010 \text{mol} \cdot L^{-1}$ 的锌氨溶液中，当 $[NH_3] = 0.10 \text{mol} \cdot L^{-1}$ 时，计算 pH=10.00 和 12.00 的 $\alpha_{Zn}$。

**【解】**

已知 $Zn(NH_3)_4^{2+}$ 的各级累积稳定常数 $\lg\beta_1 \sim \lg\beta_4$ 分别为 2.37，4.81，7.31，9.46。故

$$\alpha_{Zn(NH_3)_4^{2+}} = 1 + \sum_{i=1}^{n}\beta_i[NH_3]^i = 1 + \beta_1[NH_3] + \beta_2[NH_3]^2 + \beta_3[NH_3]^3 + \beta_4[NH_3]^4$$

$$= 1 + 10^{2.37-1.00} + 10^{4.81-2.00} + 10^{7.31-3.00} + 10^{9.46-4.00} = 10^{5.49}$$

已知 $Zn(OH)_4^{2-}$ 的各级累积稳定常数 $\lg\beta_1 \sim \lg\beta_4$ 分别为 4.4，10.1，14.2，15.5。当 pH=10.00 时，

$$\alpha_{Zn(OH)_4^{2-}} = 1 + \sum_{i=1}^{n}\beta_i[OH^-]^i = 1 + \beta_1[OH^-] + \beta_2[OH^-]^2 + \beta_3[OH^-]^3 + \beta_4[OH^-]^4$$

$$= 1 + 10^{4.4-4.00} + 10^{10.1-8.00} + 10^{14.2-12.00} + 10^{15.5-16.00} = 10^{2.46}$$

$$\alpha_{Zn} = \alpha_{Zn(NH_3)_4^{2+}} + \alpha_{Zn(OH)_4^{2-}} - 1 = 10^{5.49} + 10^{2.46} - 1 = 10^{5.49}$$

当 pH=12.00 时，

$$\alpha_{Zn(OH)_4^{2-}} = 1 + \sum_{i=1}^{n}\beta_i[OH^-]^i = 1 + \beta_1[OH^-] + \beta_2[OH^-]^2 + \beta_3[OH^-]^3 + \beta_4[OH^-]^4$$

$$= 1 + 10^{4.4-2.00} + 10^{10.1-4.00} + 10^{14.2-6.00} + 10^{15.5-8.00} = 10^{8.28}$$

$$\alpha_{Zn} = \alpha_{Zn(NH_3)_4^{2+}} + \alpha_{Zn(OH)_4^{2-}} - 1 = 10^{5.46} + 10^{8.28} - 1 = 10^{8.28}$$

计算结果表明，pH=10.00时$Zn^{2+}$和$OH^-$的副反应是可以忽略不计的，而pH=12.00时$Zn^{2+}$和$NH_3$的副反应同样也是可以忽略不计的。

3. 配合物MY的副反应及副反应系数$\alpha_{MY}$

酸度较高时形成酸式配合物MHY，酸度较低时形成碱式配合物M(OH)Y。酸式配合物和碱式配合物的形成有利于主反应的进行，但配合物稳定常数较小，故在多数计算中忽略不计。

### 7.3.2 配位反应的条件稳定常数

由副反应系数的定义可得

$$[M'] = \alpha_M [M]$$

$$[Y'] = \alpha_Y [Y]$$

$$[MY'] = \alpha_{MY} [MY]$$

以$MY'$、$M'$、$Y'$分别代替MY、M、Y，即得配位反应的条件稳定常数(conditional stability constant)，用$K'_{MY}$表示。

$$K'_{MY} = \frac{[MY']}{[M'][Y']} = \frac{\alpha_{MY}[MY]}{\alpha_M[M]\alpha_Y[Y]} = K_{MY}\frac{\alpha_{MY}}{\alpha_M\alpha_Y} \tag{7-14}$$

两边取对数则有

$$\lg K'_{MY} = \lg K_{MY} - \lg\alpha_M - \lg\alpha_Y + \lg\alpha_{MY} \tag{7-15}$$

在许多情况下，MY的副反应是可以忽略不计的，式(7-14)可化简为

$$\lg K'_{MY} = \lg K_{MY} - \lg\alpha_M - \lg\alpha_Y \tag{7-16}$$

**【示例7-5】 条件稳定常数的计算**

在锌氨溶液中，当$[NH_3] = 0.10 \text{mol} \cdot L^{-1}$时，计算pH=10.00时$\lg K'_{ZnY}$。提示：EDTA只考虑酸效应。

**【解】**

已知$\lg K_{ZnY} = 16.50$。由示例7-4可知，当pH=10.00时，$\lg\alpha_{Zn} = 5.46$。查表可得pH=10.00时，$\lg\alpha_{Y(H)} = 0.45$。代入式(7-16)得

$$\lg K'_{ZnY} = \lg K_{ZnY} - \lg\alpha_{Zn} - \lg\alpha_{Y(H)} = 16.50 - 5.46 - 0.45 = 10.59$$

---

**内容提要与学习要求**

配位滴定是用已知物质的量浓度的配体来测定未知物质的量浓度的金属离子的方法。本章所涉及的内容是分析化学中常见的配位平衡体系，特别是氨羧配位化合物在溶液中的溶液平衡及其溶液中的各种存在形式的分布，其中最为关键的内容就是副反应系数和条件稳定常数。通过学习，要了解EDTA及其螯合物的特点，理解引起副反应的因素及对反应平衡的影响，掌握副反应系数及条件稳定常数的计算。

## 练 习 题

一、选择题

1. 直接与金属离子配位的 EDTA 型体为 ( )
   A. $H_6Y^{2+}$　　　B. $H_4Y$　　　C. $H_2Y^{2-}$　　　D. $Y^{4-}$

2. 一般情况下，EDTA 与金属离子形成的配合物的配位比是 ( )
   A. 1∶1　　　B. 2∶1　　　C. 1∶3　　　D. 1∶2

3. EDTA 与金属离子配位时，一分子的 EDTA 可提供的配位原子数是 ( )
   A. 2　　　B. 4　　　C. 6　　　D. 8

4. 铝盐药物的测定常用配位滴定法。加入过量 EDTA，加热煮沸片刻后，再用标准锌溶液滴定。该滴定方式是 ( )
   A. 直接滴定法　　　　　　B. 置换滴定法
   C. 返滴定法　　　　　　　D. 间接滴定法

5. $\alpha_{M(L)}=1$ 表示 ( )
   A. M 与 L 没有副反应　　　B. M 与 L 的副反应相当严重
   C. M 的副反应较小　　　　D. [M]=[L]

6. 下列叙述中错误的是 ( )
   A. 酸效应使配合物的稳定性降低　　B. 共存离子使配合物的稳定性降低
   C. 配位效应使配合物的稳定性降低　D. 各种副反应均使配合物的稳定性降低

7. 以 EDTA 作为滴定剂时，下列叙述中错误的是 ( )
   A. 在酸度高的溶液中，可能形成酸式配合物 MHY
   B. 在碱度高的溶液中，可能形成碱式配合物 M(OH)Y
   C. 不论形成酸式配合物或碱式配合物均有利于配位滴定反应
   D. 不论溶液 pH 的大小，在任何情况下只形成 MY 一种形式的配合物

8. 用 EDTA 直接滴定有色金属离子 M，终点所呈现的颜色是 ( )
   A. 游离指示剂的颜色　　　　B. EDTA-M 配合物的颜色
   C. 指示剂-M 配合物的颜色　　D. 上述 A＋B 的混合色

二、填空题

1. EDTA 是_____的英文缩写，配制 EDTA 标准溶液时，常用_____。
2. EDTA 在水溶液中有_____种存在形体，只有_____能与金属离子直接配位。
3. 溶液的酸度越大，$Y^{4-}$ 的分布分数越_____，EDTA 的配位能力越_____。
4. EDTA 与金属离子之间发生的主反应为_____，配合物的稳定常数表达式为_____。
5. 配合物的稳定性差别，主要决定于_____、_____、_____。此外，_____等外界条件的变化也影响配合物的稳定性。

三、判断题

1. EDTA 滴定某金属离子有一允许的最高酸度(pH)，溶液的 pH 再增大就不能准确滴定该金属离子了。 ( )
2. 在配位滴定中，若溶液的 pH 高于滴定 M 的最小 pH，则无法准确滴定。 ( )
3. EDTA 酸效应系数 $\alpha_{Y(H)}$ 随溶液中 pH 变化而变化：pH 低，则 $\alpha_{Y(H)}$ 值高，对配位滴定有利。 ( )
4. 配位滴定中，溶液的最佳酸度范围是由 EDTA 决定的。 ( )

## 四、简答题

1. EDTA 和金属离子形成的配合物有哪些特点？
2. 什么是配合物的绝对稳定常数？什么是条件稳定常数？为什么要引进条件稳定常数？
3. 提高配位滴定选择性有几种方法？

## 五、计算题

1. 计算下列两种情况下的 $\lg K'_{NiY}$。

(1) pH=9.00，$[NH_3]=0.10 \text{mol} \cdot \text{L}^{-1}$；

(2) pH=9.00，$[NH_3]=0.10 \text{mol} \cdot \text{L}^{-1}$，$[CN^-]=0.010 \text{mol} \cdot \text{L}^{-1}$。

2. 15mL $0.010 \text{mol} \cdot \text{L}^{-1}$ EDTA 和 10mL $0.010 \text{mol} \cdot \text{L}^{-1}$ $Zn^{2+}$ 溶液混合，若 pH=4.00 时，$[Zn^{2+}]$ 为多少？若预控制 $[Zn^{2+}]$ 为 $1.0 \times 10^{-8} \text{mol} \cdot \text{L}^{-1}$，溶液 pH 应控制为多少？

3. 计算在 pH=2.00 时 EDTA 的酸效应系数及对数值。

# 第8章 配位滴定分析法

配位滴定法（coordination titrations，或 complexometry）是以配位反应为基础的滴定分析方法，主要以氨羧配位剂为滴定剂。配位反应实际上也是路易斯酸碱反应，它与酸碱滴定反应有许多相似之处，但更复杂。这是因为在水溶液中配位反应受到各种因素的影响，如酸度（影响配体和金属离子的状态）、其他配位剂（与配位主反应竞争金属离子）、共存阳离子（与配位主反应竞争滴定剂配体，如 EDTA）等，这些因素直接影响了配位反应的完全程度。在配位滴定反应中，最常用的滴定剂是氨羧配位试剂，这些氨羧配位剂对许多金属有很强的配位能力，如乙二胺四乙酸的二钠盐（EDTA），通常用已知浓度的 EDTA 直接或间接地测定某些金属离子，用适宜的金属指示剂指示终点，再根据消耗的 EDTA 浓度和体积，算出被测物质的含量。

在药学分析中，配位滴定也有广泛的应用。例如，乳酸亚铁颗粒、右旋糖酐铁等制剂中铁含量的测定，葡萄糖酸钙口服液、依地酸钙钠注射液等制剂中钙含量的测定，都可以利用配位滴定实现。

## 8.1 配位滴定过程

### 8.1.1 配位滴定曲线

配位滴定与酸碱滴定类似，但被滴定的不是酸也不是碱而是金属离子（按路易斯酸碱理论，广义上金属离子是一种酸），使用的滴定剂是配位剂，如 EDTA。随着滴定剂的加入，金属离子不断被配位，其浓度不断减小。与前面讨论酸碱滴定时使用 pH 表示 $-\lg[H^+]$ 一样，用 pM 表示滴定过程中金属离子浓度（$-\lg[M^+]$），如 pCa 表示钙离子浓度的负对数。当滴定达到终点时，pM 将发生突变，此时通过选择适当的指示剂来指示滴定达到了终点。以被测金属离子浓度的 pM 为纵坐标，以滴定剂加入体积为横坐标作图，可得配位滴定曲线。注意，计算时需要用条件平衡常数。例如，以 $0.010\ 00\ \text{mol} \cdot \text{L}^{-1}$ EDTA 溶液滴定 20.00mL $0.010\ \text{mol} \cdot \text{L}^{-1}$ $Ca^{2+}$ 溶液，其滴定曲线通过计算绘制而成。为使讨论简单化，首先假设EDTA没有酸效应，即酸效应系数 $\alpha_{Y(H)}=0$。

1. 滴定前

溶液中 $Ca^{2+}$ 离子浓度为 $0.01\text{mol} \cdot \text{L}^{-1}$，即 $[Ca^{2+}]=0.01\text{mol} \cdot \text{L}^{-1}$，则
$$pCa=-\lg[Ca]=-\lg 0.01=2.00$$

2. 化学计量点前

如果加入 19.98mL EDTA 溶液，则还剩余 0.02mL 钙溶液，则
$$[Ca^{2+}]=\frac{0.01\times 0.02}{20.00+19.98}=5.0\times 10^{-6}(\text{mol} \cdot \text{L}^{-1})$$

$$pCa = -\lg[Ca] = 5.3$$

3. 化学计量点时

此时，$Ca^{2+}$几乎全部与EDTA配位，而此时溶液体积增大一倍，则

$$[CaY] = \frac{0.01}{2} = 0.005 (mol \cdot L^{-1})$$

由于

$$K_{MY} = \frac{[CaY]}{[Ca^{2+}][Y]} = 10^{10.69}$$

且$[Ca^{2+}] = [Y]$，得

$$K_{MY} = \frac{0.005}{[Ca^{2+}][Y]} = 10^{10.69}$$

$$[Ca^{2+}] = 3.2 \times 10^{-7} (mol \cdot L^{-1})$$

即 pCa = 6.49。

4. 化学计量点后

例如，EDTA溶液过量0.02mL，则

$$[Y] = \frac{0.01000 \times 0.02}{20.00 + 20.02} = 5 \times 10^{-6} (mol \cdot L^{-1})$$

$$pCa = -\lg \frac{0.005}{5 \times 10^{-6} \times 10^{10.69}} = 7.69$$

综上，可以获得如图8-1所示的滴定曲线，滴定突跃范围pCa为5.30～7.69。需要说明的是，该滴定突跃范围是在没有考虑EDTA酸效应的条件下获得的。实际上，如果在pH较低的情况下，需要考虑酸效应的影响。如果酸度很高，EDTA的酸效应很强，这时候滴定突跃会发生很大变化。如图8-1所示，酸度越大，pH越低，滴定突跃就越小。

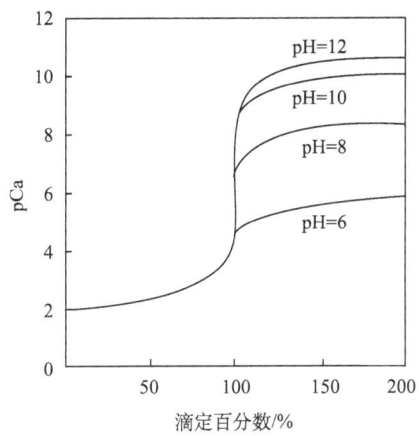

图8-1 EDTA滴定$Ca^{2+}$溶液的滴定曲线

---

**延伸阅读8-1：配位滴定的起源及发展**

配位滴定法创自德国的有机化学家冯·利比希(J. Liebig，1803—1873)。他最早使用银(I)滴定氰离子，开创了配位滴定法。但使配位滴定法迅速发展的功劳应归于瑞士苏黎世工业大学化学家施瓦岑巴赫。在19世纪30年代，已有氨三乙酸、乙二胺四乙酸(EDTA)等氨基多羧酸在碱性介质中能与钙、镁离子形成极稳定的配合物，用于水的软化和皮革脱钙。施瓦茨巴赫对这类化合物的物理化学性质进行了广泛研究，提出以EDTA滴定水的硬度，以紫脲酸铵为指示剂，获得了很大成功，推动了配位滴定法的迅速发展。随后在1946年他又提出以铬黑T作为该滴定的指示剂，奠定了EDTA滴定法的基础。1948年施瓦茨巴赫提

出以 KCN 为掩蔽剂,用来掩蔽 $Cd^{2+}$、$Zn^{2+}$、$Cu^{2+}$、$Ni^{2+}$、$Co^{2+}$,用 $NH_4F$ 来掩蔽 $Al^{3+}$。这类方法准确度高、选择性好、操作简便,引起了各国分析化学家的重视,并进行了大量研究。

1956 年捷克斯洛伐克科学家蒲希比(R. Pribil)等提出用二甲酚橙为指示剂在不同 pH 条件下滴定 $Bi^{3+}$(pH=5~6),$Sc^{3+}$、$La^{3+}$、$Pb^{2+}$、$Zn^{2+}$、$Cd^{2+}$ 和 $Hg^{2+}$(pH=5~6),并找到了三乙醇胺解决了掩蔽 $Fe^{3+}$ 的问题。及至 19 世纪 60 年代,有 66 个元素已能用 EDTA 进行滴定,特别是它能直接滴定碱土元素、铝及稀土元素,弥补了过去容量分析的一大缺陷,在黑色金属、有色金属、硬质合金、耐火材料、硅酸盐、炉渣、矿石、化工材料、水质、电镀液中都得到了广泛推广应用,成为一种重要的容量滴定方法。

### 8.1.2 影响滴定突跃大小的因素

影响配位滴定 pM′突跃的因素主要有金属离子的有效浓度 $c_M$ 和金属离子与 EDTA 的 $K'_{MY}$,而 $K'_{MY}$ 又受酸度的影响,可以通过式(8-1)计算:

$$\lg K'_{MY} = \lg K_{MY} - \lg \alpha_{Y(H)} - \lg \alpha_M \tag{8-1}$$

从式(8-1),可以获得图 8-2 和图 8-3 所示的配位滴定曲线。可以看出 $c_M$ 和 $K'_{MY}$ 对滴定的影响主要有以下特点:① $c_M$ 越大,pM′突跃就越大;反之,pM′突跃越小;② $c_M$ 浓度一定时,$K'_{MY}$ 越大,pM′突跃就越大,反之,pM′突跃越小。

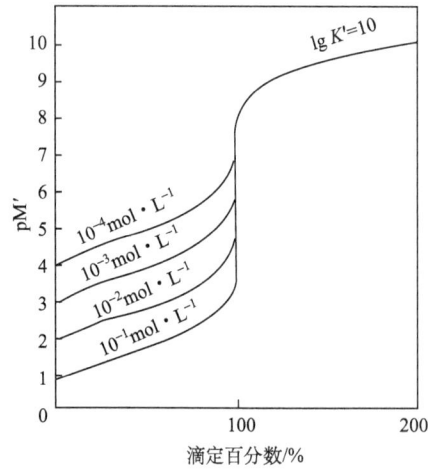

图 8-2　$c_M$ 对配位滴定曲线的影响

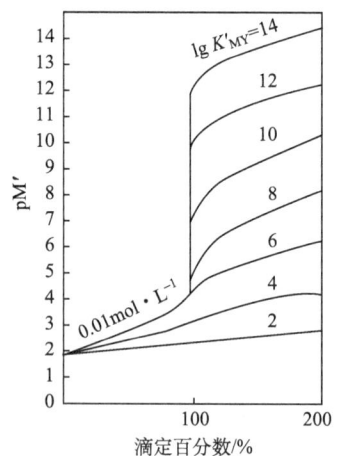

图 8-3　$K'_{MY}$ 对配位滴定曲线的影响

### 8.1.3 准确滴定的条件

$K'_{MY} < 10^8$ 时,即使 $c_M$ 较大,滴定突跃也很小了,这时要选择合适的指示剂指示滴定终点,否则所获得的结果准确就降低了。因而**通常以 $K'_{MY} = 10^8$ 作为判断能否准确滴定的条件**。这是因为:①pH 越小,$\alpha_{Y(H)}$ 越大,$K'_{MY}$ 越小,使 pM′突跃变小(图 8-1);② $K_{MY}$ 越大,$K'_{MY}$ 越大,pM′突跃就越大(图 8-3);③如缓冲剂或辅助配位剂与金属离子配位时,当缓冲

剂浓度增大时，$\alpha_{M(L)}$ 增大，$K'_{MY}$ 减小，pM' 突越减小；④化学计量点金属离子浓度的负对数值 $pM_{sp}$ 和 $pM'_{sp}$ 是很重要的，是选择指示剂和计算终点误差的主要依据。

### 8.1.4 配位滴定的误差分析

配位滴定中的误差可用林邦误差公式(4-4)计算：

$$TE(\%) = \frac{10^{\Delta pM'} - 10^{-\Delta pM'}}{\sqrt{c_M^{sp} K'_{MY}}} \times 100\%$$

式中，$\Delta pM' = pM'_{ep} - pM'_{sp}$，而

$$pM'_{sp} = pY' = \frac{1}{2}(\lg K'_{MY} + pc_M^{sp}) \tag{8-2}$$

$$pM'_{ep} = \lg K'_{MIn} = \lg K_{MIn} - \lg \alpha_{In(H)}$$

且

$$\alpha_{In(H)} = 1 + \frac{[H^+]}{K_{a_2}} + \frac{[H^+]^2}{K_{a_1} K_{a_2}}$$

**【示例 8-1】** 化学计量点金属离子浓度的计算

在 pH=10 的氨性缓冲溶液中，若 $[NH_3]=0.2\,mol \cdot L^{-1}$，用 $0.02\,mol \cdot L^{-1}$ EDTA 滴定 $0.02\,mol \cdot L^{-1}$ $Cu^{2+}$，试计算化学计量点时 pCu'；若滴定的是 $0.02\,mol \cdot L^{-1}$ $Mg^{2+}$，化学计量点时 pMg' 又为多少？

**【解】**

化学计量点时

$$c_{Cu}^{sp} = 0.01\,mol \cdot L^{-1}, \quad [NH_3] = 0.1\,mol \cdot L^{-1}$$

$$\alpha_{Cu(NH_3)} = 1 + \beta_1[NH_3] + \cdots + \beta_5[NH_3]^5 = 10^{9.36}$$

$$\alpha_{Cu(OH)} = 10^{1.7}$$

$$\alpha_{Cu} = \alpha_{Cu(NH_3)} + \alpha_{Cu(OH)} - 1 = 10^{9.36}$$

pH=10 时，

$$\lg \alpha_{Y(H)} = 0.45$$

$$\lg K'_{CuY} = \lg K_{CuY} - \lg \alpha_{Y(H)} - \lg \alpha_{Cu} = 18.80 - 0.45 - 9.36 = 8.99$$

$$pCu'_{sp} = pY' = \frac{1}{2}(\lg K'_{CuY} + pc_{Cu}^{sp}) = \frac{1}{2}(8.99 + 2.00) = 5.50$$

对于 $Mg^{2+}$，$\lg \alpha_{Mg} = 0$

$$\lg K'_{MgY} = \lg K_{MgY} - \lg \alpha_{Y(H)} = 8.70 - 0.45 = 8.25$$

$$pMg'_{sp} = pY' = \frac{1}{2}(\lg K'_{MgY} + pc_{Mg}^{sp}) = \frac{1}{2}(8.25 + 2.00) = 5.12$$

**【示例 8-2】** 配位滴定中误差的计算

在 pH=11.00 的氨性缓冲溶液中，以铬黑 T(EBT) 为指示剂，用 $0.02\,mol \cdot L^{-1}$ EDTA 滴定 $0.02\,mol \cdot L^{-1}$ $Ca^{2+}$，试计算 TE%。若滴定的是 $0.020\,mol \cdot L^{-1}$ $Zn^{2+}$，TE% 又为多少？(已知 pH=11.00 时，$\lg \alpha_{Y(H)} = 0.07$；$\lg K_{CaY} = 10.69$，$\lg K_{ZnY} = 16.50$；EBT：$K_{a_1} = $

$10^{-6.3}$, $K_{a_2}=10^{-11.6}$, $\lg K_{\text{Ca-EBT}}=5.40$, $\lg K_{\text{Zn-EBT}}=12.90$)

**【解】**

当滴定钙时，

$$\lg K'_{\text{CaY}}=\lg K_{\text{CaY}} - \lg \alpha_{\text{Y(H)}}=10.69-0.07=10.62$$

$$\text{pCa}'_{\text{sp}}=\frac{1}{2}(\lg K'_{\text{CaY}}+ \text{p}c^{\text{sp}}_{\text{Ca}})=\frac{1}{2}(10.62+2)=6.31$$

对 EBT，由于 $\alpha_{\text{EBT(H)}}=1+[\text{H}^+]/K_{a_2}+[\text{H}^+]^2/K_{a_1}K_{a_2}=4.98$，故有

$$\lg \alpha_{\text{EBT(H)}}=0.70$$

$$\text{pCa}'_{\text{ep}}=\lg K'_{\text{Ca-EBT}}=\lg K_{\text{Ca-EBT}}-\lg \alpha_{\text{EBT(H)}}=5.40-0.70=4.70$$

$$\Delta \text{pCa}=\text{pCa}'_{\text{ep}}-\text{pCa}'_{\text{sp}}=4.70-6.31=-1.61$$

$$\text{TE}(\%)=\frac{10^{-1.61}-10^{1.61}}{\sqrt{10^{-2}\times 10^{10.62}}}\times 100\% = -0.20\%$$

当滴定锌时

$$\lg K'_{\text{ZnY}}=\lg K_{\text{ZnY}}-\lg \alpha_{\text{Y(H)}}=16.50-0.07=16.43$$

$$\text{pZn}'_{\text{sp}}=\frac{1}{2}(\lg K'_{\text{ZnY}}+\text{p}c^{\text{sp}}_{\text{Zn}})=\frac{1}{2}(16.43+2)=9.22$$

$$\text{pZn}'_{\text{ep}}=\lg K'_{\text{Zn-EBT}}=\lg K_{\text{Zn-EBT}}-\lg \alpha_{\text{EBT(H)}}=12.90-0.70=12.20$$

$$\Delta \text{pZn}=\text{pZn}'_{\text{ep}}-\text{pZn}'_{\text{sp}}=12.20-9.22=2.98$$

$$\text{TE}(\%)=\frac{10^{2.98}-10^{-2.98}}{\sqrt{10^{-2}\times 10^{16.43}}}\times 100\% = 0.0058\%$$

---

### 学习与思考

(1) 为什么选用 $K'_{\text{MY}}$ 而不选择 $K_{\text{MY}}$ 作为配位滴定能否准确滴定的判据？

(2) 式(8-1)仅体现了酸效应和共存金属离子对 $K'_{\text{MY}}$ 的影响。假如溶液中还存在更多的干扰因素，如存在更多的配位剂(如氨水)或多个共存金属离子，式(8-1)又该如何表示？

(3) 试推导只有 $K'_{\text{MY}}=10^8$ 时才能使 TE% 小于 0.1%。

## 8.2 配位滴定中酸度的控制

在配位滴定分析中，由于①配位滴定过程中使用的指示剂需要合适的酸度范围；②滴定剂(如 EDTA)存在酸效应；③金属离子与 $\text{OH}^-$ 或其他配位剂会发生副反应，甚至生成沉淀等三方面的原因，使得滴定剂不能正常与金属离子配位，因而需要控制溶液的酸度。式(8-1)体现了酸效应和其他共存金属离子等对准确滴定的一些不利因素的影响，特别是由于配位剂通常是弱碱，因而如果介质酸度太大，配位剂会被质子化；如果介质碱度太大，金属离子又要水解。所以，介质的酸度对能否准确滴定的影响非常大。因此，为了使配位滴定能准确进行，必须保持在适当的酸度范围内。正因如此，通常采用酸碱缓冲溶液来控制滴定过程

的酸度。下面以单一离子配位滴定为例来讨论 EDTA 滴定体系中酸度的控制。

## 8.2.1 最高酸度

如果待测金属离子的总浓度($c_M$)为 $0.010 \text{mol} \cdot \text{L}^{-1}$,而准确滴定要达到 $TE \leqslant |\pm 0.1\%|$ 的最低要求是 $\Delta pM' = \pm 0.2$,则

$$\lg cK'_{MY} \geqslant 6 \tag{8-3}$$

$$\lg \alpha_{Y(H)} \leqslant \lg c + \lg K_{MY} - 6 = \lg K_{MY} - 8 \tag{8-4}$$

查表 7-2 及附录 4,可得 $\lg K_{MY}$ 对应的最低 pH,即滴定各种金属离子所允许的最小 pH。由于不同金属离子与 EDTA 形成配位物的稳定常数 $\lg K_{MY}$ 值不同,因而为使条件稳定常数 $\lg K'_{MY}$ 达到 8 的最低 pH 也不同,若以不同的 $\lg K_{MY}$ 值的最低 $pH_{min}$ 作图,就获得了如图 7-5 所示的酸效应曲线。

## 8.2.2 适宜酸度范围

**1. 单一离子滴定的适宜酸度**

滴定过程中酸度太高会引起 EDTA 的强酸效应($\lg \alpha_{Y(H)}$),但如果酸度太低又会导致金属离子沉淀,产生新的副反应。最低酸度通常考虑是待测金属离子不被水解为基本条件。下面就以 $Fe^{3+}$ 的滴定来说明其适宜的酸碱度范围(optimal range of acidity)。

**【示例 8-3】** 配位滴定 $Fe^{3+}$ 的适宜酸度范围

用 $0.020 \text{mol} \cdot \text{L}^{-1}$ EDTA 滴定 $0.020 \text{mol} \cdot \text{L}^{-1}$ $Fe^{3+}$ 溶液,若要 $\Delta pM' = \pm 0.2$,$TE \leqslant |\pm 0.1\%|$,计算适宜的酸度范围。已知 $\lg K_{FeY} = 25.1$。提示:$c_{Fe^{3+}}$ 为初始浓度,因为刚开始滴定时就有沉淀生成。

**【解】**

最高酸度:

$$\lg \alpha_{Y(H)} \leqslant \lg K_{MY} - 8 = 25.1 - 8 = 17.1$$

即 EDTA 的酸效应系数不能超过 $10^{17.1}$,此时对应的酸度为 $pH_{min} = 1.12$。

最低酸度可由 $[Fe^{3+}][OH^-]^3 \leqslant K_{sp}$ 获得

$$[OH^-] = \sqrt[3]{\frac{K_{sp}}{c_{Fe^{3+}}}} = \sqrt[3]{\frac{10^{-37.4}}{2 \times 10^{-2}}} = 10^{-11.9}$$

解之,得

$$pOH = 11.9$$
$$pH_{max} = 14.0 - 11.9 = 2.1$$

故滴定 $Fe^{3+}$ 的适宜酸度范围为 $pH = 1.12 \sim 2.1$。

**2. 用指示剂确定滴定最佳酸度**

从指示剂角度考虑,由于指示剂也存在酸效应,指示剂颜色转变点 $pM_t = \lg K'_{MIn} = \lg K_{MIn} - \lg \alpha_{In(H)}$。因此 $pM_t$ 同样与酸度有关。为尽量减小滴定误差,选择指示剂的 $pM_t$(指示剂颜色的转变点)要与 $pM_{sp}$(化学计量点)基本一致,这时的酸度称为最佳酸度(optimum acidity)。最佳酸度在最高酸度和最低酸度范围之间。可先根据估计的酸度范围,求得不同酸度下的滴定误差,误差最小的酸度即为最佳酸度。

例如,用 EDTA($1.0 \times 10^{-2}$ mol·L$^{-1}$)滴定 $Mg^{2+}$(约为 $1.0 \times 10^{-2}$ mol·L$^{-1}$),以铬黑 T(EBT)为指示剂,在 pH 9.0~10.5 的缓冲溶液中测定。如果确定最佳酸度,根据林邦误差公式,在 pH 为 9.0、9.5、9.8、9.9、10.0、10.5 时,计算滴定误差分别为 $-0.30\%$、$-0.15\%$、$-0.01\%$、$+0.03\%$、$+0.05\%$、$+0.20\%$,从而获得其最佳酸度为 9.8,此时的滴定误差最小,为 $-0.01\%$。

**3. 配位滴定中缓冲溶液的作用和选择**

由于在配位滴定过程中有下列反应发生:

$$M + H_nY \rightleftharpoons MY + nH^+$$

滴定时,EDTA 不断释放出 $H^+$,使溶液酸度不断增大。溶液酸度的增大,可能导致酸效应增强,影响主反应的进程;另外,在配位滴定中使用的金属指示剂的颜色变化也受到溶液酸度的影响。因此,配位滴定中常加入缓冲溶液以维持滴定体系的酸度基本不变。

溶液酸度在 pH 为 5~6 时,常用 HAc—NaAc 缓冲溶液;在 pH 为 9~10 时,常用氨性缓冲溶液;在 pH<2 时使用强酸做缓冲溶液,在 pH>12 时使用强碱做缓冲溶液。但是缓冲溶液的某些组分(如 $NH_3$)可能与金属离子配位,引起副反应,降低条件稳定常数。因此,应根据具体情况,选择合适的缓冲溶液。

## 8.3 混合离子的分别滴定

### 8.3.1 准确滴定判别式

要判断某金属离子能否用 EDTA 准确滴定,要求终点误差 TE≤$|\pm 0.1\%|$。这时,需满足:

$$\Delta pM' = \pm 0.2, \quad c_M^{sp}K'_{MY} \geq 10^6, \quad \lg(c_M^{sp}K'_{MY}) \geq 6 \quad (8-5)$$

如果不满足式(8-5)所列必要条件,假如 $\lg(c_M^{sp}K'_{MY}) \geq 5$,则 TE≤$|\pm 0.3\%|$,就不能准确滴定。

### 8.3.2 分别滴定判别式

如果 M、N 两种金属离子,$K_{MY} > K_{NY}$,在化学计量点的分析浓度分别为 $c_M^{sp}$、$c_N^{sp}$,要准确滴定 M(即 $\Delta pM' = \pm 0.2$)而不受 N 干扰的条件是

$$\lg(c_M^{sp}K_{MY}) - \lg(c_N^{sp}K_{NY}) \geq 6 \quad (8-6)$$

此时,TE≤$|\pm 0.1\%|$,假如 $\lg(c_M^{sp}K_{MY}) - \lg(c_N^{sp}K_{NY}) \geq 5$,则 TE≤$|\pm 0.3\%|$。

### 8.3.3 分别滴定的酸度控制

分步滴定 M、N 两金属离子($K_{MY} > K_{NY}$)的酸度控制较单一离子滴定复杂,但酸度选择的总原则是类似的。例如,在滴定 M 的过程中,N 是干扰离子,即

$$N + Y \rightleftharpoons NY$$

是滴定主反应的副反应。所以，①当 $\alpha_{Y(H)} \gg \alpha_{Y(N)}$，可以忽略 N 离子对滴定过程的影响，酸度的选择与单一离子滴定相同；②当 $\alpha_{Y(H)} \ll \alpha_{Y(N)}$，忽略 EDTA 的酸效应，粗略地认为 $\alpha_Y \approx \alpha_{Y(N)}$，此时 $K'_{MY}$ 不受酸度的影响，此时的最低酸度同单一离子滴定。

---

#### 学习与思考

(1) 试计算配位滴定的终点误差。
(2) 如溶液中除了待滴定金属离子 M 以外，还有共存的 N、P 和 Q 三个金属离子，并且三个共存金属离子与 EDTA 的配位能力差不多，但与 M 比差了十万倍。如果不考虑溶液的酸效应，试讨论是否可以准确滴定 M。

---

## 8.4 提高配位滴定选择性的途径

在使用 EDTA 滴定金属离子 M 时，如果有共存离子 N 存在，一般以终点误差 TE≤|±0.3%|为判据，要求：

$$\lg(c_M^{sp} K_{MY}) - \lg(c_N^{sp} K_{NY}) \geqslant 5 \tag{8-7}$$

如果 $\lg(c_M^{sp} K_{MY}) - \lg(c_N^{sp} K_{NY}) < 5$，则 N 对 M 有干扰。要消除 N 的干扰，必须降低 $\lg(c_N^{sp} K_{NY})$，设法使其满足分别滴定判别式(8-7)。

降低 $\lg(c_N^{sp} K_{NY})$ 的途径有：① 降低 N 的游离浓度，可采用配位掩蔽法或沉淀掩蔽法；② 通过改变 N 离子的价态，降低 $K_{NY}$ 或者使 N 不与 Y 配位；③ 选择其他配位剂，使 $\Delta\lg(cK) \geqslant 5$。下面就提高滴定反应选择性的三个途径做进一步讨论。

### 8.4.1 配位掩蔽法

通过外加配位掩蔽剂 L，使得 N 与 L 形成稳定的配合物 NL，这样[N]会降到很低，可使 $\Delta\lg(cK) \geqslant 5$，使得 N 不构成干扰。配位掩蔽有以下三种方法。

(1) 先加配位掩蔽剂，再用 EDTA 滴定 M。例如，溶液中同时含有 $Al^{3+}$、$Zn^{2+}$ 两种金属离子，可先在酸性溶液中加入过量 $Al^{3+}$ 的配位掩蔽剂，如 $F^-$，再调至 pH 为 5~6，使 $Al^{3+}$ 生成 $AlF_6^{3-}$ 后，再用 EDTA 准确滴定 $Zn^{2+}$，$Al^{3+}$ 因生成了配位阴离子以至于游离的 $Al^{3+}$ 尽管与 Y 配位，但不至于 $\lg(c_M^{sp} K_{MY}) - \lg(c_N^{sp} K_{NY}) < 5$ 产生干扰。

(2) 先加配位掩蔽剂 L，使 N 离子生成 NL 后，用 EDTA 准确滴定 M 离子，再新加一种试剂 X 破坏 NL，使 NL 中的 N 离子得以释放出来，再以 EDTA 准确滴定 N。此时，X 称为解蔽剂。例如，在测定溶液中的 $Pb^{2+}$、$Zn^{2+}$ 两种金属离子时，可在氨性试液中先用 KCN 掩蔽 $Zn^{2+}$，以铬黑 T 为指示剂，用 EDTA 滴定 $Pb^{2+}$。于滴定 $Pb^{2+}$ 后的溶液中加甲醛(或三氯乙醛)，使得 $Zn(CN)_4^{2-}$ 中的 $Zn^{2+}$ 得以释放出来，然后用 EDTA 滴定释放出来的 $Zn^{2+}$：

$$4HCHO + Zn(CN)_4^{2-} + 4H_2O \Longrightarrow Zn^{2+} + 4H_2\overset{OH}{\underset{|}{C}}-CN + 4OH^-$$

(3) 先以 EDTA 直接滴定或返滴定测出 M、N 两种金属离子的总量，再加配位掩蔽剂 L，使得 L 与 NY 配位：

$$NY + L \rightleftharpoons NL + Y$$

从而释放出 Y，再以金属离子标准溶液滴定 Y，测定 N 的含量。

### 8.4.2 沉淀掩蔽法

加入能与干扰离子 N 生成沉淀的沉淀剂，使干扰离子 N 的浓度降低，并在沉淀存在下直接进行配位滴定，这种消除干扰的方法就是沉淀掩蔽法（precipitation masking method）。例如，在强碱溶液（pH＞12）中，用 EDTA 滴定 $Ca^{2+}$ 时，强碱与 $Mg^{2+}$ 形成 $Mg(OH)_2$ 沉淀而不干扰 $Ca^{2+}$ 的滴定，此时 $OH^-$ 就是 $Mg^{2+}$ 的沉淀掩蔽剂。

但是，沉淀掩蔽法存在下列缺点。

(1) 因为沉淀反应不完全，掩蔽效率往往不高。这时最好能选择特异性很强并且能与干扰离子形成溶度积很小的沉淀化合物。

(2) 易有共沉淀现象[如 $Ca^{2+}$ 也随 $Mg(OH)_2$ 沉淀而沉淀]，影响滴定的准确性。

(3) 沉淀吸附金属指示剂时，会影响终点观察。

(4) 某些沉淀颜色很深，或体积庞大，妨碍终点观察。

### 8.4.3 氧化还原掩蔽法

加入一种氧化还原剂，使与干扰离子发生氧化还原反应改变其价态以消除干扰，这种消除干扰的方法就是氧化还原掩蔽法。例如，$Fe^{3+}$ 与 $Bi^{3+}$、$Sn^{4+}$、$Hg^{2+}$ 等离子共存时，会干扰这些离子的配位滴定，可采用氧化还原掩蔽法将 $Fe^{3+}$ 还原为 $Fe^{2+}$，增大 $\Delta\lg(cK)$，从而消除 $Fe^{3+}$ 的干扰。

各种离子的常用掩蔽剂见附录 4(6)。

### 8.4.4 其他滴定剂的应用

当使用 EDTA 不能满足要求时，可以采用其他滴定剂。其中氨羧配合剂就有几十种，它们与金属形成配合物的稳定性各具特点。选用不同的氨羧配位剂作为滴定剂，可以选择性滴定某些离子。例如，在大量 $Mg^{2+}$ 存在下测定 $Ca^{2+}$ 时，可用乙二醇二乙醚二胺四乙酸（EGTA）直接滴定：

$$\Delta \lg K = 10.97 - 5.21 = 5.76 > 5$$

其滴定误差小于 0.3%，比使用 EDTA 滴定的选择性大大提高。原因就是镁离子与 EGTA 形成的配合物（Mg-EGTA）是很不稳定的（$\lg K_{\text{Mg-EGTA}} = 5.21$），但钙离子与 EGTA 形成的配合物（Ca-EGTA）反而很稳定（$\lg K_{\text{Ca-EGTA}} = 10.97$）。因此，如在 $Mg^{2+}$ 存在下滴定 $Ca^{2+}$，选用 EGTA 作滴定剂有利于提高选择性（表 8-1）。此外，乙二胺四丙酸（EDTP）与金属离子形成配合物的稳定性普遍比对应的 EDTA 配合物差。也正是这样的原因，可以通过控制一定的 pH，用 EDTP 滴定 $Cu^{2+}$、$Zn^{2+}$、$Cd^{2+}$ 和 $Mn^{2+}$，而 $Mg^{2+}$ 不干扰（表 8-2）。

**表 8-1　EGTA 和 EDTA 与金属离子配位的配位常数**

| | $Mg^{2+}$ | $Ca^{2+}$ | $Sr^{2+}$ | $Ba^{2+}$ |
| --- | --- | --- | --- | --- |
| $\lg K_{\text{M-EGTA}}$ | 5.21 | 10.97 | 8.50 | 8.41 |
| $\lg K_{\text{M-EDTA}}$ | 8.7 | 10.69 | 8.73 | 7.86 |

表 8-2　EDTP 和 EDTA 与金属离子配位的配位常数

|  | $Cu^{2+}$ | $Zn^{2+}$ | $Cd^{2+}$ | $Mn^{2+}$ | $Mg^{2+}$ |
| --- | --- | --- | --- | --- | --- |
| $\lg K_{M\text{-}EDTP}$ | 15.4 | 7.8 | 6.0 | 4.7 | 1.8 |
| $\lg K_{M\text{-}EDTA}$ | 18.8 | 16.5 | 16.46 | 13.87 | 8.7 |

## 8.5　配位滴定方式

周期表中大多数金属元素都能用配位滴定法测定，采用不同的滴定方式，其选择性也不一样。

### 8.5.1　直接滴定法

直接滴定(direct titration)是配位滴定最基本的方法。也就是在适当条件下，直接用 EDTA 滴定被测离子。采用直接滴定法必须满足下列条件：①被测离子 $\lg(c_M K'_{MY}) \geqslant 6$（至少在 5 以上）；②配位速率快；③应有变色敏锐的指示剂，且没有封闭现象；④在选用的滴定条件下，被测离子不发生水解和沉淀反应。

可直接滴定约 40 种以上金属离子，如 $Ca^{2+}$、$Mg^{2+}$、$Bi^{3+}$、$Fe^{3+}$、$Pb^{2+}$、$Cu^{2+}$、$Zn^{2+}$、$Cd^{2+}$、$Mn^{2+}$、$Fe^{2+}$ 以及大部分稀土金属离子。

### 8.5.2　返滴定法

返滴定法(back titration method)是试液中加入已知量的 EDTA 标准溶液，用另一种金属盐类的标准溶液滴定过量的 EDTA，根据两种标准溶液的浓度和用量，即可求得被测物质的含量。返滴定法主要用于以下情况：①被测离子与 EDTA 配位缓慢；②被测离子在滴定的 pH 下会发生水解，又找不到合适的辅助配位剂；③被测离子对指示剂有封闭作用，又找不到合适的指示剂。

例如，$Al^{3+}$ 与 EDTA 配位缓慢，易水解；$Al^{3+}$ 又封闭指示剂二甲酚橙。因此常采用返滴定法滴定 $Al^{3+}$。所采用的步骤通常分为两步：①先在 $Al^{3+}$ 溶液中加入一定量的 EDTA 标准溶液，在 pH=3.5 时，煮沸溶液。在此条件下，酸度较大，$Al^{3+}$ 不发生水解，EDTA 过量，因此 $Al^{3+}$ 与 EDTA 反应完全；②配位完全后，调节 pH 为 5~6。此时由于 AlY 配合物很稳定，不会重新水解。因此，加入指示剂二甲酚橙后，即可用 $Zn^{2+}$ 标准溶液进行返滴定。

### 8.5.3　置换滴定法

利用置换反应，置换出等物质的量的另一金属离子，或置换出 EDTA，然后滴定，这就是置换滴定法(displacement titration method)。利用置换滴定法可改善指示剂指示滴定终点的敏锐性。

(1) 通过加入其他配位剂置换出另外一种金属离子，通过滴定另外一种金属离子而获得滴定结果：

$$M + NL \rightleftharpoons ML + N$$

例如，$Ag^+$ 与 EDTA 配合物不稳定，不能直接滴定。如果将 $Ag^+$ 加入到 $Ni(CN)_4^{2-}$ 溶液中，则 $2Ag^+ + Ni(CN)_4^{2-} \rightleftharpoons 2Ag(CN)_4^{2-} + Ni^{2+}$，在适当条件滴定 $Ni^{2+}$ 即可求得 $Ag^+$ 的含量。

**【示例 8-4】** 苯巴比妥钠含量的测定

称取苯巴比妥钠（phenobarbital sodium，$C_{12}H_{11}N_2O_3Na$，摩尔质量为 254.2）试样 0.2014g，溶于稀碱溶液中并加热到 60℃使之溶解。冷却后，加乙酸酸化并移入 250mL 容量瓶中，加入 0.03000mol·L$^{-1}$ $Hg(ClO_4)_2$ 标准溶液 25.00mL，稀释至刻度，放置待下述反应发生 $Hg^{2+} + 2C_{12}H_{11}N_2O_3^- \rightleftharpoons Hg(C_{12}H_{11}N_2O_3)_2$。过滤弃去沉淀，滤液用于烧杯接收。吸取 25.00mL 滤液，加入 10mL 0.01mol·L$^{-1}$ MgY 溶液，释放出的 $Mg^{2+}$ 以铬黑 T 为指示剂在 pH=10 下 0.01000mol·L$^{-1}$ EDTA 滴定至终点，消耗 EDTA 3.60mL。试计算试样中苯巴比妥钠的质量分数。

**【解】**

本题的实验过程是，先使用过量的已知浓度的汞盐使试液中苯巴比妥形成苯巴比妥汞沉淀，然后用 MgY 与溶液中剩余的 $Hg^{2+}$ 发生置换反应，释放出 $Mg^{2+}$。再用 EDTA 滴定法测定 $Mg^{2+}$，从而得出沉淀后溶液中剩余的汞的量，进而计算出苯巴比妥钠的质量分数。

加入汞的总量为

$$n_{Hg}^t = 0.03000 \times 25.00 = 0.7500(\text{mmol})$$

沉淀后溶液中剩余的汞的量为

$$n_{Hg}^{ex} = 0.01000 \times 3.60 \times \frac{250.0}{25.00} = 0.036(\text{mmol})$$

因而沉淀苯巴比妥时消耗的汞的量为

$$n_{Hg} = n_{Hg}^t - n_{Hg}^{ex} = 0.7500 - 0.360 = 0.390(\text{mmol}) = 3.90 \times 10^{-4}(\text{mol})$$

又因为

$$\frac{n_{Hg}}{n_{NaPB}} = \frac{1}{2}$$

所以有

$$w_{NaPB} = \frac{3.90 \times 10^{-4} \times 2 \times 254.2}{0.2014g} \times 100\% = 98.4\%$$

(2) 通过使用其他金属离子置换出 EDTA，然后滴定 Y 的量：

$$MY + L \rightleftharpoons ML + Y$$

例如，铬黑 T 与 $Ca^{2+}$ 显色不灵敏，但对 $Mg^{2+}$ 显色较灵敏。因而可以在 pH=10 时加入少量 MgY 滴定 $Ca^{2+}$。由于 CaY 比 MgY 稳定，故此时发生下列置换反应：

$$Ca^{2+} + MgY \rightleftharpoons CaY + Mg^{2+}$$
$$Mg^{2+} + EBT \rightleftharpoons MgEBT$$

所以，而在滴定时，

$$Ca^{2+} + Y \rightleftharpoons CaY$$

而到终点时，

$$MgEBT + Y \rightleftharpoons MgY + EBT$$

也就是说，到滴定终点时，微过量的 EDTA 就与显深红色 MgEBT 发生作用，置换出蓝色的 EBT。换句话说，滴定终点时溶液的颜色由深红色变成蓝色。

### 8.5.4 间接滴定法

有些金属离子和非金属离子不与 EDTA 络合或者配合物不稳定，可采用间接滴定法(indirect titration)。例如，$K^+$ 不与 EDTA 络合，但可先将其沉淀为 $K_2NaCo(NO_2)_6 \cdot 6H_2O$，沉淀过滤溶解后，用 EDTA 滴定其中的 $Co^{2+}$，以间接测定 $K^+$ 含量。再如，利用配位滴定 $PO_4^{3-}$，可将其沉淀为 $MgNH_4PO_4 \cdot 6H_2O$，然后将沉淀过滤并溶解于 HCl 中，加入过量 EDTA 标准液，调至氨性，用 $Mg^{2+}$ 标准溶液返滴过量的 EDTA，通过 $Mg^{2+}$ 即可间接求 $PO_4^{3-}$。

## 8.6 配位滴定法在药物分析中的应用

### 8.6.1 原料药的含量测定

**【示例 8-5】** 直接滴定法测定葡萄糖酸钙的含量

葡萄糖酸钙(calcium gluconate)临床上常用于治疗钙缺乏、急性低血钙和低血钙抽搐、荨麻疹、急性湿疹、皮炎等。葡萄糖酸钙的制剂主要有片剂、注射剂及口服溶液剂等。

本品的结构式、分子式及相对分子质量如下：

(结构式)　　$C_{12}H_{22}CaO_{14} \cdot H_2O$　　448.40
　　　　　　　(分子式)　　　　（相对分子质量）

**测定方法**[EP7.0，即《欧洲药典》(2011 年版)]：取本品 0.8000g，精密称定，加热水 20mL 使溶解，冷却，加水至 300mL，加 NaOH 试液 6mL 与钙紫红素指示剂约 15mg，用 EDTA 滴定液(0.1mol·L$^{-1}$)滴定至溶液由紫色转变为纯蓝色。每 1mL EDTA 滴定液 (0.1mol·L$^{-1}$)相当于 44.84mg 的 $C_{12}H_{22}CaO_{14} \cdot H_2O$。

**滴定原理**：待测葡萄糖酸钙分子中的 $Ca^{2+}$ 可与滴定剂 EDTA 发生配位反应。以 NaOH 碱化反应体系，可降低酸效应对 EDTA 及金属指示剂的影响，减小测定误差。ChP2010、USP35-NF30、JP16 均收载了本法。

**指示剂变色原理**：测定 $Ca^{2+}$ 选用金属指示剂钙紫红素指示滴定终点。钙紫红素是有机染料，显纯蓝色，与 $Ca^{2+}$ 配合显紫色。

以上测定方法中，指示剂钙紫红素加入体系后，与待测 $Ca^{2+}$ 配合显紫色；滴定开始后，由于滴定剂 EDTA 与 $Ca^{2+}$ 的配合物更稳定，使钙紫红素与 $Ca^{2+}$ 的配合物解离，钙紫红素逐渐游离出来，使体系的紫色逐渐减弱、蓝色逐渐增强；滴定终点时，体系从紫色变为纯蓝色。

**测定结果**：

$$含量(\%) = \frac{VTF}{W} \times 100\%$$

式中，$V$ 为滴定液被消耗的体积，mL；$T$ 为滴定液的滴定度，$mg \cdot mL^{-1}$；$F$ 为滴定液的浓度校正因数；$W$ 为供试品的称取量，mg。

## 8.6.2 药物制剂的含量测定

**【示例 8-6】** 直接滴定法测定依地酸钙钠注射液的含量

依地酸钙钠注射液（calcium disodium edetate injection）为含有依地酸（乙二胺四乙酸）钙钠的注射剂，临床上主要用于治疗铅中毒等。

依地酸钙钠的结构式、分子式及相对分子质量如下

$C_{10}H_{12}CaN_2Na_2O_8 \cdot 6H_2O$      482.38
（分子式）            （相对分子质量）

**测定方法**（ChP2010）：精密量取本品 10mL，置 200mL 量瓶中，加水稀释至刻度。精密量取 5mL，置锥形瓶中，加水 95mL 和二甲酚橙指示液 3 滴，用硝酸铋滴定液 (0.01mol·L$^{-1}$) 滴定至溶液由黄色变为红色。每 1mL 硝酸铋滴定液 (0.01mol·L$^{-1}$) 相当于 3.743mg 的 $C_{10}H_{12}CaN_2Na_2O_8$。

**滴定原理**：待测 EDTA-CaNa$_2$ 可与滴定剂 Bi$^{3+}$ 发生配位反应，定量形成更稳定的配合物。本制剂所用溶剂水对测定无干扰。

**指示剂变色原理**：二甲酚橙是一种常用的金属指示剂，显黄色，其金属配合物显红色。化学计量点前，滴定剂 Bi$^{3+}$ 可与被测 EDTA 形成黄色配合物，也可与指示剂二甲酚橙形成红色配合物。由于前者的稳定性高于后者，Bi$^{3+}$ 优先与 EDTA 配合，体系显游离二甲酚橙的颜色即黄色。在化学计量点后，稍过量的 Bi$^{3+}$ 与二甲酚橙形成红色配合物，体系的颜色发生变化，指示滴定终点到达。

**测定结果计算**：

$$标示量(\%) = \frac{VTFD \bar{V}_S}{V_S \times 标示量} \times 100\%$$

式中，$V$ 为滴定液被消耗的体积，mL；$T$ 为滴定液的滴定度，$mg \cdot mL^{-1}$；$F$ 为滴定液的浓度校正因数；$D$ 为供试品溶液的稀释倍数；$\bar{V}_S$ 为供试品的平均装量，$mL \cdot 支^{-1}$；$V_S$ 为供试品的量取量，mL；标示量的单位为 $mg \cdot 支^{-1}$。

**【示例 8-7】** 返滴定法测定氢氧化铝凝胶的含量

氢氧化铝凝胶（aluminum hydroxide gel）为氢氧化铝的胶体小粒子分散在水中形成的混悬型凝胶剂，临床上主要用于缓解胃酸过多引起的胃痛、胃灼热和反酸等。

**测定方法**（USP35-NF30）：精密称取本品适量[相当于 1.5g 的 Al(OH)$_3$]至锥形瓶中，加盐酸 15mL，逐渐加热至完全溶解，冷却，转移至 500mL 量瓶中，加水稀释至刻度，摇匀，用移液管取 20mL 至 250mL 锥形瓶中，持续搅拌，依次加 EDTA 滴定液 25.0mL 和乙酸-乙酸铵缓冲液 20mL，加热并煮沸约 5min，冷却，加乙醇 50mL 和双硫腙指示液 2mL，

用硫酸锌滴定液(0.05mol·L$^{-1}$)滴定至溶液颜色由紫绿色变为玫瑰红色,用水20mL代替样品做空白实验并校正滴定结果。每1mL EDTA滴定液(0.05mol·L$^{-1}$)相当于3.900mg的Al(OH)$_3$。[注:3.900mg(遵照USP35-NF30)]

**滴定原理:** 由于$Al^{3+}$与EDTA的配合反应速率较慢,常采用加热条件下的返滴定法测定$Al^{3+}$的含量。空白实验可排除所用试剂等对测定的干扰(ChP2010收载了本法)。

以上测定方法中,加盐酸使氢氧化铝胶体粒子成为游离$Al^{3+}$,以乙酸-乙酸铵缓冲液维持弱酸性条件,避免$Al^{3+}$水解,并控制酸效应在可接受的范围内。加热条件下,待测$Al^{3+}$与定量过量的滴定剂EDTA定量配位,剩余的EDTA用硫酸锌滴定液返滴定。本制剂所用溶剂水对测定无干扰。

**指示剂变色原理:** 金属指示剂双硫腙显紫绿色,其金属配合物显玫瑰红色。加双硫腙指示液后,虽然双硫腙和体系中剩余的EDTA均可与滴定剂$Zn^{2+}$发生配位反应,因EDTA与$Zn^{2+}$的配合物更稳定,体系显游离双硫腙的颜色紫绿色;化学计量点后,稍过量的$Zn^{2+}$与双硫腙形成玫瑰红色配合物,体系的颜色发生变化,指示滴定终点到达。

**测定结果计算:**

$$标示量(\%)=\frac{(V_B^0-V_B^S)F_B T_A D \overline{W}}{W \times 标示量 \times 1000} \times 100\%$$

式中,$V_B^0$为滴定液B在空白实验中被消耗的体积,mL;$V_B^S$为滴定液B被消耗的体积,mL;$F_B$为滴定液B的浓度校正因数;$T_A$为滴定液A的滴定度,mg·mL$^{-1}$;$D$为供试品的稀释倍数;$\overline{W}$为供试品的平均装量g·瓶$^{-1}$;$W$为供试品的称取量,g;标示量的单位为g·瓶$^{-1}$;1000为单位换算因数(1g=1000mg)。

---

### 内容提要与学习要求

配位滴定是借助于配位反应来进行滴定分析的一种方法,也可看成是特殊的酸碱滴定(路易斯酸碱),所以配位滴定法与酸碱滴定法有许多相似之处,但更复杂。在配位滴定分析中,要求掌握配位滴定法的基本原理、化学计量点时金属离子浓度的计算、滴定时副反应对准确度的影响及提高配位滴定的选择性的方法;熟悉配位滴定曲线及其影响滴定突跃的因素、配位滴定的方式;深入理解配位滴定在药物分析中的应用;了解金属离子指示剂的作用原理,能够提出混合溶液中金属离子分别滴定的方案。

---

## 练 习 题

一、选择题

1. EDTA配位滴定中$Fe^{3+}$、$Al^{3+}$对铬黑T有 ( )
   A. 封闭作用　　　B. 僵化作用　　　C. 沉淀作用　　　D. 氧化作用

2. 溶液中存在M、N两种金属离子时,准确滴定M,而N不干扰的条件是 ( )
   A. $\Delta lgK \geqslant 0.3$　　B. $\Delta lgK \leqslant 0.5\%$　　C. $\Delta lg(cK) \geqslant 5$　　D. $\Delta lgK \geqslant 8$

3. 配位滴定中,指示剂的封闭现象是什么原因引起的 ( )
   A. 指示剂与金属离子生成的配合物不稳定
   B. 被测溶液的酸度过高

C. 指示剂与金属离子生成的配合物稳定性小于 MY 的稳定性
D. 指示剂与金属离子生成的配合物稳定性大于 MY 的稳定性

4. 在配位滴定中，直接滴定法的条件包括　　　　　　　　　　　　　　　　（　　）
A. $\lg cK'_{MY} \leqslant 8$　　　　　　　　　B. 溶液中无干扰离子
C. 有变色敏锐无封闭作用的指示剂　　　D. 反应在酸性溶液中进行

5. 测定水中钙硬时，消除 $Mg^{2+}$ 的干扰用的是　　　　　　　　　　　　　　（　　）
A. 控制酸度法　　　B. 配位掩蔽法　　　C. 氧化还原掩蔽法　　　D. 沉淀掩蔽法

6. 配位滴定中加入缓冲溶液的原因是　　　　　　　　　　　　　　　　　　（　　）
A. EDTA 配位能力与酸度有关　　　　　　B. 金属指示剂有其使用的酸度范围
C. EDTA 与金属离子反应过程中会释放出 $H^+$　　D. $K'_{MY}$ 会随酸度改变而改变

7. 产生金属指示剂的僵化现象是因为　　　　　　　　　　　　　　　　　　（　　）
A. 指示剂不稳定　　　B. MIn 溶解度小　　　C. $K'_{MIn} < K'_{MY}$　　　D. $K'_{MIn} > K'_{MY}$

8. 某溶液主要含有 $Ca^{2+}$、$Mg^{2+}$ 及少量 $Al^{3+}$、$Fe^{3+}$，今在 pH=10 时加入三乙醇胺后，用 EDTA 滴定，用铬黑 T 为指示剂，则测出的是　　　　　　　　　　　　　　　　　（　　）
A. $Mg^{2+}$ 的含量　　　　　　　　　　　B. $Ca^{2+}$、$Mg^{2+}$ 的含量
C. $Al^{3+}$、$Fe^{3+}$ 的含量　　　　　　　D. $Ca^{2+}$、$Mg^{2+}$、$Al^{3+}$、$Fe^{3+}$ 的含量

9. 含 $Ca^{2+}$ 和 $Mg^{2+}$ 离子的溶液，调节溶液 pH=12 后，用 EDTA 滴定，则可被准确滴定的是（　　）
A. $Ca^{2+}$ 和 $Mg^{2+}$　　　　　　　　　B. $Ca^{2+}$
C. $Mg^{2+}$　　　　　　　　　　　　　　D. $Ca^{2+}$ 和 $Mg^{2+}$ 都不能

10. 在 pH=10 时用 EDTA 滴定 $Ca^{2+}$、$Mg^{2+}$，溶液中若存在少量 $Al^{3+}$ 将对测定有干扰，消除干扰最方便的方法是　　　　　　　　　　　　　　　　　　　　　　　　　　　（　　）
A. 加 $NH_4F$ 掩蔽　　　　　　　　　　B. 加 NaOH 沉淀 $Al^{3+}$
C. 加抗坏血酸　　　　　　　　　　　　D. 加 KCN

二、填空题

1. 化学计量点之前，配位滴定曲线主要受＿＿＿＿＿影响；化学计量点之后，配位滴定曲线主要受＿＿＿＿＿影响。

2. 配位滴定中，滴定突跃的大小决定于＿＿＿＿＿和＿＿＿＿＿。

3. 实际测定某金属离子时，应将 pH 控制在大于＿＿＿＿＿且＿＿＿＿＿的范围之内。

4. 指示剂与金属离子的反应：In(蓝)+M ⇌ MIn(红)，滴定前，向含有金属离子的溶液中加入指示剂时，溶液呈＿＿＿色；随着 EDTA 的加入，当到达滴定终点时，溶液呈＿＿＿＿＿色。

5. 设溶液中有 M 和 N 两种金属离子，$c_M = c_N$，要想用控制酸度的方法实现二者分别滴定的条件是＿＿＿＿＿。

6. 配位滴定中常用的掩蔽方法按反应类型不同，可分为＿＿＿＿、＿＿＿＿和＿＿＿＿。

7. 配位掩蔽剂与干扰离子形成配合物的稳定性必须＿＿＿＿＿EDTA 与该离子形成配合物的稳定性。

8. 当被测离子与 EDTA 配位缓慢或在滴定的 pH 下水解，或对指示剂有封闭作用时，可采用＿＿＿＿＿。

9. 用 EDTA 滴定金属离子 M，若浓度均增加 10 倍，则在化学计量点前 0.1%，pM＿＿＿＿＿；在化学计量点时，pM＿＿＿＿＿；在化学计量点后 0.1%，pM＿＿＿＿＿（指增大或减小多少单位）。

10. EDTA 配位滴定中 $Fe^{3+}$、$Al^{3+}$ 对铬黑 T 有＿＿＿＿作用。

三、判断题

1. 金属指示剂是指示金属离子浓度变化的指示剂。（　　）
2. 造成金属指示剂封闭的原因是指示剂本身不稳定。（　　）

3. 用 EDTA 配位滴定法测水泥中氧化镁含量时，不用测钙镁总量。（　　）
4. 金属指示剂的僵化现象是指滴定时终点没有出现。（　　）
5. 铬黑 T 指示剂在 pH＝7～11 时使用，其目的是为减少干扰离子的影响。（　　）
6. 滴定 $Ca^{2+}$、$Mg^{2+}$ 总量时要控制 pH≈10，而滴定 $Ca^{2+}$ 分量时要控制 pH 为 12～13，若 pH＞13 时测 $Ca^{2+}$ 则无法确定终点。（　　）

### 四、简答题

1. 作为金属指示剂必须具备什么条件？
2. 什么是指示剂的封闭现象？怎样消除？
3. 什么是指示剂的僵化现象？怎样消除？
4. 提高配位滴定选择性有几种方法？
5. 常用的掩蔽干扰离子的办法有哪些？配位掩蔽剂应具备什么条件？
6. 配位滴定方式有几种？各举一例。
7. $Cu^{2+}$、$Zn^{2+}$、$Cd^{2+}$、$Ni^{2+}$ 等离子均能与 $NH_3$ 形成配合物，为什么不能以氨水为滴定剂用配位滴定法来测定这些离子？
8. 在 $Al^{3+}$、$Zn^{2+}$、$Mg^{2+}$ 共存的酸性溶液中，请指出下列测定 $Mg^{2+}$ 的分析步骤中错误之处（简述理由），并改正之。

移取 25.00mL 试液于三角锥瓶中，加入 10％ KCN 溶液 1mL，以 NaOH 调节溶液的 pH＝10.0，加入 1∶3 三乙醇胺 15mL，再加入 0.2％二甲酚橙指示剂 2～3 滴，以 EDTA 标准溶液滴定至溶液由红紫色变为亮黄色为终点。

9. 简述以 EDTA 滴定单一金属离子时 pH 适宜范围的选择原理。

### 五、计算题

1. 称取含锌、铝的试样 0.1200g，溶解后调至 pH＝3.5，加入 50.00mL 0.02500mol·$L^{-1}$ 的 EDTA 溶液，加热煮沸，冷却后加入乙酸缓冲溶液，此时 pH＝5.5，以二甲酚橙为指示剂，用 0.020 00mol·$L^{-1}$ 标准锌溶液滴定至红色，用去 5.08mL，加足量 $NH_4F$，煮沸，再用上述锌标准溶液滴定，用去 20.70mL，计算试样中锌、铝的质量分数。

2. 收集 24h 尿样共 2.00L，用 EDTA 滴定。

（1）取 10.0mL 上述尿样，加入 pH＝10 的缓冲溶液，用 0.005 00mol·$L^{-1}$ 的 EDTA 滴定，消耗 23.5mL；

（2）另取 10.0mL 该尿样，使 $Ca^{2+}$ 形成 $CaC_2O_4$ 沉淀除去，仍用同浓度的 EDTA 滴定其中的 $Mg^{2+}$，需 EDTA 12.0mL；

求尿样中 $Ca^{2+}$ 和 $Mg^{2+}$ 的质量浓度。

3. 分析铜锌合金，称取 0.5000g 试样，处理成溶液后定容至 100mL。取 25.00mL，调至 pH＝6，以 PAN 为指示剂，用 0.050 00mol·$L^{-1}$ EDTA 溶液滴定 $Cu^{2+}$ 和 $Zn^{2+}$ 用去了 37.30mL。另取一份 25.00mL 试样溶液用 KCN 以掩蔽 $Cu^{2+}$ 和 $Zn^{2+}$，用同浓度的 EDTA 溶液滴定 $Mg^{2+}$，用去 4.10mL。然后再加甲醛以解蔽 $Zn^{2+}$，用同浓度的 EDTA 溶液滴定，用去 13.40mL。计算试样中铜、锌、镁的质量分数。

4. 测定铅锡合金中 Pb、Sn 含量时，称取试样 0.2000g，用盐酸溶解后，准确加入 50.00mL 0.030 00 mol·$L^{-1}$ EDTA，50mL 水，加热煮沸 2min，冷后，用六次甲基四胺调节溶液至 pH＝5.5，使铅锡定量络合。用二甲酚橙作指示剂，用 0.030 00mol·$L^{-1}$ Pb(Ac)$_2$ 标准溶液回滴 EDTA，用去 3.00mL。然后加入足量 $NH_4F$，加热至 40℃左右，再用上述 $Pb^{2+}$ 标准溶液滴定，用去 35.00mL，计算试样中 Pb 和 Sn 的质量分数。

5. 称取含 Bi、Pb、Cd 的合金试样 2.420g，用 $HNO_3$ 溶解并定容至 250mL。移取 50.00mL 试液于 250mL 锥形瓶中，调节 pH＝1，以二甲酚橙为指示剂，用 0.024 79mol·$L^{-1}$ EDTA 滴定，消耗 25.67mL；然后用六次甲基四胺缓冲溶液将 pH 调至 5，再以上述 EDTA 滴定，消耗 EDTA 24.76mL；加入邻二氮菲，置换出 EDTA 配合物中的 $Cd^{2+}$，用 $0.02174\text{mol} \cdot L^{-1} Pb(NO_3)_2$ 标准溶液滴定游离 EDTA，消耗 6.76mL。计算此合金试样中 Bi、Pb、Cd 的质量分数。

6. 拟定分析方案，指出滴定剂、酸度、指示剂及所需其他试剂，并说明滴定方式。

(1) 含有 $Fe^{3+}$ 的试液中测定 $Bi^{3+}$；

(2) $Zn^{2+}$、$Mg^{2+}$ 混合液中两者的测定。

7. 用 $0.020\text{mol} \cdot L^{-1}$ EDTA 滴定 $0.020\text{mol} \cdot L^{-1} Fe^{2+}$ 溶液，若要 $\Delta pM' = \pm 0.2$，$TE \leqslant |\pm 0.1\%|$，计算适宜的酸度范围。（已知 $\lg K_{FeY} = 14.32$）

# 第 9 章 氧化还原平衡

氧化还原反应(redox reaction)可在氧化剂(oxidant,Ox)和还原剂(reductant,Red)直接接触时发生，也可以在原电池(primary battery)中实现。氧化还原反应机理复杂，有的氧化还原反应很完全但速率很慢，有的存在副反应使反应物之间没有确定的定量关系。因此在氧化还原滴定中要综合考虑有关反应程度、反应条件和反应速率等的各种影响因素。

## 9.1 可逆电对与不可逆电对

根据氧化态(oxidation state)和还原态(reduction state)能否迅速建立起平衡，以及电极电位是否符合能斯特(Nernst)公式，氧化还原电对(redox conjugate pair)可分为可逆电对和不可逆电对两类。在氧化还原反应的任何一瞬间，氧化态和还原态都能迅速地建立平衡、其电极电位符合能斯特(Nernst)公式的电对，称为可逆电对，如 $Fe^{3+}/Fe^{2+}$、$Ce^{4+}/Ce^{3+}$、$I_2/I^-$、$Fe(CN)_6^{3-}/Fe(CN)_6^{4-}$ 等；如果不能在氧化还原反应的任何一瞬间立即建立平衡，按能斯特公式计算的理论电极电位与实际电极电位相差很大的电对，为不可逆电对，如 $S_4O_6^{2-}/S_2O_3^{2-}$、$MnO_4^-/Mn^{2+}$、$Cr_2O_7^{2-}/Cr^{3+}$、$O_2/H_2O_2$、$CO_2/C_2O_4^{2-}$、$HNO_2/NO$ 等。

如果氧化态和还原态的系数相同的电对，称为对称电对，如 $MnO_4^- + 8H^+ + 5e^- \rightleftharpoons Mn^{2+} + 4H_2O$、$Fe^{3+} + e^- \rightleftharpoons Fe^{2+}$ 等；如果氧化态和还原态的系数不同的电对，称为不对称电对，如 $Cr_2O_7^{2-} + 14H^+ + 6e^- \rightleftharpoons 2Cr^{3+} + 7H_2O$、$I_2 + 2e^- \rightleftharpoons 2I^-$ 等。在氧化还原平衡的计算中，不对称电对计算电极电位比较复杂。对称电对与可逆电对之间没有必然的联系。

---

**延伸阅读 9-1：能斯特与能斯特方程**

能斯特(W. H. Nernst，1864—1941)是德国卓越的物理学家、物理化学家和化学史家。他 1887 年毕业于德国维尔茨堡大学，并获博士学位。1889 年，25 岁的他在物理化学上初露头角，成功地将热力学原理应用到了电池上，得出了电极电势与溶液浓度的关系式，即能斯特方程。这是自意大利物理学家伏特(C. A. G. A. A. Volta，1745—1827)在 1800 年发明电池以来，第一次对电池产生电势做出合理解释。他提出的能斯特方程将电池的电势同电池的各个性质联系起来。他的研究成果很多，获 1920 年诺贝尔化学奖。除了提出能斯特方程外，他还提出了能斯特热定理(即热力学第三定律)，发明了闻名于世的白炽灯(即能斯特灯)。

能斯特把他取得的成绩归功于导师奥斯特瓦尔德的培养，因而自己也毫无保留地把知识传给学生，其学生先后多人获得诺贝尔奖。其中包括，因在测定电子电荷以及光电效应的出色工作被授予 1923 年诺贝尔物理学奖的美国物理学家密立根(R. A. Millikan，1868.3—1953.12)，因 1932 年发现正电子而获得 1936 年诺贝尔物理学奖的美国物理学家安德森(C. D. Anderson，1905—1991)和 1960 年因制备了用于研究高能粒子的"气泡室(bubble chamber)"

而获得诺贝尔物理学奖的格拉泽(D. A. Glaser，1926—2013)，出现了诺贝尔奖史上空前的师徒五代相传的佳话。由于德国纳粹的迫害，能斯特于1933年离职，1941年11月18日在德逝世，终年77岁。值得一提的是，作为物理及物理化学家的能斯特，他的几个获得诺贝尔奖的学生都是物理学家。

## 9.2 条 件 电 位

### 9.2.1 条件电位概述

25℃时，对于可逆的氧化还原电对 Ox/Red 来说，其电极电位可用能斯特公式来表示。

$$Ox + ne^- \rightleftharpoons Red$$

$$\varphi = \varphi^\ominus + \frac{0.0592}{n}\lg\frac{a_{Ox}}{a_{Red}} \tag{9-1}$$

式中，$a_{Ox}$ 和 $a_{Red}$ 分别为氧化态和还原态的活度；$\varphi$ 和 $\varphi^\ominus$ 分别为电对在任意状态和标准状态下的电极电位。

在实际工作中仅知道氧化剂的分析浓度 $c_{Ox}$ 和还原剂的分析浓度 $c_{Red}$，而不是其活度。如果考虑离子强度、副反应等的综合影响，则电极电位将会发生较大的变化。

假如 $\gamma_{Ox}$、$\gamma_{Red}$ 分别表示氧化态和还原态的活度系数，$\alpha_{Ox}$、$\alpha_{Red}$ 分别表示氧化态和还原态的副反应系数，则有

$$a_{Ox} = [Ox]\gamma_{Ox} = c_{Ox}\gamma_{Ox}/\alpha_{Ox}$$

$$a_{Red} = [Red]\gamma_{Red} = c_{Red}\gamma_{Red}/\alpha_{Red}$$

代入式(9-1)可得

$$\varphi = \varphi^\ominus + \frac{0.0592}{n}\lg\frac{\gamma_{Ox}\alpha_{Red}}{\gamma_{Red}\alpha_{Ox}} + \frac{0.0592}{n}\lg\frac{c_{Ox}}{c_{Red}}$$

当 $c_{Ox} = c_{Red} = 1\text{mol}\cdot\text{L}^{-1}$ 时，可得

$$\varphi^{\ominus\prime} = \varphi^\ominus + \frac{0.0592}{n}\lg\frac{\gamma_{Ox}\alpha_{Red}}{\gamma_{Red}\alpha_{Ox}} \tag{9-2}$$

$\varphi^{\ominus\prime}$ 称为条件电位(conditional potential)，表示的是在一定介质条件下，氧化态与还原态的分析浓度均为 $1\text{mol}\cdot\text{L}^{-1}$ 的电极电位。$\varphi^{\ominus\prime}$ 值只有在一定介质条件下，才是一个常数，其大小反映的是离子强度及各种副反应影响的总结果。需要说明的是，在处理氧化还原平衡时，用条件电位比较符合实际情况。但遗憾的是条件电位数值比较缺乏，有时可能还存在几种副反应。

在引入了条件电位后，能斯特公式可表示成

$$\varphi = \varphi^{\ominus\prime} + \frac{0.0592}{n}\lg\frac{c_{Ox}}{c_{Red}} \tag{9-3}$$

### 9.2.2 影响条件电位的因素

凡影响电对物质的活度系数和副反应系数的各种因素都会影响条件电位。这些因素主要

有盐效应、生成沉淀、生成配合物、酸效应四个方面。

1. 盐效应

电解质浓度的变化可以改变溶液中的离子强度,从而影响氧化态和还原态的活度系数。溶液中电解质浓度对条件电位的影响作用称为盐效应(salt effect)。单纯盐效应对条件电位的影响可按下式计算:

$$\varphi^{\ominus\prime} = \varphi^{\ominus} + \frac{0.0592}{n}\lg\frac{\gamma_{Ox}}{\gamma_{Red}} \quad (25℃) \tag{9-4}$$

在通常的氧化还原滴定体系中,电解质浓度越大,盐效应表现更为显著。但因不易得到离子活度系数的精确值,所以盐效应的精确数据也不易计算。由于盐效应远小于其他各种副反应对条件电位的影响,在此情况下,估算条件电位时可忽略盐效应的影响(即假定离子活度系数 $\gamma=1$),式(9-1)和式(9-2)也因此可简化为

$$\varphi = \varphi^{\ominus} + \frac{0.0592}{n}\lg\frac{[Ox]}{[Red]} \tag{9-5}$$

$$\varphi^{\ominus\prime} = \varphi^{\ominus} + \frac{0.0592}{n}\lg\frac{\alpha_{Red}}{\alpha_{Ox}} \tag{9-6}$$

2. 生成沉淀

在氧化还原反应中,若加入一种能与电对的氧化态或还原态生成沉淀的物质,就会改变电对的条件电位。若氧化态生成沉淀,将降低条件电位;若还原态生成沉淀,将升高条件电位。例如,用间接碘量法测定 $Cu^{2+}$ 的含量,是基于如下反应:

$$2Cu^{2+} + 4I^{-} \longrightarrow 2CuI\downarrow + I_2$$

有关反应电对为

$$Cu^{2+} + e^{-} \rightleftharpoons Cu^{+} \quad \varphi^{\ominus}_{Cu^{2+}/Cu^{+}} = 0.16V$$

$$I_2 + 2e^{-} \rightleftharpoons 2I^{-} \quad \varphi^{\ominus}_{I_2/2I} = 0.54V$$

若从电对的标准电极电位来判断,应当是 $I_2$ 氧化 $Cu^{+}$。但事实上,$Cu^{2+}$ 氧化 $I^{-}$ 的反应进行得很完全。这是由于 CuI 沉淀的生成,使溶液中 $[Cu^{+}]$ 极小,$Cu^{2+}/Cu^{+}$ 电对的条件电位显著升高,$Cu^{2+}$ 的氧化能力显著增强的效果。

【示例 9-1】 生成沉淀时条件电极电位的计算

计算 25℃ 时,$[I^{-}]=1 mol \cdot L^{-1}$,$Cu^{2+}/Cu^{+}$ 电对的条件电极电位(忽略离子强度的影响,$K'_{sp}=[Cu^{+}][I^{-}]=1.1\times10^{-12}$,$\varphi^{\ominus}_{I_2/2I}=0.54V$,$\varphi^{\ominus}_{Cu^{2+}/Cu^{+}}=0.16V$)

【解】

依据式(9-5)得

$$\varphi^{\ominus\prime}_{Cu^{2+}/Cu^{+}} = \varphi^{\ominus} + 0.0592\lg\frac{[Cu^{2+}]}{[Cu^{+}]}$$

因溶液中有 CuI 生成,即 $Cu^{+} + I^{-} \rightleftharpoons CuI\downarrow$,得

$$[Cu^{+}] = \frac{K_{sp}}{[I^{-}]}$$

代入上式，得

$$\varphi_{Cu^{2+}/Cu^+} = \varphi^\ominus + 0.0592 \lg \frac{[Cu^{2+}][I^-]}{K_{sp}}$$

若考虑到副反应影响，则有

$$[Cu^{2+}] = \frac{c_{Cu^{2+}}}{\alpha_{Cu^{2+}}}$$

$$\varphi_{Cu^{2+}/Cu^+} = \varphi^\ominus + 0.0592 \lg \frac{[I^-]}{K_{sp}\alpha_{Cu^{2+}}} + 0.0592 \lg c_{Cu^{2+}} = \varphi^{\ominus\prime} + 0.0592 \lg c_{Cu^{2+}}$$

$$\varphi^{\ominus\prime} = \varphi^\ominus + 0.0592 \lg \frac{[I^-]}{K_{sp}\alpha_{Cu^{2+}}}$$

因为在实验条件下 $Cu^{2+}$ 不发生明显的副反应，$\alpha_{Cu^{2+}} \approx 1$，$[I^-] = 1\,mol \cdot L^{-1}$，则

$$\varphi^{\ominus\prime} = 0.16 + 0.0592 \lg \frac{1}{1.1 \times 10^{-12} \times 1} = 0.87(V)$$

3. 生成配合物

溶液中存在各种阴离子，它们常与金属离子氧化态或还原态发生配位反应，从而改变电对的条件电位。若生成的氧化态配合物的稳定性高于还原态配合物的稳定性，条件电位降低；反之，条件电位将升高。例如：$Fe^{3+}/Fe^{2+}$ 电对在不同介质中的条件电位如表 9-1 所示。

表 9-1 不同介质中 $Fe^{3+}/Fe^{2+}$ 电对的条件电位（$\varphi^\ominus_{Fe^{3+}/Fe^{2+}} = 0.771V$）

| 介质($1\,mol \cdot L^{-1}$) | $HClO_4$ | HCl | $H_2SO_4$ | $H_3PO_4$ | HF |
| --- | --- | --- | --- | --- | --- |
| $\varphi^{\ominus\prime}/V$ | 0.767 | 0.70 | 0.68 | 0.44 | 0.32 |

从条件电位可知，$F^-$ 或 $PO_4^{3-}$ 与 $Fe^{3+}$ 有较强的配位能力，而 $ClO_4^-$ 基本上不形成配合物。

在氧化还原滴定中，常利用形成配合物来消除干扰。例如，间接碘量法测定 $Cu^{2+}$ 时，如有 $Fe^{3+}$ 存在，$Fe^{3+}$ 也会氧化 $I^-$ 而生成 $I_2$，则会影响 $Cu^{2+}$ 测定。如果向溶液中加入 $F^-$（如 $NaF$、$NH_4HF_2$），$Fe^{3+}$ 与 $F^-$ 生成稳定的 $FeF_3$ 配合物，从而降低了 $Fe^{3+}/Fe^{2+}$ 电对的电极电位，使 $\varphi^{\ominus\prime}_{Fe^{3+}/Fe^{2+}} < \varphi^\ominus_{I_2/2I^-}$，$Fe^{3+}$ 不能氧化 $I^-$，也就不再干扰 $Cu^{2+}$ 的测定。

【示例 9-2】 形成配合物时条件电极电位的计算

计算 25℃时，pH=3.0，溶液中 NaF 浓度为 $0.10\,mol \cdot L^{-1}$ 时，$Fe^{3+}/Fe^{2+}$ 电对的条件电极电位。已知 $\varphi^\ominus_{Fe^{3+}/Fe^{2+}} = 0.771V$，$FeF_3$ 的 $\lg\beta_1$、$\lg\beta_2$ 和 $\lg\beta_3$ 分别为 5.2、9.2 和 11.9，HF 的 $K_a = 6.3 \times 10^{-4}$。

【解】

pH=3.0 时，

$$[F^-] = \delta_{F^-} c_{NaF} = \frac{K_a c_{NaF}}{[H^+] + K_a} = \frac{6.3 \times 10^{-4} \times 0.10}{10^{-3.0} + 6.3 \times 10^{-4}} = 10^{-1.41}$$

$$\alpha_{Fe^{3+}(F^-)} = 1 + \beta_1[F^-] + \beta_2[F^-]^2 + \beta_3[F^-]^3$$

$$= 1 + 10^{5.2} \times 10^{-1.41} + 10^{9.2} \times (10^{-1.41})^2 + 10^{11.9} \times (10^{-1.41})^3 \approx 10^{7.69}$$

依据式(9-6)，$Fe^{3+}/Fe^{2+}$ 电对的条件电位：

$$\varphi^{\ominus\prime}_{Fe^{3+}/Fe^{2+}} = \varphi^{\ominus} + 0.0592 \lg \frac{\alpha_{Fe^{2+}}}{\alpha_{Fe^{3+}}} = 0.771 + 0.0592 \lg \frac{1}{10^{7.69}} = 0.317(V)$$

此时 $\varphi^{\ominus\prime}_{Fe^{3+}/Fe^{2+}} < \varphi^{\ominus}_{I_2/2I^-}$，因此 $Fe^{3+}$ 不能氧化 $I^-$，不会干扰 $Cu^{2+}$ 的测定。

**4. 酸效应**

电对的半电池反应中若有 $H^+$ 或 $OH^-$ 参加，溶液酸度的改变将直接引起条件电位的改变；如果一些物质的氧化态或者还原态是弱酸或弱碱，溶液酸度还会影响其存在的形式，从而引起条件电位的变化。

**【示例 9-3】** 存在酸效应时条件电极电位的计算

计算 25℃时，当 $[H^+] = 5 \text{mol} \cdot L^{-1}$ 或 $pH = 8.0$ 时，电对 $H_3AsO_4/HAsO_2$ 的条件电位，并判断在以上两种条件下，下列反应进行的方向。

$$HAsO_2 + 2H_2O + I_2 \rightleftharpoons H_3AsO_4 + 2I^- + 2H^+$$

**【解】**

已知半电池反应：

$$H_3AsO_4 + 2H^+ + 2e^- \rightleftharpoons HAsO_2 + 2H_2O, \quad \varphi^{\ominus} = 0.56V$$

$$I_2 + 2e^- \rightleftharpoons 2I^-, \quad \varphi^{\ominus\prime} \approx \varphi^{\ominus} = 0.54V$$

依据式(9-5)可得

$$\varphi_{H_3AsO_4/HAsO_2} = \varphi^{\ominus} + \frac{0.0592}{2} \lg \frac{[H_3AsO_4][H^+]^2}{[HAsO_2]} = \varphi^{\ominus} + \frac{0.0592}{2} \lg \frac{c_{H_3AsO_4}/\alpha_{H_3AsO_4}[H^+]^2}{c_{HAsO_2}/\alpha_{HAsO_2}}$$

$$= \varphi^{\ominus\prime} + \frac{0.0592}{2} \lg \frac{c_{H_3AsO_4}}{c_{HAsO_2}}$$

$$\varphi^{\ominus\prime} = \varphi^{\ominus} + \frac{0.0592}{2} \lg \frac{\alpha_{HAsO_2}[H^+]^2}{\alpha_{H_3AsO_4}}$$

$$\alpha_{H_3AsO_4} = \frac{1}{\delta_0} = \frac{[H^+]^3 + K_{a_1}[H^+]^2 + K_{a_1}K_{a_2}[H^+] + K_{a_1}K_{a_2}K_{a_3}}{[H^+]^3}$$

$$\alpha_{HAsO_2} = \frac{1}{\delta_0} = \frac{[H^+] + K_a}{[H^+]}$$

$HAsO_2$ 的 $K_a$ 为 $5.1 \times 10^{-10}$；$H_3AsO_4$ 的 $K_{a_1}$、$K_{a_2}$ 和 $K_{a_3}$ 分别为 $5.5 \times 10^{-3}$、$1.7 \times 10^{-7}$ 和 $5.1 \times 10^{-12}$。

当 $[H^+] = 5 \text{mol} \cdot L^{-1}$ 时，$\alpha_{HAsO_2} = 1.0$，$\alpha_{H_3AsO_4} = 1.0$，$\varphi^{\ominus\prime}_{H_3AsO_4/HAsO_2} = 0.60V$，$\varphi^{\ominus\prime}_{H_3AsO_4/HAsO_2} > \varphi^{\ominus\prime}_{I_2/I^-}$，反应向左进行。据此反应，可用间接碘量法在强酸性溶液中测定 $H_3AsO_4$。

当 $pH = 8.0$ 时，$\alpha_{HAsO_2} = 1.0$，$\alpha_{H_3AsO_4} = 1.0$，$\varphi^{\ominus\prime}_{H_3AsO_4/HAsO_2} = -0.12V$，$\varphi^{\ominus\prime}_{H_3AsO_4/HAsO_2} < \varphi^{\ominus\prime}_{I_2/I^-}$，反应向右进行。据此反应，可用 $As_2O_3$ 在弱碱性溶液中标定 $I_2$ 标准溶液。

## 9.3 氧化还原反应进行的程度和速率

### 9.3.1 氧化还原反应进行的程度

氧化还原反应进行的程度可用条件平衡常数 $K'$ 进行衡量。$K'$ 值越大，反应进行得越完全。若氧化还原反应为

$$a\mathrm{Ox_1} + b\mathrm{Red_2} \rightleftharpoons a\mathrm{Red_1} + b\mathrm{Ox_2}$$

电对的电极反应及其电位分别为

$$\mathrm{Ox_1} + n_1 \mathrm{e^-} \rightleftharpoons \mathrm{Red_1} \quad \varphi_1 = \varphi_1^{\ominus\prime} + \frac{0.0592}{n_1} \lg \frac{c_{\mathrm{Ox_1}}}{c_{\mathrm{Red_1}}}$$

$$\mathrm{Ox_2} + n_2 \mathrm{e^-} \rightleftharpoons \mathrm{Red_2} \quad \varphi_2 = \varphi_2^{\ominus\prime} + \frac{0.0592}{n_2} \lg \frac{c_{\mathrm{Ox_2}}}{c_{\mathrm{Red_2}}}$$

反应达到平衡时，$\varphi_1 = \varphi_2$，即

$$\varphi_1^{\ominus\prime} + \frac{0.0592}{n_1} \lg \frac{c_{\mathrm{Ox_1}}}{c_{\mathrm{Red_1}}} = \varphi_2^{\ominus\prime} + \frac{0.0592}{n_2} \lg \frac{c_{\mathrm{Ox_2}}}{c_{\mathrm{Red_2}}}$$

两边同时乘以 $n$，经整理后得

$$\lg \frac{c_{\mathrm{Ox_2}}^b c_{\mathrm{Red_1}}^a}{c_{\mathrm{Ox_1}}^a c_{\mathrm{Red_2}}^b} = \frac{n(\varphi_1^{\ominus\prime} - \varphi_2^{\ominus\prime})}{0.0592} = \frac{n \Delta \varphi^{\ominus\prime}}{0.0592} \tag{9-7}$$

即

$$\lg K' = \lg \frac{c_{\mathrm{Ox_2}}^b c_{\mathrm{Red_1}}^a}{c_{\mathrm{Ox_1}}^a c_{\mathrm{Red_2}}^b} = \frac{n \Delta \varphi^{\ominus\prime}}{0.0592} \tag{9-8}$$

式中，$K'$ 称为条件平衡常数，它是以反应物分析浓度表示的平衡常数；$n$ 是两电对电子转移数 $n_1$ 与 $n_2$ 的最小公倍数，即氧化还原反应电子转移总数。$a = n/n_1$，$b = n/n_2$。显然，两电对的条件电位差 $\Delta \varphi^{\ominus\prime}$ 越大，反应过程中得失电子数越多，$K'$（或 $\lg K'$）值就越大，反应向右进行就越完全。

根据滴定分析误差要求，反应完全程度应当在 99.9% 以上，未作用物应小于 0.1%，根据式(9-8)：

$$\lg K' = \lg \frac{c_{\mathrm{Ox_2}}^b c_{\mathrm{Red_1}}^a}{c_{\mathrm{Ox_1}}^a c_{\mathrm{Red_2}}^b} = \lg \frac{(99.9\%)^b (99.9\%)^a}{(0.1\%)^a (0.1\%)^b} \approx \lg(10^{3a} \times 10^{3b}) = 3(a+b) \tag{9-9}$$

$$\Delta \varphi^{\ominus\prime} = \frac{0.059}{n} \lg K' = \frac{0.059 \times 3(a+b)}{n} \tag{9-10}$$

于是，用于滴定分析的氧化还原反应必须满足的条件是：$\lg K' \geqslant 3(a+b)$ 或 $\Delta \varphi^{\ominus\prime} \geqslant 0.059 \times 3(a+b)/n$。

对于 1:1 型（$a=b=1$）氧化还原反应，当 $n_1 = n_2 = 1$，$n=1$ 时，必须 $\lg K' \geqslant 6$ 或 $\Delta \varphi^{\ominus\prime} > 0.35\mathrm{V}$；当 $n_1 = n_2 = 2$，$n=2$ 时，必须 $\lg K' \geqslant 6$ 或 $\Delta \varphi^{\ominus\prime} > 0.18\mathrm{V}$。

对于 1:2 型（$a=1$、$b=2$）氧化还原反应，当 $n_1 = 2$、$n_2 = 1$ 时，必须 $\lg K' \geqslant 9$ 或 $\Delta \varphi^{\ominus\prime} > 0.27\mathrm{V}$。

在氧化还原滴定中，一般而言，不论什么类型的反应，只需 $\Delta\varphi^{\ominus\prime} > 0.4\text{V}$，均能满足定量分析的要求。

**【示例 9-4】** 通过计算判定反应能否进行完全

试判断在 $1\text{mol} \cdot \text{L}^{-1}$ $H_2SO_4$ 溶液中，用 $Ce^{4+}$ 溶液滴定 $Fe^{2+}$ 溶液的反应能否进行完全？（已知：$\varphi^{\ominus\prime}_{Ce^{4+}/Ce^{3+}} = 1.44\text{V}$，$\varphi^{\ominus\prime}_{Fe^{3+}/Fe^{2+}} = 0.68\text{V}$）

**【解】**

滴定反应 $Ce^{4+} + Fe^{2+} \rightleftharpoons Ce^{3+} + Fe^{3+}$ 属 1∶1 型氧化还原反应，$n = 1$。

$$\Delta\varphi^{\ominus\prime} = 1.44\text{V} - 0.68\text{V} = 0.76\text{V} > 0.4\text{V}$$

$$\lg K' = \frac{n\Delta\varphi^{\ominus\prime}}{0.0592} = \frac{1 \times 0.76}{0.0592} = 12.84$$

$$K' = 6.9 \times 10^{12} > 10^6$$

仅从条件平衡常数考虑，上述反应能进行完全，能够用于氧化还原滴定分析。

**【示例 9-5】** 条件平衡常数的计算

计算在 $1\text{mol} \cdot \text{L}^{-1}$ 的盐酸溶液中 25℃ 时，以下反应的条件平衡常数。

(1) $2Fe^{3+} + Sn^{2+} \rightleftharpoons 2Fe^{2+} + Sn^{4+}$

(2) $Cr_2O_7^{2-} + 6Fe^{2+} + 14H^+ \rightleftharpoons 2Cr^{3+} + 6Fe^{3+} + 7H_2O$

**【解】**

(1) 将 $\varphi^{\ominus\prime}_{Fe^{3+}/Fe^{2+}} = 0.70\text{V}$ 和 $\varphi^{\ominus\prime}_{Sn^{4+}/Sn^{2+}} = 0.14\text{V}$ 代入式(9-4)可得

$$\lg K' = \lg \frac{c^2_{Fe^{2+}} c_{Sn^{4+}}}{c^2_{Fe^{3+}} c_{Sn^{2+}}} = \frac{2(\varphi^{\ominus\prime}_{Fe^{3+}/Fe^{2+}} - \varphi^{\ominus\prime}_{Sn^{4+}/Sn^{2+}})}{0.0592} = \frac{2 \times (0.70 - 0.14)}{0.0592} = 18.9$$

故

$$K' = 7.9 \times 10^{18}$$

(2) 将 $\varphi^{\ominus\prime}_{Fe^{3+}/Fe^{2+}} = 0.70\text{V}$ 和 $\varphi^{\ominus\prime}_{Cr_2O_7^{2-}/Cr^{3+}} = 1.00\text{V}$ 代入式(9-4)可得

$$\lg K' = \lg \frac{c^2_{Cr^{3+}} c^6_{Fe^{3+}}}{c_{Cr_2O_7^{2-}} c^6_{Fe^{2+}} c^{14}_{H^+}} = \frac{6(\varphi^{\ominus\prime}_{Cr_2O_7^{2-}/Cr^{3+}} - \varphi^{\ominus\prime}_{Fe^{3+}/Fe^{2+}})}{0.0592}$$

$$= \frac{6 \times (1.00 - 0.70)}{0.0592} = 30.4$$

故

$$K' = 2.5 \times 10^{30}$$

以上两个化学反应完全程度均达到 99.9% 以上。

不同类型氧化还原反应对平衡常数 $K'$ 要求有差异，应根据 $K'$ 或 $\Delta\varphi^{\ominus\prime}$ 进行判断。一般认为两电对的条件电位之差 $\Delta\varphi^{\ominus\prime} \geqslant 0.4\text{V}$，反应就能定量地进行。

### 9.3.2 氧化还原反应的速率

根据相关电对的条件电位，可判断反应的方向和完全程度，但不能说明反应的速率。作为一个滴定反应，不仅条件平衡常数要足够大，反应速率也必须足够快，否则不能应用于滴定分析。氧化还原反应速率除与参加反应的物质本性有关外，还受以下外界因素的影响。

## 1. 反应物浓度对反应速率的影响

一般而言,反应物浓度的增加会加快反应的速率。例如,$K_2Cr_2O_7$在酸性介质中与KI的反应为

$$Cr_2O_7^{2-} + 14H^+ + 6I^- \rightleftharpoons 2Cr^{3+} + 3I_2 + 7H_2O$$

此反应速率较慢,增加$I^-$和$H^+$的浓度,可加快反应速率。

## 2. 温度对反应速率的影响

一般而言,温度的升高可以提高反应速率。通常温度每升高10℃,反应速率约提高2~3倍。例如,在酸性溶液中$KMnO_4$与$Na_2C_2O_4$的反应:

$$2MnO_4^- + 5C_2O_4^{2-} + 16H^+ \rightleftharpoons 2Mn^{2+} + 10CO_2\uparrow + 8H_2O$$

室温下,此反应速率缓慢,若将溶液加热并控制在75~85℃,则反应速率显著提高。

但对于一些易挥发的物质(如$I_2$),加热溶液会引起挥发损失;对于易被空气中氧所氧化的物质(如维生素C),加热会加快其被氧化的速率,从而引起误差。

## 3. 催化剂对反应速率的影响

催化剂(catalyst)可从根本上改变反应机制和反应速率,使用催化剂是改变反应速率的有效方法。能使反应速率加快的催化剂称为正催化剂;能使反应速率减慢的催化剂称为负催化剂。在滴定分析中主要利用正催化剂加快反应速率。例如,$Ce^{4+}$氧化$AsO_2^-$的反应速率很慢,但如果加入少量催化剂$I^-$,则反应便可迅速进行。又如,$MnO_4^-$与$C_2O_4^{2-}$的反应速率较慢,若加入$Mn^{2+}$催化剂,则反应速率加快。通常在滴定开始时加几滴$MnO_4^-$,待其褪色后,即生成的$Mn^{2+}$起了催化剂的作用,再加入$MnO_4^-$,之后反应速率变快。这种由生成物本身起催化作用的反应,称为自动催化(autocatalysis)反应。

---

### 内容提要与学习要求

本章要求同学们掌握基于电子转移的化学平衡。要明确氧化还原电对包括可逆电对和不可逆电对,以及它们各自形成的条件。掌握条件电位的概念,明确不同因素对条件电位的影响,能够判断特定条件下反应的进行方向。理解氧化还原反应条件平衡常数的含义,掌握氧化还原反应进行程度的计算方法,明确不同类型反应达到定量分析要求所需的最低电位;熟悉影响氧化还原反应速率的因素,了解氧化还原滴定法的特点。

---

## 练 习 题

一、选择题

1. 氧化还原电对的条件电极电位是 ( )

A. 测定条件下的标准电极电位

B. 电对的氧化态离子和还原态离子的平衡浓度都等于$1mol \cdot L^{-1}$时的电极电位

C. 电对的氧化态和还原态的浓度都相等时的电极电位

D. 在一定介质条件下，电对的氧化态和还原态的总浓度都为 $1\text{mol} \cdot \text{L}^{-1}$ 时校正了各种外界因素影响后的实际电极电位

2. 氧化还原反应 $Ox_1 + Red_2 \rightleftharpoons Red_1 + Ox_2$，能应用于滴定分析的条件是 ( )

A. $\Delta E \geqslant 0.4\text{V}$   B. $\Delta E \geqslant 6\text{V}$   C. $\Delta E \geqslant 0\text{V}$   D. $\Delta E \leqslant 0.4\text{V}$

3. 在氧化还原滴定反应中，两个电对的条件电极电位差越大，则滴定突跃范围越 ( )

A. 小   B. 不适合滴定   C. 大   D. 难以选择指示剂

4. 下列为对称电对，且为可逆电对的是 ( )

A. $Fe^{3+}/Fe^{2+}$   B. $MnO_4^-/Mn^{2+}$   C. $Cr_2O_7^{2-}/2Cr^{3+}$   D. $I_2/2I^-$

5. 氧化还原反应的特点是 ( )

A. 反应速率较快   B. 反应速率较慢   C. 副反应较多   D. 反应机制较复杂

E. 反应简单，往往一步完成

6. $\varphi'$ 比 $\varphi$ 更具有现实意义，是因为 $\varphi'$ 考虑了下列哪些外界因素对电极电位的影响 ( )

A. 氧化剂和还原剂的浓度   B. 反应时的温度

C. 氧化剂和还原剂发生副反应的系数   D. 溶液中的离子强度

E. 参加反应的电子数

二、计算题

1. 银氨配合物的累积生成常数为 $\lg\beta_1 = 3.24$，$\lg\beta_2 = 7.05$，计算 $[Ag^+] = 0.010\text{mol} \cdot \text{L}^{-1}$，$NH_3 + NH_4^+$ 总浓度为 $0.30\text{mol} \cdot \text{L}^{-1}$ pH=9.00 的缓冲溶液中银电极的条件电极电势。（忽略离子强度的影响）

2. 计算下列反应的条件平衡常数（$1\text{mol} \cdot \text{L}^{-1}$ $H_2SO_4$ 介质）。

$$2Fe^{3+} + 3I^- \rightleftharpoons 2Fe^{2+} + I_3^-$$

已知 $\varphi_{Fe^{3+}/Fe^{2+}}^{\ominus\prime} = 0.68\text{V}$，$\varphi_{I_3^-/I^-}^{\ominus\prime} = 0.54\text{V}$

3. 在测定铁矿石中的铁含量时，将盐酸溶解试样后，用 $SnCl_2$ 将其中 $Fe^{3+}$ 还原为 $Fe^{2+}$，加入氯化汞除去过量的 $SnCl_2$，以二苯胺磺酸钠为指示剂，用重铬酸钾标准溶液滴定至紫色。有关反应如下

(1) $2Fe^{3+} + Sn^{2+} + 6Cl^- \rightleftharpoons 2Fe^{2+} + SnCl_6^{2-}$

(2) $Sn^{2+} + 4Cl^- + 2HgCl_2 \rightleftharpoons SnCl_6^{2-} + Hg_2Cl_2$

(3) $Cr_2O_7^{2-} + 6Fe^{2+} + 14H^+ \rightleftharpoons 2Cr^{3+} + 6Fe^{3+} + 7H_2O$

用标准电极电势或条件电极电势说明预处理反应和滴定反应的完全程度，并计算反应的平衡常数或条件平衡常数。

# 第10章 氧化还原滴定分析法

氧化还原滴定分析法(redox titration，或 oxidimetry)是以定量氧化还原反应为基础的滴定分析方法，能广泛应用于许多无机物和有机物的直接或间接测定。氧化还原反应的核心是基于电子转移的反应过程，因而反应机理较为复杂多变。有一些氧化还原反应由于有主反应和副反应共存，没有确定的计量关系，难以用于滴定分析；还有一些氧化还原反应从平衡观点看可以进行，但反应速率很慢，也不能应用于滴定分析；有些氧化还原反应中还伴随有诱导反应发生，其对滴定分析不利，需设法避免。因此，在氧化还原滴定中，除了从平衡角度判断反应的可行性之外，还需考虑反应机理/反应速率/反应条件以及滴定条件控制等问题。

氧化还原滴定和其他滴定过程一样，随着标准溶液的不断加入，溶液体系中有关电对的电极电位不断发生变化，以标准溶液消耗量来计算获得溶液中参与氧化还原样本的浓度。所采用的氧化剂和还原剂均可作为滴定剂，并且通常依据所使用的滴定剂名称作为氧化还原滴定分析方法的名称，如高锰酸钾法(permanganate titration)、碘量法(iodimetry)和溴酸钾法(potassium bromate method)等。氧化还原滴定中常用指示剂有三类：氧化还原指示剂、自身指示剂和专属指示剂，具体在第4章已有叙述，这里将重点讨论氧化还原滴定的过程和实现方法。

在药物分析中，很多具有氧化还原性质的药物可以通过氧化还原滴定法实现药物含量的测定，如维生素 C、葡萄糖、盐酸普鲁卡因、盐酸小檗碱等。

## 10.1 氧化还原滴定曲线及指示剂选择

### 10.1.1 氧化还原滴定曲线

在氧化还原滴定中，随着滴定剂的滴加和反应的进行，溶液中氧化剂和还原剂的浓度逐渐改变，相应地，电极电对的电位也随之改变。此变化过程同样可用滴定曲线来描述。以滴定剂加入的体积或滴定百分数为横坐标，以电极电对的电位为纵坐标作图得到氧化还原滴定曲线(redox titration curve)，一般可用实验方法测得。由于反应中两电对都是可逆电对，可用 Nernst 方程计算出两电对的条件电位值。

下面以在 $1mol \cdot L^{-1} H_2SO_4$ 中，用 $0.1000mol \cdot L^{-1} Ce(SO_4)_2$ 溶液滴定 $0.10mol \cdot L^{-1}$ $FeSO_4$ 溶液为例，来说明如何绘制氧化还原滴定曲线。

$$Ce^{4+} + e^- \rightleftharpoons Ce^{3+}; \quad \varphi^{\ominus\prime}_{Ce^{4+}/Ce^{3+}} = 1.44V$$

$$Fe^{3+} + e^- \rightleftharpoons Fe^{2+}; \quad \varphi^{\ominus\prime}_{Fe^{3+}/Fe^{2+}} = 0.68V$$

$$Ce^{4+} + Fe^{2+} \rightleftharpoons Ce^{3+} + Fe^{3+}$$

$$\lg K' = \frac{1.44 - 0.68}{0.0592} = 12.84$$

每滴入一定量的滴定剂，反应达到一个新的平衡；即在滴定的任一时刻，反应达到平衡

后都有
$$\varphi_{Fe^{3+}/Fe^{2+}} = \varphi_{Ce^{4+}/Ce^{3+}}$$
即可利用 $Fe^{3+}/Fe^{2+}$ 电对来计算滴定过程中的电位。

1. 滴定开始到化学计量点

滴定前,溶液为 $0.10 mol \cdot L^{-1} Fe^{2+}$ 溶液,虽然有极少量的 $Fe^{3+}$ 存在,但不清楚浓度,故无法计算。当滴定进行了一定时间后,此时电极电位可用下式计算:

$$\varphi_{Fe^{3+}/Fe^{2+}} = \varphi_{Fe^{3+}/Fe^{2+}}^{\ominus\prime} + 0.0592 \lg \frac{c_{Fe^{3+}}}{c_{Fe^{2+}}}$$

当滴定反应了 99.9% 的 $Fe^{2+}$,即

$$\frac{c_{Fe^{3+}}}{c_{Fe^{2+}}} = \frac{99.9}{0.1} \approx 10^3$$

$$\varphi_{Fe^{3+}/Fe^{2+}} = \varphi_{Fe^{3+}/Fe^{2+}}^{\ominus\prime} + 0.0592 \lg \frac{c_{Fe^{3+}}}{c_{Fe^{2+}}} = 0.68 + 0.0592 \lg 10^3 = 0.86 (V)$$

2. 化学计量点时

化学计量点时的电位分别表示成:

$$\varphi_{sp} = \varphi_{Ce^{4+}/Ce^{3+}}^{\ominus\prime} + 0.0592 \lg \frac{c_{Ce^{4+}}}{c_{Ce^{3+}}}$$

$$\varphi_{sp} = \varphi_{Fe^{3+}/Fe^{2+}}^{\ominus\prime} + 0.0592 \lg \frac{c_{Fe^{3+}}}{c_{Fe^{2+}}}$$

两式相加,且知计量点时: $c_{Ce^{4+}} = c_{Fe^{2+}}$,$c_{Ce^{3+}} = c_{Fe^{3+}}$

$$2\varphi_{sp} = 1.44 + 0.68 + 0.0592 \lg \frac{c_{Ce^{4+}} c_{Fe^{3+}}}{c_{Ce^{3+}} c_{Fe^{2+}}} = 2.12(V)$$

$$\varphi_{sp} = 1.06 V$$

3. 化学计量点后

可利用 $Ce^{4+}/Ce^{3+}$ 电对计算。当加入过量 0.1% 的 $Ce^{4+}$ 时,即

$$\frac{c_{Ce^{4+}}}{c_{Ce^{3+}}} = \frac{0.1}{100} \approx \frac{1}{10^3}$$

$$\varphi_{Ce^{4+}/Ce^{3+}} = \varphi_{Ce^{4+}/Ce^{3+}}^{\ominus\prime} + 0.0592 \lg \frac{c_{Ce^{4+}}}{c_{Ce^{3+}}} = 1.44 + 0.0592 \lg \frac{1}{10^3} = 1.26(V)$$

## 10.1.2 滴定曲线的特征

图 10-1 是根据计算数据绘制的滴定曲线,具有如下特征:

(1) 滴定分数为 50% 处的电位就是还原剂($Fe^{2+}$)的条件电极电位;滴定分数为 200% 处的电位就是氧化剂($Ce^{4+}$)的条件电极电位。

(2) 突跃范围为 $0.86 \sim 1.26 V$。

对于一般可逆对称的氧化还原反应(即氧化态和还原态的系数相同):

$$n_2 Ox_1 + n_1 Red_2 \rightleftharpoons n_2 Red_1 + n_1 Ox_2$$

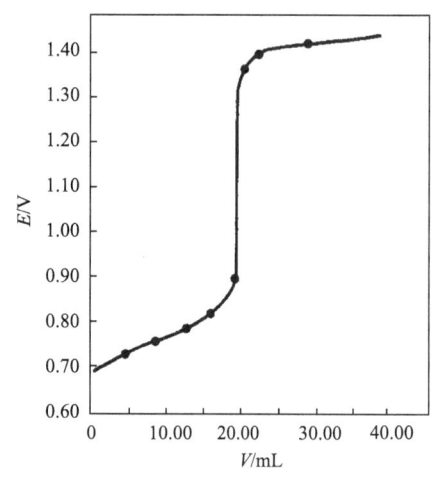

图 10-1 $Ce^{4+}$ 溶液滴定 $Fe^{2+}$ 溶液的标准曲线

其突跃范围为

$$\left(\varphi_2^{\ominus\prime}+\frac{0.0592}{n_2}\times 3\right)\sim\left(\varphi_1^{\ominus\prime}-\frac{0.0592}{n_1}\times 3\right) \quad (10-1)$$

而其化学计量点电位为

$$\varphi_{sp}=\frac{n_1\varphi_1^{\ominus\prime}+n_2\varphi_2^{\ominus\prime}}{n_1+n_2} \quad (10-2)$$

可见，滴定突跃范围取决于两电对的电子转移数与电位差，与浓度无关。氧化剂和还原剂两电对 $\Delta\varphi^{\ominus\prime}$ 差值大，滴定突跃就大，越易寻找指示剂，差值小，滴定突跃就小；化学计量点电位也仅取决于两电对的条件电位与电子转移，与滴定剂或被滴定物的浓度无关。$n_1=n_2$ 时，化学计量点为滴定突跃的中点。例如

$$Ce^{4+}+Fe^{2+}\rightleftharpoons Ce^{3+}+Fe^{3+}$$

其突跃范围为 $0.86\sim1.26V$，$\varphi_{sp}=1.06V$；而当 $n_1\neq n_2$ 时，化学计量点偏向 $n$ 值较大的电对一方。例如，反应：

$$2Fe^{3+}+Sn^{2+}\rightleftharpoons 2Fe^{2+}+Sn^{4+}$$

其跃范围为 $0.23\sim0.50V$，$\varphi_{sp}=0.32V$，偏向 $\varphi_{Sn^{4+}/Sn^{2+}}^{\ominus\prime}$ 一边。

### 10.1.3 滴定终点的确定

一般来说，$\Delta\varphi^{\ominus\prime}>0.2V$ 才有明显的突跃。$\Delta\varphi^{\ominus\prime}>0.4V$ 时，用电位法和氧化还原指示剂法确定终点，$\Delta\varphi^{\ominus\prime}$ 为 $0.2\sim0.4V$，可用电位法确定终点。在电位滴定法中，通常用铂电极作指示电极，饱和甘汞电极做参比电极。由于氧化还原反应的本质是电子得失，因此多数氧化还原滴定都可用电位滴定法确定滴定终点。

---

**延伸阅读 10-1：电位滴定法**

电位滴定（图 10-2）是一种十分基础的仪器滴定分析法。其基本原理就是利用溶液电势与滴入滴定剂体积的关系判定反应的计量点。计量点前后，溶液电势发生突跃，通过随时测量滴定剂的体积和溶液电势，即可找出该点。

所用的测量装置包括一个电压计，连接一个参比电极（电势不变）和一个指示电极。指示电极内外离子浓度不同导致电势差（$E$），这个电势差与待测离子浓度的对数呈线性关系。pH 计就是依据这个原理制成的。

为了提高测量精度，可以改用 $\Delta E/\Delta V$ 对 $V$（滴定液体积）作图，视"导数"的最高点为滴定终点。也可以用 $\Delta^2 E/\Delta^2 V$ 对 $V$ 作图，视"二阶导数"的变号之处为滴定终点。

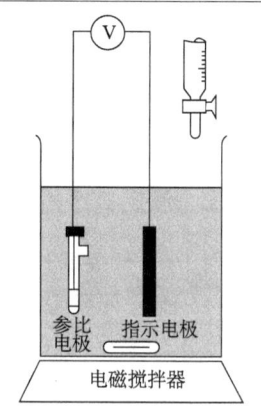

图 10-2 电位滴定示意图

## 10.1.4 氧化还原滴定终点误差

设用氧化剂 $O_1$ 滴定还原剂 $R_2$，若 $n_1 = n_2 = 1$，且两电对均为对称电对，按终点误差定义，得

$$TE = \frac{[O_1]_{ep} - [R_2]_{ep}}{c_{R_2}^{sp}} \times 100\%$$

推导可得林邦终点误差公式为

$$TE = \frac{10^{\frac{\Delta E}{0.0592}} - 10^{-\frac{\Delta E}{0.0592}}}{10^{\frac{\Delta E^{\ominus}}{2 \times 0.0592}}} \times 100\% \quad (10-3)$$

若 $n_1 \neq n_2$，但两电对仍为对称电对时，则终点误差公式为

$$TE = \frac{10^{\frac{n_1 \Delta E}{0.0592}} - 10^{-\frac{n_2 \Delta E}{0.0592}}}{10^{\frac{n_1 n_2 \Delta E^{\ominus}}{(n_1 + n_2) \times 0.0592}}} \times 100\%$$

式中，TE 为终点误差，$\Delta E = E_{ep} - E_{sp}$，$\Delta E^{\ominus} = E_1^{\ominus} - E_2^{\ominus}$，$E_{ep}$ 为指示剂变色点的电极电势；$E_{sp}$ 为化学计量点的电极电势；若采用条件电势，用 $E^{\ominus \prime}$ 代替 $E^{\ominus}$。

**【示例 10-1】** 氧化还原滴定终点误差的计算

在 $1 \text{mol} \cdot \text{L}^{-1}$ $H_2SO_4$ 溶液介质中，用 $0.1000 \text{mol} \cdot \text{L}^{-1}$ $Ce^{4+}$ 溶液滴定 $20.00 \text{mL}$ $0.1000 \text{mol} \cdot \text{L}^{-1}$ $Fe^{2+}$ 溶液，以羊毛婴红为指示剂，计算终点误差。已知 $E_{ep(In)}^{\ominus} = 1.00V$，$E_{Ce^{4+}/Ce^{3+}}^{\ominus} = 1.44V$，$E_{Fe^{3+}/Fe^{2+}}^{\ominus} = 0.68V$。

**【解】**

$$Ce^{4+} + Fe^{2+} \rightleftharpoons Ce^{3+} + Fe^{3+}$$

计量点时，溶液的体积增大一倍，且 $Fe^{2+}$ 基本上都被氧化为 $Fe^{3+}$，故 $[Fe^{3+}]_{sp} = 0.05000 \text{mol} \cdot \text{L}^{-1}$，$[Ce^{3+}]_{sp} = 0.05000 \text{mol} \cdot \text{L}^{-1}$。

该反应为对称电对，计量点电位为

$$E_{sp} = \frac{1 \times 1.44 + 1 \times 0.68}{1 + 1} = 1.06(V)$$

而 $E_{ep(In)} = 1.00V$，故 $\Delta E = 1.00 - 1.06 = -0.06(V)$，$\Delta E^{\ominus} = 1.44 - 0.68 = 0.76(V)$

所以

$$TE = \frac{10^{\frac{\Delta E}{0.0592}} - 10^{-\frac{\Delta E}{0.0592}}}{10^{\frac{\Delta E^{\ominus}}{2 \times 0.0592}}} \times 100\% = \frac{10^{\frac{-0.06}{0.0592}} - 10^{\frac{0.06}{0.0592}}}{10^{\frac{0.76}{2 \times 0.0592}}} \times 100\% = -3.77 \times 10^{-4}\%$$

---

**学习与思考**

(1) 试计算氧化还原滴定的终点误差。

(2) $1.0 \text{mol} \cdot \text{L}^{-1}$ $H_2SO_4$ 中用 $0.1000 \text{mol} \cdot \text{L}^{-1}$ $Ce(SO_4)_2$ 溶液滴定 $0.10 \text{mol} \cdot \text{L}^{-1}$ $FeSO_4$ 溶液最好选择什么指示剂。

## 10.2 氧化还原滴定法中的预处理

### 10.2.1 氧化还原预处理

在利用氧化还原滴定法分析某些具体试样时，往往需要将待测组分预先处理以转变为适合滴定的价态，该操作步骤称为滴定前的预处理(pretreatment)。

例如，测定 $Mn^{2+}$ 或 $Cr^{3+}$ 时，因无合适的氧化剂直接滴定，可先用 $(NH_4)_2S_2O_8$ 将它们氧化成 $MnO_4^-$、$Cr_2O_7^{2-}$，再选用合适的还原剂(如 $FeSO_4$ 溶液)进行滴定；又如 $Sn^{4+}$ 的测定，要找一个强还原剂来直接滴定它是不可能的，需将 $Sn^{4+}$ 预还原成 $Sn^{2+}$，然后选用合适的氧化剂(如碘溶液)来滴定。

预处理时所选用的氧化剂或还原剂必须满足如下条件。

(1) 反应进行完全，速率快。

(2) 必须将欲测组分定量地氧化或者还原；

(3) 过量的氧化剂或还原剂易于除去(有加热分解、过滤、利用化学反应等方法)。例如，$(NH_4)_2S_2O_8$、$H_2O_2$、$Cl_2$ 等易分解或易挥发的物质可借加热煮沸分解除去。又如 $NaBiO_3$、$Zn$ 等难溶于水的物质，可过滤除去。还可以结合化学反应通过加热分解和过滤进一步来除去。如用 $HgCl_2$ 除去过量 $SnCl_2$：

$$SnCl_2 + 2HgCl_2 =\!=\!= SnCl_4 + Hg_2Cl_2 \downarrow$$

生成的 $Hg_2Cl_2$ 沉淀一般不被滴定剂氧化，不必过滤除去。

(4) 氧化或还原反应必须具有一定的选择性，以避免试样中其他组分干扰；例如，测定注射液中维生素 C 的含量，若用碘($\varphi^{\ominus\prime}_{I_2/I^-}=0.535V$)为氧化剂，不仅能氧化维生素 C，而且也能氧化 $Na_2SO_3$、$NaHSO_3$、$Na_2S_2O_3$ 等抗氧剂，此时用碘量法测出的则是所有还原剂的含量。若用甲醛或丙酮进行预处理，则可除去抗氧剂，碘量法仅测定维生素 C 的含量，从而提高了反应的选择性。

### 10.2.2 常用的预处理氧化剂

预处理是氧化还原滴定法中关键性步骤之一，熟练掌握各种氧化剂、还原剂的特点，选择合理的预处理步骤，可以提高方法的选择性。但是，在氧化还原滴定中由于还原剂的保存比较困难，因而氧化剂标准溶液的使用比较广泛，这就要求待测组分必须处于还原状态，因而预先还原显得更为重要。下面介绍几种常用的预氧化和预还原时采用的试剂。

1. 过硫酸铵

过硫酸铵 $(NH_4)_2S_2O_8$ 在酸性溶液中，并有催化剂银盐存在时，是一种很强的氧化剂。

$$S_2O_8^{2-} + 2e^- =\!=\!= 2SO_4^{2-} \quad \varphi^{\ominus}=2.01V$$

$S_2O_8^{2-}$ 可以定量地将 Ce(Ⅲ)氧化成 Ce(Ⅵ)，将 Cr(Ⅲ)氧化成 Cr(Ⅵ)，将 V(Ⅳ)氧化成 V(Ⅴ)，以及将 W(Ⅴ)氧化成 W(Ⅵ)。在硝酸-磷酸或硫酸-磷酸介质中，过硫酸铵能将 Mn(Ⅱ)氧化成 Mn(Ⅶ)。磷酸的存在，可以防止锰被氧化成 $MnO_2$ 沉淀析出，并保证全部氧化成 $MnO_4^-$。

如果 $Mn^{2+}$ 溶液中含有 $Cl^-$，应该先加 $H_2SO_4$ 蒸发并加热至 $SO_3$ 白烟，以除尽 HCl，然后再加入 $H_3PO_4$，用过硫酸铵进行氧化。Cr(Ⅲ)和 Mn(Ⅱ)共存时，能同时被氧化成 Cr(Ⅵ)和 Mn(Ⅶ)。如果在 Cr(Ⅲ)氧化完全后，加入盐酸或氯化钠煮沸，则 Mn(Ⅶ)被还原而 Cr(Ⅵ)不被还原，可以提高选择性。过量的 $(NH_4)_2S_2O_8$ 可用煮沸的方法除去，其反应为

$$2S_2O_8^{2-} + 2H_2O \xrightarrow{煮沸} 4HSO_4^- + O_2$$

**2. 过氧化氢**

在碱性溶液中，过氧化氢 $H_2O_2$ 是较强的氧化剂，可以把 Cr(Ⅲ)氧化成 $CrO_4^{2-}$。在酸性溶液中过氧化氢既可作氧化剂，也可作还原剂。例如，在酸性溶液中它可以把 $Fe^{2+}$ 氧化为 $Fe^{3+}$，也可将 $MnO_4^-$ 还原为 $Mn^{2+}$。因此，如果在碱性溶液中用过氧化氢进行预先氧化，过量的过氧化氢应该在碱性溶液中除去，否则在酸化后已经被氧化的产物可能再次被还原。例如，$Cr^{3+}$ 在碱性条件下被 $H_2O_2$ 氧化成 $CrO_4^{2-}$，当溶液被酸化后，$CrO_4^{2-}$ 能被剩余的 $H_2O_2$ 还原成 $Cr^{3+}$。

过量的过氧化氢可用加热的方法除去。

$$2H_2O_2 \xrightarrow{\triangle} O_2 \uparrow + 2H_2O$$

### 10.2.3 常用的预处理还原剂

**1. 二氯化锡**

二氯化锡($SnCl_2$)是一个中等强度的还原剂，在 $1\,mol \cdot L^{-1}$ HCl 介质中 $\varphi^{\ominus\prime}_{Sn^{4+}/Sn^{2+}} = 0.139V$。$SnCl_2$ 常用于预还原 $Fe^{3+}$，还原速率随氯离子浓度的增高而加快。在热盐酸溶液中，$SnCl_2$ 可以将 $Fe^{3+}$ 定量并迅速地还原为 $Fe^{2+}$，过量的 $SnCl_2$ 加入 $HgCl_2$ 除去。

$$SnCl_2 + 2HgCl_2 = SnCl_4 + Hg_2Cl_2 \downarrow$$

但要注意，如果加入 $SnCl_2$ 的量过多，就会进一步将 $Hg_2Cl_2$ 还原为 Hg，而 Hg 将与氧化剂作用，使分析结果产生误差。所以预先还原 $Fe^{3+}$ 时，$SnCl_2$ 不能过量太多。

$SnCl_2$ 也可将 Mo(Ⅵ)还原为 Mo(Ⅴ)及 Mo(Ⅳ)，将 As(Ⅴ)还原为 As(Ⅲ)等。

**2. 三氯化钛**

三氯化钛($TiCl_3$)是一个强还原剂，在 $1\,mol \cdot L^{-1}$ HCl 中 $\varphi^{\ominus}_{Ti^{4+}/Ti^{3+}} = -0.04V$。在测定铁时，为了避免使用剧毒的 $HgCl_2$，可以采用 $TiCl_3$ 还原 $Fe^{3+}$。此法的缺点是选择性不如 $SnCl_2$ 好。

## 10.3 高锰酸钾滴定法

氧化还原滴定法是一种应用范围很广的滴定分析方法。氧化还原滴定法可以根据待测物的性质来选择合适的滴定剂，并常根据所用滴定剂的名称来命名，如常用的有高锰酸钾法(permanganate titration)、重铬酸钾法(dichromate titration)、碘量法(iodimetry)、铈量法

(cerimetric titration)、溴酸钾法(potassium bromate method)等。下面就常用的氧化还原滴定法做分别介绍。

### 10.3.1 方法概述

1. 基本原理

高锰酸钾($KMnO_4$)是一种强氧化剂,其氧化能力与还原产物及溶液的酸度有关。在强酸性介质中,$KMnO_4$与还原剂作用被还原为$Mn^{2+}$,发生如下半反应:

$$MnO_4^- + 8H^+ + 5e^- \Longrightarrow Mn^{2+} + 4H_2O \quad \varphi^\ominus = 1.51V$$

由于在强酸性溶液中$KMnO_4$有更强的氧化性,因而高锰酸钾滴定法一般多在$0.5\sim 1mol \cdot L^{-1} H_2SO_4$强酸性介质下使用,而不使用盐酸介质,这是由于盐酸具有还原性,能诱发一些副反应干扰滴定。硝酸由于含有氮氧化物容易产生副反应也很少采用。

在弱酸性、中性或碱性溶液中,$KMnO_4$被还原为$MnO_2$:

$$MnO_4^- + 2H_2O + 3e^- \Longrightarrow MnO_2\downarrow + 4OH^- \quad \varphi^\ominus = 0.593V$$

但由于反应产物为棕色的$MnO_2$沉淀,妨碍终点观察,所以很少使用。

在pH>12的强碱性溶液中(如在浓度大于$2mol \cdot L^{-1} NaOH$的条件下),用$KMnO_4$氧化有机物的反应速率比在酸性条件下更快。所以常在强碱性溶液中,利用$KMnO_4$与有机物的反应来测定有机物。

$$MnO_4^- + e^- \Longrightarrow MnO_4^{2-} \quad \varphi^\ominus = 0.564V$$

2. 高锰酸钾滴定法的特点

$KMnO_4$法有以下四个特点。

(1) 应用广泛。$KMnO_4$氧化能力强,可直接或间接地测定多种无机物和有机物。可直接滴定许多还原性物质,如$Fe^{2+}$、As(Ⅲ)、Sb(Ⅲ)、W(Ⅴ)、U(Ⅳ)、$H_2O_2$、$C_2O_4^{2-}$、$NO_2^-$等;返滴定时可测定$MnO_2$、$PbO_2$等物质;也可以通过$MnO_4^-$与$C_2O_4^{2-}$之间的氧化还原反应,间接测定一些非氧化还原物质如$Ca^{2+}$、$Th^{4+}$等。

(2) 不需要外加指示剂。$KMnO_4$溶液呈紫红色,滴定终点时,试液为无色或颜色很浅,滴定不需要外加指示剂。

(3) 选择性不好。由于$KMnO_4$氧化能力强,因此方法的选择性欠佳,而且$KMnO_4$与还原性物质的反应历程比较复杂,易发生副反应。

(4) $KMnO_4$不能直接配成标准溶液,且标准溶液不够稳定,不能久置,需经常标定。

### 10.3.2 高锰酸钾标准溶液

1. 标准溶液配制

市售$KMnO_4$试剂常含有少量的$MnO_2$及其他杂质,使用的蒸馏水中也含有少量还原性物质(如尘埃、有机物等)。这些物质都能还原$KMnO_4$,使$KMnO_4$的实际质量减少,因此$KMnO_4$标准滴定溶液不能直接配制。配制$KMnO_4$溶液时,必须称取稍多于理论量,溶于预定体积的蒸馏水中,加热至微沸约1h,放置一周后用微孔玻璃漏斗滤去沉淀,装于棕色试剂瓶中，然后再用基准物质标定。

2. 标准溶液的标定

标定 $KMnO_4$ 溶液的基准物很多，很多还原性物质如 $Na_2C_2O_4$、$H_2C_2O_4 \cdot 2H_2O$、$(NH_4)_2Fe(SO_4)_2 \cdot 6H_2O$ 和纯铁丝等都可用于 $KMnO_4$ 溶液的标定。其中常用的是 $Na_2C_2O_4$，这是因为它易提纯且性质稳定，不含结晶水，在 105~110℃ 烘至恒量即可使用。

$MnO_4^-$ 与 $C_2O_4^{2-}$ 的标定反应在 $H_2SO_4$ 介质中进行，其反应如下：

$$2MnO_4^- + 5C_2O_4^{2-} + 16H^+ = 2Mn^{2+} + 10CO_2\uparrow + 8H_2O$$

此时，$KMnO_4$ 的基本单元为 $\frac{1}{5}KMnO_4$，而 $Na_2C_2O_4$ 的基本单元为 $\frac{1}{2}Na_2C_2O_4$。

为了使标定反应能定量地较快进行，标定时注意温度、酸度、滴定速度的影响以及滴定终点的观察。

(1) 温度。此反应的速率较慢，为了适当加快反应速率，$H_2C_2O_4$ 溶液必须加热至 70~85℃ 再进行滴定。但不能使温度超过 90℃，否则 $H_2C_2O_4$ 分解，导致标定结果偏高。

$$H_2C_2O_4 \xrightarrow{\geqslant 90℃} CO_2\uparrow + CO\uparrow + H_2O$$

(2) 酸度。溶液应保持足够大的酸度，一般控制酸度为 0.5~1mol·$L^{-1}$。如果酸度太低，易生成 $MnO_2$ 沉淀；酸度过高，会导致 $H_2C_2O_4$ 分解。

(3) 滴定速度。$MnO_4^-$ 与 $C_2O_4^{2-}$ 的反应开始时速率很慢，当有 $Mn^{2+}$ 离子生成之后，因 $Mn^{2+}$ 具有催化作用，反应速率逐渐加快。因此，开始滴定时，应该等第一滴 $KMnO_4$ 溶液褪色后，再加第二滴溶液。此后，因反应生成的 $Mn^{2+}$ 具有自动催化作用使反应速率加快。随之可加快滴加速度，但不要过快，否则 $KMnO_4$ 溶液会来不及与 $C_2O_4^{2-}$ 反应，就在热的酸性溶液中分解，导致标定结果偏低。

$$4MnO_4^- + 12H^+ = 4Mn^{2+} + 5O_2\uparrow + 6H_2O$$

若滴定前加入少量的 $MnSO_4$ 为催化剂，则在最初阶段就可以较快的速度进行滴定。

(4) 滴定终点。用 $KMnO_4$ 滴定至溶液呈淡粉红色 30s 不褪色即为终点。放置时间不宜过长，否则空气中还原性物质能使 $KMnO_4$ 还原而褪色。

标定好的 $KMnO_4$ 溶液在放置一段时间后，若发现有 $MnO(OH)_2$ 沉淀析出，应重新过滤并标定。

---

**学习与思考**

(1) 重铬酸钾在酸性条件下为橙红色，三价铬离子为绿色。试讨论当使用重铬酸钾滴定还原性待测物质时最好使用什么样的指示剂。
(2) 在高锰酸钾滴定法中，如果在滴定反应开始时为了加快反应速率加了一定量的硫酸锰。试讨论加入硫酸锰对分析结果的影响。

---

### 10.3.3 高锰酸钾滴定法的应用

1. 直接滴定法测定过氧化氢

过氧化氢（$H_2O_2$）水溶液适用于伤口消毒及环境、食品消毒。在酸性溶液中 $H_2O_2$ 被

$MnO_4^-$ 定量氧化：

$$2MnO_4^- + 5H_2O_2 + 6H^+ = 2Mn^{2+} + 5O_2\uparrow + 8H_2O$$

此反应在室温下即可顺利进行。滴定开始时反应较慢，随着 $Mn^{2+}$ 生成而加速，也可先加入少量 $Mn^{2+}$ 为催化剂。

若 $H_2O_2$ 中含有机物质，后者会消耗 $KMnO_4$，使测定结果偏高。这时，应改用碘量法或铈量法测定 $H_2O_2$。

2. 间接滴定法测定钙、钍等

钙（$Ca^{2+}$）、钍（$Th^{4+}$）等在溶液中没有可变价态，但可通过生成草酸盐沉淀，用高锰酸钾法间接测定。以 $Ca^{2+}$ 的测定为例，可先形成 $CaC_2O_4$ 沉淀，经过滤、洗涤后，再将沉淀溶于热的稀 $H_2SO_4$ 溶液中形成 $H_2C_2O_4$，最后用 $KMnO_4$ 标准溶液滴定 $H_2C_2O_4$。根据所消耗的 $KMnO_4$ 的量，可间接求得 $Ca^{2+}$ 的含量。

3. 水中化学耗氧量的测定

化学耗氧量（chemical oxygen demand，COD）通常指 1L 水中的还原性物质（包括无机物如亚硝酸盐、亚铁盐、硫化物，或有机物如酚、醛、糖等）在一定条件下被氧化时所消耗的氧含量。COD 是水质的一个重要指标，是反映水体被还原性物质污染的主要参数。测定 COD 的方法有很多，如高锰酸钾法、重铬酸钾法等。当使用高锰酸钾法测定时，通常用 $COD_{Mn}(O，mg \cdot L^{-1})$ 来表示。

$COD_{Mn}$ 的测定方法是：在酸性条件下，加入过量的 $KMnO_4$ 溶液氧化水样中的某些有机物及还原性物质，反应后在剩余的 $KMnO_4$ 中加入过量的 $Na_2C_2O_4$ 还原，再用 $KMnO_4$ 溶液回滴过量的 $Na_2C_2O_4$，从而计算出水样中所含还原性物质所消耗的 $KMnO_4$，再换算为 $COD_{Mn}$。

测定过程所发生的有关反应如下：

$$4KMnO_4 + 6H_2SO_4 + 5C = 4MnSO_4 + 2K_2SO_4 + 5CO_2\uparrow + 6H_2O$$
$$2MnO_4^- + 5C_2O_4^{2-} + 16H^+ = 2Mn^{2+} + 10CO_2\uparrow + 8H_2O$$

$KMnO_4$ 法测定的化学耗氧量 $COD_{Mn}$ 只适用于较为清洁水样的测定。

4. 有机物的测定

使用 $KMnO_4$ 测定有机物，其原理和测定水体的 COD 值类似。但是，$KMnO_4$ 氧化有机物的反应在碱性溶液中比在酸性溶液中更快，且采用加入过量 $KMnO_4$ 并加热的方法可进一步加速反应。例如，在测定甘油的含量时，先加入一定量过量的 $KMnO_4$ 标准溶液到含有试样的 $2mol \cdot L^{-1}$ NaOH 介质中，放置片刻，待溶液中反应完全后再将溶液进行酸化，$MnO_4^{2-}$ 歧化为 $MnO_4^-$ 和 $MnO_2$，然后加入过量的 $Na_2C_2O_4$ 标准溶液将所有高价锰还原为 $Mn^{2+}$。最后再以 $KMnO_4$ 标准溶液滴定剩余的 $Na_2C_2O_4$。由两次加入的 $KMnO_4$ 量和 $Na_2C_2O_4$ 的量，可计算出甘油的质量分数。甲醛、甲酸、酒石酸、柠檬酸、苯酚、葡萄糖等都可按此法测定。

## 学习与思考

(1) 临床上使用双氧水除菌，是氧化剂，但为什么其定量测定还使用高锰酸钾氧化剂？
(2) 高锰酸钾氧化有机物在碱性条件下比酸性条件更快，试问为什么用于测定水体 COD 值时却在酸性条件下进行。

## 10.4 重铬酸钾法

### 10.4.1 方法概述

重铬酸钾法（$K_2Cr_2O_7$）也是一种常用的氧化剂，具有较强的氧化性。在酸性介质中 $Cr_2O_7^{2-}$ 被还原为 $Cr^{3+}$，其电极反应如下：

$$Cr_2O_7^{2-} + 14H^+ + 6e^- ══ 2Cr^{3+} + 7H_2O, \quad \varphi^{\ominus} = 1.33V$$

$K_2Cr_2O_7$ 的基本单元为 $\frac{1}{6}K_2Cr_2O_7$。

$K_2Cr_2O_7$ 的氧化能力不如 $KMnO_4$ 强，因此 $K_2Cr_2O_7$ 可以测定的物质不如 $KMnO_4$ 广泛，但与 $KMnO_4$ 法相比，它有自己的优点。

(1) $K_2Cr_2O_7$ 易提纯，可以制成基准物质，在 140~150℃ 干燥 2h 后，可直接称量，配制标准溶液。

(2) $K_2Cr_2O_7$ 标准溶液相当稳定，保存在密闭容器中，浓度可长期保持不变。

(3) 室温下，当 HCl 溶液浓度低于 $3mol \cdot L^{-1}$ 时，$Cr_2O_7^{2-}$ 不会诱导氧化 $Cl^-$，因此 $K_2Cr_2O_7$ 法可在盐酸介质中进行滴定。

(4) $Cr_2O_7^{2-}$ 的滴定还原产物为绿色的 $Cr^{3+}$，不是自身指示剂，因此滴定时需要外加指示剂确定滴定终点，常用的指示剂为二苯胺磺酸钠。

### 10.4.2 重铬酸钾标准溶液的配制和标定

1. 直接配制法

$K_2Cr_2O_7$ 标准溶液可以直接配制，也可先配制再标定。但当直接配制标准滴定溶液时在配制前应将 $K_2Cr_2O_7$ 基准试剂在 105~110℃ 温度下烘至恒量。

2. 间接配制法

若使用普通 $K_2Cr_2O_7$ 试剂配制标准溶液，则需进行标定。其标定方法是：移取一定体积的 $K_2Cr_2O_7$ 溶液，加入过量的 KI 和 $H_2SO_4$，用已知浓度的 $Na_2S_2O_3$ 标准滴定溶液进行滴定，以淀粉指示液指示滴定终点，其反应式为

$$Cr_2O_7^{2-} + 6I^- + 14H^+ ══ 2Cr^{2+} + 3I_2 + 7H_2O$$

$$I_2 + 2S_2O_3^{2-} ══ 2I^- + S_4O_6^{2-}$$

### 10.4.3 重铬酸钾法的应用

**1. 利用 $Cr_2O_7^{2-}$ 的氧化性测定还原性药物**

**【示例 10-2】 盐酸小檗碱的质量检验**

取 10 片盐酸小檗碱精密称量并研细,精密称取相当于 3 片量的样品,溶解,定量转移至 250.0mL 容量瓶中并精密加入 0.016 67mol·$L^{-1}$ $K_2Cr_2O_7$ 溶液 50.00mL,加水至刻度,摇匀。过滤,弃去初滤液,精密量取续滤液 100mL 于 250mL 三角瓶中,加入 KI 5g、HCl 10mL,密封,于暗处放置 10min。析出的 $I_2$ 用 0.1098mol·$L^{-1}$ $Na_2S_2O_3$ 溶液滴定至终点,用去 10.25mL。计算每片样品中盐酸小檗碱的含量,以 g·片$^{-1}$ 计;若其标示量为 0.100g·片$^{-1}$,《中国药典》规定其含量为标示量的 93.0%~107.0%,该被检样品是否合格?(已知 1mL 0.016 67mol·$L^{-1}$ 的 $K_2Cr_2O_7$ = 13.60mg 盐酸小檗碱)

**【解】**

$$Cr_2O_7^{2-} + 6I^- + 14H^+ = 2Cr^{3+} + 3I_2 + 7H_2O$$

$$I_2 + 2S_2O_3^{2-} = 2I^- + S_4O_6^{2-}$$

$$\frac{n_{S_2O_3^{2-}}}{n_{I_2}} = \frac{2}{1}$$

所以

$$n_{I_2} = \frac{0.1098 \times 10.25 \times 10^{-3}}{2} = 0.000\,563\,(mol)$$

又因为

$$\frac{n_{Cr_2O_7^{2-}}}{n_{I_2}} = \frac{1}{3}$$

所以

$$n_{Cr_2O_7^{2-}} = \frac{0.000\,563\,0}{3} = 0.000\,187\,7\,(mol)$$

与 $I^-$ 反应掉的 $K_2Cr_2O_7$ 体积为

$$V_{Cr_2O_7^{2-}} = \frac{0.000\,187\,7 \times \frac{250.0}{100.0}}{0.016\,67} \times 1000 = 28.20\,(mL)$$

与盐酸小檗碱反应的 $K_2Cr_2O_7$ 溶液的体积 $V$ 为 (50.00−28.20)=21.80mL。

又已知 1mL 0.016 67mol·$L^{-1}$ 的 $K_2Cr_2O_7$ = 13.60mg 盐酸小檗碱,故

$$w = \frac{13.60 \times 21.80 \times 10^{-3}}{0.100 \times 3} \times 100\% = 98.8\%$$

所以,被检样品合格。

**2. 利用 $Cr_2O_7^{2-}$-$Fe^{2+}$ 反应测定其他物质**

$Cr_2O_7^{2-}$ 与 $Fe^{2+}$ 的反应可逆性强,速率快,计量关系好,无副反应发生,指示剂变色明

显。此反应不仅用于测铁，还可利用它间接地测定多种物质。

1) 测定氧化剂

$NO_3^-$（或 $ClO_3^-$）等氧化剂被还原的反应速率较慢，测定时可加入过量的 $Fe^{2+}$ 标准溶液与其反应：

$$3Fe^{2+} + NO_3^- + 4H^+ = 3Fe^{3+} + NO + 2H_2O$$

待反应完全后用 $K_2Cr_2O_7$ 标准溶液返滴定剩余的 $Fe^{2+}$，即可求得 $NO_3^-$ 含量。

2) 测定还原剂

一些强还原剂如 $Ti^{3+}$ 等极不稳定，易被空气中氧所氧化。为使测定准确，可将 $Ti^{4+}$ 流经还原柱后，用盛有 $Fe^{3+}$ 溶液的锥形瓶接收，此时发生如下反应：

$$Fe^{3+} + Ti^{3+} = Fe^{2+} + Ti^{4+}$$

置换出的 $Fe^{2+}$，再用 $K_2Cr_2O_7$ 标准溶液滴定。

3. 测定污水的化学耗氧量（$COD_{Cr}$）

$KMnO_4$ 法测定的化学耗氧量（$COD_{Mn}$）只适用于较为清洁水样测定。若需要测定污染严重的生活污水和工业废水则需要用 $K_2Cr_2O_7$ 法。用 $K_2Cr_2O_7$ 法测定的化学耗氧量用 $COD_{Cr}$（O，$mg·L^{-1}$）表示。$COD_{Cr}$ 是衡量水质被污染程度的重要指标。

水样中加入一定量的重铬酸钾标准溶液，在强酸性（$H_2SO_4$）条件下，以 $Ag_2SO_4$ 为催化剂，加热回流 2h，使重铬酸钾与有机物和还原性物质充分作用。过量的重铬酸钾用硫酸亚铁铵标准滴定溶液返滴定，其滴定反应为

$$Cr_2O_7^{2-} + 6Fe^{2+} + 14H^+ = 2Cr^{2+} + 6Fe^{3+} + 7H_2O$$

由所消耗的硫酸亚铁铵标准滴定液的量及加入水样中的重铬酸钾标准溶液的量，可计算出水样中还原性物质消耗氧的量（$COD_{Cr}$）。

4. 测定非氧化还原性物质

例如，测定 $Pb^{2+}$（或 $Ba^{2+}$）等物质时，一般先将其沉淀为 $PbCrO_4$，然后过滤沉淀，沉淀经洗涤后溶解于酸中，再以 $Fe^{2+}$ 标准滴定溶液滴定 $Cr_2O_7^{2-}$，从而间接求出 $Pb^{2+}$ 的含量。

## 10.5 碘 量 法

### 10.5.1 方法概述

碘量法是一种常用的氧化还原滴定方法，其原理是利用 $I_2$ 的氧化性和 $I^-$ 的还原性，其基本反应是

$$I_2 + 2e^- = 2I^-$$

但由于固体 $I_2$ 在水中溶解度很小（298K 时为 $1.18×10^{-3} mol·L^{-1}$）且易于挥发，所以通常将 $I_2$ 溶解于 KI 溶液中形成 $I_3^-$ 配离子以增加溶解度。其半反应为：

$$I_3^- + 2e^- = 3I^- \qquad \varphi^{\ominus} = 0.545V$$

从 $\varphi^{\ominus}$ 值可以看出，$I_2$ 的氧化性较弱，能与较强的还原剂作用；而 $I^-$ 是中等强度的还原

剂，能还原多种氧化剂。因此，碘量法既可测定氧化剂，又可测定还原剂。$I_3^-/I^-$电对反应的可逆性好，副反应少，又有很灵敏的淀粉指示剂指示终点，因此碘量法的应用范围很广。

### 10.5.2 碘量法滴定方式

**1. 直接碘量法**

碘量法有直接滴定法和间接滴定两种方式。

用$I_2$配成的标准滴定溶液可以直接测定电位值比$\varphi^\ominus_{I_3^-/I^-}$小的还原性物质，如$S^{2-}$、$SO_3^{2-}$、$Sn^{2+}$、$S_2O_3^{2-}$、$As(Ⅲ)$、维生素C等，这种碘量法称为直接碘量法，又称碘滴定法(iodine titration method)。例如直接碘量法测定$SO_2$：

$$I_2 + SO_2 + 2H_2O \Longrightarrow 2I^- + SO_4^{2-} + 4H^+$$

直接碘量法不能在碱性溶液中进行滴定，因为碘与碱发生歧化反应：

$$3I_2 + 6OH^- \Longrightarrow 5I^- + IO_3^- + 3H_2O$$

**2. 间接碘量法**

电位值比$\varphi^\ominus_{I_3^-/I^-}$高的氧化性物质，可在一定的条件下，氧化$I^-$形成$I_2$，然后用$Na_2S_2O_3$标准溶液滴定生成的$I_2$，这种方法称为间接碘量法(indirect iodimetry)，又称滴定碘法(iodometry)。间接碘量法的基本反应为

$$2I^- - 2e^- \Longrightarrow I_2$$
$$I_2 + 2S_2O_3^{2-} \Longrightarrow 2I^- + S_4O_6^{2-}$$

利用这一方法可以测定很多氧化性物质，如$Cu^{2+}$、$Cr_2O_7^{2-}$、$IO_3^-$、$BrO_3^-$、$AsO_4^{3-}$、$ClO^-$、$NO_2^-$、$H_2O_2$、$MnO_4^-$和$Fe^{3+}$等。

间接碘量法多在中性或弱酸性溶液中进行，因为在碱性溶液中$I_2$与$S_2O_3^{2-}$将发生如下反应：

$$4I_2 + Na_2S_2O_3 + 10NaOH \Longrightarrow 2Na_2SO_4 + 8NaI + 5H_2O$$

同时，$I_2$在碱性溶液中会发生歧化反应：

$$3I_2 + 6OH^- \Longrightarrow 5I^- + IO_3^- + 3H_2O$$

并且，在强酸性溶液中，$Na_2S_2O_3$溶液会发生分解反应：

$$S_2O_3^{2-} + 2H^+ \Longrightarrow SO_2 + S\downarrow + H_2O$$

此外，$I^-$在酸性溶液中易被空气中的$O_2$氧化：

$$4I^- + 4H^+ + O_2 \Longrightarrow 2I_2 + 2H_2O$$

**3. 碘量法的终点指示**

$I_2$遇淀粉呈蓝色，其显色灵敏度除与$I_2$的浓度有关以外，还与淀粉的性质、加入的时间等条件有关。因此在使用淀粉指示终点时要注意以下几点。

(1) 所用的淀粉必须是可溶性淀粉。

(2) $I_3^-$与淀粉的蓝色在热溶液中会消失，滴定不能在热溶液中进行滴定。

(3) 反应介质的条件，淀粉在弱酸性溶液中灵敏度很高，显蓝色；当 pH<2 时，淀粉会水解成糊精，与 $I_2$ 作用显红色；若 pH>9 时，$I_2$ 转变为 $IO^-$ 离子与淀粉不显色。

(4) 直接碘量法用淀粉指示液指示终点时，应在滴定开始时加入。终点时，溶液由无色突变为蓝色。间接碘量法用淀粉指示液指示终点时，应等滴至 $I_2$ 的黄色很浅时再加入淀粉指示液(若过早加入淀粉，它与 $I_2$ 形成的蓝色配合物会吸留部分 $I_2$，往往易使终点提前且不明显)。终点时，溶液由蓝色转无色。

(5) 淀粉指示液的用量一般为 $2\sim 5mL(5g \cdot L^{-1}$ 淀粉指示液)。

4. 碘量法的误差来源和防止措施

碘量法的误差来源于两个方面：一是 $I_2$ 易挥发；二是在酸性溶液中 $I^-$ 易被空气中的 $O_2$ 氧化。为了防止 $I_2$ 挥发和空气中的氧气氧化 $I^-$，测定时要注意以下几方面。

(1) 加入过量的 KI，使 $I_2$ 生成 $I_3^-$ 离子，并使用碘量瓶，滴定时不要剧烈摇动，以减少 $I_2$ 的挥发。

(2) 由于 $I^-$ 被空气氧化的反应，随光照及酸度增高而加快，因此在反应时，应将碘瓶置于暗处。

(3) 滴定前调节好酸度，析出 $I_2$ 后应立即进行滴定。

(4) $Cu^{2+}$、$NO_2^-$ 等离子会催化空气对 $I^-$ 离子的氧化，应设法消除干扰。

## 10.5.3 碘量法标准溶液的配制和标定

碘量法中需要配制和标定 $I_2$ 和 $Na_2S_2O_3$ 两种标准滴定溶液。

1. $Na_2S_2O_3$ 标准溶液的配制和标定

市售硫代硫酸钠($Na_2S_2O_3 \cdot 5H_2O$)一般都含有少量杂质，因此配制 $Na_2S_2O_3$ 标准滴定溶液不能用直接法，只能用间接法。间接法使用 $Na_2S_2O_3$ 时要注意以下几方面。

(1) $Na_2S_2O_3$ 溶液易分解，特别是水中微量的 $Cu^{2+}$ 或 $Fe^{3+}$ 及微生物等能促进 $Na_2S_2O_3$ 的分解，因此配制 $Na_2S_2O_3$ 溶液时，应用新煮沸并冷却的蒸馏水，并加入少量 $Na_2CO_3$ 调节溶液呈弱碱性，以抑制细菌生长。

(2) 水中的 $CO_2$、空气中 $O_2$ 也使 $Na_2S_2O_3$ 溶液不稳定，容易分解，发生如下反应：

$$Na_2S_2O_3 \xrightarrow{微生物} Na_2SO_3 + S\downarrow$$

$$S_2O_3^{2-} + CO_2 + H_2O \longrightarrow HSO_3^- + HCO_3^- + S\downarrow$$

$$S_2O_3^{2-} + \frac{1}{2}O_2 \longrightarrow SO_4^{2-} + S\downarrow$$

(3) $Na_2S_2O_3$ 溶液配制之后应储存于棕色瓶中，于暗处放置 2 周后，过滤去沉淀，然后再标定；标定后的 $Na_2S_2O_3$ 溶液在储存过程中如发现溶液变混浊，应重新标定或弃去重配。

(4) 标定 $Na_2S_2O_3$ 溶液的基准物质有 $K_2Cr_2O_7$、$KIO_3$、$KBrO_3$ 及升华 $I_2$ 等。除 $I_2$ 外，其他物质都需在酸性溶液中与 KI 作用析出 $I_2$ 后，再用配制的 $Na_2S_2O_3$ 溶液滴定。

(5) 若以 $K_2Cr_2O_7$ 作基准物，在酸性溶液中与 $I^-$ 发生如下反应：

$$Cr_2O_7^{2-} + 6I^- + 14H^+ =\!=\!= 2Cr^{3+} + 3I_2\downarrow + 7H_2O$$

用 $K_2Cr_2O_7$ 标定 $Na_2S_2O_3$ 溶液时应注意 $Cr_2O_7^{2-}$ 与 $I^-$ 反应较慢。为加速反应，需加入过量的 KI 并提高酸度，不过酸度过高会加速空气氧化 $I^-$。因此，一般用浓度为 $0.2\sim0.4\text{mol}\cdot\text{L}^{-1}$ 的硫酸控制酸度，并在暗处放置 10min，以保证反应顺利完成。所用 KI 溶液中不应含有 $KIO_3$ 或 $I_2$，否则标定 KI 的浓度不准确。如果 KI 溶液显黄色则表明 KI 已被氧化，应先用 $Na_2S_2O_3$ 溶液滴定至无色再使用。

根据称取 $K_2Cr_2O_7$ 的质量和滴定时消耗 $Na_2S_2O_3$ 标准溶液的体积，可计算出 $Na_2S_2O_3$ 标准溶液的浓度。

（6）用 $KIO_3$ 标定 $Na_2S_2O_3$ 时，$KIO_3$ 与 KI 反应快，不需放置，宜及时滴定。

$$IO_3^- + 5I^- + 6H^+ = 3I_2\downarrow + 3H_2O$$

$$I_2 + 2S_2O_3^{2-} = 2I^- + S_4O_6^{2-}$$

（7）反应析出的 $I_2$ 以淀粉为指示剂用待标定的 $Na_2S_2O_3$ 溶液滴定。

$$I_2 + 2S_2O_3^{2-} = 2I^- + S_4O_6^{2-}$$

2. $I_2$ 标准溶液的配制和标定

用升华法制得的纯碘，可直接配制成标准溶液。如果使用市售的碘，需先配成近似浓度的碘溶液，然后用基准试剂或已知准确浓度的 $Na_2S_2O_3$ 标准溶液来标定碘溶液的准确浓度。由于 $I_2$ 难溶于水，易溶于 KI 溶液，故配制时应将 $I_2$、KI 与少量水一起研磨后再用水稀释，并保存在棕色试剂瓶中待标定。

$I_2$ 溶液可用 $As_2O_3$ 基准物标定。$As_2O_3$ 难溶于水，多用 NaOH 溶解，使之生成亚砷酸钠，再用 $I_2$ 溶液滴定 $AsO_3^{3-}$。

$$As_2O_3 + 6OH^- = 2AsO_3^{3-} + 3H_2O$$

$$AsO_3^{3-} + I_2 + H_2O = AsO_4^{3-} + 2I^- + 2H^+$$

此反应为可逆反应。为使反应快速定量地向右进行，可加入 $NaHCO_3$ 以保持溶液 pH 约为 8。在酸性溶液中，则氧化 $I^-$ 而析出 $I_2$。

根据称取的 $As_2O_3$ 质量和滴定时消耗 $I_2$ 溶液的体积，可计算出 $I_2$ 标准溶液的浓度。

由于 $As_2O_3$ 为剧毒物，一般常用已知浓度的 $Na_2S_2O_3$ 标准滴定溶液标定 $I_2$ 溶液。

### 10.5.4 碘量法的应用

1. 水中溶解氧的测定

溶解于水中的氧称为溶解氧，常以 DO 表示。水中溶解氧的含量与大气压力、水的温度有密切关系，大气压力减小，溶解氧含量也减小。温度升高，溶解氧含量将显著下降。溶解氧的含量用 1L 水中溶解的氧气量（$O_2$，$\text{mg}\cdot\text{L}^{-1}$）表示。

碘量法测定溶解氧的方法是：往水样中加入硫酸锰和碱性碘化钾溶液，生成 $Mn(OH)_2$ 白色沉淀。$Mn(OH)_2$ 性质极不稳定，迅速与水中溶解氧化合生成棕色锰酸锰沉淀。

$$MnSO_4 + 2NaOH = Mn(OH)_2\downarrow + Na_2SO_4$$

$$2Mn(OH)_2 + O_2 = 2H_2MnO_3\downarrow$$

$$4Mn(OH)_2 + O_2 = 2MnMnO_3\downarrow + 4H_2O$$

加入硫酸酸化,使已经化合的溶解氧与溶液中所加入的 $I^-$ 发生氧化还原反应,析出与溶解氧相当量的 $I_2$。溶解氧越多,析出的碘也就越多,溶液的颜色也就越深。

$$MnMnO_3 + 3H_2SO_4 + 2KI = 2MnSO_4 + K_2SO_4 + I_2 + 3H_2O$$

最后取出一定量反应完毕的水样,以淀粉为指示剂,用 $Na_2S_2O_3$ 标准溶液滴定至终点。滴定反应为

$$I_2 + 2S_2O_3^{2-} = 2I^- + S_4O_6^{2-}$$

最后根据相关用量计算测定结果。

2. 维生素 C 的测定——直接碘量法

维生素 C(Vitamin C, Vc)是高等灵长类动物与其他少数生物的必需营养素,分子式和相对分子质量分别为 $C_6H_8O_6$ 和 171.62。维生素 C 分子中的烯二醇基具有还原性,能被 $I_2$ 定量地氧化成二酮基,其反应为

$$\text{C—C}=\text{C—C—C—CH} + I_2 \rightleftharpoons \text{C—C—C—C—C—CH} + 2HI$$

由于维生素 C 的还原性很强,在空气中极易被氧化,尤其在碱性介质中更甚,所以在测定时调节溶液酸度至弱酸性,以减少维生素 C 的副反应。

**【示例 10-3】** **直接碘量法测定维生素 C 的含量**

维生素(ascorbic acid)C 为 L-抗坏血酸,在体内参与氧化还原等生理过程,临床上用于治疗多种维生素 C 缺乏症,也常用作抗氧化剂。维生素 C 的制剂主要有片剂、注射剂及颗粒剂等。

**测定方法**(USP35-NF30):取本品约 400mg,精密称定,溶解于水 100mL 与 1mol·L$^{-1}$ 硫酸溶液 25mL 的混合溶液中,加 3mL 淀粉指示液,立即用 0.05mol·L$^{-1}$ 碘滴定液滴定至蓝紫色,且不褪色。用水 100mL 和 1mol·L$^{-1}$ 硫酸溶液 25mL 代替样品做空白实验并校正滴定结果。每 1mL 碘滴定液(0.05mol·L$^{-1}$)相当于 8.806mg 的维生素 C。

**滴定原理**:维生素 C 分子结构中的烯二醇基具有还原性,可与滴定剂碘发生氧化还原反应。但是,维生素 C 也可被空气中的氧等其他氧化剂氧化,使滴定反应的定量性下降。采用在酸性介质中立即滴定的策略,可减少维生素 C 的非目标氧化,从而减小测定误差。ChP2010、EP7.0、JP16 均收载了本法。

**指示剂变色原理**:化学计量点前,滴定剂碘被待测维生素 C 还原,体系显指示剂淀粉的颜色白色;化学计量点后,稍过量的碘与淀粉作用显蓝色,并在 30s 内不褪色,指示滴定终点到达。

**测定结果计算**:

$$含量(\%) = \frac{(V-V_0)TF}{W} \times 100\%$$

式中,$V$ 为滴定液被消耗的体积,mL;$V_0$ 为滴定液在空白实验中被消耗的体积,mL;$T$ 为滴定液的滴定度,mg·mL$^{-1}$;$F$ 为滴定液的浓度校正因数;$W$ 为供试品的称取量,mg。

### 3. 间接碘量法测定葡萄糖的含量

葡萄糖能直接参与人体内的新陈代谢过程，是生命活动中不可缺少的物质。在消化道中，葡萄糖是最易吸收的单糖，且被吸收后能被人体组织直接利用，起到补充体内水分、糖分以及供给能量等作用。但葡萄糖的还原性不如维生素 C，不能使用直接碘量法，而要使用间接碘量法。操作步骤如下：取一定量的葡萄糖试样于碘量瓶中，加入 30mL 蒸馏水，加入 25.00mL $I_2$ 标准溶液。一边摇动，一边缓慢加入 40mL 0.1mol·$L^{-1}$ NaOH 溶液至溶液呈浅黄色。将碘量瓶加塞、封水，在暗处放置 10～15min。之后加 6mL 0.5mol·$L^{-1}$ $H_2SO_4$ 溶液使成酸性，立即用 $Na_2S_2O_3$ 标准溶液滴定至溶液呈淡黄色时，加入 2mL 淀粉指示剂，混合均匀后继续滴定至蓝色刚刚消失即为终点。

该滴定过程较为复杂，反应过程可以总结为：$I_2$ 与 NaOH 发生歧化作用生成次 NaIO 和 NaI。NaIO 可将葡萄糖($C_6H_{12}O_6$)分子中的醛基定量地氧化为羧基。未与葡萄糖作用的次碘酸钠在碱性溶液中歧化生成 NaI 和 $NaIO_3$，当酸化时 $NaIO_3$ 又恢复成 $I_2$ 析出，用 $Na_2S_2O_3$ 标准溶液滴定析出的 $I_2$，从而可计算出葡萄糖的含量，其原理如图 10-3 所示。

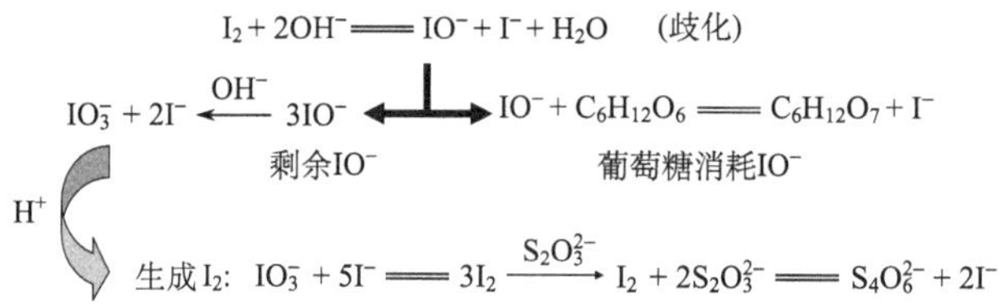

图 10-3　间接碘量法测定葡萄糖的示意图

涉及的反应如下所示。

(1) $I_2$ 与 NaOH 作用生成 NaIO 和 NaI：
$$I_2 + 2OH^- = IO^- + I^- + H_2O$$

(2) $C_6H_{12}O_6$ 和 NaIO 定量作用：
$$C_6H_{12}O_6 + IO^- = C_6H_{12}O_7 + I^-$$

(3) 总反应式为
$$I_2 + C_6H_{12}O_6 + 2OH^- = C_6H_{12}O_7 + 2I^- + H_2O$$

对于没有与葡萄糖作用的 NaIO 在碱性溶液中歧化成 NaI 和 $NaIO_3$：
$$3IO^- = IO_3^- + 2I^-$$

而在酸性条件下，$NaIO_3$ 又恢复成 $I_2$ 析出：
$$IO_3^- + 5I^- + 6H^+ = 3I_2 + 3H_2O$$

如果使用 $Na_2S_2O_3$ 滴定析出的 $I_2$，则
$$I_2 + 2S_2O_3^{2-} = 2I^- + S_4O_6^{2-}$$

同时做空白实验，根据两次所消耗的 $Na_2S_2O_3$ 的量计算葡萄糖的含量。

## 10.6 其他氧化还原滴定法

### 10.6.1 硫酸铈法

硫酸铈[$Ce(SO_4)_2$]是一个强氧化剂，其氧化还原电位为

$$Ce^{4+} + e^- \rightleftharpoons Ce^{3+} \quad \varphi^{\ominus} = 1.61V$$

上述反应需要在酸性介质中进行，原因是碱性或中性介质中，$Ce^{4+}$易水解，生成碱式盐沉淀。在$H_2SO_4$介质中，它的电位介于$KMnO_4$与$K_2Cr_2O_7$之间。一般情况下，能用$MnO_4^-$滴定的，用$Ce^{4+}$也可以。

$Ce(SO_4)_2$滴定具有以下特点：①稳定，放置较长时间或加热煮沸皆不易分解；②容易提纯，可直接配制标准溶液；③$Ce^{4+}$还原为$Ce^{3+}$只有一个电子转移，在还原过程中，不生成中间价态产物，反应简单，副反应少。有机物存在时，$Ce^{4+}$滴定$Fe^{2+}$仍可得到良好结果；④能在HCl介质中用$Ce^{4+}$滴定$Fe^{2+}$；⑤$Ce^{4+}$为黄色，$Ce^{3+}$无色，$Ce^{4+}$本身也可作自身指示剂，但灵敏度不高；⑥酸度较低时，$H_3PO_4$有干扰。

### 10.6.2 溴酸钾法

溴酸钾（$KBrO_3$）是强氧化剂，在酸性溶液中，半反应式如下：

$$2BrO_3^- + 12H^+ + 10e^- \rightleftharpoons Br_2 + 6H_2O \quad \varphi^{\ominus} = 1.44V$$

$KBrO_3$易提纯，可直接配制。如果需要标定，可采用下列原理进行：

$$BrO_3^- + 6I^- + 6H^+ \rightleftharpoons Br^- + 3I_2 + 3H_2O$$

$$I_2 + 2S_2O_3^{2-} \rightleftharpoons 2I^- + S_4O_6^{2-}$$

---

**延伸阅读 10-2：氧化还原滴定法的突出贡献者**

1846年，法国化学家马格里特（F. Margueritte）首次应用高锰酸钾法测定亚铁离子。此后将该方法扩展，测定其他具有多种价态的金属离子。

1826年，法国人比拉迪厄（Billardler）首次制备得到碘化钠，以淀粉为指示剂，将NaI应用于次氯酸钙的滴定，开创了"碘量法"研究与应用的先河。

---

## 10.7 氧化还原滴定法在药物分析中的应用

大量的药物分子为有机物，并且往往含有还原性的官能团，如羟基、羰基等。因此，氧化还原滴定法在药物的常量分析中应用十分广泛。下面就相关的一些应用实例做说明。

### 10.7.1 原料药的含量测定

**【示例10-4】** 亚硝酸钠法测定盐酸普鲁卡因的含量

盐酸普鲁卡因（procaine hydrochloride）属局部麻醉药，具有在药用部位对感觉神经冲动

的发生与传导产生暂时性、可逆性阻断的药理作用,临床上常用于局部麻醉。盐酸普鲁卡因的制剂主要为注射剂,包括注射液和注射用无菌粉末。

本品的结构式、分子式及相对分子质量如下

(结构式)      $C_{13}H_{20}N_2O_2 \cdot HCl$ (分子式)      272.77 (相对分子质量)

**测定方法**(ChP2010):取本品约 0.6g,精密称定,照永停滴定法,在 15~25℃,用亚硝酸钠滴定液($0.1mol \cdot L^{-1}$)滴定,每 1mL 亚硝酸钠滴定液($0.1mol \cdot L^{-1}$)相当于 27.28mg 的 $C_{13}H_{20}N_2O_2 \cdot HCl$。

**滴定原理**:盐酸普鲁卡因分子结构中的芳伯氨基具有还原性,在酸性溶液中,可与滴定剂亚硝酸钠发生重氮化反应,定量生成重氮盐。提高反应温度,有利于加快重氮化反应的速率,但不利于反应产物重氮盐的稳定,因此控制反应温度为 15~25℃。USP35-NF30、EP7.0、JP16 均收载了本法。

**滴定终点指示**:本法选用永停法(电流法)指示滴定终点。化学计量点前,滴定剂亚硝酸钠被盐酸普鲁卡因消耗,体系中无可逆电对,电路无电流通过,电流计指针指零;化学计量点后,稍过量的亚硝酸钠在酸性条件下反应生成的 NO 与 $HNO_2$ 形成可逆电对,电路遂有电流通过,电流计指针指向并停止于不为零处,指示滴定终点到达。

**测定结果计算**:

$$含量(\%) = \frac{VTF}{W} \times 100\%$$

式中,$V$ 为滴定液被消耗的体积,mL;$T$ 为滴定液的滴定度,$mg \cdot mL^{-1}$;$F$ 为滴定液的浓度校正因数;$W$ 为供试品的称取量,mg。

### 10.7.2 药物制剂的含量测定

**【示例 10-5】** 高锰酸钾法测定亚硝酸钠注射液的含量

亚硝酸钠注射液(sodium nitrite injection)是含有亚硝酸钠的注射剂,临床上主要用于解救氰化物中毒。

**测定方法**(USP35-NF30):移液管精密量取本品适量(约相当于亚硝酸钠 150mg),加入高锰酸钾滴定液($0.02mol \cdot L^{-1}$)50mL、水 100mL 和硫酸 5mL 的混合溶液中,加入时,移液管的尖端须插入液面下。加热溶液至 40℃,放置 5min,加草酸滴定液($0.05mol \cdot L^{-1}$) 25.0mL,加热混合溶液至 80℃左右,用高锰酸钾滴定液($0.02mol \cdot L^{-1}$)滴定。每 1mL 高锰酸钾滴定液($0.02mol \cdot L^{-1}$)相当于 3.450mg 的 $NaNO_2$。

**滴定原理**:硝酸根离子与亚硝酸根离子形成的电对具有较高的标准电极电位,为提高氧化剂高锰酸钾的氧化能力,采用在酸性条件下的返滴定法。此外,在加热条件下进行返滴定,以提高反应速率。

以上测定方法中,定量过量的滴定剂高锰酸钾在酸性条件及加热条件下氧化待测亚硝酸根离子成为硝酸根离子,剩余的高锰酸钾用定量过量的草酸还原,剩余的草酸再以高锰酸钾滴定液返滴定。用移液管加亚硝酸钠注射液时，将移液管尖端插入液面下，可避免亚硝酸根离子被空气中的氧气氧化。本制剂所用溶剂水对测定无干扰。

本示例中，高锰酸钾具有更高的氧化电位，亚硝酸钠为还原剂；但在盐酸普鲁卡因-亚硝酸钠的反应中，因为盐酸普鲁卡因的还原性更强，亚硝酸钠的作用表现为氧化剂。可见，物质在氧化还原反应中的作用由反应物间氧化还原能力的相对强弱决定。

**指示剂变色原理**：加热条件下滴定无色或浅色溶液时，为避免温度对指示剂变色的影响、消除指示剂消耗滴定剂引起的测定误差，常使用有色的滴定剂为自身指示剂。

以上测定方法中，化学计量点前，紫红色的高锰酸钾滴定液被亚硝酸根离子还原，滴定体系呈无色；化学计量点后，稍过量的高锰酸钾使体系从无色变成紫红色，指示滴定终点到达。

**测定结果计算**：

$$标示量(\%) = \frac{(V_A F_A - V_B F_B) T_A D \overline{V}_S}{V_S \times 标示量 \times 1000} \times 100\%$$

式中，$V_A$ 为滴定液 A 被消耗的体积 mL；$F_A$ 为滴定液 A 的浓度校正因数；$V_B$ 为滴定液 B 被消耗的体积 mL；$F_B$ 为滴定液 B 的浓度校正因数；$T_A$ 为滴定液 A 的滴定度，$mg \cdot mL^{-1}$；$D$ 为供试品溶液的稀释倍数；$\overline{V}_S$ 为供试品的平均装量，$mL \cdot 支^{-1}$；$V_S$ 为供试品的量取量，mL；标示量的单位为 $g \cdot 支^{-1}$；1000 为单位换算因数（1g=1000mg）。

---

### 内容提要与学习要求

氧化还原滴定法是基于溶液中氧化剂与还原剂之间的电子转移而进行反应的一种常量分析方法。在酸碱反应中，质子交换和酸碱共轭对相对应，与此相似，在氧化还原反应中，电子转移和氧化还原共轭对相对应。氧化还原滴定可以用氧化剂作滴定剂，也可用还原剂作滴定剂，应用范围较广，可以应用于许多无机物和有机物的直接测定或间接测定。在氧化还原滴定法中，主要应掌握氧化还原指示剂的作用原理和选择方法，了解氧化还原滴定曲线的理论推导过程及氧化还原滴定终点误差的概念，并了解常用的氧化还原预处理剂的常用方法和常用试剂，掌握氧化还原滴定结果的计算，特别是滴定突跃和滴定终点电位的计算。

---

## 练 习 题

**一、选择题**

1. 在含有 $Fe^{3+}$ 和 $Fe^{2+}$ 的溶液中，加入下述何种溶液，$Fe^{3+}/Fe^{2+}$ 电对的电位将升高（不考虑离子强度的影响）　　　　　　　　　　　　　　　　　　　　　　　　　　　　　　　　（　　）

A. 稀 $H_2SO_4$　　　　B. HCl　　　　C. $NH_4F$　　　　D. 邻二氮菲

2. 用 $0.02 mol \cdot L^{-1}$ $KMnO_4$ 溶液滴定 $0.1 mol \cdot L^{-1}$ $Fe^{2+}$ 溶液和用 $0.002 mol \cdot L^{-1}$ $KMnO_4$ 溶液滴定 $0.01 mol \cdot L^{-1}$ $Fe^{2+}$ 溶液时，这两种情况下其滴定突跃是　　　　　　　　（　　）

A. 前者＞后者　　　B. 前者＜后者　　　C. 一样大　　　D. 缺电位值，无法判断

3. 反应 $2A^+ + 3B^{4+} \longrightarrow 2A^{4+} + 3B^{2+}$ 到达化学计量点时电位是　　　　　　（　　）

A. $\frac{\varphi_A^\ominus + \varphi_B^\ominus}{2}$　　　B. $\frac{(\varphi_A^\ominus + 2\varphi_B^\ominus) \times 6}{5}$　　　C. $\frac{2\varphi_A^\ominus + 3\varphi_B^\ominus}{5}$　　　D. $\frac{3\varphi_A^\ominus + 2\varphi_B^\ominus}{5}$

4. 用铈量法测定铁时，滴定至 50% 时的电位是(已知：$\varphi^{\ominus\prime}_{Ce^{4+}/Ce^{3+}}=1.44$ V，$\varphi^{\ominus\prime}_{Fe^{3+}/Fe^{2+}}=0.68$V)
( )

   A. 0.68V  B. 0.86V  C. 1.06V  D. 1.44V

5. 用 $Ce^{4+}$ 滴定 $Fe^{2+}$，当体系电位为 1.44V 时，滴定分数为(已知：$\varphi^{\ominus\prime}_{Ce^{4+}/Ce^{3+}}=1.44$ V，$\varphi^{\ominus\prime}_{Fe^{3+}/Fe^{2+}}=0.68$V)
( )

   A. 0  B. 50%  C. 100%  D. 200%

6. 用 $K_2Cr_2O_7$ 为基准物质标定 $NaS_2O_3$ 溶液的浓度，在放置 10min 后，要加入大量纯化水稀释，其目的是
( )

   A. 避免 $I_2$ 的挥发  B. 增大 $I_2$ 的溶解度  C. 减慢反应速率  D. 降低酸度和减小[$Cr^{3+}$]

## 二、简答题

1. 碘量法的主要误差来源有哪些？为什么碘量法不适于在低 pH 或高 pH 条件下进行？

2. 增加溶液的离子强度，$Fe^{3+}/Fe^{2+}$ 电对的条件电位升高还是降低，若忽略离子强度的影响，分别加入 $PO_4^{3-}$、$F^-$ 或 1,10-邻二氮菲后，电位的变化情况又将如何？

3. 某同学配制 $0.02mol \cdot L^{-1}$ $Na_2S_2O_3$ 500mL，方法如下：在分析天平上准确称取 $Na_2S_2O_3 \cdot 5H_2O$ 2.482g，溶于蒸馏水中，加热煮沸，冷却，转移至 500mL 容量瓶中，加蒸馏水定容摇匀，保存待用。请指出其错误。

## 三、计算题

1. 计算 pH=3.0，含有未配合 EDTA 的浓度为 $0.10mol \cdot L^{-1}$ 的溶液中 $Fe^{3+}/Fe^{2+}$ 电对的条件电位（忽略离子强度的影响及氢氧基配合物的形成）。$E^{\ominus}_{Fe^{3+}/Fe^{2+}}=0.77$V；pH=3.0 时，$\lg\alpha_{Y(H)}=10.60$；$\lg K_{Fe(III)Y}=14.32$。

2. 计算在 $1mol \cdot L^{-1}$ HCl 介质中 $Fe^{3+}$ 与 $Sn^{2+}$ 反应的平衡常数及化学计量点时反应进行的程度。($E^{\ominus\prime}_{Fe^{3+}/Fe^{2+}}=0.68$ V；$E^{\ominus\prime}_{Sn^{4+}/Sn^{2+}}=0.14$V)

3. 以 $K_2Cr_2O_7$ 标准溶液滴定 $Fe^{2+}$，计算 25℃ 时反应的平衡常数；若在计算点时，$c(Fe^{3+})=0.05000$ $mol \cdot L^{-1}$，要使反应定量进行，所需 $H^+$ 的最低浓度为多少？($E^{\ominus}_{Fe^{3+}/Fe^{2+}}=0.771$V；$E^{\ominus}_{Cr_2O_7^{2-}/Cr^{3+}}=1.33$V)

4. 以 $0.1000mol \cdot L^{-1} Na_2S_2O_3$ 溶液滴定 20.00mL $0.0500mol \cdot L^{-1} I_2$ 溶液(含 KI $1mol \cdot L^{-1}$)。计算滴定百分数至 50、100 及 200 时体系的平衡电位各为多少？(已知 $E^{\ominus}_{I_3^-/I^-}=0.545$V；$E^{\ominus}_{S_4O_6^{2-}/S_2O_3^{2-}}=0.080$V)

5. 移取 20.00mL HCOOH 和 HAc 的混合液，以酚酞为指示剂，用 $0.1000mol \cdot L^{-1}$ NaOH 溶液滴定至终点时，消耗 NaOH 溶液 25.00mL。另移取 20.00mL 上述混合液，准确加入 $0.02500mol \cdot L^{-1}$ $KMnO_4$ 的碱性溶液 75.00mL，混合后，在室温放置 30min，使 $MnO_4^-$ 氧化 HCOOH 反应定量完成(HAc 不被 $MnO_4^-$ 氧化)。随后用 $H_2SO_4$ 调节至酸性，最后以 $0.2000mol \cdot L^{-1}$ $Fe^{2+}$ 溶液滴定至终点，消耗 $Fe^{2+}$ 溶液 40.63mL。计算试液中 HCOOH 和 HAc 的量浓度各为多少？

6. 化学需氧量(COD)的测定，是量度水体受还原性物质(主要是有机物)污染程度的综合指标。对于地表水、饮用水等常采用高锰酸钾法测定 COD。取某湖水 100mL 加硫酸后，加 10.00mL $0.00200mol \cdot L^{-1}$ 高锰酸钾标液，立即加热煮沸 10min，冷却后又加入 10.00mL $0.00500mol \cdot L^{-1}$ 草酸钠标准溶液，充分摇动，用同上浓度的高锰酸钾标准溶液返滴定过剩的草酸钠，由无色变为淡红色为终点，消耗 5.50mL。计算该湖水 COD 的含量(以 $O_2 mg \cdot L^{-1}$ 计)。

7. 取标示量为 5mL : 0.5g 的维生素 C 注射液 2mL，加水 15mL 与丙酮 2mL，摇匀，放置 5min，加稀乙酸 4mL 与淀粉指示液 1mL，用碘滴定液($0.1030mol \cdot L^{-1}$)滴定至终点，消耗体积为 20.76mL。每 1mL 碘滴定液($0.1mol \cdot L^{-1}$)相当于 8.806mg 的 $C_6H_8O_6$。计算该注射液中维生素 C 占标示量的百分含量？

8. 异烟肼片的含量测定，取标示量为 100mg 的本品 20 片，总重量为 2.2680g，研细，称片粉 0.2246g，

置 100mL 量瓶中，稀释至刻度，摇匀，滤过，精密量取续滤液 25mL，用溴酸钾液(0.017 33mol·L$^{-1}$)滴定，消耗此液 13.92mL，每 1mL 溴酸钾滴定液(0.016 67mol·L$^{-1}$)相当于 3.429mg 的异烟肼。求其含量占标示量的百分含量。

9. 漂白粉中的"有效氯"常用碘量法测定。现称取漂白粉 0.3000g，经处理后，需要用 $T_{Na_2S_2O_3/CuSO_4·5H_2O}$=0.025 00g·mL$^{-1}$ 的 $Na_2S_2O_3$ 标准溶液 24.55mL 滴定至终点，求漂白粉中"有效氯"的质量分数。[提示：$Ca(OCl)Cl+2H^+ \rightleftharpoons Cl_2+Ca^{2+}+H_2O$]

# 第 11 章 沉 淀 平 衡

分析化学中经常会遇见或应用沉淀反应。除重量分析法和沉淀滴定法外,沉淀反应更多用于物质的分离和掩蔽。作为主反应,要求进行定量完全;而副反应及其干扰因素,要求降低到可忽略不计。沉淀的生成和溶解、沉淀或溶解反应完全与否,可通过沉淀溶解平衡来计算,并可利用沉淀溶解度大小和溶度积规则来衡量。

## 11.1 溶解度、溶度积和条件溶度积

如果溶液中存在的离子 $A^{n+}$ 和 $B^{m-}$ 形成难溶化合物 $A_mB_n$,或者将难溶化合物 $A_mB_n$ 放置在水中,由于受到水分子的作用而解离,生成相应的分子或离子。无论如何,沉淀和溶解可达到如下平衡状态:

$$mA^{n+} + nB^{m-} \rightleftharpoons A_mB_n(液) \rightleftharpoons A_mB_n(固)$$

此时的溶液为饱和溶液(saturated solution)。如果溶液中不存在其他平衡,则固体 $A_mB_n$ 的溶解度 $S$ 为

$$S = \frac{[A^{n+}]}{m} + S^0 = \frac{[B^{m-}]}{n} + S^0 \tag{11-1}$$

式中,$S^0$ 为 $A_mB_n$ 的分子溶解度或固有溶解度。在一定温度下,纯固体活度 $a_{MA(固)}=1$,$a_{MA(水)}=S^0$。即在一定温度下,固相与其液相共存时,溶液中以分子(或离子对)状态存在的活度为一常数($S^0$)。也就是说,$A_mB_n$ 分子并非完全发生解离,有 $S^0$ 大小的 $A_mB_n$ 是以分子状态存在的。

如果 $A_mB_n$ 在饱和溶液中不易解离,即 $S^0$ 值比较大,则不可忽略。例如,在硫酸钙饱和溶液中 $CaSO_4$ 浓度达 $0.015\,\mathrm{mol \cdot L^{-1}}$,但其 $S^0 = 8.4 \times 10^{-3}\,\mathrm{mol \cdot L^{-1}}$,而 $[Ca^{2+}]=[SO_4^{2-}]=6.6 \times 10^{-3}\,\mathrm{mol \cdot L^{-1}}$,可见 $CaSO_4$ 解离不到一半,因此不可忽略 $S^0$。但当 $A_mB_n$ 在饱和溶液中"完全解离",则可忽略 $S^0$。例如,$AgCl$ 在饱和溶液中浓度很小,但 $S^0 = 2.3 \times 10^{-7}\,\mathrm{mol \cdot L^{-1}}$,$[Ag^+]=[Cl^-]=1.3 \times 10^{-5}\,\mathrm{mol \cdot L^{-1}}$,解离接近 $100\%$,因此可忽略 $S^0$。

$A_mB_n$(液)在溶液中的解离平衡式为

$$K = \frac{a_{A^{n+}}^m a_{B^{m-}}^n}{a_{A_mB_n}} = \frac{[A^{n+}]^m \gamma_{A^{n+}}^m [B^{m-}]^n \gamma_{B^{m-}}^n}{S^0 \gamma_{A_mB_n}} \tag{11-2}$$

中性分子的活度系数视为 1,即 $\gamma_{A_mB_n}=1$,得

$$K_{sp}^{\ominus} = a_{A^{n+}}^m a_{B^{m-}}^n = KS^0 \tag{11-3}$$

式中,$K_{sp}^{\ominus}$ 称为活度积常数(activity product constant),与温度有关。若考虑活度系数,即有溶度积常数(solubility product constant)$K_{sp}$:

$$K_{sp} = [A^{n+}]^m [B^{m-}]^n = \frac{K_{sp}^{\ominus}}{\gamma_{A^{n+}}^m \gamma_{B^{m-}}^n} \tag{11-4}$$

溶度积常数 $K_{sp}$ 与溶液离子强度和温度有关。

实际上除了形成沉淀的主反应外，还可能存在各种副反应。例如，组成沉淀的金属离子 $A^{n+}$ 与各种配合剂配合，发生水解作用；组成沉淀的阴离子 $B^{m-}$ 与 $H^+$ 结合形成弱酸等。平衡关系表示如下（省略离子的电荷数）

$$\begin{array}{ccccc}
\text{主反应} & A_mB_n \rightleftharpoons & mA & + & nB \\
& & \updownarrow \text{OH} & \updownarrow \text{L} & \updownarrow \text{H} \\
\text{副反应} & & AOH & AL & HB \\
& & A(OH)_2 & AL_2 & H_2B \\
& & \vdots & \vdots & \vdots \\
& & A(OH)_x & AL_y & H_zB
\end{array}$$

金属离子 $A^{n+}$ 的总浓度：

$$[A'] = [A] + [AOH] + [A(OH)_2] + \cdots + [A(OH)_x] + [AL] + [AL_2] + \cdots + [AL_y] = \alpha_A [A]$$

沉淀剂 $B^{m-}$ 的总浓度：

$$[B'] = [B] + [HB] + [H_2B] + \cdots + [H_zB] = \alpha_B [B]$$

则

$$K'_{sp} = [A']^m [B']^n = [A]^m \alpha_A^m [B]^n \alpha_B^n = K_{sp} \alpha_A^m \alpha_B^n \tag{11-5}$$

式中，$\alpha_A$、$\alpha_B$ 为金属离子和沉淀剂的副反应系数。$K'_{sp}$ 称为条件溶度积（conditional solubility product），它表示沉淀溶解达到平衡时，组成沉淀的离子的各种形式总浓度幂的乘积。因为副反应系数 $\alpha_A \geqslant 1$，$\alpha_B \geqslant 1$，所以 $K'_{sp} \geqslant K_{sp}$，即副反应的发生使溶度积常数增大。

## 11.2 影响沉淀溶解度的因素

### 11.2.1 同离子效应

组成沉淀晶体的离子称为构晶离子。当沉淀反应达到平衡后，如果向溶液中加入适当过量的含有某一构晶离子的试剂或溶液，则沉淀的溶解度减少，这种效应称为同离子效应（common-ion effect）。在沉淀重量法中，常加入适当过量的沉淀剂，利用同离子效应来降低沉淀的溶解度，大大减少沉淀的损失。

例如，以沉淀重量法测定 $SO_4^{2-}$。在 25℃ 时，当加入的 $Ba^{2+}$ 和 $SO_4^{2-}$ 的浓度相等时，$BaSO_4$ 的溶解度为

$$S = [Ba^{2+}] = [SO_4^{2-}] = \sqrt{K_{sp}} = \sqrt{1.08 \times 10^{-10}} = 1.04 \times 10^{-5} (\text{mol} \cdot \text{L}^{-1})$$

假如溶液体积为 250mL，则 $BaSO_4$ 沉淀的损失为

$$m = 1.04 \times 10^{-5} \times 250 \times 233.39 \approx 0.6 (\text{mg})$$

此值已超过重量分析的误差要求。但如果加入过量 $BaCl_2$，使沉淀后 $Ba^{2+}$ 浓度达到 $0.010 \text{mol} \cdot \text{L}^{-1}$，则 $BaSO_4$ 的溶解度为

$$S = [SO_4^{2-}] = \frac{K_{sp}}{[Ba^{2+}]} = \frac{1.08 \times 10^{-10}}{0.010} = 1.08 \times 10^{-8} (\text{mol} \cdot \text{L}^{-1})$$

假如溶液体积为 250mL，则 $BaSO_4$ 沉淀的损失为

$$m = 1.08 \times 10^{-8} \times 250 \times 233.39 \approx 0.0006 \text{(mg)}$$

这样，$BaSO_4$ 沉淀已经很完全。

但是在实际工作中，并非沉淀剂过量越多越好。因为沉淀剂一般为强电解质，过量太多有时会引起盐效应(salt effect)、酸效应及配合效应等副反应，反而使沉淀的溶解度增大。一般沉淀剂以过量 50%~100% 为宜，对于不易挥发的沉淀剂，则以过量 20%~30% 为宜。

### 11.2.2 盐效应

当溶液中存在大量强电解质时，沉淀的溶解度增大的现象，称为盐效应。存在盐效应的原因是强电解质溶液的离子强度大，离子的活度系数小。活度系数越小，从式(11-4)可看出，$K_{sp}$ 越大，溶解度必然增大。

**【示例 11-1】** 沉淀溶解度的计算

计算在 $0.0033 \text{mol} \cdot L^{-1}$ $MgCl_2$ 溶液中 $BaSO_4$ 的溶解度。

**【解】**

溶液中各离子的浓度为

$$c_{Mg^{2+}} = 0.0033 \text{(mol} \cdot L^{-1}), \quad c_{Cl^-} = 0.0033 \times 2 = 0.0066 \text{(mol} \cdot L^{-1})$$

在忽略 $Ba^{2+}$ 和 $SO_4^{2-}$ 的情况下：

$$I = \frac{1}{2} \sum_i c_i z_i^2 = \frac{1}{2}(0.0033 \times 2^2 + 0.0066 \times 1^2) = 0.0099 \approx 0.01 \text{(mol} \cdot L^{-1})$$

已知 $Ba^{2+}$ 的 $å = 500\text{pm}$，$SO_4^{2-}$ 的 $å = 400\text{pm}$，它们的活度系数为

$$\gamma_{Ba^{2+}} = 0.67 \quad \gamma_{SO_4^{2-}} = 0.66$$

根据式(11-4)得 $BaSO_4$ 的溶度积常数 $K_{sp}$ 为

$$K_{sp} = \frac{K_{sp}^{\ominus}}{\gamma_{Ba^{2+}} \gamma_{SO_4^{2-}}} = \frac{1.08 \times 10^{-10}}{0.67 \times 0.66} = 2.44 \times 10^{-10}$$

则 $BaSO_4$ 的溶解度 $S$ 为

$$S = [Ba^{2+}] = [SO_4^{2-}] = \sqrt{K_{sp}}$$
$$= \sqrt{2.44 \times 10^{-10}} = 1.56 \times 10^{-5} \text{(mol} \cdot L^{-1})$$

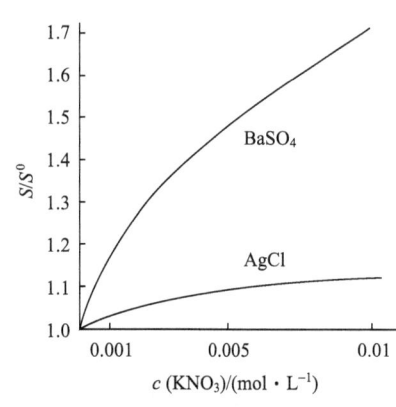

图 11-1 AgCl 和 $BaSO_4$ 的溶解度
与溶液中 $KNO_3$ 浓度的关系
$S$ 为在 $KNO_3$ 溶液中的溶解度，
$S^0$ 为在纯水中的溶解度

图 11-1 为 AgCl 和 $BaSO_4$ 的溶解度随溶液中 $KNO_3$ 浓度的增加而增大的曲线。显然盐效应对 $BaSO_4$ 沉淀的影响较大，这是因为高价离子的活度系数受离子强度影响较大的缘故。

### 11.2.3 酸效应

许多沉淀是弱酸盐，当溶液酸性增强时，沉淀溶解平衡向溶解的方向移动，使沉淀的溶解度增大。

例如，二元弱酸 $H_2B$ 形成的难溶盐 MB，在酸性溶液中存在如下平衡：

$$MB(固) \rightleftharpoons M^{2+} + B^{2-}$$

$$K_{a_2} \updownarrow H^+$$

$$HB^- \underset{K_{a_1}}{\overset{H^+}{\rightleftharpoons}} H_2B$$

设 MB 的溶解度为 $S$，则

$$[M^{2+}] = S$$

$$[H_2B] + [HB^-] + [B^{2-}] = c_{B^{2-}} = S$$

$$\alpha_{B(H)} = 1 + \beta_1[H^+] + \beta_2[H^+]^2$$

根据条件溶度积计算公式可得

$$K'_{sp} = K_{sp}\alpha_{B(H)}$$

$$S = [M^{2+}] = c_{B^{2-}} = \sqrt{K'_{sp}} = \sqrt{K_{sp}\alpha_{B(H)}} \tag{11-6}$$

**【示例 11-2】** 沉淀溶解度计算

计算 $CaC_2O_4$ 在下列溶液中的溶解度。已知 $CaC_2O_4$ 的 $K_{sp}^\ominus = 2.3 \times 10^{-9}$，$I=0$ 时在 $CaC_2O_4$ 的 $K_{sp} = 10^{-7.8}$。(1) 纯水；(2) pH=2.0 的盐酸溶液；(3) pH=4.0 的 0.010 mol·L$^{-1}$ 的草酸溶液。

**【解】**

(1) 在纯水中：

$$S = [Ca^{2+}] = [C_2O_4^{2-}] = \sqrt{K_{sp}^\ominus} = \sqrt{2.3 \times 10^{-9}} = 4.8 \times 10^{-5} (\text{mol·L}^{-1})$$

(2) 在 pH=2.0 的盐酸溶液中：

$$\alpha_{C_2O_4(H)} = 1 + \beta_1[H^+] + \beta_2[H^+]^2 = 1 + 10^{-2.0} \times 10^{4.0} + 10^{-4.0} \times 10^{5.1} = 10^{2.1}$$

$$K'_{sp} = K_{sp}\alpha_{C_2O_4(H)} = 10^{-7.8} \times 10^{2.1} = 10^{-5.7}$$

$$S = \sqrt{K'_{sp}} = 10^{-2.85} = 1.4 \times 10^{-3} (\text{mol·L}^{-1})$$

(3) 在 pH=4.0 的 0.010 mol·L$^{-1}$ 的草酸溶液中，既要考虑酸效应，又要考虑同离子效应：

$$\alpha_{C_2O_4(H)} = 1 + \beta_1[H^+] + \beta_2[H^+]^2 = 1 + 10^{-4.0} \times 10^{4.0} + 10^{-8.0} \times 10^{5.1} = 10^{0.3}$$

$$K'_{sp} = K_{sp}\alpha_{C_2O_4(H)} = 10^{-7.8} \times 10^{0.3} = 10^{-7.5}$$

此时沉淀剂过量

$$[Ca^{2+}] = S$$

$$[C_2O_4^{2-}] = 0.010 + s \approx 0.010 (\text{mol·L}^{-1})$$

$$S = [Ca^{2+}] = \frac{K'_{sp}}{[C_2O_4^{2-}]} = \frac{10^{-7.5}}{10^{-2}} = 10^{-5.5} = 3.2 \times 10^{-6} (\text{mol·L}^{-1})$$

### 11.2.4 配位效应

若溶液中存在配位剂与沉淀溶解的金属离子形成配合物，也会促使沉淀溶解平衡向溶解的方向移动，使沉淀的溶解度增大，甚至不能产生沉淀，这种现象称为配位效应(complexcetion effect)。

对于 MB 的沉淀平衡，如溶液中同时存在配合剂 L，并能形成逐级配合物 ML、ML$_2$、ML$_3$、…、ML$_n$，则根据物料平衡：

$$S = [M] + [ML] + [ML_2] + \cdots + [ML_n]$$
$$= [M] + \beta_1[M][L] + \beta_2[M][L]^2 + \cdots + \beta_n[M][L]^n$$
$$= \frac{K'_{sp}}{S}(1 + \beta_1[L] + \beta_2[L]^2 + \cdots + \beta_n[L]^n)$$

故

$$S = \sqrt{K'_{sp}(1 + \beta_1[L] + \beta_2[L]^2 + \cdots + \beta_n[L]^n)} \tag{11-7}$$

**【示例 11-3】** 沉淀溶解度计算

计算 AgCl 在 0.010 mol·L$^{-1}$ NH$_3$ 溶液中的溶解度。已知 AgCl 的 $K'_{sp} = 10^{-9.5}$，Ag(NH$_3$)$_2^+$ 的 lg$K_1 = 3.2$，lg$K_2 = 3.8$。

**【解】** 由于 AgCl 溶解产生的 Ag$^+$ 与 NH$_3$ 配合生成 Ag(NH$_3$)$_2^+$ 使 AgCl 的溶解度增大。根据式(11-7)得

$$S = \sqrt{K'_{sp}(1 + K_1[Cl^-] + K_1K_2[Cl^-]^2)}$$
$$= \sqrt{10^{-9.5} \times (1 + 10^{3.2} \times 10^{-2.0} + 10^{3.2} \times 10^{3.8} \times 10^{-4.0})}$$
$$= 10^{-3.2} = 5.7 \times 10^{-4} (\text{mol·L}^{-1})$$

### 11.2.5 其他影响因素

**1. 温度**

由于溶解过程绝大多数为吸热过程，所以沉淀的溶解度一般随温度的升高而增大。因而对于溶解度较大的晶形沉淀，如 MgNH$_4$PO$_4$ 应在室温下进行过滤和洗涤。如果沉淀的溶解度很小，如 Fe$_2$O$_3$·$n$H$_2$O、Al$_2$O$_3$·$n$H$_2$O 和其他氢氧化物，或者受温度的影响很小，为了过滤快些，也可趁热过滤和洗涤。

**2. 溶剂**

无机物沉淀大多数是离子晶体，在水中的溶解度一般比在有机溶剂中大。对一些水中溶解度较大的沉淀，在分析化学中通常于水溶液中加入适量的乙醇、丙酮等有机溶剂来降低难溶盐的溶解度。如 PbSO$_4$ 在 30% 乙醇水溶液中的溶解度比在纯水中小约 20 倍。

**3. 沉淀颗粒大小**

晶体内部的分子或离子都处于静电平衡状态，彼此的吸引力大。而处于表面上的分子或离子，尤其是晶体的棱上或角上的分子或离子，受内部的吸引力小，同时受溶剂分子的作用，易进入溶液，溶解度增大。同一种沉淀，在相同重量时，颗粒越小，表面积越大，因此具有更多的棱和角，所以小颗粒沉淀比大颗粒沉淀的溶解度更大。

### 4. 形成胶体

沉淀反应的产物为无定形沉淀时，如果沉淀条件没有控制好，常会形成胶体溶液。为了防止形成胶体溶液，将溶液加热或加入大量电解质，对沉淀凝聚甚为有效。

### 5. 沉淀析出的形式

有许多沉淀，初形成时处于亚稳态，放置后逐渐转化为稳定态。亚稳态的溶解度比稳定态大。如 CoS 沉淀初生成时为 $\alpha$ 型，其 $K_{sp}$ 为 $4.0\times10^{-20}$，放置后转化为 $\beta$ 型，$K_{sp}$ 为 $7.9\times10^{-24}$。

---

**内容提要与学习要求**

沉淀反应是发生化学反应时生成了不溶于反应物所在溶液的物质。除重量分析法和沉淀滴定法外，沉淀反应更多用于物质的分离和掩蔽。作为主反应，要求进行定量完全；而副反应及其干扰因素，要求降低到可忽略不计。沉淀的生成和溶解、沉淀或溶解反应完全与否，可通过沉淀溶解平衡来计算，并可利用沉淀溶解度大小和溶度积规则来衡量。本章要求掌握的内容包括溶解度、溶度积和条件溶度积等概念，明确同离子效应、盐效应、酸效应和配位效应对沉淀溶度积的影响。要学会使用溶度积或条件溶度积进行沉淀平衡的相关计算。

---

## 练 习 题

### 一、选择题

1. 盐效应使沉淀的溶解度_____，同离子效应使沉淀的溶解度_____。一般来说，后一种效应较前一种效应_____ （  ）
   A. 增大，减小，小得多
   B. 增大，减小，大得多
   C. 减小，减小，差不多
   D. 增大，减小，差不多

2. 氯化银在 $1\,mol\cdot L^{-1}$ 的 HCl 中比在水中较易溶解是因为 （  ）
   A. 酸效应
   B. 盐效应
   C. 同离子效应
   D. 配位效应

3. $CaF_2$ 沉淀在 pH=2 的溶液中的溶解度较在 pH=5 的溶液中的溶解度 （  ）
   A. 大
   B. 相等
   C. 小
   D. 难以判断

### 二、计算题

1. 计算在 HAc-NaAc 缓冲溶液中(pH=5.00)铬酸钡的溶解度。

2. 已知 $Ag^+$ 与 $Cl^-$ 形成配合物的 $\lg\beta_1 \sim \lg\beta_4$ 分别为 2.9，4.7，5.0，5.9。计算下列情况下 AgCl 的溶解度。
   (1) 在纯水中；
   (2) 在 $1.0\times10^{-4}\,mol\cdot L^{-1}$ 的 KCl 中；
   (3) 在 $0.1\,mol\cdot L^{-1}$ 的 KCl 中。

3. 称取 0.3675g $BaCl_2\cdot 2H_2O$ 试样，将钡沉淀为 $BaSO_4$，需用 $0.5\,mol\cdot L^{-1}$ $H_2SO_4$ 溶液体积多少毫升？

4. 已知 $CaF_2$ 的溶度积为 $1.0\times10^{-9}$，求 $CaF_2$ 在下列情况时的溶解度(以 $mol\cdot L^{-1}$ 表示)。
   (1) 在纯水中；

(2) 在 $1.0×10 \text{mol} \cdot \text{L}^{-1}$ NaF 溶液中；

(3) 在 $1.0×10^{-2} \text{mol} \cdot \text{L}^{-1}$ $CaCl_2$ 溶液中。

5. 一种混合溶液中含有 $3.0×10^{-2} \text{mol} \cdot \text{L}^{-1}$ $Pb^{2+}$ 和 $2.0×10^{-2} \text{mol} \cdot \text{L}^{-1}$ $Cr^{3+}$ 若向其中逐渐滴加入浓 NaOH 溶液(忽略溶液体积的变化)，$Pb^{2+}$ 和 $Cr^{3+}$ 均有可能形成氢氧化物沉淀。问：

(1) 哪种离子先被沉淀？

(2) 若要分离这两种离子，溶液 pH 应控制在什么范围？

6. (1) 在 10mL、$1.5×10^{-3} \text{mol} \cdot \text{L}^{-1}$ $MnSO_4$ 溶液中，加入 5.0mL、$0.15 \text{mol} \cdot \text{L}^{-1}$ $NH_3 \cdot H_2O$，能否生成 $Mn(OH)_2$ 沉淀？

(2) 若在原 $MnSO_4$ 溶液中先加入 $0.495g(NH_4)_2SO_4$ 固体(忽略体积变化)，然后再加入 5.0mL $0.15 \text{mol} \cdot \text{L}^{-1}$ $NH_3 \cdot H_2O$，能否生成 $Mn(OH)_2$ 沉淀？

7. 现有一瓶含有 $Fe^{3+}$ 杂质的 $0.10 \text{mol} \cdot \text{L}^{-1}$ $MgCl_2$ 溶液，欲使 $Fe^{3+}$ 以 $Fe(OH)_3$ 沉淀形式除去，溶液的 pH 应控制在什么范围？

8. 将 AgCl 溶于 1L $NH_3 \cdot H_2O$ 中，若使生成的 $[Ag(NH_3)_2]^+$ 浓度为 $0.10 \text{mol} \cdot \text{L}^{-1}$，试计算 $NH_3$ 水的最初浓度。用 AgBr 及 AgI 代替 AgCl 将如何？

9. 解释下列问题：

(1) 在洗涤 $BaSO_4$ 沉淀时，不用去离子水而用稀 $H_2SO_4$；

(2) CuS 不溶于 HCl 但是可以溶解于 $HNO_3$；

(3) AgCl 可溶于弱碱氨水，却不溶于强碱氢氧化钠。

试推导下列各类难溶电解质 AgCl、$Mg(OH)_2$、$Fe(OH)_3$ 的溶解度 $S$ 与其溶度积 $K_{sp}$ 之间的关系。

# 第 12 章 沉淀滴定分析法

沉淀滴定分析法(precipitation titration method)是以沉淀反应为基础的一种滴定分析方法。沉淀反应很多，但合适沉淀滴定的反应并不多，其主要原因是有些沉淀的溶解度较大，损失较大；很多沉淀的组成不恒定，无法进行定量计算；有些沉淀达到平衡的速度慢，耗时太长；此外，有些沉淀易形成过饱和溶液，或共沉淀现象严重，或没有合适的指示剂等，这都不利于沉淀滴定。

由于滴定反应要求化学计量，所以用于沉淀滴定反应必须符合下列条件：①生成的沉淀溶解度必须很小(溶出的离子浓度$<10^{-5}$ mol·L$^{-1}$)，组成恒定；②沉淀反应迅速，定量地完成；③有确定终点的简单方法。

## 12.1 银量法总述

### 12.1.1 银量法原理

目前应用较多的沉淀滴定法是银量法(argentometry)，即利用生成难溶银盐反应的测定方法。例如，沉淀反应：

$$Ag^+ + X^- = AgX \downarrow$$

$$Ag^+ + SCN^- = AgSCN \downarrow$$

银量法包括莫尔法、福尔哈德法和法扬斯法等，可以用来测定 $Cl^-$、$Br^-$、$I^-$、$CN^-$、$SCN^-$ 和 $Ag^+$ 等。

在药物分析中，沉淀滴定可以用于盐酸丙卡巴肼、氯化钠注射液等药物的含量测定等。

**【示例 12-1】** **$AgNO_3$ 溶液的标定**

称取分析纯 KCl 1.9921g，加水溶解后，在 250mL 容量瓶中定容，取出 20.00mL，用 $AgNO_3$ 溶液滴定，用去 18.30mL，求 $AgNO_3$ 的浓度是多少？

**【解】**

已知 $M(KCl) = 74.551$；$M(AgNO_3) = 169.87$

因为

$$c(KCl) = \frac{1.9921}{74.551 \times 250.0 \times 10^{-3}} = 0.1069 (mol \cdot L^{-1})$$

所以

$$c(AgNO_3) = \frac{0.1069 \times 20.00}{18.30} = 0.1168 (mol \cdot L^{-1})$$

故 $AgNO_3$ 的浓度为 0.1168mol·L$^{-1}$。

**【示例 12-2】** **混合组分中 NaCl 和 NaBr 的相对含量测定**

称取某含有 NaCl 和 NaBr 的混合物共 0.6150g，溶解后用 $AgNO_3$ 溶液处理，得到干燥的 AgCl 和 AgBr 沉淀共 0.5187g。另称取相同质量的试样 1 份，用 $0.1200\text{mol} \cdot \text{L}^{-1}$ $AgNO_3$ 溶液滴定至终点，消耗 25.00mL。计算试样中 NaCl 和 NaBr 的质量分数。

**【解】**

已知各物质的相对分子质量为

$M(\text{NaCl}) = 58.44$，$M(\text{NaBr}) = 102.9$，$M(\text{AgCl}) = 143.3$，$M(\text{AgBr}) = 187.8$

设 NaCl 的质量为 $x(\text{g})$，NaBr 的质量为 $y(\text{g})$，则

$$\frac{x}{58.44} + \frac{y}{102.9} = 0.1200 \times 25.00 \times 10^{-3}$$

$$\frac{x}{58.44} \times 143.3 + \frac{y}{102.9} \times 187.7 = 0.5187$$

解方程组得

$$x = 0.005\ 844(\text{g}) \quad y = 0.2058(\text{g})$$

故

$$w(\text{NaCl}) = \frac{0.05844}{0.6150} \times 100\% = 9.50\%$$

$$w(\text{NaBr}) = \frac{0.2058}{0.6150} \times 100\% = 33.46\%$$

除银量法外，还有其他沉淀反应可用于沉淀滴定法。例如，$K_4[\text{Fe(CN)}_6]$ 与 $Zn^{2+}$、四苯硼酸钠与 $K^+$ 形成沉淀的反应：

$$2K_4[\text{Fe(CN)}_6] + 3Zn^{2+} \Longrightarrow K_2Zn_3[\text{Fe(CN)}_6]_2 \downarrow + 6K^+$$

$$\text{NaB}(C_6H_5)_4 + K^+ \Longrightarrow \text{KB}(C_6H_5)_4 \downarrow + Na^+$$

### 12.1.2 银量法的滴定过程

在沉淀滴定过程中，离子浓度的变化过程与酸碱滴定法类似，可用滴定曲线来表示。该曲线的横坐标是滴定体积（或滴定分数），纵坐标为溶液中的金属离子浓度的负对数(pM)或者阴离子浓度的负对数(pX)。下面以 $0.1000\text{mol} \cdot \text{L}^{-1}$ $AgNO_3$ 标准溶液滴定 20mL $0.1000\text{mol} \cdot \text{L}^{-1}$ NaCl 溶液为例进行讨论。沉淀反应式：

$$\text{Ag}^+ + \text{Cl}^- \Longrightarrow \text{AgCl} \downarrow (\text{白色}) \quad K_{sp} = 1.8 \times 10^{-10} (pK_{sp} = 9.74)$$

**1. 滴定前**

溶液中仅有 NaCl，溶液中 $[\text{Cl}^-] = 0.1000\text{mol} \cdot \text{L}^{-1}$，pCl = 1.00。

**2. 滴定开始至计量点前**

由于体系中大量存在 NaCl，因而加入的 $AgNO_3$ 都被 NaCl 沉淀。当滴加 18.00mL $AgNO_3$ 溶液后，还剩 2.00mL NaCl 溶液未反应，因此溶液中的 $[\text{Cl}^-]$ 为

$$[\text{Cl}^-] = \frac{0.1000 \times 20.00 - 0.1000 \times 18.00}{20.00 + 18.00} = 5.30 \times 10^{-3}(\text{mol} \cdot \text{L}^{-1})$$

即

$$\text{pCl} = 2.28$$

因为 $[Ag^+][Cl^-]=K_{sp}=1.8\times10^{-10}$，所以 $pAg=pK_{sp}-pCl=9.74-2.28=7.46$。

假如滴加 19.98mL $AgNO_3$ 溶液，还剩 0.02mL NaCl 溶液未被沉淀，此时 $\alpha=99.9\%$，终点误差(end point error, $E_t$)为 $-0.1\%$：

$$[Cl^-]=\frac{0.02\times0.1000}{20.00+19.98}=5.00\times10^{-5}(mol\cdot L^{-1})$$

即 $pCl=4.30$，$pAg=5.44$。

3. 化学计量点时

此时，$[Ag^+]=[Cl^-]$，$\alpha=100\%$，且溶液为 AgCl 的饱和溶液，则

$$[Ag^+]=[Cl^-]=\sqrt{K_{sp}}=\sqrt{1.8\times10^{-10}}=1.34\times10^{-5}(mol\cdot L^{-1})$$

即 $pCl=pAg=4.87$。

4. 化学计量点后

由于有过量的 $AgNO_3$，pCl 由过量的 $[Ag^+]$ 决定。例如，滴入 20.02mL $AgNO_3$ 时，$\alpha=100.1\%$，$E_t=+0.1\%$，则

$$[Ag^+]=\frac{0.02\times0.1000}{20.00+20.02}=5.00\times10^{-5}(mol\cdot L^{-1})$$

即 $pAg=4.30$，$pCl=pK_{sp}-pAg=9.74-4.30=5.44$。

若滴入 22.00mL $AgNO_3$，滴定分数($\alpha$)为 110.0%，而滴定误差($E_t$)达到 $+10.0\%$，则

$$[Ag^+]=\frac{2.00\times0.1000}{20.00+22.00}=4.76\times10^{-3}(mol\cdot L^{-1})$$

即 $pAg=2.32$，$pCl=pK_{sp}-pAg=9.74-2.32=7.42$。

上述滴定过程的滴定曲线如图 12-1 所示。由图可以看出有以下几点。

(1) 沉淀滴定的滴定曲线与酸碱滴定曲线相似。滴定开始后，随着 $Ag^+$ 的加入，$[Cl^-]$ 变化不大，曲线比较平缓。接近化学计量点时，即使加入很少量的 $Ag^+$ 溶液，$[Cl^-]$ 却发生很大的变化，在滴定曲线上形成滴定突跃。

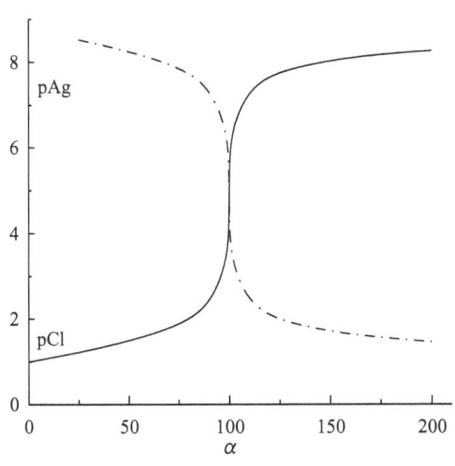

图 12-1 $AgNO_3$ 滴定 NaCl 的滴定曲线

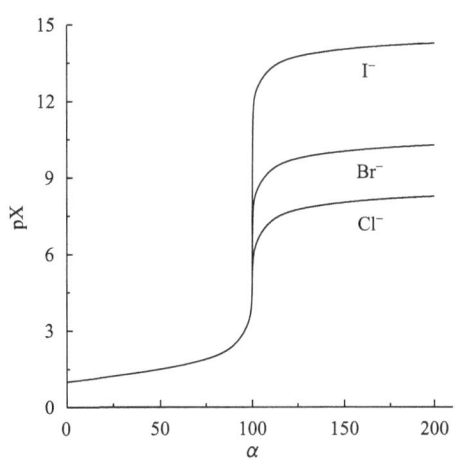

图 12-2 $AgNO_3$ 滴定卤素离子 $X^-$ 的滴定曲线

(2) pCl 与 pAg 两条曲线以化学计量点对称。即滴定过程中随着[$Ag^+$]增加，[$Cl^-$]以相同比例减少，两条曲线在化学计量点处相交，即化学计量点时两种离子的浓度相同。

(3) 突跃范围的大小与溶液中离子的浓度和生成沉淀的 $K_{sp}$ 有关。反应物的浓度越大，沉淀物的溶度积 $K_{sp}$ 越小，则沉淀滴定的突跃范围越大。图 12-2 说明，在浓度相同时，由于 $K_{sp(AgI)} < K_{sp(AgBr)} < K_{sp(AgCl)}$，因此在用 $Ag^+$ 滴定卤素离子时，则 $I^-$ 的突跃范围最大。若溶液的浓度变小，则突跃范围变小。

---

### 学习与思考

(1) 沉淀滴定法中，除银量法外还可利用哪些沉淀反应进行滴定分析？试举例说明。
(2) 为什么那些不能进行计量的沉淀反应不能用于沉淀滴定分析？

---

## 12.2 莫 尔 法

### 12.2.1 滴定原理

莫尔(Mohr)法是银量法中常用的一种方法，是德国化学家莫尔(K. F. Mohr，1806—1879)于 1858 年提出来的。莫尔诞生于药剂世家，发现了以其名字命名的莫尔盐(即亚铁铵矾，ferrous ammonium sulfate)和改造了盖·吕萨克设计的滴定管。莫尔发现，在中性或弱碱性介质中以 $K_2CrO_4$ 为指示剂用 $AgNO_3$ 标准溶液能很好地用于卤素(包括 $Cl^-$、$Br^-$ 和 $CN^-$)含量的测定。例如，用 $AgNO_3$ 滴定 NaCl，以 $K_2CrO_4$ 为指示剂。

滴定反应：
$$Ag^+ + Cl^- \Longrightarrow AgCl(白色)\downarrow$$

指示剂反应：
$$2Ag^+ + CrO_4^{2-} \Longrightarrow Ag_2CrO_4(砖红色)\downarrow$$

由于 AgCl 沉淀所需的 $Ag^+$ 浓度(溶解度 $1.3\times10^{-5}$ mol·$L^{-1}$)小于 $Ag_2CrO_4$ 沉淀所需的 $Ag^+$ 浓度(溶解度 $7.9\times10^{-5}$ mol·$L^{-1}$)，在滴定过程中 AgCl 首先沉淀出来。随着 $AgNO_3$ 溶液的不断加入，溶液中的 $Cl^-$ 浓度越来越小，$Ag^+$ 的浓度相应地越来越大，直至当 [$Ag^+$]$^2$[$CrO_4^{2-}$] $> K_{sp}(Ag_2CrO_4)$ 时，便出现砖红色的 $Ag_2CrO_4$ 沉淀，由此可指示滴定的终点。

### 12.2.2 指示剂浓度

指示剂 $CrO_4^{2-}$ 的用量必须合适。浓度太大会使终点提前，而且 $CrO_4^{2-}$ 本身的颜色也会影响终点的观察，若浓度太小又会使终点滞后，影响滴定的准确度。讨论如下。

(1) 在计量点时，
$$[Ag^+]_{sp} = [Cl^-]_{sp} = \sqrt{K_{sp(AgCl)}}$$
$$[CrO_4^{2-}] = \frac{K_{sp(Ag_2CrO_4)}}{[Ag^+]_{sp}^2} = \frac{K_{sp(Ag_2CrO_4)}}{K_{sp(AgCl)}} = 1.1\times10^{-2} \text{ mol·}L^{-1}$$

(2) 在实际滴定中，如此高的浓度黄色太深，对观察不利。实验表明，终点时 $CrO_4^{2-}$ 浓度约为 $5.0\times10^{-3}$ mol·$L^{-1}$ 比较合适。

显然，$K_2CrO_4$ 浓度降低后，要使 $Ag_2CrO_4$ 析出沉淀，必须多加些 $AgNO_3$ 标准溶液，这时滴定剂就过量了，终点将在化学计量点后出现，但由于产生的终点误差一般都小于 0.1%，不会影响分析结果的准确度。但是如果溶液较稀，如用 0.010 00 mol·L$^{-1}$ $AgNO_3$ 标准溶液滴定 0.010 00 mol·L$^{-1}$ Cl$^-$ 溶液，滴定误差可达 0.6%，影响分析结果的准确度，应做指示剂空白实验进行校正。

---

**学习与思考**

(1) 试计算莫尔法的终点误差。
(2) 能否采用其他指示剂指示使用 $AgNO_3$ 滴定 NaCl 的终点？
(3) 通过维基自由大百科等搜索工具，分析、讨论沉淀滴定法的诞生、发展历史；分析讨论滴定管的设计演变过程。建议同学们试着设计新型、实用、简单或易自动化的滴定管。

---

### 12.2.3 溶液的酸度

莫尔法需要在中性或微碱性（pH=6.5~10.5）条件下进行。

(1) 若溶液为酸性，则 $Ag_2CrO_4$ 溶解：

$$Ag_2CrO_4 + H^+ \Longrightarrow 2Ag^+ + HCrO_4^-$$

(2) 如果溶液的碱性太强，则析出 $Ag_2O$ 沉淀：

$$2Ag^+ + 2OH^- \Longrightarrow 2AgOH \downarrow \Longrightarrow Ag_2O \downarrow + H_2O$$

为使溶液在较合适的酸度，可加入酸性、碱性或两性物质。如果溶液酸性太强，可用 $Na_2B_4O_7 \cdot 10H_2O$ 或 $NaHCO_3$ 中和；如果溶液碱性太强，可用稀 $HNO_3$ 中和。滴定液中如有铵盐存在，易生成 $Ag(NH_3)_2^+$，使得 AgCl 和 $Ag_2CrO_4$ 溶解。如果溶液中有氨存在，必须用酸中和。实验证明，当 $c(NH_4^+) < 0.05$ mol·L$^{-1}$ 时，溶液的 pH 控制在 pH=6.5~7.2，滴定可得到满意的结果。

### 12.2.4 注意事项

在滴定过程中，先产生的 AgCl 沉淀容易吸附溶液中的 Cl$^-$，滴定时必须剧烈摇动。特别是测定 Br$^-$ 时，滴定更要剧烈摇动，否则会引起较大的误差。

莫尔法的缺点在于干扰较大。凡与 $Ag^+$ 能生成沉淀的阴离子，包括 $PO_4^{3-}$、$AsO_4^{3-}$、$SO_3^{2-}$、$S^{2-}$、$CO_3^{2-}$、$C_2O_4^{2-}$ 等；与 $CrO_4^{2-}$ 能生成沉淀的阳离子，包括 $Ba^{2+}$、$Pb^{2+}$ 等；大量的有色离子如 $Cu^{2+}$、$Co^{2+}$、$Ni^{2+}$ 等；以及在中性或微碱性溶液中易水解的离子如 $Fe^{3+}$、$Al^{3+}$ 等，都干扰测定，引起终点误差，应预先分离。

以 $AgNO_3$ 为标准溶液的莫尔法可用于直接滴定 Cl$^-$、Br$^-$ 和 CN$^-$，而不适用于 I$^-$ 和 SCN$^-$ 的滴定。因为 AgI 吸附 I$^-$ 和 AgSCN 吸附 SCN$^-$ 较为严重，所以莫尔法不适合于碘化物和硫氰酸盐的测定。

用莫尔法测定 $Ag^+$ 时，不能直接用 NaCl 标准溶液滴定，因为先生成大量的 $Ag_2CrO_4$ 沉淀凝聚之后，再转化 AgCl 的反应进行极慢，使终点出现过迟。

## 12.3 福尔哈德法

### 12.3.1 直接滴定法

福尔哈德法是德国化学家福尔哈德(Jacob Volhard,1834—1910)提出来的。尽管福尔哈德专长有机化学,但他发现在酸性介质中,以硫酸铁铵[$NH_4Fe(SO_4)_2 \cdot 12H_2O$,又称铁铵矾]为指示剂确定滴定终点是一种很好的银量法。根据滴定方式,福尔哈德法可分为直接滴定法和返滴定法两种。

以铁铵矾为指示剂,以 KSCN 或 $NH_4SCN$ 标准溶液为滴定剂,滴定含 $Ag^+$ 的溶液,其反应式如下

$$Ag^+ + SCN^- = AgSCN(白色)\downarrow$$

当滴定达到计量点附近时,$Ag^+$ 的浓度迅速降低,而 $SCN^-$ 浓度迅速增加,微过量的 $SCN^-$ 与 $Fe^{3+}$ 反应生成红色的 $FeSCN^{2+}$,从而指示滴定终点,其反应为

$$Fe^{3+} + SCN^- = FeSCN^{2+}$$

由于指示剂中的 $Fe^{3+}$ 在中性或碱性溶液中易水解,可形成 $Fe(OH)^{2+}$、$Fe(OH)_2^+$ 等深色配合物;碱度增大,还会产生 $Fe(OH)_3$ 沉淀,因此福尔哈德法应在酸性($0.1\sim1.0\,mol \cdot L^{-1}$)溶液中进行。

一般采用 $0.015\,mol \cdot L^{-1}$ $Fe^{3+}$ 溶液,约为理论值的 1/20。但是由于 AgSCN 沉淀易吸附溶液中的 $Ag^+$,使计量点前溶液中的 $Ag^+$ 浓度大为降低,以至终点提前出现。所以为减少 $Ag^+$ 吸附,在滴定时必须剧烈摇动。

福尔哈德法的优点是可直接测定 $Ag^+$,且可在酸性介质中进行滴定。

**【示例 12-3】** 农药中有效成分的含量测定

称取某含砷农药 0.2500g,将其溶于 $HNO_3$ 后转化为 $H_3AsO_4$,然后调至中性,加 $AgNO_3$ 使其沉淀为 $Ag_3AsO_4$,沉淀经过滤、洗涤后,再溶于 $HNO_3$ 中。以铁铵矾作指示剂进行滴定,用去 $0.1125\,mol \cdot L^{-1}$ 的 $NH_4SCN$ 标准溶液 40.00mL。求该农药中 $As_2O_3$ 的百分含量。

**【解】**

已知 $M(As_2O_3) = 197.84$

$$n(Ag^+) = 0.1125 \times 40.00 \times 10^{-3} = 4.500 \times 10^{-3}(mol)$$

$$n(Ag_3AsO_4) = n(Ag^+)/3 = 1.500 \times 10^{-3}(mol)$$

$$n(As_2O_3) = \frac{n(Ag_3AsO_4)}{2} = \frac{1.500 \times 10^{-3}}{2} = 7.500 \times 10^{-4}(mol)$$

故

$$w(As_2O_3) = \frac{7.500 \times 10^{-4} \times 197.8}{0.2500} \times 100\% = 59.34\%$$

### 12.3.2 返滴定法

福尔哈德法在测定卤素离子(如 $Cl^-$、$Br^-$、$I^-$ 和 $SCN^-$)时应采用返滴定法。即在酸性(如 $HNO_3$ 介质)待测溶液中,先加入准确、过量的 $AgNO_3$ 标准溶液,使卤素离子或 $SCN^-$

生成银盐沉淀，然后再以铁铵矾为指示剂，用 $NH_4SCN$ 标准溶液滴定剩余的 $AgNO_3$。

测定卤素时反应为

$$Ag^+(过量，定量) + X^- \rightleftharpoons AgX\downarrow$$
$$Ag^+(剩余) + SCN^- \rightleftharpoons AgSCN(白色)\downarrow$$
$$Fe^{3+} + SCN^- \rightleftharpoons FeSCN^{2+}(红色)$$

此时，经摇动后，红色即褪去，但终点很难确定。这是由于 AgSCN 的溶解度 $(1.0\times10^{-6}\ mol\cdot L^{-1})$ 小于 AgCl 的溶解度 $(1.3\times10^{-5}\ mol\cdot L^{-1})$，在计量点时，易引起沉淀转化反应，即更易生成 AgSCN 沉淀，反应如下：

$$AgCl + SCN^- \rightleftharpoons AgSCN\downarrow + Cl^-$$

沉淀的转化速率较慢，滴加 $NH_4SCN$ 形成的红色随着溶液的摇动而消失。这种转化作用将继续进行到 $Cl^-$ 与 $SCN^-$ 浓度之间建立一定的平衡关系，才会出现持久的红色，无疑滴定已多消耗了 $NH_4SCN$ 标准滴定溶液。为了避免上述现象的发生，通常采用以下措施。

(1) 试液中在加入一定过量的 $AgNO_3$ 标准溶液之后，将溶液煮沸，使 AgCl 沉淀凝聚，以减少 AgCl 沉定对 $Ag^+$ 的吸附。滤去沉淀，并用稀 $HNO_3$ 充分洗涤沉淀，然后用 $NH_4SCN$ 标准滴定溶液回滴滤液中的过量 $Ag^+$。

(2) 在滴入 $NH_4SCN$ 标准溶液之前，加入有机溶剂硝基苯或邻苯二甲酸二丁酯或 1,2-二氯乙烷。用力摇动后，有机溶剂将 AgCl 沉淀包住，使 AgCl 沉淀与外部溶液隔离，阻止 AgCl 沉淀与 $NH_4SCN$ 发生转化反应。此法方便，但硝基苯有毒。

(3) 提高 $Fe^{3+}$ 的浓度以减小终点时 $SCN^-$ 的浓度，从而减小上述误差[实验证明，一般溶液中 $c(Fe^{3+}) = 0.2\ mol\cdot L^{-1}$ 时，终点误差将小于 0.1%]。

福尔哈德法在测定 $Br^-$、$I^-$ 和 $SCN^-$ 时，滴定终点十分明显，不会发生沉淀转化，因此不必采取上述措施。但是在测定碘化物时，必须加入过量 $AgNO_3$ 溶液之后再加入铁铵矾指示剂，以免 $I^-$ 对 $Fe^{3+}$ 的还原作用而造成误差。

**【示例 12-4】** $AgNO_3$ 和 $NH_4SCN$ 标准溶液的测定

称取 NaCl 基准试剂 0.1403g，将其溶解后加入 30.00mL $AgNO_3$ 标准溶液，过量的 $Ag^+$ 需要 5.00mL $NH_4SCN$ 标准溶液滴定至终点。已知 20.00mL $AgNO_3$ 标准溶液与 25.00mL $NH_4SCN$ 标准溶液能完全作用，计算 $AgNO_3$ 和 $NH_4SCN$ 溶液的浓度各为多少？

**【解】**

已知 $M(NaCl) = 58.44$，设 $AgNO_3$ 和 $NH_4SCN$ 溶液的浓度分别为 $c(AgNO_3)$ 和 $c(NH_4SCN)$，由题意可知：

$$\frac{c(AgNO_3)}{c(NH_4SCN)} = \frac{25}{20} = \frac{5}{4}$$

则过量的 $Ag^+$ 体积为

$$V(Ag^+)(过量) = 5.00 \times \frac{4}{5} = 4.00(mL)$$

与 NaCl 反应的 $AgNO_3$ 的体积为

$$V(AgNO_3) = 30.00 - 4.00 = 26.00(mL)$$

又因为 $n(Cl^-) = n(Ag^+)$，故

$$c(\text{AgNO}_3) = \frac{0.1403}{58.44 \times 26.00 \times 10^{-3}} = 0.09234 (\text{mol} \cdot \text{L}^{-1})$$

$$c(\text{NH}_4\text{SCN}) = 0.09234 \times \frac{4}{5} = 0.07387 (\text{mol} \cdot \text{L}^{-1})$$

---

**延伸阅读 12-1：福尔哈德与他的沉淀滴定法**

福尔哈德(J. Volhard，1834—1910)，生于德国达姆斯塔特(Darrnstadt)。师从著名有机化学家利比希(J. F. Liebig，1803—1873)。1870 年夏本替尔(P. Charpentier)最早提出以硫氰酸盐滴定法测定银，福尔哈德以此为基础，于 1874 年以《一种新的容量分析测定银的方法》推荐给化学界，受到广泛关注。他报告了以此方法测定银的具体操作和数据比较，并指出此法还有用于间接测定能被银定量沉出的氯、溴、碘化物的可能性。此法在酸性介质中进行，使用可溶性指示剂，优于颇受局限的莫尔法(Mohr，1858)。与素称精确的盖·吕萨克氯化物比浊测银法(Gay-Lussac，1832)相比，结果同样精确而简便快速则远过之。福尔哈德此时还探讨了铜的干扰与排除(无干扰上限 70%)，以及对铜多银少或贫银样品的处理办法，确认"这是一个值得推荐的方法"，4 年之后，福尔哈德已能从《硫氰酸铵在容量分析中的应用》的广泛角度提出问题(1878)，报告他对硫氰酸铵滴定法测定银、汞(近似的)，间接测定氯、溴、碘化物、氰化物、铜、与硫氰酸盐共存的卤化物，以及经卡里乌斯法(G. L. Carius)或碱熔氧化法处理后测定有机化合物中的卤族元素等的研究结果，后来还有用硫氰酸钾为标定高锰酸钾溶液的基准或铁盐还原的指示剂(1901)的建议。针对所遇硫氰酸铵溶液能与定量沉出的氯化银，氰化银继续反应影响测定，沉出的碘化银吸附碘化物导致结果参差，多种其他元素的影响，以及间接法测定铜等技术问题，提出了可行的解决办法，使福尔哈德法得以成功。今天的福尔哈德法的应用范围已扩大到间接测定能被银沉淀的碳酸盐、草酸盐、磷酸盐、砷酸盐、碘酸盐、氰酸盐、硫化物和某些高级脂肪酸。据此而衍生的测定能形成微溶硫化物(其溶度积大于硫化银的溶度积)的铅、铋、锌、钴等金属组分含量的方法，以及测定砷化氢、硫醇、醛、一氧化碳、三磺甲烷等含量的方法，也纷纷出现在后世文献中。

---

### 12.3.3 滴定条件

福尔哈德法必须在酸性溶液中进行，因为在中性或碱性溶液中，$Fe^{3+}$ 将产生 $Fe(OH)_3$ 沉淀，从而影响滴定终点的确定。

用直接法滴定 $Ag^+$ 时，为防止 AgSCN 对 $Ag^+$ 的吸附，临近终点时必须剧烈摇动；用返滴定法滴定 $Cl^-$ 时，为了避免 AgCl 沉淀发生转化，则应轻轻摇动。

强氧化剂、氮的低价氧化物、铜盐、汞盐等多种物质都能与 $SCN^-$ 起作用，会干扰测定，必须预先除去。

此法可测定 $Ag^+$、$Cl^-$、$Br^-$、$I^-$ 及 $SCN^-$ 等。在生产上常用于测定有机氯化物，比莫尔法应用更为广泛。

---

**学习与思考**

(1) 为什么莫尔法只能在中性或弱碱性溶液中进行，而福尔哈德法只能在酸性溶液中进行？
(2) 为什么福尔哈德法比莫尔法应用更为广泛？

## 12.4 法扬斯法

### 12.4.1 指示原理

法扬斯法是美国无机化学家法扬斯(K. Kazimierz Fajans,1887—1975)利用吸附指示剂确定滴定终点的滴定方法。法扬斯发现,带电荷的有机染料在溶液中易被带相反电荷的胶状沉淀吸附,发生结构改变,从而引起颜色的变化,指示滴定终点的到达。

现以 $AgNO_3$ 标准溶液滴定 $Cl^-$ 为例,说明指示剂荧光黄的作用原理。

荧光黄是一种有机弱酸,表示为 HFIn,在中性到碱性介质中带负电荷,其解离式如下

$$HFIn \rightleftharpoons FIn^- + H^+$$

在计量点以前,溶液中存在着过量的 $Cl^-$,AgCl 沉淀吸附 $Cl^-$ 而带负电荷,形成 $AgCl \cdot Cl^-$,带负电荷的荧光黄阴离子不被吸附,溶液呈黄绿色。当滴定到达计量点时,一滴过量的 $AgNO_3$ 使溶液出现过量的 $Ag^+$,则 AgCl 沉淀便吸附 $Ag^+$ 而带正电荷,形成 $AgCl \cdot Ag^+$。它强烈地吸附 $FIn^-$,荧光黄阴离子被吸附之后,结构发生了变化而呈粉红色。可用下面简式表示:

$$AgCl \cdot Ag^+ + FIn^- \rightleftharpoons AgCl \cdot Ag \cdot FIn$$
（黄绿色）　　　（粉红色）

---

**延伸阅读 12-2：吸附指示剂的发明人法扬斯**

法扬斯(K. K. Fajans,1887—1975)是美国无机化学家和放射化学家。他于 1923 年采用吸附指示剂以 $AgNO_3$ 标准溶液滴定卤化物。他发现荧光黄及其衍生物能清楚地指示银离子滴定卤化物样品的终点。后来证实酒石黄和酚藏花红对酸溶液的滴定也很有效。他还证实,如果使用两种指示剂,碘化物和氯化物则可同时在一个溶液中进行滴定。法扬斯的发现成为推动了沉淀滴定法进展的关键。

法扬斯最大的成就在于他提出的"法扬斯规则"。他在研究正、负离子的极化作用时,发现正离子半径小、负离子半径大、离子的电荷数大时有利于极化。利用法扬斯规则能很好解释元素周期表的第 2、3 周期中一种元素的性质与位于右下方另一种元素的性质相似的现象,即对角线关系。

法扬斯

---

### 12.4.2 滴定条件

吸附指示剂吸附在沉淀表面上变色,为使终点颜色变得明显,必须使沉淀有较大表面,这就需要把 AgCl 沉淀保持溶胶状态。所以滴定时一般都先加入糊精或淀粉溶液等胶体保护剂,同时被滴定离子的浓度不能太低。

滴定必须在中性、弱碱性或很弱的酸性(如 HAc)溶液中进行。这是因为酸度较大时,

指示剂的阴离子与 $H^+$ 结合，形成不带电荷的荧光黄分子（$K_a=10^{-7}$）而不被吸附。一般 pH=7~10。

对于酸性稍强的吸附指示剂，溶液的酸性也可大一些，如二氯荧光黄（$K_a=10^{-4}$）在 pH=4~10 滴定。曙红（四溴荧光黄，$K_a=10^{-2}$）的酸性更强些在 pH=2 时仍可以应用。

因卤化银易感光变灰，影响终点观察，所以应避免在强光下滴定。

不同的指示剂离子被沉淀吸附的能力不同，在滴定时选择指示剂的吸附能力，应小于沉淀对被测离子的吸附能力。否则在计量点之前，指示剂离子即取代了被吸附的被测定离子而改变颜色，使终点提前出现。当然，如果指示剂离子吸附的能力太弱，则终点出现太晚，也会造成误差太大的结果，卤化银对卤化物和几种吸附指示剂的吸附能力的大小顺序如下

$$I^->SCN^->Br^->曙红>Cl^->荧光黄$$

因此，滴定 $Cl^-$ 不能选曙红，而应选荧光黄。表 12-1 中列出了几种常用的吸附指示剂及其应用。

表 12-1 常用吸附指示剂

| 指示剂 | 被测离子 | 滴定剂 | 滴定条件 | 终点颜色变化 |
| --- | --- | --- | --- | --- |
| 荧光黄 | $Cl^-$、$Br^-$、$I^-$ | $AgNO_3$ | pH 7~10 | 黄绿→粉红 |
| 二氯荧光黄 | $Cl^-$、$Br^-$、$I^-$ | $AgNO_3$ | pH 4~10 | 黄绿→红 |
| 曙红 | $Br^-$、$SCN^-$、$I^-$ | $AgNO_3$ | pH 2~10 | 橙黄→红紫 |
| 溴酚蓝 | 生物碱盐类 | $AgNO_3$ | 弱酸性 | 黄绿→灰紫 |
| 甲基紫 | $Ag^+$ | NaCl | 酸性溶液 | 黄红→红紫 |

### 12.4.3 应用范围

法扬斯法可用于测定 $Cl^-$、$Br^-$、$I^-$ 和 $SCN^-$ 及生物碱盐类（如盐酸麻黄碱）等。测定 $Cl^-$ 常用荧光黄或二氯荧光黄作指示剂，而测定 $Br^-$、$I^-$ 和 $SCN^-$ 常用曙红作指示剂。此法终点明显，方法简便，但反应条件要求较严，应注意溶液的酸度，浓度及胶体的保护等。

**【示例 12-5】** 试剂的质量分析

某化学试剂厂生产 $NH_4Cl$，化验室对该厂生产的 $NH_4Cl$ 试剂进行质量检验。准确称取试样 0.2220g，以荧光黄为指示剂，并加入淀粉保护沉淀，用 $0.1440 mol \cdot L^{-1} AgNO_3$ 滴定，用去 28.75mL，问此产品符合哪级标准？（根据国家规定标准：一级为 99.5%，二级为 99.0%，三级为 98.5%）

**【解】**

已知 $M(NH_4Cl)=53.49$，

$$n(Cl^-)=n(Ag^+)=0.1440\times 28.75\times 10^{-3}=4.140\times 10^{-3}(mol)$$
$$n(Cl^-)=n(NH_4Cl)$$

则

$$w(NH_4Cl)=\frac{4.140\times 10^{-3}\times 53.49}{0.2220}\times 100\%=99.75\%$$

故该 $NH_4Cl$ 试剂为一级。

---

**学习与思考**

(1) 莫尔法、福尔哈德法和法扬斯法测定 $Cl^-$ 的主要反应是什么？

(2) 上述各种沉淀滴定方法选用的指示剂和酸度条件又是如何？

---

## 12.5 沉淀滴定法在药物分析中的应用

### 12.5.1 原料药的含量测定

**【示例 12-6】** 返滴定法测定盐酸丙卡巴肼的含量

盐酸丙卡巴肼（procarbazine hydrochloride）具有细胞毒性等药理作用，临床上常用于治疗恶性淋巴瘤、脑瘤、恶性黑色素瘤等。盐酸丙卡巴肼的制剂主要为片剂。

本品的结构式、分子式及相对分子质量如下：

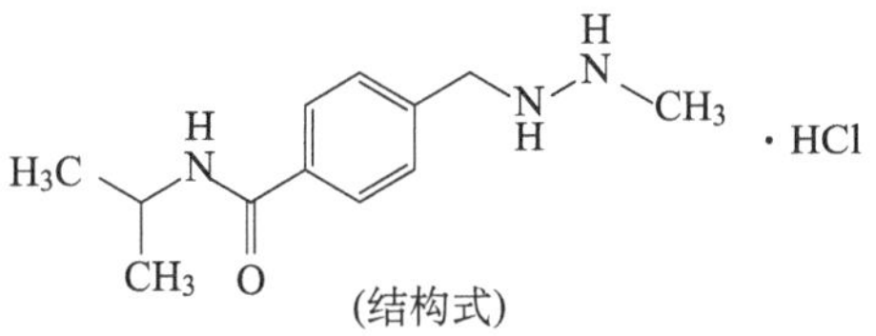

（结构式）     $C_{12}H_{19}N_3O \cdot HCl$     257.76
                                           （分子式）     （相对分子质量）

**测定方法**（ChP2010）：取本品约 0.25g，精密称定，加水 50mL 溶解后，加硝酸 3mL，精密加硝酸银滴定液（$0.1 mol \cdot L^{-1}$）20mL，再加邻苯二甲酸二丁酯约 3mL，强力振摇后，加硫酸铁铵指示液 2mL，用硫氰酸铵滴定液（$0.1 mol \cdot L^{-1}$）滴定，并将滴定的结果用空白实验校正。每 1mL 硝酸银滴定液（$0.1 mol \cdot L^{-1}$）相当于 25.78mg 的 $C_{12}H_{19}N_3O \cdot HCl$。

**滴定原理**：盐酸丙卡巴肼分子中的 $Cl^-$ 可与滴定剂硝酸银中的 $Ag^+$ 发生沉淀反应，生成 AgCl 沉淀。在 $HNO_3$ 酸性条件下进行返滴定，可降低体系中其他共存阴离子的干扰、促进沉淀反应定量进行。用空白实验校正滴定结果。

以上测定方法中，定量过量的硝酸银滴定液与盐酸丙卡巴肼分子中的 $Cl^-$ 发生沉淀反应，生成 AgCl 沉淀；剩余的硝酸银用硫氰酸铵滴定液返滴定，生成 AgSCN 沉淀。由于 AgCl 的溶解度比 AgSCN 的大，返滴定化学计量点附近，$SCN^-$ 夺取 AgCl 中的 $Ag^+$，使 AgCl 沉淀转化成 AgSCN 沉淀，导致滴定终点不能及时出现。因此，在返滴定前加入有机溶剂邻苯二甲酸二丁酯，保护 AgCl 沉淀，使其与随后滴加的 $SCN^-$ 隔离，以防止沉淀转化。ChP2010 还以本法测定盐酸丙卡巴肼制剂的含量。

**指示剂变色原理**：本法为铁铵矾指示剂法。加硫酸铁铵指示液后，滴入的硫氰酸铵滴定液与体系中剩余的硝酸银反应生成沉淀；化学计量点后，稍过量的滴定剂硫氰酸铵中的 $SCN^-$ 与指示剂硫酸铁铵中的 $Fe^{3+}$ 形成红色配合物，体系从白色变为红色，指示滴定终点到达。

**测定结果计算**：

$$含量(\%) = \frac{(V_B^0 - V_B^S) F_B T_A}{W} \times 100\%$$

式中，$V_B^0$ 为滴定液 B 在空白实验中被消耗的体积，mL；$V_B^S$ 为滴定液 B 被消耗的体积，

mL；$F_B$ 为滴定液 B 的浓度校正因数；$T_A$ 为滴定液 A 的滴定度，mg·mL$^{-1}$；$W$ 为供试品的称取量，mg。

## 12.5.2 药物制剂的含量测定

**【示例 12-7】 直接滴定法测定氯化钠注射液的含量**

氯化钠注射液(sodium chloride injection)为含有氯化钠的注射剂，临床上主要用于治疗各种原因所致的失水、高渗性非酮症糖尿病昏迷、低氯性代谢性碱中毒等，外用于冲洗眼部、洗涤伤口等。

**测定方法**(USP35-NF30)：量取本品适量(约相当于 90mg 的 NaCl)至锥形瓶中，加水至 10mL，加冰醋酸 10mL、甲醇 75mL 和曙红指示液 3 滴，振摇的同时用硝酸银滴定液 (0.1mol·L$^{-1}$)滴定至溶液呈粉红色。每 1mL 硝酸银滴定液(0.1mol·L$^{-1}$)相当于 5.844mg 的 NaCl。

**滴定原理**：NaCl 中的 Cl$^-$ 可与滴定剂 AgNO$_3$ 中的 Ag$^+$ 发生沉淀反应，生成 AgCl 沉淀。本制剂所用溶剂水对测定无干扰。

**指示剂变色原理**：本法为吸附指示剂法。吸附指示剂荧光黄是有机弱酸，其解离产生的荧光黄阴离子可通过沉淀的吸附作用改变其结构，以改变其颜色。

以上测定方法中，化学计量点前，滴定剂 AgNO$_3$ 与 NaCl 反应生成的 AgCl 沉淀吸附体系中待测的 Cl$^-$，荷负电，不吸附荧光黄阴离子；化学计量点后，AgCl 沉淀吸附稍过量的滴定剂 Ag$^+$，荷正电，吸附荧光黄阴离子，使其结构发生变化而显粉红色，指示滴定终点到达。

**测定结果计算**：

$$标示量(\%) = \frac{VTF\overline{V}_S}{V_S \times 标示量 \times 1000} \times 100\%$$

式中，$V$ 为滴定液被消耗的体积，mL；$T$ 为滴定液的滴定度，mg·mL$^{-1}$；$F$ 为滴定液的浓度校正因数；$\overline{V}_S$ 为供试品的平均装量，mL·瓶$^{-1}$；$V_S$ 为供试品的量取量，mL；标示量的单位为 g·瓶$^{-1}$；1000 为单位换算因数(1g=1000mg)。

---

### 延伸阅读 12-3：蛋白质的测定

---

**1. 药品中蛋白质的含量测定**

ChP2010 三部收载的蛋白质测定法(第一法)为凯氏定氮法，系通过酸碱滴定法测定供试品中蛋白氮的含量(protein-nitrogen content)，计算供试品中蛋白质的含量(1g 氮相当于 6.25g 蛋白质)。

供试品中蛋白氮的含量 $c(PN)$ 可由两种方式获得。①钨酸沉淀法：测定经钨酸沉淀去除蛋白质的供试品滤液中非蛋白氮的含量 $c(NPN)$、供试品中总氮的含量 $c(TN)$，则供试品中蛋白氮的含量 $c(PN)=c(TN)-c(NPN)$；②三氯乙酸沉淀法：供试品经三氯乙酸沉淀，测定该沉淀中蛋白氮的含量 $c(PN)$。在三氯乙酸酸性条件下，非蛋白氮溶解弃去。

**凯氏定氮法**：精密量取一定体积的供试品(约相当于氮 1.0～2.0mg)，置凯氏定氮瓶中，加消化剂[硫酸铜(CuSO$_4$·5H$_2$O)10g 与硫酸钾 100g 的混合物]约 0.3g，硫酸 1mL，消化至澄清透明，呈蓝绿色，继续消化约 60min。

量取2%硼酸吸收液10mL置100mL锥形瓶内,将凯氏蒸馏器冷凝管末端浸入硼酸吸收液内,将已消化好的供试品移入凯氏蒸馏器内,用水清洗定氮瓶3~4次,并将洗液移入蒸馏瓶内,再加入5mL 50%氢氧化钠溶液,然后进行蒸馏,待接收液总体积约为35~50mL,将冷凝管末端移出液面,使蒸汽继续冲洗约1min,用水淋洗尖端后停止蒸馏,加以混合指示液(0.2%溴甲酚绿乙醇溶液5份与0.1%甲基红乙醇溶液2份的混合物),用硫酸滴定液(0.005mol·L$^{-1}$)滴定至溶液由蓝绿色变为灰紫色,并将滴定结果用空白实验校正。

**测定原理**:含氮有机物经硫酸消化,生成硫酸铵;硫酸铵被氢氧化钠分解,释放出氨;氨经水蒸气蒸馏进入硼酸吸收液,生成硼酸铵;硼酸铵用强酸滴定,根据强酸的消耗量计算供试品的氮含量。

**测定结果计算**:

$$氮含量(mg·mL^{-1}) = \frac{(V_x - V_0) \times c \times 14.01 \times n \times 2}{V}$$

式中,$V_x$为供试品消耗酸滴定液的体积,mL;$V_0$为空白实验消耗酸滴定液的体积,mL;$c$为硫酸滴定液的浓度,mol·L$^{-1}$;$n$为供试品的稀释倍数;$V$为供试品溶液的体积,mL;14.01为氮的相对原子质量。

**2. 食品中蛋白质的含量测定**

食品中蛋白质的种类繁多、结构复杂,通常测定其氮含量,据此计算其蛋白质含量。我国食品安全国家标准《食品中蛋白质的测定》(GB 5009.5—2010)中的第一法为凯氏定氮法,其测定原理为:食品中的蛋白质在催化加热条件下被分解,产生的氨与硫酸结合生成硫酸铵。碱化蒸馏使氨游离,用硼酸吸收后以硫酸或盐酸标准滴定溶液滴定,根据酸的消耗量乘以换算系数,即为蛋白质的含量。该标准明确指出:本标准不适用于添加无机含氮物质、有机非蛋白质含氮物质的食品测定。

由于蛋白质含量的计算依据是总氮含量,时有不法分子在其伪劣食品中添加含氮量高达66.6%的三聚氰胺(常用作化工原料),以提高总氮含量,达到蒙混过关的目的。国际标准ISO 8968-5:2001 (IDF 20-5:2001)通过测定蛋白氮的含量控制牛奶中蛋白质的含量,排除了非蛋白氮的干扰。

| 三聚氰胺 | | $C_3H_6N_6$ | 126.12 |
|---|---|---|---|
| (名称) | (结构式) | (分子式) | (相对分子质量) |

另有不法分子在牛奶中添加非乳蛋白(异源蛋白质,如皮革水解蛋白、豆粉、明胶),《2011年全国生鲜乳质量安全监测计划》将皮革水解蛋白列为违禁添加物专项监测项目之一。由于性质与乳蛋白更相似,非乳蛋白添加物的监测比非蛋白质添加物的监测更困难,可根据不同来源蛋白质的组成及其相对含量不同,通过蛋白质组分分析(组成及其相对含量的分析)监测异源蛋白质。

**内容提要与学习要求**

沉淀滴定法是以沉淀反应为基础的一种滴定分析方法,应用较广的是生成难溶性银盐来进行测定的方法,又称为银量法,银量法可以测定 $Cl^-$、$Br^-$、$I^-$、$Ag^+$、$SCN^-$ 等,还可以测定经过处理而能定量地产生这些离子的有机物,如 666、二氯酚等有机药物的测定。本章应重点掌握银量法中莫尔(Mohr)法、福尔哈德(Volhard)法和法扬斯(Fajans)法的滴定原理,指示终点的方法,滴定条件,应用范围及吸附指示剂选择的依据。学会分析沉淀方法的误差来源,理解影响测定准确度的因素,并能够合理控制条件以减小测定过程中的误差,达到准确测定的目的。

## 练 习 题

一、选择题

1. 沉淀滴定的银量法中,莫尔法使用的滴定终点指示剂是　　　　　　　　　　　　( )
   A. $K_2Cr_2O_7$ 溶液　　B. $K_2CrO_4$ 溶液　　C. $FeCl_3$ 溶液　　D. $NH_4SCN$ 溶液

2. 莫尔法测定天然水中的 $Cl^-$,酸度控制的范围是　　　　　　　　　　　　　　　( )
   A. 强碱性　　B. 碱性　　C. 中性至弱碱性　　D. 酸性

3. 下列哪种试样中的 $Cl^-$ 含量可以用莫尔法测定　　　　　　　　　　　　　　　( )
   A. NaCl　　B. $BaCl_2$　　C. $CaCl_2$　　D. $FeCl_3$

4. 沉淀滴定法中福尔哈德法的指示剂是　　　　　　　　　　　　　　　　　　　　( )
   A. 铬酸钾　　B. 重铬酸钾　　C. 铁铵矾　　D. 荧光黄

5. 某吸附指示剂 $pK_a = 5.0$,以银量法测定卤素离子时,pH 应控制在　　　　　　( )
   A. pH<5.0　　B. pH>5.0　　C. pH>10.0　　D. 5.0<pH<10.0

6. 适用于福尔哈德法的条件是　　　　　　　　　　　　　　　　　　　　　　　　( )
   A. 滴定在中性至弱碱条件下　　B. 以铬酸钾为指示剂
   C. 以荧光黄为指示剂　　D. 在 $0.1 \sim 1 mol \cdot L^{-1}$ $HNO_3$ 介质中进行

7. 用莫尔法测定 $Cl^-$ 含量时,要求 pH 在 6.5~10.0 酸度范围内进行,若酸度过高,则 ( )
   A. 形成 $Ag_2O$ 沉淀　　B. AgCl 沉淀易胶溶,形成溶胶
   C. AgCl 沉淀吸附 $Cl^-$ 的量增强　　D. $Ag_2CrO_4$ 沉淀不易形成

8. 以铁铵矾为指示剂,用 $NH_4SCN$ 标准液滴定 $Ag^+$ 时,应在什么酸度条件下进行 ( )
   A. 酸性　　B. 中性　　C. 弱碱性　　D. 强碱性

9. 测定银时为了保证使 AgCl 沉淀完全,应采取的沉淀条件是　　　　　　　　　　( )
   A. 加入浓盐酸　　B. 加入饱和的 NaCl
   C. 加入适当过量的稀盐酸　　D. 在冷却条件下加入 $NH_4Cl + NH_3$

10. 用重量法测定氯化物中氯的质量分数,欲使 10.0mg AgCl 沉淀相当于 1.00% 的氯,应称取试样的质量(g)(已知 Cl 的相对原子质量为 35.5,AgCl 的相对分子质量为 143.3)　( )
    A. 0.1237　　B. 0.2477　　C. 0.3711　　D. 0.4948

11. 称取 1.9221g 分析纯 KCl 加水溶解后,在 250mL 容量瓶中定容,取出 20.00mL 用 $AgNO_3$ 溶液滴定,用去 18.30mL,$AgNO_3$ 溶液浓度为(已知 KCl 相对分子质量为 74.55g·$mol^{-1}$) ( )
    A. 0.1284　　B. 0.1184　　C. 0.2368　　D. 0.2568

12. 称取含银废液 2.075g,加入适量 $HNO_3$,以铁胺矾为指示剂,消耗了 25.50mL 0.046 34mol·$L^{-1}$ 的 $NH_4SCN$ 溶液,废液中银的质量分数为(已知 Ag 的摩尔分数为 107.9) ( )

A. 0.061 45　　　　B. 0.1229　　　　C. 0.030 48　　　　D. 0.245 8

13. 称取 0.4829g 合金实验，溶解使其中的 Ni 沉淀为丁二酮肟镍 $NiC_8H_{14}O_4N_4$（相对分子质量为 288.84），经过滤、洗涤、烘干、称量为 0.2671g，则试样中镍（相对分子质量为 58.69），则镍的质量分数为　　　　　　　　　　　　　　　　　　　　　　　　　　　　　　　　　　　　　（　）

A. 1.24%　　　　B. 5.62%　　　　C. 11.24%　　　　D. 22.48%

14. 称取某可溶性盐 0.3232g，用硫酸钡重量法测定其中的含硫量，得 $BaSO_4$ 沉淀 0.2982g，则试样中 $SO_3$ 的质量分数为（已知 $BaSO_4$ 的相对分子质量 233.4，$SO_3$ 的相对分子质量 80.06）　　（　）

A. 31.65%　　　　B. 32.65%　　　　C. 36.15%　　　　D. 36.25%

15. 称取风干（空气干燥）的石膏试样 1.2030g，经烘干后得吸附水分 0.0208g，再经灼烧又得结晶水 0.2424g，试样换算成干燥物质时的 $CaSO_4 \cdot 2H_2O$ 的质量分数为（已知 $CaSO_4$ 的相对分子质量 136.14，$CaSO_4 \cdot 2H_2O$ 的相对分子质量 172.17）　　　　　　　　　　　　　　　　　　　　（　）

A. 98.8%　　　　B. 96.8%　　　　C. 94.8%　　　　D. 95.8%

16. 只含有银和铅的合金试样 0.2000g，溶于 $HNO_3$，加冷 HCl，得 AgCl 和 $PbCl_2$ 混合沉淀 0.2466g。用热水处理沉淀，将 $PbCl_2$ 完全溶解，剩下不溶的 AgCl 为 0.2067g。则合金中银的质量分数为（已知 Ag 的相对原子质量为 107.87，AgCl 的相对分子质量为 143.32）　　　　　　　　　　　　（　）

A. 77.79%　　　　B. 79.97%　　　　C. 18.40%　　　　D. 36.80%

17. 某含氯试样 0.2500g，溶于水后加入 0.1000mol·$L^{-1}$ 的 $AgNO_3$ 溶液 30.00mL，过量的 $AgNO_3$ 用 0.1200mol·$L^{-1}$ 的 $NH_4SCN$ 溶液滴定，耗去 2.00mL。该试样中氯的含量为　　　　（　）

A. 19.57%　　　　B. 38.14%　　　　C. 78.28%　　　　D. 39.14%

二、简答题

1. 用银量法测定下列试样中 $Cl^-$ 含量时，应选什么银量法滴定较好？
(1) $CaCl_2$；(2) $BaCl_2$；(3) $FeCl_3$；(4) $NaCl+Na_3PO_4$；(5) $NH_4Cl$；(6) $NaCl+Na_2SO_4$；(7) $NaCl+Pb(NO_3)_2$。

2. 在下列情况下的分析测定结果，是偏高、偏低还是无影响？
(1) pH=4 时用莫尔法滴定 $Cl^-$；
(2) 试样中含有铵盐，在 pH=10 时用莫尔法滴定 $Cl^-$；
(3) 用法扬斯法滴定 $Cl^-$ 时，以曙红为指示剂；
(4) 用福尔哈德法测定 $Cl^-$ 时，未加硝基苯或未进行沉淀过滤；
(5) 用福尔哈德测定 $I^-$ 时，先加入铁铵矾指示剂，再加入过量 $AgNO_3$ 后才进行滴定。

三、计算题

1. 称取食盐试样 0.1562g，置于锥形瓶中，加适量水溶解，以 $K_2CrO_4$ 为指示剂，用 0.1000mol·$L^{-1}$ $AgNO_3$ 标准溶液滴定至终点，用去 26.40mL。计算食盐中 NaCl 的质量分数。

2. 混合物试样中仅含有 $MgCl_2$ 和 NaCl。称取 0.2152g，用 0.1102mol·$L^{-1}$ $AgNO_3$ 标准溶液滴定，消耗 35.25mL。计算混合物中 $MgCl_2$、NaCl 的质量分数。

3. 用移液管从食盐槽中吸取试液 25.00mL，采用莫尔法进行测定，滴定用去 0.1013mol·$L^{-1}$ $AgNO_3$ 标准溶液 25.36mL。往液槽中加入食盐（含 NaCl 96.61%）4.5000kg，溶解后混合均匀，再吸取 25.00mL 试液，滴定用去 $AgNO_3$ 标准溶液 28.42mL。如吸取试液对液槽中溶液体积的影响可以忽略不计，计算液槽中加入食盐溶液的体积为多少升。

4. 福尔哈德法标定 $AgNO_3$ 溶液和 $NH_4SCN$ 溶液的浓度（mol·$L^{-1}$）时，称取基准物 NaCl 0.2000g，溶解后，加入 $AgNO_3$ 溶液 50.00mL。用 $NH_4SCN$ 溶液回滴过量的 $AgNO_3$ 溶液，耗去 25.00mL。已知 1.200mL $AgNO_3$ 溶液相当于 1.000mL $NH_4SCN$ 溶液，$AgNO_3$、$NH_4SCN$ 浓度各为多少？

5. 称取不纯的水溶性氯化物（无干扰离子）0.1350g，加入 0.1120mol·$L^{-1}$ 的 $AgNO_3$ 40.00mL，然后用 0.1231mol·$L^{-1}$ 的 $NH_4SCN$ 20.50mL 完成滴定，求试样的含氯量。

6. 用福尔哈德法测定 $Cl^-$、$Br^-$、$I^-$ 时的条件是否一致？为什么？

7. 取某含 $Cl^-$ 废水样 100mL，加入 20.00mL 0.1120mol·$L^{-1}$ $AgNO_3$ 溶液，然后用 $NH_4SCN$ 溶液 (0.1160mol·$L^{-1}$)滴定过量的 $AgNO_3$ 溶液，用去 10.00mL，求该水样中 $Cl^-$ 的含量(用 mg·$L^{-1}$ 表示)。

8. 称取烧碱样品 0.5038g，溶于水中，用硝酸调节 pH 后，溶于 250mL 容量瓶中，摇匀。吸取 25.00mL 置于锥形瓶中，加入 25.00mL 0.1041mol·$L^{-1}$ $NH_4SCN$ 溶液 21.45mL，计算烧碱中 NaCl 的质量分数。

9. 称取含砷试样 0.5000g，溶解后在弱碱性介质中将砷处理为 $AsO_4^{3-}$，然后沉淀为 $Ag_3AsO_4$。将沉淀过滤、洗涤，最后将沉淀溶于酸中。以 0.1000mol·$L^{-1}$ $NH_4SCN$ 溶液滴定其中的 $Ag^+$ 至终点，消耗 45.45mL。计算试样中砷的质量分数。

# 第 13 章 重量分析法

重量分析法(gravimetric analysis)是通过称量来测定组分含量的定量分析方法。在重量分析中，全部测定数据均直接通过使用分析天平进行称量而获得，整个分析过程中不需要基准物质，也不需要找标准品做对照。

重量分析是化学分析中最基本、最经典的分析方法之一，其最突出的特点就是对高含量组分的测定准确性较高。然而，重量分析法一般操作较繁、费时较长，对低含量组分的测定误差较大。因此不适于用作生产中的控制分析。

进行重量分析法测定前，通常需要使用适当的方法把被测组分与试样中的其他组分分离，然后才能进行称量。因此，重量分析包括分离和称量两大步骤。根据被测组分与试样中其他组分分离方法的不同，重量分析法一般可分为沉淀重量分析法、挥发重量分析法、萃取重量分析法、电重量分析法。

---

**学习与思考**

(1) 使用分析天平称量所获得的数据是物质的质量还是重量？
(2) 哪些称量方法下获得的是物质的质量，而哪种方法获得的是物质的重量？

---

## 13.1 沉淀重量分析法

### 13.1.1 基本原理

**1. 沉淀形式和称量形式**

沉淀重量分析法(precipitation gravimetric analysis)是利用沉淀反应，向溶液中加入适当的沉淀剂，使被测组分以难溶化合物的形式沉淀出来，这样获得的沉淀称为沉淀形式(precipitation form)。沉淀形式经过滤、洗涤、烘干或灼烧后，转化成组分一定的物质，称为称量形式(weighing form)。由称得的质量计算出被测组分的含量。在所有的重量分析方法中，沉淀重量分析法应用最为广泛。表 13-1 列出了一些可用重量法测定的无机离子的沉淀形式和称量形式。沉淀形式和称量形式的化学组成可以相同，也可以不同。例如，用沉淀法测定 $SO_4^{2-}$，以 $BaCl_2$ 为沉淀剂，沉淀形式和称量形式都是 $BaSO_4$，两者相同；而在 $Ca^{2+}$ 的沉淀法测定中，以草酸铵为沉淀剂，沉淀形式是 $CaC_2O_4$，经灼烧后所得的称量形式是 $CaO$，两者之间前后发生了化学变化，组成改变了，所以称量形式和沉淀形式不同。为了获得准确的测定结果，沉淀形式和称量形式都需要满足一定的要求。

1) 沉淀形式需要满足的条件

(1) 沉淀的溶解度要足够小，这样才能使被测组分沉淀完全，不致因沉淀溶解损失而影响测定的准确度。

(2) 沉淀形式要便于过滤和洗涤，为此要尽可能获得粗大的晶形沉淀。
(3) 沉淀的纯度要高。尽量避免混入杂质，以获得准确的结果。
(4) 沉淀应易于转化成能够准确称量的形式。从而减少操作步骤或外加试剂引起污染。

表 13-1　无机离子的沉淀形式和称量形式

| 被测离子 | 沉淀剂 | 沉淀形式 | 称量形式 |
| --- | --- | --- | --- |
| $SO_4^{2-}$ | $BaCl_2$ | $BaSO_4$ | $BaSO_4$ |
| $Ag^+$ | $HCl$ | $AgCl$ | $AgCl$ |
| $Al^{3+}$ | $NH_3$ | $Al(OH)_3$ | $Al_2O_3$ |
| $Fe^{3+}$ | $NH_3$ | $Fe(OH)_3$ | $Fe_2O_3$ |
| $Ca^{2+}$ | $(NH_4)_2C_2O_4$ | $CaC_2O_4$ | $CaO$ |
| $Mg^{2+}$ | $(NH_4)_2HPO_4$ | $NH_4MgPO_4$ | $Mg_2P_2O_7$ |

2) 称量形式需要满足的条件
(1) 称量形式必须有确定的化学组成，否则无法准确计算分析结果。
(2) 称量形式必须稳定，不受空气中 $H_2O$、$CO_2$ 和 $O_2$ 等的影响，否则将影响测定结果的准确度。
(3) 称量形式的摩尔质量要大，这样可增大称量形式的质量，减小称量误差，提高测定的准确度。

例如，用沉淀法测定 $Al^{3+}$，既可用氨水沉淀为 $Al(OH)_3$ 后，灼烧成 $Al_2O_3$ 称量；也可用 8-羟基喹啉沉淀为 8-羟基喹啉铝 $(C_9H_6NO)_3Al$，烘干后称量。按这两种称量形式计算，0.1000g 铝可获得 0.1888g $Al_2O_3$ 或 1.704g $(C_9H_6NO)_3Al$。由于分析天平的称量误差一般为 ±0.2mg，所以上述两种称量形式，相对误差分别为 ±0.1% 和 ±0.01%。显然，用 8-羟基喹啉沉淀法测定铝的准确度较高。

---

**学习与思考**

(1) 试举例说明沉淀形式有没有可能与称量形式相同。
(2) 假如沉淀形式与称量形式不同，但有相同的阳离子。试说明从沉淀形式到称量形式的变化过程中可能发生了哪些化学反应。有相同阴离子情况又如何？

---

2. 换算因数

在沉淀重量分析法中，由于沉淀形式经过滤、洗涤、烘干或灼烧，其称量形式与待测组分的形式往往不同，这就需要将称量形式的质量换算成待测组分的质量。待测组分的摩尔质量与称量形式的摩尔质量之比是常数，称为重量因数(gravimetric factor)或换算因数(conversion factor)，以 $F$ 表示。

$$F = \frac{aM}{bM_W} \tag{13-1}$$

式中，$M$ 和 $M_W$ 分别为被测组分的摩尔质量和称量形式的摩尔质量；$a$ 和 $b$ 为使分子分母中所含待测成分的原子数或分子数相等而乘的系数。部分成分与称量形式之间的换算因数如下表 13-2。

**表 13-2 部分成分与称量形式之间的换算因数**

| 待测成分 | 称量形式 | $F$ |
| --- | --- | --- |
| S | $BaSO_4$ | $M_S/M_{BaSO_4}$ |
| MgO | $Mg_2P_2O_7$ | $2M_{MgO}/M_{Mg_2P_2O_7}$ |
| $Fe_3O_4$ | $Fe_2O_3$ | $2M_{Fe_3O_4}/3M_{Fe_2O_3}$ |

由称量形式的质量 $m$，质量因数 $F$ 及所称试样的质量 $m_s$，即可求出待测组分的质量分数：

$$w(\%) = \frac{mF}{m_s} \times 100\% \tag{13-2}$$

**【示例 13-1】** 某种元素质量的测定

在镁的测定中，先将 $Mg^{2+}$ 沉淀为 $NH_4MgPO_4$，再灼烧成 $Mg_2P_2O_7$ 称量。若称得 $Mg_2P_2O_7$ 质量为 0.3515g，则镁的质量为多少？

**【解】**

每一个 $Mg_2P_2O_7$ 分子中含有两个 Mg 原子，故得

$$m_{Mg} = m_{Mg_2P_2O_7} \times \frac{2M_{Mg}}{M_{Mg_2P_2O_7}} = 0.3515 \times \frac{2 \times 24.31}{222.6} = 0.076\,77(g)$$

---

### 学习与思考

(1) 混合物中各组分质量分数是如何计算的？
(2) 纯 CaO 和 BaO 的混合物 2.212g，转化为混合硫酸盐后其质量为 5.023g，计算原混合物中 CaO 和 BaO 的质量分数。

---

### 13.1.2 沉淀的形成机理

**1. 沉淀的类型**

根据物理性质的不同，沉淀可大概地分为三类：晶形沉淀(crystalline precipitate)、凝乳状沉淀(curdy precipitate)和无定形沉淀(amorphous precipitate)。它们之间的主要差别在于沉淀颗粒的大小及结构的紧密程度。

1) 晶形沉淀

颗粒在 0.1μm 以上。在沉淀内部，离子按晶体结构有规则地进行排列，结构紧密，易于沉降，沉淀所占体积较小，如 $BaSO_4$、$MgNH_4PO_4$ 等。

2) 凝乳状沉淀

颗粒约为 0.02~0.1μm。性质介于晶形与无定形沉淀之间，如 AgCl。

3) 无定形沉淀

颗粒在 0.02 μm 以下。沉淀是由微小沉淀颗粒组成,内部离子排列杂乱无章,并且夹杂有大量数目不定的水分子,因而结构疏松,体积庞大,不易沉降。如 $Fe(OH)_3$、$Al(OH)_3$ 等。

沉淀的类型,不仅取决于沉淀物质本身的性质,而且与形成沉淀时的条件以及沉淀的后处理方法也有密切的关系。在沉淀重量分析法中,总是希望能获得颗粒大、便于过滤和洗涤并且纯度较高的晶形沉淀。因此,有必要了解沉淀的形成过程和沉淀条件对沉淀颗粒大小的影响。

2. 沉淀的形成过程

沉淀的形成是一个复杂的过程,可简单地分为晶核的形成与晶核的成长两个步骤,如图 13-1 所示。

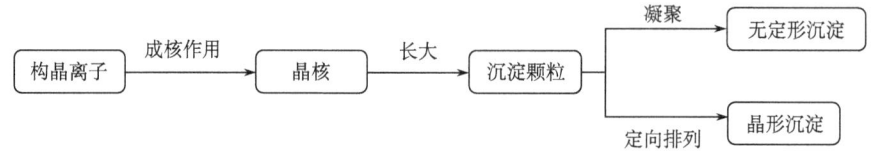

图 13-1 沉淀的形成过程

1) 晶核的形成

当溶液中构晶离子(configurational ion)浓度的乘积大于该沉淀的溶度积(solubility product)而不产生沉淀时,称为过饱和状态(hypersaturated state)。此时构晶离子会因离子间的静电作用而自发地聚集起来产生晶核(crystal nucleus)。

晶核一般由 4～8 个构晶离子组成。例如,$BaSO_4$ 的一个晶核由 8 个构晶离子,即 4 个离子对 $(Ba^{2+} \cdot SO_4^{2-})_4$ 组成。在这种过饱和溶液中,由构晶离子自发地形成晶核的过程称为均相成核(homogeneous nucleation)。与此同时,在进行沉淀的介质和容器中不可避免地存在大量肉眼看不见的固体微粒,如尘埃、试剂中的不溶杂质以及黏附在容器壁上的细小颗粒等,这些固体微粒在沉淀形成过程中起晶种作用,诱导构晶离子聚集在其表面形成晶核,这一过程称为异相成核(heterogeneous nucleation)。

晶核形成速率与溶液相对过饱和度之间的关系可用德国化学家冯·韦曼(peter petrovich von Weimarn,1879—1935)提出的沉淀理论(precipitation law)公式表示:

$$\nu = K \frac{Q-S}{S} \tag{13-3}$$

式中,$\nu$ 为晶核形成速率;$Q$ 为沉淀剂加入时的瞬间总浓度;$S$ 为晶核的溶解度;$(Q-S)$ 为溶液的过饱和度(supersaturation degree);$(Q-S)/S$ 为沉淀开始瞬间的相对过饱和度;$K$ 是与沉淀的性质、温度和介质等因素有关的常数。

当溶液的相对过饱和度 $(Q-S)/S$ 较小时,自发形成晶核的速率很慢,异相成核是主要的成核过程。由于溶液中外来固体微粒的数目有限,构晶离子只能在有限的晶核上沉积长大,从而有可能得到较大的沉淀颗粒。而当溶液的相对过饱和度 $(Q-S)/S$ 较大时,由于自发形成晶核的速率较快，大量的构晶离子自发地生成新的晶核，而使均相成核作用成为主导，溶液中晶核总数随相对过饱和度的增大而增大，造成沉淀的颗粒减小。

各种沉淀都有一个能自发产生晶核的相对过饱和极限值，称为临界值(critical value)。控制相对过饱和度在临界值以下，沉淀以异相成核为主；若超过临界值后，则均相成核占优势。不同的沉淀，形成均相成核作用所需的相对过饱和度不同，如 $BaSO_4$ 沉淀的临界值较大，为 1000；$AgCl$ 沉淀的临界值较小，为 5.5。因此在通常情况下，$AgCl$ 的均相成核作用比较显著，生成的是凝乳状沉淀，而 $BaSO_4$ 生成的是晶形沉淀。

2）晶核的成长

当晶核形成后，溶液中的构晶离子不断向其表面运动并沉积，使晶核逐渐长大成为沉淀微粒。由离子聚集成晶核，再进一步堆积形成肉眼可见的沉淀微粒的过程称为聚集(aggregation)。在聚集的同时，构晶离子又倾向于使晶格排列整齐，这种排列称为定向(orientation)。沉淀颗粒的大小以及生成沉淀的类型，则由聚集与定向这两种行为进行速率的大小所决定。如果聚集速率(aggregation rate)大于定向速率(directional rate)，构晶离子来不及进行有序排列，易形成无定形沉淀；反之，则易形成晶形沉淀。

定向速率的大小主要与物质的性质有关。极性较强的盐类如 $BaSO_4$、$CaC_2O_4$ 等，一般具有较大的定向速率，故易生成晶形沉淀。氢氧化物，特别是高价金属离子的氢氧化物，如 $Fe(OH)_3$、$Al(OH)_3$ 等，一般溶解度很小，导致相对过饱和度较大；又由于含有的大量水分子阻碍着离子的定向排列，使定向速率变得较小，因此易生成体积庞大、结构疏松的无定形沉淀。

聚集速率的大小则与溶液的相对过饱和度有关。相对过饱和度越小，聚集速率也越小，反之亦然。因此在形成 $BaSO_4$ 沉淀时，常在稀盐酸溶液中进行，利用酸效应来适当增大 $BaSO_4$ 的溶解度，借此减小溶液的相对过饱和度，以利于得到颗粒较大的晶形沉淀。

综上所述，沉淀的类型不仅取决于沉淀物质的本性，也与发生沉淀的条件密切相关，成核过程和晶体的成长过程都对沉淀颗粒度有影响。为了得到颗粒粗大的沉淀，选择合适的沉淀条件是十分必要的。

---

**学习与思考**

(1) 定向速率和聚集速率如何影响沉淀的形成？定向速率大于聚集速率易形成何种沉淀？
(2) 增大溶液中离子强度，对于难溶性物质的溶解度有什么作用？
(3) 同离子效应的同时还可能引起什么效应，对难溶盐的影响如何？

---

### 13.1.3 沉淀的纯度

沉淀重量分析希望得到纯净的沉淀。然而当沉淀从溶液中析出时，不可避免地会夹带溶液中的其他共存离子。因此有必要了解沉淀生成过程中可能混入杂质的各种原因，从而找出减少杂质混入的方法，提高分析结果的准确度。影响沉淀纯度的主要因素有共沉淀现象和后沉淀现象。

1. 共沉淀

在一定条件下，当沉淀从溶液中析出时，某些溶液中共存离子混杂于沉淀中并与其一起沉淀下来的现象，称为共沉淀(coprecipitation)。造成共沉淀的原因主要有以下三类。

1) 表面吸附共沉淀

在沉淀中，构晶离子是按一定规律排列的，处在沉淀内部的构晶离子，其上、下、左、右、前、后分别同6个带相反电荷的构晶离子连接，各个方向所受到的吸引力是均衡的，整个沉淀内部处于静电平衡状态。但在沉淀表面的构晶离子最多只同5个带相反电荷的构晶离子相连接，因此受到的吸引力不均衡。

由于静电引力作用，沉淀表面的离子就具有吸引溶液中带相反电荷离子的能力。首先被沉淀表面吸附的离子是溶液中过量的构晶离子，组成第一吸附层。例如，用沉淀重量分析法测定 $Cl^-$ 时，为了达到同离子效应(common-ion effect)，会加入过量沉淀剂 $AgNO_3$ 稀溶液。因此沉淀时，AgCl 沉淀表面首先吸附过量的 $Ag^+$，形成第一吸附层，使得沉淀表面带上正电荷。为了保持电中性，吸附的 $Ag^+$ 又会吸附溶液中带负电荷的 $Cl^-$，作为抗衡离子(counter-ion)，形成第二吸附层。第一与第二吸附层共同组成了包围沉淀颗粒表面的双电层(double electrical layers)，从而使电荷达到平衡，即沉淀表面双电层中的正负离子的总电荷数相等。这种由沉淀表面吸附所引起的杂质共沉淀现象称为吸附共沉淀(adsorption coprecipitation)。

抗衡离子的吸附有以下规律：①优先吸附与构晶离子生成溶解度或解离度较小的化合物离子。例如，沉淀 $BaSO_4$ 时，若溶液中 $Ba^{2+}$ 过量，则 $BaSO_4$ 沉淀表面的第一吸附层由 $Ba^{2+}$ 构成，若溶液中同时存在 $Cl^-$ 及 $NO_3^-$，则第二吸附层中的抗衡离子主要是 $NO_3^-$，因为 $Ba(NO_3)_2$ 的溶解度要比 $BaCl_2$ 的小。②离子浓度越大越易被吸附。③电荷数高的离子优先被吸附。

沉淀表面吸附的杂质量还与下列因素有关：①沉淀的总表面积。对相同质量的沉淀，颗粒越小，比表面积越大，吸附的杂质越多。晶形沉淀颗粒大，比表面积小，表面吸附杂质少；无定形沉淀颗粒小，比表面积大，表面吸附严重。②温度。因为吸附作用是一个放热过程，所以溶液温度升高，吸附杂质的量减少。

由于吸附共沉淀发生在沉淀表面，因此对沉淀进行洗涤即可有效减少杂质的吸附，洗涤液应根据沉淀的性质进行选择。若沉淀剂是挥发性的，则应尽量用含沉淀剂的水溶液洗涤沉淀。例如，$BaSO_4$ 沉淀可用含 $H_2SO_4$ 的水溶液洗涤。一些易发生胶溶的凝乳状沉淀和胶状沉淀，一般用电解质的水溶液洗涤沉淀。

2) 生成混晶

如果溶液中杂质离子与构晶离子具有相同的晶格、相同的电荷或相似的离子半径，则杂质离子很容易进入晶格阵列中形成混晶(mixed crystal)。例如，$BaSO_4$-$PbSO_4$、$BaSO_4$-$BaCrO_4$、AgCl-AgBr 等都容易形成混晶，称为同形混晶(isomorphous mixed crystals)。由于杂质进入沉淀内部，用洗涤的方法无法除去。在沉淀重量分析中，如果存在有可能生成混晶的杂质，应在沉淀前将其分离除去。有些混晶，杂质离子或原子并不位于正常晶格的位置上，而是位于晶格空隙中，这种混晶称为异形混晶(heteromorphic mixed crystals)。减少或消除异形混晶共沉淀的方法是在沉淀时缓慢加入沉淀剂，将沉淀进行陈化。

3) 吸留或包埋

在沉淀过程中，如果沉淀生成太快，在沉淀过程中吸附在沉淀表面的杂质还来不及离开沉淀表面就被随后生成的沉淀所覆盖，这样杂质就被包夹在沉淀内部，引起共沉淀，这种现象称为吸留(occlusion);有时母液也可能被包夹在沉淀中引起共沉淀,这种情况称为包埋(embedding)。以上两种共沉淀所带下的杂质处于沉淀内部,不能用洗涤的方法除去,可以通过陈化(aging)或重结晶(recrystallization)的方法予以减小。

2. 后沉淀

沉淀体系中在某组分析出沉淀后,另一种本来难以析出沉淀的物质,或在此条件下形成稳定的过饱和溶液而不能单独沉淀的物质,在该沉淀表面上继续析出沉淀的现象,称为后沉淀(postprecipitation)。后沉淀是由于沉淀表面的吸附作用引起的,后沉淀的量随放置时间的延长而增多。

例如,向含有 $Zn^{2+}$ 的酸性溶液中通入 $H_2S$,由此所形成的过饱和溶液析出 ZnS 沉淀的速率极慢,即使放置一个月,也没有沉淀生成。但当此溶液中有其他硫化物沉淀时,则可加速 ZnS 的析出。如果向上述溶液中加入 $Cu^{2+}$,则通入 $H_2S$ 后,黑色的 CuS 沉淀首先析出。当沉淀放置一段时间后,CuS 表面会吸附 $S^{2-}$,而使沉淀表面的 $S^{2-}$ 浓度增大,当沉淀表面的 $[S^{2-}][Zn^{2+}]$ 大于 ZnS 的 $K_{sp}$ 时,白色的 ZnS 沉淀即在 CuS 表面析出。缩短沉淀和母液共置的时间,可减少或消除后沉淀。同理,$MgC_2O_4$ 可以在 $CaC_2O_4$ 沉淀表面以后沉淀的形式析出。

---
**延伸阅读 13-1:共沉淀现象的发现**

---

1886 年,苏联学者魏鲁姆发现了共沉淀现象。他指出,硫化铂能从溶液中带走 $Fe^{3+}$ 和其他在酸性溶液中不被硫化氢沉淀的金属。

重量分析中共沉淀是影响沉淀纯度的一种因素,但是另一方面,共沉淀法也可以作为一种分离富集方法,在 20 世纪 60 年代起得到迅速发展,这得益于其与高选择性的固体进样仪器的结合,使富集倍数极大提高,从而可用于超痕量分析;近年来又与流动注射分析(flow injection analysis)相结合,以提高分析速度。

---

### 13.1.4 沉淀条件的选择

为使沉淀完全、纯净、易于过滤和洗涤,应当根据不同的沉淀类型,选择适当的沉淀条件。

1. 晶形沉淀

晶形沉淀颗粒较大,表面吸附少,易于过滤和洗涤。因此在晶形沉淀形成过程中,主要是通过各种方式控制较小的相对过饱和度,尽量增大沉淀的颗粒,同时减小杂质的包埋。以下是通常采取的办法。

1)在适当稀的溶液中进行沉淀

溶液浓度越小,相对过饱和度越小,均相成核的数量越少。构晶离子聚集速率小于定向排列速率,从而得到大颗粒晶形沉淀,易于过滤和洗涤。同时晶粒越大,杂质吸附越小,共沉淀现象越少,沉淀越纯净。

2) 在热溶液中进行沉淀

一般难溶化合物的溶解度随温度升高而增大，沉淀吸附杂质的量随温度升高而减少。因此在热溶液中进行沉淀，既能增加沉淀的溶解度从而减低相对过饱和度，又能减少沉淀的吸附。为避免因溶解度增大所造成的损失，沉淀应在冷却后才过滤。

3) 在不断搅拌下慢慢加入稀的沉淀剂

加入沉淀剂的同时，不断搅拌，可有效防止溶液局部浓度过大，以免生成大量的晶核，有利于得到颗粒大而纯净的沉淀。

4) 陈化

沉淀完全后，让初生成的沉淀与母液一起放置一段时间，此过程称为陈化（aging）。由于在同样条件下小颗粒结晶的溶解度大于大颗粒结晶的溶解度，如果溶液对于大结晶是饱和的，对于小结晶则未达到饱和，因此在陈化过程中小结晶将逐渐溶解消失，大结晶不断长大。同时，由于小晶粒的溶解，会释放出原来吸附、吸留或包埋的杂质，从而提高沉淀的纯度。加热和搅拌可增加小晶粒的溶解速率和离子在溶液中的扩散速率，缩短陈化时间。

---

**延伸阅读 13-2：奥斯特瓦尔德与晶体熟化机制**

在延伸阅读 3-1，我们已经知道奥斯特瓦尔德（F. W. Ostwald，1853—1932）提出了稀释定律，验证了解离理论和质量作用定律。他将化学热力学原理应用于解释结晶学和催化研究中的大量现象，并成功地完成了催化剂的工业应用，提出了合成氨的奥斯特瓦尔德过程（Ostwald press）。同时，他也是出色的教材作者和卓越的学术组织者，培养了大量的青年研究者，使得物理化学得以成为一门独立的科学和其他化学的理论基础，因此被认为是物理化学的创立者之一，并把物理化学的理论应用到分析化学。

奥斯特瓦尔德于 1896 年首次观察到了所谓的奥氏熟化（Ostwald ripening）现象。在固溶体或液溶胶非均匀结构中，随时间变化，溶质中较小型的结晶或溶胶颗粒溶解并再次沉积到较大型的结晶或溶胶颗粒上。这个以热力学为基础的过程是由于大型颗粒能量低于小型颗粒而产生的。该理论是根据颗粒表面分子由于能量高于颗粒内部分子而产生的不稳定性的事实所逆向推导出来的。下面以一个由原子组成的立方结晶为例来说明。

所有在立方结晶内部的原子都和与其相邻的 6 个原子紧紧相连，形成了非常稳定的结构，而处于其表面的原子则因为与之相邻的原子少于 6 个，稳定性大打折扣。根据大型颗粒具有较低能量这个事实，相对于小型结晶体，较大型的结晶体将具有较多稳定的包含 7 原子的结构和较少的包含 6 原子或更少原子的结构。由于热力学系统会不断进行释放能量的过程，在较小型结晶体表面的原子（上述的与等于或少于 5 个原子相连而能量较高的原子）会根据开尔文方程（Kelvin equation）趋向于脱离该结晶体，溶解于溶剂中。

如果所有的小型结晶体都在进行这个过程，溶剂中的自由原子的浓度将大大提高，当溶剂中的自由原子达到过饱和状态时，它们将具有凝结到大型结晶体表面的趋势。因此，在溶剂中，小型颗粒将不断萎缩，而相对的大型颗粒不断增大，同时溶质的整体平均半径也不断增加。可以认为在经过足够长的时间之后，所有的溶质将最终变为一个巨大的球形的颗粒以达到表面积最小的效果，能量最低。

2. 无定形沉淀

无定形沉淀的溶解度一般都很小。因此在生成沉淀的过程中，溶液的相对过饱和度都很大，很难通过降低溶液的相对过饱和度来改变沉淀的物理性质。无定形沉淀颗粒小，吸附杂质多，易胶溶，结构疏松，不易滤过和洗涤。因此所采取的措施主要是设法破坏胶体，防止胶溶，加速沉淀微粒的聚集，以使其聚集紧密，体积变小，便于过滤。同时应尽量减少杂质的吸附，使沉淀纯净。为此，通常采取下列几种方法。

1) 在较浓的溶液中进行沉淀

无定形沉淀一般含水量大，体积庞大，不易过滤和洗涤。在较浓的溶液中沉淀，可通过减小沉淀的含水量和体积，使沉淀结构较为紧密，沉淀微粒也较容易凝聚。但在浓溶液中也提高了杂质的浓度，增加了杂质被吸附的可能性。为此，在沉淀反应完毕后，应立即加入大量热水稀释，充分搅拌，使沉淀吸附的大部分杂质解吸，从而减少吸附杂质量。

2) 在热溶液中进行沉淀

在热溶液中离子的水化程度小，有利于得到含水量少、体积小、结构紧密的沉淀。同时热溶液有利于防止胶体溶液的生成，使沉淀颗粒凝聚，减少对杂质的吸附。

3) 沉淀时加入大量电解质

电解质能中和胶体微粒的电荷，有利于胶体微粒的凝聚和沉积。电解质通常选用灼烧易挥发的铵盐，如硝酸铵、氯化铵等。

4) 不陈化，趁热过滤

如果沉淀完毕后进行陈化，沉淀将逐渐失去水分，变得更黏结，使已吸附的杂质难以洗净。趁热过滤可以加快过滤速率，大大缩短过滤洗涤时间。

3. 均相沉淀

在进行沉淀反应时，一般都是在不断搅拌下缓慢加入沉淀剂。但沉淀剂在溶液中局部过饱和现象仍然很难避免，而均相沉淀法则可以有效地解决这个问题。均相沉淀（homogeneous precipitation）不是通过加入的沉淀剂立刻与被测离子生成沉淀，而是通过一种化学反应使沉淀剂从溶液中缓慢地、均匀地产生，从而使沉淀在整个溶液中缓慢、均匀地析出。这样可避免局部过饱和现象，析出的沉淀颗粒大、纯度高，便于过滤和洗涤。需要注意的是，均相沉淀无法避免混晶的生成和后沉淀。均相沉淀的具体方法有以下几种。

1) 改变溶液 pH

利用某种试剂的水解反应，使溶液的 pH 逐渐改变，当溶液中的 pH 达到某一数值时沉淀就逐渐形成。最典型的例子就是利用尿素的水解反应：

$$CO(NH_2)_2 + H_2O \xrightarrow{\triangle} CO_2 + 2NH_3$$

例如，用均相沉淀法沉淀 $Ca^{2+}$ 时，首先在 $Ca^{2+}$ 酸性溶液中加入 $H_2C_2O_4$，此时不会产生 $CaC_2O_4$ 沉淀。溶液中加入尿素后加热，由于尿素水解产生 $NH_3$，溶液的 pH 逐渐升高。pH 的上升速率的快慢，可由加热速率、共存盐、浓度等调节。通过适当控制，可以得到粗大晶粒的 $CaC_2O_4$ 沉淀。

2) 溶液生成沉淀剂

在试液中加入能生成沉淀剂的试剂,通过反应,缓慢均匀地生成沉淀剂,使被测组分沉淀。

例如,有些酯类水解能形成阴离子沉淀剂。如硫酸二甲酯水解,生成硫酸盐沉淀剂用于 $Ba^{2+}$、$Ca^{2+}$、$Pb^{2+}$ 的均相沉淀;草酸二甲酯、草酸二乙酯水解,生成草酸盐沉淀剂用于均相沉淀 $Ca^{2+}$、$Mg^{2+}$、$Zr^{4+}$;磷酸三甲酯、磷酸三乙酯、过磷酸四乙酯水解,用于均相沉淀磷酸盐。硫脲、硫代乙酰胺、硫代氨基甲酸铵等含硫化合物的水解,可生成硫化物沉淀等。

3) 蒸发溶剂

预先加入挥发性比水大,且易将待测沉淀溶解的有机溶剂,通过加热将有机溶剂蒸发,使沉淀均匀析出。例如,用 8-羟基喹啉沉淀 $Al^{3+}$ 时,可以在试液中加入乙酸铵缓冲溶液和 8-羟基喹啉的丙酮溶液,在 70~80℃加热,使丙酮蒸发逸出,15min 后即有 8-羟基喹啉铝的晶形沉淀出现。

4) 破坏可溶性配合物

通过破坏待测离子的配合物也可以进行均相沉淀,一般采用加热或从配合物中置换出待测离子。例如,已知 $Ba^{2+}$、$Mg^{2+}$ 的 EDTA 配合物稳定常数分别为 $1.0\times10^{7.76}$ 和 $1.0\times10^{8.69}$,当 pH 为 8~9 的溶液中有 $SO_4^{2-}$ 存在时,$Mg^{2+}$ 就可以把 $Ba^{2+}$ 从 EDTA-$Ba^{2+}$ 配合物中置换出来生成 $BaSO_4$ 沉淀。利用该置换反应可以实现 $BaSO_4$ 的均相沉淀。

4. 沉淀剂的选择和有机沉淀剂

沉淀时所选用的沉淀剂应具有较好的选择性,理想的沉淀剂只与待测组分生成沉淀,而不与试液中的其他共存离子产生沉淀。例如,丁二酮肟和硫化氢都可以定量沉淀 $Ni^{2+}$,但丁二酮肟具有更好的选择性,因此在测定 $Ni^{2+}$ 时常选用前者。又如 $Zr^{4+}$ 的沉淀,选用在盐酸溶液中与 $Zr^{4+}$ 有特异反应的苦杏仁酸作沉淀剂,钛、铁、钒、铝、铬等 10 多种离子都不产生干扰。

此外,还应尽可能选用易挥发或易灼烧除去的沉淀剂,如铵盐或有机沉淀剂等。这样,沉淀中带有的沉淀剂即使未经洗涤,也可借助烘干或灼烧而除去。

1) 有机沉淀剂的特点

与无机沉淀剂相比,有机沉淀剂具有以下特点:①可选种类多,选择性高;②生成沉淀溶解度小,沉淀完全;③吸附杂质少,沉淀纯净;④沉淀摩尔质量大,分析准确度高;⑤沉淀组成恒定,烘干后即可称量,简化重量分析操作。

由于有机沉淀的这些特点,在分析化学中得到了广泛的应用。

2) 有机沉淀剂的分类

重量分析常用的有机沉淀剂有丁二酮肟、8-羟基喹啉、N-苯甲酰-N-苯基羟胺(NBPHA)、四苯硼酸钠等。按有机沉淀剂的作用原理,大致可分为两大类:一类为生成配合物的沉淀剂;另一类为生成离子缔合物的沉淀剂。

(1) 生成配合物的沉淀剂。这类沉淀剂,绝大多数是 HL 型或 $H_2L$ 型,它们的分子中都含有一个酸性基团,如—OH、—COOH、—SH、—$SO_3H$ 等,还含有一个碱性基团,如—$NH_2$、=NH、=N—、=CO、=CS 等。这类沉淀剂与金属离子反应,生成的配合物沉淀一般溶解度都很小,组成固定,常易溶于某些溶剂中,即能被该有机溶剂萃取,所以有机沉淀剂往往又是萃取剂。

(2) 生成离子缔合物的沉淀剂。有些有机沉淀剂在水溶液中能解离出大体积的离子，这些离子能与带相反电荷的待测离子以静电引力结合成溶解度很小的离子缔合物沉淀（或正盐沉淀）。

例如，氯化四苯砷$(C_6H_5)_4AsCl$在水溶液中以$(C_6H_5)_4As^+$和$Cl^-$形式存在。当溶液中含有某些含氧酸根或金属的配阴离子存在时，则体积庞大的有机阳离子与体积庞大的阴离子结合，析出离子缔合物沉淀。

同样体积庞大的四苯硼酸钠能与$K^+$、$NH_4^+$、$Tl^+$、$Ag^+$等阳离子生成离子缔合物沉淀。

### 13.1.5 沉淀的过滤、洗涤与干燥

1. 沉淀的过滤

过滤(filtration)的目的是使沉淀与母液分开，以便与过量沉淀剂、共存组分或其他杂质分离，从而得到纯净的沉淀。如果需高温灼烧得到称量形式的沉淀，常使用定量滤纸（每张滤纸灰分小于 0.2mg）、漏斗进行过滤。过滤的操作方式采用倾斜法，即将上层清液先转入过滤器而让沉淀尽可能地保留在原容器中。即使绝大部分母液都转入到过滤器中后，也不要将沉淀立即转入过滤器，而是用洗涤剂先洗烧杯中的沉淀后，才将沉淀全部转入过滤器。这种操作方式对凝胶状的亲液胶体沉淀尤为重要。一方面可以避免沉淀颗粒阻塞滤孔，导致过滤速率变慢，另一方面可以避免过早进入过滤器的沉淀所形成的滤饼干裂而产生沟道，以致无法对沉淀进行沉淀洗涤。

---

**延伸阅读 13-3：滤纸的选择**

---

由于滤纸的致密程度不同，不同晶形沉淀需选用不同的滤纸进行过滤，一般非晶形沉淀如氢氧化铁等应选用快速滤纸过滤；粗晶形沉淀应选用中速滤纸过滤；较细小的晶形沉淀应选用慢速滤纸过滤。

---

2. 沉淀的洗涤

洗涤(washing)的目的是为了除去沉淀表面吸附的杂质和混杂在沉淀中的母液。洗涤是纯化沉淀的关键步骤，既要洗去所黏附的杂质和母液，又要保证沉淀不致溶解或胶溶而损失，因此需选用合适的洗涤剂。

对洗涤剂的要求如下：①洗涤剂不与沉淀反应，避免改变其组成形态或使之溶解；②洗涤剂不与母液中任何成分发生沉淀反应，且保证这些共存组分在其中易溶；③为防止溶解损失或胶溶而引入的沉淀剂或电解质，应在后续干燥或灼烧过程中易挥发；④洗涤剂中所引入的电解质，对于后续的分析不应产生干扰作用。

基于以上原则，对不同性质的沉淀应选用不同的洗涤剂：①溶解度小而不易形成胶体的沉淀，可用蒸馏水洗涤；②溶解度大的晶形沉淀可用稀沉淀剂洗涤，也可用沉淀饱和溶液洗涤；③对易胶溶的无定形沉淀，应用易挥发的电解质的稀溶液洗涤；④沉淀的溶解度随温度

升高变化不大时,可用热溶液洗涤。洗涤过程采用"少量多次"原则,洗涤干净与否要用特效反应进行检查。如用 $HNO_3$ 酸化的 $AgNO_3$ 溶液检查有无 $Cl^-$ 存在。

3. 沉淀的干燥或灼烧

干燥(drying)是在 110~120℃维持 40~60min,以除去沉淀中的水分和挥发性物质得到沉淀称量形式。灼烧(ignition)是在 800℃以上,彻底去除水分和挥发性物质,并使沉淀分解为组成恒定的称量形式。如 $MgNH_4PO_4 \cdot 6H_2O$ 沉淀,在 110℃灼烧成 $Mg_2P_2O_7$ 称量形式,放冷后称量,直至恒量。《中国药典》规定,恒量(constant weight)是指连续两次干燥或灼烧后称量的质量差小于 0.3mg。

**【示例 13-2】 硫酸钡(Ⅰ型)的含量测定**

精密称取本品约 0.6g,置坩埚中,加入无水碳酸钠 10g,混匀,炽灼至熔融,继续加热 30min,放冷,将坩埚放入 400mL 烧杯中,加水 250mL,用玻棒搅拌,加热至熔融物从坩埚中洗脱。将坩埚移出烧杯,加水 250mL,用水洗净,洗液并入烧杯中,继续用 $6mol \cdot L^{-1}$ 乙酸溶液 2mL 冲洗坩埚内部,再用水冲洗,洗液合并于烧杯中。加热并搅拌直至熔融物崩解,烧杯置冰浴中冷却,静置至沉淀坚硬且上层液体澄清,将上清液倾出,滤过,小心将细小沉淀转移至滤纸上,用冷碳酸钠(1→50,即稀释 50 倍)溶液冲洗烧杯中内容物两次,每次约 10mL,搅拌,如上法,继续将上清液通过同一滤纸,滤过,小心将细小沉淀转移至滤纸上,再将盛有大块碳酸钡沉淀的烧杯置于漏斗下,用 $3mol \cdot L^{-1}$ 盐酸溶液洗涤滤纸 5 次,每次 1mL,再用水洗净(注:溶液可能微呈浑浊)。加水 100mL、盐酸 5mL、乙酸铵溶液(2→5)10mL、重铬酸钾溶液(1→10)25mL 与尿素 10g,用表面皿覆盖,在 80~85℃加热 16h,趁热经已干燥至恒量的垂熔坩埚滤过,转移所有沉淀,沉淀用重铬酸钾溶液(1→200)洗涤,最后用水约 20mL 洗涤,于 105℃干燥 2h,放冷,称量,所得沉淀物质量乘以 0.9213,即为硫酸钡质量。

## 13.2 挥发重量分析法

挥发重量分析法(volatilization gravimetric analysis)是利用物质的挥发性,通过加热或蒸馏等方法使试样中的待测组分转化为挥发性物质逸出,然后根据试样质量的减少来计算试样中该组分的含量;或用吸收剂将逸出的挥发性物质全部吸收,根据吸收剂质量的增加来计算该组分的含量。根据称量的对象不同,挥发法可分为直接法和间接法。

### 13.2.1 直接挥发重量分析法

待测组分与其他组分分离后,如果称量的是待测组分或其衍生物,通常称为直接法。如在测定碳酸盐时,加入盐酸与碳酸盐反应放出 $CO_2$ 气体。再用石棉与烧碱的混合物吸收,后者所增加的质量就是 $CO_2$ 的质量,据此即可求得碳酸盐的含量。

在药物分析中,《中国药典》规定的药品灰分和炽灼残渣的测定,也属于直接法。只是此时测定的不是挥发性物质,而是测定样品经高温氧化挥发后剩下的非挥发性无机物。灰分中所含的都是无机物,通常为金属的氧化物、氯化物、碳酸盐、硫酸盐等。根据灰分的量可以说明样品中含无机杂质的多少,是中草药药材质量控制的检验项目之一。对于有些药品,药典规定在灼烧前用硫酸处理，使灰分转化成硫酸盐的形式再进行测定，这一检验项目称为炽灼残渣。

**【示例 13-3】 药品总灰分测定**

测定用供试品须粉碎，使能通过二号筛，混合均匀后，取供试品 2~3g，置于炽灼至恒量的坩埚中，称定质量（准确至 0.01g），缓缓炽热，注意避免燃烧，至完全炭化时，逐渐升高温度至 500~600℃，使完全灰化并至恒量。根据残渣质量，计算供试品中总灰分的含量（%）。

如供试品不易灰化，可将坩埚放冷，加热水或 10% 硝酸铵溶液 2mL，使残渣湿润，然后置水浴上蒸干，残渣照前法炽灼，至坩埚中内容物完全灰化。

**【示例 13-4】 药品炽灼残渣测定**

取供试品 1.0~2.0g 或各品种项下规定的量量，置已炽灼至恒量的坩埚中，精密称定，缓缓炽灼至完全炭化，放冷至室温；除另有规定外，加硫酸 0.5~1.0mL 使湿润，低温加热至硫酸蒸气除尽后，在 700~800℃ 炽灼使完全灰化，移至干燥器内，放冷至室温，精密称定后，再在 700~800℃ 炽灼至恒量，即得。

### 13.2.2 间接挥发重量分析法

将待测组分与其他组分分离后，通过称量其他组分或测定样品减失的质量来求得待测组分的含量，则称为间接法。在药品检验中的"干燥失重测定法"就是利用挥发法测定样品中的水分和一些易挥发的物质，属于间接法。

**【示例 13-5】 干燥失重测定法**

取供试品，混合均匀（如为较大的结晶，应先迅速捣碎使成 2mm 以下的小粒），取约 1g 或各品种项下规定的质量，置于与供试品相同条件下干燥至恒量的扁形称量瓶中，精密称定，除另有规定外，照各品种项下规定的条件干燥至恒量。由减失的质量和取样量计算供试品的干燥失重。

1. 物质中水分存在的主要形式

在实际应用中，间接法常用于测定样品中的水分。而样品中水分挥发的难易又与环境的干燥程度和水在样品中存在的状态有关。一般存在于物质中的水分主要有以下几种形式。

1) 引湿水

引湿水（wet water）又称湿存水或吸湿水，是固体表面吸附的水分。物质的吸水性越强，颗粒越细，表面积越大；空气的湿度越大，物质中引湿水的含量越高。空气中所有固体物质都或多或少含有引湿水。引湿水一般在不太高的温度下即能除掉。

2) 包埋水

包埋水（embedding water）是沉淀从水溶液中析出时，晶体空穴内夹杂或包藏的水分。这种水与外界不通，很难除尽，有效的办法是将颗粒研细后，在高温下除去。

3) 吸入水

吸入水（inhaled water）是具有亲水胶体性质的物质内表面吸收的水分。由于其内表面积大，可吸收大量水分，一般在 100~110℃ 下很难除尽，有时采用 70~110℃ 真空干燥去除。

4）结晶水

结晶水(crystal water)是水合物内部的水，它有固定的量，可在化学式中表示出来。例如，$BaCl_2 \cdot 2H_2O$、$CuSO_4 \cdot 5H_2O$ 等。

5）组成水

组成水(essential water)是某些物质受热分解而释放出的水分。例如 $KHSO_4$ 和 $Na_2HPO_4$ 等：

$$2KHSO_4 \longrightarrow K_2S_2O_7 + H_2O$$
$$2NaHPO_4 \longrightarrow Na_2P_2O_7 + 2H_2O$$

---

**学习与思考**

---

(1) 一水合葡萄糖的干燥失重与理论含水量有什么不同？由什么原因造成？
(2) 恒量含义，影响恒量的因素有哪些？

---

2. 常用的干燥方法

根据物质性质不同，在去除物质中水分时，常采用以下几种干燥方法。

1）常压加热干燥

适用于性质稳定，受热不易挥发、氧化或分解的物质。通常将样品置于电热干燥箱中，加热到 105~110℃，保持 2h 左右，此时吸湿水已被除去。如《中国药典》规定，氯化钠和氯化钾的干燥失重测定，均为 105℃ 干燥至恒量。但对某些吸湿性强或不易除去的结晶水来说，也可适当提高温度或延长干燥时间。

另外还有一些含有结晶水的试样，如 $Na_2SO_4 \cdot 10H_2O$、$NaH_2PO_4 \cdot H_2O$ 等，虽然受热后不易变质，但因熔点较低，若直接加热至 105℃ 干燥，往往会发生表面融化结成一层薄膜，致使水分不易挥发而难以至恒量。因此，必须将这些样品先在较低温度或用干燥剂去除大部分水分后，再置于规定的温度下干燥至恒量。例如，《中国药典》规定，磷酸二氢钠须先在 60℃ 干燥约 2h，再在 105℃ 干燥至恒量，减失质量应为 10.0%~15.0%。

2）减压加热干燥

适用于高温易变质或熔点低的物质。为了加速水分挥发，可将样品置于恒温减压干燥箱中，进行减压加热干燥。由于真空泵能抽走干燥箱内大部分空气，降低了样品周围空气的水分压，所以使相对湿度较低，有利于样品中水分的挥发。再加之适当提高温度，干燥效率会进一步提高。《中国药典》规定，一般减压是指压力应在 2.67kPa（相当于 20mmHg 柱）以下，此时的干燥温度在 60~80℃（除另有规定外）。例如，《中国药典》中注射用甲氨蝶呤的干燥失重测定：取本品，以 $P_2O_5$ 为干燥剂，在 100℃ 减压干燥至恒量，减失质量不得超过 5.0%。

3）干燥剂干燥

干燥剂是一些与水分子有强结合力的脱水化合物，它更易吸收空气中水分，使相对湿度降低，从而促进样品的水分挥发。该法适用于受热易分解、挥发及能升华的物质。既可在常压下进行，也可在减压下进行。将样品放置于盛有干燥剂的密闭容器中即可进行干燥。

在重量分析中，干燥剂经常被用作短时间存放刚从烘箱或高温炉取出热的干燥器皿或试样，目的是在低湿度的环境中冷却，减少吸水，便于称量。但干燥的试样不宜在干燥器中长时间放置，尤其是很细的粉末，很容易由于表面吸附作用吸收水分。在利用干燥剂干燥时，应注意选择干燥剂首先不能与沉淀的某些成分（特别是有机沉淀）发生作用。

常用干燥剂的性质如表 13-3 所示，包括无水氯化钙、硅胶、浓硫酸及五氧化二磷等。硅胶因使用方便在实际工作中应用较多。市售商品硅胶为蓝色透明的指示硅胶，若蓝色变为红色，即表示该硅胶已失效。这时要把硅胶烘干才能继续使用。方法是在 105℃ 左右加热干燥至硅胶重显蓝色，冷却到室温后方可使用。

**表 13-3　常用化学干燥剂**

| 名称 | 化学式 | 吸水能力 | 干燥速率 | 酸碱性 | 再生方式 |
| --- | --- | --- | --- | --- | --- |
| 硫酸钙 | $CaSO_4$ | 小 | 快 | 中性 | 163℃烘干再生 |
| 五氧化二磷 | $P_2O_5$ | 大 | 快 | 酸性 | 不能再生 |
| 氯化钙（熔融过） | $CaCl_2$ | 大 | 快 | 中性 | 200℃烘干再生 |
| 高氯酸镁 | $Mg(ClO_4)_2$ | 大 | 快 | 中性 | 烘干再生（251℃分解） |
| 氢氧化钾（熔融过） | $KOH$ | 大 | 快 | 强碱性 | 不能再生 |
| 氧化铝 | $Al_2O_3$ | 大 | 快 | 中性 | 110～300℃烘干再生 |
| 浓硫酸 | $H_2SO_4$ | 大 | 快 | 强酸性 | 蒸发浓缩再生 |
| 硅胶 | $SiO_2$ | 大 | 快 | 酸性 | 120℃烘干再生 |
| 氢氧化钠（熔融过） | $NaOH$ | 大 | 快 | 强碱性 | 不能再生 |
| 硫酸镁 | $MgSO_4$ | 大 | 快 | 弱酸性 | 200℃烘干再生 |
| 硫酸钠 | $NaSO_4$ | 大 | 慢 | 中性 | 烘干再生 |
| 碳酸钾 | $K_2CO_3$ | 中 | 慢 | 碱性 | 100℃烘干再生 |

---

**学习与思考**

(1) 加热干燥后的称量瓶和样品，在称量前为什么须放在干燥器里冷却？冷却不充分对称量结果会产生什么影响？

(2) 水分测定还可以采用什么方法？

## 13.3　萃取重量分析法

萃取重量分析法（extraction gravimetric analysis）是利用被测组分在两种互不相溶的溶剂中的溶解度不同，将被测组分从一种溶剂萃取到另一种溶剂中，然后将萃取液中溶剂蒸去，干燥至恒量，称量已萃取出的干燥物的质量。根据萃取物的质量，计算被测组分的百分含量。分析化学中经常采用的溶剂萃取，主要是液-液萃取，是一种简单、快速、应用广泛的分离方法。在本节中先作简单介绍，进一步内容将在 14.3.2 中学习。

### 13.3.1　分配系数和分配比

液-液萃取分离（liquid-liquid extraction separation）是利用各种物质在互不相溶的两相中

具有不同的分配系数或分配比，而使待测组分得到萃取分离。

1. 分配系数

各种物质在不同的溶剂中有不同的溶解度。例如，当溶质 A 同时接触两种互不相溶的溶剂时，如果一种是水，一种是有机溶剂，A 就分配在这两种溶剂中：

$$A_{Inorg} \rightleftharpoons A_{Org} \tag{13-4}$$

在一定温度下，当这个分配过程达到平衡时，物质 A 在两种溶剂中的活度比保持恒定，这个恒定的比值即为分配系数(distribution coefficient)，用 $K_D$ 表示。如果浓度很小，可以用浓度代替活度，表示为

$$K_D = \frac{[A_{Org}]}{[A_{Inorg}]} \tag{13-5}$$

式中，$[A_{Org}]$ 和 $[A_{Inorg}]$ 分别为平衡时溶质 A 在有机相和无机相中的浓度。式(13-5)称为分配定律(distribution law)，它只适用于浓度较低的稀溶液，并且溶质在两相中以相同的单一形式存在，没有解离和缔合副反应。

分配系数与溶质和溶剂的性质以及温度有关，在低浓度下 $K_D$ 是常数。$K_D$ 大的物质，绝大部分进入有机相中，容易被萃取；反之，$K_D$ 小的物质，主要留在无机相如水中，不易被萃取。例如，用 $CCl_4$ 萃取水溶液中的碘。此时溶质在两相中存在的形体相同，均为 $I_2$。$I_2$ 在两相中分配平衡时，$K_D = [I_2]_{Org}/[I_2]_{H_2O}$。在 25℃时，$K_D = 85$，表明被萃取到 $CCl_4$ 层的 $I_2$ 的浓度是水层的 85 倍。

2. 分配比

在实际工作中，由于溶质 A 在一相或两相中，常常会解离、缔合或与其他组分发生化学反应，溶质在两相中以多种形式存在。例如 $I_2$ 在水和 $CCl_4$ 两相的分配系统中，如有 KI 共存，则在水相中不仅有 $I_2$ 存在还有 $I_3^-$ 离子形式存在。在这样一种较复杂的系统中，分配系数难以说明整个萃取过程的平衡问题。对于分析工作者，更有实际意义的是分配在两相中以各种形式存在的溶质的总浓度比值。

分配比(distribution ratio)是存于两相中的溶质的总浓度之比，若以 $c_{Inorg}$ 和 $c_{Org}$ 分别代表 A 在无机相(水)和有机相溶质的总浓度。则它们的比值：

$$D = \frac{c_{Org}^A}{c_{Inorg}^A} \tag{13-6}$$

只有在最简单的萃取体系中，溶质在两相中的存在形式又完全相同时，$D = K_D$；在实际情况中，一般都有 $D \neq K_D$。

分配比通常不是常数，改变溶质和有关试剂浓度，都可使分配比发生改变。尽管如此，由于分配比易于测得，测定时，无需探讨溶质在溶液中以何种形式存在，而只需在达到分配平衡后，分离两相，分别测定两相中所含溶质的量，换算成浓度就可计算分配比值。因此，在一定条件下应用分配比，来估计萃取效率是有实际意义的。若 $D > 1$，则表示溶质经萃取后，大部分进入有机相中。但在实际工作中，要求 $D > 10$ 才可取得较好的萃取效率。

## 学习与思考

(1) 萃取分离的本质是什么?
(2) 分配系数和分配比的相关性及影响因素有哪些?

### 13.3.2 萃取效率

萃取效率(extraction efficiency)就是萃取的完全程度,常用萃取百分率($E$)表示。如已知水相的体积为$V_{\text{Inorg}}$、有机相的体积为$V_{\text{Org}}$,则萃取效率$E$可表示为

$$E(\%) = \frac{n_{\text{Org}}^{\text{A}}}{n_{\text{Org}}^{\text{A}} + n_{\text{Inorg}}^{\text{A}}} = \frac{c_{\text{Org}}^{\text{A}} V_{\text{Org}}}{c_{\text{Org}}^{\text{A}} V_{\text{Org}} + c_{\text{Inorg}}^{\text{A}} V_{\text{Inorg}}} \tag{13-7}$$

式中,$n_{\text{Org}}^{\text{A}}$为溶质A被萃取到有机相的量;$n_{\text{Inorg}}^{\text{A}}$是萃取后无机相中溶质A的量。把上式分子分母同除以$c_{\text{Inorg}} V_{\text{Org}}$得

$$E(\%) = \frac{D}{D + \frac{V_{\text{Inorg}}}{V_{\text{Org}}}} \tag{13-8}$$

可见,萃取百分率由分配比$D$和两相的体积比$V_{\text{Inorg}}/V_{\text{Org}}$决定。$D$越大,体积比越小,则萃取效率就越高。在实际工作中,常用等体积的两相进行萃取,即$V_{\text{Inorg}} = V_{\text{Org}}$,则上式简化为

$$E(\%) = \frac{D}{D + 1} \tag{13-9}$$

表13-4列出了依据式(13-9)计算所获得不同$D$值下的$E(\%)$值。

**表 13-4　不同$D$值下的$E(\%)$值**

| 分配比($D$) | 1 | 10 | 100 | 1000 |
| --- | --- | --- | --- | --- |
| 萃取效率($E$)/% | 50 | 91 | 99 | 99.9 |

由表13-4可见,分配比小的系统,萃取效率也低。在实际工作中,对于分配比较小的溶质,采取分几次加入溶剂,连续几次萃取的办法,以提高萃取效率。如果每次用$V_{\text{org}}$(mL)有机溶剂萃取,共萃取$n$次,水相中剩余被萃取物质的量减少至$W_n$(g)。则

$$W_n = W_0 \left( \frac{V_{\text{Inorg}}}{DV_{\text{Org}} + V_{\text{Inorg}}} \right)^n \tag{13-10}$$

**【示例 13-6】 炔孕酮片含量测定**

取本品20片,精密称定,研细。精密称取适量(约相当于炔孕酮50mg),置于分液漏斗中,用石油醚提取4次,弃去石油醚提取液,并将分液漏斗中石油醚除尽。用三氯甲烷提取4次,每次15mL,合并三氯甲烷提取液,置恒量的容器中,蒸发除去三氯甲烷,至近干燥,残渣于105℃干燥2h,精密称定,即得供试品中含有炔孕酮的量。

**【示例 13-7】 苯巴比妥中中性或碱性物质检查**

取本品1.0g,置于分液漏斗中,加NaOH试液10mL溶解后,加水5mL与乙醚25mL,

振摇 1min；分取醚层，用水振摇洗涤 3 次，每次 5mL，取醚液经干燥滤纸过滤；滤液置于 105℃恒量的蒸发皿中，蒸干，在 105℃干燥 1h，遗留残渣不得超过 3mg。

---

**延伸阅读 13-4：萃取类型**

萃取类型可根据萃取反应的不同可分为 4 类：

(1) 螯合物萃取。这种萃取类型广泛应用于金属阳离子的萃取。在含有金属离子的溶液中，加入能与金属离子生成疏水性的螯合物后，再用有机溶剂萃取。例如，8-羟基喹啉与 $Pd^{2+}$、$Au^{3+}$、$Bi^{3+}$、$Co^{2+}$、$Zn^{2+}$ 等离子生成配位化合物，可用氯仿萃取。

(2) 离子缔合萃取。在水溶液中解离或水溶性很强的物质，往往加入适宜的反离子（平衡离子），使阳离子和阴离子通过静电引力相结合，形成离子缔合物或离子对(ion pair)。许多离子缔合物在水中往往不易解离，因此物质的疏水性增强，可被有机溶剂萃取，而与其他水溶性组分分离。离子的体积越大、电荷越低、越容易形成疏水性离子缔合物。用于这一目的的试剂称为离子缔合剂或萃取剂，大多是有机大离子的盐。常见的有机阳离子有砷盐($R_4 \cdot As^+$)、磷盐($R_4 \cdot P^+$)、四丁基胺$(C_4H_9N)^+$、铵盐等；常用的有机阴离子有芳基磺酸和烷基磺酸等。

(3) 溶剂化合物的萃取。有些溶剂分子通过其配位原子与无机化合物中的金属离子相键合，形成溶剂化合物，而达到萃取目的。例如，用磷酸三丁酯$(C_4H_9O)_3PO$（简称 TBP）萃取水溶液中 $FeCl_3$ 或 $HFeCl_4$ 时。由于 TBP 分子中的 PO 基团有很强的配位能力，它取代了 $FeCl_3$ 或 $HFeCl_4$ 中的水分子形成溶剂化合物而将其萃取。

(4) 某些无机共价化合物的萃取，某些无机化合物如 $I_2$、$Cl_2$、$Br_2$、$GeCl_4$、$AsI_3$、$SnI_4$ 等，是稳定的共价化合物，它们在水溶液中主要以分子的形式存在，不带电荷，可直接用 $CCl_4$、$CHCl_3$、苯等惰性溶剂萃取。

---

## 13.4 电重量分析法

电重量分析法(electric gravimetric analysis)是建立在电解基础上的一种重量分析方法。此法中，待测金属离子以金属状态在阴极上析出或以一定组成的氧化物形态在阳极上析出，从析出的重量可求出溶液中待测金属离子的含量。电重量分析法实质上与沉淀重量分析法相同，只是用"电"代替沉淀剂而已。

### 13.4.1 基本原理

电解是在外电源作用下非自发进行的、电解质在电极上发生氧化还原反应的过程。在电解分析中，需要精确地控制电解电位，以保证所需物质的完全析出。电解装置如图 13-2 所示。电极材质均为 Pt，为便于金属在阴极上均匀析出，阴极通常为网状，阳极弯曲并由电极电动进行搅拌。

下面以电解 $0.10mol \cdot L^{-1}$ 的硫酸铜溶液（$0.10mol \cdot L^{-1} H_2SO_4$ 介质中）为例说明电解过程。

当外加电压达到一定值后，电解池中发生如下反应：

阴极反应： $Cu^{2+} + 2e^- \rightleftharpoons Cu$
阳极反应： $2H_2O \rightleftharpoons O_2 + 4H^+ + 4e^-$
电池反应： $2Cu^{2+} + 2H_2O \rightleftharpoons Cu + O_2 + 4H^+$

25℃时，由能斯特方程可计算两电对的电极电位：

$$\varphi(Cu/Cu^{2+}) = 0.337 + \frac{0.0592}{2}\lg[Cu^{2+}] = 0.307(V)$$

$$\varphi(O_2/H_2O) = 1.229 + \frac{0.0592}{4}\lg\frac{[O_2][H^+]^2}{[H_2O]^2}$$

$$= 1.214(V)$$

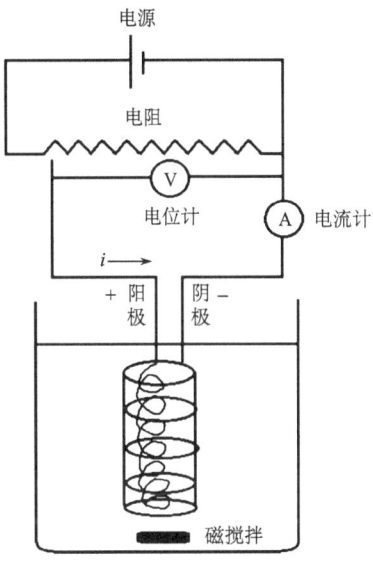

图 13-2 电解装置示意图

则电池电动势为

$$E = 0.307 - 1.214 = -0.907(V)$$

通过理论计算，当外加电压为 0.91V 时，在阴极上应该有铜析出，但在实际电解时，铜析出的实际分解电压要比理论分解电压大。两者产生差别的原因在于有电流通过时，存在电极极化。极化使阴极电位更负，阳极电位更正，对应产生阳极超电位（$\eta_-$）。同时，外加电压还应包括电解池的电压降 $iR$，则实际分解电压应为

$$U_d = (\varphi_+ + \eta_+) - (\varphi_- + \eta_-) + iR \tag{13-11}$$

电解时，若阴极面积为 $100cm^2$，电流为 0.10A，则电流密度为 $0.001A \cdot cm^{-2}$。$O_2$ 在铂电极上的超电位是 +0.72V，Cu 的超电位在强搅拌下可以忽略，电池内阻为 0.5Ω，则

$$iR = 0.10 \times 0.5 = 0.05(V)$$

$$U_d = (1.214 + 0.72) - (0.307 + 0) + 0.05 = 1.68(V)$$

即实际分解电压为 1.68V。

### 13.4.2 恒电流电重量分析

在电重量分析中，实现电解的方式主要有恒电流电解和控制阴极电位电解。恒电流电解是在电解过程中，保持电流在 25A 之间恒定，而电压发生变化，并最终稳定在 $H_2$ 的析出电位。这种方式由于需要保持较大且恒定的电流而导致外加电压变化较大，电解速率快，分析时间短，铜合金的标准分析即采用此方法。但该方法的选择性较差，当多种离子共存时，一种金属离子还未析出完全，另一种也将开始沉淀。

为了防止干扰，在电解时可加入一些能保持电极电位相对恒定的物质，称为去极剂（depolarizer）。如在电解分析铜铅离子混合溶液时，为保证在铜完全析出前而铅不产生沉淀，需要在溶液中加入较大量的硝酸根离子（$NO_3^-$）；利用 $NO_3^-$ 在阴极还原生成氨离子（$NH_4^+$）的反应在铅沉淀前发生反应，称为阴极去极剂。

恒电流电重量分析法可以测定锌、镉、镍、锡、铅、铜、铋、锑、汞及银等金属元素，误差可达 ±0.2%，但选择性较差。

---
**学习与思考**
---

(1) 电极反应速率与哪些因素有关?

(2) 控制了电流是否就决定了电极反应速率?

**【示例 13-8】** 精炼铜中含铜量的测定

精炼铜含铜量在 99.9% 以上,常用电解分析结合光度法来准确测定其中铜的含量。试样溶于硝酸后,先用恒电流电解铜的硝酸溶液,称量在铂网电极上析出的铜量,再用光度法测定电解液中残留的量,从两者的加和来计算精炼铜中铜的含量。

电解时,溶液的酸度是很重要的因素。酸度过高使电解时间延长或电解不完全,酸度不足则析出的铜易被氧化。最适宜的酸度是在 0.5~0.8 mol·L$^{-1}$ 的硝酸溶液中,硝酸有去极化作用,能防止 $H_2$ 在阴极上析出,有利于金属在阴极上沉积。还原时的电极反应为

$$NO_3^- + 10H^+ + 8e^- \Longleftrightarrow NH_4^+ + 3H_2O$$

硝酸溶液中常含有各种低价氮的氧化物,它们能影响铜的定量沉积,故常需通过将溶液煮沸或加尿素等除去。

在酸性溶液中电解时,析出电位比铜离子负的金属一般不干扰测定。但 $Fe^{3+}$ 因能在电极上还原为 $Fe^{2+}$,而 $Fe^{2+}$ 又能还原硝酸产生亚硝酸,故应设法掩蔽。析出电位比铜更正的离子会产生干扰,也应设法消除。

### 13.4.3 控制阴极电位电重量分析

物质是否在阴极沉淀,取决于电位的高低。控制阴极电位,可解决试样中多种金属离子的分别析出问题。在电解过程中,随着金属的不断析出,溶液中该金属离子的浓度也在不断减低,使析出需要的阴极电位更负;同时电池内阻也在发生变化。单纯控制外接电压的方法,并不能达到好的分离效果,必须控制阴极电位。控制阴极电位电解常采用三电极装置,甘汞电极作为参比电极与阴极组成电位测量子系统。当阴极电位变化时,电阻 R 中有电流流过并给出信号,根据信号大小调节外加电压在一定范围内,从而保证干扰离子不在阴极上析出。

一般来说,为了实现 A、B 两物质的完全分离,需要在 A 物质析出完全时,阴极电位尚未达到 B 物质的析出电位。对于一价离子,浓度降低 10 倍,阴极电位降低 0.0592V。若被分离的两金属离子均为一价,完全分离时,析出电位应大于 0.35V;若被分离两金属离子均为二价,析出电位差应大于 0.20V。

在控制阴极电位电重量分析过程中,随着金属离子的析出,电解电流越来越小,电解电流与时间存在着如下关系:

$$i_t = i_0 e^{-\frac{DA}{V\delta}t} = i_0 \times 10^{-Kt} \tag{13-12}$$

而浓度与时间关系为

$$c_t = c_0 \times 10^{-Kt} \tag{13-13}$$

式中,$A$ 为电极面积;$D$ 为扩散系数;$V$ 为溶液体积;$\delta$ 为扩散层厚度。当 $i_t/i_0 = 0.001$ 时,可认为电解完全。由于

$$\frac{i_t}{i_0} = \frac{c_t}{c_0} \tag{13-14}$$

则

$$\frac{c_t}{c_0} = 1 - X = 10^{-0.43 \times \frac{DA}{V\delta}t} \tag{13-15}$$

电解完成 X% 所需时间为

$$t_X = -\frac{V\delta \lg(1-X)}{0.43DA} \tag{13-16}$$

电解完成 99.9% 所需时间为

$$t_{99.9\%} = 7.0 \times \frac{V\delta}{DA} \tag{13-17}$$

由上式可见，电解完成的程度与起始浓度无关，与溶液体积 $V$ 成正比，与电极面积 $A$ 成反比。

---

**内容提要与学习要求**

重量分析法的分类和特点：根据重量分析法中的分离方法不同，分为四大类，即沉淀、挥发、萃取和电重量分析法。沉淀重量分析法主要介绍了其基本原理，沉淀形式和称量形式以及两种形式的要求；不同类型沉淀的形成机理、沉淀条件和影响因素以及测定的操作过程；挥发重量分析法主要介绍了两种分析方式及其应用范围和具体方法；萃取重量分析法主要介绍分配系数和分配比的概念和影响因素；电重量分析法主要介绍了其基本原理以及两种分析方式。

---

## 练 习 题

一、选择题

1. 重量分析中，若待测物质中含的杂质与待测物的离子半径相近，在沉淀过程中往往形成　　（　　）
   A. 表面吸附　　　B. 吸留与包藏　　　C. 混晶　　　D. 后沉淀

2. 若 $BaCl_2$ 中含有 $NaCl$、$KCl$、$CaCl_2$ 等杂质，用 $H_2SO_4$ 沉淀 $Ba^{2+}$ 时，生成的 $BaSO_4$ 最易吸附的离子是
   （　　）
   A. $H^+$　　　B. $K^+$　　　C. $Na^+$　　　D. $Ca^{2+}$

3. 用 $BaSO_4$ 重量法测定 $Ba^{2+}$ 含量，若结果偏低，可能原因是　　（　　）
   A. 沉淀中含有 $Fe^{3+}$ 等杂质　　　B. 沉淀中包藏了 $BaCl_2$
   C. 沉淀剂 $H_2SO_4$ 在灼烧时挥发　　　D. 沉淀灼烧的时间不足

4. 下列称量形式和待测组分不正确的是　　（　　）
   A. $BaSO_4$ 为称量形式，测定 S　　　B. $Al_2O_3$ 为称量形式，测定 Al
   C. $Fe_2O_3$ 为称量形式，测定 Fe　　　D. $CaC_2O_4$ 为称量形式，测定 Ca

5. 下列说法中违背了晶形沉淀条件的是　　（　　）
   A. 沉淀应在热溶液中进行　　　B. 沉淀应在浓的溶液中进行
   C. 应在不断搅拌下慢慢滴加沉淀剂　　　D. 沉淀应放置过夜使沉淀陈化

6. 在重量分析中对无定形沉淀洗涤时，洗涤液应选择　　（　　）
   A. 冷水　　　B. 热的电解质浓溶液

C. 沉淀剂稀溶液　　　　　　　　　　D. 有机溶剂

7. 沉淀重量法中，称量形式的摩尔质量越大，将使　　　　　　　　　　　　　　　　　（　　）
   A. 沉淀易于过滤洗涤　　　　　　　B. 沉淀纯净
   C. 沉淀的溶解度减小　　　　　　　D. 测定结果准确度高
8. 用洗涤的方法能有效地提高沉淀纯度的是　　　　　　　　　　　　　　　　　　　（　　）
   A. 混晶共沉淀　　　　　　　　　　B. 吸附共沉淀
   C. 包藏共沉淀　　　　　　　　　　D. 后沉淀
9. 以下对于陈化的陈述正确的是　　　　　　　　　　　　　　　　　　　　　　　　（　　）
   A. 使沉淀颗粒长大，沉淀颗粒更均匀　　　　　　　B. 节省分析时间和节约试剂
   C. 使溶液中的构晶离子更多的沉淀出来，使沉淀更完全　　　D. 一定程度上纯化沉淀

二、简答题

1. 重量分析法对沉淀的要求有哪些？
2. 影响沉淀纯度的因素有哪些？如何提高沉淀的纯度？
3. 不同的沉淀类型采用的沉淀条件有所区别，请阐述。
4. 什么是均相沉淀法？与一般沉淀法相比，有哪些优点？
5. 简述均相沉淀的多种具体方法。
6. 有机沉淀剂的特点和分类，简述有机沉淀剂的作用方式。
7. 简述沉淀的形成过程，形成沉淀的类型与哪些因素有关。
8. 要获得纯净而易于分离和洗涤的晶形沉淀，需采取哪些措施？为什么？
9. $BaSO_4$ 沉淀可用水洗涤，而 $AgCl$ 沉淀需用 $HNO_3$ 洗涤？
10. 说明沉淀表面吸附的选择规律，如何减少表面吸附的杂质？
11. 举例说明挥发重量分析法的两种方法。
12. 萃取重量法中的萃取效率与哪些因素有关？如何提高萃取效率？
13. 恒电流电重量分析与控制阴极电位电重量分析两种分析方式相比，优缺点如何？
14. 用沉淀重量法测定硫酸盐含量时，若发生下列情况，会对测定结果有何影响？
    (1) 母液中存在过量酸；
    (2) $NO_3^-$ 共沉淀；
    (3) 沉淀吸附 $Na_2SO_4$；
    (4) 在滤纸灰化完全之前，灼烧沉淀的温度过高。
15. 计算下列各组的换算因数：

| | 称量形式 | 被测组分 |
|---|---|---|
| (1) | $PbCrO_4$ | $PbO$ |
| (2) | $Mg_2P_2O_7$ | $P_2O_5$ |
| (3) | $(NH_4)_3PO_4 \cdot 12MoO_3$ | $P_2O_5$ |
| (4) | $SiO_2$ | $Si$ |
| (5) | $Al(C_9H_6ON)_3$ | $Al_2O_3$ |

16. 下列哪些是非晶形沉淀的沉淀条件？
    (1) 沉淀作用宜在较浓的溶液中进行；
    (2) 沉淀作用宜在热溶液中进行；
    (3) 在不断搅拌下，迅速加入沉淀剂；
    (4) 沉淀宜放置过夜，使沉淀熟化；
    (5) 在沉淀析出后，宜加入大量热水进行稀释。

三、计算题

1. 称取仅含有 NaCl 和 KCl 的试样 0.1325g，溶于水后用 0.1032mol·L$^{-1}$ 的 AgNO$_3$ 标准溶液滴定，用去 AgNO$_3$ 溶液 21.84mL。求试样中 NaCl 的质量分数。

2. 称取 CaC$_2$O$_4$ 和 MgC$_2$O$_4$ 纯混合试样 0.6240g，在 500℃下加热，定量转化为 CaCO$_3$ 和 MgCO$_3$ 后为 0.4830g。

(1) 计算试样中 CaC$_2$O$_4$ 和 MgC$_2$O$_4$ 的质量分数。

(2) 若在 900℃加热该混合物，定量转化为 CaO 和 MgO 的质量为多少克？

3. 含吸湿水 0.55% 的磷矿石试样 0.6000g，用重量法测定磷含量，经溶解、氧化等化学处理后，其中 PO$_4^{3-}$ 被沉淀为 MgNH$_4$PO$_4$·6H$_2$O，高温灼烧成 Mg$_2$P$_2$O$_7$，其质量为 0.2018g。计算(1)矿样中 P$_2$O$_5$ 的质量分数；(2) MgNH$_4$PO$_4$·6H$_2$O 的质量(g)。($M_{P_2O_5}=141.95$g·mol$^{-1}$，$M_{Mg_2P_2O_7}=222.55$g·mol$^{-1}$)

4. 称取 0.5000g 煤试样，试样中的硫经处理后转变成 SO$_4^{2-}$，加 BaCl$_2$ 作沉淀剂生成 BaSO$_4$ 沉淀，沉淀灼烧后得 BaSO$_4$ 的质量为 0.4951g，计算试样中硫的质量分数。

5. 称取纯 Fe$_2$O$_3$ 和 Al$_2$O$_3$ 混合物 0.5622g，在加热下通氢气使还原为 Fe，冷却后称得质量为 0.4582g，计算 $w$(Fe)和 $w$(Al)。

# 第 14 章　样品的预处理方法

对样品(sample)开展分析测试工作的目的是获取样品中某些成分的种类、化学结构、含量等信息。要达到这一目的，需根据待测物质的物理与化学性质，利用各类化学分析或仪器分析的手段，采取标准样品对照法、标准曲线法、标准加入法等一系列方法开展对样品的定性、定量与结构分析。

目前已有的各类分析方法，大多是基于待测物质的标准物质、标准样品建立其相应的分析方法，然后应用于实际样品的分析测定。但是，在实际的生产与科研工作中所涉及的待测样品，基本上都处于一个复杂的基质中，面临着含量分布不均、实际含量较低、基质干扰较大等问题。这就给我们的分析测试工作带来了很大困难。

## 14.1　分析样品的复杂性

在实际生产过程中，分析样品十分复杂。如不加以适当处理，而直接采用基于标准样品建立的分析方法进行分析测试，将会带来很大的分析误差，甚至根本无法开展分析测试工作。以下将逐个讨论分析样品的复杂性问题。

### 14.1.1　待测物质在样品中分布不均匀

开展分析测试工作所需采取的样品通常为零点几克至几克，而其分析结果却往往需要代表数千克、数吨乃至数千吨样品的真实情况。这时，如果待测物质在样品中分布不均匀，将无法代表整批样品的真实情况。

例如，对于药品片剂的含量分析，由于片剂生产过程中固态原料流动性较差、生产设备性能较低等原因，导致原料混合不均匀，各片剂之间质量及有效成分含量产生差异。

又如，在矿石分析中，各块矿石在成分、质量、硬度等方面均可能存在较大差异。待测物质在样品中分布不均匀的情况在固态样品中尤为常见，这时如未采用合理的取样方法，得到的分析结果将没有任何代表性。

### 14.1.2　待测物质在样品中含量较低

任何分析方法都体现出有限的灵敏度，只能检测一定含量以上的待测物质，而无法任意检测含量极低的成分。而在很多情况中，样品中的待测物质却处于一个非常低的含量水平，甚至低于其分析方法的检测能力，这时直接采用已有的分析方法将无法得到应有的分析信号。

例如，在中药中重金属可能处于极低水平，明显低于已有分析方法的检测能力。因而监测中药中重金属质量需采用有效的富集方法，显著提高其在样品中的含量，以达到分析方法的检测能力。

### 14.1.3 干扰成分多

绝大多数分析方法的选择性都会有一定的局限性。一些物质有可能对分析造成干扰。而我们所面对的样品形形色色，处于各种不同的基质当中，而这些基质中的很多其他共存成分可能会对分析带来影响。

例如，某些还原性药物（如儿茶酚胺类药物、吩噻嗪类药物）的注射剂，往往需要加入抗氧剂以增加注射剂的稳定性，常用的抗氧剂包括亚硫酸钠、硫代硫酸钠、维生素C等。由于这些抗氧剂均具有比药物更强的还原性，当采用氧化还原滴定法测定药物含量时，抗氧剂便产生干扰，致使测出的药物含量较实际含量偏高。

## 14.2 样品采集的原则及方法

在生产实践和科学研究所涉及的绝大多数分析测试问题中，都不可能对整批待分析的物料进行逐一分析，只能采集一定数量样品开展分析测试工作，以其分析结果代表整批物料的情况，这就涉及一个样品采集的问题。

样品采集是指从一批次物料中，按取样规则抽取一定数量具有代表性的供分析测试的样品。样品的采集是实际的分析测试工作中首先要碰到的问题。实际工作中需要分析的不同物料在形态、大小、分布均匀性等方面有着各自的特点。因此样品的采集方法也各不相同，相关行业均有各自的执行标准，一般情况下分析工作者须参照法定的执行标准进行采样工作。这里仅就一些原则性问题，作一简单的初步介绍。

### 14.2.1 样品采集所遵循的原则

**1. 样品采集存在的问题**

样品采集是实际样品分析中一个至关重要的问题，必须保证所取得的试样具有代表性，即所采集到的样品的组成和整批物料的平均组成相一致或尽量接近，这是样品采集的中心法则。否则，分析测试工作即使做得非常认真，十分准确，也是没有任何实际意义的。因为在这种情况下，得到的分析结果仅仅代表了所采集样品的成分情况，而不能代表整批被分析物料的平均组成。这将极有可能导致科研工作上的错误结论、生产原料的损失以及产品的报废等难以估量的一系列严重后果。

实际工作中所要分析的物料各种各样，如医药行业中的原料药、中药材与各种制剂，冶金工业中的矿石与金属材料，环境监控中的土壤、大气和水，科学研究中的血、尿、组织器官。这些待分析的物料有的组成较为均匀，有的极不均匀。

对于组成较为均匀的物料，试样的采集相对较为简单；而对于组成不均匀的物料，要采集成分组成与整批物料的平均组成较为接近，具有高度代表性的试样，是一件较为困难的事情。对于这种类型的物料，样品采集所带来的误差常常大于分析误差对于最终分析测试结果的影响。

样品的采集数量与物料的不均匀度及分析允许的误差密切相关：物料中待测成分分布越不均匀，允许的分析误差越小，采样单元越多；反之，物料中待测成分分布越均匀，允许的分析误差越大，采样的单元越少。

## 2. 样品采集须遵循的原则

为了使分析结果尽量反映整批物料的真实情况，样品采集须遵循"**必须有代表性**"。即所采集的样品的组成必须能够尽量接近整批物料的平均水平；须根据样品的形态、性质、数量和分析测试的要求确定采样量和采集方法；采取合理的方法保存所采集的试样，避免样品中的待测组分发生形态和含量的变化。

### 14.2.2 各种样品的采集方法

#### 1. 固体样品的采集

固体物料如散剂、颗粒剂等药物，其均匀性要比液体和气体物料差很多，要采集具有代表性的样品也更加复杂与困难。由于固体物料往往存在形状、大小和组成的差异，样品采集的数量要有所增加，应从整批物料的不同部位分别采集，对表面的、内部的、上层的、底层的、颗粒大的和颗粒小的均要采集到。固体物料往往是以袋、桶、箱、捆等形式包装成多件，这类情况下应该首先从中选取若干件，然后以取样器从每件中的不同部位取出若干份。

#### 2. 液体样品的采集

液体物料如注射液等，一般来说组成比较均匀，采集具有代表性的试样也较为容易，相应的采样数量也较固体物料少，但是很多时候还是要考虑样品的不均匀性。如果液体物料中含有固体微粒和其他液体微滴，须一并采集，以保证采样的代表性。如果液体物料分装于多个较小的容器中，应首先选取数个容器，并将其中物料混合均匀后取样。如果物料储存于较大容器中无法混合时，应使用特制取样器从容器上部、中部和下部分别采样。此外，采集液体样品的容器在使用前，应洗净并以被采集物料冲洗或进行干燥，以避免采样过程中改变样品的化学组成。

#### 3. 气体样品的采集

气体如临床用的 $O_2$ 等，具有良好的扩散能力，使其组成较固体和液体更为均匀，因此要采集具有代表性的气体样品，主要矛盾不在于物料的均匀性，而在于取样时如何防止外界杂质的进入。专用的气体取样装置由取样探头、试样导出管和贮样器组成，取样探头应伸入储存气体的容器内部取样。如果测定的是气体样品中的微量组分，往往需要将气体样品中的微量组分通过吸收液吸收富集。

#### 4. 生物样品的采集

生物样品通常包括植物的花、叶、茎、根、种子等，动物的血液、毛发、肌肉和组织器官以及各类微生物。由于生物样品来自于动、植物活体，故采集方法极为复杂、注意事项也与其他类型样品有所不同。

（1）生物样品的采集经常是在活体上进行。采样量往往较小，如体液的采集量通常在几微升至几毫升，肌肉、组织器官等采集量通常在几毫克至几克。由于样品量很少，要特别注意样品的代表性。同时由于生物活体内一些成分会随着时间发生动态变化，要特别注意采样时间。

(2) 生物样品易发生变质，样品采集后应立即加以处理。如血样应加入抗凝血剂，器官组织应冷冻、防腐，植物样品应作脱水处理。通过以上措施，防止样品的化学组分发生改变。

(3) 动物活体的采集大部分应在实验室进行。操作环境与工具应严格消毒，最好在无菌条件下操作，并做好生物防护，防止动物体内病原体的扩散。

**【示例 14-1】 原料药的采样**

生产规模的固体原料药，取样量因产品的数量不同而有所区别。小量固体原料药取样采用四分法，即将混合均匀的样品摊成圆饼状，通过中心画十字形将其四等分，弃去对角的两份，留下的两份继续采用四分法细分，直至取出所要求的样品量。如图 14-1 所示。

**【示例 14-2】 药材的取样**

药材总包件数不足 5 件或该批药材为贵重药材时，须逐件取样；5~99 件时，随机取 5 件取样；100~1000 件时，按 5% 比例取样；超过 1000 件的，超过部分按 1% 比例取样。

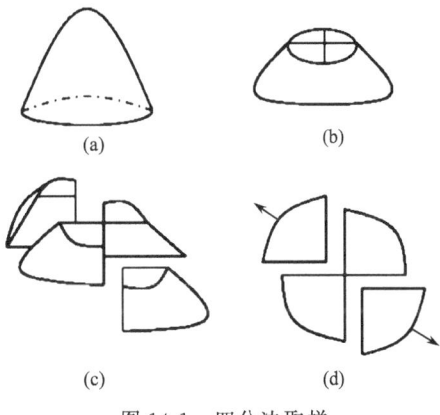

图 14-1 四分法取样

每一包件至少在 2~3 个不同部位各取样品 1 份；包件大的应从 10cm 以下的深处在不同部位分别抽取；对破碎的、粉末状的或大小在 1cm 以下的药材，可用采样器抽取样品；对包件较大或个体较大的药材，可根据实际情况抽取有代表性的样品。

每一包件的取样量：一般药材抽取 100~500g；粉末状药材抽取 25~50g；贵重药材抽取 5~10g。

将抽取的样品混匀，即为抽取样品总量。若抽取样品总量超过分析测试用量数倍时可按四分法再取样，反复操作数次，直至最后剩余量能满足分析用样品量。

最终抽取的供分析用样品量，一般不得少于分析所需用量的 3 倍，即 1/3 供实验室分析用，另 1/3 供复核用，其余 1/3 留样保存。

---

#### 学习与思考

(1) 为获取具有代表性的试样，应以什么原则采样？
(2) 上述取样方法都不是在线或者自动化的。你能否设计一些取样方法能简单、快速、高效又有代表性？

---

## 14.3 常规的样品预处理技术

### 14.3.1 沉淀分离法

沉淀分离法(separation by precipitation)是在试液中加入适当的沉淀剂，选择性的沉淀某种离子，通过过滤使欲分离的组分与其他组分分离的方法。沉淀分离是一种经典的分离方法，由于装置及操作简单，是一种应用较为广泛的分离技术。所依据的原理是分离组分溶解度或溶度积原理。

沉淀分离法主要分为常量组分沉淀分离法和痕量组分共沉淀分离法。两者的区别在于，沉淀分离法主要用于常量组分的分离，而共沉淀分离主要用于痕量组分的分离。按照沉淀剂的种类不同，前者还可以分为无机沉淀剂分离法和有机沉淀剂分离法。

**1. 常量组分沉淀分离法**

1) 无机沉淀剂分离法

无机沉淀剂分离法主要用于金属离子的分离。主要有氢氧化物沉淀分离、硫化物沉淀分离、硫酸盐沉淀分离和其他形式沉淀分离，其中以氢氧化物沉淀分离、硫化物沉淀分离最为普遍。

氢氧化物沉淀分离是利用金属氢氧化物沉淀的溶度积差别，通过控制溶液的pH使某些金属离子选择性沉淀从而达到分离。由于氢氧化物沉淀为胶体沉淀，分离的选择性较差，共沉淀现象较为严重，因此沉淀应在较浓的热溶液中进行，以降低离子的水化程度。

硫化物沉淀分离是除碱金属碱土金属外，重金属离子在不同酸度下生成难溶的硫化物沉淀而达到分离。硫化物的溶度积相差比较大，通过控制溶液的pH来控制硫离子浓度，使不同溶解度的硫化物得以分离。硫化物沉淀选择性差，大多是胶体沉淀，共沉淀现象比较严重，甚至还存在后沉淀现象。可以采用硫代乙酰胺水解法进行均相沉淀。

2) 有机沉淀剂分离法

与无机沉淀剂分离法相比较，有机沉淀剂分离法具有选择性好，专一性高等优点。所用的有机沉淀剂相对分子质量大，有利于重量法测定。但也存在缺点，如不少沉淀剂在水中溶解度小，有时不易被水润湿，后处理较麻烦。

根据形成的沉淀种类可分为三类：螯合物沉淀、离子缔合物沉淀和三元络合物沉淀。形成螯合物沉淀的沉淀剂一般含有两种基团，酸性基团和碱性基团。碱性基团以配位键与金属离子结合，生成环状结构的螯合物，如8-羟基喹啉、铜铁试剂、钽试剂、铜试剂等。离子缔合物沉淀(ion-association complex precipitate)是指某些有机沉淀剂在溶液中解离成的阳离子或阴离子与带相反电荷的离子结合的产物。常用的离子缔合物沉淀剂有苦杏仁酸、二苦胺、四苯硼酸钠等。三元络合物沉淀是由被沉淀组分与两种不同的配体形成的。常用的此类沉淀剂有吡啶、1,10-邻二氮菲。

**2. 痕量组分共沉淀分离法**

共沉淀分离法是利用溶液中主沉淀物(称为载体)析出时将共存的某些痕量组分定量地沉淀下来，然后将沉淀分离以达到分离和富集目的的一种分离方法。共沉淀分离法中所使用的常量沉淀物质称为载体(也称共沉淀剂)。共沉淀剂要求具有良好的选择性，能定量沉淀微痕量物质、不干扰测定，易于除去。

根据载体种类不同，共沉淀分离法可分为无机共沉淀和有机共沉淀两大类。无机共沉淀法是利用沉淀的表面吸附、生成混晶或后沉淀、或沉淀的包藏作用把微量元素载带下来的方法。有机共沉淀法是利用微量元素的沉淀溶解在共沉淀剂中被载带下来的方法。有机共沉淀的分离选择性较高，在共沉淀过程中几乎不会吸附不相干的离子，分离效果好，富集效率高。有机共沉淀剂在灼烧时易去除，不干扰微量组分的测定。

有机共沉淀分离法有三种类型，利用胶体的凝聚作用进行共沉淀、形成离子缔合物进行共沉淀、形成螯合物进行共沉淀。共沉淀分离法由于方法简便，实验条件易于实现，在微量元素或放射性核素分析中仍被广泛应用。

### 14.3.2 液-液萃取法

在 13.3.1 中已学习了液-液萃取法(liquid-liquid extraction method)是利用混合物各组分在某溶剂的溶解度不同，从一种溶剂转移入另一种溶剂从而使混合物各组分得到分离和提纯的方法。液-液萃取法不仅在萃取重量分析法中有应用，同时因为具有操作简单、不需要昂贵的设备、处理量大、分离效果好、回收率高、可连续操作等特点，是应用较为广泛的萃取和富集技术之一。

1. 液-液萃取的基本原理

利用组分在两种互不相溶的液相中的溶解度差而将其从一种液相转移到另一种液相的分离。例如，在 pH 为 5.5 时，青霉素在乙酸戊酯中比在水中溶解得快，因此可以将乙酸戊酯加到青霉素发酵液中并充分接触，使青霉素萃取富集到乙酸戊酯中，达到分离提纯青霉素的目的。

根据相似相溶原理(similar dissolving principle)，一般情况下，极性物质易溶于极性溶剂，而非极性物质易溶于非极性溶剂。当极性物质与极性溶剂混合时，由于两者都是极性分子，除了各自分子间存在取向力以外，两种不同分子间也存在着取向力，因此，极性物质可溶于极性溶剂。当非极性物质与非极性溶剂混合时，相同分子和不同分子之间都没有取向力和诱导力，分子间作用力较弱，分子倾向于最大程度的扩散，最终可形成均匀溶液。当极性物质与非极性溶剂混合时，极性分子之间存在取向力、诱导力和色散力，非极性分子与极性分子间仅存在诱导力和色散力，不存在取向力，且极性分子间的作用力大于非极性分子对极性分子的作用力，因此难以溶解。

现在讨论有机溶剂从水相中萃取溶质 A。若平衡时，A 在水相和有机相中的存在形式相同，且浓度很小，则可以用浓度代替活度，活度分别为$[A]_w$、$[A]_o$。根据式(13-5)得分配系数 $K_D$ 为

$$K_D = \frac{[A]_o}{[A]_w} \tag{14-1}$$

该式仅适用于溶质在两相中存在形式相同的情况，即溶质在溶液中不发生解离、缔合等反应而分配比 $D$ 为

$$D = \frac{c(A)_o}{c(A)_w} = \frac{[A_1]_o + [A_2]_o + \cdots + [A_n]_o}{[A_1]_w + [A_2]_w + \cdots + [A_n]_w} \tag{14-2}$$

根据式(13-6)，当水相和有机相的体积相等时，若 $D > 1$，说明留在有机相中的溶质多于留在水相中的溶质。为了达到好的萃取效果，在选择萃取所用的有机溶剂时，一般要求 $D > 10$。

**【示例 14-3】** 药物萃取

水溶液中含有某有机药物 10mg，用某有机溶剂萃取它时，分配比为 99。则用等体积溶

剂萃取 1 次和 2 次后,水相中剩余的药物的量各为多少?

**【解】**

等体积萃取,$n$ 次萃取后剩余量为

$$m_n = m_0 \left(\frac{1}{1+D}\right)^n$$

萃取 1 次后剩余有机药物量为

$$m_1 = 10 \times \frac{1}{1+99} = 0.1 (\text{mg})$$

萃取 2 次后剩余有机药物量为

$$m_2 = 10 \times \left(\frac{1}{1+99}\right)^2 = 0.001 (\text{mg})$$

2. 影响液-液萃取的因素

1) 萃取溶剂

不同的有机萃取溶剂对溶质的溶解度有差异,溶解能力越强,分配系数越大,萃取效果越好。有时也采用混合萃取溶剂来提高萃取效果。

2) 溶液的酸度

由于待分离的溶质常常是弱酸或者弱碱,因此可通过改变萃取溶液的酸度来提高分配系数。

3) 添加剂

如果待萃取溶质可以解离,可设法添加离子对试剂以改变其溶解度。例如,用三氯甲烷从水溶液中萃取氯化正丁胺,由于正丁胺离子在三氯甲烷和水之间的分配系数 $K=1.3$,萃取效率较低。加入乙酸钠,使乙酸根离子与正丁胺离子形成离子对,其分配系数可增加近 100 倍。

3. 实验室常见的液-液萃取分离方法

1) 单级萃取

通常用 60~125mL 的梨形分液漏斗进行萃取,是最经典的萃取方法。操作较方便,一般可在几分钟之内达到萃取平衡。萃取过程分为振荡、分层、洗涤等步骤。若含溶质 $m_0$ 的样品 A 体积为 $V_m$,每次用 $V_0$ 体积的有机相进行萃取,萃取 $n$ 次后,水相中剩余的样品 A 的质量为 $m_n$,则

$$m_n = m_0 \left[\frac{V_m}{DV_0 + V_m}\right]^n \tag{14-3}$$

该式表明,当分配比 $D$ 一定时,增加萃取次数可以得到更好的萃取效果。

假如使用 $V_m = V_0$ 进行三次萃取($n=3$)。若两相分配比 $D=0.5$,则 $m_n/m_0 = 8/27$,即有机相可萃取得到 70.37% 的样品;若 $D=10$,则 $m_n/m_0 = 1/1331$,经过三次萃取,有机相可萃取得到 99.92% 的样品。因此,为了提高萃取效率,应尽量选择分配比高的有机溶剂,并进行多次萃取。

2) 连续萃取

连续萃取(continous extraction)的目的是使溶剂在容器内循环利用,增加了萃取的次

数，提高萃取效率。连续萃取常在索氏提取器(soxhlet extractor)中进行。索氏提取的基本原理是溶剂回流及虹吸。使固体样品不断地被萃取溶剂萃取，节约溶剂的同时提高萃取效率。一般将固体样品放在滤纸套内，置于索氏提取器中。索氏提取器(图 14-2)是德国农业化学家在 1879 年发明设计的，由提取瓶、提取管、冷凝器三部分组成。其下端与装有萃取溶剂的圆底烧瓶相连，上接冷凝管。加热使萃取溶剂沸腾，蒸气通过提取器的支管上升，冷凝后滴入提取器中，萃取溶剂和固体接触进行萃取，当溶剂面超过虹吸管的最高处时，含有样品的溶剂虹吸回烧瓶。此过程不断重复，固体物质不断被萃取溶剂所萃取，目标物可被富集于圆底烧瓶中，可后续处理收集。

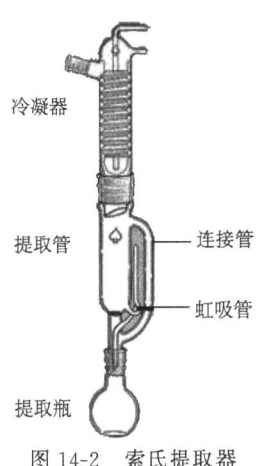

图 14-2 索氏提取器

4. 液-液萃取技术在药学研究中应用

液-液萃取技术是目前发展最为成熟的萃取技术之一。在实验室与工业生产中应用广泛。在药学领域，发酵液中抗生素的分离提纯和天然药物有效成分的提取是目前液-液萃取应用最多的方面，如红霉素、林可霉素、新生霉素、螺旋霉素等的分离提纯，天然药材中黄酮、多糖、皂苷、生物碱、三萜类等的提取。

尽管液-液萃取有操作耗时、消耗溶剂大、萃取效率不高等缺点，但因其简单和普遍适用性，目前仍是常用的萃取方法。近些年来，以液-液萃取为基础的技术如液-液微萃取(liquid liquid microextraction)等也逐渐发展起来，这些技术解决传统液-液萃取的缺点，也将在药学研究领域得到更多的应用。

### 14.3.3 离子交换法

离子交换法(ion exchange)也是一种常用的样品预处理方法，是在一定的条件下，离子交换剂中可交换的离子与样品中其他同性离子发生交换反应，使目标化合物与基质分离，然后在一定条件下把样品洗脱下来，达到分离或富集目标化合物的目的。离子交换是一种特殊的吸附过程，通常是可逆性化学吸附。

1. 基本原理

在一定 pH 的溶液中，离子交换柱里离子交换剂的官能团可能因为质子化或解离而带上一定量的电荷，与目标化合物所带电荷相反。当样品溶液流经离子交换柱时，目标化合物与吸附剂之间由于离子作用力而发生作用，得到保留，如果再采用合适的洗脱液，目标化合物得以洗脱下来进行分析。

表 14-1 列出了一些常用的离子交换剂。离子交换分为阴离子交换和阳离子交换。阴离子交换剂(anion exchanger)是指含有能够产生阳离子官能团的吸附剂，如伯、仲、叔胺类，在一定的溶液环境中带上正电荷，吸附样品中带负电荷的目标化合物，当用适当的溶剂洗脱时，洗脱液中的阴离子与吸附剂有更强的作用，置换下目标化合物；阳离子交换剂(cation exchanger)是指含有能够产生阴离子官能团的吸附剂，如羧基、磺酸基、磷酸基等，作用的机理同阴离子交换剂相似。

表 14-1 常用离子交换剂结构及其 $pK_a$ 值

| 名称 | | 结构 | $pK_a$ |
|---|---|---|---|
| 阴离子交换剂 | 氨丙基 | —Si—$(CH_2)_3NH_2$ | 9.8 |
| | N-2-氨乙基 | —Si—$(CH_2)_3NH(CH_2)_2NH_2$ | 10.1~10.9 |
| | 二乙氨基 | —Si—$(CH_2)_3N(CH_2CH_3)_2$ | 10.6 |
| | 聚亚胺 | —Si—$(CH_2)_3$—R—$[NHCH_3CH_3]_x$ | >10.6 |
| 阳离子交换剂 | 羧酸 | —Si—$CH_2COOH$ | <6 |
| | 丙磺酸 | —Si—$(CH_2)_3SO_3H$ | <1 |

2. 影响离子交换的因素

1) 溶液的离子强度

溶液中的离子强度影响到目标化合物或干扰物与吸附剂作用。一般来说,溶液离子强度较弱有利于目标物吸附,而离子强度较大则有利于目标物的洗脱。

2) 溶液中离子的种类

离子种类不同,与离子交换剂之间的作用力大小不同。例如,对柠檬酸阴离子而言,季胺与其作用力是乙酸根阴离子的 250 倍,所以,用乙酸根阴离子活化的季胺吸附剂对分析物的吸附力远比用柠檬酸阴离子溶液活化的季胺吸附剂强;反过来,柠檬酸阴离子溶液是一个好的洗脱剂。

3) 溶液的酸度

从活化吸附剂到洗脱所使用的溶液的 pH 都影响到前处理的效果。目标化合物、干扰物质和吸附剂的 $pK_a$ 值各不相同,调节 pH 的大小,可以使吸附剂带上一定量的电荷,目标化合物带上相反的电荷,尽量使干扰物不带电,或者情况相反,总之需要使干扰物和目标化合物与吸附剂的结合能力存在差异。例如,用阴离子交换柱时,为了达到吸附目标化合物 99%,那么目标化合物所处溶液体系的 pH 要高于该目标化合物的 $pK_a$ 两个 pH 单位。同理,要使 99%目标化合物脱附,则溶液体系的 pH 必须低于该化合物的 $pK_a$ 两个 pH 单位。

## 学习与思考

(1) 沉淀分离法和液相萃取法的基本原理和适用对象分别是什么?

(2) 改变哪些分离条件可以提高离子交换法分离效果?

### 14.3.4 固相萃取

固相萃取(solid-phase extraction,SPE)是一种较新的样品前处理技术,利用固体吸附材料吸附液体样品中的目标化合物,使其与样品基质分离,然后用溶剂洗脱或加热解吸附,达到分离和富集目标化合物的目的。SPE 技术产生于 20 世纪 70 年代末,20 世纪 90 年代中期随着新型材料的引入而得到迅速发展。与传统的液-液萃取技术相比,SPE 具有操作简便、萃取效率高、有机溶剂消耗量少、易于自动化等优点。

**1. 固相萃取技术的基本特性**

SPE 主要是通过目标物与吸附剂之间的作用力来保留/吸附，如疏水/亲水作用，离子交换作用等，表 14-2 列出了常用的 SPE 吸附剂及其性能。SPE 是由高效液相色谱（HPLC）技术发展而来的，一般来说，HPLC 的技术和理论可直接用于 SPE，然而两者之间也存在一定区别（表 14-3）。与 HPLC 相比，SPE 的分离效果很低，不适于分离性质很接近的物质，但 SPE 对填充程度、分离柱效的要求很低，成本较低。有关 HPLC 技术和理论，将在仪器分析课程中进一步学习。

**表 14-2 常见的 SPE 吸附剂类型及其性能**

| 键合固定相 | 缩写 | 主要性质 |
| --- | --- | --- |
| 十八烷基 | C18, ODS | 非极性 |
| 辛烷基 | C8 | 非极性 |
| 乙基 | C2 | 非极性 |
| 苯基 | PH | 非极性 |
| 环己基 | CH | 非极性 |
| 氰丙基 | CN | 非极性/极性 |
| 丙二醇 | Diol | 极性/非极性 |
| 硅胶 | SI | 极性 |
| 氧化铝 | AL | 极性 |
| 硅酸镁载体 | FL | 极性 |
| 二乙基二胺 | DEA | 弱阴离子交换/极性 |
| 胺丙基 | NH2 | 弱阴离子交换/极性 |
| 羧乙基 | CBA | 弱阳离子交换 |
| 丙磺酸 | PRS | 强阳离子交换 |
| 乙基苯磺酸 | SCX | 强阳离子交换 |
| 三氨基丙基 | SAX | 强阳离子交换 |

**表 14-3 HPLC 与 SPE 的比较**

| 名称 | HPLC | SPE |
| --- | --- | --- |
| 填料粒径 | 约 5$\mu m$ | 40～80$\mu m$ |
| 填充程度 | 高 | 低 |
| 柱外体积 | 小 | 大 |
| 柱长 | 5～30cm | 约 1m |
| 理论塔板数 | 约 10 000 | <50 |

**2. 固相萃取的操作过程**

SPE 一般包括四个步骤，即活化、上样、淋洗、洗脱。首先，使用非极性或弱极性的溶剂对萃取柱进行平衡活化。其次，将样品用一定的溶剂溶解，转移入萃取柱，使溶剂穿透共价键合的萃取固定相，便于萃取的进行。再次，加入合适的溶剂使样品中原有的溶剂、盐及各种杂质等不被保留，快速通过萃取柱而与目标化合物分离。萃取柱上常加上真空装置以加速萃取过程。最后，采用对目标化合物有强溶解性或强洗脱能力的溶剂，将其从萃取柱上洗脱、收集，用于进一步分析。

3. 影响固相萃取的因素

1) 吸附剂的种类与数量

尽量选择与目标化合物极性相似的吸附剂。例如，正相吸附剂保留极性有机物，反相吸附剂适用于非极性有机物或弱极性有机物，阴离子交换树脂则适用于离子型的有机物。吸附材料的数量对萃取过程也有影响，数量太少可能会造成萃取不完全，太多则不容易洗脱。

2) 上样速率

上样速率对 SPE 的效率也有较大影响。较快的上样速率可以加速萃取的过程，缩短分析时间，但上样过快容易引起萃取柱的穿漏，造成分析物的流失，萃取回收率低。

3) 样品溶液环境

样品溶液的 pH、离子浓度、有机溶剂含量等会对目标化合物在萃取材料上的吸附能力造成影响。例如，采用商品化的 C18 材料萃取弱极性的药物组分，萃取的效率会随着样品溶液中有机溶剂的含量的增加而减小。

4) 穿透体积

样品溶液不断通过固相萃取材料，过量时部分被分析物将流出萃取柱，当样品出口检测到 1% 被分析物时，样品的体积定义为穿透体积(breakthrough volume)。穿透体积与固定相种类、样品溶液的 pH、被分析物的化学性质等相关。在进行固相萃取操作时，样品溶液的体积应小于穿透体积。

4. 固相萃取技术在药物分析中的应用

SPE 技术因操作简便、成本低、萃取效率较高、回收率高、萃取材料多样等特点，经过近三十年的发展，日渐成熟，已广泛应用于环境、食品、生物医药等领域。在药物分析领域，SPE 也具有重要作用。

药物组分常与辅料及其他成分共存，通常辅料的数量远大于药物组分。应用 SPE 可除去大部分辅料如淀粉等，便于后续的定量分析。为了研究药物的药效动力学、药代动力学、毒理学等，常需要对药物在体液及组织中的分布进行测定。然而，生物体液及组织中药物含量通常较少，同时有大量内源性分子如蛋白质等共存，直接利用色谱法及光谱法进行分析有一定难度。SPE 可较好的萃取生物样品中的药物分子，通过后续的洗涤等操作，可除去大部分蛋白质等基质干扰成分，利于后续的色谱分离及测定。

近些年来，用高效分析技术研究中药活性成分也是药物分析的热点，中药直接或间接来源于植物、动物、矿物等，成分非常复杂，含有的活性成分种类多样，SPE 技术中药活性成分的研究中也具有重要作用。

### 14.3.5 微波辅助萃取

微波辅助萃取(microwave-assisted extraction，MAE)是将微波与传统的溶剂萃取法结合得到的一种新的萃取方法，由匈牙利学者 K. Ganzler 在 1986 年首先提出。它利用微波能来提高萃取效率，在微波场中，不同组分吸收微波的能力有差异而使萃取体系中的某些组分被选择性加热，被萃取物质从体系中分离，进入到介电常数较小、微波吸收能力相对差的萃取剂中而得到分离。

1. 基本原理

微波辅助萃取的原理可分为以下三个方面。

(1) 微波是高频电磁波，在微波场中，极性分子能瞬时极化，并以非常快的速度(约 $2.45×10^{10}$ 次·$s^{-1}$)进行极性变换，造成分子键振动撕裂和粒子间相互碰撞、摩擦，迅速生成大量热能，使分子具备巨大能量，利于其离开所在环境。

(2) 萃取植物样品时，微波能够穿透萃取介质到达植物样品内部的维管束层和腺细胞内。细胞吸收微波的结果，其内部温度突然升高，连续的高温使细胞内压超过细胞壁膨胀所能承受的压力，造成细胞破裂，内部的活性成分流出。

(3) 在微波产生的电磁场作用下，活性分子能够更快速有效地从固体内部向固液界面扩散。溶剂在微波的作用下，转变为高能量不稳定的激发状态，可汽化来加强萃取组分的驱动力，或将自身的能量转移给其他物质分子，加速其运动，提高萃取效率。

2. 分类与基本操作

微波辅助萃取设备，根据萃取灌的类型可分为两大类：密闭型微波辅助萃取体系和开罐式萃取体系。密闭型微波萃取体系由磁控管、炉腔、监视压力和温度的监视装置及其他电子器件组成，炉腔内可放置多个密闭萃取灌；开罐式萃取体系与密闭型微波萃取体系基本相似，不同之处在于微波通过波导管聚焦到萃取体系上，萃取灌与大气相通，只能实现温度控制，不能控制压力。

密闭型微波萃取体系操作如下：将一定量的待分析样品置于制样杯中，加入萃取溶剂，然后将装有样品的制样杯放入到密封罐中，将密封罐放于微波炉里，设置目标温度和萃取时间进行萃取。萃取结束后，待密封罐冷却至室温，取出制样杯，通过离心或过滤等方式将目标溶液与基质分离，分离得到的溶液进行后续分析。

3. 微波萃取的特点

1) 效率高

与传统加热萃取方法相比，微波萃取的效率更高。微波萃取方法能量直接作用于被加热的物质，热传递的过程是由内向外的，热量从热源传至样品再到容器，这样的传递途径保证了能量的快速传导和充分利用。

2) 选择性较好

因极性分子吸收微波的能力较弱极性分子强，可对基体中不同成分进行选择性地加热，因此可通过选择适当的溶剂将被萃取物选择性的溶出。

3）快速高效

微波能穿透到固态样品的内部，加热迅速且均匀，萃取效率比一般的加热萃取和超声萃取提高了几十至几百倍。

4）条件温和

微波辅助萃取可以在较低的温度下完成，适于受热易分解成分的萃取分析。

4. 微波萃取的影响因素

1）萃取溶剂

溶剂对萃取率影响很大，溶剂须有一定的极性，且对目标萃取物有较强的溶解能力，还需考虑其对后续分离测定的影响。

2）温度

萃取温度应低于萃取溶剂的沸点，不同物质的最佳萃取温度也不同。

3）萃取时间

萃取时间跟被测物样品量、溶剂体积和加热功率有关。一般萃取时间都为10～15min。

4）溶液pH

溶液的酸碱度会影响萃取的回收率。

5. 微波辅助萃取技术的应用

微波辅助萃取在药学领域的应用多用于天然药材有效成分的提取。微波可以穿透萃取介质，到达各种药材等的内部。因为吸收了微波能，细胞内部的温度迅速上升，使得细胞内部的压力超过了细胞壁所能承受的限度，细胞破裂，其中的活性成分随内溶物自由流出，进入萃取介质。目前，微波辅助萃取技术已成功用于挥发油、生物碱、多糖、黄酮、蒽醌类等的萃取，提取率可以得到显著提升。如提取板蓝根多糖，传统的方法提取率仅为0.81%，而微波辅助萃取法可达3.47%。微波萃取葛根异黄酮，其提取率可达到96%以上，比一般热浸法的提取率高很多，而且提取所需的温度低。

## 14.4 预处理新方法简介

### 14.4.1 超临界萃取

1. 概述

超临界萃取技术（supercritical extraction technology）是随着超临界流体的应用而发展起来的一项萃取技术。超临界流体（supercritical fluid，SF）是物质在一定温度与压力以上时的一种形态。这种物态既非液态又非气态，但却像液体有较大的密度，又像气体有较小的黏度，所以兼具液体溶剂的溶解能力和气体溶剂的优良传质性能。超临界流体在一定温度条件下，压力的微小变化会对它的溶解性能有较大的改变。这种通过程序升压改变超临界流体溶解性能，从而实现不同极性成分的分步萃取技术即为超临界萃取（supercritical fluid extraction，SFE）。

超临界流体因为具有很多特性而成为十分理想的萃取剂。常用的超临界流体有$CO_2$、氨、甲烷、乙烷、丙烷、正丁烷、乙烯、甲醇、乙醇、苯、甲苯、水等。其中 $CO_2$ 是常用的超临界流体，有下列几个特点：①有突出的溶解能力和传质速率，接近室温的临界压力（7.39MPa）、临界温度（31.06℃）；②是惰性气体，且无味、无臭、无毒、安全性好，萃取过程中不仅不会发生化学反应还能起到减少药物变质的作用；③其容易获得、价格便宜、纯度高，并且可以循环使用，大大降低成本等优点而成为当前应用最多的超临界流体。

正是因为 $CO_2$ 有如此之多的优点，一般我们提到的 SFE 都是以 $CO_2$ 为萃取溶剂。

2. 超临界萃取原理

超临界萃取就是应用超临界流体的特性，在临界压力和临界温度以上时，超临界流体与待分离混合物充分接触，萃取出目标物质，之后通过调节压力和温度，达到对超临界流体萃取能力的调控，使试样中不同组分在超临界流体中表现出溶解度的差异性，从而实现萃取分离。

超临界萃取分为萃取阶段和分离阶段两部分，如图 14-3 所示。萃取阶段是指用超临界流体从原料中将目标物质先萃取出来，萃取剂可以循环使用；分离阶段是指通过对压力、温度等的调控，改变被萃取物的溶解度，或用吸附的方法达到分离的效果。

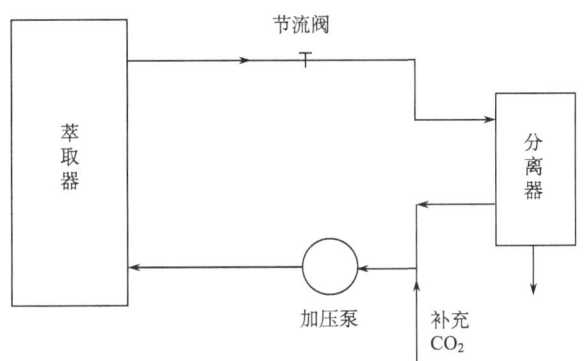

图 14-3 超临界萃取工艺流程

超临界萃取中应该根据萃取对象的不同来选择不同的萃取剂。常用的萃取剂 $CO_2$ 是非极性物质，可用来分离非极性或极性较低的化合物。极性较强的物质可以用氨或氧化亚氮作为萃取溶剂萃取分离，加入夹带剂能够改善萃取能力。

3. 超临界萃取应用

以 $CO_2$ 为萃取溶剂的超临界萃取技术称为超临界 $CO_2$ 萃取技术，简称 SFE-$CO_2$ 技术。由于超临界二氧化碳流体不仅对中药成分有好的溶解性能，而且对有些成分表现出选择性，SFE-$CO_2$ 技术在中药提取中有较多的应用，适用于多种中药成分的萃取。然而，超临界 $CO_2$ 为非极性溶剂，一般只适合萃取脂溶性和相对分子质量小的成分，这大大限制了其对中药材中相对分子质量大及极性大的萃取效率。

为使 SFE-$CO_2$ 技术在中药提取中有更为广泛的应用，通常在超临界 $CO_2$ 中加入适当的改性剂，达到调节溶剂极性，提高溶剂溶解能力的目的。超临界萃取技术从非极性、弱极性向着中等极性的发展,无疑给超临界萃取在中药研究与开发的应用注入新活力,在萜类与挥发油、生物碱、香豆素和木脂素、黄酮类化合物及中药中微量元素的萃取分离中表现出适用性。

### 14.4.2 固相微萃取技术

固相微萃取(solid-phase microextraction,SPME)是由 SPE 技术发展而来的一种新的样品前处理技术。SPME 集样品的采集、分离、富集于一体,是一种比 SPE 更高效的萃取技术。与 SPE 最大的不同点在于,SPME 使用的萃取固定相的体积很小,可达微升至纳升级别。较大体积的样品中的目标化合物通过与固定相相互作用而得到吸附,由于固定相体积小,因而可吸附的杂质的量也较少,因此,与 SPE 相比,SPME 具有较高的选择性。另外,洗脱过程需要的洗脱液也较少,因而 SPME 常常可获得很高的富集效果。

SPME 是一个平衡吸附过程。萃取平衡时,吸附在固相吸附剂中的试样量为

$$n = \frac{KV_{f}V_{s}}{V_{s}+KV_{f}}c_{0} \tag{14-4}$$

式中,$K$ 为被分析物在固相和样品介质间的分配常数;$V_f$ 为吸附剂体积;$V_s$ 为试样体积;$c_0$ 为被分析物的初始浓度。当 $V_s$ 非常大时,$V_s \gg KV_f$,被分析物在固相吸附剂中的吸附量可简化为

$$n = KV_f c_0 \tag{14-5}$$

即 $n$ 与试样的体积无关。这也是 SPME 与 SPE 很大的区别所在,SPME 不需要通过大体积上样来获得高的萃取效率。这在可获得样品量较少的情况,如生物体液等的分析中很有意义。

目前,SPME 已广泛应用于环境、生物、天然产物、医药等领域。SPME 易实现与各种分析仪器的联用。SPME 与 GC 联用,可分析挥发性的化合物,与 HPLC 联用,可用于难挥发或热稳定性差的物质。SPME-HPLC 联用技术是目前生物样品中药物及相关化合物分析的有力工具。SPME-HPLC 已广泛应用于血样、尿样、生物组织等样品的处理及分析,在萃取富集目标化合物的同时除去复杂的基质干扰物,可分析药物及其代谢物、蛋白质等。

### 14.4.3 双水相萃取

1. 双水相萃取原理

双水相系统是由一种或两种高聚物与无机盐水溶液组成,由于高聚物之间或高聚物与无机盐之间的不相溶性,不能充分相互渗透,不能形成均一相,具有一定的分离倾向,在一定浓度条件下形成不互溶的两个水相,利用物质在两个水相之间分配系数的差异即可实现目标物的萃取分离。一般情况下,一种高聚物水溶液或两种聚合物水溶液混合时能否分为两相,取决于高聚物水溶液的憎水程度是否有所差异,并且相分离的倾向随憎水程度的差异成正相关。可以说,双水相萃取(aqueous two phase extraction,ATPE)就是利用物质在不相溶的两水相间分配系数的不同实现分离的技术。

两种聚合物水溶液混合时,它们之间的作用分为三类:①互不相溶,形成上、下两个水相,两种聚合物分别富集于两相中;②复合凝聚,虽然也能形成两相,但聚合物只分配于其中一相,而另一相为溶剂水;③完全互溶,形成均一的聚合物水溶液。

无论是离子型高聚物,还是非离子型高聚物均可形成双水相系统。可形成双水相的双聚合物体系很多,如聚乙二醇(PEG)/葡聚糖(Dx)、聚乙烯醇/甲基纤维素、羟甲基纤维素钠/Dx等。可形成双水相的高聚物与低相对分子质量化合物体系也很多,如PEG/硫酸铵、PEG/磷酸盐、聚丙二醇/磷酸盐等。双水相系统存在一种平衡,即物质在双水相体系两相中的选择性分配,选择性分配的差异是实现分离的基础。当待分离物质进入双水相体系后,在上、下两相选择性分配,与常规的萃取分配关系相比,这种分配关系表现出更大或更小的分配系数。

2. 影响双水相萃取的因素

物质在双水相体系中的分配系数受到许多因素的影响,对于某一物质的分离纯化,选择合适的双水相体系,控制条件得到较大的分配系数尤为重要。影响双水相分配系数的因素主要有以下四点。

1) 成相高聚物

成相高聚物的相对分子质量和浓度都会对分配系数有较大影响。一般来讲,成相高聚物相对分子质量越低,蛋白质越易于分配在该相中;成相高聚物浓度越高,蛋白质越易于富集于这一相中。

2) 无机盐的种类和浓度

无机盐的种类和浓度对相间电位和蛋白质疏水性影响很大,从而影响分配系数。当双水相体系中含有电解质时,两相各自保持电中性,从而产生相间电位的差异;当盐的浓度增大到一定程度时,产生强烈的盐析作用,使蛋白质的溶解到达极限,变现为分配系数增大。

3) pH

调节pH可以使蛋白质表面的电荷数发生改变,从而改变分配系数。

4) 温度

温度对分配系数的影响是间接的。温度的改变影响两相的高聚物组成,但只有温度接近临界点时才会对分配系数有较明显的影响。

双水相萃取工艺流程主要由三个部分组成:目标产物萃取,高聚物循环,无机盐循环。

3. 双水相萃取技术的应用

由于ATPE技术具有:分相时间短,回收效率高;两相界面张力极低,保持生物分子活性;条件要求温和,分离过程经济;萃取参数可以按比例放大,有利于工业应用;易于连续操作等优点,在生物及中药的分离纯化中表现出独特优势。

双水相萃取技术用于分离提纯各种蛋白质及酶,有着其他分离技术无法比拟的优势。生物分子的分配系数取决于溶质与双水相系统间的各种相互作用,其中以静电作用、疏水作用和生物亲和作用为主。双水相萃取提取水溶性蛋白质、酶等生物活性物质,不易引起蛋白质失活,且不存在有机溶剂残留问题。

双水相萃取技术可用于多种中药分离纯化。文献报道,用双水相体系提取甘草酸单铵盐、葛根素,以及富集分离银杏叶浸取液中有关成分的研究,得到了较好的分配系数和分离效果。

双水相萃取技术可用于提取抗生素和分离生物离子。双水相萃取技术可实现全发酵液萃取,如潘杰等用双水相萃取技术将丙酰胺螺旋霉素与菌体从发酵液中直接分离、纯化。

双水相萃取技术可用于分离稀有金属、贵金属。相较传统的稀有金属/贵金属溶剂萃取方法，双水相萃取技术可减少环境污染，降低运行成本，且工艺简单。如在 PEG 2000-硫酸铵-偶氮砷双水相体系中，可实现钛与锆的分离。

尽管双水相萃取技术有着很多优点，然而在工业生产中还未被广泛应用。双水相萃取技术急需解决的问题是：易乳化，相分离时间长，新型成相高聚物的开发及高聚物的回收等。

---

**延伸阅读 14-1：固相萃取方法的实际应用**

波河(Po River)不仅是意大利最长的河流，可能也是世界上最昂贵的河流。据路透社 2005 年报道，每天排入波河的可卡因价值 40 万美元。

意大利北部的波河盆地居住着 500 万人，那里有相当多的毒品使用者，他们吸食可卡因，然后排出可卡因的代谢产物-苯(甲)酰芽子碱，这些废物从下水道被排到河流中。米兰市"马里奥·内格里药理学研究协会"的埃托里·朱卡托博士领导的一个研究小组通过对波河中苯(甲)酰芽子碱进行检测来估算意大利人服用可卡因的情况。这个研究小组在波河及附近的污水处理厂入口处采集水样，然后以固相萃取的方法将大量水样中的苯(甲)酰芽子碱萃取，并用少量有机溶剂将其洗脱下来。他们以这种固相萃取的方法达到去除杂质干扰，并富集待测样品的目的。最后他们以液相色谱-质谱联用的方法检测其中的苯(甲)酰芽子碱含量，并换算为可卡因的消费量。

他们的发现让人感到非常吃惊，他们计算出，在波河下游地区，每 1000 个年轻的成年人中就有 30 多人每天吸食 100mg 可卡因，这远远超过了官方公布的全国可卡因使用数量。据意大利官方统计数字，年龄在 15~34 岁的意大利人中有 1.1% 的人承认"在最近一个月内至少服用过一次可卡因"，几乎所有的可卡因服用者都在这个年龄段中。据官方统计说，波河盆地地区有 140 万年轻的成年人，每月有 15 000 例可卡因服用现象，可是对河水进行检测得到的证据显示，每天有 40 000 多例可卡因服用现象，这是一个十分庞大的数字。朱卡托博士说："根据我们的检测，仅在波河盆地地区每年消耗至少 1500kg 可卡因，根据美国平均每克 100 美元的街头黑市价格来算，这些可卡因的价值是 1.5 亿美元。"

---

**内容提要与学习要求**

由于实际样品的复杂性、多样性、采样规则，在对样品进行测定前，需进行前处理。理解样品采集的方法及原则，掌握沉淀分离法、液-液萃取法、离子交换法等常规的样品前处理方法，熟悉各种方法的特点及适用范围。了解固相萃取、超临界萃取、逆流色谱、超声波辅助萃取及双水相萃取等新的样品前处理方法的特点。

---

练 习 题

一、选择题

1. 固相萃取的基本步骤是 （　　）
   A. 活化、上样、淋洗、洗脱　　B. 上样、活化、淋洗、洗脱
   C. 上样、活化、淋洗、洗脱　　D. 活化、上样、洗脱、淋洗

2. 超临界萃取法常用 $CO_2$ 的原因不包括 （　　）

A. 是惰性气体，且无味、无臭、无毒、安全性好
B. 容易获得，价格便宜，纯度高，并且可以循环使用
C. 具有接近常温常压的临界温度和临界压力
D. 空气中 $CO_2$ 的含量高，易于制备

3. 下列关于生物样品不正确的是 （　　）
A. 微生物不属于生物样品
B. 生物样品的采集经常是在活体上进行
C. 生物样品易发生变质，样品采集后应立即处理
D. 动物活体的采用大部分须在实验室中进行

4. 液-液萃取法中，常用的连续萃取的装置是 （　　）
A. 梨形分液漏斗　B. 索氏提取器　C. 离子交换柱　D. 固相萃取柱

5. 下列不属于生物样品的是 （　　）
A. 血液　　　　　　B. 唾液　　　　　　C. $CO_2$　　　　　　D. 头发

二、简答题

1. 试论述液-液萃取、固相萃取、超临界萃取和微波辅助萃取的分离机理上的区别与联系。
2. 试解释分配系数和分配比这两个概念的区别与联系。
3. 什么是样品的前处理？样品处理的总则是什么？常用的样品处理方法有哪些？简述新的预处理方法的特点。
4. 分离在定量分析中具有什么作用？沉淀分离法有哪些？它们各自适应范围是什么？沉淀分离中沉淀剂有哪些？其中无机沉淀剂有哪几类？有机沉淀剂有哪几类？
5. 常用分离方法有哪些？各自定义是什么？各自主要用途是什么？
6. 什么是分配定律？什么是萃取率？常用的萃取方法有哪些？
7. 对于氢氧化物沉淀法，控制 pH 的方法有哪些？
8. 对于一定量的萃取剂，在萃取时，为什么分多次萃取比一次萃取效率高？
9. 什么是回收率？常量分析与微量分析回收率要求是否相同？
10. 离子交换树脂按活性基团怎样分类？离子交换树脂的性质有哪些？表征离子交换树脂工作性能指标是什么？影响离子交换速率的因素有哪些？影响离子交换树脂的亲和力的因素有哪些？离子交换分离操作步骤是什么？离子交换分离的主要应用有哪些？

三、计算题

1. 用己烷萃取药材试样中的残留农药，并浓缩到 5.0mL，加入 5.0mL 的 90% 的二甲基亚砜，发现 83% 的农药残留量在己烷相，它在两相中的分配比是多少？
2. 用氯仿萃取 100mL 水溶液中的 $OsO_4$，分配比 $D$ 为 10。欲使萃取率达到 99.5%，每次用 10mL 氯仿萃取，需萃取几次？

# 参考文献

蔡自由,黄月君. 2013. 分析化学. 2版. 北京:中国医药科技出版社.
陈颖. 2008. SAS数据分析系统教程. 上海:复旦大学出版社.
陈缵光,邝红梅. 1993. 缓冲组分比如何影响缓冲容量. 大学化学,(8):21.
符斌. 2013. ATC 020 重量分析法. 北京:中国标准出版社.
傅若农. 2005. 色谱分析概论. 2版. 北京:化学工业出版社.
郭立玮. 2010. 中药分离原理与技术. 北京:人民卫生出版社.
杭太俊. 2011. 药物分析. 7版. 北京:人民卫生出版社.
何锡文. 2005. 近代分析化学教程. 北京:高等教育出版社.
胡琴,黄庆华. 2009. 分析化学(案例版). 北京:科学出版社.
华东理工大学分析化学教研组,四川大学工科化学基础课程教学基地. 2009. 分析化学. 北京:高等教育出版社.
李发美. 2011. 分析化学. 7版. 北京:人民卫生出版社.
李克安. 2005. 分析化学教程. 北京:北京大学出版社.
李龙泉. 2005. 定量化学分析. 2版. 合肥:中国科学技术大学出版社.
李洲,李以圭. 1993. 液-液萃取过程和设备. 北京:原子能出版社.
梁晋文. 2001. 误差理论与数据处理. 北京:中国计量出版社.
彭崇慧,冯建章,张锡瑜,等. 2009. 分析化学:定量化学分析简明教程. 3版. 北京:北京大学出版社.
施瓦茨巴赫 G K,弗拉施卡 H. 1981. 络合滴定法. 阎大任译. 北京:冶金工业出版社.
孙毓庆,胡育筑. 2008. 液相色谱溶剂系统的选择与优化. 北京:化学工业出版社.
孙毓庆. 2003. 分析化学. 北京:科学出版社.
汪尔康. 2001. 21世纪分析化学. 北京:科学出版社.
汪尔康. 2002. 分析化学. 北京:北京理工大学出版社.
王可鉴,石乐明,贺林,等. 2014. 中国药物研发的新机遇:基于医药大数据的系统性药物重定位. 科学通报,59:1790-1796.
王玉荣. 2007. 统计数据分析软件教程. 北京:对外经济贸易大学出版社.
吴石林,张玘. 2010. 误差分析与数据处理. 北京:清华大学出版社.
武汉大学. 2007. 分析化学(上、下册). 5版. 北京:高等教育出版社.
张锡瑜. 1991. 化学分析原理. 北京:科学出版社.
周性尧,任建国. 1998. 分析化学中的离子平衡. 北京:科学出版社.
朱明华. 2000. 仪器分析. 3版. 北京:高等教育出版社.
庄乾坤,刘虎威,陈洪渊. 2012. 分析化学学科前沿与展望. 北京:科学出版社.
邹汉法,刘震,叶明亮,等. 2001. 毛细管电色谱及其应用. 北京:科学出版社.
Berothod A, Maryutina T, Spivakov B, et al. 2009. Countercurrent chromatography in analytical chemistry. Pure Appl Chem, 81:355-387.
Braun R D. 1987. Introduction to Instrumental Analysis. New York:McGraw-Hill Book Company.
Chan C H, Yusoff R, Ngoh G C, et al. 2011. Microwave-assisted extractions of active ingredients from plants. J Chromatogr A, 1218:6213-6225.
David S H, James D C. 2012. 分析化学和定量分析(英文版). 北京:机械工业出版社.

Erickson B E. 1999. Dioxin food crisis in Belgium. Anal Chem, 71: 541A-543A.

Harris D C. 2006. Quantitative Chemical Analysis. 7th ed. New York: W H Freeman.

Higson S P J. 2003. Analytical Chemistry. Oxford: Oxford University Press.

Ito Y. 2005. Golden rules and pitfalls in selecting optimum conditions for high-speed counter-current chromatography. J Chromatogr A, 1065: 145-168.

Ito Y, Bowman R L. 1970. Countercurrent chromatography: liquid-liquid partition chromatography without solid support. J Chromat Sci, 8: 315-323.

Ito Y, Conway W D. 1996. Chemical Analysis. New York : John Wiley & Sons.

Ito Y, Weinstein M, Aoki I, et al. 1966. The coil planet centrifuge. Nature, 212: 985-967.

John A D. 1998. 分析化学手册. 北京: 世界图书出版公司.

Kellner R, Mermet J M, Otto M V. 2004. Analytical Chemistry: a Modern Approach to Analytical Science. Weinheim: Miguel Wiley-VCH.

Kellner R, Merment J M, Otto M, et al. 2001. 分析化学. 李克安, 金钦汉, 等译. 北京: 北京大学出版社.

Laitinen H A. 1980. Analytical Chemistry in a Changing World. Anal Chem, 52: 605A.

Li N, Hefferren J J, Li K A. 2009. Quantitative Analysis. Beijing: Peking University Press.

Li N, Jpohn J H, Li K. 2009. 定量化学分析. 北京: 北京大学出版社.

Long Z, Wang C, Guo Z, et al. 2012. A non-aqueous solid phase extraction method for alkaloid enrichment and its application in the determination of hyoscyamine and scopolamine. Analyst, 137: 1451-1457.

Luque de Castro M, Priego-Capote F. 2010. Soxhlet extraction: past and present panacea. J Chromatogr A, 1217: 2383-2389.

Ouyang G, Vuckovic D, Pawliszyn J. 2011. Nondestructive sampling of living systems using *in vivo* solid-phase microextraction. *Chem Rev*, 111, 2784-2814.

Raynie D E. 2006. Modern extraction techniques. Anal Chem, 78: 3997-4004.

Skoog D A. 1998. Principles of Instrumental Analysis. 5th ed. Philadelphia: Saunders College Publishing.

Svensson C, Nyberg G, Soomagi M. 1990. Determination of the serum concentrations of thioridazine and its main metabolites using a solid-phase extraction technique and high-performance liquid chromatography. J Chromatogr A, 529: 229-233.

Thurman E M, Mills M S. 1998. Solid-phase extraction: principles and practice. New York: John Wiley & Sons.

Watson J D, Crick F H C. 1953. Molecularstructure of nucleic acids——a structure for deoxyribose nucleic acid. Nature, 171: 737-738.

# 附　　录

## 附录1　常用酸碱在水中的解离常数(25℃)

1. 无机酸在水溶液中的解离常数

| 序号 | 名称 | 化学式 | $K_a$ | $pK_a$ |
|---|---|---|---|---|
| 1 | 偏铝酸 | $HAlO_2$ | $6.3\times10^{-13}$ | 12.20 |
| 2 | 锗酸 | $H_2GeO_3$ | $1.7\times10^{-9}(K_1)$ | 8.78 |
|   |     |           | $1.9\times10^{-13}(K_2)$ | 12.72 |
| 3 | 铬酸 | $H_2GrO_4$ | $0.18(K_1)$ | 0.74 |
|   |     |           | $3.2\times10^{-7}(K_2)$ | 6.49 |
| 4 | 亚砷酸 | $H_3AsO_3$ | $6.0\times10^{-10}$ | 9.22 |
| 5 | 砷酸 | $H_3AsO_4$ | $6.3\times10^{-3}(K_1)$ | 2.20 |
|   |     |           | $1.05\times10^{-7}(K_2)$ | 6.98 |
|   |     |           | $3.2\times10^{-12}(K_3)$ | 11.50 |
| 6 | 硼酸 | $H_3BO_3$ | $5.8\times10^{-10}(K_1)$ | 9.24 |
|   |     |           | $1.8\times10^{-13}(K_2)$ | 12.74 |
|   |     |           | $1.6\times10^{-14}(K_3)$ | 13.80 |
| 7 | 碳酸 | $H_2CO_3$ | $4.2\times10^{-7}(K_1)$ | 6.38 |
|   |     |           | $5.6\times10^{-11}(K_2)$ | 10.25 |
| 8 | 氢氰酸 | HCN | $6.2\times10^{-10}$ | 9.21 |
| 9 | 氢氟酸 | HF | $6.61\times10^{-4}$ | 3.18 |
| 10 | 次溴酸 | HBrO | $2.4\times10^{-9}$ | 8.62 |
| 11 | 次氯酸 | HClO | $3.2\times10^{-8}$ | 7.50 |
| 12 | 高氯酸 | $HClO_4$ |  | $-1.6(20℃)$ |
| 13 | 次碘酸 | HIO | $3.2\times10^{-11}$ | 10.50 |
| 14 | 碘酸 |  | 0.17 | 0.78 |
| 15 | 高碘酸 | $HIO_4$ | $2.8\times10^{-2}$ | 1.56 |
| 16 | 亚硝酸 | $HNO_2$ | $5.1\times10^{-4}$ | 3.29 |
| 17 | 次磷酸 | $H_3PO_2$ | $5.9\times10^{-2}$ | 1.23 |
| 18 | 亚磷酸 | $H_3PO_3$ | $5.0\times10^{-2}(K_1)$ | 1.30 |
|   |     |           | $2.5\times10^{-7}(K_2)$ | 6.60 |

续表

| 序号 | 名称 | 化学式 | $K_a$ | $pK_a$ |
|---|---|---|---|---|
| 19 | 磷酸 | $H_3PO_4$ | $6.9\times10^{-3}(K_1)$ | 2.16 |
| | | | $6.2\times10^{-8}(K_2)$ | 7.21 |
| | | | $4.8\times10^{-13}(K_3)$ | 12.32 |
| 20 | 焦磷酸 | $H_4P_2O_7$ | $3.0\times10^{-2}(K_1)$ | 1.52 |
| | | | $4.4\times10^{-3}(K_2)$ | 2.36 |
| | | | $2.5\times10^{-7}(K_3)$ | 6.60 |
| | | | $5.6\times10^{-10}(K_4)$ | 9.25 |
| 21 | 氢硫酸 | $H_2S$ | $1.3\times10^{-7}(K_1)$ | 6.88 |
| | | | $7.1\times10^{-15}(K_2)$ | 14.15 |
| 22 | 亚硫酸 | $H_2SO_3$ | $1.23\times10^{-2}(K_1)$ | 1.91 |
| | | | $6.6\times10^{-8}(K_2)$ | 7.18 |
| 23 | 硫酸 | $H_2SO_4$ | $1.0\times10^{3}(K_1)$ | $-3.0$ |
| | | | $1.02\times10^{-2}(K_2)$ | 1.99 |
| 24 | 硫代硫酸 | $H_2S_2O_3$ | $2.52\times10^{-1}(K_1)$ | 0.60 |
| | | | $1.9\times10^{-2}(K_2)$ | 1.72 |
| 25 | 氢硒酸 | $H_2Se$ | $1.3\times10^{-4}(K_1)$ | 3.89 |
| | | | $1.0\times10^{-11}(K_2)$ | 11.0 |
| 26 | 亚硒酸 | $H_2SeO_3$ | $2.7\times10^{-3}(K_1)$ | 2.57 |
| | | | $2.5\times10^{-7}(K_2)$ | 6.60 |
| 27 | 硒酸 | $H_2SeO_4$ | $1\times10^{3}(K_1)$ | $-3.0$ |
| | | | $1.2\times10^{-2}(K_2)$ | 1.92 |
| 28 | 硅酸 | $H_2SiO_3$ | $1.7\times10^{-10}(K_1)$ | 9.77 |
| | | | $1.6\times10^{-12}(K_2)$ | 11.80 |
| 29 | 亚碲酸 | $H_2TeO_3$ | $2.7\times10^{-3}(K_1)$ | 2.57 |
| | | | $1.8\times10^{-8}(K_2)$ | 7.74 |
| 30 | 过氧化氢 | $H_2O_2$ | $2.4\times10^{-12}$ | 11.62 |
| 31 | 水 | $H_2O$ | $1.01\times10^{-14}$ | 13.995 |

## 2. 无机碱在水溶液中的解离常数

| 序号 | 名称 | 化学式 | $K_b$ | $pK_b$ |
|---|---|---|---|---|
| 1 | 氢氧化铝 | $Al(OH)_3$ | $1.38\times10^{-9}(K_3)$ | 8.86 |
| 2 | 氢氧化银 | $AgOH$ | $1.10\times10^{-4}$ | 3.96 |
| 3 | 氢氧化钙 | $Ca(OH)_2$ | $3.72\times10^{-3}$ | 2.43 |
| | | | $3.98\times10^{-2}$ | 1.40 |

续表

| 序号 | 名称 | 化学式 | $K_b$ | $pK_b$ |
|---|---|---|---|---|
| 4 | 氢氧化铅 | $Pb(OH)_2$ | $9.55\times 10^{-4}(K_1)$ | 3.02 |
|   |   |   | $3.0\times 10^{-8}(K_2)$ | 7.52 |
| 5 | 氢氧化锌 | $Zn(OH)_2$ | $9.55\times 10^{-4}$ | 3.02 |
| 6 | 氨水 | $NH_3+H_2O$ | $1.78\times 10^{-5}$ | 4.75 |
| 7 | 肼(联氨) | $N_2H_4+H_2O$ | $9.55\times 10^{-7}(K_1)$ | 6.02 |
|   |   |   | $1.26\times 10^{-15}(K_2)$ | 14.9 |
| 8 | 羟胺 | $NH_2OH+H_2O$ | $9.12\times 10^{-9}$ | 8.04 |

### 3. 有机酸在水溶液中的解离常数

| 序号 | 名称 | 化学式 | $K_a$ | $pK_a$ |
|---|---|---|---|---|
| 1 | 甲酸 | $HCOOH$ | $1.8\times 10^{-4}$ | 3.75 |
| 2 | 乙酸 | $CH_3COOH$ | $1.74\times 10^{-5}$ | 4.76 |
| 3 | 乙醇酸 | $CH_2(OH)COOH$ | $1.48\times 10^{-4}$ | 3.83 |
| 4 | 甘氨酸 | $CH_2(NH_2)COOH$ | $1.7\times 10^{-10}$ | 9.78 |
| 5 | 一氯乙酸 | $CH_2ClCOOH$ | $1.4\times 10^{-3}$ | 2.86 |
| 6 | 二氯乙酸 | $CHCl_2COOH$ | $5.0\times 10^{-2}$ | 1.3 |
| 7 | 羟基乙酸 | $HOCH_2COOH$ | $1.5\times 10^{-4}$ | 3.83 |
| 8 | 三氯乙酸 | $CCl_3COOH$ | $2.0\times 10^{-1}$ | 0.7 |
| 9 | 乙二酸 | $H_2C_2O_4$ | $5.6\times 10^{-2}$ | 1.25 |
|   |   |   | $1.5\times 10^{-4}$ | 3.81 |
| 10 | 丙酸 | $CH_3CH_2COOH$ | $1.35\times 10^{-5}$ | 4.87 |
| 11 | 丙烯酸 | $CH_2=CHCOOH$ | $5.5\times 10^{-5}$ | 4.26 |
| 12 | 乳酸(丙醇酸) | $CH_3CHOHCOOH$ | $1.4\times 10^{-4}$ | 3.86 |
| 13 | 丙二酸 | $HOCOCH_2COOH$ | $1.4\times 10^{-3}(K_1)$ | 2.85 |
|   |   |   | $2.2\times 10^{-6}(K_2)$ | 5.66 |
| 14 | 2-丙炔酸 | $HC\equiv CCOOH$ | $1.29\times 10^{-2}$ | 1.89 |
| 15 | 甘油酸 | $HOCH_2CHOHCOOH$ | $2.29\times 10^{-4}$ | 3.64 |
| 16 | 丙酮酸 | $CH_3COCOOH$ | $3.2\times 10^{-3}$ | 2.49 |
| 17 | α-丙氨酸 | $CH_3CHNH_2COOH$ | $1.35\times 10^{-10}$ | 9.87 |
| 18 | β-丙氨酸 | $CH_2NH_2CH_2COOH$ | $4.4\times 10^{-11}$ | 10.36 |
| 19 | 正丁酸 | $CH_3(CH_2)_2COOH$ | $1.52\times 10^{-5}$ | 4.82 |
| 20 | 异丁酸 | $(CH_3)_2CHCOOH$ | $1.41\times 10^{-5}$ | 4.85 |
| 21 | 3-丁烯酸 | $CH_2=CHCH_2COOH$ | $2.1\times 10^{-5}$ | 4.68 |
| 22 | 异丁烯酸 | $CH_2=C(CH_2)COOH$ | $2.2\times 10^{-5}$ | 4.66 |

续表

| 序号 | 名称 | 化学式 | $K_a$ | $pK_a$ |
|---|---|---|---|---|
| 23 | 丁二酸(琥珀酸) | $(CH_2COOH)_2$ | $6.2\times10^{-5}(K_1)$ | 4.21 |
|  |  |  | $2.3\times10^{-6}(K_2)$ | 5.64 |
| 24 | 反丁烯二酸(富马酸) | $HOCOCH=CHCOOH$ | $9.3\times10^{-4}(K_1)$ | 3.03 |
|  |  |  | $3.6\times10^{-5}(K_2)$ | 4.44 |
| 25 | 顺丁烯二酸(马来酸) | $HOCOCH=CHCOOH$ | $1.2\times10^{-2}(K_1)$ | 1.92 |
|  |  |  | $5.9\times10^{-7}(K_2)$ | 6.23 |
| 26 | 酒石酸 | $HOCOCH(OH)CH(OH)COOH$ | $1.04\times10^{-3}(K_1)$ | 2.98 |
|  |  |  | $4.55\times10^{-5}(K_2)$ | 4.34 |
| 27 | 羟基丁二酸(苹果酸) | $HOOCCH_2CH(OH)COOH$ | $4.0\times10^{-4}(K_1)$ | 3.40 |
|  |  |  | $7.8\times10^{-6}(K_2)$ | 5.11 |
| 28 | 正戊酸 | $CH_3(CH_2)_3COOH$ | $1.4\times10^{-5}$ | 4.86 |
| 29 | 异戊酸 | $(CH_3)_2CHCH_2COOH$ | $1.67\times10^{-5}$ | 4.78 |
| 30 | 2-戊烯酸 | $CH_3CH_2CH=CHCOOH$ | $2.0\times10^{-5}$ | 4.7 |
| 31 | 3-戊烯酸 | $CH_3CH=CHCH_2COOH$ | $3.0\times10^{-5}$ | 4.52 |
| 32 | 4-戊烯酸 | $CH_2=CHCH_2CH_2COOH$ | $2.10\times10^{-5}$ | 4.677 |
| 33 | 戊二酸 | $HOCO(CH_2)_3COOH$ | $1.7\times10^{-4}(K_1)$ | 3.77 |
|  |  |  | $8.3\times10^{-7}(K_2)$ | 6.08 |
| 34 | 正己酸 | $CH_3(CH_2)_4COOH$ | $1.39\times10^{-5}$ | 4.86 |
| 35 | 异己酸 | $(CH_3)_2CH(CH_2)_3—COOH$ | $1.43\times10^{-5}$ | 4.85 |
| 36 | (E)-2-己烯酸 | $H(CH_2)_3CH=CHCOOH$ | $1.8\times10^{-5}$ | 4.74 |
| 37 | (E)-3-己烯酸 | $CH_3CH_2CH=CHCH_2COOH$ | $1.9\times10^{-5}$ | 4.72 |
| 38 | 己二酸 | $HOCOCH_2CH_2CH_2CH_2COOH$ | $3.8\times10^{-5}(K_1)$ | 4.42 |
|  |  |  | $3.9\times10^{-6}(K_2)$ | 5.41 |
| 39 | 柠檬酸 | $HOOCCH_2C(OH)(COOH)CH_2COOH$ | $7.4\times10^{-4}(K_1)$ | 3.13 |
|  |  |  | $1.7\times10^{-5}(K_2)$ | 4.76 |
|  |  |  | $4.0\times10^{-7}(K_3)$ | 6.4 |
| 40 | 维生素 C | $C_6H_8O_6$ | $9.1\times10^{-5}(K_1)$ | 4.04 |
| 41 |  |  | $2.0\times10^{-12}(K_2)$ | 11.7 |
| 42 | 苯酚 | $C_6H_5OH$ | $1.1\times10^{-10}$ | 9.96 |
| 43 | 邻苯二酚 | $o\text{-}C_6H_4(OH)_2$ | $3.6\times10^{-10}$ | 9.45 |
|  |  |  | $1.6\times10^{-13}$ | 12.8 |
| 44 | 间苯二酚 | $m\text{-}C_6H_4(OH)_2$ | $3.6\times10^{-10}(K_1)$ | 9.3 |
|  |  |  | $8.71\times10^{-12}(K_2)$ | 11.06 |
| 45 | 对苯二酚 | $p\text{-}C_6H_4(OH)_2$ | $1.1\times10^{-10}$ | 9.96 |
| 46 | 2,4,6-三硝基苯酚 | $2,4,6\text{-}(NO_2)_3C_6H_2OH$ | $5.1\times10^{-1}$ | 0.29 |
| 47 | 葡萄糖酸 | $CH_2OH(CHOH)_4COOH$ | $1.4\times10^{-4}$ | 3.86 |

续表

| 序号 | 名称 | 化学式 | $K_a$ | $pK_a$ |
|---|---|---|---|---|
| 48 | 苯甲酸 | $C_6H_5COOH$ | $6.3\times10^{-5}$ | 4.20 |
| 49 | 邻羟基苯甲酸(水杨酸) | $C_6H_4(OH)COOH$ | $1.05\times10^{-3}(K_1)$<br>$4.17\times10^{-13}(K_2)$ | 2.98<br>12.38 |
| 50 | 对羟基苯甲酸 | $HOC_6H_4COOH$ | $3.3\times10^{-5}(K_1)$<br>$6.3\times10^{-10}(K_2)$ | 4.48<br>9.32 |
| 51 | 邻硝基苯甲酸 | $o\text{-}NO_2C_6H_4COOH$ | $6.6\times10^{-3}$ | 2.18 |
| 52 | 间硝基苯甲酸 | $m\text{-}NO_2C_6H_4COOH$ | $3.5\times10^{-4}$ | 3.46 |
| 53 | 对硝基苯甲酸 | $p\text{-}NO_2C_6H_4COOH$ | $3.6\times10^{-4}$ | 3.44 |
| 54 | 邻苯二甲酸 | $o\text{-}C_6H_4(COOH)_2$ | $1.1\times10^{-3}(K_1)$<br>$4.0\times10^{-6}(K_2)$ | 2.96<br>5.4 |
| 55 | 间苯二甲酸 | $m\text{-}C_6H_4(COOH)_2$ | $2.4\times10^{-4}(K_1)$<br>$2.5\times10^{-5}(K_2)$ | 3.62<br>4.6 |
| 56 | 对苯二甲酸 | $p\text{-}C_6H_4(COOH)_2$ | $2.9\times10^{-4}(K_1)$<br>$3.5\times10^{-5}(K_2)$ | 3.54<br>4.46 |
| 57 | 1,3,5-苯三甲酸 | $C_6H_3(COOH)_3$ | $7.6\times10^{-3}(K_1)$<br>$7.9\times10^{-5}(K_2)$<br>$6.6\times10^{-6}(K_3)$ | 2.12<br>4.1<br>5.18 |
| 58 | 苯基六羧酸 | $C_6(COOH)_6$ | $2.1\times10^{-1}(K_1)$<br>$6.2\times10^{-3}(K_2)$<br>$3.0\times10^{-4}(K_3)$<br>$8.1\times10^{-6}(K_4)$<br>$4.8\times10^{-7}(K_5)$<br>$3.2\times10^{-8}(K_6)$ | 0.68<br>2.21<br>3.52<br>5.09<br>6.32<br>7.49 |
| 59 | 癸二酸 | $HOOC(CH_2)_8COOH$ | $2.6\times10^{-5}(K_1)$<br>$2.6\times10^{-6}(K_2)$ | 4.59<br>5.59 |
| 60 | 乙二胺四乙酸(EDTA) | $\begin{array}{c}CH_2-N(CH_2COOH)_2\\|\\CH_2-N(CH_2COOH)_2\end{array}$ | $1.1\times10^{-1}(K_1)$<br>$2.5\times10^{-2}(K_2)$<br>$1.0\times10^{-2}(K_3)$<br>$2.1\times10^{-3}(K_4)$<br>$6.9\times10^{-7}(K_5)$<br>$5.5\times10^{-11}(K_6)$ | 0.90<br>1.60<br>2.00<br>2.67<br>6.16<br>10.26 |

## 4. 有机碱在水溶液中的解离常数

| 序号 | 名称 | 化学式 | $K_b$ | $pK_b$ |
|---|---|---|---|---|
| 1 | 甲胺 | $CH_3NH_2$ | $4.17\times10^{-4}$ | 3.38 |
| 2 | 尿素(脲) | $CO(NH_2)_2$ | $1.5\times10^{-14}$ | 13.82 |

续表

| 序号 | 名称 | 化学式 | $K_b$ | $pK_b$ |
|---|---|---|---|---|
| 3 | 乙胺 | $CH_3CH_2NH_2$ | $4.27\times10^{-4}$ | 3.37 |
| 4 | 乙醇胺 | $H_2N(CH_2)_2OH$ | $3.16\times10^{-5}$ | 4.50 |
| 5 | 乙二胺 | $H_2N(CH_2)_2NH_2$ | $8.51\times10^{-5}(K_1)$<br>$7.08\times10^{-8}(K_2)$ | 4.07<br>7.15 |
| 6 | 二甲胺 | $(CH_3)_2NH$ | $5.89\times10^{-4}$ | 3.23 |
| 7 | 三甲胺 | $(CH_3)_3N$ | $6.31\times10^{-5}$ | 4.20 |
| 8 | 三乙胺 | $(C_2H_5)_3N$ | $5.25\times10^{-4}$ | 3.28 |
| 9 | 丙胺 | $C_3H_7NH_2$ | $3.70\times10^{-4}$ | 3.432 |
| 10 | 异丙胺 | $i\text{-}C_3H_7NH_2$ | $4.37\times10^{-4}$ | 3.36 |
| 11 | 1,3-丙二胺 | $NH_2(CH_2)_3NH_2$ | $2.95\times10^{-4}(K_1)$<br>$3.09\times10^{-6}(K_2)$ | 3.53<br>5.51 |
| 12 | 1,2-丙二胺 | $CH_3CH(NH_2)CH_2NH_2$ | $5.25\times10^{-5}(K_1)$<br>$4.05\times10^{-8}(K_2)$ | 4.28<br>7.393 |
| 13 | 三丙胺 | $(CH_3CH_2CH_2)_3N$ | $4.57\times10^{-4}$ | 3.34 |
| 14 | 三乙醇胺 | $(HOCH_2CH_2)_3N$ | $5.75\times10^{-7}$ | 6.24 |
| 15 | 丁胺 | $C_4H_9NH_2$ | $4.37\times10^{-4}$ | 3.36 |
| 16 | 异丁胺 | $C_4H_9NH_2$ | $2.57\times10^{-4}$ | 3.59 |
| 17 | 叔丁胺 | $C_4H_9NH_2$ | $4.84\times10^{-4}$ | 3.315 |
| 18 | 己胺 | $H(CH_2)_6NH_2$ | $4.37\times10^{-4}$ | 3.36 |
| 19 | 辛胺 | $H(CH_2)_8NH_2$ | $4.47\times10^{-4}$ | 3.35 |
| 20 | 苯胺 | $C_6H_5NH_2$ | $3.98\times10^{-10}$ | 9.40 |
| 21 | 苄胺 | $C_7H_9N$ | $2.24\times10^{-5}$ | 4.65 |
| 22 | 环己胺 | $C_6H_{11}NH_2$ | $4.37\times10^{-4}$ | 3.36 |
| 23 | 吡啶 | $C_5H_5N$ | $1.48\times10^{-9}$ | 8.83 |
| 24 | 六亚甲基四胺 | $(CH_2)_6N_4$ | $1.35\times10^{-9}$ | 8.87 |
| 25 | 2-氯酚 | $C_6H_5ClO$ | $3.55\times10^{-6}$ | 5.45 |
| 26 | 3-氯酚 | $C_6H_5ClO$ | $1.26\times10^{-5}$ | 4.90 |
| 27 | 4-氯酚 | $C_6H_5ClO$ | $2.69\times10^{-5}$ | 4.57 |
| 28 | 邻氨基苯酚 | $o\text{-}H_2NC_6H_4OH$ | $5.2\times10^{-5}$<br>$1.9\times10^{-5}$ | 4.28<br>4.72 |
| 29 | 间氨基苯酚 | $m\text{-}H_2NC_6H_4OH$ | $7.4\times10^{-5}$<br>$6.8\times10^{-5}$ | 4.13<br>4.17 |
| 30 | 对氨基苯酚 | $p\text{-}H_2NC_6H_4OH$ | $2.0\times10^{-4}$<br>$3.2\times10^{-6}$ | 3.70<br>5.50 |
| 31 | 邻甲苯胺 | $o\text{-}CH_3C_6H_4NH_2$ | $2.82\times10^{-10}$ | 9.55 |

续表

| 序号 | 名称 | 化学式 | $K_b$ | $pK_b$ |
|---|---|---|---|---|
| 32 | 间甲苯胺 | $m\text{-}CH_3C_6H_4NH_2$ | $5.13\times10^{-10}$ | 9.29 |
| 33 | 对甲苯胺 | $p\text{-}CH_3C_6H_4NH_2$ | $1.20\times10^{-9}$ | 8.92 |
| 34 | 8-羟基喹啉(20℃) | $8\text{-}HO\text{—}C_9H_6N$ | $6.5\times10^{-5}$ | 4.19 |
| 35 | 二苯胺 | $(C_6H_5)_2NH$ | $7.94\times10^{-14}$ | 13.1 |
| 36 | 联苯胺 | $H_2NC_6H_4C_6H_4NH_2$ | $5.01\times10^{-10}(K_1)$ | 9.30 |
|    |     |     | $4.27\times10^{-11}(K_2)$ | 10.37 |

## 5. 氨基酸的解离常数

| 氨基酸 | 英文全名 | $pK_1$ (—COOH) | $pK_2$ ($-NH_3^+$) | $pK_R$ (R 基) | pI |
|---|---|---|---|---|---|
| 甘氨酸 | glycine | 2.34 | 9.60 | — | 5.97 |
| 丙氨酸 | alanine | 2.34 | 9.60 | — | 6.02 |
| 缬氨酸 | valine | 2.32 | 9.62 | — | 5.97 |
| 亮氨酸 | leucine | 2.36 | 9.60 | — | 5.98 |
| 异亮氨酸 | isoleucine | 2.36 | 9.68 | — | 6.02 |
| 丝氨酸 | serine | 2.21 | 9.15 | — | 5.68 |
| 苏氨酸 | threonine | 2.63 | 10.43 | — | 6.53 |
| 天冬氨酸 | aspartic acid | 2.09 | 9.82 | 3.86($\beta$-COOH) | 2.97 |
| 天冬酰胺 | asparagine | 2.02 | 8.8 | — | 5.41 |
| 谷氨酸 | glutamic acid | 2.19 | 9.67 | 4.25($\gamma$-COOH) | 3.22 |
| 谷氨酰胺 | glutamine | 2.17 | 9.13 | — | 5.65 |
| 精氨酸 | arginine | 2.17 | 9.04 | 12.48(胍基) | 10.76 |
| 赖氨酸 | lysine | 2.18 | 8.95 | 10.50($\varepsilon$-氨基) | 9.74 |
| 组氨酸 | lysine | 1.82 | 9.17 | 6.00(咪唑基) | 7.59 |
| 半胱氨酸 | cysteine | 1.71 | 8.33 | 10.78(—SH) | 5.02 |
| 甲硫氨酸 | methionine | 2.28 | 9.21 | — | 5.75 |
| 苯丙氨酸 | phenylalanine | 1.83 | 9.13 | — | 5.48 |
| 酪氨酸 | tyrosine | 2.20 | 9.11 | 10.07(—OH) | 5.66 |
| 色氨酸 | tryptophan | 2.38 | 9.39 | — | 5.89 |
| 脯氨酸 | proline | 1.99 | 10.60 | — | 6.30 |

## 附录2 常用缓冲溶液的配制方法

### 1. 广泛缓冲溶液

| pH(18℃) | 混合酸 | 氢氧化钠 | pH(18℃) | 混合酸 | 氢氧化钠 |
|---|---|---|---|---|---|
| 1.81 | 100 | 0 | 7.00 | 100 | 52.5 |
| 1.89 | 100 | 2.5 | 7.24 | 100 | 55.0 |
| 1.98 | 100 | 5.0 | 7.54 | 100 | 57.5 |
| 2.09 | 100 | 7.5 | 7.96 | 100 | 60.0 |
| 2.21 | 100 | 10.0 | 8.36 | 100 | 62.5 |
| 2.36 | 100 | 12.5 | 8.69 | 100 | 65.0 |
| 2.56 | 100 | 15.0 | 8.95 | 100 | 67.5 |
| 2.87 | 100 | 17.5 | 9.15 | 100 | 70.0 |
| 3.29 | 100 | 20.0 | 9.37 | 100 | 72.5 |
| 3.78 | 100 | 22.5 | 9.62 | 100 | 75.0 |
| 4.10 | 100 | 25.0 | 9.91 | 100 | 77.5 |
| 4.35 | 100 | 27.5 | 10.38 | 100 | 80.0 |
| 4.56 | 100 | 30.0 | 10.88 | 100 | 82.5 |
| 4.78 | 100 | 32.5 | 11.20 | 100 | 85.0 |
| 5.02 | 100 | 35.0 | 11.40 | 100 | 87.5 |
| 5.33 | 100 | 37.5 | 11.58 | 100 | 90.0 |
| 5.72 | 100 | 40.0 | 11.70 | 100 | 92.5 |
| 6.09 | 100 | 42.5 | 11.82 | 100 | 95.0 |
| 6.37 | 100 | 45.0 | 11.92 | 100 | 97.5 |
| 6.59 | 100 | 47.5 | 11.98 | 100 | 100 |
| 6.80 | 100 | 50.0 | | | |

注：混合酸的配制：3.92g 磷酸(2.71mL 85% 正磷酸)＋2.40g 乙酸(2.36mL 冰醋酸)＋2.47g 硼酸，稀释至1000mL。0.2mol·L$^{-1}$氢氧化钠的配制：8.0g 氢氧化钠稀释至1000mL。

### 2. Tris-HCl 缓冲溶液(0.05mol·L$^{-1}$，25℃)

50mL 0.1mol·L$^{-1}$三羟甲基氨基甲烷(Tris)溶液与 X mL 0.1mol·L$^{-1}$盐酸混匀后，加水稀释至100mL。

| pH(25℃) | 盐酸(0.2mol·L$^{-1}$) | pH(25℃) | 盐酸(0.2mol·L$^{-1}$) | pH(25℃) | 盐酸(0.2mol·L$^{-1}$) |
|---|---|---|---|---|---|
| 7.10 | 45.7 | 7.80 | 34.5 | 8.50 | 14.7 |
| 7.20 | 44.7 | 7.90 | 32.0 | 8.60 | 12.4 |
| 7.30 | 43.4 | 8.00 | 29.2 | 8.70 | 10.3 |
| 7.40 | 42.0 | 8.10 | 26.2 | 8.80 | 8.5 |
| 7.50 | 40.3 | 8.20 | 22.9 | 8.90 | 7.0 |
| 7.60 | 38.5 | 8.30 | 19.9 | 9.00 | 5.7 |
| 7.70 | 36.6 | 8.40 | 17.2 | | |

## 3. 乙酸-乙酸钠缓冲溶液(0.2mol·L$^{-1}$,18℃)

| pH(18℃) | 0.2mol·L$^{-1}$ NaAc/mL | 0.2mol·L$^{-1}$ HAc/mL | pH(18℃) | 0.2mol·L$^{-1}$ NaAc/mL | 0.2mol·L$^{-1}$ HAc/mL |
|---|---|---|---|---|---|
| 3.6 | 0.75 | 9.25 | 4.8 | 5.90 | 4.10 |
| 3.8 | 1.20 | 8.80 | 5.0 | 7.00 | 3.00 |
| 4.0 | 1.80 | 8.20 | 5.2 | 7.90 | 2.10 |
| 4.2 | 2.65 | 7.35 | 5.4 | 8.60 | 1.40 |
| 4.4 | 3.70 | 6.30 | 5.6 | 9.10 | 0.90 |
| 4.6 | 4.90 | 5.10 | 5.8 | 9.40 | 0.60 |

注：0.2mol·L$^{-1}$ NaAc 的配制：将 27.22g NaAc 溶解于1L水中。

## 4. 磷酸缓冲溶液(PB)

(1) 磷酸氢二钠-磷酸二氢钠缓冲溶液(0.2mol·L$^{-1}$)。

| pH | 0.2mol·L$^{-1}$ Na$_2$HPO$_4$/mL | 0.2mol·L$^{-1}$ NaH$_2$PO$_4$/mL | pH | 0.2mol·L$^{-1}$ Na$_2$HPO$_4$/mL | 0.2mol·L$^{-1}$ NaH$_2$PO$_4$/mL |
|---|---|---|---|---|---|
| 5.8 | 8.0 | 92.0 | 7.0 | 61.0 | 39.0 |
| 5.9 | 10.0 | 90.0 | 7.1 | 67.0 | 33.0 |
| 6.0 | 12.3 | 87.7 | 7.2 | 72.0 | 28.0 |
| 6.1 | 15.0 | 85.0 | 7.3 | 77.0 | 23.0 |
| 6.2 | 18.5 | 81.5 | 7.4 | 81.0 | 19.0 |
| 6.3 | 22.5 | 77.5 | 7.5 | 84.0 | 16.0 |
| 6.4 | 26.5 | 73.5 | 7.6 | 87.0 | 13.0 |
| 6.5 | 31.5 | 68.5 | 7.7 | 89.5 | 10.5 |
| 6.6 | 37.5 | 62.5 | 7.8 | 91.5 | 8.5 |
| 6.7 | 43.5 | 56.5 | 7.9 | 93.0 | 7.0 |
| 6.8 | 49.0 | 51.0 | 8.0 | 94.7 | 5.3 |
| 6.9 | 55.0 | 45.0 | | | |

注：0.2mol·L$^{-1}$ Na$_2$HPO$_4$ 的配制：将 35.61g Na$_2$HPO$_4$·H$_2$O 或 71.64g Na$_2$HPO$_4$·12H$_2$O 溶于1L水中。
0.2mol·L$^{-1}$ NaH$_2$PO$_4$ 的配制：将 27.68g NaH$_2$PO$_4$·H$_2$O 或 31.21g NaH$_2$PO$_4$·2H$_2$O 溶于1L水中。

(2) 磷酸氢二钠-磷酸二氢钾缓冲溶液(0.067mol·L$^{-1}$)。

| pH | 0.067mol·L$^{-1}$ Na$_2$HPO$_4$/mL | 0.067mol·L$^{-1}$ KH$_2$PO$_4$/mL | pH | 0.067mol·L$^{-1}$ Na$_2$HPO$_4$/mL | 0.067mol·L$^{-1}$ KH$_2$PO$_4$/mL |
|---|---|---|---|---|---|
| 4.92 | 0.10 | 9.90 | 7.17 | 7.00 | 3.00 |
| 5.29 | 0.50 | 9.50 | 7.38 | 8.00 | 2.00 |
| 5.91 | 1.00 | 9.00 | 7.73 | 9.00 | 1.00 |
| 6.24 | 2.00 | 8.00 | 8.04 | 9.50 | 0.50 |
| 6.47 | 3.00 | 7.00 | 8.34 | 9.75 | 0.25 |
| 6.64 | 4.00 | 6.00 | 8.67 | 9.90 | 0.10 |
| 6.81 | 5.00 | 5.00 | 9.18 | 10.0 | 0 |
| 6.98 | 6.00 | 4.00 | | | |

注：0.067mol·L$^{-1}$ Na$_2$HPO$_4$ 的配制：将 35.61g Na$_2$HPO$_4$·2H$_2$O 溶解于1L水中。
0.067mol·L$^{-1}$ KH$_2$PO$_4$ 的配制：将 9.078g KH$_2$PO$_4$ 溶解于1L水中。

### 5. 磷酸氢二钠-氢氧化钠缓冲液

50mL 0.05mol·L$^{-1}$Na$_2$HPO$_4$＋$X$mL 0.1mol·L$^{-1}$ NaOH，再加水稀释至100mL。

| pH | 0.1mol·L$^{-1}$ NaOH/mL | pH | 0.1mol·L$^{-1}$ NaOH/mL | pH | 0.1mol·L$^{-1}$ NaOH/mL |
|---|---|---|---|---|---|
| 10.9 | 3.3 | 11.3 | 7.6 | 11.7 | 16.2 |
| 11.0 | 4.1 | 11.4 | 9.1 | 11.8 | 19.4 |
| 11.1 | 5.1 | 11.5 | 11.1 | 11.9 | 23.0 |
| 11.2 | 6.3 | 11.6 | 13.5 | 12.0 | 26.9 |

注：0.05mol·L$^{-1}$ Na$_2$HPO$_4$的配制：将8.90g Na$_2$HPO$_4$·2H$_2$O 或17.91g Na$_2$HPO$_4$·12H$_2$O溶于1L水中。

### 6. 磷酸二氢钾-氢氧化钠缓冲溶液（0.05 mol·L$^{-1}$）

$X$mL 0.2mol·L$^{-1}$ KH$_2$PO$_4$＋$Y$mL 0.2mol·L$^{-1}$ NaOH，再加水稀释至200mL。

| pH(20℃) | 0.2mol·L$^{-1}$ KH$_2$PO$_4$/mL | 0.2mol·L$^{-1}$ NaOH/mL | pH(20℃) | 0.2mol·L$^{-1}$ KH$_2$PO$_4$/mL | 0.2mol·L$^{-1}$ NaOH/mL |
|---|---|---|---|---|---|
| 5.8 | 5.0 | 0.372 | 7.0 | 5.0 | 2.963 |
| 6.0 | 5.0 | 0.570 | 7.2 | 5.0 | 3.500 |
| 6.2 | 5.0 | 0.860 | 7.4 | 5.0 | 3.950 |
| 6.4 | 5.0 | 1.260 | 7.6 | 5.0 | 4.280 |
| 6.6 | 5.0 | 1.780 | 7.8 | 5.0 | 4.520 |
| 6.8 | 5.0 | 2.365 | 8.0 | 5.0 | 4.680 |

### 7. 甘氨酸-盐酸缓冲溶液（0.05mol·L$^{-1}$）

$X$mL 0.2mol·L$^{-1}$甘氨酸 ＋$Y$mL 0.2mol·L$^{-1}$盐酸，再加水稀释至200mL。

| pH | 0.2mol·L$^{-1}$ 甘氨酸/mL | 0.2mol·L$^{-1}$ 盐酸/mL | pH | 0.2mol·L$^{-1}$ 甘氨酸/mL | 0.2mol·L$^{-1}$ 盐酸/mL |
|---|---|---|---|---|---|
| 2.2 | 50 | 44.0 | 3.0 | 50 | 11.4 |
| 2.4 | 50 | 32.4 | 3.2 | 50 | 8.2 |
| 2.6 | 50 | 24.2 | 3.4 | 50 | 6.4 |
| 2.8 | 50 | 16.8 | 3.6 | 50 | 5.0 |

注：0.2mol·L$^{-1}$甘氨酸的配制：将15.01g甘氨酸溶解于1L水中。

## 8. 甘氨酸-氢氧化钠缓冲溶液($0.05\,mol\cdot L^{-1}$)

$X\,mL\ 0.2\,mol\cdot L^{-1}$甘氨酸$+Y\,mL\ 0.2\,mol\cdot L^{-1}$氢氧化钠,再加水稀释至$200\,mL$。

| pH | $0.2\,mol\cdot L^{-1}$ 甘氨酸/mL | $0.2\,mol\cdot L^{-1}$ 氢氧化钠/mL | pH | $0.2\,mol\cdot L^{-1}$ 甘氨酸/mL | $0.2\,mol\cdot L^{-1}$ 氢氧化钠/mL |
|---|---|---|---|---|---|
| 8.6 | 50 | 4.0 | 9.6 | 50 | 22.4 |
| 8.8 | 50 | 6.0 | 9.8 | 50 | 27.2 |
| 9.0 | 50 | 8.8 | 10.0 | 50 | 32.0 |
| 9.2 | 50 | 12.0 | 10.4 | 50 | 38.6 |
| 9.4 | 50 | 16.8 | 10.6 | 50 | 45.5 |

注:$0.2\,mol\cdot L^{-1}$甘氨酸的配制:将$15.01\,g$甘氨酸溶解于$1L$水中。

## 9. 邻苯二甲酸氢钾-盐酸缓冲溶液($0.05\,mol\cdot L^{-1}$)

$X\,mL\ 0.2\,mol\cdot L^{-1}$邻苯二甲酸氢钾$+Y\,mL\ 0.2\,mol\cdot L^{-1}$盐酸,再加水稀释至$20\,mL$。

| pH | $0.2\,mol\cdot L^{-1}$ 邻苯二甲酸氢钾/mL | $0.2\,mol\cdot L^{-1}$ 盐酸/mL | pH | $0.2\,mol\cdot L^{-1}$ 邻苯二甲酸氢钾/mL | $0.2\,mol\cdot L^{-1}$ 盐酸/mL |
|---|---|---|---|---|---|
| 2.2 | 5 | 4.670 | 3.2 | 5 | 1.470 |
| 2.4 | 5 | 3.960 | 3.4 | 5 | 0.990 |
| 2.6 | 5 | 3.295 | 3.6 | 5 | 0.597 |
| 2.8 | 5 | 2.642 | 3.8 | 5 | 0.263 |
| 3.0 | 5 | 2.032 | | | |

注:$0.2\,mol\cdot L^{-1}$邻苯二甲酸氢钾的配制:将$40.85\,g$邻苯二甲酸氢钾溶解于$1L$水中。

## 10. 邻苯二甲酸氢钾-氢氧化钠缓冲溶液

$50\,mL\ 0.1\,mol\cdot L^{-1}$邻苯二甲酸氢钾$+X\,mL\ 0.1\,mol\cdot L^{-1}$氢氧化钠,再加水稀释至$100\,mL$。

| pH | $0.1\,mol\cdot L^{-1}$ 氢氧化钠/mL | pH | $0.1\,mol\cdot L^{-1}$ 氢氧化钠/mL | pH | $0.1\,mol\cdot L^{-1}$ 氢氧化钠/mL |
|---|---|---|---|---|---|
| 4.1 | 1.3 | 4.8 | 16.5 | 5.5 | 36.6 |
| 4.2 | 3.0 | 4.9 | 19.4 | 5.6 | 38.8 |
| 4.3 | 4.7 | 5.0 | 22.6 | 5.7 | 40.6 |
| 4.4 | 6.6 | 5.1 | 25.5 | 5.8 | 42.3 |
| 4.5 | 8.7 | 5.2 | 28.8 | 5.9 | 43.7 |
| 4.6 | 11.1 | 5.3 | 31.6 | | |
| 4.7 | 13.6 | 5.4 | 34.1 | | |

注:$0.1\,mol\cdot L^{-1}$邻苯二甲酸氢钾的配制:将$20.42\,g$邻苯二甲酸氢钾溶解于$1L$水中。

## 11. 磷酸氢二钠-柠檬酸缓冲溶液

$0.2\text{mol} \cdot \text{L}^{-1}$ $Na_2HPO_4$ + $0.1\text{mol} \cdot \text{L}^{-1}$ 柠檬酸。

| pH | $0.2\text{mol} \cdot \text{L}^{-1}$ $Na_2HPO_4$/mL | $0.2\text{mol} \cdot \text{L}^{-1}$ 柠檬酸/mL | pH | $0.2\text{mol} \cdot \text{L}^{-1}$ $Na_2HPO_4$/mL | $0.2\text{mol} \cdot \text{L}^{-1}$ 柠檬酸/mL |
|---|---|---|---|---|---|
| 2.2 | 0.40 | 19.6 | 5.2 | 10.72 | 9.28 |
| 2.4 | 1.24 | 18.76 | 5.4 | 11.15 | 8.85 |
| 2.6 | 2.18 | 17.82 | 5.6 | 11.60 | 8.40 |
| 2.8 | 3.17 | 16.83 | 5.8 | 12.09 | 7.91 |
| 3.0 | 4.11 | 15.89 | 6.0 | 12.63 | 7.37 |
| 3.2 | 4.94 | 15.06 | 6.2 | 13.22 | 6.78 |
| 3.4 | 5.70 | 14.30 | 6.4 | 13.85 | 6.15 |
| 3.6 | 6.44 | 13.56 | 6.6 | 14.55 | 5.45 |
| 3.8 | 7.10 | 12.90 | 6.8 | 15.45 | 4.55 |
| 4.0 | 7.71 | 12.29 | 7.0 | 16.47 | 3.53 |
| 4.2 | 8.28 | 11.72 | 7.2 | 17.39 | 2.61 |
| 4.4 | 8.82 | 11.18 | 7.4 | 18.17 | 1.83 |
| 4.6 | 9.35 | 10.65 | 7.6 | 18.73 | 1.27 |
| 4.8 | 9.86 | 10.14 | 7.8 | 19.15 | 0.85 |
| 5.0 | 10.30 | 9.70 | 8.0 | 19.45 | 0.55 |

注：$0.2\text{mol} \cdot \text{L}^{-1}$ $Na_2HPO_4$ 的配制：将 28.40g $Na_2HPO_4$ 或 35.61g $Na_2HPO_4 \cdot 2H_2O$ 溶解于 1L 水中。$0.1\text{mol} \cdot \text{L}^{-1}$ 柠檬酸的配制：将 21.01g $C_6H_8O_7 \cdot H_2O$ 溶解于 1L 水中。

## 12. 柠檬酸-氢氧化钠-盐酸缓冲溶液

柠檬酸($C_6H_8O_7 \cdot H_2O$) + 氢氧化钠(NaOH) + 浓盐酸(HCl)。

| pH | 钠离子浓度/($\text{mol} \cdot \text{L}^{-1}$) | $C_6H_8O_7 \cdot H_2O$/g | NaOH/g | HCl/mL | 终体积/L |
|---|---|---|---|---|---|
| 2.2 | 0.020 | 21.0 | 8.4 | 16.0 | 1.0 |
| 3.1 | 0.020 | 21.0 | 8.3 | 11.6 | 1.0 |
| 3.3 | 0.020 | 21.0 | 8.3 | 10.6 | 1.0 |
| 4.3 | 0.020 | 21.0 | 8.3 | 4.5 | 1.0 |
| 5.3 | 0.035 | 24.5 | 14.4 | 6.8 | 1.0 |
| 5.8 | 0.045 | 28.5 | 18.6 | 10.5 | 1.0 |
| 6.5 | 0.038 | 26.6 | 15.6 | 12.6 | 1.0 |

注：使用时可以每升中加入 1g 酚，若最后 pH 有变化，再用少量 50% 氢氧化钠溶液或浓盐酸调节，冰箱保存。

### 13. 柠檬酸-柠檬酸钠缓冲溶液($0.1mol \cdot L^{-1}$)

$X$ mL $0.1mol \cdot L^{-1}$ 柠檬酸 + $Y$ mL $0.1mol \cdot L^{-1}$ 柠檬酸钠。

| pH | $0.1mol \cdot L^{-1}$ 柠檬酸/mL | $0.1mol \cdot L^{-1}$ 柠檬酸钠/mL | pH | $0.1mol \cdot L^{-1}$ 柠檬酸/mL | $0.1mol \cdot L^{-1}$ 柠檬酸钠/mL |
|---|---|---|---|---|---|
| 3.0 | 18.6 | 1.4 | 5.0 | 8.2 | 11.8 |
| 3.2 | 17.2 | 2.8 | 5.2 | 7.3 | 12.7 |
| 3.4 | 16.0 | 4.0 | 5.4 | 6.4 | 13.6 |
| 3.6 | 14.9 | 5.1 | 5.6 | 5.5 | 14.5 |
| 3.8 | 14.0 | 6.0 | 5.8 | 4.7 | 15.3 |
| 4.0 | 13.1 | 6.9 | 6.0 | 3.8 | 16.2 |
| 4.2 | 12.3 | 7.7 | 6.2 | 2.8 | 17.2 |
| 4.4 | 11.4 | 8.6 | 6.4 | 2.0 | 18.0 |
| 4.6 | 10.3 | 9.7 | 6.6 | 1.4 | 18.6 |
| 4.8 | 9.2 | 10.8 | | | |

注：$0.1mol \cdot L^{-1}$ 柠檬酸的配制：将 21.01g $C_6H_8O_7 \cdot H_2O$ 溶解于1L水中。$0.1mol \cdot L^{-1}$ 柠檬酸钠的配制：将 29.41g $Na_3C_6H_5O_7 \cdot 2H_2O$ 溶解于1L水中。

### 14. 巴比妥钠-盐酸缓冲溶液

$X$ mL $0.04mol \cdot L^{-1}$ 巴比妥钠 + $Y$ mL $0.2mol \cdot L^{-1}$ 盐酸。

| pH | $0.04mol \cdot L^{-1}$ 巴比妥钠/mL | $0.2mol \cdot L^{-1}$ 盐酸/mL | pH | $0.04mol \cdot L^{-1}$ 巴比妥钠/mL | $0.2mol \cdot L^{-1}$ 盐酸/mL |
|---|---|---|---|---|---|
| 6.8 | 100 | 18.4 | 8.4 | 100 | 5.21 |
| 7.0 | 100 | 17.8 | 8.6 | 100 | 3.82 |
| 7.2 | 100 | 16.7 | 8.8 | 100 | 2.52 |
| 7.4 | 100 | 15.3 | 9.0 | 100 | 1.65 |
| 7.6 | 100 | 13.4 | 9.2 | 100 | 1.13 |
| 7.8 | 100 | 11.47 | 9.4 | 100 | 0.70 |
| 8.0 | 100 | 9.39 | 9.6 | 100 | 0.35 |
| 8.2 | 100 | 7.21 | | | |

注：$0.04mol \cdot L^{-1}$ 巴比妥钠溶液的配制：将 8.25g 巴比妥钠溶解于1L水中。

### 15. 硼酸-硼砂缓冲溶液($0.2mol \cdot L^{-1}$ 硼酸根)

$X$ mL $0.05mol \cdot L^{-1}$ 硼砂 + $Y$ mL $0.2mol \cdot L^{-1}$ 硼酸。

| pH | $0.05mol \cdot L^{-1}$ 硼砂/mL | $0.2mol \cdot L^{-1}$ 硼酸/mL | pH | $0.05mol \cdot L^{-1}$ 硼砂/mL | $0.2mol \cdot L^{-1}$ 硼酸/mL |
|---|---|---|---|---|---|
| 7.4 | 1.0 | 9.0 | 8.2 | 3.5 | 6.5 |
| 7.6 | 1.5 | 8.5 | 8.4 | 4.5 | 5.5 |
| 7.8 | 2.0 | 8.0 | 8.7 | 6.0 | 4.0 |
| 8.0 | 3.0 | 7.0 | 9.0 | 8.0 | 2.0 |

注：$0.05mol \cdot L^{-1}$ 硼砂的配制：将 19.07g $Na_2B_4O_7 \cdot 10H_2O$ 溶解于1L水中。(注意：硼砂易失去结晶水，必须在带塞的瓶中保存。)$0.2mol \cdot L^{-1}$ 硼酸的配制：将 12.37g $H_3BO_3$ 溶解于1L水中。

### 16. 硼酸-盐酸缓冲溶液（0.05mol·L$^{-1}$硼酸根）

50mL 0.05mol·L$^{-1}$硼砂＋XmL 0.1mol·L$^{-1}$盐酸，加水稀释至100mL。

| pH | 盐酸/mL | pH | 盐酸/mL | pH | 盐酸/mL |
|---|---|---|---|---|---|
| 8.0 | 20.5 | 8.4 | 16.6 | 8.8 | 9.4 |
| 8.1 | 19.7 | 8.5 | 15.2 | 8.9 | 7.1 |
| 8.2 | 18.8 | 8.6 | 13.5 | 9.0 | 4.6 |
| 8.3 | 17.7 | 8.7 | 11.6 | 9.1 | 2.0 |

### 17. 硼酸-氢氧化钠缓冲溶液（0.05mol·L$^{-1}$硼酸根）

XmL 0.05mol·L$^{-1}$硼砂＋YmL 0.2mol·L$^{-1}$氢氧化钠，加水稀释至200mL。

| pH | 0.05mol·L$^{-1}$硼砂/mL | 0.2mol·L$^{-1}$氢氧化钠/mL | pH | 0.05mol·L$^{-1}$硼砂/mL | 0.2mol·L$^{-1}$氢氧化钠/mL |
|---|---|---|---|---|---|
| 9.3 | 50 | 6.0 | 9.8 | 50 | 34.0 |
| 9.4 | 50 | 11.0 | 10.0 | 50 | 43.0 |
| 9.6 | 50 | 23.0 | 10.1 | 50 | 46.0 |

### 18. 硼酸-氯化钾-氢氧化钠缓冲溶液

XmL 0.2mol·L$^{-1}$硼酸/氯化钾＋YmL 0.1mol·L$^{-1}$氢氧化钠，加水稀释至100 mL。

| pH | 0.2mol·L$^{-1}$硼酸-氯化钾/mL | 0.1mol·L$^{-1}$氢氧化钠/mL | pH | 0.2mol·L$^{-1}$硼酸-氯化钾/mL | 0.1mol·L$^{-1}$氢氧化钠/mL |
|---|---|---|---|---|---|
| 7.8 | 25.00 | 2.65 | 9.0 | 25.00 | 21.40 |
| 8.0 | 25.00 | 4.00 | 9.2 | 25.00 | 26.70 |
| 8.2 | 25.00 | 5.90 | 9.4 | 25.00 | 32.00 |
| 8.4 | 25.00 | 8.55 | 9.6 | 25.00 | 36.85 |
| 8.6 | 25.00 | 12.00 | 9.8 | 25.00 | 40.80 |
| 8.8 | 25.00 | 16.40 | 10.0 | 25.00 | 48.90 |

注：0.02mol·L$^{-1}$硼酸-氯化钾溶液的配制：溶6.202g硼酸和7.456g氯化钾于水中稀释至500mL。

### 19. 碳酸钠-碳酸氢钠缓冲溶液（0.1mol·L$^{-1}$，注意：$Ca^{2+}$、$Mg^{2+}$存在时不得使用）

XmL 0.1mol·L$^{-1}$碳酸钠＋YmL 0.1mol·L$^{-1}$碳酸氢钠。

| pH | | 0.1mol·L$^{-1}$碳酸钠/mL | 0.1mol·L$^{-1}$碳酸氢钠/mL | pH | | 0.1mol·L$^{-1}$碳酸钠/mL | 0.1mol·L$^{-1}$碳酸氢钠/mL |
|---|---|---|---|---|---|---|---|
| 20℃ | 37℃ | | | 20℃ | 37℃ | | |
| 9.16 | 8.77 | 1 | 9 | 10.14 | 9.90 | 6 | 4 |
| 9.40 | 9.12 | 2 | 8 | 10.28 | 10.08 | 7 | 3 |
| 9.51 | 9.40 | 3 | 7 | 10.53 | 10.28 | 8 | 2 |
| 9.78 | 9.50 | 4 | 6 | 10.83 | 10.57 | 9 | 1 |
| 9.90 | 9.72 | 5 | 5 | | | | |

注：0.1mol·L$^{-1}$碳酸钠的配制：将28.62g $Na_2CO_3·10H_2O$溶解于1L水中。0.1mol·L$^{-1}$碳酸氢钠的配制：将8.40g $NaHCO_3$溶解于1L水中。

## 20. 碳酸氢钠-氢氧化钠缓冲溶液（0.025mol·L$^{-1}$碳酸氢钠）

50mL 0.05mol·L$^{-1}$碳酸氢钠 ＋ $X$mL 0.1mol·L$^{-1}$氢氧化钠，加水稀释至100mL。

| pH | 0.1mol·L$^{-1}$ 氢氧化钠/mL | pH | 0.1mol·L$^{-1}$ 氢氧化钠/mL | pH | 0.1mol·L$^{-1}$ 氢氧化钠/mL |
| --- | --- | --- | --- | --- | --- |
| 9.6 | 5.0 | 10.1 | 12.2 | 10.6 | 19.1 |
| 9.7 | 6.2 | 10.2 | 13.8 | 10.7 | 20.2 |
| 9.8 | 7.6 | 10.3 | 15.2 | 10.8 | 21.2 |
| 9.9 | 9.1 | 10.4 | 16.5 | 10.9 | 22.0 |
| 10.0 | 10.7 | 10.5 | 17.8 | 11.0 | 22.7 |

注：0.05mol·L$^{-1}$碳酸氢钠的配制：将4.20g NaHCO$_3$溶解于1L水中。

## 21. 氯化钾-氢氧化钠缓冲溶液

25mL 0.2mol·L$^{-1}$氯化钾 ＋ $X$mL 0.2mol·L$^{-1}$氢氧化钠，加水稀释至100mL。

| pH | 0.1mol·L$^{-1}$ 氢氧化钠/mL | pH | 0.1mol·L$^{-1}$ 氢氧化钠/mL | pH | 0.1mol·L$^{-1}$ 氢氧化钠/mL |
| --- | --- | --- | --- | --- | --- |
| 12.0 | 6.0 | 12.4 | 16.2 | 12.8 | 41.2 |
| 12.1 | 8.0 | 12.5 | 20.4 | 12.9 | 53.0 |
| 12.2 | 10.2 | 12.6 | 25.6 | 13.0 | 66.0 |
| 12.3 | 12.8 | 12.7 | 32.2 | | |

注：0.2mol·L$^{-1}$氯化钾的配制：将14.91g KCl溶解于1L水中。

## 22. 氯化钾-盐酸缓冲溶液

$X$mL 0.2mol·L$^{-1}$氯化钾 ＋ $Y$mL 0.1mol·L$^{-1}$盐酸，加水稀释至100mL。

| pH | 0.2mol·L$^{-1}$ 氯化钾/mL | 0.1mol·L$^{-1}$ 盐酸/mL | pH | 0.2mol·L$^{-1}$ 氯化钾/mL | 0.1mol·L$^{-1}$ 盐酸/mL |
| --- | --- | --- | --- | --- | --- |
| 1.1 | 2.70 | 94.56 | 1.7 | 38.10 | 23.76 |
| 1.2 | 12.45 | 75.10 | 1.8 | 40.60 | 18.86 |
| 1.3 | 20.15 | 59.68 | 1.9 | 42.50 | 14.98 |
| 1.4 | 26.30 | 47.40 | 2.0 | 44.05 | 11.90 |
| 1.5 | 31.20 | 37.64 | 2.1 | 45.30 | 9.46 |
| 1.6 | 35.00 | 29.90 | 2.2 | 46.25 | 7.52 |

## 附录3 常用电极电位

### 1. 标准电极电位表

| 半反应 | $E^{\ominus}/V$ | 半反应 | $E^{\ominus}/V$ |
|---|---|---|---|
| $F_2(气)+2H^++2e^-$ ==== $2HF$ | 3.06 | $Br_2(水)+2e^-$ ==== $2Br^-$ | 1.087 |
| $O_3+2H^++2e^-$ ==== $O_2+2H_2O$ | 2.07 | $NO_2+H^++e^-$ ==== $HNO_2$ | 1.07 |
| $S_2O_8^{2-}+2e^-$ ==== $2SO_4^{2-}$ | 2.01 | $Br_3^-+2e^-$ ==== $3Br^-$ | 1.05 |
| $H_2O_2+2H^++2e^-$ ==== $2H_2O$ | 1.77 | $HNO_2+H^++e^-$ ==== $NO(气)+H_2O$ | 1.00 |
| $MnO_4^-+4H^++3e^-$ ==== $MnO_2(固)+2H_2O$ | 1.695 | $VO_2^++2H^++e^-$ ==== $VO^{2+}+H_2O$ | 1.00 |
| $PbO_2(固)+SO_4^{2-}+4H^++2e^-$ ==== $PbSO_4(固)+2H_2O$ | 1.685 | $HIO+H^++2e^-$ ==== $I^-+H_2O$ | 0.99 |
| $HClO_2+H^++e^-$ ==== $HClO+H_2O$ | 1.64 | $NO_3^-+3H^++2e^-$ ==== $HNO_2+H_2O$ | 0.94 |
| $HClO+H^++e^-$ ==== $1/2\ Cl_2+H_2O$ | 1.63 | $ClO^-+H_2O+2e^-$ ==== $Cl^-+2OH^-$ | 0.89 |
| $Ce^{4+}+e^-$ ==== $Ce^{3+}$ | 1.61 | $H_2O_2+2e^-$ ==== $2OH^-$ | 0.88 |
| $H_5IO_6+H^++2e^-$ ==== $IO_3^-+3H_2O$ | 1.60 | $Cu^{2+}+I^-+e^-$ ==== $CuI(固)$ | 0.86 |
| $HBrO+H^++e^-$ ==== $1/2\ Br_2+H_2O$ | 1.59 | $Hg^{2+}+2e^-$ ==== $Hg$ | 0.845 |
| $BrO_3^-+6H^++5e^-$ ==== $1/2\ Br_2+3H_2O$ | 1.52 | $NO_3^-+2H^++e^-$ ==== $NO_2+H_2O$ | 0.80 |
| $MnO_4^-+8H^++5e^-$ ==== $Mn^{2+}+4H_2O$ | 1.51 | $Ag^++e^-$ ==== $Ag$ | 0.7995 |
| $Au(Ⅲ)+3e^-$ ==== $Au$ | 1.50 | $Hg_2^{2+}+2e^-$ ==== $2Hg$ | 0.793 |
| $HClO+H^++2e^-$ ==== $Cl^-+H_2O$ | 1.49 | $Fe^{3+}+e^-$ ==== $Fe^{2+}$ | 0.771 |
| $ClO_3^-+6H^++5e^-$ ==== $1/2\ Cl_2+3H_2O$ | 1.47 | $BrO^-+H_2O+2e^-$ ==== $Br^-+2OH^-$ | 0.76 |
| $PbO_2(固)+4H^++2e^-$ ==== $Pb^{2+}+2H_2O$ | 1.455 | $O_2(气)+2H^++2e^-$ ==== $H_2O_2$ | 0.682 |
| $HIO+H^++e^-$ ==== $1/2\ I_2+H_2O$ | 1.45 | $AsO_8^-+2H_2O+3e^-$ ==== $As+4OH^-$ | 0.68 |
| $ClO_3^-+6H^++6e^-$ ==== $Cl^-+3H_2O$ | 1.45 | $2HgCl_2+2e^-$ ==== $Hg_2Cl_2(固)+2Cl^-$ | 0.63 |
| $BrO_3^-+6H^++6e^-$ ==== $Br^-+3H_2O$ | 1.44 | $Hg_2SO_4(固)+2e^-$ ==== $2Hg+SO_4^{2-}$ | 0.6151 |
| $Au(Ⅲ)+2e^-$ ==== $Au(Ⅰ)$ | 1.41 | $MnO_4^-+2H_2O+3e^-$ ==== $MnO_2+4OH^-$ | 0.588 |
| $Cl_2(气)+2e^-$ ==== $2Cl^-$ | 1.3595 | $MnO_4^-+e^-$ ==== $MnO_4^{2-}$ | 0.564 |
| $ClO_4^-+8H^++7e^-$ ==== $1/2\ Cl_2+4H_2O$ | 1.34 | $H_3AsO_4+2H^++2e^-$ ==== $HAsO_2+2H_2O$ | 0.559 |
| $Cr_2O_7^{2-}+14H^++6e^-$ ==== $2Cr^{3+}+7H_2O$ | 1.33 | $I_3^-+2e^-$ ==== $3I^-$ | 0.545 |
| $MnO_2(固)+4H^++2e^-$ ==== $Mn^{2+}+2H_2O$ | 1.23 | $I_2(固)+2e^-$ ==== $2I^-$ | 0.5345 |
| $O_2(气)+4H^++4e^-$ ==== $2H_2O$ | 1.229 | $Mo(Ⅵ)+e^-$ ==== $Mo(Ⅴ)$ | 0.53 |
| $IO_3^-+6H^++5e^-$ ==== $1/2\ I_2+3H_2O$ | 1.20 | $Cu^++e^-$ ==== $Cu$ | 0.52 |
| $ClO_4^-+2H^++2e^-$ ==== $ClO_3^-+H_2O$ | 1.19 | $4SO_2(水)+4H^++6e^-$ ==== $S_4O_6^{2-}+2H_2O$ | 0.51 |
| $Cl_2(气)+2e^-$ ==== $2Cl^-$ | 1.3595 | $HgCl_4^{2-}+2e^-$ ==== $Hg+4Cl^-$ | 0.48 |
| $ClO_4^-+8H^++7e^-$ ==== $1/2\ Cl_2+4H_2O$ | 1.34 | $H_3AsO_4+2H^++2e^-$ ==== $HAsO_2+2H_2O$ | 0.559 |

续表

| 半反应 | $E^{\ominus}/V$ | 半反应 | $E^{\ominus}/V$ |
|---|---|---|---|
| $Cr_2O_7^{2-} + 14H^+ + 6e^- \rightleftharpoons 2Cr^{3+} + 7H_2O$ | 1.33 | $I_3^- + 2e^- \rightleftharpoons 3I^-$ | 0.545 |
| $MnO_2(固) + 4H^+ + 2e^- \rightleftharpoons Mn^{2+} + 2H_2O$ | 1.23 | $I_2(固) + 2e^- \rightleftharpoons 2I^-$ | 0.5345 |
| $O_2(气) + 4H^+ + 4e^- \rightleftharpoons 2H_2O$ | 1.229 | $Mo(VI) + e^- \rightleftharpoons Mo(V)$ | 0.53 |
| $IO_3^- + 6H^+ + 5e^- \rightleftharpoons 1/2\ I_2 + 3H_2O$ | 1.20 | $Cu^+ + e^- \rightleftharpoons Cu$ | 0.52 |
| $Cu^{2+} + 2e^- \rightleftharpoons Cu$ | 0.337 | $Se + 2H^+ + 2e^- \rightleftharpoons H_2Se$ | -0.40 |
| $VO^{2+} + 2H^+ + 2e^- \rightleftharpoons V^{3+} + H_2O$ | 0.337 | $Cd^{2+} + 2e^- \rightleftharpoons Cd$ | -0.403 |
| $BiO^+ + 2H^+ + 3e^- \rightleftharpoons Bi + H_2O$ | 0.32 | $Cr^{3+} + e^- \rightleftharpoons Cr^{2+}$ | -0.41 |
| $Hg_2Cl_2(固) + 2e^- \rightleftharpoons 2Hg + 2Cl^-$ | 0.2676 | $Fe^{2+} + 2e^- \rightleftharpoons Fe$ | -0.440 |
| $HAsO_2 + 3H^+ + 3e^- \rightleftharpoons As + 2H_2O$ | 0.248 | $S + 2e^- \rightleftharpoons S^{2-}$ | -0.48 |
| $AgCl(固) + e^- \rightleftharpoons Ag + Cl^-$ | 0.2223 | $2CO_2 + 2H^+ + 2e^- \rightleftharpoons H_2C_2O_4$ | -0.49 |
| $SbO^+ + 2H^+ + 3e^- \rightleftharpoons Sb + H_2O$ | 0.212 | $H_3PO_3 + 2H^+ + 2e^- \rightleftharpoons H_3PO_2 + H_2O$ | -0.50 |
| $SO_4^{2-} + 4H^+ + 2e^- \rightleftharpoons SO_2(水) + H_2O$ | 0.17 | $Sb + 3H^+ + 3e^- \rightleftharpoons SbH_3$ | -0.51 |
| $Cu^{2+} + e^- \rightleftharpoons Cu^+$ | 0.519 | $HPbO_2^- + H_2O + 2e^- \rightleftharpoons Pb + 3OH^-$ | -0.54 |
| $Sn^{4+} + 2e^- \rightleftharpoons Sn^{2+}$ | 0.154 | $Ag_2S(固) + 2e^- \rightleftharpoons 2Ag + S^{2-}$ | -0.69 |
| $S + 2H^+ + 2e^- \rightleftharpoons H_2S(气)$ | 0.141 | $Zn^{2+} + 2e^- \rightleftharpoons Zn$ | -0.763 |
| $Hg_2Br_2 + 2e^- \rightleftharpoons 2Hg + 2Br^-$ | 0.1395 | $2H_2O + 2e^- \rightleftharpoons H_2 + 2OH^-$ | -8.28 |
| $TiO^{2+} + 2H^+ + e^- \rightleftharpoons Ti^{3+} + H_2O$ | 0.1 | $Cr^{2+} + 2e^- \rightleftharpoons Cr$ | -0.91 |
| $S_4O_6^{2-} + 2e^- \rightleftharpoons 2S_2O_3^{2-}$ | 0.08 | $HSnO_2^- + H_2O + 2e^- \rightleftharpoons Sn + 3OH^-$ | -0.91 |
| $AgBr(固) + e^- \rightleftharpoons Ag + Br^-$ | 0.071 | $Se + 2e^- \rightleftharpoons Se^{2-}$ | -0.92 |
| $2H^+ + 2e^- \rightleftharpoons H_2$ | 0.000 | $Sn(OH)_6^{2-} + 2e^- \rightleftharpoons HSnO_2^- + H_2O + 3OH^-$ | -0.93 |
| $O_2 + H_2O + 2e^- \rightleftharpoons HO_2^- + OH^-$ | -0.067 | $CNO^- + H_2O + 2e^- \rightleftharpoons Cn^- + 2OH^-$ | -0.97 |
| $TiOCl^+ + 2H^+ + 3Cl^- + e^- \rightleftharpoons TiCl_4^- + H_2O$ | -0.09 | $Mn^{2+} + 2e^- \rightleftharpoons Mn$ | -1.182 |
| $Pb^{2+} + 2e^- \rightleftharpoons Pb$ | -0.126 | $ZnO_2^{2-} + 2H_2O + 2e^- \rightleftharpoons Zn + 4OH^-$ | -1.216 |
| $Sn^{2+} + 2e^- \rightleftharpoons Sn$ | -0.136 | $Al^{3+} + 3e^- \rightleftharpoons Al$ | -1.66 |
| $AgI(固) + e^- \rightleftharpoons Ag + I^-$ | -0.152 | $H_2AlO_3^- + H_2O + 3e^- \rightleftharpoons Al + 4OH^-$ | -2.35 |
| $Ni^{2+} + 2e^- \rightleftharpoons Ni$ | -0.246 | $Mg^{2+} + 2e^- \rightleftharpoons Mg$ | -2.37 |
| $H_3PO_4 + 2H^+ + 2e^- \rightleftharpoons H_3PO_3 + H_2O$ | -0.276 | $Na^+ + e^- \rightleftharpoons Na$ | -2.71 |
| $Co^{2+} + 2e^- \rightleftharpoons Co$ | -0.277 | $Ca^{2+} + 2e^- \rightleftharpoons Ca$ | -2.87 |
| $Tl^+ + e^- \rightleftharpoons Tl$ | -0.336 | $Sr^{2+} + 2e^- \rightleftharpoons Sr$ | -2.89 |
| $In^{3+} + 3e^- \rightleftharpoons In$ | -0.345 | $Ba^{2+} + 2e^- \rightleftharpoons Ba$ | -2.90 |
| $PbSO_4(固) + 2e^- \rightleftharpoons Pb + SO_4^{2-}$ | -0.3553 | $K^+ + e^- \rightleftharpoons K$ | -2.925 |
| $SeO_3^{2-} + 3H_2O + 4e^- \rightleftharpoons Se + 6OH^-$ | -0.366 | $Li^+ + e^- \rightleftharpoons Li$ | -3.042 |
| $As + 3H^+ + 3e^- \rightleftharpoons AsH_3$ | -0.38 | | |

## 2. 部分氧化还原电对的条件电极电位 $\varphi^{\ominus\prime}/V$

| 半反应 | 条件电位 $\varphi^{\ominus\prime}/V$ | 介质 |
| --- | --- | --- |
| $Ag(II)+e^-=\!\!=\!\!Ag(I)$ | 1.927 | $4mol \cdot L^{-1}\ HNO_3$ |
| | 1.74 | $1mol \cdot L^{-1}\ HClO_4$ |
| $Ce(IV)+e^-=\!\!=\!\!Ce(III)$ | 1.44 | $0.5mol \cdot L^{-1}\ H_2SO_4$ |
| | 1.28 | $1mol \cdot L^{-1}\ HCl$ |
| $Co^{3+}+e^-=\!\!=\!\!Co^{2+}$ | 1.84 | $3mol \cdot L^{-1}\ HNO_3$ |
| $Co(乙二胺)_3^{3+}+e^-=\!\!=\!\!Co(乙二胺)_3^{2+}$ | $-0.2$ | $0.1mol \cdot L^{-1}\ KNO+0.1mol \cdot L^{-1}$ 乙二胺 |
| $Cr(III)+e^-=\!\!=\!\!Cr(II)$ | $-0.40$ | $5mol/ \cdot L^{-1}\ HCl$ |
| | 1.08 | $3mol \cdot L^{-1}\ HCl$ |
| $Cr_2O_7^{2-}+14H^++6e^-=\!\!=\!\!2Cr^{3+}+7H_2O$ | 1.15 | $4mol \cdot L^{-1}\ H_2SO_4$ |
| | 1.025 | $1mol \cdot L^{-1}\ HClO_4$ |
| $CrO_4^{2-}+2H_2O+3e^-=\!\!=\!\!CrO_2^-+4OH^-$ | $-0.12$ | $1mol \cdot L^{-1}\ NaOH$ |
| | 0.767 | $1mol \cdot L^{-1}\ HClO_4$ |
| | 0.71 | $0.5mol \cdot L^{-1}\ HCl$ |
| $Fe(III)+e^-=\!\!=\!\!Fe(II)$ | 0.70 | $1mol \cdot L^{-1}\ HCl$ |
| | 0.68 | $1mol \cdot L^{-1}\ H_2SO_4$ |
| | 0.46 | $2mol \cdot L^{-1}\ H_3PO_4$ |
| | 0.51 | $1mol \cdot L^{-1}\ HCl+0.25mol \cdot L^{-1}\ H_3PO_4$ |
| $Fe(EDTA)^-+e^-=\!\!=\!\!Fe(EDTA)^{2-}$ | 0.12 | $0.1mol \cdot L^{-1}\ EDTA\ pH=4\sim6$ |
| $Fe(CN)_6^{3-}+e^-=\!\!=\!\!Fe(CN)_6^{4-}$ | 0.56 | $0.1mol \cdot L^{-1}\ HCl$ |
| $FeO_4^{2-}+2H_2O+3e^-=\!\!=\!\!FeO_2^-+4OH^-$ | 0.55 | $10mol \cdot L^{-1}\ NaOH$ |
| $I_3^-+2e^-=\!\!=\!\!3I^-$ | 0.5446 | $0.5mol \cdot L^{-1}\ H_2SO_4$ |
| $I_2(水)+2e^-=\!\!=\!\!2I^-$ | 0.6276 | $0.5mol \cdot L^{-1}\ H_2SO_4$ |
| $MnO_4^-+8H^++5e^-=\!\!=\!\!Mn^{2+}+4H_2O$ | 1.45 | $1mol \cdot L^{-1}\ HClO_4$ |
| $SnCl_6^{2-}+2e^-=\!\!=\!\!SnCl_4^{2-}+2Cl^-$ | 0.14 | $1mol \cdot L^{-1}\ HCl$ |
| $Sb(V)+2e^-=\!\!=\!\!Sb(III)$ | 0.75 | $3.5mol \cdot L^{-1}\ HCl$ |
| $Sb(OH)_6^-+2e^-=\!\!=\!\!SbO_2^-+2OH^-+2H_2O$ | $-0.428$ | $3mol \cdot L^{-1}\ NaOH$ |
| $SbO_2^-+2H_2O+3e^-=\!\!=\!\!Sb+4OH^-$ | $-0.675$ | $10mol \cdot L^{-1}\ KOH$ |
| | $-0.01$ | $0.2mol \cdot L^{-1}\ H_2SO_4$ |
| $Ti(IV)+e^-=\!\!=\!\!Ti(III)$ | 0.12 | $2mol \cdot L^{-1}\ H_2SO_4$ |
| | $-0.04$ | $1mol \cdot L^{-1}\ HCl$ |
| | $-0.05$ | $1mol \cdot L^{-1}\ H_3PO_4$ |
| $Pb(II)+2e^-=\!\!=\!\!Pb$ | $-0.32$ | $1mol \cdot L^{-1}\ HAc$ |

# 附录4 配位滴定有关常数

## 1. 金属-无机配位体配合物的稳定常数

| 序号 | 配位体 | 金属离子 | 配位体数($n$) | $\lg\beta_n$ |
|---|---|---|---|---|
| 1 | $NH_3$ | $Ag^+$ | 1, 2 | 3.24, 7.05 |
| | | $Au^{3+}$ | 4 | 10.3 |
| | | $Cd^{2+}$ | 1, 2, 3, 4, 5, 6 | 2.65, 4.75, 6.19, 7.12, 6.80, 5.14 |
| | | $Co^{2+}$ | 1, 2, 3, 4, 5, 6 | 2.11, 3.74, 4.79, 5.55, 5.73, 5.11 |
| | | $Co^{3+}$ | 1, 2, 3, 4, 5, 6 | 6.7, 14.0, 20.1, 25.7, 30.8, 35.2 |
| | | $Cu^+$ | 1, 2 | 5.93, 10.86 |
| | | $Cu^{2+}$ | 1, 2, 3, 4, 5 | 4.31, 7.98, 11.02, 13.32, 12.86 |
| | | $Fe^{2+}$ | 1, 2 | 1.4, 2.2 |
| | | $Hg^{2+}$ | 1, 2, 3, 4 | 8.8, 17.5, 18.5, 19.28 |
| | | $Mn^{2+}$ | 1, 2 | 0.8, 1.3 |
| | | $Ni^{2+}$ | 1, 2, 3, 4, 5, 6 | 2.80, 5.04, 6.77, 7.96, 8.71, 8.74 |
| | | $Pd^{2+}$ | 1, 2, 3, 4 | 9.6, 18.5, 26.0, 32.8 |
| | | $Pt^{2+}$ | 6 | 35.3 |
| | | $Zn^{2+}$ | 1, 2, 3, 4 | 2.37, 4.81, 7.31, 9.46 |
| 2 | $Br^-$ | $Ag^+$ | 1, 2, 3, 4 | 4.38, 7.33, 8.00, 8.73 |
| | | $Bi^{3+}$ | 1, 2, 3, 4, 5, 6 | 2.37, 4.20, 5.90, 7.30, 8.20, 8.30 |
| | | $Cd^{2+}$ | 1, 2, 3, 4 | 1.75, 2.34, 3.32, 3.70, |
| | | $Ce^{3+}$ | 1 | 0.42 |
| | | $Cu^+$ | 2 | 5.89 |
| | | $Cu^{2+}$ | 1 | 0.30 |
| | | $Hg^{2+}$ | 1, 2, 3, 4 | 9.05, 17.32, 19.74, 21.00 |
| | | $In^{3+}$ | 1, 2 | 1.30, 1.88 |
| | | $Pb^{2+}$ | 1, 2, 3, 4 | 1.77, 2.60, 3.00, 2.30 |
| | | $Pd^{2+}$ | 1, 2, 3, 4 | 5.17, 9.42, 12.70, 14.90 |
| | | $Rh^{3+}$ | 2, 3, 4, 5, 6 | 14.3, 16.3, 17.6, 18.4, 17.2 |
| | | $Sc^{3+}$ | 1, 2 | 2.08, 3.08 |
| | | $Sn^{2+}$ | 1, 2, 3 | 1.11, 1.81, 1.46 |
| | | $Tl^{3+}$ | 1, 2, 3, 4, 5, 6 | 9.7, 16.6, 21.2, 23.9, 29.2, 31.6 |
| | | $U^{4+}$ | 1 | 0.18 |
| | | $Y^{3+}$ | 1 | 1.32 |

续表

| 序号 | 配位体 | 金属离子 | 配位体数($n$) | $\lg\beta_n$ |
|---|---|---|---|---|
| 3 | $Cl^-$ | $Ag^+$ | 1, 2, 4 | 3.04, 5.04, 5.30 |
| | | $Bi^{3+}$ | 1, 2, 3, 4 | 2.44, 4.7, 5.0, 5.6 |
| | | $Cd^{2+}$ | 1, 2, 3, 4 | 1.95, 2.50, 2.60, 2.80 |
| | | $Co^{3+}$ | 1 | 1.42 |
| | | $Cu^+$ | 2, 3 | 5.5, 5.7 |
| | | $Cu^{2+}$ | 1, 2 | 0.1, $-0.6$ |
| | | $Fe^{2+}$ | 1 | 1.17 |
| | | $Fe^{3+}$ | 2 | 9.8 |
| | | $Hg^{2+}$ | 1, 2, 3, 4 | 6.74, 13.22, 14.07, 15.07 |
| | | $In^{3+}$ | 1, 2, 3, 4 | 1.62, 2.44, 1.70, 1.60 |
| | | $Pb^{2+}$ | 1, 2, 3 | 1.42, 2.23, 3.23 |
| | | $Pd^{2+}$ | 1, 2, 3, 4 | 6.1, 10.7, 13.1, 15.7 |
| | | $Pt^{2+}$ | 2, 3, 4 | 11.5, 14.5, 16.0 |
| | | $Sb^{3+}$ | 1, 2, 3, 4 | 2.26, 3.49, 4.18, 4.72 |
| | | $Sn^{2+}$ | 1, 2, 3, 4 | 1.51, 2.24, 2.03, 1.48 |
| | | $Tl^{3+}$ | 1, 2, 3, 4 | 8.14, 13.60, 15.78, 18.00 |
| | | $Th^{4+}$ | 1, 2 | 1.38, 0.38 |
| | | $Zn^{2+}$ | 1, 2, 3, 4 | 0.43, 0.61, 0.53, 0.20 |
| | | $Zr^{4+}$ | 1, 2, 3, 4 | 0.9, 1.3, 1.5, 1.2 |
| 4 | $CN^-$ | $Ag^+$ | 2, 3, 4 | 21.1, 21.7, 20.6 |
| | | $Au^+$ | 2 | 38.3 |
| | | $Cd^{2+}$ | 1, 2, 3, 4 | 5.48, 10.60, 15.23, 18.78 |
| | | $Cu^+$ | 2, 3, 4 | 24.0, 28.59, 30.30 |
| | | $Fe^{2+}$ | 6 | 35.0 |
| | | $Fe^{3+}$ | 6 | 42.0 |
| | | $Hg^{2+}$ | 4 | 41.4 |
| | | $Ni^{2+}$ | 4 | 31.3 |
| | | $Zn^{2+}$ | 1, 2, 3, 4 | 5.3, 11.70, 16.70, 21.60 |
| 5 | $F^-$ | $Al^{3+}$ | 1, 2, 3, 4, 5, 6 | 6.11, 11.12, 15.00, 18.00, 19.40, 19.80 |
| | | $Be^{2+}$ | 1, 2, 3, 4 | 4.99, 8.80, 11.60, 13.10 |
| | | $Bi^{3+}$ | 1 | 1.42 |
| | | $Co^{2+}$ | 1 | 0.4 |
| | | $Cr^{3+}$ | 1, 2, 3 | 4.36, 8.70, 11.20 |
| | | $Cu^{2+}$ | 1 | 0.9 |

续表

| 序号 | 配位体 | 金属离子 | 配位体数($n$) | $\lg\beta_n$ |
|---|---|---|---|---|
| 5 | $F^-$ | $Fe^{2+}$ | 1 | 0.8 |
| | | $Fe^{3+}$ | 1, 2, 3, 5 | 5.28, 9.30, 12.06, 15.77 |
| | | $Ga^{3+}$ | 1, 2, 3 | 4.49, 8.00, 10.50 |
| | | $Hf^{4+}$ | 1, 2, 3, 4, 5, 6 | 9.0, 16.5, 23.1, 28.8, 34.0, 38.0 |
| | | $Hg^{2+}$ | 1 | 1.03 |
| | | $In^{3+}$ | 1, 2, 3, 4 | 3.70, 6.40, 8.60, 9.80 |
| | | $Mg^{2+}$ | 1 | 1.30 |
| | | $Mn^{2+}$ | 1 | 5.48 |
| | | $Ni^{2+}$ | 1 | 0.50 |
| | | $Pb^{2+}$ | 1, 2 | 1.44, 2.54 |
| | | $Sb^{3+}$ | 1, 2, 3, 4 | 3.0, 5.7, 8.3, 10.9 |
| | | $Sn^{2+}$ | 1, 2, 3 | 4.08, 6.68, 9.50 |
| | | $Th^{4+}$ | 1, 2, 3, 4 | 8.44, 15.08, 19.80, 23.20 |
| | | $TiO^{2+}$ | 1, 2, 3, 4 | 5.4, 9.8, 13.7, 18.0 |
| | | $Zn^{2+}$ | 1 | 0.78 |
| | | $Zr^{4+}$ | 1, 2, 3, 4, 5, 6 | 9.4, 17.2, 23.7, 29.5, 33.5, 38.3 |
| 6 | $I^-$ | $Ag^+$ | 1, 2, 3 | 6.58, 11.74, 13.68 |
| | | $Bi^{3+}$ | 1, 4, 5, 6 | 3.63, 14.95, 16.80, 18.80 |
| | | $Cd^{2+}$ | 1, 2, 3, 4 | 2.10, 3.43, 4.49, 5.41 |
| | | $Cu^+$ | 2 | 8.85 |
| | | $Fe^{3+}$ | 1 | 1.88 |
| | | $Hg^{2+}$ | 1, 2, 3, 4 | 12.87, 23.82, 27.60, 29.83 |
| | | $Pb^{2+}$ | 1, 2, 3, 4 | 2.00, 3.15, 3.92, 4.47 |
| | | $Pd^{2+}$ | 4 | 24.5 |
| | | $Tl^+$ | 1, 2, 3 | 0.72, 0.90, 1.08 |
| | | $Tl^{3+}$ | 1, 2, 3, 4 | 11.41, 20.88, 27.60, 31.82 |
| 7 | $OH^-$ | $Ag^+$ | 1, 2 | 2.0, 3.99 |
| | | $Al^{3+}$ | 1, 4 | 9.27, 33.03 |
| | | $As^{3+}$ | 1, 2, 3, 4 | 14.33, 18.73, 20.60, 21.20 |
| | | $Be^{2+}$ | 1, 2, 3 | 9.7, 14.0, 15.2 |
| | | $Bi^{3+}$ | 1, 2, 4 | 12.7, 15.8, 35.2 |
| | | $Ca^{2+}$ | 1 | 1.3 |
| | | $Cd^{2+}$ | 1, 2, 3, 4 | 4.17, 8.33, 9.02, 8.62 |
| | | $Ce^{3+}$ | 1 | 4.6 |

续表

| 序号 | 配位体 | 金属离子 | 配位体数($n$) | $\lg\beta_n$ |
|---|---|---|---|---|
| 7 | $OH^-$ | $Ce^{4+}$ | 1, 2 | 13.28, 26.46 |
| | | $Co^{2+}$ | 1, 2, 3, 4 | 4.3, 8.4, 9.7, 10.2 |
| | | $Cr^{3+}$ | 1, 2, 4 | 10.1, 17.8, 29.9 |
| | | $Cu^{2+}$ | 1, 2, 3, 4 | 7.0, 13.68, 17.00, 18.5 |
| | | $Fe^{2+}$ | 1, 2, 3, 4 | 5.56, 9.77, 9.67, 8.58 |
| | | $Fe^{3+}$ | 1, 2, 3 | 11.87, 21.17, 29.67 |
| | | $Hg^{2+}$ | 1, 2, 3 | 10.6, 21.8, 20.9 |
| | | $In^{3+}$ | 1, 2, 3, 4 | 10.0, 20.2, 29.6, 38.9 |
| | | $Mg^{2+}$ | 1 | 2.58 |
| | | $Mn^{2+}$ | 1, 3 | 3.9, 8.3 |
| | | $Ni^{2+}$ | 1, 2, 3 | 4.97, 8.55, 11.33 |
| | | $Pa^{4+}$ | 1, 2, 3, 4 | 14.04, 27.84, 40.7, 51.4 |
| | | $Pb^{2+}$ | 1, 2, 3 | 7.82, 10.85, 14.58 |
| | | $Pd^{2+}$ | 1, 2 | 13.0, 25.8 |
| | | $Sb^{3+}$ | 2, 3, 4 | 24.3, 36.7, 38.3 |
| | | $Sc^{3+}$ | 1 | 8.9 |
| | | $Sn^{2+}$ | 1 | 10.4 |
| | | $Th^{3+}$ | 1, 2 | 12.86, 25.37 |
| | | $Ti^{3+}$ | 1 | 12.71 |
| | | $Zn^{2+}$ | 1, 2, 3, 4 | 4.40, 11.30, 14.14, 17.66 |
| | | $Zr^{4+}$ | 1, 2, 3, 4 | 14.3, 28.3, 41.9, 55.3 |
| 8 | $NO_3^-$ | $Ba^{2+}$ | 1 | 0.92 |
| | | $Bi^{3+}$ | 1 | 1.26 |
| | | $Ca^{2+}$ | 1 | 0.28 |
| | | $Cd^{2+}$ | 1 | 0.40 |
| | | $Fe^{3+}$ | 1 | 1.0 |
| | | $Hg^{2+}$ | 1 | 0.35 |
| | | $Pb^{2+}$ | 1 | 1.18 |
| | | $Tl^+$ | 1 | 0.33 |
| | | $Tl^{3+}$ | 1 | 0.92 |
| 9 | $P_2O_7^{4-}$ | $Ba^{2+}$ | 1 | 4.6 |
| | | $Ca^{2+}$ | 1 | 4.6 |
| | | $Cd^{3+}$ | 1 | 5.6 |
| | | $Co^{2+}$ | 1 | 6.1 |

续表

| 序号 | 配位体 | 金属离子 | 配位体数($n$) | $\lg\beta_n$ |
|---|---|---|---|---|
| 9 | $P_2O_7^{4-}$ | $Cu^{2+}$ | 1, 2 | 6.7, 9.0 |
| | | $Hg^{2+}$ | 2 | 12.38 |
| | | $Mg^{2+}$ | 1 | 5.7 |
| | | $Ni^{2+}$ | 1, 2 | 5.8, 7.4 |
| | | $Pb^{2+}$ | 1, 2 | 7.3, 10.15 |
| | | $Zn^{2+}$ | 1, 2 | 8.7, 11.0 |
| 10 | $SCN^-$ | $Ag^+$ | 1, 2, 3, 4 | 4.6, 7.57, 9.08, 10.08 |
| | | $Bi^{3+}$ | 1, 2, 3, 4, 5, 6 | 1.67, 3.00, 4.00, 4.80, 5.50, 6.10 |
| | | $Cd^{2+}$ | 1, 2, 3, 4 | 1.39, 1.98, 2.58, 3.6 |
| | | $Cr^{3+}$ | 1, 2 | 1.87, 2.98 |
| | | $Cu^+$ | 1, 2 | 12.11, 5.18 |
| | | $Cu^{2+}$ | 1, 2 | 1.90, 3.00 |
| | | $Fe^{3+}$ | 1, 2, 3, 4, 5, 6 | 2.21, 3.64, 5.00, 6.30, 6.20, 6.10 |
| | | $Hg^{2+}$ | 1, 2, 3, 4 | 9.08, 16.86, 19.70, 21.70 |
| | | $Ni^{2+}$ | 1, 2, 3 | 1.18, 1.64, 1.81 |
| | | $Pb^{2+}$ | 1, 2, 3 | 0.78, 0.99, 1.00 |
| | | $Sn^{2+}$ | 1, 2, 3 | 1.17, 1.77, 1.74 |
| | | $Th^{4+}$ | 1, 2 | 1.08, 1.78 |
| | | $Zn^{2+}$ | 1, 2, 3, 4 | 1.33, 1.91, 2.00, 1.60 |
| 11 | $S_2O_3^{2-}$ | $Ag^+$ | 1, 2 | 8.82, 13.46 |
| | | $Cd^{2+}$ | 1, 2 | 3.92, 6.44 |
| | | $Cu^+$ | 1, 2, 3 | 10.27, 12.22, 13.84 |
| | | $Fe^{3+}$ | 1 | 2.10 |
| | | $Hg^{2+}$ | 2, 3, 4 | 29.44, 31.90, 33.24 |
| | | $Pb^{2+}$ | 2, 3 | 5.13, 6.35 |
| 12 | $SO_4^{2-}$ | $Ag^+$ | 1 | 1.3 |
| | | $Ba^{2+}$ | 1 | 2.7 |
| | | $Bi^{3+}$ | 1, 2, 3, 4, 5 | 1.98, 3.41, 4.08, 4.34, 4.60 |
| | | $Fe^{3+}$ | 1, 2 | 4.04, 5.38 |
| | | $Hg^{2+}$ | 1, 2 | 1.34, 2.40 |
| | | $In^{3+}$ | 1, 2, 3 | 1.78, 1.88, 2.36 |
| | | $Ni^{2+}$ | 1 | 2.4 |
| | | $Pb^{2+}$ | 1 | 2.75 |
| | | $Pr^{3+}$ | 1, 2 | 3.62, 4.92 |
| | | $Th^{4+}$ | 1, 2 | 3.32, 5.50 |
| | | $Zr^{4+}$ | 1, 2, 3 | 3.79, 6.64, 7.77 |

## 2. 金属-有机配位体配合物的稳定常数

表中离子强度都是在有限的范围内，$I \approx 0$。

| 序号 | 配位体 | 金属离子 | 配位体数($n$) | $\lg\beta_n$ |
|---|---|---|---|---|
| 1 | 乙二胺四乙酸<br>（EDTA）<br>[(HOOCCH$_2$)$_2$NCH$_2$]$_2$ | Ag$^+$ | 1 | 7.32 |
| | | Al$^{3+}$ | 1 | 16.11 |
| | | Ba$^{2+}$ | 1 | 7.78 |
| | | Be$^{2+}$ | 1 | 9.3 |
| | | Bi$^{3+}$ | 1 | 22.8 |
| | | Ca$^{2+}$ | 1 | 11.0 |
| | | Cd$^{2+}$ | 1 | 16.4 |
| | | Co$^{2+}$ | 1 | 16.31 |
| | | Co$^{3+}$ | 1 | 36.0 |
| | | Cr$^{3+}$ | 1 | 23.0 |
| | | Cu$^{2+}$ | 1 | 18.7 |
| | | Fe$^{2+}$ | 1 | 14.83 |
| | | Fe$^{3+}$ | 1 | 24.23 |
| | | Ga$^{3+}$ | 1 | 20.25 |
| | | Hg$^{2+}$ | 1 | 21.80 |
| | | In$^{3+}$ | 1 | 24.95 |
| | | Li$^+$ | 1 | 2.79 |
| | | Mg$^{2+}$ | 1 | 8.64 |
| | | Mn$^{2+}$ | 1 | 13.8 |
| | | Mo(V) | 1 | 6.36 |
| | | Na$^+$ | 1 | 1.66 |
| | | Ni$^{2+}$ | 1 | 18.56 |
| | | Pb$^{2+}$ | 1 | 18.3 |
| | | Pd$^{2+}$ | 1 | 18.5 |
| | | Sc$^{2+}$ | 1 | 23.1 |
| | | Sn$^{2+}$ | 1 | 22.1 |
| | | Sr$^{2+}$ | 1 | 8.80 |
| | | Th$^{4+}$ | 1 | 23.2 |
| | | TiO$^{2+}$ | 1 | 17.3 |
| | | Tl$^{3+}$ | 1 | 22.5 |
| | | U$^{4+}$ | 1 | 17.50 |
| | | VO$^{2+}$ | 1 | 18.0 |
| | | Y$^{3+}$ | 1 | 18.32 |
| | | Zn$^{2+}$ | 1 | 16.4 |
| | | Zr$^{4+}$ | 1 | 19.4 |

续表

| 序号 | 配位体 | 金属离子 | 配位体数($n$) | $\lg\beta_n$ |
|---|---|---|---|---|
| 2 | 乙酸<br>(acetic acid)<br>$CH_3COOH$ | $Ag^+$ | 1, 2 | 0.73, 0.64 |
| | | $Ba^{2+}$ | 1 | 0.41 |
| | | $Ca^{2+}$ | 1 | 0.6 |
| | | $Cd^{2+}$ | 1, 2, 3 | 1.5, 2.3, 2.4 |
| | | $Ce^{3+}$ | 1, 2, 3, 4 | 1.68, 2.69, 3.13, 3.18 |
| | | $Co^{2+}$ | 1, 2 | 1.5, 1.9 |
| | | $Cr^{3+}$ | 1, 2, 3 | 4.63, 7.08, 9.60 |
| | | $Cu^{2+}$ (20℃) | 1, 2 | 2.16, 3.20 |
| | | $In^{3+}$ | 1, 2, 3, 4 | 3.50, 5.95, 7.90, 9.08 |
| | | $Mn^{2+}$ | 1, 2 | 9.84, 2.06 |
| | | $Ni^{2+}$ | 1, 2 | 1.12, 1.81 |
| | | $Pb^{2+}$ | 1, 2, 3, 4 | 2.52, 4.0, 6.4, 8.5 |
| | | $Sn^{2+}$ | 1, 2, 3 | 3.3, 6.0, 7.3 |
| | | $Tl^{3+}$ | 1, 2, 3, 4 | 6.17, 11.28, 15.10, 18.3 |
| | | $Zn^{2+}$ | 1 | 1.5 |
| 3 | 草酸<br>(oxalic acid)<br>HOOCCOOH | $Ag^+$ | 1 | 2.41 |
| | | $Al^{3+}$ | 1, 2, 3 | 7.26, 13.0, 16.3 |
| | | $Ba^{2+}$ | 1 | 2.31 |
| | | $Ca^{2+}$ | 1 | 3.0 |
| | | $Cd^{2+}$ | 1, 2 | 3.52, 5.77 |
| | | $Co^{2+}$ | 1, 2, 3 | 4.79, 6.7, 9.7 |
| | | $Cu^{2+}$ | 1, 2 | 6.23, 10.27 |
| | | $Fe^{2+}$ | 1, 2, 3 | 2.9, 4.52, 5.22 |
| | | $Fe^{3+}$ | 1, 2, 3 | 9.4, 16.2, 20.2 |
| | | $Hg^{2+}$ | 1 | 9.66 |
| | | $Hg_2^{2+}$ | 2 | 6.98 |
| | | $Mg^{2+}$ | 1, 2 | 3.43, 4.38 |
| | | $Mn^{2+}$ | 1, 2 | 3.97, 5.80 |
| | | $Mn^{3+}$ | 1, 2, 3 | 9.98, 16.57, 19.42 |
| | | $Ni^{2+}$ | 1, 2, 3 | 5.3, 7.64, ~8.5 |
| | | $Pb^{2+}$ | 1, 2 | 4.91, 6.76 |
| | | $Sc^{3+}$ | 1, 2, 3, 4 | 6.86, 11.31, 14.32, 16.70 |
| | | $Th^{4+}$ | 4 | 24.48 |
| | | $Zn^{2+}$ | 1, 2, 3 | 4.89, 7.60, 8.15 |
| | | $Zr^{4+}$ | 1, 2, 3, 4 | 9.80, 17.14, 20.86, 21.15 |

续表

| 序号 | 配位体 | 金属离子 | 配位体数($n$) | $\lg\beta_n$ |
|---|---|---|---|---|
| 4 | 乳酸<br>(lactic acid)<br>$CH_3CHOHCOOH$ | $Ba^{2+}$ | 1 | 0.64 |
| | | $Ca^{2+}$ | 1 | 1.42 |
| | | $Cd^{2+}$ | 1 | 1.70 |
| | | $Co^{2+}$ | 1 | 1.90 |
| | | $Cu^{2+}$ | 1，2 | 3.02，4.85 |
| | | $Fe^{3+}$ | 1 | 7.1 |
| | | $Mg^{2+}$ | 1 | 1.37 |
| | | $Mn^{2+}$ | 1 | 1.43 |
| | | $Ni^{2+}$ | 1 | 2.22 |
| | | $Pb^{2+}$ | 1，2 | 2.40，3.80 |
| | | $Sc^{2+}$ | 1 | 5.2 |
| | | $Th^{4+}$ | 1 | 5.5 |
| | | $Zn^{2+}$ | 1，2 | 2.20，3.75 |
| 5 | 水杨酸<br>(salicylic acid)<br>$C_6H_4(OH)COOH$ | $Al^{3+}$ | 1 | 14.11 |
| | | $Cd^{2+}$ | 1 | 5.55 |
| | | $Co^{2+}$ | 1，2 | 6.72，11.42 |
| | | $Cr^{2+}$ | 1，2 | 8.4，15.3 |
| | | $Cu^{2+}$ | 1，2 | 10.60，18.45 |
| | | $Fe^{2+}$ | 1，2 | 6.55，11.25 |
| | | $Mn^{2+}$ | 1，2 | 5.90，9.80 |
| | | $Ni^{2+}$ | 1，2 | 6.95，11.75 |
| | | $Th^{4+}$ | 1，2，3，4 | 4.25，7.60，10.05，11.60 |
| | | $TiO^{2+}$ | 1 | 6.09 |
| | | $V^{2+}$ | 1 | 6.3 |
| | | $Zn^{2+}$ | 1 | 6.85 |
| 6 | 磺基水杨酸<br>(5-sulfosalicylic acid)<br>$HO_3SC_6H_3(OH)COOH$ | $Al^{3+}(0.1\,mol\cdot L^{-1})$ | 1，2，3 | 13.20，22.83，28.89 |
| | | $Be^{2+}(0.1\,mol\cdot L^{-1})$ | 1，2 | 11.71，20.81 |
| | | $Cd^{2+}(0.1\,mol\cdot L^{-1})$ | 1，2 | 16.68，29.08 |
| | | $Co^{2+}(0.1\,mol\cdot L^{-1})$ | 1，2 | 6.13，9.82 |
| | | $Cr^{3+}(0.1\,mol\cdot L^{-1})$ | 1 | 9.56 |
| | | $Cu^{2+}(0.1\,mol\cdot L^{-1})$ | 1，2 | 9.52，16.45 |
| | | $Fe^{2+}(0.1\,mol\cdot L^{-1})$ | 1，2 | 5.9，9.9 |
| | | $Fe^{3+}(0.1\,mol\cdot L^{-1})$ | 1，2，3 | 14.64，25.18，32.12 |
| | | $Mn^{2+}(0.1\,mol\cdot L^{-1})$ | 1，2 | 5.24，8.24 |
| | | $Ni^{2+}(0.1\,mol\cdot L^{-1})$ | 1，2 | 6.42，10.24 |
| | | $Zn^{2+}(0.1\,mol\cdot L^{-1})$ | 1，2 | 6.05，10.65 |

续表

| 序号 | 配位体 | 金属离子 | 配位体数($n$) | $\lg\beta_n$ |
|---|---|---|---|---|
| 7 | 酒石酸<br>(tartaric acid)<br>HOOCCHOHCHOHCOOH | $Ba^{2+}$ | 2 | 1.62 |
| | | $Bi^{3+}$ | 3 | 8.30 |
| | | $Ca^{2+}$ | 1, 2 | 2.98, 9.01 |
| | | $Cd^{2+}$ | 1 | 2.8 |
| | | $Co^{2+}$ | 1 | 2.1 |
| | | $Cu^{2+}$ | 1, 2, 3, 4 | 3.2, 5.11, 4.78, 6.51 |
| | | $Fe^{3+}$ | 1 | 7.49 |
| | | $Hg^{2+}$ | 1 | 7.0 |
| | | $Mg^{2+}$ | 2 | 1.36 |
| | | $Mn^{2+}$ | 1 | 2.49 |
| | | $Ni^{2+}$ | 1 | 2.06 |
| | | $Pb^{2+}$ | 1, 3 | 3.78, 4.7 |
| | | $Sn^{2+}$ | 1 | 5.2 |
| | | $Zn^{2+}$ | 1, 2 | 2.68, 8.32 |
| 8 | 丁二酸<br>(butanedioic acid)<br>HOOCCH$_2$CH$_2$COOH | $Ba^{2+}$ | 1 | 2.08 |
| | | $Be^{2+}$ | 1 | 3.08 |
| | | $Ca^{2+}$ | 1 | 2.0 |
| | | $Cd^{2+}$ | 1 | 2.2 |
| | | $Co^{2+}$ | 1 | 2.22 |
| | | $Cu^{2+}$ | 1 | 3.33 |
| | | $Fe^{3+}$ | 1 | 7.49 |
| | | $Hg^{2+}$ | 2 | 7.28 |
| | | $Mg^{2+}$ | 1 | 1.20 |
| | | $Mn^{2+}$ | 1 | 2.26 |
| | | $Ni^{2+}$ | 1 | 2.36 |
| | | $Pb^{2+}$ | 1 | 2.8 |
| | | $Zn^{2+}$ | 1 | 1.6 |
| 9 | 硫脲<br>(thiourea)<br>H$_2$NC(=S)NH$_2$ | $Ag^+$ | 1, 2 | 7.4, 13.1 |
| | | $Bi^{3+}$ | 6 | 11.9 |
| | | $Cd^{2+}$ | 1, 2, 3, 4 | 0.6, 1.6, 2.6, 4.6 |
| | | $Cu^+$ | 3, 4 | 13.0, 15.4 |
| | | $Hg^{2+}$ | 2, 3, 4 | 22.1, 24.7, 26.8 |
| | | $Pb^{2+}$ | 1, 2, 3, 4 | 1.4, 3.1, 4.7, 8.3 |

续表

| 序号 | 配位体 | 金属离子 | 配位体数($n$) | $\lg\beta_n$ |
|---|---|---|---|---|
| 10 | 乙二胺<br>(ethylenediamine)<br>$H_2NCH_2CH_2NH_2$ | $Ag^+$ | 1, 2 | 4.70, 7.70 |
| | | $Cd^{2+}$ (20℃) | 1, 2, 3 | 5.47, 10.09, 12.09 |
| | | $Co^{2+}$ | 1, 2, 3 | 5.91, 10.64, 13.94 |
| | | $Co^{3+}$ | 1, 2, 3 | 18.7, 34.9, 48.69 |
| | | $Cr^{2+}$ | 1, 2 | 5.15, 9.19 |
| | | $Cu^+$ | 2 | 10.8 |
| | | $Cu^{2+}$ | 1, 2, 3 | 10.67, 20.0, 21.0 |
| | | $Fe^{2+}$ | 1, 2, 3 | 4.34, 7.65, 9.70 |
| | | $Hg^{2+}$ | 1, 2 | 14.3, 23.3 |
| | | $Mg^{2+}$ | 1 | 0.37 |
| | | $Mn^{2+}$ | 1, 2, 3 | 2.73, 4.79, 5.67 |
| | | $Ni^{2+}$ | 1, 2, 3 | 7.52, 13.84, 18.33 |
| | | $Pd^{2+}$ | 2 | 26.90 |
| | | $V^{2+}$ | 1, 2 | 4.6, 7.5 |
| | | $Zn^{2+}$ | 1, 2, 3 | 5.77, 10.83, 14.11 |
| 11 | 甘氨酸<br>(glycin)<br>$H_2NCH_2COOH$ | $Ag^+$ | 1, 2 | 3.41, 6.89 |
| | | $Ba^{2+}$ | 1 | 0.77 |
| | | $Ca^{2+}$ | 1 | 1.38 |
| | | $Cd^{2+}$ | 1, 2 | 4.74, 8.60 |
| | | $Co^{2+}$ | 1, 2, 3 | 5.23, 9.25, 10.76 |
| | | $Cu^{2+}$ | 1, 2, 3 | 8.60, 15.54, 16.27 |
| | | $Fe^{2+}$ (20℃) | 1, 2 | 4.3, 7.8 |
| | | $Hg^{2+}$ | 1, 2 | 10.3, 19.2 |
| | | $Mg^{2+}$ | 1, 2 | 3.44, 6.46 |
| | | $Mn^{2+}$ | 1, 2 | 3.6, 6.6 |
| | | $Ni^{2+}$ | 1, 2, 3 | 6.18, 11.14, 15.0 |
| | | $Pb^{2+}$ | 1, 2 | 5.47, 8.92 |
| | | $Pd^{2+}$ | 1, 2 | 9.12, 17.55 |
| | | $Zn^{2+}$ | 1, 2 | 5.52, 9.96 |

### 3. 一些金属离子的 $\lg\alpha_{M(OH)}$ 值

| 金属离子 | 离子强度 | pH |  |  |  |  |  |  |  |  |  |  |  |  |
|---|---|---|---|---|---|---|---|---|---|---|---|---|---|---|
|  |  | 1 | 2 | 3 | 4 | 5 | 6 | 7 | 8 | 9 | 10 | 11 | 12 | 13 | 14 |
| $Al^{3+}$ | 2 |  |  |  | 0.4 | 1.3 | 5.3 | 9.3 | 13.3 | 17.3 | 21.3 | 25.3 | 29.3 | 33.3 |
| $Bi^{3+}$ | 3 | 0.1 | 0.5 | 1.4 | 2.4 | 3.4 | 4.4 | 5.4 |  |  |  |  |  |  |  |
| $Ca^{2+}$ | 0.1 |  |  |  |  |  |  |  |  |  |  |  |  | 0.3 | 1.0 |
| $Cd^{2+}$ | 3 |  |  |  |  |  |  |  |  | 0.1 | 0.5 | 2.0 | 4.5 | 8.1 | 12.0 |
| $Co^{2+}$ | 0.1 |  |  |  |  |  |  |  | 0.1 | 0.4 | 1.1 | 2.2 | 4.2 | 7.2 | 10.2 |
| $Cu^{2+}$ | 0.1 |  |  |  |  |  |  |  | 0.2 | 0.8 | 1.2 | 2.7 | 3.7 | 4.7 | 5.7 |
| $Fe^{2+}$ | 1 |  |  |  |  |  |  |  |  | 0.1 | 0.6 | 1.5 | 2.5 | 3.5 | 4.5 |
| $Fe^{3+}$ | 3 |  |  | 0.4 | 1.8 | 3.7 | 5.7 | 7.7 | 9.7 | 11.7 | 13.7 | 15.7 | 17.7 | 19.7 | 21.7 |
| $Hg^{2+}$ | 0.1 |  | 0.5 | 1.9 | 3.9 | 5.9 | 7.9 | 9.9 | 11.9 | 13.9 | 15.9 | 17.9 | 19.9 | 21.9 |
| $La^{3+}$ | 3 |  |  |  |  |  |  |  |  |  | 0.3 | 1.0 | 1.9 | 2.9 | 3.9 |
| $Mg^{2+}$ | 0.1 |  |  |  |  |  |  |  |  |  |  | 0.1 | 0.5 | 1.3 | 2.3 |
| $Mn^{2+}$ | 0.1 |  |  |  |  |  |  |  |  |  | 0.1 | 0.5 | 1.4 | 2.4 | 3.4 |
| $Ni^{2+}$ | 0.1 |  |  |  |  |  |  |  |  | 0.1 | 0.7 | 1.6 |  |  |  |
| $Pb^{2+}$ | 0.1 |  |  |  |  |  |  | 0.1 | 0.5 | 1.4 | 2.7 | 4.7 | 7.4 | 10.4 | 13.4 |
| $Th^{4+}$ | 1 |  |  |  | 0.2 | 0.8 | 1.7 | 2.7 | 3.7 | 4.7 | 5.7 | 6.7 | 7.7 | 8.7 | 9.7 |
| $Zn^{2+}$ | 0.1 |  |  |  |  |  |  |  |  | 0.2 | 2.4 | 5.4 | 8.5 | 11.8 | 15.5 |

### 4. 金属指示剂的 $\lg\alpha_{In(H)}$ 值及变色点的 pM 值（即 $pM_t$ 值）

#### （1）铬黑T

|  | pH |  |  |  |  |  |  |  | 稳定常数 |
|---|---|---|---|---|---|---|---|---|---|
|  | 6.0 | 7.0 | 8.0 | 9.0 | 10.0 | 11.0 | 12.0 | 13.0 |  |
| $\lg\alpha_{In(H)}$ | 6.0 | 4.6 | 3.6 | 2.6 | 1.6 | 0.7 | 0.1 |  | $\lg K^H_{HIn}$ 11.6；$\lg K^H_{H_2In}$ 6.3 |
| $pCa_t$(至红) |  |  | 1.8 | 2.8 | 3.8 | 4.7 | 5.3 | 5.4 | $\lg K_{CaIn}$ 5.4 |
| $pMg_t$(至红) | 1.0 | 2.4 | 3.4 | 4.4 | 5.4 | 6.3 |  |  | $\lg K_{MgIn}$ 7.0 |
| $pZn_t$(至红) | 6.9 | 8.3 | 9.3 | 10.5 | 12.2 | 13.9 |  |  | $\lg K_{ZnIn}$ 12.9 |

#### （2）紫脲酸铵

|  | pH |  |  |  |  |  |  | 稳定常数 |
|---|---|---|---|---|---|---|---|---|
|  | 6.0 | 7.0 | 8.0 | 9.0 | 10.0 | 11.0 | 12.0 |  |
| $\lg\alpha_{In(H)}$ | 7.7 | 5.7 | 3.7 | 1.9 | 0.7 | 0.1 |  | $\lg K^H_{HIn}$ 10.5 |
| $\lg\alpha_{HIn(H)}$ | 3.2 | 2.2 | 1.2 | 0.4 | 0.2 | 0.6 | 1.5 | $\lg K^H_{H_2In}$ 9.2 |
| $pCa_t$(至红) |  | 2.6 | 2.8 | 3.4 | 4.0 | 4.6 | 5.0 | $\lg K_{CaIn}$ 5.0 |
| $pCu_t$(至红) | 6.4 | 8.2 | 10.2 | 12.2 | 13.6 | 15.8 | 17.9 |  |
| $pNi_t$(至红) | 4.6 | 5.2 | 6.2 | 7.8 | 9.3 | 10.3 | 11.3 |  |

### (3) 二甲酚橙

| pM$_t$ | pH | | | | | | | | | |
|---|---|---|---|---|---|---|---|---|---|---|
| | 1.0 | 2.0 | 3.0 | 4.0 | 4.5 | 5.0 | 5.5 | 6.0 | 6.5 | 7.0 |
| pBi$_t$(至红) | 4.0 | 5.4 | 6.8 | | | | | | | |
| pCd$_t$(至红) | | | | 4.0 | 4.5 | 5.0 | 5.5 | 6.3 | 6.8 | |
| pBi$_t$(至红) | | | | | | 7.4 | 8.2 | 9.0 | | |
| pHg$_t$(至红) | | | | 4.0 | 4.5 | 5.0 | 5.6 | 6.7 | | |
| pLa$_t$(至红) | | | 4.2 | 4.8 | 6.2 | 7.0 | 7.6 | 8.2 | | |
| pTh$_t$(至红) | 3.6 | 4.9 | 6.3 | | | | | | | |
| pZn$_t$(至红) | | | | | 4.1 | 4.8 | 5.7 | 6.5 | 7.3 | 8.0 |
| pZr$_t$(至红) | 7.5 | | | | | | | | | |

注：以上二甲酚橙与各金属的 pM$_t$ 均系实验测得。

### (4) PAN

| | pH | | | | | | | | 稳定常数(20% 二氧六环) |
|---|---|---|---|---|---|---|---|---|---|
| | 4.0 | 5.0 | 6.0 | 7.0 | 8.0 | 9.0 | 10.0 | 11.0 | |
| lg$\alpha_{In(H)}$ | 8.2 | 7.2 | 6.2 | 5.2 | 4.2 | 3.2 | 2.2 | 1.2 | lg$K_{HIn}^{H}$12.2; lg$K_{H_2In}^{H}$1.9 |
| pCu$_t$(至红) | 7.8 | 8.8 | 9.8 | 10.8 | 11.8 | 12.8 | 13.8 | 14.8 | lg$K_{CuIn}$ 16.0 |

### 5. EDTA 的 lg$\alpha_{Y(H)}$ 值

| pH | lg$\alpha_{Y(H)}$ | pH | lg$\alpha_{Y(H)}$ | pH | lg$\alpha_{Y(H)}$ | pH | lg$\alpha_{Y(H)}$ | pH | lg$\alpha_{Y(H)}$ |
|---|---|---|---|---|---|---|---|---|---|
| 0.0 | 23.64 | 1.5 | 15.55 | 3.0 | 10.60 | 4.5 | 7.44 | 6.0 | 4.65 |
| 0.1 | 23.06 | 1.6 | 15.11 | 3.1 | 10.37 | 4.6 | 7.24 | 6.1 | 4.49 |
| 0.2 | 22.47 | 1.7 | 14.68 | 3.2 | 10.14 | 4.7 | 7.04 | 6.2 | 4.34 |
| 0.3 | 21.89 | 1.8 | 14.27 | 3.3 | 9.92 | 4.8 | 6.84 | 6.3 | 4.20 |
| 0.4 | 21.32 | 1.9 | 13.88 | 3.4 | 9.70 | 4.9 | 6.65 | 6.4 | 4.06 |
| 0.5 | 20.75 | 2.0 | 13.51 | 3.5 | 9.48 | 5.0 | 6.45 | 6.5 | 3.92 |
| 0.6 | 20.18 | 2.1 | 13.16 | 3.6 | 9.27 | 5.1 | 6.26 | 6.6 | 3.79 |
| 0.7 | 19.62 | 2.2 | 12.82 | 3.7 | 9.06 | 5.2 | 6.07 | 6.7 | 3.67 |
| 0.8 | 19.08 | 2.3 | 12.50 | 3.8 | 8.85 | 5.3 | 5.88 | 6.8 | 3.55 |
| 0.9 | 18.54 | 2.4 | 12.19 | 3.9 | 8.65 | 5.4 | 5.69 | 6.9 | 3.43 |
| 1.0 | 18.01 | 2.5 | 11.90 | 4.0 | 8.44 | 5.5 | 5.51 | 7.0 | 3.32 |
| 1.1 | 17.49 | 2.6 | 11.62 | 4.1 | 8.24 | 5.6 | 5.33 | 7.1 | 3.21 |
| 1.2 | 16.98 | 2.7 | 11.35 | 4.2 | 8.04 | 5.7 | 5.15 | 7.2 | 3.10 |
| 1.3 | 16.49 | 2.8 | 11.09 | 4.3 | 7.84 | 5.8 | 4.98 | 7.3 | 2.99 |
| 1.4 | 16.02 | 2.9 | 10.84 | 4.4 | 7.64 | 5.9 | 4.81 | 7.4 | 2.88 |

续表

| pH | $\lg\alpha_{Y(H)}$ | pH | $\lg\alpha_{Y(H)}$ | pH | $\lg\alpha_{Y(H)}$ | pH | $\lg\alpha_{Y(H)}$ | pH | $\lg\alpha_{Y(H)}$ |
|---|---|---|---|---|---|---|---|---|---|
| 7.5 | 2.78 | 8.5 | 1.77 | 9.5 | 0.83 | 10.5 | 0.20 | 11.5 | 0.02 |
| 7.6 | 2.68 | 8.6 | 1.67 | 9.6 | 0.75 | 10.6 | 0.16 | 11.6 | 0.02 |
| 7.7 | 2.57 | 8.7 | 1.57 | 9.7 | 0.67 | 10.7 | 0.13 | 11.7 | 0.02 |
| 7.8 | 2.47 | 8.8 | 1.48 | 9.8 | 0.59 | 10.8 | 0.11 | 11.8 | 0.01 |
| 7.9 | 2.37 | 8.9 | 1.38 | 9.9 | 0.52 | 10.9 | 0.09 | 11.9 | 0.01 |
| 8.0 | 2.27 | 9.0 | 1.28 | 10.0 | 0.45 | 11.0 | 0.07 | 12.0 | 0.01 |
| 8.1 | 2.17 | 9.1 | 1.19 | 10.1 | 0.39 | 11.1 | 0.06 | 12.1 | 0.01 |
| 8.2 | 2.07 | 9.2 | 1.10 | 10.2 | 0.33 | 11.2 | 0.05 | 12.2 | 0.005 |
| 8.3 | 1.97 | 9.3 | 1.01 | 10.3 | 0.28 | 11.3 | 0.04 | 13.0 | 0.0008 |
| 8.4 | 1.87 | 9.4 | 0.92 | 10.4 | 0.24 | 11.4 | 0.03 | 13.9 | 0.0001 |

6. 配位滴定中常用的掩蔽剂

| 序号 | 名称 | 掩蔽剂 |
|---|---|---|
| 1 | $Ag^+$ | $CN^-$,$Cl^-$,$Br^-$,$I^-$,$SCN^-$,$S_2O_3^{2-}$,$NH_3$ |
| 2 | $Al^{3+}$ | EDTA,$F^-$,$OH^-$,柠檬酸,酒石酸,草酸,乙酰丙酮,丙二酸 |
| 3 | $As^{3+}$ | $S^{2-}$,二巯基丙醇,二巯基丙磺酸钠 |
| 4 | $Au^+$ | $Cl^-$,$Br^-$,$I^-$,$CN^-$,$SCN^-$,$S_2O_3^{2-}$,$NH_3$ |
| 5 | $Ba^{2+}$ | $F^-$,$SO_4^{2-}$,EDTA |
| 6 | $Be^{2+}$ | $F^-$,EDTA,乙酰丙酮 |
| 7 | $Bi^{3+}$ | $F^-$,$Cl^-$,$I^-$,$SCN^-$,$S_2O_3^{2-}$,二巯基丙醇,柠檬酸 |
| 8 | $Ca^{2+}$ | $F^-$,EDTA,草酸盐 |
| 9 | $Cd^{2+}$ | $I^-$,$CN^-$,$SCN^-$,$S_2O_3^{2-}$,二巯基丙醇,二巯基丙磺酸钠 |
| 10 | $Ce^{3+}$ | $F^-$,EDTA,$PO_4^{3-}$ |
| 11 | $Co^{2+}$ | $CN^-$,$SCN^-$,$S_2O_3^{2-}$,二巯基丙醇,酒石酸 |
| 12 | $Cr^{3+}$ | EDTA,$H_2O_2$,$P_2O_7^{4-}$,三乙醇胺 |
| 13 | $Cu^{2+}$ | $I^-$,$CN^-$,$SCN^-$,$S_2O_3^{2-}$,二巯基丙醇,二巯基丙磺酸钠,半胱氨酸,氨基乙酸 |
| 14 | $Fe^{3+}$ | $F^-$,$CN^-$,$P_2O_7^{4-}$,三乙醇胺,乙酰丙酮,柠檬酸,酒石酸,草酸,盐酸羟胺 |
| 15 | $Ga^{3+}$ | $Cl^-$,EDTA,柠檬酸,酒石酸,草酸 |
| 16 | $Ge^{4+}$ | $F^-$,酒石酸,草酸 |
| 17 | $Hg^{2+}$ | $I^-$,$CN^-$,$SCN^-$,$S_2O_3^{2-}$,二巯基丙醇,二巯基丙磺酸钠,半胱氨酸 |
| 18 | $In^{3+}$ | $F^-$,$Cl^-$,$SCN^-$,EDTA,巯基乙酸 |
| 19 | $La^{3+}$ | $F^-$,EDTA,苹果酸 |
| 20 | $Mg^{2+}$ | $F^-$,$OH^-$,乙酰丙酮,柠檬酸,酒石酸,草酸 |

续表

| 序号 | 名称 | 掩蔽剂 |
|---|---|---|
| 21 | $Mn^{3+}$ | $CN^-$,$F^-$,二巯基丙醇 |
| 22 | Mo(V,Ⅵ) | 柠檬酸,酒石酸,草酸 |
| 23 | $NH_4^+$ | HCHO |
| 24 | $Ni^{2+}$ | $F^-$,$CN^-$,$SCN^-$,二巯基丙醇,氨基乙酸,柠檬酸,酒石酸 |
| 25 | $Np^{4+}$ | $F^-$ |
| 26 | $Pb^{2+}$ | $Cl^-$,$I^-$,$SO_4^{2-}$,$S_2O_3^{2-}$,$OH^-$,二巯基丙醇,巯基乙酸,二巯基丙磺酸钠 |
| 27 | $Pd^{2+}$ | $CN^-$,$SCN^-$,$I^-$,$S_2O_3^{2-}$,乙酰丙酮 |
| 28 | $Pt^{2+}$ | $CN^-$,$SCN^-$,$I^-$,$S_2O_3^{2-}$,乙酰丙酮,三乙醇胺 |
| 29 | $Sb^{3+}$ | $F^-$,$Cl^-$,$I^-$,$S_2O_3^{2-}$,$OH^-$,柠檬酸,酒石酸,二巯基丙醇,二巯基丙磺酸钠 |
| 30 | $Sn^{2+}$ | $F^-$,柠檬酸,酒石酸,草酸,三乙醇胺,二巯基丙醇,二巯基丙磺酸钠 |
| 31 | $Ti^{3+}$ | $F^-$,$PO_4^{3-}$,三乙醇胺,柠檬酸,苹果酸 |
| 32 | $Zn^{2+}$ | $CN^-$,$SCN^-$,EDTA,二巯基丙醇,二巯基丙磺酸钠,巯基乙酸 |
| 33 | $Zr^{4+}$ | $CO_3^{2-}$,$F^-$,$PO_4^{3-}$,柠檬酸,酒石酸,草酸 |
| 34 | $Br^-$ | $Ag^+$,$Hg^{2+}$ |
| 35 | $BrO_3^-$ | $SO_3^{2-}$,$S_2O_3^{2-}$ |
| 36 | $Cr_2O_7^{2-}$,$CrO_4^{2-}$ | $SO_3^{2-}$,$S_2O_3^{2-}$,盐酸羟胺 |
| 37 | $Cl^-$ | $Hg^{2+}$,$Sb^{3+}$ |
| 38 | $ClO^-$ | $NH_3$ |
| 39 | $ClO_3^-$ | $S_2O_3^{2-}$ |
| 40 | $ClO_4^-$ | $SO_3^{2-}$,盐酸羟胺 |
| 41 | $CN^-$ | $Hg^{2+}$,HCHO |
| 42 | EDTA | $Cu^{2+}$ |
| 43 | $F^-$ | $H_3BO_3$,$Al^{3+}$,$Fe^{3+}$ |
| 44 | $H_2O_2$ | $Fe^{3+}$ |
| 45 | $I^-$ | $Hg^{2+}$,$Ag^+$ |
| 46 | $I_2$ | $S_2O_3^{2-}$ |
| 47 | $IO_3^-$ | $SO_3^{2-}$,$S_2O_3^{2-}$,$N_2H_4$ |
| 48 | $MnO_4^-$ | $SO_3^{2-}$,$S_2O_3^{2-}$,$N_2H_4$,盐酸羟胺 |
| 49 | $NO_2^-$ | $Co^{2+}$,对氨基苯磺酸 |
| 50 | $C_2O_4^{2-}$ | $Ca^{2+}$,$MnO_4^-$ |
| 51 | $PO_4^{3-}$ | $Al^{3+}$,$Fe^{3+}$ |
| 52 | $S^{2-}$ | $MnO_4^-+H^+$ |
| 53 | $SO_3^{2-}$ | $MnO_4^-+H^+$,$Hg^{2+}$,HCHO |
| 54 | $SO_4^{2-}$ | $Ba^{2+}$ |

# 附录 5  难溶化合物的溶度积常数

| 序号 | 分子式 | $K_{sp}$ | p$K_{sp}$ ($-\lg K_{sp}$) | 序号 | 分子式 | $K_{sp}$ | p$K_{sp}$ ($-\lg K_{sp}$) |
|---|---|---|---|---|---|---|---|
| 1 | $Ag_3AsO_4$ | $1.0\times10^{-22}$ | 22.0 | 32 | $BaC_2O_4$ | $1.6\times10^{-7}$ | 6.79 |
| 2 | $AgBr$ | $5.0\times10^{-13}$ | 12.3 | 33 | $BaCrO_4$ | $1.2\times10^{-10}$ | 9.93 |
| 3 | $AgBrO_3$ | $5.50\times10^{-5}$ | 4.26 | 34 | $Ba_3(PO_4)_2$ | $3.4\times10^{-23}$ | 22.44 |
| 4 | $AgCl$ | $1.8\times10^{-10}$ | 9.75 | 35 | $BaSO_4$ | $1.1\times10^{-10}$ | 9.96 |
| 5 | $AgCN$ | $1.2\times10^{-16}$ | 15.92 | 36 | $BaS_2O_3$ | $1.6\times10^{-5}$ | 4.79 |
| 6 | $Ag_2CO_3$ | $8.1\times10^{-12}$ | 11.09 | 37 | $BaSeO_3$ | $2.7\times10^{-7}$ | 6.57 |
| 7 | $Ag_2C_2O_4$ | $3.5\times10^{-11}$ | 10.46 | 38 | $BaSeO_4$ | $3.5\times10^{-8}$ | 7.46 |
| 8 | $Ag_2CrO_4$ | $1.2\times10^{-12}$ | 11.92 | 39 | $Be(OH)_2$ ② | $1.6\times10^{-22}$ | 21.8 |
| 9 | $Ag_2Cr_2O_7$ | $2.0\times10^{-7}$ | 6.70 | 40 | $BiAsO_4$ | $4.4\times10^{-10}$ | 9.36 |
| 10 | $AgI$ | $8.3\times10^{-17}$ | 16.08 | 41 | $Bi_2(C_2O_4)_3$ | $3.98\times10^{-36}$ | 35.4 |
| 11 | $AgIO_3$ | $3.1\times10^{-8}$ | 7.51 | 42 | $Bi(OH)_3$ | $4.0\times10^{-31}$ | 30.4 |
| 12 | $AgOH$ | $2.0\times10^{-8}$ | 7.71 | 43 | $BiPO_4$ | $1.26\times10^{-23}$ | 22.9 |
| 13 | $Ag_2MoO_4$ | $2.8\times10^{-12}$ | 11.55 | 44 | $CaCO_3$ | $2.8\times10^{-9}$ | 8.54 |
| 14 | $Ag_3PO_4$ | $1.4\times10^{-16}$ | 15.84 | 45 | $CaC_2O_4 \cdot H_2O$ | $4.0\times10^{-9}$ | 8.4 |
| 15 | $Ag_2S$ | $6.3\times10^{-50}$ | 49.2 | 46 | $CaF_2$ | $2.7\times10^{-11}$ | 10.57 |
| 16 | $AgSCN$ | $1.0\times10^{-12}$ | 12.00 | 47 | $CaMoO_4$ | $4.17\times10^{-8}$ | 7.38 |
| 17 | $Ag_2SO_3$ | $1.5\times10^{-14}$ | 13.82 | 48 | $Ca(OH)_2$ | $5.5\times10^{-6}$ | 5.26 |
| 18 | $Ag_2SO_4$ | $1.4\times10^{-5}$ | 4.84 | 49 | $Ca_3(PO_4)_2$ | $2.0\times10^{-29}$ | 28.70 |
| 19 | $Ag_2Se$ | $2.0\times10^{-64}$ | 63.7 | 50 | $CaSO_4$ | $3.16\times10^{-7}$ | 5.04 |
| 20 | $Ag_2SeO_3$ | $1.0\times10^{-15}$ | 15.00 | 51 | $CaSiO_3$ | $2.5\times10^{-8}$ | 7.60 |
| 21 | $Ag_2SeO_4$ | $5.7\times10^{-8}$ | 7.25 | 52 | $CaWO_4$ | $8.7\times10^{-9}$ | 8.06 |
| 22 | $AgVO_3$ | $5.0\times10^{-7}$ | 6.3 | 53 | $CdCO_3$ | $5.2\times10^{-12}$ | 11.28 |
| 23 | $Ag_2WO_4$ | $5.5\times10^{-12}$ | 11.26 | 54 | $CdC_2O_4 \cdot 3H_2O$ | $9.1\times10^{-8}$ | 7.04 |
| 24 | $Al(OH)_3$ ① | $4.57\times10^{-33}$ | 32.34 | 55 | $Cd_3(PO_4)_2$ | $2.5\times10^{-33}$ | 32.6 |
| 25 | $AlPO_4$ | $6.3\times10^{-19}$ | 18.24 | 56 | $CdS$ | $8.0\times10^{-27}$ | 26.1 |
| 26 | $Al_2S_3$ | $2.0\times10^{-7}$ | 6.7 | 57 | $CdSe$ | $6.31\times10^{-36}$ | 35.2 |
| 27 | $Au(OH)_3$ | $5.5\times10^{-46}$ | 45.26 | 58 | $CdSeO_3$ | $1.3\times10^{-9}$ | 8.89 |
| 28 | $AuCl_3$ | $3.2\times10^{-25}$ | 24.5 | 59 | $CeF_3$ | $8.0\times10^{-16}$ | 15.1 |
| 29 | $AuI_3$ | $1.0\times10^{-46}$ | 46.0 | 60 | $CePO_4$ | $1.0\times10^{-23}$ | 23.0 |
| 30 | $Ba_3(AsO_4)_2$ | $8.0\times10^{-51}$ | 50.1 | 61 | $Co_3(AsO_4)_2$ | $7.6\times10^{-29}$ | 28.12 |
| 31 | $BaCO_3$ | $5.1\times10^{-9}$ | 8.29 | 62 | $CoCO_3$ | $1.4\times10^{-13}$ | 12.84 |

续表

| 序号 | 分子式 | $K_{sp}$ | $pK_{sp}$ ($-\lg K_{sp}$) | 序号 | 分子式 | $K_{sp}$ | $pK_{sp}$ ($-\lg K_{sp}$) |
|---|---|---|---|---|---|---|---|
| 63 | $CoC_2O_4$ | $6.3 \times 10^{-8}$ | 7.2 | 96 | $Hg_2Cl_2$ | $1.3 \times 10^{-18}$ | 17.88 |
|  | $Co(OH)_2$(蓝) | $6.31 \times 10^{-15}$ | 14.2 | 97 | $HgC_2O_4$ | $1.0 \times 10^{-7}$ | 7.0 |
| 64 | $Co(OH)_2$(粉,新) | $1.58 \times 10^{-15}$ | 14.8 | 98 | $Hg_2CO_3$ | $8.9 \times 10^{-17}$ | 16.05 |
|  | $Co(OH)_2$(粉,陈) | $2.00 \times 10^{-16}$ | 15.7 | 99 | $Hg_2(CN)_2$ | $5.0 \times 10^{-40}$ | 39.3 |
| 65 | $CoHPO_4$ | $2.0 \times 10^{-7}$ | 6.7 | 100 | $Hg_2CrO_4$ | $2.0 \times 10^{-9}$ | 8.70 |
| 66 | $Co_3(PO_4)_3$ | $2.0 \times 10^{-35}$ | 34.7 | 101 | $Hg_2I_2$ | $4.5 \times 10^{-29}$ | 28.35 |
| 67 | $CrAsO_4$ | $7.7 \times 10^{-21}$ | 20.11 | 102 | $HgI_2$ | $2.82 \times 10^{-29}$ | 28.55 |
| 68 | $Cr(OH)_3$ | $6.3 \times 10^{-31}$ | 30.2 | 103 | $Hg_2(IO_3)_2$ | $2.0 \times 10^{-14}$ | 13.71 |
| 69 | $CrPO_4 \cdot 4H_2O$(绿) | $2.4 \times 10^{-23}$ | 22.62 | 104 | $Hg_2(OH)_2$ | $2.0 \times 10^{-24}$ | 23.7 |
| 70 | $CrPO_4 \cdot 4H_2O$(紫) | $1.0 \times 10^{-17}$ | 17.0 | 105 | $HgSe$ | $1.0 \times 10^{-59}$ | 59.0 |
| 71 | $CuBr$ | $5.3 \times 10^{-9}$ | 8.28 | 106 | $HgS$(红) | $4.0 \times 10^{-53}$ | 52.4 |
| 72 | $CuCl$ | $1.2 \times 10^{-6}$ | 5.92 | 107 | $HgS$(黑) | $1.6 \times 10^{-52}$ | 51.8 |
| 73 | $CuCN$ | $3.2 \times 10^{-20}$ | 19.49 | 108 | $Hg_2WO_4$ | $1.1 \times 10^{-17}$ | 16.96 |
| 74 | $CuCO_3$ | $2.34 \times 10^{-10}$ | 9.63 | 109 | $Ho(OH)_3$ | $5.0 \times 10^{-23}$ | 22.30 |
| 75 | $CuI$ | $1.1 \times 10^{-12}$ | 11.96 | 110 | $In(OH)_3$ | $1.3 \times 10^{-37}$ | 36.9 |
| 76 | $Cu(OH)_2$ | $4.8 \times 10^{-20}$ | 19.32 | 111 | $InPO_4$ | $2.3 \times 10^{-22}$ | 21.63 |
| 77 | $Cu_3(PO_4)_2$ | $1.3 \times 10^{-37}$ | 36.9 | 112 | $In_2S_3$ | $5.7 \times 10^{-74}$ | 73.24 |
| 78 | $Cu_2S$ | $2.5 \times 10^{-48}$ | 47.6 | 113 | $La_2(CO_3)_3$ | $3.98 \times 10^{-34}$ | 33.4 |
| 79 | $Cu_2Se$ | $1.58 \times 10^{-61}$ | 60.8 | 114 | $LaPO_4$ | $3.98 \times 10^{-23}$ | 22.43 |
| 80 | $CuS$ | $6.3 \times 10^{-36}$ | 35.2 | 115 | $Lu(OH)_3$ | $1.9 \times 10^{-24}$ | 23.72 |
| 81 | $CuSe$ | $7.94 \times 10^{-49}$ | 48.1 | 116 | $Mg_3(AsO_4)_2$ | $2.1 \times 10^{-20}$ | 19.68 |
| 82 | $Dy(OH)_3$ | $1.4 \times 10^{-22}$ | 21.85 | 117 | $MgCO_3$ | $3.5 \times 10^{-8}$ | 7.46 |
| 83 | $Er(OH)_3$ | $4.1 \times 10^{-24}$ | 23.39 | 118 | $MgCO_3 \cdot 3H_2O$ | $2.14 \times 10^{-5}$ | 4.67 |
| 84 | $Eu(OH)_3$ | $8.9 \times 10^{-24}$ | 23.05 | 119 | $Mg(OH)_2$ | $1.8 \times 10^{-11}$ | 10.74 |
| 85 | $FeAsO_4$ | $5.7 \times 10^{-21}$ | 20.24 | 120 | $Mg_3(PO_4)_2 \cdot 8H_2O$ | $6.31 \times 10^{-26}$ | 25.2 |
| 86 | $FeCO_3$ | $3.2 \times 10^{-11}$ | 10.50 | 121 | $Mn_3(AsO_4)_2$ | $1.9 \times 10^{-29}$ | 28.72 |
| 87 | $Fe(OH)_2$ | $8.0 \times 10^{-16}$ | 15.1 | 122 | $MnCO_3$ | $1.8 \times 10^{-11}$ | 10.74 |
| 88 | $Fe(OH)_3$ | $4.0 \times 10^{-38}$ | 37.4 | 123 | $Mn(IO_3)_2$ | $4.37 \times 10^{-7}$ | 6.36 |
| 89 | $FePO_4$ | $1.3 \times 10^{-22}$ | 21.89 | 124 | $Mn(OH)_4$ | $1.9 \times 10^{-13}$ | 12.72 |
| 90 | $FeS$ | $6.3 \times 10^{-18}$ | 17.2 | 125 | $MnS$(粉红) | $2.5 \times 10^{-10}$ | 9.6 |
| 91 | $Ga(OH)_3$ | $7.0 \times 10^{-36}$ | 35.15 | 126 | $MnS$(绿) | $2.5 \times 10^{-13}$ | 12.6 |
| 92 | $GaPO_4$ | $1.0 \times 10^{-21}$ | 21.0 | 127 | $Ni_3(AsO_4)_2$ | $3.1 \times 10^{-26}$ | 25.51 |
| 93 | $Gd(OH)_3$ | $1.8 \times 10^{-23}$ | 22.74 | 128 | $NiCO_3$ | $6.6 \times 10^{-9}$ | 8.18 |
| 94 | $Hf(OH)_4$ | $4.0 \times 10^{-26}$ | 25.4 | 129 | $NiC_2O_4$ | $4.0 \times 10^{-10}$ | 9.4 |
| 95 | $Hg_2Br_2$ | $5.6 \times 10^{-23}$ | 22.24 | 130 | $Ni(OH)_2$(新) | $2.0 \times 10^{-15}$ | 14.7 |

续表

| 序号 | 分子式 | $K_{sp}$ | $pK_{sp}$ ($-\lg K_{sp}$) | 序号 | 分子式 | $K_{sp}$ | $pK_{sp}$ ($-\lg K_{sp}$) |
|---|---|---|---|---|---|---|---|
| 131 | $Ni_3(PO_4)_2$ | $5.0 \times 10^{-31}$ | 30.3 | 166 | $SnO_2$ | $3.98 \times 10^{-65}$ | 64.4 |
| 132 | $\alpha\text{-}NiS$ | $3.2 \times 10^{-19}$ | 18.5 | 167 | $SnS$ | $1.0 \times 10^{-25}$ | 25.0 |
| 133 | $\beta\text{-}NiS$ | $1.0 \times 10^{-24}$ | 24.0 | 168 | $SnSe$ | $3.98 \times 10^{-39}$ | 38.4 |
| 134 | $\gamma\text{-}NiS$ | $2.0 \times 10^{-26}$ | 25.7 | 169 | $Sr_3(AsO_4)_2$ | $8.1 \times 10^{-19}$ | 18.09 |
| 135 | $Pb_3(AsO_4)_2$ | $4.0 \times 10^{-36}$ | 35.39 | 170 | $SrCO_3$ | $1.1 \times 10^{-10}$ | 9.96 |
| 136 | $PbBr_2$ | $4.0 \times 10^{-5}$ | 4.41 | 171 | $SrC_2O_4 \cdot H_2O$ | $1.6 \times 10^{-7}$ | 6.80 |
| 137 | $PbCl_2$ | $1.6 \times 10^{-5}$ | 4.79 | 172 | $SrF_2$ | $2.5 \times 10^{-9}$ | 8.61 |
| 138 | $PbCO_3$ | $7.4 \times 10^{-14}$ | 13.13 | 173 | $Sr_3(PO_4)_2$ | $4.0 \times 10^{-28}$ | 27.39 |
| 139 | $PbCrO_4$ | $2.8 \times 10^{-13}$ | 12.55 | 174 | $SrSO_4$ | $3.2 \times 10^{-7}$ | 6.49 |
| 140 | $PbF_2$ | $2.7 \times 10^{-8}$ | 7.57 | 175 | $SrWO_4$ | $1.7 \times 10^{-10}$ | 9.77 |
| 141 | $PbMoO_4$ | $1.0 \times 10^{-13}$ | 13.0 | 176 | $Tb(OH)_3$ | $2.0 \times 10^{-22}$ | 21.7 |
| 142 | $Pb(OH)_2$ | $1.2 \times 10^{-15}$ | 14.93 | 177 | $Te(OH)_4$ | $3.0 \times 10^{-54}$ | 53.52 |
| 143 | $Pb(OH)_4$ | $3.2 \times 10^{-66}$ | 65.49 | 178 | $Th(C_2O_4)_2$ | $1.0 \times 10^{-22}$ | 22.0 |
| 144 | $Pb_3(PO_4)_3$ | $8.0 \times 10^{-43}$ | 42.10 | 179 | $Th(IO_3)_4$ | $2.5 \times 10^{-15}$ | 14.6 |
| 145 | $PbS$ | $1.0 \times 10^{-28}$ | 28.00 | 180 | $Th(OH)_4$ | $4.0 \times 10^{-45}$ | 44.4 |
| 146 | $PbSO_4$ | $1.6 \times 10^{-8}$ | 7.79 | 181 | $Ti(OH)_3$ | $1.0 \times 10^{-40}$ | 40.0 |
| 147 | $PbSe$ | $7.94 \times 10^{-43}$ | 42.1 | 182 | $TlBr$ | $3.4 \times 10^{-6}$ | 5.47 |
| 148 | $PbSeO_4$ | $1.4 \times 10^{-7}$ | 6.84 | 183 | $TlCl$ | $1.7 \times 10^{-4}$ | 3.76 |
| 149 | $Pd(OH)_2$ | $1.0 \times 10^{-31}$ | 31.0 | 184 | $Tl_2CrO_4$ | $9.77 \times 10^{-13}$ | 12.01 |
| 150 | $Pd(OH)_4$ | $6.3 \times 10^{-71}$ | 70.2 | 185 | $TlI$ | $6.5 \times 10^{-8}$ | 7.19 |
| 151 | $PdS$ | $2.03 \times 10^{-58}$ | 57.69 | 186 | $TlN_3$ | $2.2 \times 10^{-4}$ | 3.66 |
| 152 | $Pm(OH)_3$ | $1.0 \times 10^{-21}$ | 21.0 | 187 | $Tl_2S$ | $5.0 \times 10^{-21}$ | 20.3 |
| 153 | $Pr(OH)_3$ | $6.8 \times 10^{-22}$ | 21.17 | 188 | $TlSeO_3$ | $2.0 \times 10^{-39}$ | 38.7 |
| 154 | $Pt(OH)_2$ | $1.0 \times 10^{-35}$ | 35.0 | 189 | $UO_2(OH)_2$ | $1.1 \times 10^{-22}$ | 21.95 |
| 155 | $Pu(OH)_3$ | $2.0 \times 10^{-20}$ | 19.7 | 190 | $VO(OH)_2$ | $5.9 \times 10^{-23}$ | 22.13 |
| 156 | $Pu(OH)_4$ | $1.0 \times 10^{-55}$ | 55.0 | 191 | $Y(OH)_3$ | $8.0 \times 10^{-23}$ | 22.1 |
| 157 | $RaSO_4$ | $4.2 \times 10^{-11}$ | 10.37 | 192 | $Yb(OH)_3$ | $3.0 \times 10^{-24}$ | 23.52 |
| 158 | $Rh(OH)_3$ | $1.0 \times 10^{-23}$ | 23.0 | 193 | $Zn_3(AsO_4)_2$ | $1.3 \times 10^{-28}$ | 27.89 |
| 159 | $Ru(OH)_3$ | $1.0 \times 10^{-36}$ | 36.0 | 194 | $ZnCO_3$ | $1.4 \times 10^{-11}$ | 10.84 |
| 160 | $Sb_2S_3$ | $1.5 \times 10^{-93}$ | 92.8 | 195 | $Zn(OH)_2$③ | $2.09 \times 10^{-16}$ | 15.68 |
| 161 | $ScF_3$ | $4.2 \times 10^{-18}$ | 17.37 | 196 | $Zn_3(PO_4)_2$ | $9.0 \times 10^{-33}$ | 32.04 |
| 162 | $Sc(OH)_3$ | $8.0 \times 10^{-31}$ | 30.1 | 197 | $\alpha\text{-}ZnS$ | $1.6 \times 10^{-24}$ | 23.8 |
| 163 | $Sm(OH)_3$ | $8.2 \times 10^{-23}$ | 22.08 | 198 | $\beta\text{-}ZnS$ | $2.5 \times 10^{-22}$ | 21.6 |
| 164 | $Sn(OH)_2$ | $1.4 \times 10^{-28}$ | 27.85 | 199 | $ZrO(OH)_2$ | $6.3 \times 10^{-49}$ | 48.2 |
| 165 | $Sn(OH)_4$ | $1.0 \times 10^{-56}$ | 56.0 | | | | |

①~③：形态均为无定形。